DIREITO TRIBUTÁRIO

ESTUDOS EM TRIBUTO AO JURISTA
IVES GANDRA DA SILVA MARTINS

OSWALDO OTHON DE PONTES SARAIVA FILHO

Coordenador

DIREITO TRIBUTÁRIO

ESTUDOS EM TRIBUTO AO JURISTA
IVES GANDRA DA SILVA MARTINS

Belo Horizonte

2016

© 2016 Editora Fórum Ltda.

É proibida a reprodução total ou parcial desta obra, por qualquer meio eletrônico, inclusive por processos xerográficos, sem autorização expressa do Editor.

Conselho Editorial

Adilson Abreu Dallari
Alécia Paolucci Nogueira Bicalho
Alexandre Coutinho Pagliarini
André Ramos Tavares
Carlos Ayres Britto
Carlos Mário da Silva Velloso
Cármen Lúcia Antunes Rocha
Cesar Augusto Guimarães Pereira
Clovis Beznos
Cristiana Fortini
Dinorá Adelaide Musetti Grotti
Diogo de Figueiredo Moreira Neto
Egon Bockmann Moreira
Emerson Gabardo
Fabrício Motta
Fernando Rossi

Flávio Henrique Unes Pereira
Floriano de Azevedo Marques Neto
Gustavo Justino de Oliveira
Inês Virgínia Prado Soares
Jorge Ulisses Jacoby Fernandes
Juarez Freitas
Luciano Ferraz
Lúcio Delfino
Marcia Carla Pereira Ribeiro
Márcio Cammarosano
Marcos Ehrhardt Jr.
Maria Sylvia Zanella Di Pietro
Ney José de Freitas
Oswaldo Othon de Pontes Saraiva Filho
Paulo Modesto
Romeu Felipe Bacellar Filho
Sérgio Guerra

Luís Cláudio Rodrigues Ferreira
Presidente e Editor

Coordenação editorial: Leonardo Eustáquio Siqueira Araújo

Av. Afonso Pena, 2770 – 15º andar – Savassi – CEP 30130-012
Belo Horizonte – Minas Gerais – Tel.: (31) 2121.4900 / 2121.4949
www.editoraforum.com.br – editoraforum@editoraforum.com.br

D597	Direito Tributário: Estudos em tributo ao jurista Ives Gandra da Silva Martins / Oswaldo Othon de Pontes Saraiva Filho (Coord.). – Belo Horizonte : Fórum, 2016. 445 p.
	ISBN: 978-85-450-0154-6
	1. Direito Tributário. 2. Direito Constitucional. 3. Direito Civil. 4. Direito Processual. 5. Filosofia Jurídica. I. Saraiva Filho, Oswaldo Othon de Pontes. II. Martins, Ives Gandra da Silva. III. Título.
	CDD 343.04
2016-102	CDU 34:336.2

Informação bibliográfica deste livro, conforme a NBR 6023:2002 da Associação Brasileira de Normas Técnicas (ABNT):

SARAIVA FILHO, Oswaldo Othon de Pontes (Coord.). *Direito Tributário*: Estudos em tributo ao jurista Ives Gandra da Silva Martins. Belo Horizonte: Fórum, 2016. 445 p. ISBN 978-85-450-0154-6.

SUMÁRIO

APRESENTAÇÃO
Oswaldo Othon de Pontes Saraiva Filho...13

PENSÃO ALIMENTÍCIA: INCIDÊNCIA DO IRPF
Oswaldo Othon de Pontes Saraiva Filho...17
1   Introdução 17
2   A constitucionalidade de incidência do Imposto de Renda e
     proventos de qualquer natureza sobre os recebimentos em dinheiro
     de valores a título de pensão alimentícia, em decorrência de decisão
     judicial, acordo homologado judicialmente ou acordo formalizado
     por meio de escritura pública 19
3   Conclusão 53
     Referências..56

SEGURO DE VIDA E SUICÍDIO
José Carlos Moreira Alves 61

O MANDADO DE INJUNÇÃO E A NECESSIDADE DE SUA
REGULAÇÃO LEGISLATIVA
Gilmar Ferreira Mendes...71
1   Considerações gerais...71
2   O conteúdo, o significado e a amplitude das decisões em
     mandado de injunção...72
3   O mandado de injunção na jurisprudência do Supremo Tribunal
     Federal...77
4   O direito de greve do servidor e a viragem da jurisprudência..........83
5   Considerações finais...94

DECADÊNCIA TRIBUTÁRIA E REESTRUTURAÇÃO SOCIETÁRIA:
O MARCO INICIAL DO PRAZO NOS IMPOSTOS SUJEITOS A
LANÇAMENTO POR HOMOLOGAÇÃO
Humberto Bergmann Ávila..95
     Introdução 95
1   Primeira hipótese: marco inicial correspondente ao final do
     exercício em que houve a reestruturação...97

2	Segunda hipótese: marco inicial correspondente ao momento da apresentação de declaração informando a reestruturação	100
	Conclusão	104

PODER ECONÔMICO
Tercio Sampaio Ferraz Junior 105

1	CF: poder econômico	105
2	Origem moderna do conceito	105
3	Poder político e poder econômico: controle comum mediante conceito de contrato	106
3.1	Superação do contratualismo: crescimento da população	107
3.2	Novo conceito de soberania: alteração do poder político (do apossamento/territorialidade a sistema orgânico)	107
3.3	Surgimento dos micropoderes: Estado Moderno/poder econômico, mercado de trocas	108
3.4	O advento da sociedade de consumo	109

RESPONSABILIDADE TRIBUTÁRIA E DESENVOLVIMENTO ECONÔMICO
Hugo de Brito Machado 113

1	Introdução	113
2	Desenvolvimento econômico	115
2.1	Propriedade privada e livre iniciativa	115
2.2	A livre iniciativa na Constituição Federal de 1988	116
2.3	A inscrição do contribuinte	117
3	Responsabilidade tributária	118
3.1	Responsabilidade e solidariedade	118
3.2	Ampliação da responsabilidade tributária	119
3.3	Reconhecimento do equívoco e insuficiência da revogação da regra	119
3.4	Importância para o livre exercício da atividade econômica	120
3.5	Pressupostos da responsabilidade tributária	121
3.6	Solidariedade no dever e na responsabilidade	122
4	Atividade jurisdicional exemplar	123

REVISITANDO KELSEN SOBRE A TEORIA DA NORMA JURÍDICA
Sacha Calmon Navarro Coêlho 125

1	Normas primárias e secundárias	125
2	Prescrições e descrições	128
3	A ordem jurídica kelseniana	139
4	A norma jurídica e suas espécies na teoria de Hart	139
5	A tipologia normativa de Hart	141
6	Os méritos de *Hart*	144
7	Algumas conclusões sobre normas	145

8	Sistema de normas e sistema normativo – 1ª conclusão (princípios e definições)	146
9	As normas propriamente ditas, tipologia – 2ª conclusão	149
10	Uma classificação funcional de normas jurídicas	150

DIREITO AO ESTÍMULO DO ART. 11 DA LEI Nº 9.779/99, INDEPENDENTEMENTE DA FIGURA DESONERATIVA DA SAÍDA DO PRODUTO FINAL QUE TENHA GERADO A ACUMULAÇÃO DE CRÉDITOS DO IPI

Fátima Fernandes Rodrigues de Souza 155

1	O perfil constitucional do princípio da não cumulatividade do IPI	156
2	O direito à compensação heterônoma instituído pelo art. 11 da Lei nº 9.779/99	159
3	Violação ao princípio da estrita legalidade e ao art. 111 do CTN	163
4	Violação ao princípio da isonomia: art. 150, II, da CF	165
5	As sinalizações do Supremo Tribunal Federal	168
6	Conclusão	172

AS GARANTIAS CONSTITUCIONAIS DO DEVIDO PROCESSO LEGAL E DA RAZOÁVEL DURAÇÃO DO PROCESSO NO DIREITO TRIBUTÁRIO

Marilene Talarico Martins Rodrigues 173

	Homenagem	173
1	Considerações sobre o tema	174
2	O princípio do devido processo legal	177
3	O princípio da legalidade na Constituição de 1988	179
4	A razoável duração do processo	182

PLANEJAMENTO TRIBUTÁRIO SOCIETÁRIO E EMISSÃO DE DEBÊNTURES

Heleno Taveira Torres 191

1	Emissão de debêntures e a elisão tributária	191
2	Debêntures: regime dos títulos de crédito – Causa, emissão e transmissão. Natureza de valor mobiliário e sua diferenciação com aumento de capital	196
2.1	Emissão de debêntures e participação no capital: entre os regimes tributários de sócios, de credores de JSCP e de debenturistas	201
2.2	A causa jurídica como limite da ação fiscal e a manutenção do regime de direito privado quando norma tributária não estipula tratamento diverso (aplicação do art. 109 do CTN)	207
3	A emissão de debêntures e capital próprio: entre financiamento com juros, JSCP e aumento de capital	208

4	Regime jurídico das despesas dedutíveis e os efeitos fiscais da emissão de debêntures – A prova da causa jurídica e o afastamento de pacto simulatório	213
5	Decadência da competência administrativa para alegar simulação em face do princípio de ato jurídico perfeito	217
6	Considerações finais	220

ISS: LOCAL DA PRESTAÇÃO E ESTABELECIMENTO PRESTADOR

Aires F. Barreto 223

1	Repartição constitucional de competências	223
2	Competência dos Municípios para instituir o ISS	224
3	Lei complementar e taxatividade da lista	225
4	Lei complementar e conflitos de competência	229
5	Local da prestação do serviço	230
5.1	O Decreto-Lei nº 406/68	231
5.2	O entendimento do STJ	232
5.3	A Lei Complementar nº 116/03	234
6	O estabelecimento prestador	239

NULIDADES DO PROCESSO ADMINISTRATIVO TRIBUTÁRIO

José Eduardo Soares de Melo 243

1	Âmbito processual	243
1.1	Consulta	243
1.2	Regime especial	244
1.2.1	De ofício	245
1.2.2	De interesse do contribuinte	245
1.3	Reconhecimento de imunidade e isenção	246
1.4	Compensação	246
1.5	Lançamento	247
2	Legitimidade procedimental	248
2.1	Requisitos normativos	248
2.2	Princípios constitucionais aplicáveis ao processo administrativo	250
2.2.1	Legalidade	250
2.2.2	Ampla defesa e contraditório	251
2.2.3	Duplicidade de instância	253
2.3	Princípios constitucionais gerais de natureza administrativa	254
2.3.1	Impessoalidade	254
2.3.2	Moralidade	255
2.3.3	Publicidade	257
2.3.4	Eficiência	258
2.4	Princípios específicos de natureza processual administrativa	260
2.4.1	Motivação	260
2.4.2	Verdade material	261
3	Vícios processuais. Nulidade e anulação	261

O CONSEQUENCIALISMO E A MODULAÇÃO DOS EFEITOS DAS DECISÕES DO SUPREMO TRIBUNAL FEDERAL

Ricardo Lobo Torres 271

1	Consequencialismo	271
1.1	Conceito	271
1.2	Fundamentos	272
1.2.1	Estado ponderador	273
1.2.2	Valores e princípios jurídicos	274
1.3	Estrutura normativa	274
2	O consequencialismo no controle da constitucionalidade	275
2.1	Os sistemas de eficácia da declaração de inconstitucionalidade	275
2.1.1	O sistema americano	275
2.1.1.1	Eficácia *ex tunc*	275
2.1.1.2	Tentativas de mudanças nos Estados Unidos em razão do consequencialismo	276
2.1.2	O sistema austríaco	280
2.1.3	Sistemas mistos	280
2.1.4	O sistema alemão	281
2.1.5	O sistema italiano	282
2.1.6	O problema na Espanha	284
2.1.7	A solução em Portugal	285
3	O consequencialismo no Brasil	285
3.1	Alguns temperamentos na tese de eficácia *ex tunc*	286
3.2	A resistência ao consequencialismo	289
3.2.1	A repulsa pela jurisprudência do Supremo Tribunal Federal, máxime em matéria financeira	289
3.2.2	As modificações da Constituição e da legislação	291
3.2.3	O congelamento do art. 27 da Lei nº 9.868/99	293
3.2.4	A inconstitucionalidade útil	293
3.3	A adesão ao consequencialismo em questões não financeiras	294
3.3.1	A recepção pela jurisprudência do Supremo	295
3.3.1.1	O caso de fidelidade partidária	295
3.3.1.2	A criação inconstitucional de Município	295
3.3.1.3	Greve de funcionários públicos	296
3.3.2	A colaboração da doutrina	297
3.4	A extensão do argumento consequencialista à matéria financeira	298
3.4.1	Direito tributário e receita pública	299
3.4.2	Direito orçamentário e despesa pública	299
3.4.2.1	Mínimo existencial	299
3.4.2.2	Direitos sociais e econômicos	299
3.5	O consequencialismo financeiro de sinal trocado	300
4	Conclusões	302

SUPREMO TRIBUNAL FEDERAL: LEGISLADOR POSITIVO OU NEGATIVO. ATIVISMO JUDICIAL

Vittorio Cassone 305

      IRPF: correção da tabela progressiva 337

RESERVA DE LEI COMPLEMENTAR PARA A REGULAÇÃO DE IMUNIDADES: A INDEVIDA LIMITAÇÃO DA RESERVA CONSTITUCIONAL AOS "LINDES MATERIAIS" DAS IMUNIDADES

Andrei Pitten Velloso 341

      Introdução 341
1   Fundamento constitucional da reserva de lei complementar 342
2   Inaptidão das leis ordinárias para regular limitações constitucionais ao poder de tributar 344
3   A indevida distinção entre limites objetivos e subjetivos 345
3.1   A incorreta interpretação da decisão proferida no RE nº 93.770 347
3.2   A equivocada leitura do entendimento doutrinário 349
3.3   A impropriedade do recurso ao "argumento da dissociação" 351
3.4   A insustentabilidade lógica da distinção 352
4.   Consolidação da situação normativa e perspectiva de evolução da jurisprudência do STF 354

PLANEJAMENTO TRIBUTÁRIO NOS TEMPOS ATUAIS

Ricardo Mariz de Oliveira 357

A TRIBUTAÇÃO NO TERCEIRO SETOR

Paulo Roberto Coimbra Silva 369

1   Introdução 369
2   O Terceiro Setor e os deveres do Estado 370
3   Tributação e Terceiro Setor: juízo de (in)compatibilidade e adequação 371
4   Conclusões 378
      Referências 379

A MODULAÇÃO TEMPORAL DOS EFEITOS DAS DECISÕES NO SUPERIOR TRIBUNAL DE JUSTIÇA

Fábio Martins de Andrade 381

1   Introdução 381
2   Arcabouço doutrinário 382
3   A experiência jurisprudencial: o Crédito-Prêmio do IPI 388
3.1   O precedente 389
3.2   Os votos 391
3.3   Interface com o Supremo Tribunal Federal 401

4	Desdobramentos subsequentes	406
4.1	No âmbito do Crédito-Prêmio do IPI	406
4.2	Em outras matérias	412
5	Conclusões	424
	Referências	428

DIREITO TRIBUTÁRIO E DESENVOLVIMENTO
Eurico Marcos Diniz de Santi 431

1	Tributação e desenvolvimento em uma era de novos paradigmas: de escravos da legalidade do passado a protagonistas da legalidade do futuro: patologias, desafios e propedêuticas	431
2	Democracia, ética e legalidade: para quê? Reforma da atuação da administração tributária pelo resgate da relação Fisco/contribuinte	432
2.1	Manipulação da "moldura da legalidade": uso criativo da complexidade do sistema tributário, gerando novas interpretações e novas "legalidades" via auto de infração	433
2.2	A maldição do lançamento por homologação: será democrático omitir-se e obrigar o contribuinte a interpretar corretamente a legislação tributária para, cinco anos depois, lavrar auto de infração sob fundamento de equívoco na interpretação?	435
2.3	O engodo da não cumulatividade, contribuinte de fato *versus* contribuinte de direito, ofuscação e ilusão fiscal: distanciando o problema do sistema tributário das urnas	436
3	Direito Tributário em rede: superando os problemas do modelo tributário atual em busca de um sistema mais simples, transparente, democrático e consolidação da cidadania fiscal através dos "caçadores de propina"	437

SOBRE OS AUTORES 443

APRESENTAÇÃO

Esta obra visa a prestar mais uma homenagem ao eminente jurista e grande humanista Ives Gandra da Silva Martins.

Autores de escol se irmanaram e participam deste livro, com artigos jurídicos de grande interesse, com o escopo de festejar os oitenta anos do nosso estimado mestre.

Membro de uma tradicional família de gênios e de mulheres e homens santos, Ives é pai do eminente ministro do Tribunal Superior do Trabalho Ives Gandra da Silva Martins Filho, da destacada jus-filósofa Ângela Vidal da Silva Martins e do notável advogado Rogério Vidal Gandra da Silva Martins, irmão do internacionalmente consagrado pianista e maestro João Carlos Martins e do festejado pianista e professor José Eduardo Martins.

Ives Gandra é advogado de inigualável valor, imensa cultura e elevadíssimo senso ético, bacharel pela Universidade de São Paulo, doutor em Direito pela Universidade Presbiteriana Mackenzie e doutor *honoris causa* pela Pontifícia Universidade Católica do Paraná, Professor Emérito da Universidade Mackenzie, presidente do Centro de Extensão Universitária, poeta, membro da Academia Paulista de Letras, autor de várias obras de grande repercussão no campo jurídico e literário, cidadão participativo com frequentes crônicas e comentários, publicados na mídia, retratando, sempre com exemplar imparcialidade, a realidade e os problemas brasileiros, e propondo reflexões, em busca de soluções confiáveis.

É o Ives fúlgido, impávido, a navegar em terra adorada d'uma Pátria amada!

Os autores, que fizemos questão de participar desta singela homenagem, nutrimos grande respeito, afeto e admiração pelo advogado, pelo jurista, pelo professor, pelo poeta e cronista Ives Gandra da Silva Martins, mas o que mais nos impressiona é o ser humano que o nosso homenageado encarna: creio que, apesar das notáveis qualidades profissionais do Ives, uma qualidade dele ainda supera todas as outras: o caráter, a busca de santidade, dessa criatura iluminada.

Não há uma única pessoa que tenha tido a felicidade de conviver com Ives Gandra ou mesmo de estar com ele, mesmo que por pouco tempo, que não tenha recebido desse homem de Deus, constantemente disponível para servir o próximo, um olhar de bondade, um gesto de acolhimento e afeto, uma palavra de incentivo, um conselho amigo, ou a ajuda esperada.

Nesta obra, de ingente utilidade e importância para os pesquisadores, operadores e estudiosos do Direito, Aires Ferdinando Barreto escreve sobre o *ISS*, especificamente, sobre *local da prestação e estabelecimento do prestador*; Andrei Pitten Velloso apresenta a interpretação sobre o cabimento de *lei complementar para regulação de imunidades – a indevida limitação da reserva constitucional aos "lindes materiais" das imunidades*; Eurico Marcos Diniz de Santi explora o tema *Direito Tributário e desenvolvimento*; Fábio Martins de Andrade explica a *modulação temporal dos efeitos das decisões no STJ*; Fátima Fernandes Rodrigues de Souza comenta sobre o *direito ao estímulo do art. 11 da Lei nº 9.779/99, independentemente da figura desonerativa da saída do produto final que tenha gerado a acumulação de créditos do IPI*; Gilmar Ferreira Mendes tece comentários sobre o *mandado de injunção e a necessidade de sua regulação legislativa*; Heleno Taveira Torres desenvolve o tema sobre *planejamento tributário societário e emissão de debêntures*; Hugo de Brito Machado, sobre *Responsabilidade tributária e desenvolvimento econômico*; Humberto Bergmann Ávila trata da *decadência tributária e reestruturação societária: o marco inicial do prazo nos impostos sujeitos a lançamentos por homologação*; José Carlos Moreira Alves cuida de *Seguro de vida e suicídio*, José Eduardo Soares de Melo mostra as *nulidades no processo administrativo fiscal*; Marilene Talarico Martins Rodrigues discorre sobre as *garantias constitucionais do devido processo legal e da razoável duração do processo no Direito Tributário*; já eu escrevo sobre a *incidência do IRPF sobre pensão alimentícia*; Paulo Roberto Coimbra Silva explica a *tributação no terceiro setor*; Ricardo Lobo Torres discorre sobre o *consequencialismo e a modulação dos efeitos das decisões do STF*; Ricardo Mariz de Oliveira explicita o *planejamento tributário nos tempos atuais*; Sacha Calmon Navarro Coêlho revisita *Kelsen sobre a teoria da norma jurídica*; Tercio Sampaio Ferraz Junior trata de *Poder econômico*; e Vittorio Cassone analisa o *ativismo judicial: STF – legislador positivo ou negativo*.

Que o leitor possa tornar úteis tantos e bons contributos dos consagrados autores que participam deste livro.

Encimo, agradecendo aos ilustres juristas que colaboram com esta justa homenagem, e parabenizo a Editora Fórum por sua vanguarda corajosa em prol do Direito pátrio, apresentando sempre obras, como esta, de indiscutível valor científico.

Brasília, 1º de junho de 2016.

Oswaldo Othon de Pontes Saraiva Filho

PENSÃO ALIMENTÍCIA: INCIDÊNCIA DO IRPF

OSWALDO OTHON DE PONTES SARAIVA FILHO

1 Introdução

O objeto deste artigo **é** analisar a controvérsia sobre a constitucionalidade da incidência do imposto de renda e proventos de qualquer natureza sobre os valores recebidos em dinheiro a título de pensão alimentícia, em decorrência de decisão judicial, acordo homologado judicialmente, ou mesmo de acordo particular, formalizado por meio de escritura pública.

Tem-se advogado que seriam inconstitucionais os preceptivos dos artigos 3º, §1º, e 4º, do Decreto-Lei nº 1.301, de 31 de dezembro de 1973, e do artigo 3º, §1º, da Lei nº 7.713, de 22 de dezembro de 1988, correspondentes aos artigos 5º e 54, do Regulamento do Imposto de Renda – RIR (Decreto nº 3.000, de 26 de março de 1999).[1][2]

Aqui estão os teores dos focalizados dispositivos legais:

Decreto-Lei nº 1.301/1973

Art. 3º Os alimentos ou pensões percebidos em dinheiro constituem rendimento tributável, classificável na Cédula "C" da declaração de

---

[1] O Instituto Brasileiro de Direito de Família – IBDFAM acaba de ajuizar, perante o STF, Ação Direta de Inconstitucionalidade nº 5.422, Relator o Excelentíssimo senhor Ministro Dias Toffoli, tendo fundamentado sua peça exordial com supedâneo no artigo intitulado *A intributabilidade da pensão alimentícia*, de autoria do tributarista Rolf Madaleno. *Revista IBDFAM – Família e Sucessões*, v. 6, 2014.

[2] Cf. as anotações sobre os arts. 5º e 54 do Decreto nº 3.000/1999 (RIR) contidas nas seguintes obras: PEIXOTO, Marcelo Magalhães (Coord.). *Regulamento do imposto de renda*: anotado e comentado. 5. ed. São Paulo: MP, 2010, p. 39 a 40, 189 a 191; WINKLER, Noé. *Imposto de renda*. 2. ed. Rio de Janeiro: Forense, 2002, p. 18 e 94 a 95; FERREIRA, Antônio Airton. *Regulamento do imposto de renda*. São Paulo: Fiscosoft, 2010. v. I, p. 55 e 242 a 244. BIANCO, João Francisco. *Regulamento do imposto de renda*: anotado e comentado. 18. ed. São Paulo: Fiscosoft, 2015. v. 1, p. 52, 257 a 259.

rendimentos do alimentado, que será tributado distintamente do alimentante.

§1º No caso de incapacidade civil do alimentado, será ele tributado na forma deste artigo, devendo a declaração de rendimentos ser feita em seu nome pelo tutor, curador ou responsável por sua guarda.

§2º Se, no caso do parágrafo anterior, o montante dos alimentos ou pensões recebidos no ano-base for inferior ao valor fixado como limite de isenção, o responsável por sua manutenção poderá considerar o alimentado seu dependente, incluindo os rendimentos deste em sua declaração.

Art. 4º O disposto nos artigos 2º e 3º também se aplica aos casos de prestação de alimentos provisionais ou provisórios.

Lei 7.713/1988

Art. 3º O imposto incidirá sobre o rendimento bruto, sem qualquer dedução, ressalvado o disposto nos arts. 9º a 14 desta Lei.

§1º Constituem rendimento bruto todo o produto do capital, do trabalho ou da combinação de ambos, os alimentos e pensões percebidos em dinheiro, e ainda os proventos de qualquer natureza, assim também entendidos os acréscimos patrimoniais não correspondentes aos rendimentos declarados.

Decreto nº 3.000/1999 – RIR

Art. 5º. No caso de rendimentos percebidos em dinheiro a título de alimentos ou pensões em cumprimento de acordo homologado judicialmente ou decisão judicial, inclusive alimentos provisionais ou provisórios, verificando-se a incapacidade civil do alimentado, a tributação far-se-á em seu nome pelo tutor, curador ou responsável por sua guarda (Decreto-Lei nº 1.301, de 1973, arts. 3º, §1º, e 4º).

Art. 54. São tributáveis os valores percebidos, em dinheiro, a título de alimentos ou pensões, em cumprimento de decisão judicial ou acordo homologado judicialmente, inclusive a prestação de alimentos provisionais (Lei nº 7.713, de 1988, art. 3º, §1º).

Em apertada sinopse, cumpre apresentar as argumentações do Instituto Brasileiro de Direito de Família: concebe-se que não poderia incidir o imposto de renda e proventos de qualquer natureza sobre verbas destinadas à sobrevivência do alimentário ou pensionista. Entende-se que as normas citadas interferem "naquilo que compõe o mínimo existencial de sustento dos destinatários da pensão alimentícia". Assim, defende-se que a incidência desse imposto sobre pensão alimentícia seria incompatível com a ordem Constitucional (mínimo existencial, alimentação como direito social – CF, art. 6º, EC nº 64/2010;

com respeito à dignidade da vida humana – CF, art. 3º, *caput*, III; art. 5º, *caput*; art. 170; §§7º e 8º, do art. 226; art. 227). Sustenta-se que o desconto do referido imposto da pensão alimentícia recebida implicaria a "diminuição do *quantum* da prestação, que como se sabe, ao ser calculado, não se inclui valor para atender essa específica destinação". Defende-se que o alimento não é renda nem provento de qualquer natureza e que também não pode ser tratado como se rendimento fosse, que a incidência do imposto de renda em pensões alimentícias estaria dissociada do fato gerador da incidência tributária. Assim, por esse critério, entende que a incidência do imposto de renda e proventos de qualquer natureza em pensões alimentícias estaria dissociada do fato gerador da incidência tributária. Advoga-se, ainda, que haveria "bitributação" na medida em que a verba alimentar adviria de renda que já teria sido tributada quando de seu ingresso no acervo patrimonial do devedor de alimentos.

2 A constitucionalidade de incidência do Imposto de Renda e proventos de qualquer natureza sobre os recebimentos em dinheiro de valores a título de pensão alimentícia, em decorrência de decisão judicial, acordo homologado judicialmente ou acordo formalizado por meio de escritura pública

A Constituição brasileira de 1988, tendo escolhido fatos econômicos que presumem capacidade contributiva, discrimina quais impostos podem, por lei, os entes da Federação brasileira instituir e, ao mesmo tempo, delimita, explicitamente, esse poder de tributar.

Adota, implicitamente, a Lei Suprema a definição legal infraconstitucional de renda e de proventos vigente, quando da elaboração e promulgação da Carta Política de 1988, tanto é que o artigo 153, *caput*, inciso III, atribui competência à União para instituir, por lei ordinária federal, imposto sobre renda e proventos de qualquer natureza, reservando à lei complementar a tarefa, no âmbito de normas gerais em matéria de legislação tributária, de definir os fatos geradores, bases de cálculo e contribuintes desse e de outros impostos discriminados na Constituição (CF, art. 146, *caput*, inciso III, alínea "a").[3]

---

[3] "... para fugir às questões relacionadas com o conceito de renda, referiu-se a Constituição também a proventos de qualquer natureza. Na expressão do Código, *renda* é sempre um

A propósito, os senhores Ministros Dias Toffoli e Joaquim Barbosa, em votos proferido por ocasião do julgamento do Recurso Extraordinário nº 582.525/SP (*DJe* n. 26, divulgado em 06/02/2014, publicado em 7/2/2014), chegaram a admitir que a Constituição da República não estipula, expressamente, um conceito para "renda" ou "proventos", base econômica constitucional do tributo,[4] na esteira do entendimento do senhor Ministro Nelson Jobim, exposto no Recurso Extraordinário nº 201.465 (*DJ* 17/10/2003, p. 14), no sentido de que não há um conceito ontológico para renda de dimensões absolutas.[5]

Cabe ponderar que a Constituição brasileira de 1988 ao menos apanhou os conceitos de *renda* e *proventos de qualquer natureza* para fins tributários já estabelecidos no artigo 43 do Código Tributário Nacional – Lei nº 5.172, de 25 de outubro de 1966.

---

produto, um resultado, quer do trabalho, quer do capital, quer da combinação desses dois fatores. Os demais *acréscimos* patrimoniais que não se comportem no conceito de renda são *proventos*. (...) É certo que o legislador goza de uma liberdade relativa para formular o conceito de renda. Pode escolher entre diversos conceitos fornecidos pela Economia, procurando alcançar a capacidade contributiva e tendo em vista considerações de ordem prática. Não pode, todavia, formular arbitrariamente um conceito de renda ou de proventos. E, se assim é perante o sistema tributário disciplinado na Constituição, o Código Tributário Nacional adotou expressamente o conceito de renda como *acréscimo*. Já não é possível, portanto, considerar-se renda uma cessão gratuita do uso de imóvel, (...)" (MACHADO, Hugo de Brito. *Curso de direito tributário*. 33. ed. São Paulo: Malheiros, 2012, p. 320 e 321).

4   "As legislações acolhem o conceito de renda-acréscimo, que coincide com critérios de contabilidade e inclui prêmios de loteria, mas exclui heranças e doações, sujeitas a impostos específicos, [...] o conceito de renda é fixado livremente pelo legislador, segundo considerações pragmáticas, em função da capacidade contributiva e da comodidade técnica de arrecadação" (BALEEIRO, Aliomar. *Direito tributário brasileiro*. Atualizado por Misabel Abreu Machado Derzi. 11. ed. Rio de Janeiro: Forense, 2006, p. 284).

5   Na doutrina, destaca-se o entendimento de Zuudi Sakakihara (Comentário ao art. 43 do CTN. In: FREITAS, Vladimir Passos de (Coord.). *Código Tributário Nacional comentado*. 6. ed. São Paulo: Thomson Reuters/Editora Revista dos Tribunais, 2013, p. 204 e 205) no sentido de que a Constituição de 1988 não revela um conceito unívoco de renda, *in verbis*: "A Constituição não define o que seja renda nem o que sejam proventos de qualquer natureza. Nem mesmo o exame das diversas vezes em que a palavra renda é utilizada pela Constituição permite deduzir um conceito unívoco. Roberto Quiroga Mosquera [...] identificou 22 inserções da palavra *renda* na Constituição de 1988, com as mais diversas acepções, referindo-se a receitas tributárias e demais ingressos públicos, renda nacional, regional, ou *per capita*, somatória de rendimentos, rendimento do trabalho e produto do capital. A própria Constituição, portanto, não utilizou a palavra renda com um sentido uniforme, não permitindo, assim, deduzir, ainda, que sistematicamente, um conceito constitucional. O que a Constituição faz, na verdade, é um amplo balizamento conceitual, submetendo a renda e os proventos ao princípio geral da capacidade contributiva, e aos princípios específicos da generalidade, universalidade e progressividade, além de excluir, de qualquer conceito que venha a ser adotado, certas situações que privilegiou com imunidades. Isso permite, quando muito, afirmar que, de acordo com a Constituição, a renda e os proventos têm, contextualmente, um sentido econômico [...], e deverão representar um ganho, ou uma riqueza nova, pois só assim atenderão ao princípio da capacidade contributiva".

Pontes de Miranda assim edificou o seu magistério acerca do alcance conceitual do imposto sobre renda e proventos de qualquer natureza, *in verbis*:

> 5) IMPOSTO DE RENDA. – O conceito de imposto de renda é conceito constitucional, cujo conteúdo a Constituição de 1967 deixou à doutrina. As regras que mencionaram ou enumeraram as percepções tributárias são exemplificativas: se alguma renda escapou à menção, ou à enumeração legal, nem por isso deixa de ser devido o imposto de renda; se alguma percepção foi indevida, sem ser renda, é contrária à Constituição de 1967. A *causa* da renda não importa, inclusive a sua procedência contrária a direito. Se alguém exerce tráfico de influência no Brasil e ganha quatro milhões de dólares, ainda que os deposite na Suiça ou nos Estados Unidos da América, deve o imposto de renda, (...) Nenhuma renda, inclusive a dos jogadores e dos falcatrueiros, escapa ao imposto de renda.[6]

Em consonância com o retrocitado artigo 146, inciso III, alínea "a", da Constituição Federal, a Lei nº 5.172, de 25 de outubro de 1966 (Código Tributário Nacional), recebida pela Carta Política de 1988 com o *status* de lei complementar de normas gerais tributárias, nos seus artigos 43 a 45, trata de definir, genericamente, fatos geradores, bases de cálculo e contribuintes do imposto de renda e proventos de qualquer natureza.

Assim, essa Lei nº 5.172/1966 – CTN – definiu, de modo genérico, sem descer aos detalhes, já que não cabe a lei complementar chegar a tanto,[7] no *caput* e incisos I e II do artigo 43, os elementos materiais desse fato gerador como sendo *a aquisição da disponibilidade*[8] *econômica* – quando sucede a efetiva percepção ou em dinheiro ou outros valores, ou seja, algum benefício ou auferimento de alguma vantagem econômica, ou *jurídica* – quando este recebimento só dependa da manifestação de

---

[6]   MIRANDA, Francisco Cavalcanti Pontes de. *Comentários à Constituição de 1967*: com a emenda nº 9 de 1969. 3. ed. Rio de Janeiro: Forense, 1987. t. II, p. 471.

[7]   "Deveras, o art. 146 da CF, se interpretado sistematicamente, não dá margem a dúvidas: a competência para editar normas gerais em matéria de legislação tributária desautoriza a União a descer ao detalhe, isto é, ocupar-se com peculiaridades da tributação de cada pessoa política. Entender o assunto de outra forma poderia desconjuntar os princípios federativos, de autonomia municipal e da autonomia distrital" (CARRAZZA, Roque Antônio. *Curso de direito constitucional tributário*. 28. ed. São Paulo: Malheiros, 2012, p. 1039 e 1040).

[8]   "Uma 'não aquisição' de disponibilidade não pode gerar incidência do imposto sobre a renda; e disponibilidade é o que está acrescido ao patrimônio, com livre utilização para seu detentor" (MARTINS, Ives Gandra da Silva (Coord.). *Aspectos polêmicos do imposto de renda e proventos de qualquer natureza*: pesquisas tributárias série CEU-lex/magister. São Paulo: CEU e Lex Magister, 2014. v. 2, p. 39).

vontade única do próprio titular contribuinte[9-10-11-12-13-14-15] – de renda, entendida como o produto do capital (rendimentos de aluguéis, ou de

---

[9] Paulo Caliendo, em artigo intitulado "Imposto sobre a renda incidente nos pagamentos acumulados e em atraso de débitos previdenciários", no periódico *Interesse Público* 24/101, abril de 2004, aviva que "[...] não basta a mera aquisição de renda, esta deve estar desembaraçada de ônus ou limitações, melhor dizendo, disponível. A disponibilidade será, assim, a qualidade daquilo que não possui impeditivos de uso. Se existirem obstáculos a serem removidos, não haverá disponibilidade, mesmo que exista ação ou execução... Não basta ser credor de renda indisponível, nem possuir ação, execução, expectativa de direito, promessa os estar vinculado à condição suspensiva ou resolutiva. É absolutamente necessária a presença atual de disponibilidade de renda que se incorporou a título definitivo no patrimônio do contribuinte. (...) Designa-se por disponibilidade econômica a percepção efetiva da renda ou provento. Seria a possibilidade de dispor material e diretamente da riqueza sem a presença de nenhum impedimento. [...] Assim, disponibilidade econômica é a riqueza realizada e efetiva, enquanto que a disponibilidade jurídica é aquela adquirida na qual o beneficiário tem título jurídico que 'lhe permite obter a realização em dinheiro'. Ressalte-se que se trata de título definitivo, no qual a riqueza é adquirida de modo definitivo, porém, ainda não efetiva".

[10] Consoante o magistério de SOUSA, Rubens Gomes de. *Pareceres I*: Imposto de Renda. São Paulo: Resenha Tributária, 1975, p. 248: "A disponibilidade 'econômica' [...] verifica-se quando o titular do acréscimo patrimonial que configure renda o tem em mãos, já separado de sua fonte produtora e fisicamente disponível; numa palavra, é o dinheiro em caixa".

[11] Gilberto Ulhôa Canto complementa sobre a expressão *aquisição de disponibilidade jurídica de renda*: "Não basta, apenas, que seja adquirido o direito de auferir o rendimento (ou a sua titularidade). É necessário que a aquisição desse direito assuma a forma de faculdade de adquirir disponibilidade econômica, mediante a tomada de iniciativa ou a prática de ato, que estejam no âmbito do arbítrio do interessado, a qualquer momento; em outras palavras, a disponibilidade jurídica não ocorre com o aperfeiçoamento do direito à percepção do rendimento, sendo, mais que isso, configurada somente quando o seu recebimento em moeda ou quase-moeda dependa somente do contribuinte" (*Apud* OLIVEIRA, Ricardo Mariz de. *Fundamentos do imposto de renda*. São Paulo: Quartier Latin, 2008, p. 296).

[12] A T2 do STJ, REsp nº 408.770 – SC, Rel. Ministra Eliana Calmon, *DJ* 19/9/2005, p. 245, como intérprete maior da lei infraconstitucional, apresenta uma exegese ampla ao art. 43, do CTN, diferenciando disponibilidade econômica, financeira e jurídica: "Ementa: Tributário. Fato gerador do imposto de renda. Art. 43 do CTN. A disponibilidade jurídica. Disponibilidade financeira. 1. Segundo a doutrina, a disponibilidade econômica de rendas ou proventos ocorre com incorporação destes ao patrimônio do contribuinte. 2. A disponibilidade jurídica existe quando o adquirente tem a titularidade jurídica da renda ou dos proventos que aumentem o seu patrimônio, trazendo, como consequência, a disponibilidade econômica. 3. Já a disponibilidade financeira pressupõe a existência física dos recursos financeiros em caixa. 4. O acórdão recorrido confundiu a disponibilidade econômica com a disponibilidade financeira, determinando a não incidência do imposto de renda na espécie, violando, assim, o art. 43 do CTN. 5. Recurso especial da Fazenda Nacional provido".

[13] "A disponibilidade jurídica, por seu turno, pressupõe que o adquirente tenha a titularidade jurídica da renda ou dos proventos que acrescem o seu patrimônio. Isso quer dizer que a renda ou os proventos devem provir de fonte lícita, pois só assim poderão merecer a tutela jurídica, e conferir o justo título ao adquirente. A aquisição da disponibilidade jurídica tem como consequência a aquisição também da disponibilidade econômica, pois a renda ou os proventos, juridicamente adquiridos, acrescem necessariamente o patrimônio. Na verdade, só não haverá titularidade jurídica da renda ou dos proventos de qualquer natureza se estes não forem lícitos. A renda ou o provento decorrente de contravenção, por exemplo, não goza da tutela jurídica, e, por isso, não tem um titular juridicamente reconhecido e protegido pela ordem jurídica. Apesar disso, por acrescerem materialmente o patrimônio, pode-se dizer que, em relação a tais rendas ou proventos, há efetiva aquisição da disponibilidade econômica. Não é demais relembrar que, Segundo este art. 43, para que ocorra o fato gerador basta que haja a aquisição da disponibilidade econômica ou jurídica, não se exigindo que seja econômica e jurídica" (SAKAKIHARA, *op. cit.*, p. 208 e 209).

aplicações financeiras, ganhos de capital, na alienação, por exemplo, com maior valor do que a aquisição, de bens, etc.), do trabalho (salários, subsídios, vencimentos, honorários, soldos, etc.) e da combinação de ambos (lucros de quotas ou dividendos de ações, etc.); e de proventos de qualquer natureza, assim entendidos os demais acréscimos patrimoniais não compreendidos no conceito de renda, no mais das vezes, decorrentes de uma atividade que já se encerrou (proventos de aposentadorias, pensões por morte ou alimentícia, prêmios de loterias, ganhos ilícitos, ou de origem ilícita,[16-17] bem como aqueles cuja origem não seja identificável ou comprovável, etc.).[18-19-20]

---

[14] "Disponibilidade jurídica indica o direito de usufruir a renda ou proventos de qualquer natureza, auferidos com base em atos e operações legitimamente previstos no ordenamento jurídico, tais como rendimentos de salários, aposentadorias, lucros, etc. Disponibilidade econômica diz respeito a qualquer fato, mesmo irregular ou até ilícito, que represente acréscimo patrimonial" (ROCHA, Roberval. *Código Tributário Nacional para concursos*. 2. ed. Salvador: Jus Podivm, 2014, p. 128).

[15] Kiyoshi Harada (*Direito financeiro e tributário*. 24. ed. São Paulo: Atlas, 2015, p. 431) apresenta um outro aspecto interpretativo acerca da expressão "disponibilidade econômica ou jurídica": "A disponibilidade econômica consiste no acréscimo patrimonial decorrente de uma situação de fato, ocorrendo no instante em que se verifiquem as circunstâncias materiais necessárias a que produza esse efeito (art. 116, I, do CTN), ao passo que a disponibilidade jurídica consiste no direito de usar, por qualquer forma, da renda e dos proventos definitivamente constituídos nos termos do direito aplicável (art. 116, II, do CTN)".

[16] STF, T1, HC nº 77.530/RS, Rel. Min. Sepúlveda Pertence: "EMENTA: *Sonegação fiscal de lucro advindo de atividade criminosa: "non olet"*. Drogas: tráfico de drogas, envolvendo sociedades comerciais organizadas, com lucros vultosos subtraídos à declaração de rendimentos: caracterização, em tese, de crime de sonegação fiscal, a acarretar a competência da Justiça Federal e atrair pela conexão, o tráfico de entorpecentes: irrelevância da origem ilícita, mesmo quando criminal, da renda subtraída à tributação. A exoneração tributária dos resultados econômicos da fato criminoso – antes de ser corolário do princípio da moralidade – constitui violação do princípio da isonomia fiscal, de manifesta inspiração ética" (*DJ* 18/09/1998, p. 7).

[17] STF, T1, HC nº 94.240/SP, Rel. Min. Dias Toffoli: "EMENTA: *Habeas Corpus*. Penal. Processual penal. Crime contra a ordem tributária. Artigo 1º, inciso I, da Lei nº 8.137/90. (...) Alegada atipicidade da conduta baseada na circunstância de que os valores movimentados nas contas bancárias do paciente seriam provenientes de contravenção penal. Art. 58 de Decreto-Lei nº 6.259/44 – Jogo do Bicho. Possibilidade jurídica de tributação de valores oriundos de prática de atividade ilícita. Princípio do Direito tributário do **non olet**. Precedente. (...) 2. A jurisprudência da Corte, à luz do art. 118 do Código Tributário Nacional, assentou entendimento de ser possível a tributação de renda obtida em razão de atividade ilícita, visto que a definição legal do fato gerador é interpretada com abstração da validade jurídica do ato efetivamente praticado, bem como da natureza do seu objeto ou dos seus efeitos. Princípio do non olet. Vide HC nº 77.530/RS, Primeira Turma, Relator Ministro Sepúlveda Pertence, *DJ* de 18/9/98. 3. Ordem parcialmente conhecida e denegada" (*DJe* 196, 13/10/2011; *RT*, v. 101, n. 917, 2012, p. 584-597).

[18] Nos termos do artigo 39, inciso XV, do Decreto nº 3.000/1999 – Regulamento do Imposto de Renda – RIR/99, o imposto de renda não incide sobre o valor dos bens ou direitos adquiridos por doação ou herança.

[19] Cf. MARTINS, Ives Gandra da Silva (Coord.). *O fato gerador do imposto sobre a renda e proventos de qualquer natureza*: caderno de pesquisas tributárias. São Paulo: CEU/Resenha Tributária, 1986. v. 11. Concluiu-se que, por aquisição de disponibilidade jurídica de renda e proventos entende-se a obtenção de direitos de créditos não sujeitos a condição suspensiva, e por aquisição de disponibilidade econômica, a obtenção da faculdade de usar, gozar

Aquisição de disponibilidade econômica significa a obtenção efetiva da renda ou proventos, é o ganho ou rendimento já realizado, vale dizer, *em caixa*.

Já o termo *aquisição de disponibilidade jurídica* é assim esclarecido pelo Ministro Aldir Passarinho, à época do extinto Tribunal Federal de Recursos, no Despacho publicado no *DJ* de 12/8/1982, p. 7542, *in verbis*:

> A expressão "disponibilidade jurídica" surgiu, portanto, na nossa legislação do imposto, para designar essa modalidade de "percepção" do rendimento construída pela jurisprudência administrativa, que não se caracterizava pela posse efetiva e atual de rendimento, em moeda ou equivalente, mas pelo ato da fonte pagadora do rendimento que o colocava à disposição do beneficiário: se este tinha poder de adquirir a posse do rendimento, havia a possibilidade jurídica. A designação dessa modalidade de disponibilidade como "jurídica" – embora possa ser justificada com o argumento de que é disponibilidade presumida, ou por força de lei – não é feliz, porque contribui para difundir a idéia errada de que trata de "disponibilidade de direito" e não de renda; ou seja, que requer apenas a aquisição do "direito de receber" a renda sem aquisição do "poder de dispor da renda".[21]

Sobre a irrelevância da origem da renda ou proventos, desde que resultem em acréscimo patrimonial, traga-se à colação o magistério de Andrei Pitten Velloso, *in verbis*:

> A origem da renda não é relevante para determinar o alcance da competência conferida à União pelo art. 153, III, da CF. Todas as rendas (ou se preferir, acréscimos patrimoniais) sujeitam-se à tributação pelo Imposto de Renda, independentemente de sua origem.
>
> Rendas provenientes de atividades profissionais e econômicas, de investimentos financeiros, da exploração da propriedade imobiliária, de aposentadorias e pensões, estão todas abrangidas pela competência outorgada à União pelo preceito em foco. Até mesmo aquelas resultantes de atividades criminosas devem ser oferecidas à tributação, pois o que importa para a determinação de incidência do IR é a qualificação

---

ou dispor de dinheiro ou de coisas nele conversíveis, entradas para o patrimônio do adquirente por ato ou fato gerador. (MARTINS, Ives Gandra da Silva. *Comentários à Constituição do Brasil*: promulgada em 5 de outubro de 1988. São Paulo: Saraiva, 1990. 6. v, p. 250).

[20] Vide SARAIVA FILHO, Oswaldo Othon de Pontes. ILL e a controvérsia judicial. In: ROCHA, Valdir de Oliveira (Coord.). *Imposto de renda*: questões atuais e emergentes, São Paulo: Dialética, 1995, p. 117 a 128.

[21] MARTINS, Ives Gandra da Silva. *O sistema tributário na Constituição*. 6. ed. São Paulo: Saraiva, 2007, p. 388.

dos ingressos econômicos como acréscimos patrimoniais, e não a sua proveniência. Noutros termos, para o Direito Tributário o relevante é que o criminoso auferiu renda, não a sua origem criminosa. Para a tributação, dinheiro não tem cheiro (*pecunia non olet*).

Se o legislador não tributar todas as rendas, terá deixado de exercer parcela do seu poder impositivo, e tal omissão poderá revelar-se até mesmo ofensivo à Constituição, nomeadamente ao princípio da isonomia tributária.

É o que ocorre na hipótese de desoneração das rendas provenientes de atividades ilícitas: o não exercício da competência impositiva com respeito a tais rendas viola o princípio da igualdade tributária.[22]

Assim, tendo em mente a norma do artigo 43 do Código Tributário Nacional, *renda* é o acréscimo patrimonial produto do trabalho, do capital ou da combinação de ambos, ao passo que *proventos de qualquer natureza* são outros acréscimos patrimoniais qualquer que seja a fonte, vale dizer, todo e qualquer outro acréscimo patrimonial, desde que não decorrente do trabalho, nem do capital.[23-24-25]

O próprio artigo 43 da CTN põe o acréscimo patrimonial como elemento comum e nuclear do conceito de renda e de proventos de qualquer natureza.[26-27]

---

[22] VELLOSO, Andrei Pitten. *Constituição tributária interpretada*. 2. ed. Porto Alegre: Livraria do Advogado, 2012, p. 377.

[23] Oscar Valente Cardoso, em artigo intitulado "A controversa incidência do imposto de renda sobre juros de mora decorrentes de condenação judicial", publicado na *Revista Dialética de Direito Tributário* nº 153, junho de 2008, p. 55, entende que "Nos proventos de qualquer natureza (conceito de cunho residual que abrange os demais acréscimos patrimoniais não derivados do capital ou do trabalho) estão incluídos os recebimentos de doações ou herança, aposentadorias, pensões por morte ou alimentícias, etc.".

[24] "Já o conceito de proventos é definido por exclusão, compreendendo todos os acréscimos patrimoniais não enquadráveis no conceito de renda. A título de exemplo, podem-se cotar os acréscimos patrimoniais decorrentes de atividade criminosa" (ALEXANDRE, Ricardo. *Direito tributário esquematizado*. 9. ed. Rio de Janeiro: Forense; São Paulo: Método, 2015, p. 572).

[25] Roberto Quiroga Mosquera (*Renda e proventos de qualquer natureza*: o imposto e o conceito constitucional. São Paulo: Dialética, 1996, p. 69, 70) leciona: "A Lei Máxima em seu art. 153, inciso III, ao agregar à palavra 'proventos' a locução adjetiva 'de qualquer natureza' está a indicar que será tributado pelo referido tributo todo e qualquer rendimento que se origine do trabalho, do capital, da aposentadoria ou de outra fonte. A fonte de produção dos rendimentos é irrelevante. A causa que dá origem ao dinheiro, remunerações e vantagens recebidas pelo ser humano pode ser de qualquer proveniência ou procedência".

[26] PAULSEN, Leandro. *Direito tributário*: Constituição e Código Tributário à luz da doutrina e da jurisprudência. 17. ed. Porto Alegre: Livraria do Advogado, 2015, p. 276.

[27] Zuudi Sakakihara (*op. cit.*, p. 206 a 208) leciona: "Renda e proventos de qualquer natureza, portanto, deverão representar sempre um acréscimo de riqueza nova ao patrimônio, traduzida por valores líquidos. Observada essa particularidade, o legislador ordinário é livre para definir o acréscimo patrimonial como bem entenda. Dentre as diversas maneiras

Antecedente ou simultânea à existência de acréscimo patrimonial, deve haver, para a configuração do fato gerador do imposto de renda e proventos de qualquer natureza, em respeito aos princípios da capacidade contributiva (CF, art. 145º §1º)[28] e da não confiscatoriedade

---

de apreender o acréscimo patrimonial, como realidade econômica, duas delas se destacam pela influência que exercem na compreensão jurídica do fenômeno. Fala-se da perspectiva dinâmica e da perspectiva estática, pelas quais pode ser analisado o acréscimo patrimonial. *O acréscimo patrimonial como realidade dinâmica.* As rendas produzidas periodicamente por uma fonte permanente (capital, trabalho, ou a combinação de ambos) constituem um fluxo dinâmico de ingressos que acrescem constantemente o patrimônio. [...] Cada renda, isoladamente considerada, é riqueza nova que se agrega ao patrimônio, e, por isso, o legislador tem a liberdade de definir como fato gerador do imposto cada um dos ingressos que acrescem o patrimônio, sem estar obrigado a considera-lo dentro de um determinado período, nem levar em conta a destinação que lhes seja dada (consumo, investimento ou pagamento de obrigações), e nem mesmo a situação patrimonial resultante. Nesta visão dinâmica, só interessa o fluxo, isto é, a entrada da renda que, só por si, denota um acréscimo patrimonial. Em termos práticos, a lei ordinária poderá definir como fato gerador do imposto de renda cada um dos ingressos decorrentes do recebimento de salários, de rendimentos de capital, ou de lucros, isoladamente considerados, sem nenhuma obrigação de considera-los como uma somatória no final de um período de tempo, nem se preocupar com a utilização dos respectivos recursos, se em consumo ou em pagamento de obrigações, ou, ainda, se permanecem, ou não, no patrimônio, como investimento ou estoque. Não é preciso dizer, por evidente, que esses recursos haverão de ser considerados sempre na sua dimensão líquida, e que deverão ser atendidos os princípios constitucionais da capacidade contributiva, universalidade, generalidade e progressividade. *O acréscimo patrimonial como realidade estática.* Visto por outro ângulo, o acréscimo patrimonial pode ser encarado como o efetivo aumento que o patrimônio revela em relação a uma situação anterior. [...] A consequência disso é que, embora a renda, ou os proventos de qualquer natureza, numa visão dinâmica, representam por si só um efetivo acréscimo patrimonial, pois representam uma riqueza nova que se agrega ao patrimônio, a verdade é que, do ponto de vista estático, só haverão de trazer um acréscimo patrimonial se, ao final do período, ainda permanecerem no patrimônio, fazendo parte do saldo positivo que se apure. [...] Como nem a Constituição nem o Código Tributário Nacional definem o que seja acréscimo patrimonial, o legislador ordinário fica livre para dar-lhe tanto uma conotação dinâmica quanto estática. Disso decorre que é da maior importância saber qual foi o critério adotado pela lei ordinária, antes de decidir se dada renda, ou certo provento, implica ou não, acréscimo patrimonial. O que se pode dizer, em resumo, é que, quando a lei prestigia a conotação dinâmica da renda, basta o ingresso desta no patrimônio do sujeito passivo, para que se considere ocorrido o fato gerador. Por outro lado, quando se dá relevância jurídica ao aspecto estático da renda, não será o recebimento desta que determinará a ocorrência fato gerador, mas a existência de um saldo patrimonial positivo ao final do período. (...) Como se vê, a renda pode ser definida não só como o acréscimo patrimonial que decorre do simples ingresso dos elementos patrimoniais, mas também como acréscimo que remanesce ao final do período, e que é apurado pela comparação da situação patrimonial final e no início de um determinado período. No primeiro caso, tem-se uma concepção dinâmica de rendas que fluem para dentro do patrimônio, enquanto o segundo caso transmite a ideia de uma situação estática, em que o acréscimo patrimonial é revelado pelas rendas estocadas. A lei ordinária poderá considerar como renda não só cada um dos ingressos de riqueza nova, como a sua somatória no período, bem como apenas o efetivo aumento acusado pelo patrimônio ao final desse período".

[28] MACHADO, Hugo de Brito. *Comentários ao Código Tributário Nacional.* São Paulo: Atlas, 2003. v. I, p. 433.

(CF, art. 150, IV), a disponibilidade econômica ou jurídica de renda ou proventos de qualquer natureza, já que apenas as aquisições dessas disponibilidades são capazes de gerar acréscimos patrimoniais.[29]

Ressalte-se que o §2º do artigo 153 da Constituição da República dispõe que o imposto sobre renda e proventos de qualquer natureza será informado pelos critérios da generalidade, da universalidade e da progressividade, na forma da lei ordinária federal.[30-31]

A seu turno, o artigo 43, §1º, do CTN (acrescentado pela LC nº 104/2001), em consonância com os critérios da generalidade e da universalidade do imposto de renda, dispõe que *a incidência do imposto independe da denominação da receita,*[32] ganho *ou do rendimento,*[33] desde

---

[29] Leandro Paulsen registra: "Sendo fato gerador do imposto a 'aquisição da disponibilidade econômica ou jurídica de renda ou proventos de qualquer natureza', não alcança 'mera expectativa de ganho futuro ou em potencial. Tampouco configura aquisição de disponibilidade econômica ou jurídica de renda ou proventos a simples posse de numerário alheio. A disponibilidade jurídica resta caracterizada para o locador de imóvel, já quando há o recebimento, pela imobiliária, do aluguel pago pelo locatário, ainda que a imobiliária não tenha prestado contas ao locador" (*Curso de direito tributário completo*. 4. ed. Porto Alegre: Livraria do Advogado, 2012, p. 232).

[30] Só cabe lei complementar naquelas hipóteses exigidas expressamente pela Constituição. O inciso I do §2º do art. 153 da CF/1988 exige que a disciplina dos critérios da generalidade, da universalidade e da progressividade suceda na forma da *lei*. Claramente, esta palavra "lei" foi utilizada pela Carta Política no sentido técnico de lei ordinária federal, ainda mais porque o aludido texto constitucional não utilizou o adjetivo "complementar". Em caso apenas semelhante, por ocasião do julgamento pelo STF do RE nº 636.941/RS, Rel. Min. Luiz Fux definiu que "a lei de que trata o art. 195, §7º, da Constituição é a lei ordinária que prevê os requisitos formais de estrutura, organização e funcionamento das entidades beneficentes de assistência social".

[31] "Trata-se do tributo (IR) com maior aptidão para promover a isonomia e a justiça na imposição. Isso porque é eminentemente pessoal, sendo (ou, pelo menos, devendo ser) graduado com base na capacidade contributiva subjetiva, o que permite a desoneração completa daqueles cidadãos destituídos de meios econômicos para financiar os gastos públicos e a instituição de uma sistemática de tributação progressiva, em cujo âmbito os detentores de capacidades contributivas superiores devem pagar impostos proporcionalmente superiores aos exigidos dos que possuem uma menor aptidão econômica para contribuir aos gastos públicos" (VELLOSO, Andrei Pitten, *op. cit.*, p. 369 e 370).

[32] Thiago Duca Amoni, em artigo intitulado "Conceito de renda na visão da jurisprudência brasileira" (*Revista Fórum de Direito Tributário*, n. 77, p. 98, set./out. 2015), anota a ementa do acórdão do Pleno do STF, emanado do julgamento do RE nº 117.887-6/SP, Rel. Min. Carlos Velloso: "EMENTA: CONSTITUCIONAL. TRIBUTÁRIO. IMPOSTO DE RENDA. RENDA. CONCEITO. Lei nº 4.506, de 30.XI.64, art. 38, C.F./46, art. 15, IV; C.F./67, art. 22, IV; EC 1/69, art. 21, IV. CTN, art. 43, I. Rendas e proventos de qualquer natureza: o conceito implica reconhecer a existência de receita, lucro, proveito, ganho, acréscimo patrimonial que ocorrem mediante o ingresso ou o auferimento de algo, a título oneroso. (...) II. – Inconstitucionalidade do art. 38 da Lei nº 4.506/64, que institui adicional de 7% de imposto de renda sobre lucros distribuídos. RE conhecido e provido. (*RTJ* 150-02, p. 578)".

[33] Vittório Cassone (*Op. cit.*, p. 245) diferencia ganho de capital e rendimentos: "Sou proprietário de uma casa: se vendo, posso estar sujeito ao pagamento do IR em face de ganho de capital e o patrimônio fica afetado. Se alugo, recebo rendimentos periodicamente, sem afetar o patrimônio".

que ambos tragam acréscimo patrimonial (e não mero recebimento em contrapartida de idêntica ou até maior despesa, já que o IR não comporta a tributação de *não renda*),[34] *da localização, condição jurídica ou nacionalidade da fonte, da origem e da forma de percepção.*[35]

Mencione-se que o critério previsto da progressividade de alíquotas do imposto sobre renda e proventos de qualquer natureza,[36] variando e sendo graduadas de acordo com o menor ou maior valor das bases de cálculo, propicia uma vivência ainda maior dos princípios da isonomia tributária e da capacidade contributiva (CF, arts. 150, II e 145, §1º), embora a proporcionalidade de alíquotas dos tributos (mesma alíquota incidindo sobre variadas bases de cálculo) também atenda, ao menos, a esses dois princípios.[37]

Portanto, em geral, o Código Tributário Nacional previu como hipótese de incidência do imposto sobre a renda e proventos de qualquer natureza a aquisição da disponibilidade econômica ou jurídica de renda e proventos de qualquer natureza, considerando que essa aquisição de disponibilidade traga um acréscimo patrimonial.

Entende-se como acréscimo patrimonial a riqueza nova, independentemente da denominação da renda, da receita, do rendimento,[38] ou

---

[34] MARTINS, Ives Gandra da Silva. Imposto de renda e o art. 43 do CTN. *Revista Dialética de Direito Tributário*, n. 68, maio 2001, p. 77, 79).

[35] Espelhando essa ingente amplitude do IR, o artigo 2º do Decreto nº 3.000/1999 – Regulamento do Imposto de Renda – RIR, reza: "As pessoas físicas domiciliadas ou residentes no Brasil, titulares de disponibilidade econômica ou jurídica de renda ou proventos de qualquer natureza, inclusive rendimentos e ganhos de capital, são contribuintes do imposto de renda, sem distinção da nacionalidade, sexo, idade, estado civil ou profissão (Lei nº 4.506, de 30 de novembro de 1964, art. 1º, Lei nº 5.172, de 25 de outubro de 1966, art. 43, e Lei nº 8.383, de 30 de dezembro de 1991, art. 4º)".

[36] A CF/1988 não impõe a aplicação da progressividade de alíquotas do IR em todos os sistemas de incidência desse imposto, de modo que tolera exceções em casos específicos, nos termos da lei ordinária federal, com a utilização do critério de alíquota proporcional.

[37] Considera-se cumprido o critério da progressividade do imposto de renda e proventos de qualquer natureza (CF, art. 153, §2º, inciso I) o fato de a legislação desse imposto ter previsto, em relação às pessoas físicas, faixas de isenção e faixas de alíquotas de 7,5%, 15%, 22,5% e 27,5%, e para pessoas jurídicas, faixas de alíquotas de 15% e 25%, o que já demonstra o atendimento pelo legislador desse critério de progressividade do IR, sendo constitucionalmente legítimo que a lei tributária estabeleça alíquota proporcional, fixa ou diferenciada, para algumas outras sistemáticas de tributação por esse imposto, como, por exemplo, a fixação de alíquota única de 15% sobre o ganho de capital decorrente de compra e venda de imóveis. De certo modo, isso é uma matéria discricionária do legislador infraconstitucional, sendo constitucionalmente obrigatória a previsão, em regra, de progressividade de alíquotas, não sendo indispensável a progressividade para todas as sistemáticas de incidência desse imposto: tudo é uma questão de maior ou menor vivência desse critério; mas o importante é que esse critério seja observado, ainda que não em todas as hipóteses.

[38] "...'renda' não é o mesmo que 'rendimento'. De fato, este é qualquer ganho isoladamente considerado, ao passo que aquela é o excedente de riqueza obtido pelo contribuinte entre

dos proventos, *da localização, condição jurídica ou nacionalidade da fonte, da origem e da forma de percepção*; às vezes, mas nem sempre, o valor excedente às despesas, legalmente dedutíveis, necessárias para auferir os rendimentos,[39-40] razão pela qual não incide o imposto de renda sobre verdadeiras hipóteses de indenização, estas apenas recompõem o anterior dano ou prejuízo.[41]

Em rápidas pinceladas, cumpre mencionar que a lei ordinária federal, como lhe compete, estabelece sistemas diferentes de recolhimento do IRPF, de modo que existe o sistema de recolhimento mensal por meio do *carnê-leão* (exemplos: o rendimento de aluguel; pensão alimentícia, honorários recebidos por profissional liberal autônomo, etc.), através da retenção na fonte (exemplos: salários pagos ao empregado pela empresa ou pagamentos feitos pela empresa a seus fornecedores ou empreiteiros, etc.) e há, ainda, o eventual recolhimento por ocasião do ajuste anual.

Existem também várias espécies de rendimentos do IRPF, previstos por lei: rendimentos do trabalho e outros (salário, pensão, etc.), rendimentos de alienação de bens – com incidência de alíquota de 15% (ganhos de capital), rendimentos financeiros (resultados de aplicações financeiras).

---

dois marcos temporais (geralmente um ano), deduzidos os gastos e despesas necessárias à sua obtenção e mantença" (CARRAZZA, Roque Antônio. *Imposto sobre a renda* 3. ed. São Paulo: Malheiros, 2009, p. 190).

[39] "Os rendimentos de capital (renda fixa e renda variável) são tributados pelo imposto sobre a renda por alíquotas que variam de 15% a 22,5%, conforme o prazo da aplicação: até 180 dias, 22,5%; de 181 a 360 dias, 20%; de 361 a 720 dias, 17,5%; acima de 720 dias, 15%. As rendas vindas de prêmios e sorteios em dinheiro são tributadas à alíquota de 30%" (PAULSEN, Leandro; MELO, José Eduardo Soares de. *Impostos federais, estaduais e municipais.* 9. ed. Porto Alegre: Livraria do Advogado, 2015, p. 87).

[40] STJ, T2, AgRg no REsp 281.088, Rel. Min. Humberto Martins: "IMPOSTO DE RENDA – HIPÓTESE DE INCIDÊNCIA – AGRAVO REGIMENTAL – ANTECIPAÇÕES – RECOLHIMENTO – POSSIBILIDADE. 1. O fato gerador do Imposto de Renda realiza-se no decorrer do ano-base ao qual se refere sua declaração (ato complexo). Ou seja, não ocorre ele no último dia do exercício financeiro em relação ao qual deve o contribuinte realizar a apuração do eventual *quantum* devido. 2. É no transcorrer do ano de referência que se verificam as disponibilidades econômicas e jurídicas que justificam a tributação da renda; podendo, por conseguinte, ser ela antecipada, de forma que sua apuração final poderá ser postergada para o ano seguinte. Precedentes. Agravo regimental provido" (*DJ* 29/06/2007, p. 527).

[41] "... nem tudo o que se costuma denominar de indenização, mesmo material e efetivamente corresponde a simples recomposição de perdas. Não é o nome atribuído a verba que definirá a incidência ou não do imposto" (PAULSEN, Leandro; MELO, José Eduardo Soares de. *Impostos federais, estaduais e municipais.* 9. ed. Porto Alegre: Livraria do Advogado, 2015, p. 59). Cf., no mesmo diapasão, PAULSEN, Leandro. *Curso de direito tributário completo.* 4. ed. Porto Alegre: Livraria do Advogado, 2012, p. 230.

Os ganhos de capital e rendimentos de aplicação financeira são tributados de forma isolada e definitiva. Quanto ao aspecto temporal, a lei ordinária, dentro do seu papel, estabelece incidência à medida que os rendimentos forem sendo auferidos, ou seja, à medida que forem tendo sua disponibilidade econômica ou jurídica adquirida, com acréscimo da aquisição da disponibilidade financeira, cabendo o ajuste anual, com base na situação do contribuinte, que se consolida às 24 horas do dia 31 de dezembro do ano-base. Os ganhos de capital e os ganhos líquidos em renda variável, que são tributados isoladamente, não são consolidados no ajuste anual, assim como as rendas e os ganhos de aplicações financeiras que são tributados exclusivamente na fonte (renda fixa ou variável).

Assim, regra geral, o período-base é anual, coincidindo com o ano-calendário, quando se consolida a totalidade do acréscimo patrimonial do período, com a apuração da obrigação tributária integral, sendo deduzidos os valores já pagos pelo carnê-leão ou na fonte.

Portanto, o imposto de renda das pessoas físicas incide sobre a renda, qualquer que seja o rótulo dado a ela, ou proventos de qualquer natureza, alcançando, incontestavelmente, as quantias que ultrapassem as faixas de isenção das tabelas progressivas do IRPF, recebidas em dinheiro a título de pensão de alimentos, por força de decisão judicial, acordo homologado judicialmente, ou mesmo acordo particular, formalizado por meio de escritura pública, já que, nesse caso, embora o alimentário normalmente não tenha que diminuir da pensão alimentícia recebida qualquer despesa para sua aquisição, também, aqui, ocorre o acréscimo patrimonial, qualquer que seja a origem ou a denominação da receita ou rendimento (aliás, nesse caso, o acréscimo ainda é maior para o alimentário, pois, em regra, é livre de despesas).

Já o artigo 44 do CTN define como base de cálculo do imposto (o elemento quantitativo do fato gerador juntamente com a alíquota) o montante real, arbitrado ou presumido, da renda ou dos proventos de qualquer natureza.

Por sua vez, consoante o artigo 45 do CTN, o *contribuinte do imposto* de renda e proventos de qualquer natureza, ou seja, aquela pessoa que tem relação pessoal e direta com a situação que constitua o respectivo fato gerador (CTN, art. 121, parágrafo único, inciso I), é *o titular da disponibilidade a que se refere o artigo 43, sem prejuízo de atribuir a lei essa condição ao possuidor, a qualquer título, dos bens produtores de renda ou dos proventos tributáveis,*[42] podendo *a lei atribuir à fonte pagadora da renda ou*

---

[42] "Além disso, o art. 45 do CTN acrescenta que a condição de contribuinte também pode ser atribuída pela lei ao possuidor, a qualquer título, dos bens produtores de renda ou

dos proventos tributáveis a condição de responsável pelo imposto cuja retenção e recolhimento lhe caibam.[43-44]

Assim, não há dúvida de que ao receber quantias em dinheiro decorrentes de pensão de alimentos, por força de decisão judicial, acordo homologado judicialmente, ou mesmo de acordo formalizado por meio de escritura pública, o beneficiário obteve acréscimo patrimonial, e, portanto, compatibiliza-se com o fato gerador do imposto sobre a renda e proventos de qualquer natureza, sendo assim contribuinte do referido imposto, posto que apresenta o alimentário relação pessoal e direta com o respectivo fato gerador (CTN, art. 121, parágrafo único, inciso I).

Insta enfatizar, pois, que a incidência do Imposto sobre renda e proventos de qualquer natureza sobre o recebimento em dinheiro a título de pensão alimentícia (Lei nº 7.713, de 22/12/1988, art. 3º, §1º; Decreto nº 3.000, de 26/03/1999, – Regulamento do Imposto de Renda – RIR, arts. 5º e 54) não contraria o disposto no artigo 153, *caput*, inciso III, da Constituição da República.

---

proventos sujeitos ao imposto. Ou seja, aquele que aufere a renda ou o provento, ainda que como possuidor dos bens produtores desses acréscimos patrimoniais, é o contribuinte do imposto, por ter relação direta e pessoal com a situação que configure o fato gerador desse tributo, que é a aquisição da disponibilidade econômica ou jurídica de renda ou do provento. [...] Por ser assim, quando o art. 45 do CTN admite que o possuidor de um bem possa ser contribuinte do imposto de renda, não o faz porque a pessoa é possuidora e quanto ao valor do bem possuído, mas sim, porque os rendimentos produzidos pelo bem possuído pertencem a ela, desde que possuidora de boa-fé (art. 1214 do Código Civil)" (OLIVEIRA, Ricardo Mariz, *op. cit.*, p. 450 e 451).

[43] Ricardo Mariz de Oliveira (*op. cit*, p. 452) assim explica a norma do parágrafo único, do art. 45, do CTN: "Note-se, muito especialmente, que a fonte pode ser responsável porque ela detém em mãos os recursos representativos da renda, e esta circunstância atende à exigência [...] de que o vínculo com a situação que configura o fato gerador, necessário ao estabelecimento da responsabilidade tributária, deve ser e de tal ordem que permita ao responsável adimplir a obrigação tributária sem ônus excessivos e, principalmente, sem assumir o ônus econômico do imposto, porque este sempre deve restar com o contribuinte, titular da respectiva capacidade contributiva". Assim, no caso, há "responsabilidade exclusiva na fonte e de somente ela poder ser cobrada pelo imposto na fonte (sem prejuízo de o contribuinte responder pelo imposto final devido sobre período-base)".

[44] Vittório Cassone (*Direito tributário*. 24. ed. São Paulo: Atlas, 2014, p. 244) extrai da CF/1988 e do CTN os seguintes elementos do fato gerador do IR: "Aspecto pessoal: Sujeito ativo = União (art. 153, III, CF). Sujeito passivo = contribuintes PF e PJ; e possuidor, a qualquer título, dos bens produtores de renda ou dos proventos tributáveis (art. 146, III, *a*, CF; art. 45, CTN). Responsável = reter na fonte e recolher (art. 45, parágrafo único, CTN). Aspecto Espacial: Território nacional (art. 153, III, CF). Aspecto Material: Auferir renda e proventos de qualquer natureza (art. 153, III, CF; art. 43, CTN). Aspecto Temporal: Aquisição da disponibilidade econômica ou jurídica de renda ou proventos de qualquer natureza (art. 153, III, CF; art. 43, CTN), em momento previsto em lei ordinária (art. 150, I, e art. 153, §2º, I, CF). Aspecto Quantitativo: Base de cálculo = Montante real, arbitrado ou presumido da renda ou proventos tributáveis (art. 146, III, a, CF; art. 44, CTN). Alíquota = estabelecida pela lei ordinária (art. 150, I, CF; e art. 97, IV, CTN)".

De fato, a Constituição Federal de 1988, no seu artigo 153, *caput*, inciso III, apenas discrimina hipótese de incidência material ou nuclear do imposto sobre renda e proventos de qualquer natureza, não definindo, detalhadamente, o que se considera renda ou proventos de qualquer natureza, tendo preferido acolher a definição então já existente do artigo 43 do CTN.

Tampouco o artigo 3º, §1º, da Lei nº 7.713, de 22/12/1988, correspondente ao artigo 54, do Decreto nº 3.000, de 26/03/1999 (RIR), contraria o previsto nos artigos 43 e 44 do Código Tributário Nacional, visto que, no caso vertente, a obtenção de ganho com as percepções de pensão alimentícia, ultrapassada a faixa de isenta para todos os contribuintes, constitui rendimentos, ou, mais especificamente, proventos de qualquer natureza, estando esse ganho em dinheiro sujeito ao recolhimento mensal do IRPF na modalidade do *carnê-leão*, até o último dia útil do mês subsequente ao do recebimento, sendo que a pensão paga em bens e direitos não está sujeita à tributação sob essa forma do *carnê-leão*,[45-46] estando, ainda, sujeita à tributação na declaração de ajuste anual.[47]

Já foi destacado que o artigo 44 do CTN define que a base de cálculo do imposto sobre renda e proventos de qualquer natureza é *o montante, real, arbitrado ou presumido, da renda ou dos proventos tributáveis*,

---

[45] "Ressalte-se que as pessoas físicas que perceberem rendimentos de outras pessoas físicas devem providenciar o pagamento mensal do Imposto de Renda mediante carnê-leão. Se os valores forem recebidos por pessoas jurídicas, haverá a retenção na fonte, consoante disciplina do artigo 7º da Lei nº 7.713/88" (MINARDI, Josiane. *Manual de direito tributário*. 2. ed. Salvador: Jus Podivm, 2015, p. 667).

[46] "Os beneficiários de pensões e alimentos percebidos em valor monetário em cumprimento de acordo homologado judicialmente ou de decisão judicial, inclusive alimentos provisionais ou provisórios são contribuintes do imposto de renda sobre tais rendimentos podendo a tributação se feita em nome próprio ou em nome pelo tutor, curador ou responsável por sua guarda conforme disciplina o art. 5º do RIR/99. O responsável pelo alimentado pode optar pela inclusão deste como seu dependente na Declaração de Ajuste Anual, situação que determina a inclusão dos rendimentos deste. [...] Assim, verbas relativas à pensão alimentícia correspondem a deduções dos rendimentos tributáveis para quem paga e rendimentos tributáveis, se ultrapassada o limite de isenção estabelecido na tabela progressiva, para quem as recebe. Nos termos, da Lei nº 10.406, de 10 de janeiro de 2002 (Código Civil), os alimentos provisionais serão fixados pelo juiz, nos termos da lei processual (art. 1.706). A Lei 5.478, de 25 de julho de 1968, dispõe sobre ação de alimentos e dá outras providências e a Lei 8.971, de 29 de dezembro de 1994, regula o direito dos companheiros a alimentos" (PENHA, José Ribamar Barros. *Imposto de renda pessoa física*. 2. ed. São Paulo: MP, 2011, p. 107 e 108).

[47] O alimentário que recebeu bens e direitos a título de pensão alimentícia deve incluí-los na declaração de ajuste anual, considerando como custo de aquisição o valor relativo à pensão alimentícia. Por sua vez, o alimentante deve apurar o ganho de capital relativo aos bens e direitos dados em pagamento, quando tributáveis, considerando como valor de alienação o valor da pensão alimentícia

não exigindo tal norma que a base de cálculo seja única para todas as incidências do imposto, previstas por lei ordinária.

Ora, em nenhum desses preceptivos legais há qualquer vedação de incidência do imposto de renda e proventos de qualquer natureza sobre pessoa física baseada em fato específico, ou seja, sobre a percepção em dinheiro de pensão alimentícia inexiste, na legislação do IRPF, qualquer concessão de isenção desses rendimentos ou proventos, tampouco existe qualquer previsão legal de dedução desses valores recebidos em dinheiro pelo alimentário.

Insta realçar que em nenhum dos preceptivos legais supracitados há determinação de que a renda ou o provento seja global, não existindo, na Constituição brasileira, o sondado princípio da unicidade da tributação da renda,[48] nem existe a obrigatoriedade de que a renda ou o provento deva decorrer de um conjunto de fatos contabilizados em determinado período,[49] ou que sempre se deveria deduzir dos ganhos

---

[48] SARAIVA FILHO, Oswaldo Othon de Pontes. Os fatos geradores do IRPJ: Lucros no exterior. *Revista Fórum de Direito Tributário*, n. 01, p. 28 a 45, jan./fev. 2003.

[49] SARAIVA FILHO, Oswaldo Othon de Pontes. *IRPJ*: tráfegos entrante e sainte de telecomunicações: regulamento de Melbourne. In: TÔRRES, Heleno Taveira (Coord.). *Direito tributário das telecomunicações*. São Paulo: Thomson IOB, 2004, p. 77-107: "Quanto às pessoas físicas domiciliadas no Brasil, de há muito, adotamos o princípio da universalidade, segundo o critério do domicílio; já no que tange às pessoas naturais não domiciliados no País, o Brasil vem adotando o princípio da territorialidade, segundo os critérios da fonte produtora, se o serviço se der no País, ou da fonte pagadora da renda, se o serviço é prestado no exterior. [...] Assim, quanto à tributação dos domiciliados no Brasil, sempre adotamos, para as pessoas físicas, o princípio da universalidade com base no domicílio. Em relação às pessoas jurídicas até 1995, o critério era o da territorialidade. A partir de 1996, passou a viger o princípio da universalidade com supedâneo no domicílio. Em relação aos não residentes, nunca houve discrepância, na doutrina e na jurisprudência pátria, quanto ao fato de incidir o Imposto de Renda na fonte sobre o rendimento decorrente de serviço prestado ou produzido no Brasil por parte de pessoa física ou jurídica residente ou domiciliada no exterior, mas pago por pessoa física ou jurídica aqui domiciliada. As jurisprudências hodiernas do Supremo Tribunal Federal e do extinto Tribunal Federal de Recursos, em face da legislação que passou a ser vigente, são favoráveis à incidência do imposto sobre a renda na fonte a qualquer rendimento pago por fonte brasileira a beneficiário estrangeiro, mesmo que o serviço ou o negócio tenha sido realizado totalmente no exterior. O T.F.R. editou a Súmula nº 174, e o S.T.F., em várias decisões, assentou, em face da nova legislação, a licitude dessa incidência: S.T.F., Pleno, RE 71.758-GB, Rel. Min. Thompson Flores. Ementa: '*Imposto de Renda. Remessa de juros para o exterior, após o advento do Dl. 401/68. Incidência.*' (in *RTJ* 66/140); S.T.F., Pleno, RE 76.792-SP, Rel. Min. Xavier de Albuquerque. Ementa: '*Imposto de Renda. Juros sobre empréstimo em dinheiro, contraído no exterior para aplicação no Brasil. Remessa sujeita a incidência do imposto.*' (in *RTJ* 71/479); S.T.F., Pleno, RE 101.066-5-SP, Rel. Min. Oscar Corrêa. Ementa: 'Imposto de Renda – Incidência nas remessas para o exterior, na forma do Dec.-lei 1.418/75. Inaplicabilidade da súmula 585 e não dissídio com decisões posteriores, diversa a hipótese. Recurso extraordinário não conhecido.' (in *DJ* 19.10.84); S.T.F., 2ª T., RE 100.275-SP, Rel. Min. Djaci Falcão. Ementa: 'Tributário. Imposto de Renda sobre remessa de numerário para pagamento de serviços prestados no exterior, por empresa que não opera no Brasil.

Não se aplica a súmula 585 do STF, ante a superveniência do Decreto-lei nº 1.418 de 2.9.75. Recurso extraordinário não conhecido.' (in *RTJ* 113/267); S.T.F., 2ª T., RE 103.566-SP, Rel. Min. Djaci Falcão. Ementa: 'Tributário. Imposto de renda sobre remessa de numerário para pagamento de serviços prestados no exterior, por empresa que não opera no Brasil. Não se aplica ao caso a Súmula nº 585 do STF, ante a superveniência do Decreto-lei nº 1.418 de 2.9.75. Recurso extraordinário não conhecido.' (in *RTJ* 112/1380); S.T.F., 2ª T., RE 102.365-SP, Rel. Min. MOREIRA ALVES. Ementa: 'Imposto de Renda. Remessa de divisas para pagamento de serviços prestados no exterior. Acórdão fundado no Decreto-lei 1.418/75. Falta de prequestionamento (súmulas 282 e 356) da questão relativa ao artigo 43, I e II, do C.T.N. Dissídio de jurisprudência não demonstrado, pois a súmula 585 e os acórdãos trazidos a confronto se baseiam em normas jurídicas anteriores ao Decreto-lei 1.418/75. Recurso extraordinário não conhecido.' (in *DJ* de 23.11.84); S.T.F., 2ª T., RE 102.641-SP, Rel. Min. Moreira Alves. Ementa: 'Imposto de renda. Serviços prestados no exterior. Decretos-leis nºs 1.418/75 e 1.446/76. – Já se firmou a jurisprudência desta Corte no sentido de que a Súmula nº 585 não se aplica às hipóteses ocorridas depois do advento do Decreto-lei nº 1.418/75. Eventual dissídio de jurisprudência estaria superado (Súmula nº 286). – Aplicação da Súmula nº 400 quanto à alegação de negativa de vigência dos artigos 43, I e II, e 101, ambos do CTN, e do artigo 9º, §2º, da Lei de Introdução ao Civil. Recurso extraordinário não conhecido.' Trago à colação trecho do voto do Exmº Sr. Min. Moreira Alves: 'Por outro lado, no tocante à alegação de negativa de vigência dos artigos 43, I e II, e 101, ambos do CTN, e do artigo 9º, §2º, da Lei de Introdução ao Código Civil, o aresto prolatado em embargos de declaração assim a repeliu: 'Detendo-me, no entanto, nas ressalvas oferecidas, estou em que o Decreto-lei nº 1.446/76 não conflita com o art. 43 do CTN, pois, no seu sistema, o remetente brasileiro não se identifica com o contribuinte, com o adquirente da disponibilidade econômica ou jurídica, mas aparece uma relação de sujeição passiva indireta, enquanto responsável tributário, retentor na fonte nos moldes do Decreto-lei nº 401/68, cuja constitucionalidade foi proclamada pelo Alto Pretório (*RTJ* 59/199). Em outras palavras: aqui, o legislador, pretendendo atingir o rendimento do contribuinte domiciliado no exterior, sem dependências no Brasil, não o podendo fazer diretamente, sob o ângulo prático, utilizava o expediente técnico-jurídico da retenção na fonte, fazendo-o por via indireta. De outro lado, o princípio emergente do art. 9º da Lei de Introdução ao Código Civil, tendente à regra de territorialidade da lei, nos contratos oponível no regime fiscal anterior, à falta de tratamento particular, não é invocável hoje, *data venia*, em face de norma tributária explícita: frise-se que o imposto de renda não incide sobre contratos das obrigações pactuadas e que os valores perseguidos pelo legislador tributário não se identificam com os que informam a lei introdutória. Nesse contexto, não vejo afronta do Decreto-lei nº 1.446/76 ao artigo 101 do CTN'. Essa interpretação é, pelo menos razoável, motivo por que é de aplicar-se a Súmula nº 400.' (in *RTJ* 114/778 e 783-784); S.T.F., 2ª T., RE 103.567-SP, Rel. Min. Francisco Rezek. Ementa: 'Imposto de renda. Remessa de divisas para o exterior. Decreto-lei nº 1.418/75. Súmula 585 (inaplicabilidade). A partir do Decreto-lei nº 1.418/75 é lícita a retenção do imposto de renda na remessa de divisas para o exterior, pagando serviços prestados por empresa ali sediada. Interpretação do artigo 9º da Lei de Introdução ao Código Civil. Recurso extraordinário não conhecido.' Nesse julgamento, assim se expressou o Exmº Sr. Min. Rezek: 'A norma em exame tampouco tem a ver com a assertiva – de resto, rotundamente equívoca – de que o fato gerador da obrigação tributária deva necessariamente produzir-se no território na nação tributante.' (in *RTJ* 112/933-934); S.T.F., 1. T., RE 104.214-1-BA, Rel. Min. Oscar Corrêa. Ementa: 'Imposto de Renda sobre remessa de divisas para pagamento de custas, no exterior, posteriormente à nova legislação que regulou a hipótese (Decretos-leis 1418/75 e 1446/76). Inaplicabilidade da Súmula 585, editada no regime anterior. Recurso extraordinário não conhecido.' (in *DJ* 19.12.84); S.T.F., 1ª T., RE 103.370-3-SP, Rel. Min. Oscar Corrêa. Ementa: 'Imposto de renda sobre remessa de divisas para pagamento de serviços prestados no exterior, por empresa que não opera no Brasil, posteriormente à nova legislação que regulou a hipótese (Decreto-lei 1418/75 e 1446/76). Inaplicabilidade da súmula 585, editada no regime anterior. Recurso extraordinário não conhecido.' (in *DJ* de 17.5.85); S.T.F., 2ª T., RE 104.225-7/BA, Rel. Min. Aldir Passarinho. Ementa: 'Tributário. Imposto de Renda.

as despesas para a sua obtenção, num determinado lapso de tempo, já que essas escolhas dependem de estipulação por parte de lei ordinária federal, havendo, ainda, hipóteses toleradas, em que não é viável o encontro de contas entre a receita obtida e a despesa efetuada para obtê-la.

Importante frisar que sempre se considerou legítimo e normal que o Código Tributário Nacional definisse, como norma geral, os elementos materiais ou nucleares do fato gerador do imposto sobre a renda e os proventos de qualquer natureza, da mesma forma que sempre foi considerado legítimo e usual que lei ordinária federal estabelecesse o aspecto temporal ou o momento de ocorrência desse fato gerador.[50]

De modo que a hipótese de receita, renda ou proventos globalmente verificados, ainda que em fatos isolados mensalmente, ainda que, em casos específicos, sem a possibilidade de se deduzir os gastos para a obtenção do rendimento, mesmo diante da inexistência de despesas, é lícita e constitucional, posto que sucede a obtenção de acréscimo patrimonial.

Destarte, repita-se que o CTN previu como hipótese de incidência do imposto sobre a renda e proventos de qualquer natureza a disponibilidade econômica ou jurídica de renda e proventos de qualquer natureza, considerando que essa disponibilidade traga um acréscimo patrimonial.

Qualquer acréscimo patrimonial pode ser verificado dentro de um determinado período – caso de incidência periódica do imposto, ou no exato momento da percepção da renda, quando a incidência, na espécie, é instantânea, caso do Imposto de Renda retido na fonte, e que, algumas vezes, também é definitiva.[51-52]

Remessa de numerário para o exterior. Operação posterior ao Dec.-lei 1.418, de 3.9.75. Súmula 585: inaplicação. Já decidiu o Supremo Tribunal Federal que após a vigência do Dec.-lei nº 1.418, de 3.9.75 já não subsiste a jurisprudência consubstanciada na Súmula 585. E que, após aquele diploma legal, é exigível o imposto sobre a remessa de divisas para o exterior embora para pagamento de serviços ali prestados por empresa que não opera no Brasil.' (in *DJ* de 22.11.85)".

[50] SARAIVA FILHO, Oswaldo Othon de Pontes. Os fatos geradores do IRPJ: lucros no exterior. *Revista Fórum de Direito Tributário*, n. 01, jan./fev. 2003, p. 35.

[51] "O imposto sobre a renda e proventos de qualquer natureza incide, em regra geral, sobre rendas auferidas em determinado período. O imposto, em princípio, é de incidência anual. Existem, porém, ao lado dessa incidência genérica, incidências específicas, denominadas incidências na fonte. Podem, ser mera antecipação Da incidência genérica e podem ser, em certos casos, incidência autônoma. (MACHADO, Hugo de Brito. *Curso de direito tributário*, p. 324).

[52] "Já na tributação relativa às pessoas naturais (físicas), a legislação tributária tende a erigir o regime de caixa, ou seja, o rendimento deve ser oferecido à tributação apenas no momento do efetivo recebimento financeiro. Aplica-se aqui o critério da disponibilidade

A interpretação que considerasse que a incidência do imposto sobre a renda só poderia ser periódica ou complexa, dando-se oportunidade para a dedução dos custos para a obtenção da renda num determinado período, tornaria ilegítima toda cobrança do imposto na fonte, quer na dita modalidade de antecipação para posterior ajuste, quer, por mais motivo ainda, a incidência isolada e definitiva, sob a argumentação de que não tendo sido verificado o real acréscimo patrimonial, não teria ocorrido ainda o fato gerador, o que geraria a ilegitimidade de uma prática que Fisco brasileiro sempre adotou, sem qualquer embaraço jurisprudencial, o que demonstra o desacerto dessa exegese.

Impende observar que a Constituição Federal admite a incidência instantânea e isolada do Imposto sobre a Renda, quando o acréscimo patrimonial é constatado logo com o recebimento da receita, sem que se possa deduzir os custos para a obtenção da renda. Essa perspectiva constitucional pode ser encontrada com os preceptivos constitucionais dos artigos 157, inciso I, e 158, I, que dispõem que pertencem aos Estados, ao Distrito Federal e aos Municípios o produto da arrecadação do imposto da União sobre a renda e proventos de qualquer natureza incidente na fonte sobre rendimentos pagos, a qualquer título, por eles, suas autarquias e fundações.[53]

Impende ressaltar que compete a lei ordinária federal estabelecer, observado o princípio da razoabilidade, aquilo que é isento ou pode ser deduzido, abatido ou compensado, para se encontrar a renda tributável, assim como cabe também a essa lei estabelecer o fato gerador temporal do imposto.

Aduza-se que, tradicionalmente no país, em algumas hipóteses de tributação na fonte, como nos casos do rendimento enviado para o exterior pelo responsável tributário, para o pagamento de serviços recebidos por pessoa física ou jurídica residente ou domiciliada no exterior, independentemente do local da execução dos serviços, em face da impossibilidade de uma tributação, pelo Fisco brasileiro, com base

---

econômica (ou financeira) da renda. O Salário relativo ao mês de setembro, mas que só é recebido em outubro, integra o rendimento deste mês. O CTN oferece essa flexibilidade para a legislação ordinária. Esta pode usar tanto um [regime de caixa] como outro regime [de competência – comum para as pessoas jurídicas] de reconhecimento dos rendimentos" (ROCHA, João Marcelo Oliveira. *Direito tributário*. 10. ed. Rio de Janeiro: Forense; São Paulo: Método, 2015, p. 224).

[53] Alexandre Mazza (*Manual de direito tributário*. São Paulo: Saraiva, 2015, p. 378) anota a Súmula nº 447 do STF no seguinte teor: "Os Estados e o Distrito Federal são partes legítimas na ação de restituição de imposto de renda retido na fonte proposta por seus servidores".

na verificação do real acréscimo patrimonial do contribuinte, tem sido admitida a tributação da renda instantânea ou uma tributação isolada e definitiva da renda, que, no caso, apenas identifica-se economicamente com a receita,[54] embora, geralmente, possa o contribuinte estrangeiro, ocorrido o fato gerador no exterior, deduzir do imposto sobre a renda no país de domicílio a parcela paga ao Fisco brasileiro, sendo tributado no exterior pela receita líquida ou pelo lucro.

Demonstrado está que a Constituição brasileira e a nossa legislação tributária sempre admitiram, em casos específicos, como, por exemplo, na impossibilidade de se obter a constatação do real acréscimo patrimonial num determinado período, a tributação, na prática, a título do imposto de renda, com base nas receitas.

A esse respeito, em trabalho de autoria coletiva sobre o tema "Fato gerador do imposto sobre a renda e proventos de qualquer natureza", Gilberto de Ulhôa Canto, Antônio Carlos Garcia de Souza e Ian de Porto Alegre Muniz assim opinaram:

> Em tese, parece-nos que alguns casos de tributação na fonte comportam a cobrança de uma alíquota prevista em lei sobre um rendimento tomado como base de cálculo representativa de um acréscimo patrimonial, pois o arbitramento é facultado pelo art. 148 do CTN quando não for possível a apuração da base real. Ora, essa é a situação quando, por exemplo, se trate de rendimento auferido por beneficiado residente e domiciliado no exterior, pois a autoridade tributária brasileira não pode compeli-lo a exteriorizar todos os elementos que segundo a nossa lei conduzem à apuração do seu acréscimo patrimonial efetivo.[55]

No mesmo diapasão, Bernardo Ribeiro de Moraes: "o conceito de *receita* acha-se ligado ao patrimônio da pessoa. Quem aufere receita tem o seu patrimônio ou a sua riqueza alterada. (...) O dinheiro recebido pela venda de um serviço é receita, produz enriquecimento do patrimônio da pessoa prestadora do serviço".[56]

---

[54] O STF editou duas súmulas exatamente no mesmo diapasão do que foi dito anteriormente: "Súmula nº 586 – Incide imposto de renda sobre os juros remetidos para o exterior, com base em contrato de mútuo. Súmula 587 – Incide imposto de renda sobre o pagamento de serviços técnicos contratados no exterior e prestados no Brasil".

[55] CANTO, Gilberto de Ulhôa; SOUZA, Antônio Carlos Garcia de; MUNIZ, Ian de Porto Alegre. In: MARTINS, Ives Gandra da Silva (Coord.). *O fato gerador do imposto sobre a renda e proventos de qualquer natureza:* caderno de pesquisas tributárias. São Paulo: CEU/Resenha Tributária, 1986. v. 11, p. 11-12.

[56] MORAES, Bernardo Ribeiro de. *Doutrina e prática do imposto sobre serviços.* São Paulo: Revista dos Tribunais, 1975, p. 520.

O fato é que, como regra geral, a Constituição Federal e o Código Tributário Nacional utilizam o conceito de renda e proventos como acréscimo patrimonial, variando esse conceito nos dois polos: um deles, que é a regra, como renda ou proventos líquidos ou lucro líquido, este nos termos da lei comercial, considerando determinado período, mas acolhem, também, no outro polo, a incidência do imposto de renda e proventos de qualquer natureza sobre o ganho, receita ou proventos isolados, e até mesmo sobre a tributação exclusiva ou definitiva, na fonte ou paga por *carnê-leão*, nas hipóteses em que sucede a disponibilidade do rendimento e ocorre o acréscimo patrimonial, ou quando há a impossibilidade de o Fisco brasileiro quantificar em termos reais esse acréscimo, ou quando não exista despesa alguma do beneficiário para a obtenção do rendimento.

Identificados esses elementos, insta realçar que, desde que não seja desarrazoada, ou seja, que não faça ruir a distribuição constitucional do poder tributar – que trate, por exemplo, como renda ou proventos, como mera ficção, aquilo que é uma indenização[57] ou um dispêndio; ou que trate como acréscimo patrimonial aquilo que é prejuízo – *não renda*,[58] sempre se reconheceu, tanto na doutrina, como na jurisprudência, a competência da lei ordinária para detalhar os conceitos de renda, proventos e das bases de cálculo desse imposto, bem como para estabelecer os respectivos fatos geradores temporais, as faixas de enquadramento nas diversas alíquotas progressivas, as deduções, os abatimentos e isenções desse gravame, etc.

Na doutrina, autores se irmanaram na defesa da constitucionalidade da tributação em separado e definitiva do rendimento de capital retido na fonte e do lucro operacional, de que tratam os artigos 29 e 36 da Lei nº 8.541, de 23 de dezembro de 1992, entendendo que

---

[57] Súmula do STJ nº 498: "Não incide imposto de renda sobre indenização por danos morais".

[58] Vittório Cassone (*Op. cit.*, 2014, p. 232 a 233) traz o seguinte trecho de voto do senhor Ministro Marco Aurélio, proferido no RE nº 150.764-1/PE, STF-Pleno, RTJ 147-3, p. 1024: "Senhor Presidente, leio, de memorial que me foi entregue pelo escritório Ulhôa Canto, Resende e Guerra, o seguinte trecho: 'Senhor Presidente, é certo que podemos interpretar a lei, de modo a arredar a inconstitucionalidade. Mas, interpretar interpretando e não mudando-lhe o texto e, menos ainda, criando um imposto novo, que a lei não criou. Como sustentei muitas vezes, ainda no Rio, se a lei pudesse chamar de compra o que não é compra, de importação o que não é importação, de exportação o que não é exportação, de renda o que não é renda, ruiria todo o sistema tributário inscrito na Constituição. Ainda há poucos dias, numa carta ao eminente Ministro Pedro Kelly, a propósito de um discurso seu sobre Milton Campos, eu lembrava a frase de Napoleão: 'Tenho um amo implacável, que é a natureza das coisas.' [...] É trecho, Senhor Presidente, de voto proferido, nesta Corte, pelo saudoso Ministro Luiz Gallotti" (Proferido no RE nº 71.758/GB, STF-Pleno, *RTJ* 66, p. 165).

o princípio da universalidade não compreende o chamado princípio, que seria implícito, da unidade ou da reunião de todos os rendimentos numa mesma base de cálculo, para efeito de se verificar o acréscimo patrimonial ou o prejuízo, concepção esta que salva e legitima todos os tipos de tributação do imposto sobre a renda na fonte de forma autônoma ou exclusiva.[59-60]

A propósito, a Primeira Turma do Superior Tribunal de Justiça ergueu firme pedestal jurisprudencial acerca da legitimidade da tributação pelo IRPJ exclusiva na fonte sobre os ganhos de aplicações financeiras, ainda que nas atividades operacionais da empresa esta tenha tido prejuízo (Cf. REsp nº 476.499/SC, Rel. Min. José Delgado, *DJ* de 10/03/2003; REsp nº 389.485/PR, Rel. Min. Garcia Vieira, *DJ* de 25/03/2002; REsp nº 187.793/MG, rel. Min. Garcia Vieira, *DJ* de 03/05/1999).

É, pois, insofismável, como já dito anteriormente, que o fato gerador do Imposto de Renda prevê a existência de qualquer tipo de acréscimo patrimonial.

Em relação ao aspecto quantitativo do IRPF, em regra, a base de cálculo do imposto de renda das pessoas físicas é, especificamente, fixada pela lei ordinária, abrangendo a totalidade das rendas e dos proventos de qualquer natureza, salvo os expressamente excluídos (as exclusões expressas têm a natureza de isenção;[61] algumas são de

---

[59] "A hipótese de imposição do imposto sobre a renda e proventos de qualquer natureza. A convivência de regimes jurídicos distintos para a apuração do 'quantum debeatur' concernente ao referido tribute – opinião legal" (MARTINS, Ives Gandra da Silva. A hipótese de imposição do imposto sobre a renda e proventos de qualquer natureza. A convivência de regimes jurídicos distintos para a apuração do *'quantum debeatur'* concernente ao referido tribute: opinião legal. *LTr – Suplemento Tributário*, n. 28, 1993); e SARAIVA FILHO, Oswaldo Othon de Pontes. SARAIVA FILHO, Oswaldo Othon de Pontes. IR: rendimentos auferidos em aplicações financeiras: (em regime distinto e segregado da tributação dos lucros operacionais): Lei nº 8.541, de 23.12.92. *Revista de Direito Tributário*, São Paulo, Malheiros, n. 61, p. 115 a 121.

[60] Em sentido contrário ao texto deste artigo, ou seja, defendendo a existência do princípio da unidade da renda, cf. MACHADO, Hugo de Brito. *Comentários ao Código Tributário Nacional*, p. 436 e 437.

[61] O art. 6º da Lei 7.713, de 22/12/1988, estabelece hipóteses de isenções do IRPF, sendo de se destacar as previstas nos incisos XIV, XV e XXI: "Art. 6º Ficam isentos do imposto de renda os seguinte rendimentos percebidos por pessoas físicas: ... XIV – os proventos de aposentadoria ou reforma motivada por acidente em serviço e os percebidos pelos portadores de moléstia profissional, tuberculose ativa, alienação mental, esclerose múltipla, neoplasia maligna, cegueira, hanseníase, paralisia irreversível e incapacitante, cardiopatia grave, doença de Parkinson, espondiloartrose anquilosante, nefropatia grave, hepatopatia grave, estados avançados da doença de Paget (osteíte deformante), contaminação por radiação, síndrome da imunodeficiência adquirida, com base em conclusão da medicina especializada, mesmo que a doença tenha sido contraída depois da aposentadoria ou

não incidência – imunidades, indenizações[62]), as deduções da base de cálculo e abatimentos do imposto devido, também expressamente por lei relacionados, além de a lei fixar as tabelas progressivas de incidência desse gravame.

No ajuste anual, somam-se os rendimentos percebidos no ano, subtraindo do somatório das deduções (contribuição previdenciária, despesas médicas, odontológicas, despesas com educação e contribuição FAPI, pensão alimentícia fornecida, dedução padrão por dependente e despesas escrituradas em livro-caixa).[63]

Em que pese a relevância constitucional da alimentação, como direito social (CF, art. 6º, redação dada pela EC nº 64/2010), deve ser ressaltado, a bem da verdade, que a Constituição Federal não assegura, diretamente, aos contribuintes, beneficiários de pensões alimentícias, direito algum a uma pretendida imunidade do imposto sobre a renda e proventos de qualquer natureza, nem mesmo previu a possibilidade de que lei infraconstitucional estabelecesse isenção integral em favor

---

reforma (redação dada pela Lei nº 11.052, de 2004); XV – os rendimentos provenientes de aposentadoria e pensão, de transferência para a reserva remunerada ou de reforma pagos pela Previdência Social da União, dos Estados, do Distrito Federal e dos Municípios, por qualquer pessoa jurídica de direito público interno ou por entidade de previdência privada, a partir do mês em que o contribuinte completar 65 (sessenta e cinco) anos de idade, sem prejuízo da parcela isenta prevista na tabela de incidência mensal do imposto, até o valor (redação dada pela Lei nº 11.482, de 2007) de R$ 1.903,98 (mil, novecentos e três reais e noventa e oito centavos), por mês, a partir do mês de abril do ano-calendário de 2015 (redação dada pela Lei nº 13.149, de 2015); ... XXI – os valores recebidos a título de pensão quando o beneficiário desse rendimento for portador das doenças relacionadas no inciso XIV deste artigo, exceto as decorrentes de moléstia profissional, com base em conclusão da medicina especializada, mesmo que a doença tenha sido contraída após a concessão da pensão. (Incluído pela Lei nº 8.541, de 1992)".

[62] Eduardo Sabbag (*Manual de direito tributário*. 7. ed. São Paulo: Saraiva, 2015, p. 1247) lista alguns casos de incidência e de não incidência do IR, reconhecidos em Súmulas: "1. Não incide imposto de renda sobre pagamento em dinheiro de férias não gozadas por ocasião da rescisão do contrato de trabalho, aí se incluindo a remuneração adicional, exatamente por ter natureza indenizatória (Súmula nº 125 do STJ); 2. Não incide imposto de renda sobre a indenização recebida pela adesão a programa de incentivo à demissão voluntária (Súmula nº 215 do STJ); ... 5. Incide imposto de renda sobre os valores percebidos a título de indenização por horas extraordinárias trabalhadas, ainda que sejam decorrentes de acordo coletivo (Súmula nº 463, do STJ)".

[63] Normalmente, são as seguintes as deduções do IRPF no ajuste anual: abatimento padrão, despesas com saúde de forma ilimitada, gastos com instrução para o próprio contribuinte ou para seus dependentes, dentro do limite legal anual individual, contribuição previdenciária oficial, previdência privada, limitada por lei (Fundo de Aposentadoria Programada Individual – FAPI: 12% do total dos rendimentos tributáveis na declaração) e despesas com cada dependente dentro do limite legal, devendo o dependente ser isento da cobrança do imposto e não ser declarado por outro contribuinte. Na quantificação da renda de atividades em regime de trabalho autônomo é admitida a dedução de todos os custos e despesas indispensáveis à produção da renda, desde que demonstrados no livro-caixa.

dos alimentados ou pensionistas, independentemente das quantias em dinheiro percebidas.

Não é correto imaginar que a simples previsão constitucional, como um dos direitos sociais, do direito à alimentação (CF, art. 6º, com redação dada pela Emenda Constitucional nº 64/2010), ou a colocação constitucional de imperiosidade do respeito à dignidade da vida e da existência humana (CF, art. 3º, III; art. 5º, *caput*; art. 170; art. 226, §§7º e 8º; art. 227) fossem bastante e suficiente para se deduzir que a Constituição brasileira teria conferido imunidade de Imposto de Renda e proventos de qualquer natureza em relação a quaisquer valores recebidos em dinheiro a título de pensão ou alimentos, ou mesmo que a Constituição teria assegurado que lei infraconstitucional estabelecesse total isenção do aludido imposto, ou mesmo tivesse obrigado qualquer dedução no caso de recebimento de pensão alimentícia.

Aliás, tendo em vista que, por expressa disposição constitucional, as imunidades tributárias são limitações ao poder de tributar, somente a Constituição da República, através de norma de imunidade tributária expressa, pode limitar o Poder Legislativo, somente a Lei Maior pode negar competência tributária ao ente que a própria Carta Política concede o poder tributante.

Para evitar qualquer equívoco de concepção, basta trazer à colação o teor do artigo 6º, da Constituição da República, *ipsis litteris*:

> Art. 6º São direitos sociais a educação, a saúde, a alimentação, o trabalho, a moradia, o lazer, a segurança, a previdência social, a proteção à maternidade e à infância, a assistência aos desamparados, na forma desta Constituição.

Mas colime-se o absurdo: se, *ad argumentandum tantum*, o raciocínio acolhido pelo Instituto Brasileiro de Direito de Família estivesse correto, então, não só os alimentos estariam imunes ao imposto de renda e proventos de qualquer natureza, mas também os rendimentos decorrentes do trabalho, ou seja, os salários ou quaisquer remunerações a mão de obra, as aposentadorias e pensões previdenciárias, que mantêm, também, natureza alimentar; os lucros de empresas de assistência à saúde, ou seja os rendimentos de médicos, hospitais, clínicas, laboratórios, farmácias, os gastos com remédios adquiridos em farmácia seriam, obrigatoriamente, dedutíveis do imposto de renda, ou os resultados positivos da prestação de educação, ainda que com fins lucrativos, estariam também constitucionalmente exonerados; a atribuição de competência aos Municípios e ao Distrito Federal, para a exigência do imposto sobre transmissão de bens imóveis com finalidade de habitação por atos onerosos entre pessoas vivas estaria, praticamente, anulada; o total de gastos com educação deveria obrigatória e integralmente ser deduzido do imposto de renda, etc., enfim, tudo estaria imune ou seria, forçosamente, isento ou dedutível; pois tudo isso está, também, relacionado com os direitos sociais previstos no artigo 6º da Lei Maior!

Ainda no raciocínio equivocado do IBDFAM, os gastos com instrução própria ou dos dependentes deveriam ser, obrigatoriamente, deduzidos de forma integral do Imposto de Renda devido pelo provedor, pois inclusa a referida despesa no âmbito do primeiro direito social – a educação (CF/1988, art. 6º) –[64] quando a lei tributária, com o respaldo do Supremo Tribunal Federal, autoriza dedução da base de cálculo relativa a despesa com educação, mas observado o limite ou o teto legal individual por dependente.[65]

Outros seriam encorajados a advogar, por exemplo, que, como o artigo 215 da Constituição Federal dispõe que o Estado garantirá a todos o pleno exercício e o acesso à cultura, então, as pessoas que promovem empreendimentos relacionados com a cultura, ainda que com fins lucrativos, estariam imunes ou, obrigatoriamente, isentas de impostos, ou que os gastos pessoais com o consumo de teatro, cinema, *show* musical, esportes, e assim por diante deveriam, por hipotética determinação constitucional, seriam, obrigatoriamente, isentos ou deduzidos, por lei, do Imposto de Renda! Meu Deus! Afinal, quem sobraria para custear as despesas do Estado brasileiro?

Destarte, deve ser ressaltado, pois, que todos direitos sociais e remunerações de natureza alimentar,[66] exceto em casos de indenização,

---

[64] SARAIVA FILHO, Oswaldo Othon de Pontes. Dedução com gastos para a educação na declaração do ajuste anual do IRPF. *Revista Fórum de Direito Tributário*, n. 63, p. 29-34, maio/jun. 2013.

[65] STF, T2, RE 606.179-AgR, Rel. Min. Teori Zavascki: "Ementa – TRIBUTÁRIO. AGRAVO REGIMENTAL NO RECURSO EXTRAORDINÁRIO. IMPOSTO DE RENDA PESSOA FÍSICA. LEGISLAÇÃO QUE ESTABELECE LIMITES À DEDUÇÃO DE GASTOS COM EDUCAÇÃO. CONSTITUCIONALIDADE. IMPOSSIBILIDADE DE O PODER JUDICIÁRIO ATUAR COMO LEGISLADOR POSITIVO. PRECEDENTES. 1. A jurisprudência do STF é no sentido de que não pode o Poder Judiciário estabelecer isenções tributárias, redução de impostos ou deduções não previstas em lei, ante a impossibilidade de atuar como legislador positivo. 2. Assim, não é possível ampliar os limites estabelecidos em lei para a dedução, da base de cálculo do IRPF, de gastos com educação (AI 724.817-AgR, rel. Min. Dias Toffoli, T1, *DJe* de 09-03-2012; e RE 603.060-AgR, rel. Min. Cármen Lúcia, T1, *DJe* de 03-03-2011). 3. Agravo regimental a que se nega provimento" (*DJe* 04/06/2013).

[66] O entendimento de que não poderiam ser tributados alimentos e pensão, dada sua natureza alimentar, esbarra na prática cotidiana desde a primeira instituição do imposto

são usual e pacificamente tributados no ordenamento jurídico pátrio, sem que qualquer dúvida fosse, até aqui, levantada acerca de sua constitucionalidade.

Embora possa parecer, à primeira vista, que o Instituto Brasileiro de Direito de Família seja uma associação conservadora, no bom sentido da palavra, mesmo acreditando que ela não tenha consciência da gravidade das implicações que decorreria de sua posição, em verdade, o que ela propõe, na referida ação direta de inconstitucionalidade, poderia trazer, simplesmente, a nefasta consequência de fazer ruir toda a distribuição constitucional do poder de tributar e a repartição constitucional de receitas tributária. O que o IBDFAM defende poderia levar ao caos e impedir a tributação praticamente sobre tudo e sobre todos, em total descuramento aos critérios constitucionais para o imposto de renda e proventos de qualquer natureza de generalidade e universalidade (CF, art. 153, §2º, inciso I), seria acabar com o Estado brasileiro e criar a soberania do setor privado, seria instituir a anarquia no país!

Como é que o Estado, nessa visão infeliz do IBDFAM, poderia obter recursos do setor privado para custear todos os seus serviços e encargos de interesse da sociedade? Como o Estado brasileiro, privado de receitas tributárias, poderia satisfazer as necessidades públicas e realizar o bem comum, tendo em mente que vivemos num Estado liberal de economia globalizada, em que não tem a menor relevância a obtenção de receitas originárias, já que a quase totalidade das receitas públicas é derivada de espécie tributária?

Deve ser ponderado que, no Estado Fiscal Democrático de Direito, como é a República Federativa do Brasil, a tributação e os seus níveis sucedem, não por maldade dos governantes e parlamentares eleitos, mas, com observância dos princípios da igualdade no tratamento fiscal, capacidade contributiva e da vedação de utilização de tributo com fins de confisco (CF, art. 150, II e IV; art. 145, §1º), pela necessidade pública, pela quantidade de receitas que o Poder Público precisa para custear os seus encargos, para realizar o bem comum, para realizar obras de infraestrutura, para prover vários serviços públicos, como a

---

de renda de aplicação geral, nos termos do art. 31 da Lei nº 4.625, de 31/12/1922, que tinha redação parecida à atual no que tange à amplitude das verbas sujeitas à incidência do IR: "Art. 31. Fica instituído o imposto geral sobre a renda, que será devido, anualmente, por toda a pessoa physica ou jurídica, residente no território do país, e incidirá, em cada caso, sobre o conjunto dos rendimentos de qualquer origem". Antes, existia a Lei nº 317, de 21/10/1843, que tributava apenas com o IR os que recebessem vencimentos dos cofres públicos.

defesa do país contra eventual ataque externo, para proporcionar saúde e educação ao povo brasileiro, para garantir a segurança pública e assegurar a salvaguarda de direitos com o custeio do Poder Judiciário, para suprir fundos para a proteção ambiental, para assegurar a observância dos direitos dos trabalhadores, etc.

Esses e outros *munus* públicos só poderão ser alcançados se o Estado obter a arrecadação esperada dos tributos, em conformidade com a Constituição Federal e com as leis.

Da mesma forma, seria totalmente despido de sentido o eventual entendimento de que haveria, na espécie, "bitributação" (isso ocorre quando dois ou mais entes tributantes diferentes cobram tributos sobre realidades econômicas semelhantes, existindo autorização constitucional para tanto), ou mesmo *bis in idem* (sucede quando um mesmo ente da Federação exige dois ou mais tributos sobre bases econômicas semelhantes, mas, também, com autorização constitucional), na medida em que a verba alimentar adviria de renda, a qual já fora, devidamente, tributada quando de seu ingresso no acervo patrimonial do devedor da pensão alimentícia.

Tal concepção não estaria correta, tendo em vista que a legislação do imposto de renda e proventos de qualquer natureza permite a dedução da base de cálculo mensal ou anual do imposto de renda devido pelo devedor dos alimentos ou pensões dos valores pagos em dinheiro por este a título de alimentos ou pensões, desde que tal pagamento não aconteça por mera liberalidade do aludido pagador.[67]

Abra-se aqui um parêntese para ressaltar, *ex vi* do §2º do artigo 153 da Constituição Federal e nos termos do artigo 43 do Código Tributário Nacional, que o imposto sobre renda e proventos de qualquer natureza será sempre informado pelos *critérios* de *generalidade* (incidente sobre todos), *universalidade* (incidente sobre todas as rendas, quer fruto

---

[67] O direito à dedução da base de cálculo do IR a favor do alimentante deve ser reconhecido se o pagamento da pensão alimentícia não decorrer de sua própria liberalidade. Assim, esse direito de dedução deve ser respeitado pela administração tributária federal, enquanto prevalecer os exatos termos e limites dessa pensão, fixados por decisão judicial, ou acordo homologado judicialmente, ou mesmo acordo particular formalizado por meio de escritura pública (caso de reconhecimento da paternidade, por exemplo). Constatado, por exemplo, que a idade teto do alimentado já foi alcançada, conforme fixado pelo Poder Judiciário ou por acordo formalizado por escritura pública, ficando, pois, o até então devedor de alimentos desobrigado a continuar pagando a respectiva pensão alimentícia, se este resolver continuar pagando a pensão, deixando de tomar medida apropriada para alterar à sua obrigação anteriormente assumida e já integralmente cumprida, a Receita Federal do Brasil poderá negar o reconhecimento dessa dedução do IRPF, em face da inércia do alimentante.

do trabalho, quer fruto do capital ou da combinação de ambos, quer advindos de proventos, vale dizer, outros acréscimos patrimoniais não compreendidos no conceito de renda, independentemente da denominação da receita ou do rendimento, da localização, da condição jurídica ou nacionalidade da fonte, da origem e da forma de percepção), e *progressividade* (as alíquotas serão graduadas de acordo com variação da base de cálculo, de modo que aumentem à proporção que também subam os valores das rendas ou proventos percebidos).

Ora, temos aqui dois fatos geradores diferentes, dois contribuintes diversos, duas bases de cálculos: incide o imposto de renda sobre os rendimentos obtidos pelo devedor dos alimentos, pelo fato de se compatibilizar com o fato gerador desse imposto: a disponibilidade econômica ou jurídica de renda, embora haja previsão legal de dedução desses valores pagos na base de cálculo do imposto incidente sobre este, na hipótese da pensão alimentícia não ter sido dada por mera liberalidade do alimentante; fato gerador diverso ocorre com incidência do imposto de renda ou proventos de qualquer natureza sobre o dinheiro recebido por outrem, ou seja, pelo alimentado a título de pensão alimentícia, hipótese que apresenta outra disponibilidade jurídica de receita com acréscimo patrimonial.[68]

Assim, os fatos geradores são diferentes, as bases de cálculo e os valores devidos por essas incidências também são diferentes, os contribuintes também, e diversos são os momentos de incidência, não havendo a menor lógica de se cogitar *bis in idem* (não ocorre, aqui, sequer a exigência em duplicidade do imposto de renda sobre o único fato gerador, ou sobre a mesma base econômica, ou sobre o mesmo contribuinte).

---

[68] "Os contribuintes que pagam pensão alimentícia em cumprimento de decisão ou acordo judicial, inclusive, a prestação de alimentos provisionais, de acordo homologado judicialmente ou por escritura pública podem deduzir as importâncias pagas a esse título dos rendimentos mensais com vistas à apuração da base de cálculo do imposto devido mensalmente, e consolidado para dedução na Declaração. Pelo lado do beneficiário, a pensão alimentícia corresponde a rendimentos a serem declarados pelo próprio pensionista ou pelo declarante que o inclui na Declaração de Ajuste Anual como dependente. Para estes, conforme seja o valor da pensão cabe o recolhimento do carnê-leão ou recolhimento complementar. A este sentido, o Acórdão 104-21.911, de 21.9.2006, proferido no âmbito da Quarta Câmara do Primeiro Conselho de Contribuintes, Segundo o qual o rendimento recebido a título de pensão alimentícia paga por decisão judicial está sujeito ao recolhimento mensal (carnê-leão), a ser efetuado pelo benificiário, e à tributação na Declaração de Ajuste Anual. O pagamento de pensão impede que o beneficiário seja considerado dependente para fins de dedução dos rendimentos do alimentante, a não ser que a decisão judicial assim o determine" (PENHA, José Ribamar Barros, *op. cit.*, p. 290).

Aliás, cabe explicitar que não há problema algum, sob o aspecto constitucional, com o fato de existir, autorizado pela Lei Suprema, a bitributação e o *bis in idem*; o problema seria se ocorresse a invasão inconstitucional de competência tributária, o que, no caso em análise, nem de muito longe sucede.

Embora seja isso evidente, deve ser explicitado que o Imposto de Renda e proventos de qualquer natureza incide sobre os rendimentos e proventos recebidos, os quais geraram acréscimos patrimoniais, não sendo dispensada a incidência do mesmo gravame sobre renda ou proventos consumidos em outro momento, de modo que não existe qualquer implicação tributária, a não ser nos casos expressamente estabelecidos por lei, o fato de o contribuinte, em instante diverso ao da obtenção do acréscimo patrimonial, gastar o que havia recebido com alimentação, educação, saúde, habitação, lazer, etc.[69-70]

Vale avivar que o §6º do artigo 150 da Constituição Federal reza que "qualquer subsídio ou *isenção*, redução de base de cálculo, concessão de crédito presumido, anistia ou remissão, relativos a impostos, taxas ou contribuições, *só poderá ser concedido mediante lei específica*, federal, estadual ou municipal, que regule exclusivamente as matérias acima enumeradas ou o correspondente tributo ou contribuição, sem prejuízo do disposto no art. 155, §2º, XII, g" (EC nº 3/1993).

Assim, sequer cabe ao Poder Judiciário, que tem função legislativa negativa, mas não, positiva, criar uma imunidade ou instituir, sem lei, em favor dos pensionistas ou alimentados isenção ou dedução do imposto de renda e proventos de qualquer natureza sobre a aquisição da disponibilidade econômica de rendimentos ou proventos provenientes de pensões alimentícias decorrentes de acordo judicialmente homologado, decisão judicial ou acordo formalizado por escritura

---

[69] "É certo que o legislador goza de uma liberdade relativa para formular o conceito de renda. [...] Quando afirmamos que o conceito de renda envolve acréscimo patrimonial, como o conceito de proventos, também envolve acréscimo patrimonial, não queremos dizer que escape à tributação a renda consumida. O que não se admite é a tributação de algo que, na verdade, em momento algum ingressou no patrimônio, implicando incremento no valor líquido deste" (MACHADO, Hugo de Brito. *Curso de direito tributário*, 2012, p. 321).

[70] Ao comentar o art. 43 do CTN, especificamente no que concerne à renda poupada e renda consumida, Henry Tilbery assim explicita: "Finalmente, convém notar que o fato gerador da obrigação tributária, conforme o art. 43 CTN, é a 'aquisição' da disponibilidade econômica ou jurídica, sem fazer distinção quanto à aplicação da renda, isso é, se foi consumida ou poupada. Isso significa uma autorização à legislação ordinária de tributar a renda adquirida, indistintamente, sem levar em consideração seu destino" (In: MARTINS, Ives Gandra da Silva (Coord.). *Comentários ao Código Tributário Nacional*. São Paulo: Saraiva, 1998. v. 1, p. 291).

pública, ainda que sob o fundamento de isonomia (STF, Súmula nº 339 e Súmula vinculante nº 37).[71-72-73-74]

Assim, além do detalhamento do fato gerador, inclusive sob o aspecto temporal, e da base de cálculo dos impostos, matérias relativas às isenções, ou aos abatimentos, às deduções ou reduções de base de cálculo dos tributos cabem ser disciplinadas, enfatize-se, como sempre tem sido feito no nosso país, por lei ordinária federal, *ex vi* do preceptivo do artigo 150, §6º, da Constituição da Republica, com a redação dada pela Emenda Constitucional nº 3/1993 e nos termos das regras do artigo 97, *caput*, incisos II, III, IV e VI, do Código Tributário Nacional, que dispõem que somente lei, em sentido estrito e técnico, pode estabelecer a isenção ou diminuição de tributo e a fixação do fato gerador e base de cálculo, matérias que estão no âmbito da reserva legal.

---

[71] STF, T1, ARE nº 691.852-AgR, Rel. Ministra Rosa Weber: "Ementa – DIREITO TRIBUTÁRIO. IMPOSTO DE RENDA. PESSOA FÍSICA. AMPLIAÇÃO DE ISENÇÕES POR EQUIPARAÇÃO. IMPOSSIBILIDADE DE O PODER JUDICIÁRIO ATUAR COMO LEGISLADOR POSITIVO. PRECEDENTES. ACÓRDÃO RECORRIDO PUBLICADO EM 30.8.2010. Esta Suprema Corte entende ser vedado ao Poder Judiciário, sob pretexto de atenção ao princípio da igualdade, atuar como legislador positivo estabelecendo isenções tributárias não previstas em lei. Tal interpretação se amolda ao presente caso, em que se almeja ampliar isenções de determinadas verbas para efeito de incidência do imposto de renda, a despeito de inexistir lei outorgando essa benesse. Agravo regimental conhecido e não provido" (*DJe* 21/11/2013).

[72] Com semelhante supedâneo, o STF tem reiterado no sentido de que não cabe ao Poder Judiciário autorizar a correção monetária da tabela progressiva do Imposto de Renda na ausência de previsão legal nesse sentido. Entendimento cujo fundamento é o uso regular do poder estatal de organizar a vida econômica e financeira do país no espaço próprio das competências dos Poderes Executivo e Legislativo (RE nº 388.312, Rel. orig. Min. Marco Aurélio, red. p/ o ac. Ministra Cármen Lúcia, Plenário, *DJe* de 11/10/2011). No mesmo diapasão: AI nº 643.905-AgR, Rel. Min. Marco Aurélio, T1, *DJE* de 06/06/2013; RE nº 420.662-AgR, Rel. Min. Ayres Britto, T2, *DJE* de 26/10/2011; RE nº 480.110-AgR e RE nº 572.664-AgR, Rel. Min. Ricardo Lewandowski, T1, *DJE* de 25/09/2009; RE nº 452.930-AgR, Rel. Min. Eros Grau, T2, *DJE* de 1º/08/2008; RE nº 200.844-AgR, Rel. Min. Celso de Mello, T1, RTJ nº 195, p. 635; RE nº 415.322-AgR, Rel. Min. Sepúlveda Pertence, T2, *DJ* 13/05/2005.

[73] Anota Hugo de Brito Machado Segundo (*Código Tributário Nacional*: anotações à Constituição, ao Código Tributário Nacional e às leis complementares 87/1996 e 116/2003. 5. ed. São Paulo: Atlas, 2015, p. 74 e 75): "No mesmo sentido: STF, 2ª T., RE 388.471 AgR/MG, Rel. Min. Carlos Velloso, j. em 14/6/2005, DJ de 1º/7/2005, p. 74. Segundo restou consignado em voto da Ministra Carmen Lúcia, não caberia ao Poder Judiciário substituir-se ao Legislativo e ao Executivo 'na análise do momento econômico e do índice de correção adequada para a retomada, ou mera aproximação, do quadro estabelecido entre os contribuintes e a lei, quando de sua edição, devendo essa omissão ficar sujeita apenas ao princípio da responsabilidade política, traduzido principalmente na aprovação ou rejeição dos atos de governo nos julgamentos ulteriores do eleitorado'. (RE 388.312/MG, Rel. orig. Min. Marco Aurélio, red. p/ o ac. Ministra Cármen Lúcia, 1º/8/2011, *Informativo* STF nº 634)".

[74] SARAIVA FILHO, Oswaldo Othon de Pontes. A tentativa de correção judicial da tabela do IRPF. *Revista Fórum de Direito Tributário*, n. 68, p. 9-21, mar./abr. 2014.

Embora seja pretensão de todos uma vivência cada vez maior dos princípios da pessoalidade, da progressividade do imposto de renda, da igualdade no tratamento tributário e da capacidade contributiva, a vigente e específica legislação do imposto sobre a renda e proventos em comento tem garantido de modo razoável todos esses princípios, dentro das possibilidades efetivas e reais, inclusive orçamentárias, de modo que a legislação desse imposto tem estabelecido isenções e suas faixas, abatimentos, várias deduções, alíquotas progressivas e a correção das tabelas do imposto de renda.

Os alimentos, ou pensão alimentícia, segundo a denominação da legislação tributária, têm previsão nos artigos 1.694 a 1.710, da Lei nº 10.406, de 10 de janeiro de 2002 (Código Civil), ao definir que os alimentos podem ser requeridos a parentes, cônjuges e companheiros uns dos outros, para viver de modo compatível com a sua condição social, inclusive para atender às necessidades de sua educação.

Os alimentos – ou pensão alimentícia –, direito recíproco entre pais e filhos, cônjuges, todos os ascendentes, abrangem não só o necessário à vida, como alimentação, saúde, vestuário, habitação, a instrução, etc., em conformidade com a classe ou posição social da pessoa do beneficiário.

Em nível de lei ordinária tributária, os artigos 3º, §1º, e 4º, do Decreto-Lei nº 1.301/1973 – correspondente ao artigo 5º do Decreto nº 3.000/1999 (Regulamento do Imposto de Renda) –, determinam, outrossim, a incidência dessa exação no caso de rendimentos percebidos em dinheiro a título de alimentos ou pensões em cumprimento de acordo homologado judicialmente ou decisão judicial, inclusive alimentos provisionais ou provisórios, sendo que, verificando-se a incapacidade civil do alimentado, a tributação se fará em nome do alimentado pelo tutor, curador ou responsável por sua guarda.

Já o preceito do artigo 3º, *caput*, da Lei nº 7.713, de 22 de dezembro de 1988, com a redação dada pela Lei nº 8.023, de 24 de abril de 1990, reza que o imposto em tela incidirá sobre o rendimento bruto, em regra, sem qualquer dedução, permitindo, entre outras hipóteses, que o devedor de pensão ou alimentos deduza da base de cálculo mensal do seu imposto as importâncias efetivamente pagas em dinheiro por ele ao alimentado ou pensionista, a título de alimentos ou pensões, inicialmente, apenas em cumprimento de acordo homologado judicialmente ou decisão judicial, inclusive, a prestação de alimentos provisionais (Lei nº 7.713/1988, art. 13), atualmente, também, no caso de acordo extrajudicial formalizado por meio de escritura pública.

Portanto, o que a legislação tributária do imposto de renda permite é a dedução da base de cálculo mensal do imposto devido pelo devedor de alimentos ou de pensões dos valores em dinheiro pagos ao alimentado ou pensionista a título de alimentos ou pensões, comprovando este que fez essas despesas, isto é, que promoveu os pagamentos em cumprimento de decisão judicial ou acordo homologado judicialmente, ou, ainda, em decorrência de acordo extrajudicial, formalizado através de escritura pública, não se estendendo, assim, a valores pagos por mera liberalidade ou opção do alimentante, em razão, por exemplo, de seus filhos (alimentados) maiores de 21 não possuírem recursos próprios para o seu sustento, isso por falta de previsão legal; mas não há concessão legal de dedução ou isenção do dinheiro recebido pelos alimentados ou pensionistas a título de alimentos ou pensões, incidindo, nesse caso, sobre eles o imposto de renda e proventos de qualquer natureza, posto que essa incidência, por força da obtenção do acréscimo patrimonial, é compatível com a hipótese de incidência prevista tanto no artigo 153, *caput*, inciso III, da Carta Magna, como no artigo 43 do Código Tributário Nacional.

No mesmo diapasão, o artigo 4º, *caput*, inciso II, da Lei nº 9.250, de 26 de dezembro de 1995, repisa que, na determinação da base de cálculo sujeita à incidência mensal do imposto de renda, poderão ser deduzidas as importâncias pagas a título de pensão alimentícia em face das normas do Direito de Família, quando em cumprimento de decisão judicial, inclusive a prestação de alimentos provisionais, de acordo homologado judicialmente, ou de acordo extrajudicial em separação consensual dos cônjuges ou no caso de reconhecimento de paternidade ou maternidade formalizado por meio de escritura pública (Redação dada pela Lei nº 11.727/2008).

Insta ponderar que o tratamento dado ao devedor de pensão alimentícia de dedução do seu imposto de renda mensal pelos alimentos ou pensões pagos por ele em dinheiro é justificado pelo fato de representar para ele uma despesa, um gasto, uma perda patrimonial compulsória ou forçada ou que, pelo menos, não decorrente de sua simples liberalidade, ou a anulação do anterior acréscimo, não merecendo o alimentado ou pensionista o mesmo tratamento fiscal, pois para este, ao contrário, recebe quantias em dinheiro correspondentes aos seus alimentos ou à sua pensão, tendo assim ele, por ser beneficiário da pensão alimentícia, inconteste acréscimo patrimonial, sendo constitucional essa incidência.

Impende mencionar que as quantias pagas e recebidas a titulo de pensão alimentícia muitas vezes não se restringem a custear despesas com a alimentação do pensionista, tendo em vista que, em muitas decisões ou homologações judiciais com trânsito em julgado ou acordos entre particulares, formalizados por escritura pública, em decorrência de reconhecimento de paternidade ou de separação ou divórcio consensual, estende-se o custeio, além da alimentação, para outras necessidades do alimentado ou pensionista, como para suprir as despesas com instrução, saúde, transporte, etc.

Vale mencionar, consoante dispositivo do artigo 8º, §3º, da Lei nº 9.320/1995, com redação dada pela Lei nº 11.727/2008, que não são dedutíveis da base de cálculo mensal as importâncias pagas a título de despesas médicas e de educação dos alimentados, ainda que realizadas pelo alimentante em virtude de cumprimento de decisão judicial ou acordo homologado judicialmente; mas essas despesas feitas pelo alimentante poderão ser deduzidas por ele na determinação da base de cálculo do imposto de renda na declaração anual, a título de despesa médica, nesse caso, integralmente; já em relação à despesa com educação, esse gasto com instrução deve observar o limite legal.

Por sua vez, o atacado preceito do §1º, do artigo 3º, da Lei nº 7.713/1988 confirma, em perfeita harmonia com o artigo 43 do CTN, que "constituem rendimento bruto todo o produto do capital, do trabalho ou da combinação de ambos, os alimentos e pensões percebidos em dinheiro (pelos alimentados ou pensionistas), e ainda os proventos de qualquer natureza, assim também entendidos os acréscimos patrimoniais não correspondentes aos rendimentos declarados".

Também é totalmente desprovida de relevância a queixa no sentido de que o desconto do referido imposto da pensão alimentícia recebida implicaria a "diminuição do *quantum* da prestação, que como se sabe, ao ser calculado não se inclui valor para atender essa específica destinação", tendo em vista que isso ocorre não só nos casos de recebimento de alimentos ou pensões, mas sucede em quaisquer incidências do imposto sobre renda ou proventos.

Assim, por exemplo, ao ser pago o salário pelo empregador ao empregado, também aqui, como nas demais hipóteses, aquele, ao reter desse salário o imposto de renda na fonte, e, posteriormente, recolher essa parcela do salário – transformado em tributo – ao Fisco, gera, na prática, a diminuição do valor do salário do trabalhador, ou, na prática, a redução da prestação do empregador ao empregado, sendo que, em remuneração alguma, se inclui um valor a mais, suportado pelo empregador para o atendimento dessa específica destinação tributária. O mesmo acontece com os proventos da aposentadoria e assim por diante.

Mencione-se que a legislação do Imposto de Renda permite a dedução mensal da pensão alimentícia do rendimento tributável do alimentante (Cf. Decreto nº 3.000/1999, arts. 78 e 642), desde que pagador não preste essa obrigação por mera liberalidade.

Como as importâncias descontadas em folha do devedor da pensão alimentícia, a título de alimentos ou pensão, em cumprimento de decisão judicial ou escritura pública, não estão sujeitas a retenção do imposto na fonte, é dever do beneficiário dos alimentos ou de pensão recolher, mensalmente, o imposto de renda devido por ele por meio do chamado "carnê-leão", até o ultimo dia útil do mês seguinte ao do recebimento (Lei nº 7.713/1988, art. 3º, §1º, da Lei nº 7.713/1988; arts. 3º, §1º, e 4º, do Decreto-Lei nº 1.301/1973; art. 5º, do Decreto nº 3.000/1999).

Assim, o tratamento tributário previsto na legislação relativo aos rendimentos percebidos/pagos em dinheiro a título de pensão judicial ou alimentos provisionais tem duas vertentes. O beneficiário dos rendimentos ou proventos em dinheiro, por ser contribuinte do imposto de renda e proventos de qualquer natureza, está obrigado ao recolhimento mensal (*carnê-leão*) e a oferecê-lo à tributação na declaração de ajuste anual.

Já a pensão alimentícia recebida em bens e direitos não está sujeita a tributação sob a forma do "carnê-leão" pelo beneficiário por não ter sido efetuada em dinheiro.

Cabe dizer que os prejuízos físicos e materiais, em consequência de ato ilícito, praticado por terceiros são indenizáveis, na forma da lei civil, não sofrendo esses rendimentos recebidos como indenizações a incidência do imposto de renda (ADI nº 20/1989). Portanto, essas indenizações, inclusive reparatórias de invalidez ou morte, decorrente de pensão civil por ato ilícito não representam acréscimo patrimonial, não se sujeitando os pensionistas indenizados à incidência do aludido imposto.

Insta esclarecer e ressaltar ainda que os beneficiários de quantias em dinheiro recebidas a título de alimentos ou pensões, embora tenham que pagar o imposto na modalidade chamada de "carnê-leão", já que não há retenção do imposto na fonte pagadora, também se aproveitam das tabelas progressivas mensais e anuais, para o cálculo do imposto, de modo que há faixas de isenção,[75] faixas de incidência de alíquota de 7,5%, 15%, 22,5% e 27,5%, de modo que não tem o menor sentido falar-se em incompatibilidade da tributação, em foco, com a ordem constitucional, porque não há perigo de se adentrar no mínimo existencial, nem de ofender à dignidade humana.

Evidenciado está que a norma do artigo 3º, §1º, da Lei nº 7.713, de 22 de dezembro de 1988, bem como os preceitos dos artigos 3º, §1º, e 4º, do Decreto-Lei nº 1.301/1973 não ofendem, nem de longe, o conceito de renda e proventos de qualquer natureza (CF, art. 153, III; CTN, arts 43 e 44), nem a isonomia tributária ou capacidade contributiva (CF, 1988, art. 150, II; art. 145, §1º), nem a vedação de utilização de tributo com fins de confisco (CF, art. 150, IV), nem é incompatível com o direito social à alimentação (CF, art. 6º), tampouco causa qualquer arranhão à dignidade da pessoa humana (CF, art. 3º, III; art. 5º, *caput*; art. 170; §§7º e 8º, do art. 226; art. 227), inexistindo, na espécie, tributação do mínimo existencial.

Tratamento inconstitucional odioso, por ferimento aos critérios de generalidade, universalidade e progressividade do imposto de renda e proventos de qualquer natureza (CF/1988, art. 153, §2º, inciso I) e por descuramento aos princípios da igualdade e da capacidade contributiva (CF/1988, arts. 150, II e 145, §1º), sucederia, se as pensões alimentícias recebidas, algumas vezes, em quantias expressivas em dinheiro, fossem tidas como isentas ou dedutível desse imposto.

Destarte, a norma do artigo 3º, §1º, da Lei nº 7.713/1973 e as demais normas da legislação tributária no mesmo sentido simplesmente obedecem aos critérios obrigatórios de generalidade, universalidade e progressividade, estipulados pela Constituição da República, e aos princípios da isonomia tributária e da capacidade contributiva para as incidências do imposto de renda e proventos de qualquer natureza (inciso I do §2º do art. 153; inciso II do art. 150; §1º do art. 145, todos da CF/1988).

Demonstrada ainda está a constitucionalidade da incidência do imposto de renda sobre o dinheiro recebido por alimentado ou pensionista a título de pagamento por parte do devedor de alimentos ou pensões, pois inteiramente compatível com o fato gerador do imposto de renda e proventos de qualquer natureza, esculpido pelo

---

[75] "É necessário, porém, que essa renda líquida seja superior ao mínimo isento, pois até o valor deste o que se tem é o mínimo necessário para a subsistência do próprio contribuinte" (MACHADO, Hugo de Brito. *Comentários ao Código Tributário Nacional*, p. 432.

artigo 153, *caput*, inciso III, da Constituição da República, e pelo artigo 43 do Código Tributário Nacional.

Realça-se que, em consonância com o dogma da separação e harmonia dos Poderes (CF/1988, art. 2º), não cabe ao Poder Judiciário, na entrega da prestação jurisdicional, estender os efeitos da imunidade ou de normas legais de isenção ou dedução do imposto sobre a renda e proventos de qualquer natureza a beneficiários não contemplados, o que implicaria usurpar função precípua confiada ao Poder Legislativo, sabendo-se que o Poder Judiciário é detentor apenas da função legislativa negativa.

3 Conclusão

Diante de todo o exposto, resta concluir pela total juridicidade do 3º, §1º, da Lei nº 7.713, de 22 de dezembro de 1988, dos artigos 3º, §1º, e 4º, do Decreto-Lei nº 1.301, de 1973, e dos artigos 5º e 54, do Decreto nº 3.000/1999 (Regulamento do Imposto de Renda), em decorrência das seguintes assertivas:

1. É constitucional a incidência do imposto de renda e proventos de qualquer natureza sobre os valores recebidos em dinheiro a título de pensão alimentícia, em decorrência de decisão judicial, acordo homologado judicialmente, ou mesmo de acordo particular, formalizado por meio de escritura pública, posto que encontra-se em harmonia com a definição do fato gerador desse imposto, nos termos do artigo 153, *caput*, inciso III; da Constituição Federal, de 1988, e com o artigo 43, do Código Tributário Nacional, já que tal percepção em dinheiro configura-se, salvo na hipótese de a pensão corresponder a uma indenização, espécie de aquisição de disponibilidade de provento com acréscimo patrimonial.

2. Portanto, o Imposto de Renda das Pessoas Físicas incide sobre a renda, qualquer que seja o rótulo dado a ela, ou proventos de qualquer natureza, alcançando, incontestavelmente, as quantias que ultrapassem as faixas de isenção das tabelas progressivas do IRPF, recebidas em dinheiro a título de pensão de alimentos, por força de decisão judicial, acordo homologado judicialmente, ou mesmo de acordo particular formalizado por meio de escritura pública, já que, nesse caso, embora normalmente o alimentário não tenha que diminuir

da pensão alimentícia recebida qualquer despesa para sua aquisição, também, aqui, ocorre o acréscimo patrimonial.

3. Assim, fica demonstrado que ao receber quantias em dinheiro, no caso analisado, o beneficiário obteve acréscimo patrimonial, e, portanto, se compatibiliza com o fato gerador do imposto sobre a renda e proventos de qualquer natureza, sendo assim contribuinte do referido imposto, posto que apresenta o alimentário relação pessoal e direta com o respectivo fato gerador (CTN, art. 121, parágrafo único, inciso I).

4. Em que pese a relevância constitucional da alimentação como direito social (CF, art. 6º), a Constituição brasileira não chega ao ponto de assegurar, diretamente, aos contribuintes, beneficiários de pensões alimentícias, direito algum a uma suposta imunidade do imposto sobre a renda e proventos de qualquer natureza, nem mesmo previu a possibilidade de que lei infraconstitucional estabelecesse isenção integral em favor dos alimentados ou pensionistas, independentemente das quantias em dinheiro percebidas.

5. Outrossim, inexiste preceptivo legal infraconstitucional que exonere a incidência do imposto de renda e proventos de qualquer natureza de pessoas físicas sobre a percepção em dinheiro de pensão alimentícia nos casos examinados. Repita-se, não há, na legislação do IRPF, qualquer concessão de isenção desses proventos, tampouco existe qualquer previsão legal de dedução desses valores recebidos em dinheiro pelo alimentário.

6. Ressalte-se que a legislação tributária do imposto de renda, em observância ao §6º do artigo 150 da Constituição Federal, permite apenas a dedução dos valores em dinheiro pagos, sem liberalidade, ao alimentado ou pensionista, a título de alimentos ou pensões, da base de cálculo mensal do imposto devido pelo devedor de alimentos ou de pensões.

7. Os fatos geradores do IRPF sobre o alimentante e o alimentário são diferentes, as bases de cálculo e os valores devidos por essas incidências também são diferentes, e os contribuintes também são diversos (não ocorre, aqui, sequer a exigência em duplicidade do imposto de renda sobre o único fato gerador, ou sobre a mesma base econômica, ou sobre o mesmo contribuinte).

8. O imposto de renda e proventos de qualquer natureza incide sobre os rendimentos e proventos recebidos, os quais geraram acréscimos patrimoniais, não sendo dispensada a incidência do mesmo gravame sobre renda ou proventos consumidos em outro momento, de modo que não existe qualquer implicação tributária, a não ser nos casos expressamente estabelecidos por lei, o fato de o contribuinte, em instante diverso ao da obtenção do acréscimo patrimonial, gastar o que havia recebido com alimentação, educação, saúde, habitação, lazer, etc.

9. O tratamento dado ao devedor de alimentos ou pensão de dedução do seu imposto de renda mensal pelos alimentos ou pensões pagos por ele em dinheiro é justificado pelo fato de representar para ele uma despesa, um gasto, uma perda patrimonial compulsória ou forçada ou, pelo menos, não decorrente de sua simples liberalidade, ou a anulação do anterior acréscimo, não merecendo o alimentado pensionista o mesmo tratamento fiscal, pois ele, ao contrário, recebe quantias em dinheiro correspondentes aos seus alimentos ou à sua pensão, tendo assim, por ser beneficiário da pensão alimentícia, inconteste acréscimo patrimonial, sendo constitucional essa incidência.

10. É inadequada a queixa no sentido de que o desconto do referido imposto da pensão alimentícia recebida implicaria a "diminuição do *quantum* da prestação, que como se sabe, ao ser calculado não se inclui valor para atender essa específica destinação", tendo em vista que isso ocorre não só nos casos de recebimento de alimentos ou pensões, mas sucede em quaisquer incidências do imposto sobre renda ou proventos.

11. A incidência examinada homenageia os critérios constitucionais do imposto de renda e proventos de qualquer natureza de generalidade, universalidade e progressividade (CF, art. 153, §2º, inciso I).

12) Os beneficiários de quantias em dinheiro recebidas a título de pensão alimentícia, embora tenham que pagar o imposto na modalidade chamada de "carnê-leão", já que não há retenção do imposto na fonte pagadora, também se aproveitam das tabelas progressivas mensais e anuais, para o cálculo do imposto, de modo que há faixas de isenção, faixas de incidência de alíquota de 7,5%, 15%, 22,5% e 27,5%, logo, não tem o menor sentido se falar em incompatibilidade da

tributação em foco com a ordem constitucional, porque não há perigo de se adentrar no mínimo existencial, nem de ofender à dignidade humana.

13. Destarte, evidenciado está que a norma do artigo 3º, §1º, da Lei nº 7.713, de 22 de dezembro de 1988, bem como os preceitos dos artigos 3º, §1º, e 4º, do Decreto-Lei nº 1.301/1973, não ofendem o conceito de renda e proventos de qualquer natureza (CF, art. 153, III; CTN, arts 43), nem a isonomia tributária ou capacidade contributiva (CF, 1988, art. 150, II; art. 145, §1º), nem a vedação de utilização de tributo com fins de confisco (CF, art. 150, IV), nem é incompatível com o direito social à alimentação (CF, art. 6º), tampouco causa qualquer arranhão à dignidade da pessoa humana (CF, art. 3º, III; art. 5º, *caput*; art. 170; §§7º e 8º, do art. 226; art. 227), inexistindo, na espécie, tributação do mínimo existencial.

Referências

ALEXANDRE, Ricardo. *Direito tributário esquematizado*. 9. ed. Rio de Janeiro: Forense/ São Paulo: Método, 2015.

AMONI, Thiago Duca. Conceito de renda na visão da jurisprudência brasileira. *Revista Fórum de Direito Tributário*, n. 77, set./out. 2015.

BALEEIRO, Aliomar. *Direito tributário brasileiro*. 11. ed. Atualizado por Misabel Abreu Machado Derzi. Rio de Janeiro: Forense, 2006.

BIANCO, João Francisco. *Regulamento do imposto de renda:* anotado e comentado, 18. ed. São Paulo: Fiscosoft, 2015. v. 1.

BRASIL. STF-Pleno. RE nº 117.887-6/SP, Rel. Min. Carlos Velloso, *RTJ* VOL-50-02.

BRASIL. STF-Pleno. RE nº 201.465, Rel. p/ o acórdão Min. Nelson Jobim. Disponível em: <http://redir.stf.jus.br/paginadorpub/paginador.jsp?docTP=AC&docID=237835>. *DJ* de 17/10/2003.

BRASIL. STF-Pleno. RE nº 388.312, Rel. orig. Min. Marco Aurélio, red. p/ o ac. Ministra Cármen Lúcia, *DJe* de 11/10/2011; Disponível em: <http://redir.stf.jus.br/paginadorpub/ paginador.jsp?docTP=AC&docID=628469>.

BRASIL. STF-Pleno. RE nº 582.525/SP, Rel. Min. Joaquim Barbosa, Disponível em: <http:// redir.stf.jus.br/paginadorpub/paginador.jsp?docTP=TP&docID=5237087>. *DJe* n. 26, divulgado em 06/02/2014, publicado em 07/02/2014.

BRASIL. STF-Pleno. RE nº 636.941/RS, Rel. Min. Luiz Fux, Disponível em: <http://redir.stf. jus.br/paginadorpub/paginador.jsp?docTP=TP&docID=5581480>. *DJe*-67, pub. 04/04/2014.

BRASIL. STF-T1. ARE 691.852-AgR, Rel. Ministra Rosa Weber, Disponível em: <http:// redir.stf.jus.br/paginadorpub/paginador.jsp?docTP=TP&docID=4893023>. *DJe*-229, 21/11/2013.

BRASIL. STF-T1. HC nº 77.530/RS, Rel. Min. Sepúlveda Pertence. Disponível em: <http://redir.stf.jus.br/paginadorpub/paginador.jsp?docTP=AC&docID=77385>. *DJ* 18/9/1998.

BRASIL. STF-T1. HC nº 94.240/SP, Rel. Min. Dias Toffoli, *DJe*-196, pub. 13/10/2011; *Revista dos Tribunais* v. 101, n. 917, 2012.

BRASIL. STF-T2. RE nº 606.179-AgR, Rel. Min. Teori Zavascki, Disponível em: <http://redir.stf.jus.br/paginadorpub/paginador.jsp?docTP=TP&docID=3913523>. *DJe* 104, 04/06/2003.

BRASIL. STJ-T1. REsp nº 187.793/MG, rel. Min. Garcia Vieira. <https://ww2.stj.jus.br/processo/ita/documento/?num_registro=199800659269&dt_publicacao=03/05/1999&cod_tipo_documento=>. *DJ* de 03/05/1999.

BRASIL. STJ-T1. REsp nº 389.485/PR, Rel. Min. Garcia Vieira. Disponível em: <https://ww2.stj.jus.br/websecstj/cgi/revista/REJ.cgi/IMG?seq=22554&tipo=0&nreg=200101611976&SeqCgrmaSessao=&CodOrgaoJgdr=&dt=20020325&formato=PDF&salvar=false>. *DJ* de 25/03/2002.

BRASIL. STJ-T1. REsp nº 476.499/SC, Rel. Min. José Delgado. Disponível em: <https://ww2.stj.jus.br/processo/revista/documento/mediado/?componente=ITA&sequencial>. *DJ* 10/03/2003.

BRASIL. STJ-T2. AgRg no REsp nº 281.088, Rel. Min. Humberto Martins. Disponível em: <https://ww2.stj.jus.br/websecstj/cgi/revista/REJ.cgi/ITA?seq=703060&tipo=0&nreg=200001015451&SeqCgrmaSessao=&CodOrgaoJgdr=&dt=20070629&formato=PDF&salvar=false>. *DJ* 29/06/2007.

BRASIL. STJ-T2. REsp nº 408.770 – SC, Rel. Ministra Eliana Calmon, *DJ* 19/9/2005, p. 245; *Revista Dialética de Direito Tributário*, v. 124, jan. 2006.

BRASIL. TRF. Despacho do Ministro Aldir Passarinho, *DJ* de 12/8/1982.

CALIENDO, Paulo. Imposto sobre a renda incidente nos pagamentos acumulados e em atraso de débitos previdenciários. *Interesse Público*, 24/101, abr. 2004.

CARDOSO, Oscar Valente. A controversa incidência do imposto de renda sobre juros de mora decorrentes de condenação judicial. *Revista Dialética de Direito Tributário*, n. 153, jun. 2008.

CARRAZZA, Roque Antônio. *Curso de direito constitucional tributário*. 28. ed. São Paulo: Malheiros, 2012.

CARRAZZA, Roque Antônio. *Imposto sobre a renda*. 3. ed. São Paulo: Malheiros, 2009.

CASSONE, Vittório. *Direito Tributário*. 24. ed. São Paulo: Atlas, 2014.

FERREIRA, Antônio Airton. *Regulamento do imposto de renda*. São Paulo: Fiscosoft, 2010. v. I.

FREITAS, Vladimir Passos de (Coord.). *Código Tributário Nacional comentado*. 6. ed. São Paulo: Thomson Reuters/Editora Revista dos Tribunais, 2013.

HARADA, Kiyoshi. *Direito financeiro e tributário*. 24. ed. São Paulo: Atlas, 2015.

MACHADO, Hugo de Brito. *Comentários ao Código Tributário Nacional*. São Paulo: Atlas, 2003. v. I.

MACHADO, Hugo de Brito. *Curso de direito tributário*. 33. ed. São Paulo: Malheiros, 2012.

MADALENO, Rolf. A intributabilidade da pensão alimentícia. *Revista IBDFAM – Família e Sucessões*, v. 6, 2014.

MARTINS, Ives Gandra da Silva (Coord.). *Aspectos polêmicos do imposto de renda e proventos de qualquer natureza:* pesquisas tributárias série CEU-lex/magister. São Paulo: CEU/Lex Magister, 2014. v. 2.

MARTINS, Ives Gandra da Silva (Coord.). *Comentários ao Código Tributário Nacional.* São Paulo: Saraiva, 1998. v. 1.

MARTINS, Ives Gandra da Silva (Coord.). *O fato gerador do imposto sobre a renda e proventos de qualquer natureza:* caderno de pesquisas tributárias. São Paulo: CEU/Resenha Tributária, 1986. v. 11.

MARTINS, Ives Gandra da Silva. A hipótese de imposição do imposto sobre a renda e proventos de qualquer natureza. A convivência de regimes jurídicos distintos para a apuração do *'quantum debeatur'* concernente ao referido tribute: opinião legal. *LTr – Suplemento Tributário,* n. 28, 1993.

MARTINS, Ives Gandra da Silva. *Comentários à Constituição do Brasil:* promulgada em 5 de outubro de 1988. São Paulo: Saraiva, 1990. 6. v.

MARTINS, Ives Gandra da Silva. Imposto de renda e o art. 43 do CTN. *Revista Dialética de Direito Tributário,* n. 68, maio 2001.

MARTINS, Ives Gandra da Silva. *O sistema tributário na Constituição.* 6. ed. São Paulo: Saraiva, 2007.

MAZZA, Alexandre. *Manual de direito tributário.* São Paulo: Saraiva, 2015.

MELO, José Eduardo Soares de; PAULSEN, Leandro. *Impostos federais, estaduais e municipais.* 9. ed. Porto Alegre: Livraria do Advogado, 2015.

MINARDI, Josiane. *Manual de direito tributário.* 2. ed. Salvador: Jus Podivm, 2015.

MIRANDA, Francisco Cavalcanti Pontes de. *Comentários à Constituição de 1967:* com a emenda nº 9 de 1969. 3. ed. Rio de Janeiro: Forense, 1987. t. II.

MORAES, Bernardo Ribeiro de. *Doutrina e prática do imposto sobre serviços.* São Paulo: Revista dos Tribunais, 1975.

MOSQUERA, Roberto Quiroga. *Renda e proventos de qualquer natureza:* o imposto e o conceito constitucional. São Paulo: Dialética, 1996.

OLIVEIRA, Ricardo Mariz de. *Fundamentos do imposto de renda.* São Paulo: Quarter Latin, 2008.

OLIVEIRA, Ricardo Mariz de. *Fundamentos do imposto de renda.* São Paulo: Quartier Latin, 2008.

PAULSEN, Leandro. *Curso de direito tributário completo.* 4. ed. Porto Alegre: Livraria do Advogado, 2012.

PAULSEN, Leandro. *Direito tributário:* Constituição e Código Tributário à luz da doutrina e da jurisprudência. 17. ed. Porto Alegre: Livraria do Advogado, 2015.

PAULSEN, Leandro; MELO, José Eduardo Soares de. *Impostos federais, estaduais e municipais.* 9. ed. Porto Alegre: Livraria do Advogado, 2015.

PEIXOTO, Marcelo Magalhães (Coord.). *Regulamento do imposto de renda:* anotado e comentado. 5. ed. São Paulo: MP, 2010.

PENHA, José Ribamar Barros. *Imposto de renda pessoa física.* 2. ed. São Paulo: MP, 2011.

ROCHA, João Marcelo Oliveira. *Direito tributário*. 10. ed. Rio de Janeiro: Forense; São Paulo: Método, 2015.

ROCHA, Roberval. *Código Tributário Nacional para concursos*. 2. ed. Salvador: Jus Podivm, 2014.

SABBAG, Eduardo. *Manual de direito tributário*. 7. ed. São Paulo: Saraiva, 2015.

SARAIVA FILHO, Oswaldo Othon de Pontes. A tentativa de correção judicial da tabela do IRPF. *Revista Fórum de Direito Tributário*, n. 68, mar./abr. 2014.

SARAIVA FILHO, Oswaldo Othon de Pontes. Dedução com gastos para a educação na declaração do ajuste anual do IRPF. *Revista Fórum de Direito Tributário*, n. 63, maio/jun. 2013.

SARAIVA FILHO, Oswaldo Othon de Pontes. ILL e a controvérsia judicial. In: ROCHA, Valdir de Oliveira (Coord.). *Imposto de renda*: questões atuais e emergentes, São Paulo: Dialética, 1995.

SARAIVA FILHO, Oswaldo Othon de Pontes. IR: rendimentos auferidos em aplicações financeiras: (em regime distinto e segregado da tributação dos lucros operacionais): Lei nº 8.541, de 23.12.92. *Revista de Direito Tributário*, São Paulo, Malheiros, n. 61.

SARAIVA FILHO, Oswaldo Othon de Pontes. *IRPJ*: tráfegos entrante e sainte de telecomunicações: regulamento de Melbourne. In: TÔRRES, Heleno Taveira (Coord.). *Direito tributário das telecomunicações*. São Paulo: Thomson IOB, 2004.

SARAIVA FILHO, Oswaldo Othon de Pontes. Os fatos geradores do IRPJ: lucros no exterior. *Revista Fórum de Direito Tributário*, n. 01, jan./fev. 2003.

SEGUNDO, Hugo de Brito Machado. *Código Tributário Nacional*: anotações à Constituição, ao Código Tributário Nacional e às leis complementares 87/1996 e 116/2003. 5. ed. São Paulo: Atlas, 2015.

SOUSA, Rubens Gomes de. *Pareceres I:* Imposto de Renda. São Paulo: Resenha Tributária, 1975.

VELLOSO, Andrei Pitten. *Constituição tributária interpretada*. 2. ed. Porto Alegre: Livraria do Advogado, 2012.

WINKLER, Noé. *Imposto de renda*. 2. ed. Rio de Janeiro: Forense, 2002.

Informação bibliográfica deste texto, conforme a NBR 6023:2002 da Associação Brasileira de Normas Técnicas (ABNT):

SARAIVA FILHO, Oswaldo Othon de Pontes. Pensão alimentícia: Incidência do IRPF. *In*: SARAIVA FILHO, Oswaldo Othon de Pontes (Coord.). *Direito Tributário*: Estudos em tributo ao jurista Ives Gandra da Silva Martins. Belo Horizonte: Fórum, 2016. p. 17-59. ISBN 978-85-450-0154-6.

SEGURO DE VIDA E SUICÍDIO

JOSÉ CARLOS MOREIRA ALVES

A questão que se apresenta é a de saber se a seguradora, em se tratando de seguro de vida, está obrigada, ou não, a pagar a indenização aos beneficiários de segurado que comete suicídio em prazo inferior a 02 (dois) anos da contratação de seguro de vida, em face do disposto no artigo 798 do Código Civil de 2002.

Essa questão decorre da divergência de entendimento quanto à interpretação do critério previsto no referido artigo 798: se *subjetivo* – caso em que exigirá da seguradora a comprovação da premeditação do segurado (má-fé) para admitir que se exima ela do pagamento do prêmio na hipótese de suicídio praticado em prazo inferior a 02 (dois) anos da contratação do seguro de vida –, ou se *objetivo*, não sendo necessária a apuração da intenção do segurado para a aplicação do artigo 798 do novo Código Civil.

Passo a examiná-la.

O Código Civil de 1916, em seu artigo 1.440, assim disciplinava a matéria em questão:

> Art. 1.440 – A vida e as faculdades humanas também se podem estimar como objeto segurável, e segurar, no valor ajustado, contra os riscos possíveis, como o de morte involuntária, inabilitação para trabalhar, ou outros semelhantes.
>
> Parágrafo único. Considera-se morte voluntária a recebida em duelo, bem como o suicídio premeditado por pessoa em seu juízo.

Portanto, a morte voluntária decorrente de suicídio premeditado por pessoa em seu juízo não se encontrava no rol dos objetos seguráveis.

O Anteprojeto de Código das Obrigações, elaborado por Caio Mário da Silva Pereira e publicado em 1964, assim dispôs em seu artigo 798 a respeito do seguro de vida em se tratando de suicídio:

Art. 798 – Depois de emitida a apólice, o segurador não pode recusar o recebimento do prêmio, nem o pagamento do seguro de vida, salvo se provar a má-fé do segurado, ou que a morte ou incapacidade tenha resultado de duelo, ou suicídio premeditado, por pessoa em seu juízo perfeito.

Mantinha, pois, como excludente do pagamento do seguro de vida se a morte tivesse sido causada por suicídio premeditado do segurado em seu juízo perfeito.

Já o Projeto de Código das Obrigações – publicado em 1965 – que resultou desse anteprojeto revisado por Comissão sob a presidência de Orosimbo Nonato e de que participou também Caio Mário da Silva Pereira, manteve, em seu artigo 748, a excludente do suicídio premeditado, mas, em parágrafo único, estabeleceu que, após dois anos da celebração do contrato, o suicídio do segurado, qualquer que fosse sua causa, não obstaria ao pagamento do seguro. Eis o seu teor:

Art. 748 – Depois de emitida a apólice, o segurador não pode recusar o recebimento do prêmio, nem o pagamento do seguro de vida, salvo se provar a má-fé do segurado, ou que a morte ou incapacidade tenha resultado de duelo, ou suicídio premeditado.

Parágrafo único. Decorridos dois anos da celebração do contrato, o suicídio do segurado, qualquer que seja a sua causa, não obsta ao pagamento do seguro.

Esse Projeto não prosperou, e em maio de 1969 foi nomeada uma Comissão Revisora e Elaboradora do Código Civil a ser projetado sob a supervisão de Miguel Reale, e cujo livro relativo ao Direito das Obrigações teve o seu anteprojeto inicial confiado a Agostinho de Arruda Alvim. Nessa fase, foi convidado a colaborar na parte referente ao contrato de seguro Fábio Konder Comparato, que apresentou um substitutivo, com 4l (quarenta e um) artigos sobre a disciplina do referido contrato. No que interessa ao presente trabalho, o artigo de número XXXVIII desse substitutivo foi acolhido pela citada comissão, e integrou, sem qualquer modificação de sentido, os anteprojetos publicados em 1972 (art. 826) e em 1973 (art. 814), e o Projeto remetido ao Congresso em 1975 (art. 808), sendo, afinal, incorporado ao texto (art. 798) do Código Civil de 2002. Sua redação é esta:

Art. 798 – O beneficiário não tem direito ao capital estipulado quando o segurado se suicida nos primeiros dois anos de vigência inicial do contrato, ou da sua recondução depois de suspenso, observado o disposto no parágrafo único do artigo antecedente.

Parágrafo único. Ressalvada a hipótese prevista neste artigo, é nula a cláusula contratual que exclui o pagamento do capital por suicídio do segurado.

Em nota justificadora das inovações desse artigo em seu substitutivo (o de nº XXXVIII),[1] salientou Fábio Konder Comparato:

No artigo XXXVIII vem regulada a debatida questão do direito do beneficiário ao capital garantido, na hipótese de suicídio do segurado. O atual Código Civil exclui a garantia em se tratando de "suicídio premeditado" (art. 1.440, §único). O Projeto de 1965, após reproduzir essa disposição, acrescenta que passados dois anos da conclusão do contrato "o suicídio do segurado, qualquer que seja a sua causa, não obsta ao pagamento do seguro.

Como é sabido, a fim de evitar a *probatio diabolica* da premeditação do suicida segurado, as companhias seguradoras brasileiras sempre inseriram em suas apólices de seguro de vida a cláusula de exclusão da garantia quando o suicídio, qualquer que seja o grau de voluntariedade do ato, ocorre nos primeiros dois anos da vigência do contrato. Essa cláusula, porém, não foi admitida nos tribunais (Súmula do Supremo Tribunal Federal, nº 105).

A orientação do projeto de 1965, copiada do Código Civil, não parece a melhor. Ao falar em suicídio premeditado, o legislador abre ensejo a sutis distinções entre premeditação e simples voluntariedade do ato, tornando, na prática, sempre certo o direito ao capital segurado pela impossibilidade material de prova do fato extintivo, o que não deixa de propiciar a fraude.

Preferimos seguir neste passo o Código Civil italiano (art. 1927), excluindo em qualquer hipótese o direito ao capital estipulado se o segurado se suicida nos primeiros dois anos de vigência inicial do contrato, ou da sua recondução depois de suspenso, e proibindo em contrapartida a estipulação de não pagamento para o caso de o suicídio ocorrer após esse lapso de tempo. O único fato a ser levado em consideração é, pois, o tempo decorrido desde a contratação ou renovação do seguro, atendendo-se a que ninguém, em são juízo, contrata o seguro exclusivamente com o objetivo de se matar dois anos após.

Na hipótese de exclusão do direito à garantia, o segurador deve devolver ao beneficiário o montante da reserva técnica já formada, analogamente ao disposto para o caso de sinistro durante o prazo de carência contratual.

---

[1] Essa nota foi publicada pela Subsecretaria de Edições Técnicas do Senado Federal em *Código Civil: direito das obrigações*. Brasília, 1975. 2 v., t. II, Subsídios, nº 29, p. 259.

Essa inovação do substitutivo de Fábio Konder Comparato foi uma das que levaram Miguel Reale – na exposição de motivos com que, em maio de 1972, encaminhou ao Ministro da Justiça a primeira versão (a de 1972) do Anteprojeto de Código Civil – a salientar, na parte concernente a alguns pontos fundamentais do Direito das Obrigações, o de:

> Dar novo tratamento ao contrato de seguros claramente distinto em "seguro de pessoas" e "seguro de dano", tendo sido aproveitadas nesse ponto as sugestões oferecidas pelo prof. Fábio Konder Comparato, conforme estudo anexado ao citado ofício de 09 de novembro de 1970. Nesse, como nos demais casos, procura o projeto preservar a situação do segurado, sem prejuízo da certeza e segurança indispensáveis a tal tipo de negócio.

Esse tópico foi reproduzido literalmente por Miguel Reale na exposição de motivos por ele encaminhada ao Ministro da Justiça com a segunda versão (a de 1973) do Anteprojeto de Código Civil revisado, bem como na exposição de motivos por ele endereçada também ao Ministro da Justiça, e que, agregada à exposição de motivos deste, foi enviada ao então Presidente da República (Ernesto Geisel), que, com elas, submeteu ao Congresso Nacional o Projeto de Lei que instituía o Código Civil. Note-se, portanto, que a frase final desse tópico da exposição de motivos enviada ao Congresso Nacional ("Nesse, como nos demais casos, procura o projeto preservar a situação do segurado, sem prejuízo da certeza e segurança indispensáveis a tal título de negócio") é, como já observado, reprodução literal da exposição de motivos da primeira versão do Anteprojeto elaborada depois de ter sido acolhido o artigo do substitutivo de Fábio Konder Comparato no tocante ao critério objetivo da questão do suicídio em face do contrato de seguro, não podendo, pois, ser interpretada como traduzindo a manutenção do critério subjetivo do Código Civil de 1916.

Assim, verifica-se que dos materiais legislativos ou trabalhos preparatórios do novo Código Civil brasileiro que resultam do substitutivo parcial a anteprojeto, da exposição de motivos desse substitutivo que, no particular, foi recebido pelas versões dos anteprojetos que se lhe seguiram, o mesmo acontecendo com o projeto enviado ao Congresso Nacional, o qual não sofreu a respeito nenhuma emenda na longa tramitação que este teve no Poder Legislativo, quer na Câmara dos Deputados, quer no Senado, resulta inequívoco que o legislador, quando da elaboração do novo Código Civil brasileiro, alterou a disciplina do de 1916 com relação ao suicídio do segurado no contrato de seguro, havendo acolhido de forma mais categórica, como norma cogente, a adotada, como dispositiva, pelo Código Civil italiano em seu artigo 1297 que estabelece, salvo pacto em contrário, a exclusão do beneficiário do direito ao capital estipulado quando o segurado se suicida nos primeiros dois anos de vigência inicial do contrato, ou da sua recondução depois de suspenso.

A redação do artigo 798 do atual Código Civil brasileiro – que é a mesma que vem do substitutivo de Fábio Konder Comparato e que foi feita para substituir a do anteprojeto inicial de Agostinho Arruda Alvim, que seguia o critério subjetivo que vinha do Código de 1916, passando pelo Projeto de Código Civil de 1965 – por isso mesmo eliminou o conceito de morte voluntária como o suicídio premeditado por pessoa em seu juízo, e o substituiu por um critério objetivo explícito no qual, no dizer de Comparato, "o único fato a ser levado em consideração, é, pois, o tempo decorrido desde a contratação ou renovação do seguro". Assim, foi posto de lado o critério subjetivo que as seguradoras, com base na experiência de outros países, haviam procurado afastar com uma *cláusula de incontestabilidade diferida* nas suas apólices de seguro de vida, na qual se estabelecia que o suicídio do segurado apenas obrigava a seguradora ao pagamento do seguro após o decurso do período de carência, cláusula que, no entanto, encontrou a resistência do Poder Judiciário, o que se traduziu na Súmula nº 105 do Supremo Tribunal Federal, a qual, por isso, se refere a *período CONTRATUAL de carência,* e não a *período LEGAL de carência* ou, simplesmente, a *período de carência* – "Salvo se tiver havido premeditação, o suicídio do segurado, no período contratual de carência, não exime o segurador do pagamento do seguro".

Mais tarde, ainda na vigência do Código de 1916 e, portanto, diante do critério subjetivo de seu artigo 1440, foi editada a Súmula nº 61 do Superior Tribunal de Justiça – "O seguro de vida cobre o suicídio não premeditado". Portanto – frise-se –, o que antes foi colocado pelas seguradoras como um período contratual de carência passou, pelo critério objetivo do novo Código Civil, a ser um período legal de carência.

De outra parte, o teor desse artigo 798, que não faz alusão explícita ou implícita a qualquer elemento subjetivo, traduz, sem haver necessidade de forçar-se o seu sentido, por mínimo que seja, que ele adotou o critério objetivo, como bem acentuam Ernesto Tzirulnik, Flávio Q. B. Cavalcanti e Ayrton Pimentel, em comentários a essa norma no contrato de seguro:

A norma veio com o objetivo de pôr fim ao debate, estabelecendo o critério da carência de dois anos para a garantia do suicídio. O critério é objetivo: se o suicídio ocorrer nos primeiros dois anos, não terá cobertura; se sobrevier após este período, nem mesmo por expressa exclusão contratual poderá a seguradora eximir-se do pagamento. Não se discute mais se houve ou não premeditação, se foi ou não voluntário. Justifica-se este lapso temporal pelo fato de que é inimaginável que alguém celebre contrato de seguro "premeditando" o suicídio para dois anos à frente.

Ressalte-se, ainda, que a norma do dispositivo é imperativa e obriga tanto a seguradora como o segurado e seus beneficiários. Disposição contratual em contrário, por ser nula, não poderá dar cobertura ao suicídio no período lá determinado e nem nega-la no período posterior.[2]

Nessa mesma linha estão não raros autores, como, entre outros, Sílvio de Salvo Venosa,[3] Carlos Alberto Dabus Maluf,[4] José Augusto Delgado,[5] Nelson Rodrigues Netto,[6] Jones Figueiredo Alves[7] e Pedro Alvim.[8]

O elemento histórico da formação das normas contidas nesse artigo 798 tem relevo no caso porque ele encontra clara expressão no texto desse dispositivo legal do atual Código Civil, que é de promulgação recente, e que é o que vem, sem emendas, desde o substitutivo de Fábio Konder Comparato, o qual traduziu, justificando-a em verdadeira exposição de motivos, a mudança de orientação do suicídio em face do contrato de seguro de vida.

---

[2] *O contrato de seguro de acordo com o novo Código Civil Brasileiro.* 2. ed. rev., atual. e ampl. São Paulo: Revista dos Tribunais, 2003, §42, p. 188.

[3] *Direito Civil: dos contratos em espécie.* 3. ed. São Paulo: Atlas S/A, 2003. v. III, nº 18.9.1, p. 399.

[4] A cargo de quem ficou a atualização do *Curso de Direito Civil* de Washington de Barros Monteiro, *Direito das obrigações.* 2ª parte. 37. ed. São Paulo: Saraiva, 2010, p. 395-396, na parte relativa aos contratos em geral, às várias espécies de contratos e aos atos unilaterais.

[5] *Comentários ao Novo Código Civil: das várias espécies de contrato. do seguro (Arts. 757 a 802).* Rio de Janeiro: Forense, 2004, v. XI, t. I, p. 803.

[6] *In:* SOUZA, Valéria Boboni Gonçalves de; NETTO, Nelson Rodrigues; BARROS, Maria Ester V. Arroyo Monteiro de. *Comentários ao Código Civil brasileiro* (do direito da obrigações – Arts. 722 a 853). Rio de Janeiro: Forense 2004, v. VII, p. 409, 414.

[7] *In:* FIUZA, Ricardo (Coord.) *Novo Código Civil comentado.* São Paulo: Saraiva, 2002, p. 722, 724.

[8] *O contrato de seguro.* Rio de Janeiro: Forense, 1983, nº 192, p. 246-247.
Esse autor, examinando largamente o problema do suicídio em face do contrato de seguro. Finaliza suas considerações salientando que a cláusula de incontestabilidade diferida era realmente ilícita diante do Código de 1916, porque estendia a cobertura aos suicídio voluntário depois de vencida a franquia, embora essa cláusula fosse oportuna para as operações de seguro de vida em que se deve dispensar a penosa investigação sobre a voluntariedade do suicídio durante certo lapso de tempo, mas ela deveria ser precedida de modificação da lei, o que explicava sua inclusão no Anteprojeto de Código Civil (de 1975) com a redação por este dada.

Aliás, se o artigo 798 do Código Civil de 2002 pretendesse conservar o mesmo critério subjetivo que inspirou o artigo 1440 do Código de 1916 e que já estava consolidado nas Súmulas nº 105 do Supremo Tribunal Federal e nº 61 do Superior Tribunal de Justiça, não haveria razão para ter estabelecido, em seu *caput*, o prazo de carência legal de dois anos de vigência inicial do contrato, ou de sua recondução depois de suspenso, nem muito menos para ter substituído o parágrafo único desse artigo 1440, que considerava morte voluntária – em contraposição à morte involuntária que dava margem ao pagamento do seguro – como o suicídio premeditado por pessoa em seu juízo, pelo parágrafo único do atual artigo 798, que determina ser nula, ressalvada a hipótese neste prevista, a cláusula contratual que exclui o pagamento do capital por suicídio do segurado, donde resulta a regra implícita de que, após esse prazo de carência de dois anos, o seguro será pago qualquer que seja a causa da morte.

Ademais, caso se entenda que, em face do *caput* do artigo 798 do novo Código Civil, para o suicídio praticado antes de transcorrido o prazo de dois anos da contratação, há a necessidade de comprovação pela seguradora da premeditação dele unicamente para favorecer o beneficiário – critério subjetivo –, ao passo que, diante do parágrafo único do mesmo dispositivo, para o suicídio praticado após transcorrido esse prazo de dois anos, a seguradora está obrigada ao pagamento do seguro – critério objetivo –, ter-se-á a adoção de dois critérios diametralmente opostos para a aplicação, no mesmo artigo, dos dois período em que o efeito do suicídio no contrato de seguro de vida é disciplinado, o que implica dizer que se terá a adoção de dois pesos e de duas medidas, e não, como sucede com a aplicação do critério objetivo em ambos os períodos, um sistema em que o prazo de carência de dois anos favorece a seguradora, e, ao contrário, após o decurso desse prazo, favorece o beneficiário do seguro. E isso sem considerar que o prazo de carência de dois anos serve também não só de desestímulo ao suicídio premeditado em favor de terceiro por não ser razoável que alguém, exceto em casos absolutamente excepcionais, contrate seguro de vida premeditando suicidar-se após dois anos dessa contratação para exclusivamente favorecer o terceiro beneficiário, mas também, como há muito ponderou Levi Carneiro, o grande alcance dessa franquia "é dispensar a penosa investigação sobre a voluntariedade do suicídio, durante certo lapso de tempo"[9]

---

[9] *Apud* PEDRO ALVIM, *op. cit.*, nº 192, p. 247.

Em sentido contrário, Caio Mário da Silva Pereira assim defende sua posição:

> O Código de 2002 deu tratamento inusitado às hipóteses de suicídio. Em seu artigo 798 determinou que o beneficiário não tem direito ao capital estipulado quando o segurado se suicida nos primeiros 2 (dois) de vigência inicial do contrato, ou da sua recondução depois de suspenso. Esta regra deve ser interpretada no sentido de que após 2 anos da contratação do seguro presume-se que o suicídio não foi premeditado. Se o suicídio ocorrer menos de 2 anos após a contratação do seguro caberá à seguradora demonstrar que o segurado assim fez exclusivamente para obter em favor de terceiro o pagamento da indenização. Essa prova da premeditação é imprescindível, sob pena de o segurador obter enriquecimento sem causa, diante das pesquisas da ciência no campo da medicina envolvendo a patologia da depressão. Essa tinha sido a solução sugerida por mim no Código das Obrigações, e adotada no Código de 2002.[10]

Esse entendimento não me parece sustentável.

Com efeito, se, para Caio Mário, "o Código de 2002 deu tratamento inusitado às hipóteses de suicídio" e a prova da premeditação é imprescindível, sob pena de o segurador obter enriquecimento sem causa diante das pesquisas médicas envolvendo a patologia da depressão quando o suicídio ocorre a menos de 2 anos após a contratação do seguro, tem-se de concluir que seu tratamento inusitado foi contrário à disciplina do Código de 1916, e, portanto, ao critério subjetivo.

Além disso, dizer-se que a imprescindibilidade da prova da premeditação decorre de que, sem ela, haverá enriquecimento sem causa não procede, não só porque genericamente não há no caso enriquecimento sem causa, uma vez que sua causa resulta da opção da lei ao estabelecer o prazo de carência por dois anos, mas também porque especificamente a parte final do *caput* do artigo 798 determina que se aplique a ele o parágrafo único do artigo 797, ou seja "no seguro de vida para o caso de morte, é lícito estipular-se um prazo de carência, durante o qual o segurador não responde pela ocorrência do sinistro",

---

[10] *Instituições de Direito Civil*: contratos, declaração unilateral de vontade, responsabilidade civil. 11ª. ed. rev. e atual. de acordo com o Código Civil de 2002 por Regis Fichtner. Rio de Janeiro: Forense, 2003, v. III., nº 266, p. 467.

A passagem, porém, relativa ao suicídio em face do contrato de seguro e que está transcrita no texto, é do autor e não do revisor, como se infere da parte final da transcrição: "Essa tinha sido a solução sugerida por mim no Código das Obrigações, e adotada no Código de 2002".

hipótese em que "o segurador é obrigado a devolver ao beneficiário o montante da reserva técnica já formada", o que de certo modo, como sucede no artigo 797, atua em contrapartida a ele não responder pela ocorrência do suicídio.

Esse artigo 797, que veio também, com mínima alteração de forma, do substitutivo de Fábio Konder Comparato (art. XXXVII)[11], admite expressamente a estipulação de prazo de carência em se tratando de seguro de vida para o caso de morte, o que implica dizer que, adotando o novo Código Civil inequivocamente a inovação desse prazo de carência contratual, nada há que entre em choque com seu sistema a adoção do prazo de franquia legal que resulta claramente do texto do artigo 798, cujo efeito é o mesmo que o do artigo 797 no caso de o segurador, dentro desse prazo de carência, não responder pela morte ou pelo suicídio.

Por outro lado, segundo ainda Caio Mário, se o suicídio se der depois de 2 anos da contratação ou da recondução, presume-se que o suicídio não foi premeditado, sem que ele esclareça se essa presunção é absoluta (*iuris et de iure*) ou relativa (*iuris tantum*). Assim sendo, e tendo em vista a invocada imprescindibilidade da prova da premeditação quando o suicídio ocorrer antes dos 2 anos da contratação ou da recondução, tem-se que, nessa hipótese, estar-se-á sempre diante de uma presunção relativa. E aí se põe o seguinte dilema: ou tanto no tocante ao período de dois anos quanto no concernente ao período posterior a esses dois anos há presunção relativa, ou no que diz respeito ao primeiro desses períodos a presunção é relativa, ao passo que no segundo deles a presunção é absoluta. Ora, a adoção de que em ambos os períodos a presunção é relativa implica dizer que no período anterior a dois anos a prova da premeditação do suicídio cabe à seguradora, mas no segundo desses períodos a prova da não premeditação caberá a quem? Não pode ser à seguradora, que nela, obviamente, não tem interesse, nem ao beneficiário do seguro, pois a presunção é a seu favor, nem, finalmente, ao segurado, uma vez que ele está morto em decorrência do suicídio. Já a adoção de que no primeiro período a presunção é relativa e no segundo é absoluta, essa solução incidirá na crítica, feita anteriormente, dos dois pesos e duas medidas: o critério subjetivo no período inicial de 2 anos e o critério objetivo no período posterior a esses dois anos.

---

[11] *Op. cit.*, nº 28, p. 258.

E isso mesmo que se considere que, tanto no *caput* do artigo 798 quanto em seu parágrafo único, ter-se-á presunção legal que, além de não estar expressa na lei, não admite ser extraída de dispositivo legal que peremptoriamente, nos dois primeiros anos, nega ao beneficiário direito ao capital estipulado quando nesse período o segurado se suicida, e nos anos que se lhes seguem estabelece a nulidade de cláusula contratual que, ressalvada a hipótese prevista no *caput*, exclua o pagamento do capital por suicídio do segurado.

A tudo isso se acrescente que nada há no Código de Defesa do Consumidor que impeça a existência do prazo de carência de dois anos no caso de suicídio do segurado, pois se trata de norma legal que disciplina um aspecto do contrato de seguro, o que está no âmbito do Código Civil, que tem a mesma hierarquia infraconstitucional do Código de Defesa do Consumidor, e por se tratar de norma legal não pode sequer ser atacada por via de cláusula abusiva, restrita esta apenas às cláusulas contratuais, o que não é o caso, nem com base na boa-fé objetiva, que exige a observância dos deveres secundários, anexos ou instrumentais pelas partes da relação obrigacional, e não por preceito legal.

Em resumo, a meu ver, a primeira parte do *caput* do artigo 798 do Código Civil de 2002, que é o objeto da presente consulta, encerra prazo de carência de dois anos, dentro do qual não é devido pela seguradora o pagamento do seguro de vida se o segurado se suicida, independentemente do exame de o suicídio ter sido premeditado em favor exclusivo do beneficiário ou da voluntariedade do segurado.

Informação bibliográfica deste texto, conforme a NBR 6023:2002 da Associação Brasileira de Normas Técnicas (ABNT):

ALVES, José Carlos Moreira. Seguro de vida e suicídio. *In*: SARAIVA FILHO, Oswaldo Othon de Pontes (Coord.). *Direito Tributário*: Estudos em tributo ao jurista Ives Gandra da Silva Martins. Belo Horizonte: Fórum, 2016. p. 61-70. ISBN 978-85-450-0154-6.

O MANDADO DE INJUNÇÃO
E A NECESSIDADE DE SUA REGULAÇÃO
LEGISLATIVA

GILMAR FERREIRA MENDES

1 Considerações gerais

O art. 5º, LXXI, da Constituição previu, expressamente, a concessão do mandado de injunção, o qual há de ter por objeto o não cumprimento de dever constitucional de legislar que, de alguma forma, afete direitos constitucionalmente assegurados (falta de norma regulamentadora que torne inviável o exercício de direitos e liberdades constitucionais e das prerrogativas inerentes à soberania e à cidadania). Tal como já se vinha frequentemente apontando, essa omissão tanto pode ter caráter *absoluto ou total*, como pode materializar-se de forma *parcial*.[1]

Na primeira hipótese, que se revela cada vez mais rara, tendo em vista o implemento gradual da ordem constitucional, tem-se a inércia do legislador, que pode impedir totalmente a implementação da norma constitucional.

A omissão parcial, por sua vez, envolve a execução parcial ou incompleta de um dever constitucional de legislar, que se manifesta tanto em razão do atendimento incompleto do estabelecido na norma constitucional, como do processo de mudança nas circunstâncias fático-jurídicas que venha a afetar a legitimidade da norma (inconstitucionalidade superveniente), ou, ainda, em razão de concessão de benefício de forma incompatível com o princípio da igualdade (exclusão de benefício incompatível com o princípio da igualdade).

---

[1] MI nº 542/SP, Rel. Min. Celso de Mello, DJ de 28/06/2002.

2 O conteúdo, o significado e a amplitude das decisões em mandado de injunção

A adoção do mandado de injunção e do processo de controle abstrato da omissão tem dado ensejo a intensas controvérsias. O conteúdo, o significado e a amplitude das decisões proferidas nesses processos vêm sendo analisados de forma diferenciada pela doutrina e pela jurisprudência.

Sem prejuízo da discussão doutrinária a que aludiremos oportunamente, parece extreme de dúvida que a Constituição de 1988 abriu a possibilidade para o desenvolvimento sistemático da *declaração de inconstitucionalidade sem a pronúncia da nulidade,* na medida em que atribuiu particular significado ao controle de constitucionalidade da chamada *omissão do legislador.*

Alguns nomes da literatura jurídica sustentam que, como as regras constantes do preceito constitucional que instituiu o mandado de injunção não se afiguravam suficientes para possibilitar a sua aplicação, ficava sua utilização condicionada à promulgação das regras processuais regulamentadoras.[2]

Outros doutrinadores afirmam que, sendo o mandado de injunção instrumento dirigido contra omissão impeditiva do exercício de direitos constitucionalmente assegurados, competiria ao juiz proferir decisão que contivesse regra concreta destinada a possibilitar o exercício do direito subjetivo em questão.[3]

Uma variante dessa corrente acentua que a decisão judicial há de conter uma regra geral, aplicável não apenas à questão submetida ao Tribunal, mas também aos demais casos semelhantes.[4] Segundo essa concepção, o constituinte teria dotado o Tribunal, excepcionalmente, do poder de editar normas abstratas, de modo que essa atividade judicial apresentaria fortes semelhanças com a atividade legislativa.[5]

---

[2]   TEIXEIRA FILHO, Manoel Antonio. Mandado de injunção e direitos sociais, *LTr,* n. 53, p. 323, 1989; Barroso chega a afirmar que "No contexto atual do constitucionalismo brasileiro, o mandado de injunção tornou-se uma desnecessidade, havendo alternativa teórica e prática de muito maior eficiência" (BARROSO, Luís Roberto. *O controle de constitucionalidade no direito brasileiro.* 2. ed. São Paulo: Saraiva, 2006, p. 112).

[3]   SILVA, José Afonso da. *Curso de Direito Constitucional positivo.* 25. ed. São Paulo: Malheiros, 2006, p. 450-452; BARROSO, Luís Roberto. *O controle de constitucionalidade no direito brasileiro,* p. 123-124.

[4]   PASSOS, J. J. Calmon de. *Mandado de segurança coletivo, mandado de injunção, habeas data, Constituição e processo.* Rio de Janeiro: Forense, 1989, p. 123.

[5]   PASSOS, J. J. Calmon de. *Mandado de segurança coletivo, mandado de injunção, habeas data, Constituição e processo,* p. 123.

Trata-se, em outras palavras, da extensão dos efeitos advindos da decisão proferida em mandado de injunção. O que se evidencia é a possibilidade de as decisões nos mandados de injunção surtirem efeitos normativos não somente em razão do interesse jurídico de seus impetrantes, estendendo-os também para os demais casos que guardem similitude. Assim, em regra, a decisão em mandado de injunção, ainda que dotada de caráter subjetivo, comporta uma dimensão objetiva, com eficácia *erga omnes*, a qual serve para tantos quantos forem os casos que demandem a concretização de uma omissão geral do Poder Público, seja em relação a uma determinada conduta, seja em relação a uma determinada lei.[6]

Consubstancia esse entendimento a decisão prolatada pelo Supremo Tribunal Federal no julgamento da Rcl nº 6.568. Tratava-se de hipótese em que se alegava a ofensa ao quanto decidido pelo Tribunal na ADI nº 3.395, pois que o TRT da 2ª Região havia dado seguimento ao processamento de dissídio coletivo de greve dos policiais civis do Estado de São Paulo. O relator da reclamação, Ministro Eros Grau, acolheu a pretensão do reclamante no sentido de assentar a amplitude da decisão do MI nº 712 para além das partes envolvidas naquele processo, firmando a possibilidade de se emprestar eficácia geral à decisão do mandado de injunção. A decisão está assim ementada:

> RECLAMAÇÃO. SERVIDOR PÚBLICO. POLICIAIS CIVIS. DISSÍDIO COLETIVO DE GREVE. SERVIÇOS OU ATIVIDADES PÚBLICAS ESSENCIAIS. COMPETÊNCIA PARA CONHECER E JULGAR O DISSÍDIO. ARTIGO 114, INCISO I, DA CONSTITUIÇÃO DO BRASIL. DIREITO DE GREVE. ARTIGO 37, INCISO VII, DA CONSTITUIÇÃO DO BRASIL. LEI N. 7.783/89. INAPLICABILIDADE AOS SERVIDORES PÚBLICOS. DIREITO NÃO ABSOLUTO. RELATIVIZAÇÃO DO DIREITO DE GREVE EM RAZÃO DA ÍNDOLE DE DETERMINADAS ATIVIDADES PÚBLICAS. AMPLITUDE DA DECISÃO PROFERIDA

---

[6] No julgamento da medida liminar da Reclamação Constitucional nº 6.200-0/RN, por exemplo, a Presidência do Supremo Tribunal Federal, ao deferir parcialmente o pedido da União Federal, reforçou o entendimento dos efeitos *erga omnes* decorrentes da dimensão objetiva das decisões proferidas nos Mandados de Injunção nº 670/ES, nº 708/DF e nº 712/PA (para sua aplicação direta em casos semelhantes em que se discuta o exercício do direito de greve pelos servidores públicos). Nesse sentido, buscou-se ressaltar que a ordem constitucional necessita de proteção por mecanismos processuais céleres e eficazes. Esse é o mandamento constitucional, que fica bastante claro quando se observa o elenco de ações constitucionais voltadas a esse mister, como o habeas corpus, o mandado de segurança, a ação popular, o habeas data, o mandado de injunção, a ação civil pública, a ação direta de inconstitucionalidade, a ação declaratória de constitucionalidade e a arguição de descumprimento de preceito fundamental.

NO JULGAMENTO DO MANDADO DE INJUNÇÃO N. 712. ART. 142, §3º, INCISO IV, DA CONSTITUIÇÃO DO BRASIL. INTERPRE-TAÇÃO DA CONSTITUIÇÃO. AFRONTA AO DECIDIDO NA ADI 3.395. INCOMPETÊNCIA DA JUSTIÇA DO TRABALHO PARA DIRIMIR CONFLITOS ENTRE SERVIDORES PÚBLICOS E ENTES DA ADMINISTRAÇÃO ÀS QUAIS ESTÃO VINCULADOS. RECLAMAÇÃO JULGADA PROCEDENTE. 1. O Supremo Tribunal Federal, ao julgar o MI n. 712, afirmou entendimento no sentido de que a Lei n. 7.783/89, que dispõe sobre o exercício do direito de greve dos trabalhadores em geral, *é* ato normativo de início inaplicável aos servidores públicos civis, mas ao Poder Judiciário dar concreção ao artigo 37, inciso VII, da Constituição do Brasil, suprindo omissões do Poder Legislativo.[7]

Acolhendo tais razões e atento à jurisprudência mais recente do Supremo Tribunal, o Projeto de Lei nº 6.128, de 2009, que tramita na Câmara dos Deputados e pretende a regulação legislativa da ação constitucional do mandado de injunção, dispõe, em seu art. 9º, que a decisão proferida no mandado de injunção, em regra, "terá eficácia subjetiva limitada às partes e produzirá efeitos até o advento da norma regulamentadora".

O §1º do mesmo artigo, contudo, prevê que "poderá ser conferida eficácia *ultra partes* ou *erga omnes* à decisão, quando isso for inerente ou indispensável ao exercício do direito, liberdade ou prerrogativa objeto da impetração".

O art. 9º prevê, ainda, em seu §2º, que "transitada em julgado a decisão, os seus efeitos poderão ser estendidos aos casos análogos por decisão monocrática do relator", o que se operará nos termos do art. 557 do Código de Processo Civil.

A doutrina já havia se preocupado com as possíveis dificuldades que decorrem da amplitude e do caráter normativo dessa concepção. Procura-se restringir a eficácia normativa afirmando-se que, se o direito subjetivo depender da organização de determinada atividade ou de determinado serviço público, ou, ainda, da disposição de recursos públicos, então deverá ser reconhecida a inadmissibilidade do mandado de injunção.[8] Assim, não poderia o mandado de injunção ser proposto com vistas a garantir, *v. g.*, o pagamento do seguro-desemprego.[9]

---

[7] Rcl nº 6.568, Rel. Min. Eros Grau, DJ de 25-9-2009.

[8] PASSOS, J. J. Calmon de. *Mandado de segurança coletivo, mandado de injunção, habeas data, Constituição e processo*, p. 112-113.

[9] PASSOS, J. J. Calmon de. *Mandado de segurança coletivo, mandado de injunção, habeas data, Constituição e processo*, p. 112-113.

É interessante registrar a manifestação de Calmon de Passos a propósito do tema:

> Entendemos, entretanto, descaber o mandado de injunção quando o adimplemento, seja pelo particular, seja pelo Estado, envolve a organização prévia de determinados serviços ou a alocação específica de recursos, porque nessas circunstâncias se faz inviável a tutela, inexistentes os recursos ou o serviço, e construir-se o mandado de injunção como direito de impor ao Estado a organização de serviços constitucionalmente reclamados teria implicações de tal monta que, inclusive constitucionalmente, obstam, de modo decisivo, a pertinência do *mandamus* na espécie. Tentarei um exemplo. O seguro-desemprego. Impossível deferi-lo mediante o mandado de injunção, visto como ele é insuscetível de atribuição individual, sem todo um sistema (técnico) instalado e funcionando devidamente. Também seria inexigível do sujeito privado uma prestação inapta a revestir-se do caráter de pessoalidade reclamada na injunção, como, por exemplo, a participação nos lucros da empresa. A competência deferida ao Judiciário, de substituir-se ao Legislativo para edição da norma regulamentadora, não derroga todos os preceitos que disciplinam a organização política do Estado, sua administração financeira, as garantias orçamentárias e a definição de políticas e de estratégias de melhor aplicação dos dinheiros públicos alocados para atendimento das necessidades de caráter geral.[10]

Cumpre registrar que uma corrente diversa entende que o mandado de injunção destina-se, tão somente, a aferir a existência de omissão que impede o exercício de um direito constitucionalmente assegurado.[11] A pronúncia de sentença de conteúdo normativo revelar-se-ia, por isso, inadmissível.[12] Segundo esse entendimento, as decisões que o Supremo Tribunal Federal profere na ação de mandado de injunção e no processo de controle abstrato da omissão têm caráter *obrigatório* ou *mandamental*.[13]

A intrincada questão constitucional está em vias de ser pacificada mediante a edição da legislação processual de regência da ação constitucional em tela. No tocante à eficácia da decisão que julga o mandado

---

[10] PASSOS, J. J. Calmon de. *Mandado de segurança coletivo, mandado de injunção, habeas data, Constituição e processo*, p. 112.

[11] FERREIRA FILHO, Manoel Gonçalves. *Curso de Direito Constitucional*. 32. ed. São Paulo: Saraiva, 2006, p. 321-322.

[12] MEIRELLES, Hely Lopes. *Mandado de segurança*. 29. ed. São Paulo: Malheiros, 2006, p. 277; BASTOS, Celso Ribeiro; MARTINS, Ives Gandra. *Comentários à Constituição do Brasil*. 3. ed. São Paulo: Saraiva, 2004, v. 2, p. 385-386.

[13] MEIRELLES, Hely Lopes. *Mandado de segurança*, p. 283.

de injunção, dispõe o referido Projeto de Lei que, "reconhecido o estado de mora legislativa, será deferida a injunção para o fim de: I – determinar prazo razoável para que o impetrado promova a edição da norma regulamentadora; II – estabelecer as condições em que se dará o exercício dos direitos, liberdades ou prerrogativas reclamados ou, se for o caso, as condições em que poderá o interessado promover ação própria visando a exercê-los, caso não seja suprida a mora legislativa no prazo determinado".[14]

Em outra proposição interessante do projeto de lei, assenta-se que "será dispensada a determinação a que se refere o inciso I, quando comprovado que o impetrado deixou de atender ao prazo estabelecido para a edição da norma em anterior mandado de injunção".[15]

Assim dispondo, a proposta legislativa atende ao que assentado, por exemplo, no julgamento do MI nº 284, ocasião em que o Tribunal considerou que, tendo permanecido inerte o Congresso Nacional, ainda que "previamente cientificado no Mandado de Injunção n.º 283", tornava-se "prescindível nova comunicação à instituição parlamentar, assegurando-se aos impetrantes, desde logo, a possibilidade de ajuizarem, imediatamente, nos termos do direito comum ou ordinário, a ação de reparação de natureza econômica instituída em seu favor pelo preceito transitório".[16]

Fácil é ver, pois, que a aprovação da regulação processual para o mandado de injunção contribuirá para a ordenação das expectativas criadas com a adoção desse instituto no ordenamento constitucional brasileiro.

Hoje, a disciplina da ação constitucional é regulada por um conjunto de precedentes do Supremo Tribunal Federal. A ausência de disciplina processual acabou por obrigar o Supremo Tribunal, num curto espaço de tempo, a apreciar não só a questão relativa à imediata aplicação desse instituto, independentemente da promulgação de regras processuais próprias, como também a decidir sobre o significado e a natureza do mandado de injunção na ordem constitucional brasileira.

---

14 PL nº 6.128/2009, art. 8º, incisos I e II.
15 PL nº 6.128/2009, art. 8º, parágrafo único.
16 MI nº 284, Rel. para o acórdão Min. Celso de Mello, DJ de 26/06/1992.

3 O mandado de injunção na jurisprudência do Supremo Tribunal Federal

O Supremo Tribunal Federal teve oportunidade de apreciar pela primeira vez as questões suscitadas pelo controle de constitucionalidade da omissão na decisão de 23 de novembro de 1989.[17]

O mandado de injunção havia sido proposto por Oficial do Exército contra o Presidente da República, que, segundo alegava o requerente, não teria encaminhado, tempestivamente, ao Congresso Nacional, projeto de lei disciplinando a duração dos serviços temporários, tal como expressamente exigido pela Constituição (art. 42, §9º). O impetrante havia prestado serviço por nove anos e seria compelido a passar para a reserva ao completar o décimo ano se fosse aplicada a legislação pré-constitucional. Daí ter requerido a promulgação da norma prevista constitucionalmente. Ao lado desse pleito principal, requereu ele, igualmente, a concessão de liminar que garantisse o seu *status* funcional até a pronúncia da decisão definitiva.

A inexistência de regras processuais específicas exigia, como já enunciado, que o Tribunal examinasse, como questão preliminar, a possibilidade de se aplicar esse instituto com base, tão somente, nas disposições constitucionais. A resposta a essa questão dependia, porém, da definição da natureza e do significado desse novo instituto.

A Corte partiu do princípio de que a solução que recomendava a expedição da norma geral ou concreta haveria de ser desde logo afastada. A regra concreta deveria ser excluída em determinados casos, como decorrência da natureza especial de determinadas pretensões, *v. g.*, daquelas eventualmente derivadas dos postulados de direito eleitoral.[18] Tanto em relação a uma norma concreta quanto em relação a normas gerais proíbe-se que a coisa julgada possa vir a ser afetada mediante lei posterior (art. 5º, XXXVI). Como essas decisões judiciais haveriam de transitar em julgado, não poderia a lei posteriormente editada contemplar questões que foram objeto do pronunciamento transitado em julgado.[19]

A opinião que sustentava a possibilidade de o Tribunal editar uma regra geral, ao proferir a decisão sobre mandado de injunção, encontraria insuperáveis obstáculos constitucionais. Essa prática não

---

[17] MI nº 107, Rel. Min. Moreira Alves, *RTJ*, 133.
[18] MI nº 107, Rel. Min. Moreira Alves, *RTJ*, 133, 11 e s.
[19] MI nº 107, Rel. Min. Moreira Alves, *RTJ*, 133, 11 (33).

se deixaria compatibilizar com o princípio da divisão de Poderes e com o princípio da democracia. Além do mais, o modelo constitucional não continha norma autorizadora para a edição de regras autônomas pelo juizado, em substituição à atividade do legislador, ainda que com vigência provisória, como indicado pela doutrina. Portanto, essa posição revela-se incompatível com a Constituição.[20]

Contra esse entendimento colocar-se-ia, igualmente, o princípio da reserva legal, constante do art. 5º, II, da Constituição, pois essas regras gerais, que deveriam ser editadas pelos Tribunais, haveriam de impor obrigações a terceiros, que, nos termos da Constituição, somente podem ser criadas por lei ou com fundamento em uma lei.

Por outro lado, a opinião dos representantes dessa corrente, que sustentavam a inadmissibilidade do mandado de injunção nos casos em que o exercício do direito subjetivo exigisse a organização de determinada atividade, instituição, técnica, ou em que fosse imprescindível a disposição de recursos públicos, acabaria por tornar quase dispensável[21] a garantia constitucional do mandado de injunção.

Após essas considerações, deixou assente o Supremo Tribunal Federal que, consoante a sua própria natureza, o mandado de injunção destinava-se a garantir os direitos constitucionalmente assegurados, inclusive aqueles derivados da soberania popular, como o direito ao plebiscito, o direito ao sufrágio, à iniciativa legislativa popular (CF, art. 14, I, III), bem como os chamados direitos sociais (CF, art. 6º), desde que o impetrante estivesse impedido de exercê-los em virtude da omissão do órgão legiferante.

Como *omissão* deveria ser entendida não só a chamada *omissão absoluta* do legislador, isto é, a total ausência de normas, como também a *omissão parcial*, na hipótese de cumprimento imperfeito ou insatisfatório de dever constitucional de legislar.[22]

Ao contrário da orientação sustentada por uma das correntes doutrinárias,[23] o mandado de injunção afigurava-se adequado à realização de direitos constitucionais que dependessem da edição de normas de organização, pois, do contrário, esses direitos não ganhariam significado algum.[24]

---

[20] MI nº 107, Rel. Min. Moreira Alves, *RTJ*, 133, 11 (34-35).

[21] MI nº 107, Rel. Min. Moreira Alves, *RTJ*, 133, 11 (32-33).

[22] MI nº 542/SP, Rel. Min. Celso de Mello, DJ de 28/06/2002.

[23] MI nº 107, Rel. Min. Moreira Alves, *RTJ*, 133, 11-31.

[24] MI nº 107, Rel. Min. Moreira Alves, *RTJ*, 133/33.

Todavia, o Tribunal entendeu, e assim firmou sua jurisprudência, no sentido de que deveria limitar-se a constatar a inconstitucionalidade da omissão e a determinar que o legislador empreendesse as providências requeridas.[25]

Após o Mandado de Injunção n. 107, *leading case na matéria relativa à omissão*, a Corte passou a promover alterações significativas no instituto do mandado de injunção, conferindo-lhe, por conseguinte, conformação mais ampla do que a até então admitida.

No Mandado de Injunção nº 283, de relatoria do Ministro Sepúlveda Pertence, o Tribunal, pela primeira vez, estipulou prazo para que fosse colmatada a lacuna relativa à mora legislativa, sob pena de assegurar ao prejudicado a satisfação dos direitos negligenciados. Explicita a ementa do acórdão:

> Mandado de injunção: mora legislativa na edição da lei necessária ao gozo do direito à reparação econômica contra a União, outorgado pelo art. 8º, §3º, ADCT: deferimento parcial, com estabelecimento de prazo para a purgação da mora e, caso subsista a lacuna, facultando o titular do direito obstado a obter, em juízo, contra a União, sentença líquida de indenização por perdas e danos.
>
> 1. O STF admite – não obstante a natureza mandamental do mandado de injunção (MI 107-QO) – que no pedido constitutivo ou condenatório, formulado pelo impetrante, mas de atendimento impossível, se contém o pedido, de atendimento possível, de declaração de inconstitucionalidade da omissão normativa, com ciência ao órgão competente para que a supra (cf. Mandados de Injunção 168, 107 e 232).
>
> 2. A norma constitucional invocada (ADCT, art. 8º, §3º – 'Aos cidadãos que foram impedidos de exercer, na vida civil, atividade profissional específica, em decorrência das Portarias Reservadas do Ministério da Aeronáutica n. S-50-GM5, de 19 de junho de 1964, e n. S-285-GM5 será concedida reparação econômica, na forma que dispuser lei de iniciativa do Congresso Nacional e a entrar em vigor no prazo de doze meses a contar da promulgação da Constituição' – vencido o prazo nela previsto, legitima o beneficiário da reparação mandada conceder a impetrar mandado de injunção, dada a existência, no caso, de um direito subjetivo constitucional de exercício obstado pela omissão legislativa denunciada.
>
> 3. Se o sujeito passivo do direito constitucional obstado é a entidade estatal à qual igualmente se deva imputar a mora legislativa que obsta ao seu exercício, é dado ao Judiciário, ao deferir a injunção, somar, aos seus efeitos mandamentais típicos, o provimento necessário a acautelar o interessado contra a eventualidade de não se ultimar o processo

---

[25] MEIRELLES, Hely Lopes. *Mandado de segurança*, p. 277.

legislativo, no prazo razoável que fixar, de modo a facultar-lhe, quanto possível, a satisfação provisória do seu direito.

4. Premissas, de que resultam, na espécie, o deferimento do mandado de injunção para:

a) declarar em mora o legislador com relação à ordem de legislar contida no art. 8º, §3º, ADCT, comunicando-o ao Congresso Nacional e à Presidência da República;

b) assinar o prazo de 45 dias, mais 15 dias para a sanção presidencial, a fim de que se ultime o processo legislativo da lei reclamada;

c) se ultrapassado o prazo acima, sem que esteja promulgada a lei, reconhecer ao impetrante a faculdade de obter, contra a União, pela via processual adequada, sentença líquida de condenação à reparação constitucional devida, pelas perdas e danos que se arbitrem;

d) declarar que, prolatada a condenação, a superveniência de lei não prejudicará a coisa julgada, que, entretanto, não impedirá o impetrante de obter os benefícios da lei posterior, nos pontos em que lhe for mais favorável. (MI nº 283, Rel. Sepúlveda Pertence, *DJ* de 14/11/1991)

No Mandado de Injunção nº 232, de relatoria do Ministro Moreira Alves, o Tribunal reconheceu que, passados seis meses sem que o Congresso Nacional editasse a lei referida no art. 195, §7º, da Constituição Federal, o requerente passaria a gozar a imunidade requerida. Consta da ementa desse julgado:

> Mandado de injunção. Legitimidade ativa da requerente para impetrar mandado de injunção por falta de regulamentação do disposto no §7º do artigo 195 da Constituição Federal. Ocorrência, no caso, em face do disposto no artigo 59 do ADCT, de mora, por parte do Congresso, na regulamentação daquele preceito constitucional. Mandado de injunção conhecido, em parte, e, nessa parte, deferido para declarar-se o estado de mora em que se encontra o Congresso Nacional, a fim de que, no prazo de seis meses, adote ele as providências legislativas que se impõem para o cumprimento da obrigação de legislar decorrente do artigo 195, §7º, da Constituição, sob pena de, vencido esse prazo sem que essa obrigação se cumpra, passar o requerente a gozar da imunidade requerida. (MI nº 232, Rel. Moreira Alves, *DJ* de 27-3-1992)

Ainda, nessa mesma orientação, registra a ementa da decisão proferida no Mandado de Injunção nº 284, de relatoria do Ministro Celso de Mello:

> Mandado de injunção – natureza jurídica – função processual – ADCT, art. 8º, §3º (Portarias Reservadas do Ministério da Aeronáutica) – a questão do sigilo – mora inconstitucional do Poder Legislativo –

exclusão da União Federal da relação processual – ilegitimidade passiva 'ad causam' – 'writ' deferido.

– O caráter essencialmente mandamental da ação injuncional – consoante tem proclamado a jurisprudência do Supremo Tribunal Federal – impõe que se defina, como passivamente legitimado 'ad causam', na relação processual instaurada, o órgão público inadimplente, em situação de inércia inconstitucional, ao qual é imputável a omissão causalmente inviabilizadora do exercício de direito, liberdade e prerrogativa de índole constitucional.

– No caso, 'ex vi' do §3º do art. 8º do Ato das Disposições Constitucionais Transitórias, a inatividade inconstitucional é somente atribuível ao Congresso Nacional, a cuja iniciativa se reservou, com exclusividade, o poder de instaurar o processo legislativo reclamado pela norma constitucional transitória.

– Alguns dos muitos abusos cometidos pelo regime de exceção instituído no Brasil em 1964 traduziram-se, dentre os vários atos de arbítrio puro que o caracterizaram, na concepção e formulação teórica de um sistema claramente inconvivente com a prática das liberdades públicas. Esse sistema, fortemente estimulado pelo 'perigoso fascínio do absoluto' (Pe. Joseph Comblin, 'A Ideologia da Segurança Nacional – O Poder Militar na América Latina', p. 225, 3. ed., 1980; trad. de A. Veiga Fialho, Civilização Brasileira), ao privilegiar e cultivar o sigilo, transformando-o em 'praxis' governamental institucionalizada, frontalmente ofendeu o princípio democrático, pois, consoante adverte NORBERTO BOBBIO, em lição magistral sobre o tema ('O Futuro da Democracia', 1986, Paz e Terra), não há, nos modelos políticos que consagram a democracia, espaço possível reservado ao mistério.

O novo estatuto político brasileiro – que rejeita o poder que oculta e não tolera o poder que se oculta – consagrou a publicidade dos atos e das atividades estatais como valor constitucionalmente assegurado, disciplinando-o, com expressa ressalva para as situações de interesse público, entre os direitos e garantias fundamentais.

A Carta Federal, ao proclamar os direitos e deveres individuais e coletivos (art. 5º), enunciou preceitos básicos, cuja compreensão é essencial à caracterização da ordem democrática como um regime do poder visível, ou, na lição expressiva de Bobbio, como 'um modelo ideal do governo público em público'.

– O novo 'writ' constitucional, consagrado pelo art. 5º, LXXI, da Carta Federal, não se destina a constituir direito novo, nem a ensejar ao Poder Judiciário o anômalo desempenho de funções normativas que lhe são institucionalmente estranhas. O mandado de injunção não é o sucedâneo constitucional das funções político-jurídicas atribuídas aos órgãos estatais inadimplentes. A própria excepcionalidade desse novo instrumento jurídico *impõe* ao Judiciário o dever de estrita observância do princípio constitucional da divisão funcional do Poder.

– Reconhecido o estado de mora inconstitucional do Congresso Nacional – único destinatário do comando para satisfazer, no caso, a prestação legislativa reclamada – e considerando que, embora previamente cientificado no Mandado de Injunção n. 283, Relator Ministro Sepúlveda Pertence, absteve-se de adimplir a obrigação que lhe foi constitucionalmente imposta, torna-se *prescindível* nova comunicação à instituição parlamentar, assegurando-se aos impetrantes, *desde logo*, a possibilidade de ajuizarem, *imediatamente*, nos termos do direito comum ou ordinário, a ação de reparação de natureza econômica instituída em seu favor pelo preceito transitório. (MI nº 284, Rel. p/ Acórdão Min. Celso de Mello, *DJ* de 26/06//1992)

Percebe-se que, sem assumir compromisso com o exercício de uma típica função legislativa, o Supremo Tribunal Federal afastou-se da orientação inicialmente perfilhada, no que diz respeito ao mandado de injunção.

As decisões proferidas nos Mandados de Injunção nºs 283 (Rel. Sepúlveda Pertence), 232 (Rel. Moreira Alves) e 284 (Rel. Celso de Mello) sinalizam para uma nova compreensão do instituto e a admissão de uma solução "normativa" para a decisão judicial.

Assim, no caso relativo à omissão legislativa quanto aos critérios de indenização devida aos anistiados (art. 8º do ADCT), o Tribunal entendeu que, em face da omissão, os eventuais afetados poderiam dirigir-se diretamente ao juiz competente, que haveria de fixar o montante na forma do direito comum.[26] Em outro precedente relevante, considerou-se que a falta de lei não impedia que a entidade beneficente gozasse da imunidade constitucional expressamente reconhecida.[27]

Ressalte-se, por fim, o julgamento do MI nº 758, quando o Supremo Tribunal assentou, por unanimidade, o cabimento da aplicação analógica do art. 57, §1º, da Lei nº 8.213/91, visando a regular o quanto disposto no §4º do art. 40 da Constituição Federal. A decisão recebeu a seguinte ementa:

Mandado de injunção - Natureza. Conforme disposto no inciso LXXI do artigo 5º da Constituição Federal, conceder-se-á mandado de injunção quando necessário ao exercício dos direitos e liberdades constitucionais e das prerrogativas inerentes à nacionalidade, à soberania e à cidadania. Há ação mandamental e não simplesmente declaratória de omissão.

---

[26] Nesse sentido, verificar MI nº 562, Rel. Min. Ellen Gracie, DJ de 20/06/2003; v. também: MI nº 543/DF, Rel. Min. Octavio Gallotti, DJ de 24/05/2002.

[27] Cf. MI nº 679, Rel. Min. Celso de Mello, DJ de 17/12/2002.

A carga de declaração não é objeto da impetração, mas premissa da ordem a ser formalizada. Mandado de injunção – Decisão - Balizas. Tratando-se de processo subjetivo, a decisão possui eficácia considerada a relação jurídica nele revelada. Aposentadoria – Trabalho em condições especiais – Prejuízo à saúde do trabalhador – Inexistência de lei complementar – Artigo 40, §4º, da Constituição Federal. Inexistente a disciplina específica da aposentadoria especial do servidor, impõe-se a adoção, via pronunciamento judicial, daquela própria aos trabalhadores em geral - artigo 57, §1º, da Lei nº. 8.213/91.[28]

As decisões anteriormente referidas indicam que o Supremo Tribunal Federal aceitou a possibilidade de uma regulação provisória pelo próprio Judiciário, uma espécie de sentença aditiva, caso se utilize a denominação do direito italiano.

4 O direito de greve do servidor e a viragem da jurisprudência

No Mandado de Injunção nº 20 (Rel. Celso de Mello, *DJ* de 22/11/1996), firmou-se entendimento no sentido de que o direito de greve dos servidores públicos não poderia ser exercido antes da edição da lei complementar respectiva, com o argumento de que o preceito constitucional que reconheceu o direito de greve constituía norma de eficácia limitada, desprovida de autoaplicabilidade.

Na mesma linha, foram as decisões proferidas nos MI nºs 485 (Rel. Maurício Corrêa, *DJ* de 23/08/2002) e MI nº 585/TO (Rel. Ilmar Galvão, *DJ* de 02/08/2002).

Portanto, nas diversas oportunidades em que o Tribunal se manifestou sobre a matéria, tem reconhecido unicamente a necessidade de se editar a reclamada legislação, sem admitir uma concretização direta da norma constitucional.

Nesse particular, deve-se observar que, diferentemente das relativizações efetivadas quanto ao decidido no Mandado de Injunção nº 107/DF (*DJ* de 02/08/1991), nos casos em que se apreciaram as possibilidades e as condições para o exercício do direito de greve por servidores públicos civis, a Corte ficou adstrita tão somente à declaração da existência da mora legislativa para a edição de norma reguladora específica.

---

[28] MI nº 758, Rel. Min. Marco Aurélio, DJ de 26/9/2008. No mesmo sentido, cf., MI nº 788, Rel. Min. Carlos Britto, DJ de 08/05/2009 e MI nº 795, Rel. Min. Cármen Lúcia, DJ de 22/05/2009.

Nessas ocasiões, entretanto, o Ministro Carlos Velloso destacava a necessidade de que, em hipóteses como a dos autos, se aplicasse, provisoriamente, aos servidores públicos a lei de greve relativa aos trabalhadores em geral. Registre-se, a propósito, trecho de seu voto no MI nº 631/MS (Rel. Ilmar Galvão, *DJ* de 02/08/2002):

> Assim, Sr. Presidente, passo a fazer aquilo que a Constituição determina que eu faça, como juiz: elaborar a norma para o caso concreto, a norma que viabilizará, na forma do disposto no art. 5º, LXXI, da Lei Maior, o exercício do direito de greve do servidor público.
>
> A norma para o caso concreto será a lei de greve dos trabalhadores, a Lei 7.783, de 28.6.89. É dizer, determino que seja aplicada, no caso concreto, a lei que dispõe sobre o exercício do direito de greve dos trabalhadores em geral, que define as atividades essenciais e que regula o atendimento das necessidades inadiáveis da comunidade.
>
> Sei que na Lei 7.783 está disposto que ela não se aplicará aos servidores públicos. Todavia, como devo fixar a norma para o caso concreto, penso que devo e posso estender aos servidores públicos a norma já existente, que dispõe a respeito do direito de greve. (MI nº 631/MS, Rel. Ilmar Galvão, *DJ* de 2-8-2002)

Vê-se, assim, que, observados os parâmetros constitucionais quanto à atuação da Corte como eventual legislador positivo, o Ministro Carlos Velloso entendia ser o caso de determinar a aplicação aos servidores públicos da lei que disciplina os movimentos grevistas no âmbito do setor privado.

Na sessão de 07/06/2006, foi proposta a revisão parcial do entendimento até então adotado pelo Tribunal. Assim, apresentamos – o Ministro Eros Grau (MI nº 712/PA) e Ministro Gilmar Mendes (MI 670/ES) – votos que recomendam a adoção de uma "solução normativa e concretizadora" para a omissão verificada.

São as seguintes as razões apresentadas no MI nº 670:

> Assim como na interessante solução sugerida pelo Ministro Velloso, creio parecer justo fundar uma intervenção mais decisiva desta Corte para o caso da regulamentação do direito de greve dos servidores públicos (CF, art. 37, VII).
>
> Entretanto, avento essa possibilidade por fundamentos diversos, os quais passarei a desenvolver em breve exposição sobre o direito de greve no Brasil e no direito comparado.
>
> O direito de greve dos servidores públicos tem sido objeto de sucessivas dilações desde 1988. A Emenda Constitucional n. 19/1998 retirou o caráter complementar da Lei regulamentadora, a qual passou a demandar,

unicamente, lei ordinária e específica para a matéria. Não obstante subsistam as resistências, é bem possível que as partes envolvidas na questão partam de premissas que favoreçam o estado de omissão ou de inércia legislativa.

A representação de servidores não vê com bons olhos a regulamentação do tema, porque visa a disciplinar uma seara que hoje está submetida a um tipo de lei da selva. Os representantes governamentais entendem que a regulamentação acabaria por *criar* o direito de greve dos servidores públicos. Essas visões parcialmente coincidentes têm contribuído para que as greves no âmbito do serviço público se realizem sem qualquer controle jurídico, dando ensejo a negociações heterodoxas, ou a ausências que comprometem a própria prestação do serviço público, sem qualquer base legal.

Mencionem-se, a propósito, episódios mais recentes relativos à greve dos servidores do Judiciário do Estado de São Paulo e à greve dos peritos do Instituto Nacional de Seguridade Social (INSS), que trouxeram prejuízos irreparáveis a parcela significativa da população dependente desses serviços públicos.

A não-regulação do direito de greve acabou por propiciar um quadro de selvageria com sérias conseqüências para o Estado de Direito. Estou a lembrar que Estado de Direito é aquele no qual não existem soberanos.

Nesse quadro, não vejo mais como justificar a inércia legislativa e a inoperância das decisões desta Corte.

Comungo das preocupações quanto à não-assunção pelo Tribunal de um protagonismo *legislativo*. Entretanto, parece-me que a não-atuação no presente momento já se configuraria quase como uma espécie de 'omissão judicial'.

Assim, tanto quanto no caso da anistia, essa situação parece impelir intervenção mais decisiva desta Corte.

Ademais, assevero que, apesar da persistência da omissão quanto à matéria, são recorrentes os debates legislativos sobre os requisitos para o exercício do direito de greve.

A esse respeito, em apêndice ao meu voto, elaborei documento comparativo da Lei n. 7.783/1989 e o texto do Projeto de Lei n. 6.032/2002 (que 'Disciplina o exercício do direito de greve dos servidores públicos dos Poderes da União, dos Estados, do Distrito Federal e a dos Municípios, previsto no art. 37, inciso VII, da Constituição Federal e dá outras providências').

Nesse contexto, é de se concluir que não se pode considerar simplesmente que a satisfação do exercício do direito de greve pelos servidores públicos civis deva ficar a bel-prazer do juízo de oportunidade e conveniência do Poder Legislativo.

Estamos diante de uma situação jurídica que, desde a promulgação da Carta Federal de 1988 (ou seja, há mais de 17 anos), remanesce sem qualquer alteração. Isto é, mesmo com as modificações implementadas pela Emenda n. 19/1998 quanto à exigência de lei ordinária específica, o direito de greve dos servidores públicos ainda não recebeu o tratamento legislativo minimamente satisfatório para garantir o exercício dessa prerrogativa em consonância com imperativos constitucionais.

Por essa razão, não estou a defender aqui a assunção do papel de legislador positivo pelo Supremo Tribunal Federal.

Pelo contrário, enfatizo tão-somente que, tendo em vista as imperiosas balizas constitucionais que demandam a concretização do direito de greve a todos os trabalhadores, este Tribunal não pode se abster de reconhecer que, assim como se estabelece o controle judicial sobre a atividade do legislador, é possível atuar também nos casos de inatividade ou omissão do Legislativo.

Tendo em vista essa situação peculiar, entendi que se deveria recomendar a adoção explícita de um modelo de sentença de perfil aditivo, tal como amplamente desenvolvido na Itália.

Fizeram-se referências às observações de Rui Medeiros sobre o tema da chamada legislação positiva efetivada pelos Tribunais, especialmente quanto ao seguinte aspecto:

> A atribuição de uma função positiva ao juiz constitucional harmoniza-se, desde logo, com a tendência hodierna para a acentuação da importância e da criatividade da função jurisdicional: as decisões modificativas integram-se, coerentemente, no movimento de valorização do momento jurisprudencial do direito.
>
> O alargamento dos poderes normativos do Tribunal Constitucional constitui, outrossim, uma resposta à crise das instituições democráticas.
>
> Enfim, e este terceiro aspecto é particularmente importante, a reivindicação de um papel positivo para o Tribunal Constitucional é um corolário da falência do Estado Liberal. Se na época liberal bastava cassar a lei, no período do Estado Social, em que se reconhece que a própria omissão de medidas soberanas pode pôr em causa o ordenamento constitucional, torna-se necessário a intervenção activa do Tribunal Constitucional. Efectivamente, enquanto para eliminar um limite normativo (v. g. uma proibição ou um ônus) e restabelecer plenamente uma liberdade, basta invalidar a norma em causa, o mesmo não se pode dizer quando se trata de afastar uma omissão legislativa inconstitucional. Neste segundo caso, se seguir o modelo clássico de justiça constitucional, a capacidade de intervenção do juiz das leis será muito reduzida. Urge, por isso, criar um sistema de justiça constitucional adequado ao moderno Estado Social. Numa palavra: 'a configuração actual das constituições não permite qualquer veleidade aos tribunais constitucionais em actuarem de forma meramente negativa, antes lhes exige uma esforçada actividade que muitas vezes se pode confundir com um indirizzo político na efectiva concretização e desenvolvimento do programa constitucional.

Daí o falhanço de todas as teses que pretendiam arrumar os tribunais constitucionais numa atitude meramente contemplativa perante as tarefas constitucionais' e o esbatimento, claro em Itália, dos limites à admissibilidade de decisões modificativas.[29]

Especialmente no que concerne às sentenças aditivas ou modificativas, esclarece Rui Medeiros que elas são em geral aceitas quando integram ou completam um regime previamente adotado pelo legislador ou ainda quando a solução adotada pelo Tribunal incorpora "solução constitucionalmente obrigatória".[30]

No caso do direito de greve dos servidores públicos, afigura-se inegável o conflito existente entre as necessidades mínimas de legislação para o exercício desse direito (CF, art. 9º, *caput*, c/c o art. 37, VII), de um lado, e o direito a serviços públicos adequados e prestados de forma contínua (CF, art. 9º, §1º), de outro. Evidentemente, não se outorga ao legislador qualquer poder discricionário quanto à edição ou não da lei disciplinadora do direito de greve. O legislador poderá adotar um modelo mais ou menos rígido, mais ou menos restritivo do direito de greve no âmbito do serviço público, mas não poderá deixar de reconhecer o direito previamente definido na Constituição.

Identifica-se, pois, aqui a necessidade de uma solução obrigatória da perspectiva constitucional, uma vez que ao legislador não é dado escolher se concede ou não o direito de greve, podendo tão somente dispor sobre a adequada configuração da sua disciplina.

A partir da experiência do direito alemão sobre a declaração de inconstitucionalidade sem pronúncia da nulidade, tendo em vista especialmente as omissões legislativas parciais, e das sentenças aditivas no direito italiano, denota-se que, no caso do direito de greve dos servidores, está-se diante de hipótese em que há omissão constitucional que reclama uma solução diferenciada.

De resto, uma sistemática conduta omissiva do Legislativo pode e deve ser submetida à apreciação do Judiciário (e por ele deve ser censurada), de forma a garantir, minimamente, direitos constitucionais reconhecidos (CF, art. 5º, XXXV). Trata-se de uma garantia de proteção judicial efetiva que não pode ser negligenciada na vivência democrática de um Estado de Direito (CF, art. 1º).

---

[29] MEDEIROS, Rui. *A decisão de inconstitucionalidade*. Lisboa: Universidade Católica, 1999, p. 493-494.

[30] MEDEIROS, Rui. *A decisão de inconstitucionalidade*, p. 504.

Essa função confunde-se com o conceito mesmo do mandado de injunção, enquanto instituto que oferece "a qualquer pessoa que tenha um interesse legítimo a possibilidade de buscar viabilizar o gozo de seu direito, instando o órgão judicial competente a que integre a norma constitucional que declara ou reconhece um direito, cujo exercício se persegue, vendo-se afetado pela ausência de uma disposição que lhe assegure uma aplicação plena, tudo isso no caso concreto".[31]

Sobre a necessidade de decisões adequadas para esse estado de inconstitucionalidade omissiva, afiguram-se pertinentes as lições de Augusto Martin de La Vega na seguinte passagem de sua obra:

> Partiendo de que cada sistema de justicia constitucional tiende a configurarse como un modelo particular en función de sus relaciones con el ordenamiento constitucional en el que opera, es difícil entender la proliferación de las sentencias manipulativas sin tener en cuenta la combinación de tres factores determinantes en el caso italiano: la existencia de una Constitución con una fuerte carga programática y 'avocada' a un desarrollo progresivo, la continuidad básica de un ordenamiento legal con fuertes resquicios no sólo protoliberales sino incluso autoritarios, y la simultánea ineficacia del Parlamento para dar una respuesta en el tiempo socialmente requerido tanto a las demandas de actuación de la Constitución, como a la necesaria adecuación del preexistente ordenamiento legal al orden constitucional.[32]

A situação descrita a propósito do sistema italiano mostra fortes semelhanças com o quadro institucional brasileiro, especialmente no que concerne à omissão legislativa quanto ao direito de greve dos servidores públicos.

Daí a necessidade de mudança de perspectiva quanto às possibilidades jurisdicionais de controle de constitucionalidade das omissões legislativas.

Nos dizeres de Joaquín Brage Camazano:

> La raíz esencialmente pragmática de estas modalidades atípicas de sentencias de la constitucionalidad hace suponer que su uso es prácticamente inevitable, con una u otra denominación y con unas u otras particularidades, por cualquier órgano de la constitucionalidad consolidado que goce de una amplia jurisdicción, en especial si no seguimos

---

[31] FERNÁNDEZ SEGADO, Francisco. *La justicia constitucional*: una visión de derecho comparado. Madrid: Dykinson, 2009, t. I, p. 1022.

[32] MARTÍN DE LA VEGA, Augusto. *La sentencia constitucional en Italia*. Madrid: 2003, p. 229-230.

condicionados inercialmente por la majestuosa, pero hoy ampliamente superada, concepción de Kelsen del TC como una suerte de 'legislador negativo'. Si alguna vez los tribunales constitucionales fueron legisladores negativos, sea como sea, hoy es obvio que ya no lo son; y justamente el rico 'arsenal' sentenciador de que disponen para fiscalizar la constitucionalidad de la Ley, más allá del planteamiento demasiado simple 'constitucionalidad/inconstitucionalidad', es un elemento más, y de importancia, que viene a poner de relieve hasta qué punto es así. Y es que, como Fernández Segado destaca, 'la praxis de los tribunales constitucionales no ha hecho sino avanzar en esta dirección' de la superación de la idea de los mismos como legisladores negativos, certificando [así] la quiebra del modelo kelseniano del legislador negativo.[33]

É certo, igualmente, que a solução alvitrada por essa posição doutrinária não desborda do critério da vontade hipotética do legislador, uma vez que se cuida de adotar, provisoriamente, para o âmbito da greve no serviço público, as regras aplicáveis às greves no âmbito privado.

Tendo em vista essas considerações, entendi por bem propor que se adotasse, de forma explícita, uma sentença aditiva com eficácia *erga omnes* nos seguintes termos:

> (....) acolho a pretensão tão-somente no sentido de que se aplique a Lei n. 7.783/1989 enquanto a omissão não seja devidamente regulamentada por Lei específica para os servidores públicos.
>
> Nesse particular, ressalto ainda que, em razão dos imperativos da continuidade dos serviços públicos, não estou por afastar que, de acordo com as peculiaridades de cada caso concreto e mediante solicitação de órgão competente, seja facultado ao juízo competente impor a observância a regime de greve mais severo em razão de tratar-se de 'serviços ou atividades essenciais', nos termos dos arts. 10 e 11 da Lei n. 7.783/1989.
>
> Creio que essa ressalva na parte dispositiva de meu voto é indispensável porque, na linha do raciocínio desenvolvido, não se pode deixar de cogitar dos riscos decorrentes das possibilidades de que a regulação dos *serviços públicos* que tenham características afins a esses 'serviços ou atividades essenciais' seja menos severa que a disciplina dispensada aos *serviços privados* ditos 'essenciais'.

---

[33] BRAGE CAMAZANO, Joaquín. Interpretación constitucional, declaraciones de inconstitucionalidad y arsenal sentenciador (un sucinto inventario de algunas sentencias "atípicas"). Disponível em: <www.geocities.com/derechoconstitucional/publicaciones. htm>. Cf. também em: FERRER MAC-GREGOR, Eduardo (Ed.). *La interpretación constitucional*. México: Porrúa, 2005 (no prelo).

Isto é, mesmo provisoriamente, há de se considerar, ao menos, idêntica conformação legislativa quanto ao atendimento das necessidades inadiáveis da comunidade que, se não atendidas, coloquem 'em perigo iminente a sobrevivência, a saúde ou a segurança da população' (Lei n. 7.783/1989, parágrafo único, art. 11).[34]

Proposta semelhante foi alvitrada pelo Ministro Eros Grau no MI nº 712, em voto proferido na mesma sessão de 07/06/2006.

Posteriormente, no MI nº 708, sobre o mesmo tema, para o qual sugeri a mesma solução proposta para o MI nº 670, assim me pronunciei:

> Nessa extensão do acolhimento, porém, creio serem necessárias outras considerações com relação à recente decisão tomada por esta Corte no julgamento da medida liminar na ADI n. 3.395-DF, Rel. Min. Cezar Peluso. Eis o teor da ementa do julgado:
>
> 'EMENTA: INCONSTITUCIONALIDADE. Ação direta. Competência. Justiça do Trabalho. Incompetência reconhecida. Causas entre o Poder Público e seus servidores estatutários. Ações que não se reputam oriundas de relação de trabalho. Conceito estrito desta relação. Feitos da competência da Justiça Comum. Interpretação do art. 114, inc. I, da CF, introduzido pela EC 45/2004. Precedentes. Liminar deferida para excluir outra interpretação. O disposto no art. 114, I, da Constituição da República não abrange as causas instauradas entre o Poder Público e servidor que lhe seja vinculado por relação jurídico-estatutária' (ADI n. 3.395-DF, Pleno, maioria, Rel. Min. Cezar Peluso, vencido o Min. Marco Aurélio, DJ 10.11.2006).
>
> Assim, sob pena de injustificada e inadmissível negativa de prestação jurisdicional nos âmbitos federal, estadual e municipal, é necessário que, na decisão deste MI, fixemos os parâmetros institucionais e constitucionais de definição de competência, provisória e ampliativa, para a apreciação de dissídios de greve instaurados entre o Poder Público e os servidores com vínculo estatutário.
>
> Nesse particular, assim como argumentei com relação à Lei Geral de Greve, creio ser necessário e adequado que fixemos balizas procedimentais mínimas para a apreciação e julgamento dessas demandas coletivas.
>
> A esse respeito, no plano procedimental, vislumbro a possibilidade de aplicação da Lei n. 7.701/1988 (que cuida da especialização das turmas dos Tribunais do Trabalho em processos coletivos), no que tange à competência para apreciar e julgar eventuais conflitos judiciais referentes à greve de servidores públicos que sejam suscitados até o momento de colmatação legislativa da lacuna ora declarada.

---

[34] MI nº 670/ES.

Ao desenvolver mecanismos para a apreciação dessa proposta constitucional para a omissão legislativa, creio não ser possível argumentar pela impossibilidade de se proceder a uma interpretação ampliativa do texto constitucional nesta seara, pois é certo que, antes de se cogitar de uma interpretação restritiva ou ampliativa da Constituição, é dever do intérprete verificar se, mediante fórmulas pretensamente alternativas, não se está a violar a própria decisão fundamental do constituinte. No caso em questão, estou convencido de que não se está a afrontar qualquer opção constituinte, mas, muito pelo contrário, se está a engendrar esforços em busca de uma maior efetividade da Constituição como um todo.

Relembre-se a afirmação de Pertence, no voto proferido na Questão de Ordem no Inquérito nº 687/SP, Rel. Sydney Sanches, *DJ* de 09/11/2001, ocasião em que se discutia a competência do Supremo Tribunal Federal no contexto da prerrogativa de foro por exercício de função. Pertence afirmou que: "Se nossa função é realizar a Constituição e nela a largueza do campo do foro por prerrogativa de função mal permite caracterizá-lo como excepcional, nem cabe restringi-lo nem cabe negar-lhe a expansão sistemática necessária a dar efetividade às inspirações da Lei Fundamental".

Sobre essa questão também nos ensina Canotilho:

> A força normativa da Constituição é incompatível com a existência de competências não escritas salvo nos casos de a própria Constituição autorizar o legislador a alargar o leque de competências normativo-constitucionalmente especificado. No plano metódico, deve também afastar-se a invocação de 'poderes implícitos', de 'poderes resultantes' ou de 'poderes inerentes' como formas autônomas de competência. É admissível, porém, uma complementação de competências constitucionais através do manejo de instrumentos metódicos de interpretação (sobretudo de interpretação sistemática ou teleológica). Por esta via, chegar-se-á a duas hipóteses de competência complementares implícitas: (1) competências implícitas complementares, enquadráveis no programa normativo-constitucional de uma competência explícita e justificáveis porque não se trata tanto de alargar competências mas de aprofundar competências (ex.: quem tem competência para tomar uma decisão deve, em princípio, ter competência para a preparação e formação de decisão); (2) competências implícitas complementares, necessárias para preencher lacunas constitucionais patentes através da leitura sistemática e analógica de preceitos constitucionais.[35]

---

[35] GOMES CANOTILHO, J. J. *Direito Constitucional e teoria da Constituição*. 5. ed. Coimbra: Almedina, p. 543.

Nesse contexto, conforme já tive oportunidade de sustentar algumas vezes, não há como, em Constituição tão detalhada como a nossa, deixar de se fazer uma interpretação compreensiva do texto constitucional. Principalmente, levando-se em consideração a análise do exercício do direito de greve por servidores públicos, resulta impossível não empreender esse tipo de compreensão.

Vê-se, pois, que o sistema constitucional não repudia a ideia de competências implícitas complementares, desde que necessárias para colmatar lacunas constitucionais evidentes. Por isso, considerei viável a possibilidade de aplicação das regras de competência insculpidas na Lei nº 7.701/88 para garantir efetividade a uma prestação jurisdicional efetiva na área de conflitos paredistas instaurados entre o Poder Público e os servidores públicos estatutários (CF, arts. 5º, XXXV, e 93, IX).

Prosseguindo em meu voto, aduzi:

> Nesse contexto, é imprescindível que este Plenário densifique as situações provisórias de competência constitucional para a apreciação desses dissídios no contexto nacional, regional, estadual e municipal.
>
> Assim, nas condições acima especificadas, se a paralisação for de âmbito nacional, ou abranger mais de uma Região da Justiça Federal, ou, ainda, abranger mais de uma unidade da federação, entendo que a competência para o dissídio de greve será do Superior Tribunal de Justiça (por aplicação analógica do art. 2º, I, 'a', da Lei n. 7.701/1988).
>
> Ainda no âmbito federal, se a controvérsia estiver adstrita a uma única Região da Justiça Federal, a competência será dos Tribunais Regionais Federais (aplicação analógica do art. 6º, da Lei n. 7.701/1988).
>
> Para o caso da jurisdição no contexto estadual ou municipal, se a controvérsia estiver adstrita a uma Unidade da Federação, a competência será do respectivo Tribunal de Justiça (também, por aplicação analógica, do art. 6º, da Lei n. 7.701/1988).
>
> Revela-se importante, nesse particular, ressaltar que a par da competência para o dissídio de greve em si – discutindo a abusividade, ou não, da greve – também os referidos tribunais, nos seus respectivos âmbitos, serão competentes para decidir acerca do mérito do pagamento, ou não, dos dias de paralisação, assim como das medidas cautelares eventualmente incidentes, tais como:
>
> i) aquelas nas quais se postule a preservação do objeto da querela judicial, qual seja, o percentual mínimo de servidores públicos que devem continuar trabalhando durante o movimento paredista, ou mesmo a proibição de qualquer tipo de paralisação;
>
> ii) os interditos possessórios para a desocupação de dependências dos órgãos públicos eventualmente tomados por grevistas; e
>
> iii) demais medidas cautelares que apresentem conexão direta com o dissídio coletivo de greve.

Em última instância, a adequação e necessidade da definição dessas questões de organização e procedimento dizem respeito a questões de fixação de competência constitucional de modo a assegurar, a um só tempo, a possibilidade e, sobretudo, os limites ao exercício do direito constitucional de greve dos servidores públicos; e a continuidade na prestação dos serviços públicos.

Ao adotar essa medida, este Tribunal estaria a assegurar o direito de greve constitucionalmente garantido no art. 37, VII, da Constituição Federal, sem desconsiderar a garantia da continuidade de prestação de serviços públicos – um elemento fundamental para a preservação do interesse público em áreas que são extremamente demandadas para o benefício da sociedade brasileira.

Em 25 de outubro de 2007, o Tribunal, por maioria, conheceu dos mandados de injunção[36] e, reconhecendo o conflito existente entre as necessidades mínimas de legislação para o exercício do direito de greve dos servidores públicos, de um lado, e o direito a serviços públicos adequados e prestados de forma contínua, de outro, bem assim, tendo em conta que ao legislador não é dado escolher se concede ou não o direito de greve, podendo tão somente dispor sobre a adequada configuração da sua disciplina, reconheceu a necessidade de uma solução obrigatória da perspectiva constitucional e propôs a solução para a omissão legislativa com a aplicação, no que couber, da Lei nº 7.783/89, que dispõe sobre o exercício do direito de greve na iniciativa privada.[37]

Assim, o Tribunal, afastando-se da orientação inicialmente perfilhada no sentido de estar a eficácia da decisão limitada à declaração da existência da mora legislativa para a edição de norma regulamentadora específica, passou, sem assumir compromisso com o exercício de uma típica função legislativa, a aceitar a possibilidade de uma regulação provisória pelo próprio Judiciário.

O Tribunal adotou, portanto, uma moderada sentença de perfil aditivo,[38] introduzindo modificação substancial na técnica de decisão do mandado de injunção.

---

[36] MI nº 670, Rel. para o acórdão Min. Gilmar Mendes; MI nº 708, Rel. Min. Gilmar Mendes, e MI nº 712, Rel. Min. Eros Grau.

[37] Os Ministros Ricardo Lewandowski, Joaquim Barbosa e Marco Aurélio limitavam a decisão à categoria representada pelos respectivos sindicatos e estabeleciam condições específicas para o exercício das paralisações.

[38] As sentenças aditivas ou modificativas são aceitas, em geral, quando integram ou completam um regime previamente adotado pelo legislador ou, ainda, quando a solução adotada pelo Tribunal incorpora solução constitucionalmente obrigatória.

Foram fixados, ainda, os parâmetros institucionais e constitucionais de definição de competência, provisória e ampliativa, nos âmbitos federal, estadual e municipal. No plano procedimental, vislumbrou-se a possibilidade de aplicação da Lei nº 7.701/88, que cuida da especialização das turmas dos Tribunais do Trabalho em processos coletivos, para apreciação de dissídios de greve instaurados entre o Poder Público e os servidores com vínculo estatutário.

Digno de nota afigura-se o fato de a discussão ter revelado uma lacuna na disciplina do direito de greve do servidor público, ao indicar a necessidade de um foro judicial qualificado para dirimir tais dissídios.

5 Considerações finais

Fácil é ver, pois, que a evolução da jurisprudência do Supremo Tribunal Federal acerca do mandado de injunção emprestou ao instituto feições que muito contribuem para a efetividade do controle da omissão legislativa dentro de nosso sistema de controle de constitucionalidade.

Cumpriria ressaltar que o projeto de lei estabelece disciplina advinda de longa maturação, teórica e prática, levada a cabo não só pelo Supremo Tribunal, mas por toda a comunidade de especialistas que, aqui e alhures, se debruçaram sobre a questão, o que não pode deixar de exercer influência sobre o grau de segurança jurídica que se pode esperar da operação do instituto dentro do sistema constitucional brasileiro.

O cotejo entre o conjunto formado por essa jurisprudência acerca do processamento e da eficácia decisória em mandado de injunção e as proposições legislativas contidas no Projeto de Lei nº 6.128 de 2009 está a indicar que o legislador está atento às reflexões desenvolvidas pelo Supremo Tribunal Federal, sem se demitir de sua responsabilidade de conseguir uma adequada e constante evolução do instituto no nosso sistema constitucional.

Informação bibliográfica deste texto, conforme a NBR 6023:2002 da Associação Brasileira de Normas Técnicas (ABNT):

MENDES, Gilmar Ferreira. O mandado de injunção e a necessidade de sua regulação legislativa. *In*: SARAIVA FILHO, Oswaldo Othon de Pontes (Coord.). *Direito Tributário*: Estudos em tributo ao jurista Ives Gandra da Silva Martins. Belo Horizonte: Fórum, 2016. p. 71-94. ISBN 978-85-450-0154-6.

DECADÊNCIA TRIBUTÁRIA E REESTRUTURAÇÃO SOCIETÁRIA: O MARCO INICIAL DO PRAZO NOS IMPOSTOS SUJEITOS A LANÇAMENTO POR HOMOLOGAÇÃO

HUMBERTO BERGMANN ÁVILA

Introdução

As regras de decadência, cuja incidência extingue o poder de a autoridade fiscal constituir o crédito tributário pelo lançamento, servem para viabilizar o *planejamento* das atividades do sujeito passivo, de modo a contribuir para a promoção da *segurança jurídica* entre todos os operadores do Direito.[1] A segurança jurídica, nesse caso, tem o sentido de confiabilidade por meio da estabilidade no tempo causada pela *intangibilidade* de situações individuais por razões objetivas.[2]

O pressuposto para a aplicação das regras de decadência é a longa *passividade* da pessoa competente para constituir o crédito, que contribui para um estado de *irreversibilidade* da atuação do sujeito passivo, de um lado, e para a *dificuldade comprobatória* das operações realizadas no passado distante, de outro.[3]

Essa passividade, aliada ao *descumprimento do dever* de atuação durante *longo período*, faz com que se crie um *estado de confiança* por parte do sujeito passivo no sentido de que as operações praticadas

---

[1] GUCKELBERGER, Annette. *Die Verjährung im Öffentlichen Recht*. Tübingen: Mohr Siebeck, 2004, p. 49 e 78.

[2] ÁVILA, Humberto. *Segurança Jurídica*. São Paulo: Malheiros, 2011, p. 330 ss.

[3] GUCKELBERGER, Annette. *Die Verjährung im Öffentlichen Recht*. Tübingen: Mohr Siebeck, 2004, p. 94.

estão corretas e de que ele não mais poderá ser chamado a cumprir eventual obrigação.[4]

O essencial, para caracterização da decadência, é a sua referência a uma *posição jurídica exequível*. Daí por que ela se circunscreve "à falta de exercício de um direito durante um determinado tempo, apesar de que o habilitado deveria ou poderia tê-lo exercido relativamente ao obrigado".[5] Por isso também que ela se inicia quando o habilitado já tem *poder* para atuar e *dever* de fazê-lo, e não quando ele toma conhecimento dos fatos.[6] Entendimento contrário faria com que o prazo de decadência, em algumas situações, jamais se iniciasse, ou começasse muito tempo após o período fixado em lei, favorecendo a passividade do credor no exercício do seu dever de constituir o crédito que pretende exigir.

Mas para que a decadência possa servir de instrumento de promoção da segurança jurídica, é preciso que seja fixado um *prazo determinado* dentro do qual o poder administrativo deva ser exercido.[7] Normas sobre prescrição e decadência sem prazo determinado – como dito noutra oportunidade, pedindo vênia para o uso de uma metáfora – é como "avião sem asa" ou "futebol sem bola".[8]

Aliás, estabelecer decadência sem prazo determinado não é prever decadência, é na verdade regular outro instituto, a saber, a *supressio (Verwirkung)*. Esta se caracteriza, precisamente, por significar a impossibilidade de exercer um direito por falta de exercício por um *tempo indeterminado* que, em vez de ser definido pelo legislador, será definido diante do caso concreto segundo critérios de boa-fé.[9] Desse modo, a decadência ou é com prazo determinado, ou não é decadência, especialmente porque sem um prazo determinado não há como promover o fim que justifica a sua utilização: *eliminar a incerteza* sobre o passado.[10]

---

[4] GUCKELBERGER, Annette. *Die Verjährung im Öffentlichen Recht*. Tübingen: Mohr Siebeck, 2004, p. 94 e 98.

[5] GUCKELBERGER, Annette. *Die Verjährung im Öffentlichen Recht*. Tübingen: Mohr Siebeck, 2004, p. 173.

[6] PIEKENBROCK, Andreas. Befristung, *Verjährung, Verschweigung und Verwirkung*. Tübingen: Mohr Siebeck, 2006, p. 415.

[7] GUCKELBERGER, Annette. *Die Verjährung im Öffentlichen Recht*. Tübingen: Mohr Siebeck, 2004, p. 732.

[8] ÁVILA, Humberto. Lei complementar sobre normas gerais. *Revista Dialética de Direito Tributário*, n. 157, p. 108, 2008.

[9] BEERMANN, Johanes. *Verwirkung und Vertrauenschutz im Steuerrecht*. Münster: Waxmann, 1991, p. 211. GUCKELBERGER, Annette. *Die Verjährung im Öffentlichen Recht*. Tübingen: Mohr Siebeck, 2004, p. 737.

[10] ÁVILA, Humberto. *Segurança Jurídica*: entre permanência, mudança e realização no Direito Tributário. São Paulo: Malheiros, 2011, p. 348.

As ponderações anteriores indicam, de um lado, que a decadência tem a finalidade de promover a segurança jurídica por meio da estabilização de situações individuais após o transcurso de um prazo determinado em lei. Como o seu efeito é punir a passividade da pessoa legalmente habilitada a exercer uma pretensão, o seu prazo deve se iniciar a partir do momento em que ela *pode* e *deve* exercê-la.

As considerações antes feitas demonstram, de outro lado, que as regras de decadência jamais podem ser interpretadas de modo que o prazo *determinado* se transforme em prazo *indeterminado* ou que ele se inicie em momento diferente daquele em que a pessoa habilitada já tem o poder e o dever de exercer a sua pretensão. Se essas precauções hermenêuticas não forem acolhidas, não se atingirá o objeto pretendido com a instituição das regras de decadência: eliminar a insegurança jurídica causada pela falta de definição da situação jurídica do sujeito passivo.

Expostas essas reflexões iniciais fundamentais sobre a decadência, é preciso agora examinar a sua regulação pelo Código Tributário Nacional – CTN, notadamente para verificar quais as hipóteses de marco inicial do referido prazo.

1 Primeira hipótese: marco inicial correspondente ao final do exercício em que houve a reestruturação

O CTN possui várias regras de decadência, cuja aplicação depende do tipo de *lançamento* do tributo a ser constituído, do momento da ocorrência do *fato gerador* da obrigação tributária e da eventual existência de *informações* suficientes para permitir o exercício do poder de controle pelas autoridades fiscais das operações praticadas pelos contribuintes.

Nos tributos sujeitos ao lançamento por homologação, assim entendidos aqueles aos quais a lei atribua ao sujeito passivo a obrigação de antecipar o pagamento do tributo devido sem prévio conhecimento das autoridades administrativas, a regra aplicável é aquela prevista no §4º do artigo 150 do CTN, segundo a qual o prazo decadencial se inicia no momento da ocorrência do *fato gerador*.

O imposto sobre a renda e a contribuição sobre o lucro são tributos sujeitos a lançamento por homologação, na medida em que o contribuinte, ademais de calculá-los, deve antecipar o seu pagamento.

O fato gerador do imposto sobre a renda é o rendimento do trabalho ou do capital que gera acréscimo patrimonial em determinado período.[11] O próprio Supremo Tribunal Federal já decidiu de forma categórica nesse sentido, como comprova este trecho de uma das suas decisões:

> Na verdade, por mais variado que seja o conceito de renda, todos os economistas, financistas e juristas se unem em um ponto: *renda é sempre um ganho ou um acréscimo de patrimônio*. (grifo nosso)[12]

O fato gerador da contribuição sobre o lucro é o lucro do exercício, também aferível somente quando há um *resultado líquido positivo* em determinado período.

Se o fato gerador desses tributos corresponde a um resultado revelador de *acréscimo patrimonial*, relevantes para sua verificação serão os fatos que necessariamente *repercutirem* na sua existência.

Ora, se os fatos geradores do imposto sobre a renda e da contribuição sobre o lucro correspondem a resultados que provocam *acréscimo patrimonial* e se a sua verificação depende de fatos que alterem a *situação patrimonial*, será o exercício em que esses fatos foram reconhecidos que deverá servir de *ponto de referência* para o início do prazo decadencial.

Tratando-se de tributos sujeitos a lançamento por homologação, a regra a ser aplicada é aquela prevista no §4º do artigo 150 do CTN. O marco inicial do referido prazo é o final do período em que a situação patrimonial e o lucro do contribuinte foram afetados. Assim, por exemplo, o prazo decadencial se inicia, no caso de operações societárias geradoras do ágio, no período em que houve alteração patrimonial e impacto nos lucros, pela dedução de despesas de amortização.

A jurisprudência administrativa segue o entendimento aqui externado, como se comprova com a leitura da seguinte decisão:

> O IRPJ é tributo sujeito ao regime do lançamento por homologação, de modo que o prazo decadencial para a constituição do respectivo crédito tributário é de cinco anos, *contados da ocorrência do fato gerador, em 31 de dezembro de cada ano, data em que será apurada a tributação definitiva do exercício anual*, **devendo ser esse o termo inicial para contagem do prazo decadencial**, na hipótese do artigo 150, §4º do CTN. (Processo nº 16327.000181/2004-63, Acórdão nº 101-96974, DJ 16/10/2008, grifo nosso)

---

[11] ÁVILA, Humberto. *Conceito de renda e compensação de prejuízos fiscais*. São Paulo: Malheiros, 2011, p. 34.

[12] RE nº 89.791-RJ, *RTJ* 96/783.

Essa interpretação coincide perfeitamente com a finalidade da regra de decadência, que é a de atribuir à autoridade competente "o poder de concretizar formalmente uma pretensão tributária já surgida abstratamente".[13] Como a obrigação tributária surge no final do exercício em que ocorreram os fatos que afetaram a situação patrimonial do sujeito passivo, a partir do início do exercício seguinte surge o poder e o dever de a autoridade fiscal concretizar formalmente uma pretensão tributária já surgida abstratamente. A posterior declaração do sujeito passivo apenas atesta uma pretensão que já surgiu com a verificação dos pressupostos legais aptos ao seu surgimento.[14]

Não por outro motivo que o artigo 116 do CTN estabelece como fato gerador de um tributo não o momento em que a declaração do sujeito passivo a ele concernente é feita, mas o momento em que se aperfeiçoam os requisitos indispensáveis ao seu surgimento. A justificativa é singela: como a decadência, a par de promover a segurança jurídica pela intangibilidade de situações individuais, visa a punir o credor pela falta de exercício da sua pretensão no período determinado em lei, o termo inicial do seu prazo deve ser o momento da ocorrência do fato gerador, pois a partir dele o credor *pode* e *deve* exercer a sua pretensão.[15]

Assim, o marco inicial do prazo decadencial deve ser, portanto, o momento em que ocorre o fato gerador, pois a partir dele já foram preenchidos todos os pressupostos necessários à concretização da obrigação tributária pela autoridade competente. Não teria qualquer sentido em o Poder Legislativo fixar um longo prazo de decadência e fazê-lo iniciar apenas após o conhecimento das circunstâncias pela autoridade fiscal.[16] Tal interpretação sequer seria compatível com as regras do CTN, que estabelece, nos artigos 149 e 173, o prazo de decadência inclusive quando o sujeito passivo não apresenta informações ou as fornece de maneira inexata ou fraudulenta.

---

[13] GUCKELBERGER, Annette. *Die Verjährung im Öffentlichen Recht*. Tübingen: Mohr Siebeck, 2004, p. 48.

[14] GUCKELBERGER, Annette. *Die Verjährung im Öffentlichen Recht*. Tübingen: Mohr Siebeck, 2004, p. 374.

[15] PIEKENBROCK, Andreas. *Befristung, Verjährung, Verschweigung und Verwirkung*. Tübingen: Mohr Siebeck, 2006, p. 415.

[16] GUCKELBERGER, Annette. *Die Verjährung im Öffentlichen Recht*. Tübingen: Mohr Siebeck, 2004, p. 377.

2 Segunda hipótese: marco inicial correspondente ao momento da apresentação de declaração informando a reestruturação

Não se aceitando a aplicação da regra prevista no §4º do artigo 150 para o caso de reestruturação societária, é preciso verificar a eventual ocorrência de decadência pela aplicação da regra disposta no artigo 173 do CTN, de acordo com o qual o termo inicial do prazo decadencial se desloca para o início do exercício seguinte àquele em que o lançamento poderia ter sido efetuado.

Nesse caso, no entanto, é preciso verificar se não houve apresentação de declaração pelo contribuinte, informando a autoridade fiscal de todas as operações societárias praticadas, pois, sendo esse o caso, já a partir desse momento a Fazenda tinha elementos suficientes para efetuar o lançamento, devendo-se contar dessa data o termo inicial do prazo decadencial, pela aplicação da exceção prevista no parágrafo único do artigo 173, assim redigido:

> Art. 173. O direito de a Fazenda Pública constituir o crédito tributário extingue-se após 5 (cinco) anos, contados:
> I – do primeiro dia do exercício seguinte àquele em que o lançamento poderia ter sido efetuado;
> II – da data em que se tornar definitiva a decisão que houver anulado, por vício formal, o lançamento anteriormente efetuado.
> Parágrafo único. O direito a que se refere este artigo extingue-se definitivamente com o decurso do prazo nele previsto, *contado da data em que tenha sido iniciada a constituição do crédito tributário pela notificação, ao sujeito passivo, de qualquer* **medida preparatória indispensável ao lançamento**.

Esse dispositivo, segundo a jurisprudência administrativa, aplica-se para o caso em que o contribuinte informa a autoridade fiscal a respeito das operações que repercutem sobre o fato gerador objeto de eventual lançamento. Nesse sentido são as decisões na esfera administrativa, como ilustram as seguintes decisões:

> Normas Gerais de Direito Tributário – Ano-calendário: 1999 DECADÊNCIA – ART. 173, PARÁGRAFO ÚNICO DO CTN – O Imposto de Renda é considerado lançamento por homologação e a contagem do prazo de decadência se inicia conforme o art. 150, §4º, do CTN, a menos que tenha ocorrido fraude, dolo ou simulação. Nesses casos, o prazo decadencial transcorre a partir do 1º dia do exercício seguinte àquele em que o lançamento poderia ter sido efetuado, nos termos do art. 173

do CTN, *sendo <u>antecipado</u> para o dia seguinte ao da entrega da Declaração de Rendimentos, considerada como medida preparatória indispensável ao lançamento (parágrafo único do art. 173).* (Processo nº 18471.000013/2006-00, Recurso 154.515, Sessão 16/12/2008, grifos nossos)
PRELIMINAR DE DECADÊNCIA – LANÇAMENTO DE IRPJ E CSLL – A partir da vigência da Lei nº 8.383/91 (01 de janeiro de 1992), o Imposto de Renda das Pessoas Jurídicas e a Contribuição Social sobre o Lucro Líquido, passaram a ser devidos na medida em que os resultados fossem apurados, amoldando-se à sistemática de lançamento denominada de homologação, onde a legislação atribui ao sujeito passivo o dever de antecipar o pagamento, sem prévio exame da autoridade administrativa. No lançamento por homologação, salvo a ocorrência de fraude, dolo ou simulação, a contagem do prazo decadencial desloca-se da regra geral (art. 173 do CTN), para enquadrar-se no disposto do art. 150, §4º do mesmo Código, hipótese em que os cinco anos têm como termo inicial à data da ocorrência do fato gerador. Na ocorrência de fraude, dolo ou simulação, aplicável a inteligência do art. 173, inciso I e parágrafo único, quando a contagem do prazo de cinco anos, inicia-se do primeiro dia do exercício seguinte aquele em que o lançamento poderia ter sido efetuado, *antecipando-se para o dia seguinte* à data da notificação de qualquer medida preparatória indispensável ao lançamento, **ou da entrega da declaração de rendimentos.** Recurso provido. Publicado no DOU nº 78 de 26/04/04. (Processo nº 10768.014644/2002-37, Acórdão 103-21451, DJ 03/02/2003, grifos nossos)

A ideia subjacente ao estabelecimento da data em que a declaração do contribuinte é apresentada como marco inicial do prazo de decadência é a de que esse momento define a partir de quando "de outra forma se tornam conhecidas da autoridade fiscal todas as circunstâncias necessárias à verificação da ocorrência de um fato jurídico tributário e à preparação de um procedimento fiscal".[17]

Não se argumente que o prazo deveria se iniciar no exercício seguinte, independentemente da apresentação anterior da declaração por parte do contribuinte e do conhecimento das operações pelas autoridades fiscais. Isso porque o parágrafo único do artigo 173 antecipa o termo inicial do prazo decadencial precisamente quando há colaboração do sujeito passivo para permitir o lançamento. Deixar de antecipar o termo inicial do prazo decadencial nessa situação provocaria tratamento desigual. Os contribuintes que prestam informações teriam o mesmo prazo daqueles contribuintes que não as fornecem.

---

[17] GUCKELBERGER, Annette. *Die Verjährung im Öffentlichen Recht.* Tübingen: Mohr Siebeck, 2004, p. 52.

Logo, contribuintes em situação *diferente* teriam tratamento *igual*. As autoridades que recebem informações auxiliares à lavratura do auto de lançamento teriam o mesmo prazo daquelas autoridades que não as recebem. Assim, autoridades em situação *distinta* teriam tratamento *idêntico*. Tal interpretação, como se pode facilmente perceber, não está conforme o princípio da igualdade.

Se houve decadência, as operações societárias que alteraram a situação patrimonial do contribuinte, e que foram praticadas há mais de cinco anos, não podem mais ser alteradas, por terem, pela incidência da regra decadencial, adquirido a qualidade da imutabilidade.

Não se alegue, contra esse entendimento, que apenas os fatos geradores de cada ano podem ser alcançados pela decadência, mas não as operações societárias que influíram na sua composição e que foram reconhecidas há mais de cinco anos. Tal entendimento, ademais de confundir o fato gerador do imposto de renda (acréscimo patrimonial em determinado período) com os elementos utilizados na sua verificação (rendimentos auferidos em determinado período), ainda desconsidera o fato de que o lançamento abrange informações e deve ser lavrado quando a autoridade fiscal estiver em desacordo com o seu conteúdo.

Tanto é assim, que as regras previstas no CTN, além de incluírem as informações no âmbito do lançamento, ainda obrigam a autoridade fiscal a lavrá-lo quando elas estiverem falhas: o artigo 142 estabelece que o lançamento é o procedimento tendente a determinar a *matéria tributável*; o artigo 147 prevê que o lançamento é efetuado com base na *declaração* do sujeito passivo, quando este presta à autoridade *informações sobre matéria de fato*, indispensáveis à sua efetivação; e o artigo 149 obriga a autoridade a efetuar lançamento de ofício sempre que o contribuinte não apresenta *declaração* ou a forneça de modo *inexato*.

A simples leitura desses dispositivos permite chegar a duas conclusões. A primeira é a de que o poder para efetuar o lançamento, de acordo com a regra prevista no parágrafo único do artigo 173, existe quando a autoridade dispõe de informações indispensáveis à sua efetivação. A segunda é a de que o poder de efetuar o lançamento abrange as informações prestadas pelo contribuinte. Se a autoridade, dispondo das informações necessárias à efetivação do lançamento, deixa transcorrer *in albis* o prazo de cinco anos contados a partir do momento em que tomou conhecimento delas é porque tacitamente as homologou.

Entendimento diverso, no sentido de que a autoridade fiscal sempre detém o poder para glosar as informações apresentadas pelos contribuintes ou só passa a ter esse poder quando surgir um novo fato gerador, além de violar o disposto nos artigos antes mencionados, também provoca duas outras consequências, ambas vedadas pelo ordenamento jurídico.

A primeira consequência é a de conduzir necessariamente ao entendimento de que as informações prestadas pelos sujeitos passivos, relativamente às operações que eles praticam, não têm importância jurídica alguma. Ora, ou elas devem ser prestadas porque são relevantes para a lavratura do auto de lançamento e para o exercício do poder de controle administrativo das atividades exercidas pelos particulares, ou, se elas não são relevantes para a lavratura do auto de lançamento e para o exercício do poder de controle administrativo das atividades particulares, elas não poderiam ser exigidas nem deveriam ser prestadas.

No entanto, aceitar que as informações são exigidas pelas autoridades para *não* serem depois controladas por elas é o mesmo que admitir que elas são exigidas de maneira injustificada e arbitrária. Tal interpretação, como salta aos olhos, não está de acordo com os princípios do Estado de Direito e da igualdade, que vedam a criação de obrigações desnecessárias, irrazoáveis e arbitrárias.

A segunda consequência da interpretação no sentido de que a autoridade fiscal sempre detém o poder para glosar as informações apresentadas pelos contribuintes é a aceitação de que o prazo de decadência poderá ser muito superior ao previsto em lei, quando não totalmente inexistente. Por exemplo, no caso de o contribuinte informar o custo de construção de uma casa às autoridades fiscais por meio da sua declaração, a autoridade poderia rever esse custo quando ela fosse vendida, mesmo que isso fosse feito *trinta anos* depois da construção da casa e da apresentação das informações a ela concernentes.

Porém, admitir que as autoridades fiscais possam rever os fatos ocorridos e as informações prestadas há mais de cinco anos significa o mesmo que reconhecer que *não há um prazo determinado* após o qual as relações jurídicas se tornam estabilizadas pelo tempo. Tal interpretação, de um lado, não está de acordo com a própria razão de ser da decadência, que é a de servir para a *imutabilidade temporal* das relações jurídicas, afastando a insegurança e o dever de guardar documentos por longo período. De outro, não se concilia com um requisito essencial do instituto da decadência, que é fixação de um prazo determinado. Como se disse linhas atrás e agora se repete, a decadência ou é com prazo determinado ou não é decadência, pouco importando se o prazo determinado deixa de ser fixado em lei ou se, tendo sido fixado em lei, acaba se tornando indeterminado por obra do aplicador da lei.

Conclusão

O essencial de tudo quanto se disse até aqui é que o prazo decadencial jamais pode ser indeterminado, por mais óbvio que seja constatá-lo. Admitir que o fisco pode glosar as operações societárias e os seus efeitos societários e tributários apenas quando houver interesse em fiscalizar é aceitar que o prazo de cinco anos previsto no CTN tenha duração indeterminada.

Igualmente não se pode admitir que a decadência abranja apenas valores, mas não informações. A sua função é precisamente estabilizar as relações econômicas e patrimoniais, para o que é absolutamente essencial que todas as informações prestadas pelo contribuinte, e os seus efeitos, também se tornem imutáveis. Não sendo assim, aquilo mesmo que as regras de decadência visam a extirpar jamais será afastado – a insegurança jurídica.

Informação bibliográfica deste texto, conforme a NBR 6023:2002 da Associação Brasileira de Normas Técnicas (ABNT):

ÁVILA, Humberto Bergmann. Decadência tributária e reestruturação societária: O marco inicial do prazo nos impostos sujeitos a lançamento por homologação. *In*: SARAIVA FILHO, Oswaldo Othon de Pontes (Coord.). *Direito Tributário*: Estudos em tributo ao jurista Ives Gandra da Silva Martins. Belo Horizonte: Fórum, 2016. p. 95-104. ISBN 978-85-450-0154-6.

PODER ECONÔMICO

TERCIO SAMPAIO FERRAZ JUNIOR

1 CF: poder econômico

A expressão "poder econômico", constante do art. 173, §4º, da Constituição Federal, é um conceito que ganhou *status* constitucional com o aparecimento de normas jurídicas reguladoras da economia privada. A noção de poder econômico assinala, de um lado, um fenômeno da realidade, objeto de limitações jurídicas, mas também uma situação jurídica de tolerância, base para a configuração de um direito de iniciar atividade econômica (livre iniciativa). Em si, o poder econômico não é ainda um direito subjetivo, mas uma situação admitida ou permitida negativamente, isto é, permitida na medida em que não é proibida (mas não permitida positivamente, isto é, autorizada por normas permissivas expressas).

Na medida em que é permitido negativamente (situação jurídica de tolerância), o poder econômico goza de certa legitimidade *a contrario sensu*, isto é, não pode ser limitado pelo Poder Público, salvo mediante lei (CF art. 174: Estado agente normativo e regulador, com funções de fiscalização, incentivo e planejamento, vinculante só para o setor público).

De que se fala quando se menciona a expressão *poder econômico*?

2 Origem moderna do conceito

O mercado concorrencial oitocentista supunha-se ordenado por uma estrutura atomística e fluida, isto é, pela pluralidade de agentes e pela influência isolada e dominadora de uns sobre outros. Admitia-se que, mantendo-se alto o número de sujeitos econômicos, nenhum dos quais é maior do que o outro, a massa daí formada seria homogênea, sendo suportável a ação de cada um em face dos outros. A fluidez, por sua vez, exigia liberdade ou, mais propriamente, disponibilidade, isto é, possibilidade de os sujeitos determinarem, sem ser obstados, as quantidades e qualidades de bens desejados, bem como entrar e sair a seu talante do sistema. Obviamente não se ignorava que, nesse contexto, as forças entravam em choque, donde a luta ser um elemento importante da estrutura. Mas, tratando-se de relações privadas, individuais, o Direito Comercial era suficiente para um mínimo de disciplina, que as regulava, mas jamais as encarava como perniciosa enquanto processo natural.

No princípio, assim, o tema era visto, por Adam Smith, por exemplo, como o objeto de uma ciência moral (e, assim, jurídica). Só posteriormente apareceram os economistas (Ricardo, entre outros), que vieram a submetê-la a um tratamento próprio, não mais de índole moral, mas de *teoria econômica*, o que, progressivamente, veio a criar uma distância entre Direito e Economia.

Nesse contexto, os conceitos teóricos centrais para a descrição da sociedade, do corpo social e suas vinculações, que na filosofia antiga espelhavam um âmbito mais restrito (utilizava-se de conceitos como *amizade, virtude, coragem*), passam a ser dominados por uma visão orgânica, como o são os conceitos de segurança, administração, política, cuja operacionalidade visa a uma situação mais complexa, em que se manifesta um problema desconhecido até então: a compatibilização da sociedade (burguesa), de um lado, com a política, de outro, seguindo-se a problematização do poder político como algo que devia ser controlado para que a vida se realizasse e se aperfeiçoasse.

3 Poder político e poder econômico: controle comum mediante conceito de contrato

Uma forma pela qual se tentou enfrentar essa problematização foi conciliar a premissa da teoria jurídica do poder soberano enquanto império territorial, com a emergência dos problemas gerados pelo crescimento da economia, mediante a ideia de contrato.

A ideia de contrato, pelo menos num nível de complexidade pequeno, permitia ajustar as exigências de uma teoria jurídica, imperativa, sobre um território, considerado objeto de ação do soberano, com as exigências de ajustamento das diferentes vontades de todos os indivíduos, de tal maneira que a soberania passava a emergir do contrato-vontade-de-todos.

3.1 Superação do contratualismo: crescimento da população

No entanto, a teoria contratualista que propiciava esse ajustamento por meio de uma homogeneidade conceitual (contrato privado/contrato político) acabou se superando. E o que permitiu que a teoria se desvencilhasse desses limites, ou seja, se desbloqueasse, foi, como mostra Foucault, o crescimento populacional, problema extremamente complexo, que nos faz entender o aparecimento da *estatística*, inicialmente enquanto arte de governar o Estado.

Com efeito, em primeiro lugar, porque o crescimento da população permitiu e exigiu a *quantificação dos seus fenômenos peculiares*. *Ao se lhes fazer a quantificação revelou-se uma especificidade irredutível da população como um todo ao pequeno quadro familiar.* Com isso a família como modelo de governo que estava na base da antiga teoria da soberania política desapareceu.

Em segundo lugar, *a população começou a ocupar lugar ambíguo dentro do governo.* Simultaneamente aparecia como o sujeito das necessidades, das aspirações, mas também como o objeto nas mãos do governo, ou seja, o povo frente ao governo era consciente daquilo que queria, mas inconsciente daquilo que se queria dele. Esta ambiguidade força o nascimento de novas técnicas de ação governamental.

E em terceiro lugar, a população, por sua complexidade, vai fazer com que as novas técnicas ultrapassem uma mera *arte* de governar, exigindo-se uma *ciência*, a ciência política, cuja base vai ser a economia, especificamente a economia política e, paralelamente, o desenvolvimento de uma teoria jurídica da legislação e da aplicação do direito. Ou seja, a complexidade dos problemas populacionais, que não se reduzem aos problemas de cada família, mas se reportam às exigências do todo social, reclama um tipo de conhecimento novo, ele próprio com uma complexidade muito maior.

3.2 Novo conceito de soberania: alteração do poder político (do apossamento/territorialidade a sistema orgânico)

A soberania, como conceito jurídico/político, entra aí com uma roupagem nova. Não como relação (direta) de poder, entre o soberano e o súdito, ligada a um mecanismo de apossamento da terra (princípio da territorialidade), mas como relação mais abstrata, sobre o corpo e a atividade laborial do homem, uma forma de poder contínuo que exige delegação, organização e sistema, e se exerce sobre os cidadãos como todo compacto. Essa é já a soberania da grande monarquia administrativa, que depois ganha espaço nos estados administrativos de modo geral, e de tal maneira que acaba por se estabelecer um *triângulo estrutural: império, disciplina e gestão econômica*. Vale dizer, esse conjunto constituído pelas instituições, procedimentos, análises, reflexões que permitem exercer essa nova forma de poder soberano que tem por alvo a população, por forma principal de saber a economia política e por instrumentos técnicos os dispositivos jurídicos de segurança e organização passa a dominar o exercício do poder político.

3.3 Surgimento dos micropoderes: Estado Moderno/ poder econômico, mercado de trocas

Mas essa tendência, no Ocidente, conduziu a um crescimento progressivo de um tipo de poder: o desenvolvimento de uma série de microaparelhos de dominação e, correspondentemente, de conjuntos especializados de saberes (Foucault: *Microfísica do poder*).

De um lado, a ideia do *Estado Moderno* surge nesse contexto. Seu pressuposto está no reconhecimento do governo como uma unidade de ordem permanente, não obstante as transformações e as mudanças que se operam no seio da sociedade. O Estado, como vai dizer Orlando, afirma-se como pessoa: é nessa afirmação que se contém sua capacidade jurídica, é esse o momento que corresponde à noção de soberania (*Principi di diritto costituzionale*). No entanto, a concepção do Estado como pessoa jurídica não pode deixar de significar concepção do Estado como atualização perene das forças econômicas da sociedade. Nesse sentido, aquela concepção implica necessariamente a ideia de que o Estado subordina, via de regra, as suas atividades aos preceitos do direito que ele declara: não no sentido de que se circunscreve à missão de tutelar os direitos individuais, mas no sentido de que não delimita *a priori* a sua esfera de interferência, de que fixa *a priori* a juridicidade de toda e qualquer interferência neste ou naquele outro setor da produção humana, com o intuito de realizar o bem-estar geral.

Mas, de outro lado, surge uma noção de *poder, no âmbito econômico*, que também ganha traços peculiares. O *poder econômico*, como produto da Era Moderna, emergiu da sociedade comercial, típica dos seus primeiros estágios ou do início do capitalismo manufatureiro, com seu concomitante apetite de possibilidades universais de barganha e de troca. Mas, aos poucos, introduz-se uma nova forma de relação, que não é poder sobre objetos, riqueza, mas poder sobre o corpo e seus atos, o poder sobre o trabalho. Trata-se de um poder mais contínuo e permanente. Não pode ser alimentado por instrumentos ocasionais, mas necessita um sistema de delegações contínuas. O poder econômico altera, assim, a noção de *posse e apossamento de riqueza*, e se torna mais abstrato, simultaneamente, mais racionalizável e duradouro: *posse e domínio dos meios de produção*. Essa noção oculta, juridicamente, a relação de propriedade da riqueza, sob a capa de direitos abstratos que se interpõem e contrapõem no todo social: empresa como organização e propriedade como *direito subjetivo*.

Mas isso terminou, como diz H. Arendt (*A condição humana*), com o advento da sociedade de consumo.

3.4 O advento da sociedade de consumo

Numa sociedade manufatureira e de trocas (sociedade de produtores), na qual a troca de produtos era a principal atividade, até mesmo os operários cotejados com os proprietários do dinheiro e das mercadorias produzidas *ainda eram proprietários da sua "força de trabalho"*.

Numa sociedade de consumo, porém, os homens passam a ser julgados – todos – segundo as *funções* que exercem no processo de trabalho e de produção social (sociedade de operários). Assim, se antes a "força de trabalho" era ainda apenas um meio de produzir objetos de uso ou de troca, na *sociedade de consumo, confere-se à "força de trabalho" o mesmo valor que se atribui às máquinas, aos instrumentos de produção*.

Com isso se instaura uma nova mentalidade, a mentalidade da *máquina eficaz*, que primeiro uniformiza coisa e seres humanos, para depois *desvalorizar* tudo, transformando coisas e homens em bens de consumo. Isto é, bens não destinados a permanecer, mas a serem consumidos e confundidos com meios destinados ao próprio sobreviver, numa escalada em velocidade que bem se vê na rapidez com que tudo se supera na chamada civilização da técnica.

Por consequência, na sociedade de consumo, tudo o que não serve ao processo vital é destituído de significado. Até o pensamento tornase mero ato de prever consequências e só nessa medida é valorizado.

Entende-se, assim, a valorização dos saberes técnicos, sobretudo quando se percebe que os instrumentos eletrônicos exercem aquela função calculadora muito melhor do que cérebro.

Mesmo o direito é, aí, mero instrumento de atuação, de controle, de planejamento, de organização, tornando-se a ciência jurídica um verdadeiro saber tecnológico a seu serviço.

Da sociedade de consumo emerge, assim, uma sociedade de serviços.

Do ponto de vista econômico, percebe-se, por exemplo, a progressiva substituição do *fordismo* (a estrutura de produção simbolizada pela *esteira*), em que o processo produtivo é sequencial e integrado num movimento temporal cronológico (cada peça é produzida para que se criem condições de produção da peça subsequente), por um movimento produtivo simultâneo (ver, por exemplo, o chamado *just in time*: as peças são produzidas simultaneamente, às vezes em países diferente, e montadas conforme um projeto único), o que faz da produção um processo globalizado, cujo controle escapa ao Estado interventor, tornando obsoletas velhas formas de política econômica, como, por exemplo, a da substituição de importações.

A simultaneidade restringe o Estado interventor, retirando-lhe importantes funções. Uma delas é a regulação do trabalho, pois a territorialidade dos controles é substituída pela virtualidade dos serviços. Não que desapareçam os controles territoriais (como na velha CLT), mas, sim, no sentido de que a sociedade de serviços passa a preponderar, o que torna a chamada economia informal um dado complexo, para além da economia da pobreza. O que, no Brasil, é discutido como "flexibilização da CLT" é, assim, bastante representativo do fenômeno. Ocorre, por assim dizer, *uma substituição do trabalho como atividade pessoal do trabalhador por um trabalho-máquina, cujo protótipo integrador é o computador*. Os riscos do trabalho, objeto de ação reguladora do Estado, entram para um mundo de virtualidades em que a relação homem/objeto ganha o perfil abstrato da integração em redes simultâneas de atividades complexas.

Surge, assim, uma nova noção de *poder econômico*, caracterizado não pelo domínio de meios de produção, mas pela capacidade de *gestão sistêmica* dos meios de produção/consumo.

O que está em jogo aqui não é o conceito de instrumento (meio), o emprego de meios para atingir fins (relação meio/fim), mas a *generalização da experiência da produção*, na qual a utilidade e a serventia são estabelecidas como critérios últimos para a vida e para o mundo dos homens (relação meio/meio).

Ora, essa instrumentalização de tudo (por exemplo, a criança que de manhã escova os dentes, usa a escova, a pasta e a água e, com isso, contribui para o produto interno bruto) conduz à ideia de que tudo, afinal, é meio, todo produto é meio para um novo produto, de tal modo que a sociedade econômica – como um todo – se concentra em produzir objetos de consumo, cujo consumo é, de novo, meio para o aumento da força de trabalho e, pois, da produção, e assim por diante: não há, propriamente fins; tudo é meio.

Nesse contexto, o conjunto de relações de meios com meios transforma a noção de fim em um problema, a ser equacionado mediante uma nova lógica, a lógica de organização sistêmica de meios. Nessa lógica, um fim não é, propriamente, um ponto terminal numa estrutura sequencial, mas um sistema de estrutura circular, de *retroalimentação* (*feed back*), cujo princípio organizador é o da equifinalidade (um mesmo ponto final pode ser atingido por diversos meios a partir de diferentes origens), conforme um objetivo (mas não *fim*), localizado na entropia negativa (evitar o perecimento do sistema).

O poder econômico, por pressuposto, dá, assim, a impressão de valer independentemente de qualquer arbítrio, pois seu princípio é a racionalidade gestora da organização. Esse poder, um organismo racional/institucional, é um todo vivo, que se desdobra, racionalmente, isto é, como um universo constituído, unindo e confundindo vários poderes em si: o geral (poder normativo), o especial (poder de gestão executiva: surgem os *executivos*) e o singular (poder de decisão). A partir desse ponto de união dos vários interesses, o poder econômico se organiza como distribuição orgânica de funções, em que os membros são funcionários. Integra-se aqui a propriedade da riqueza na organização sistêmica, à qual tudo é entregue e aí sintetizado.

Como consequência, porém, o poder econômico contemporâneo acaba por manifestar-se num poder sem sujeito, uma vontade racional que pode e deve levar o conjunto orgânico às maneiras de agir e de pensar como realização de uma *razão* técnica: tecnocracia.

Isso não faz com que a soberania político-jurídica deixe de desempenhar um papel importante.

A soberania não é eliminada, mas tem que ser repensada. Aparece numa forma nova. Antes ela se colocava como uma relação de império entre o governante e o governado, e como não havia ainda a premência da questão econômica, essa relação era exterior, isto é, o território e o principado eram objetos do príncipe que lhes era externo. Agora, surge uma situação em que o governo não se destaca, como um outro, da própria territorialidade, de que faz parte, e, em assim sendo, a soberania se torna, ela própria, um problema de exercício interno dos atos de governo: gestão soberana.

Nessa nova situação, de descentralizações coordenadas/descoordenadas, em que o centro está em toda parte, sujeita a imposições e submissões que precisam ser repensadas, sobretudo juridicamente, a relação do poder econômico com o direito se torna altamente complexa, não controlada, operacionalmente, por velhos paradigmas como o da liberdade/responsabilidade, pirâmide normativa, contrato como inter-relação individual, etc., substituindo-se, talvez, por estruturas igualmente complexas, como a de redes coordenadas por princípios móveis, sem articulação hierárquica, obrigando o jurista a ter os olhos abertos para uma complexidade muito superior à mera complexidade normativa estatal.

Informação bibliográfica deste texto, conforme a NBR 6023:2002 da Associação Brasileira de Normas Técnicas (ABNT):

FERRAZ JUNIOR, Tercio Sampaio. Poder econômico. *In*: SARAIVA FILHO, Oswaldo Othon de Pontes (Coord.). *Direito Tributário*: Estudos em tributo ao jurista Ives Gandra da Silva Martins. Belo Horizonte: Fórum, 2016. p. 105-112. ISBN 978-85-450-0154-6.

RESPONSABILIDADE TRIBUTÁRIA E DESENVOLVIMENTO ECONÔMICO

HUGO DE BRITO MACHADO

1 Introdução

Recebi com satisfação o convite do Doutor Oswaldo Othon de Pontes Saraiva Filho para participar deste livro, elaborado sob sua coordenação em homenagem ao Professor *Ives Gandra da Silva Martins*. Satisfação que se justifica pela admiração e pela estima que tenho pelo homenageado, eminente cultor do Direito Tributário em nosso país, a quem devo a apresentação ao público do meu *Curso de Direito Tributário*, em 1979.

Conhecendo a postura liberal do homenageado, decidi escrever sobre um aspecto do Direito Constitucional Tributário relacionado à liberdade de iniciativa econômica, examinando julgamento do Supremo Tribunal Federal a respeito da responsabilidade tributária, que certamente merece o seu aplauso, por consagrar uma tese consistente e de largo alcance. Tese oportuna e de excelente elaboração. Oportuna porque certamente servirá para afastar pretensões absurdas, postas em juízo antes da revogação do dispositivo legal sobre responsabilidade tributária, questionado no caso. E de excelente elaboração, porque à luz de uma visão sistêmica do Direito, é capaz de delimitar o alcance de importantes regras do Código Tributário Nacional.

Uma das dificuldades, talvez a maior de todas, que enfrentamos no estudo das questões jurídicas em geral, reside na indeterminação dos conceitos jurídicos, vale dizer, na imprecisão e na ambiguidade dos conceitos. E essa dificuldade tem se tornado maior com a tendência, cada dia mais acentuada, para o regramento casuístico. Essa tendência, ou o modo de pensar do qual ela decorre, parece que nos afasta da análise dos conceitos, e dos raciocínios da lógica jurídica, deixando-nos a buscar, para todas as questões, soluções em regras elaboradas para cada caso, e em definições normativamente elaboradas, como se fosse possível um sistema jurídico desprovido de princípios e de conceitos que decorrem das relações naturalmente existentes entre outros conceitos.

Parece que vivemos uma tendência cada dia mais acentuada no sentido de desconsiderarmos o caráter sistêmico do Direito, do qual decorrem os conceitos de lógica jurídica, que são absolutamente indispensáveis ao trato adequado das questões decorrentes do relacionamento humano. Em outras palavras, parece que vivemos uma tendência cada dia mais acentuada de nos afastarmos dos meios adequados para que o Direito realize os seus fins.

Seja como for, é indiscutível a importância dos conceitos nos estudos jurídicos. E todo o cuidado no trato das palavras é de grande utilidade, como ensina Rafael Bielsa, que escreve:

> Todo examen del vocabulario jurídico que contribuya a la aclaración y a la depuración de los conceptos debe estimarse como útil en algún grado. Si hay una disciplina en la cual conviene emplear la palabra adecuada o propia, ella es la del derecho. Tanto en el orden legislativo como en el judicial – y no digamos en el administrativo – esta precaución es indispensable aunque sólo sea para evitar controversias o discusiones que surgen precisamente de la confusión y duda sobre un término.[1]

Esse cuidado com o significado das palavras, que devemos ter nos estudos jurídicos, deve ser ainda maior porque o sistema jurídico é composto de normas organizadas em patamares hierarquizados, e a alteração de um conceito utilizado em norma de patamar superior pode resultar na subversão da hierarquia normativa.

As palavras da Constituição devem ser consideradas plenas de significado. Tem inteira razão Dahrendorf: "La respuesta al problema de la ley y el orden puede resumirse en una expresión: construcción de instituciones".[2] Construção de instituições mediante a consolidação dos conceitos utilizados nas normas do sistema jurídico, porque a criação de instituições é a criação e, muitas vezes, a recriação de normas plenas de significado a partir de seus princípios. ("La construcción de

---

[1] BIELSA, Rafael. Los conceptos jurídicos y su terminología. 3. ed. Buenos Aires: Depalma, 1987, p. 9.

[2] DAHRENDORF, Ralf. Ley y orden. Trad. de Luis María Díez-Picazo. Madrid: Civitas, 1994, p. 153

instituciones es la creación y, a menudo, la recreación de normas llenas de significado a partir de sus principios").[3]

Neste pequeno estudo começaremos examinando aspectos do Direito relacionados ao desenvolvimento econômico, como o direito à propriedade e à livre iniciativa, a posição desses direitos na vigente Constituição Federal e por que da garantia do direito à livre iniciativa resultam inadmissíveis certas limitações ao contribuinte. Depois passaremos ao exame da responsabilidade tributária, a questão da liberdade do legislador para ampliá-la, o equívoco de sua ampliação quase ilimitada e a importância que tem o respeito a certos limites na responsabilidade tributária para o livre exercício da atividade econômica. E, finalmente, examinaremos um acórdão do Supremo Tribunal Federal que nos parece exemplar na aplicação dos princípios constitucionais, nesse tema, como elemento limitador da liberdade legislativa.

2 Desenvolvimento econômico

2.1 Propriedade privada e livre iniciativa

O primeiro e essencial elemento do qual depende o desenvolvimento econômico é a propriedade privada dos meios de produção. Não poderia ser mais eloquente a demonstração que o mundo tem dado nos últimos cinquenta anos de que o Estado não se presta para o desempenho da atividade econômica. Produzir e fazer circular a riqueza são, sem dúvida nenhuma, atividades que dependem da denominada iniciativa privada. O mais eloquente exemplo disso nos tem sido oferecido pela China que, não obstante siga sendo uma ditadura comunista, abriu espaço para a iniciativa privada e por isso mesmo tornou-se uma das maiores economias do mundo.

A enorme diferença entre a parte ocidental e a parte oriental da Alemanha, e o retumbante fracasso da União Soviética são também eloquentes demonstrações de que a propriedade privada e a livre iniciativa econômica são indispensáveis ao desenvolvimento econômico.

A propósito da livre iniciativa econômica, Giorgio Del Vecchio, discorrendo a respeito das funções e fins do Estado, escreveu:

> Outro importante encargo do Estado é estabelecer uma ordem econômica que valorize também em tal campo a livre iniciativa individual e assegure a propriedade como natural e legítima extrinsecação da pessoa:

---

[3] DAHRENDORF, Ralf. *Ley y orden*, p. 157

mas que lhe impeça os abusos e torne viável a todos a sua aquisição, mediante o uso dos instrumentos de trabalho e dos meios de produção, que a ninguém deve ser negado.[4]

Como se vê, na visão de Del Vecchio, deve prevalecer o denominado Estado intervencionista, preconizado por John Maynard Keynes. Nem o liberalismo de Adam Smith, nem o estatismo de Karl Max. Nem a total liberdade econômica, nem a ausência desta, com a entrega ao Estado da propriedade de todos os meios de produção.

Nas palavras de Gastão Alves de Toledo, tem-se que:

> A expressão *livre iniciativa* ou *liberdade de iniciativa*, conforme inscrita nas constituições de 1946 (art. 145) e 1967 (art. 157, I), traduz a ideia de liberdade econômica, radicada na noção de *liberdade humana*. Sendo um dos fundamentos da República e do Estado Democrático de Direito. (art. º, IV) está igualmente consagrada na Ordem Econômica (art. 170, caput) da Carta Federal de 1988 e decorre das concepções do liberalismo clássico, assim no âmbito político como no econômico, mitigadas pelas transformações sofridas nos últimos dois séculos. Aqui se encontra um dos elementos em que se esteia toda a arquitetura jurídica da ordem econômica e financeira e do qual o intérprete não se pode afastar, sob pena de subverter o entendimento do sistema ali instaurado.[5]

2.2 A livre iniciativa na Constituição Federal de 1988

A vigente Constituição Federal coloca entre os direitos e garantias fundamentais o livre exercício de qualquer trabalho, ofício ou profissão, atendidas as qualificações profissionais que a lei estabelecer.[6] Assim, ao legislador só é lícito fazer exigências que sejam pertinentes à qualificação profissional, e desde que estas sejam atendidas, é plena a liberdade para o exercício de qualquer atividade profissional.

Por outro lado, estabelece que na ordem econômica, fundada na valorização do trabalho humano e na livre iniciativa, devem ser observados, entre outros, os princípios da propriedade privada e da livre concorrência.[7] E afasta qualquer dúvida quanto ao direito à livre iniciativa econômica, ao estabelecer que:

---

[4] DEL VECCHIO, Giorgio. *Direito e paz*. Braga (Portugal): Livraria Cruz, 1968, p. 89.

[5] TOLEDO, Gastão Alves de. Ordem Econômica e Financeira. *In*: MARTINS, Ives Gandra da Silva; MENDES, Gilmar Ferreira; NASCIMENTO, Carlos Valder do (Coord.). *Tratado de Direito Constitucional*. São Paulo: Saraiva, 2010, v. 2, p. 323.

[6] Constituição Federal de 1988, art. 5º, inciso XIII.

[7] Constituição Federal de 1988, art. 170, *caput* e incisos II e IV.

É assegurado a todos o livre exercício de qualquer atividade econômica, independentemente de autorização de órgãos públicos, salvo nos casos previstos em lei.[8]

Na interpretação desse dispositivo da Constituição Federal de 1988, coloca-se a questão de saber quais são as exceções que o legislador pode estabelecer para a regra do livre exercício da atividade econômica. Celso Antônio Bandeira de Mello, depois de expor os fundamentos da tese que defende, conclui:

> Em suma: o que a lei pode ressalvar é a desnecessidade de autorização para o exercício de certa atividade; nunca, porém, restringir a liberdade de empreendê-la, e na medida desejada. E, por isso mesmo, como a seguir melhor se esclarece, dita autorização (ou denegação), evidentemente, não concerne aos *aspectos econômicos*, à livre decisão de atuar nos setores tais ou quais e na amplitude acaso pretendida, mas ao ajuste do empreendimento a exigências atinentes a salubridade, a segurança, a higidez do meio ambiente, a qualidade mínima do produto em defesa do consumidor etc. É claro que, se fosse dado ao Poder Público ajuizar sobre a conveniência de os particulares atuares nessa ou naquela esfera e decidir sobre o volume da produção, estar-se-ia desmentindo tudo o que consta dos artigos citados e do próprio parágrafo único do art. 170, conforme se acaba de referir.[9]

2.3 A inscrição do contribuinte

Como o exercício de qualquer atividade econômica implica deveres tributários, admitir-se que a inscrição no cadastro de contribuintes seja tratada como uma condição para o exercício da atividade pelo contribuinte não seria admitir exceções. Seria, isso sim, inverter totalmente a regra do parágrafo único do art. 170, que passaria a dizer que o exercício de qualquer atividade econômica depende de autorização do Poder Público.

A inscrição do contribuinte em um cadastro não pode ser tratada como forma de autorização para o exercício da atividade econômica. Ela é na verdade um instrumento de controle do qual dispõe a Fazenda Pública, para viabilizar o exercício dos seus direitos como credora na relação tributária. Exercício que deve ocorrer com os meios oferecidos

---

[8] Constituição Federal de 1988, art. 170, parágrafo único.

[9] MELLO, Celso Antônio Bandeira de. *Curso de Direito Administrativo*. 27. ed. São Paulo: Malheiros, 2010, p. 799-800.

pela ordem jurídica, a saber, o lançamento do tributo e sua cobrança mediante ação de execução fiscal.

3 Responsabilidade tributária

3.1 Responsabilidade e solidariedade

Ao cuidar da sujeição passiva tributária, o Código Tributário Nacional estabelece que são solidariamente obrigadas as pessoas que tenham interesse comum na situação que constitua o fato gerador da obrigação tributária, e ainda, *as pessoas expressamente designadas por lei*.[10] Assim, pode parecer que conferiu a legislador liberdade sem limites para definir como devedores ou responsáveis solidários quaisquer pessoas.

Ocorre que o CTN também alberga alguns dispositivos a respeito da responsabilidade tributária, dos quais decorrem limitações para a aparente liberdade do legislador. Em seu art. 128, aliás, também parece dar ao legislador ampla liberdade para atribuir responsabilidade tributária a terceiros, mas exige que exista ligação entre o terceiro tornado responsável e o fato gerador da obrigação tributária correspondente.

A propósito da limitação que se impõe ao legislador, Ives Gandra da Silva Martins, reportando-se ao art. 128 do CTN, assevera:

> O artigo começa com a expressão 'sem prejuízo do disposto neste Capítulo', que deve ser entendida como exclusão da possibilidade de a lei determinar alguma forma de responsabilidade conflitante com a determinada no Código.
>
> Isto vale dizer que a responsabilidade não prevista pelo capítulo pode ser objeto de lei, não podendo, entretanto, a lei determinar nenhuma responsabilidade que entre em choque com os arts. 128 a 138.[11]

Aliás, como o Direito é um sistema, nele não podem existir regras incompatíveis, pelo que a doutrina cuidou de explicar os critérios a serem utilizados pelo intérprete para afastar as possíveis antinomias eventualmente surgidas entre as regras.

---

[10] Código Tributário Nacional, art. 124, incisos I e II.

[11] MARTINS, Ives Gandra da Silva. *Comentários ao Código Tributário Nacional*. 6. ed. São Paulo: Saraiva, v. 2, p. 255.

3.2 Ampliação da responsabilidade tributária

Com suposto fundamento no art. 124, inciso II, do Código Tributário Nacional, a Lei nº 8.620, de 5 de janeiro de 1993, ampliou consideravelmente a responsabilidade pelo pagamento de contribuições de seguridade social, inserindo dispositivos na Lei nº 8.212, de 24 de julho de 1991, que atribuem responsabilidade pelas referidas contribuições a sócios e a acionistas, não dirigentes da empresa e que não são responsáveis tributários nos termos do Código Tributário Nacional. Essa ampliação ultrapassou, sem dúvida, os limites do razoável, porque vinculou pessoas que de nenhum modo contribuíram para o inadimplemento da obrigação por parte do contribuinte, além de não terem nenhuma relação com os fatos dos quais decorre tal obrigação. Em outras palavras, pessoas que não ostentam condições para serem contribuintes, nem responsáveis tributários, nos termos do Código Tributário Nacional e dos conceitos razoavelmente pacíficos na Teoria Geral do Direito Tributário.

3.3 Reconhecimento do equívoco e insuficiência da revogação da regra

Era de tal porte a desconformidade dessa regra ampliativa da responsabilidade tributária com o Código Tributário Nacional e com a Constituição Federal, que inúmeras decisões judiciais ocorreram afirmando a sua inconstitucionalidade.

Esse equívoco do legislador foi então reconhecido, daí decorrendo a revogação do art. 13 da Lei nº 8.620/93 pela Medida Provisória nº 449, de 3 de dezembro de 2008, convertida na Lei nº 11.941, de 27 de maio de 2009. Tal revogação, todavia, revela-se insuficiente em face do significativo número de casos nos quais o art. 13 da Lei nº 8.620/93 foi aplicado antes de sua revogação. Insuficiente porque a revogação não invalida os atos administrativos que aplicaram a regra em questão, fazendo-se útil e necessário o pronunciamento do Supremo Tribunal Federal sobre a sua compatibilidade, ou não, com a Constituição Federal. Pronunciamento que se deu da forma mais adequada, afirmando a inconstitucionalidade formal por se tratar de matéria reservada a lei complementar, e também a inconstitucionalidade material ou substancial, por se tratar de regra incompatível com princípios constitucionais, como adiante será demonstrado.

3.4 Importância para o livre exercício da atividade econômica

O exercício da atividade econômica depende da aptidão humana para a administração empresarial, com certeza, mas depende sobretudo do investimento, vale dizer, da aplicação de recursos financeiros nessa atividade. Seja na produção, como na comercialização de bens, e na prestação de serviço não estritamente pessoal, a aplicação de recursos financeiros é de fundamental importância.

Por outro lado, porque a aptidão para a administração empresarial nem sempre é de pessoas dotadas de disponibilidade de recursos financeiros, o Direito criou instrumentos para viabilizar investimentos, por parte de quem detém essa disponibilidade, em atividades empresariais desenvolvidas sob a administração empresarial exercida por outras pessoas. Criou as denominadas sociedades de capitais, além de também admitir a limitação da responsabilidade ao valor dos recursos efetivamente aplicados na atividade, desvinculando a pessoa jurídica titular da atividade empresarial do patrimônio daquele que é simplesmente investidor.

Como no exercício de qualquer atividade econômica estão fatos que são geradores de obrigações tributárias, essa limitação da responsabilidade foi estabelecida claramente na legislação tributária, em cujo âmbito a atribuição da responsabilidade a terceiro, vale dizer, a quem não é contribuinte, pressupõe tenha o responsável contribuído de algum modo para o inadimplemento da obrigação por parte do contribuinte.

Em outras palavras, podemos dizer que atribuir responsabilidade a quem não contribuiu de nenhum modo para a ocorrência do inadimplemento da obrigação tributária correspondente inibe o exercício da atividade econômica, na medida em que anula os institutos criados pelo Direito positivo para viabilizá-la, especialmente os que permitem a separação entre o patrimônio da sociedade e o dos seus sócios, com a limitação da responsabilidade destes.

Nesse contexto é importante registrarmos que a Lei nº 12.441, de 11 de julho de 2011, alterou o Código Civil para introduzir em nosso direito privado a empresa individual de responsabilidade limitada. Lei essa que, conforme amplamente divulgado, teve por finalidade permitir o desempenho da atividade econômica sem o risco da responsabilidade, sem que se faça necessária a constituição de sociedades empresariais com investimento unipessoal apenas para viabilizar a limitação dessa responsabilidade.

3.5 Pressupostos da responsabilidade tributária

Para que possamos entender adequadamente os pressupostos da responsabilidade tributária é importante recordarmos que essa expressão pode ter dois significados distintos. Um significado amplo, inerente à Teoria Geral do Direito, e um significado restrito, inerente à Teoria do Direito Tributário. Em sentido amplo, responsabilidade tributária é o estado de sujeição que a lei impõe ao contribuinte, em razão do qual a Fazenda Pública pode exigir dele o cumprimento do seu dever tributário. Já em sentido restrito, responsabilidade tributária é esse mesmo estado de sujeição, quando atribuído por lei a quem não é contribuinte, o que é possível precisamente em face da distinção que devemos ter presente entre o *dever* e a *responsabilidade,* sobre a qual já escrevemos:

> O *dever* situa-se no momento da liberdade. Aquele a quem é atribuído é livre para decidir se cumpre ou não cumpre o dever. A responsabilidade, diversamente, é um estado de sujeição. Aquele a quem é atribuída dela não pode fugir, posto que a ordem jurídica lha impõe.
>
> É certo que o dever e a responsabilidade podem ser simultaneamente atribuídos à mesma pessoa. É possível, porém, a atribuição de responsabilidade a quem não seja o sujeito do dever jurídico. Em outras palavras, é possível atribuir responsabilidade a quem não esteja ligado originariamente a determinada relação jurídica como devedor. Mas isso não quer dizer que a atribuição do dever jurídico não envolva implicitamente a atribuição simultânea de responsabilidade. Pelo contrário, o que geralmente acontece é exatamente a coincidência de dever e de responsabilidade atribuídos à mesma pessoa. Entretanto, mesmo assim, vislumbrarmos diferença entre o dever e a responsabilidade, bastando para tanto que se imagine a relação jurídica em seu aspecto dinâmico. Em primeiro lugar, tem-se o dever. Se ocorre o seu adimplemento, tudo ficará encerrado. Se não ocorre, e se há na mesma relação jurídica a responsabilidade, esta surgirá como um segundo momento na dinâmica da relação jurídica.[12]

Assim, tendo-se em vista a distinção entre o *dever* e a *responsabilidade,* e os significados amplo e restrito da expressão *responsabilidade tributária,* podemos identificar os pressupostos da responsabilidade tributária, que devem ser colhidos no Código Tributário Nacional, especialmente em seus artigos 128, 134 e 135.

---

[12] MARTINS, Ives Gandra da Silva. *Comentários ao Código Tributário Nacional,* p. 503-504.

Esses pressupostos são a relação pessoal e direta com o fato gerador da obrigação tributária, que é própria do contribuinte, ou a relação, ainda que indireta, com esse fato gerador, ou com a situação na qual se deu o inadimplemento da obrigação tributária pelo contribuinte. Sobre o assunto, aliás, já escrevemos:

> Nos comentários ao art. 124, dissemos que não nos parece seja permitido ao legislador atribuir responsabilidade tributária a quem não esteja, ainda que indiretamente, relacionado ao fato gerador da obrigação respectiva. Mesmo que essa atribuição seja fundada no não cumprimento do dever jurídico por aquela a quem é feita.
>
> Realmente, a atribuição de responsabilidade, vale dizer, a colocação em estado de sujeição ao cumprimento do dever tributário, sob pena de sanção, só pode ser atribuída a quem de algum modo, ainda que indiretamente, esteja ligado ao fato gerador da respectiva obrigação. Seria absurdo, por exemplo, que a lei atribuísse aos moradores de determinada rua, nos números pares, a responsabilidade pelo Imposto de Renda dos moradores dessa mesma rua, nos números ímpares. Mas é razoável que a lei atribua ao que transporta mercadorias sem o documento legalmente exigido a responsabilidade pelos tributos relativos à circulação dessa mercadoria. Esse transportador evidentemente não praticou o fato gerador desses tributos, mas é induvidoso que está a tal fato relacionado.[13]

3.6 Solidariedade no dever e na responsabilidade

Em face dos pressupostos para a atribuição de responsabilidade a alguém, podemos afirmar que a regra do art. 124, inciso II, do Código Tributário Nacional, não concede ao legislador ampla liberdade para atribuir responsabilidade a alguém valendo-se da figura da solidariedade.

Estudando o assunto, aliás, já escrevemos:

> Diz o art. 124, inciso II, do Código Tributário Nacional, que são solidariamente obrigadas as pessoas expressamente designadas por lei. À primeira vista pode parecer que o legislador tem a liberdade para designar quaisquer pessoas como solidariamente obrigadas ao pagamento do tributo. Não é assim, porém, porque a interpretação dessa norma,

---

[13] MARTINS, Ives Gandra da Silva. *Comentários ao Código Tributário Nacional*, p. 507.

como de qualquer norma jurídica, há de ser feita sem desconsideração do sistema em que encartada e especialmente das normas hierarquicamente superiores.[14]

Não temos dúvida de que o legislador é livre para atribuir a qualquer pessoa a condição de solidário, seja como devedor, seja como responsável. Ocorre que atribuir a condição de solidário, seja com o devedor, seja com o responsável tributário, implica atribuir a condição de sujeição à exigência de cumprimento do *dever jurídico*. Em outras palavras, implica atribuir *responsabilidade tributária*. Assim, a atribuição de solidariedade exige que estejam presentes os pressupostos para a atribuição de responsabilidade. Por isso mesmo, e especialmente porque reconhecemos as deficiências do Poder Judiciário no cumprimento do seu dever de assegurar os direitos fundamentais do contribuinte, experimentamos grande satisfação ao tomar conhecimento da decisão do Supremo Tribunal Federal, que afirmou a inconstitucionalidade do art. 13 da Lei nº 8.620/93, em acórdão de excelente feitura, que consideramos um exemplo a ser seguido por todo o Poder Judiciário.

4 Atividade jurisdicional exemplar

Muitas vezes a atividade jurisdicional realiza o seu objetivo, restaurando o caráter jurídico da relação tributária. Exemplo típico e eloquente de situações assim é a decisão proferida pelo Supremo Tribunal Federal, no RE nº 562.276 – Paraná, do qual foi relatora a Ministra Ellen Gracie.

Nesse julgamento, a Corte Maior declarou a inconstitucionalidade do art. 13 da Lei nº 8.620/93, que atribui responsabilidade pelas contribuições previdenciárias a sócios e acionistas não dirigentes da pessoa jurídica. Inconstitucionalidade formal, porque a matéria exige lei complementar. E também inconstitucionalidade substancial, por entender que a atribuição dessa responsabilidade viola o princípio constitucional da livre iniciativa econômica.

Ressalte-se a importância dessa decisão, sobretudo na parte em que afirma a inconstitucionalidade substancial da atribuição de responsabilidade tributária a pessoas que não são administradores da sociedade, merecendo destaque os trechos da ementa do acórdão, nos quais está dito:

---

[14] MACHADO, Hugo de Brito. *Comentários ao Código Tributário Nacional*. 2. ed. São Paulo: Atlas, 2008, v. II, p. 461.

3. O preceito do art. 124, II, no sentido de que são solidariamente obrigadas 'as pessoas expressamente designadas por lei', não autoriza o legislador a criar novos casos de responsabilidade sem a observância dos requisitos exigidos pelo art. 128 do CTN, tampouco a desconsiderar as regras matrizes de responsabilidade de terceiros estabelecidas em caráter geral pelos arts. 134 e 135 do mesmo diploma.

(...)

8. O art. 13 da Lei nº 8.620/93 também se reveste de inconstitucionalidade material, porquanto não é dado ao legislador estabelecer confusão entre os patrimônios das pessoas físicas e jurídica, o que, além de impor desconsideração *ex lege* e objetiva da personalidade jurídica, descaracterizando as sociedades limitadas, implica irrazoabilidade e inibe a iniciativa privada, afrontando os arts. 5º, XIII e 170, parágrafo único, da Constituição.[15]

Trata-se de um dos melhores acórdãos da Corte Maior, cuja leitura, por isso mesmo, recomendamos. Nele o Supremo Tribunal Federal explicitou a existência de limites para a aparentemente ilimitada liberdade conferida ao legislador pelo art. 124, inciso II, do Código Tributário Nacional. E mais, afirmou a incompatibilidade entre a garantia de livre iniciativa econômica e uma regra jurídica que imponha a desconsideração da personalidade jurídica de modo a que se possa, para efeito de responsabilidade tributária, confundir o patrimônio da pessoa dos sócios com o patrimônio de uma sociedade de responsabilidade limitada.

Assim, mesmo que o legislador complementar venha a editar regra com conteúdo idêntico ao do art. 13 da Lei nº 8.620/93, aliás, já revogado, essa regra poderá ter arguida sua inconstitucionalidade, com apoio no julgado em referência.

Informação bibliográfica deste texto, conforme a NBR 6023:2002 da Associação Brasileira de Normas Técnicas (ABNT):

MACHADO, Hugo de Brito. Responsabilidade tributária e desenvolvimento econômico. *In*: SARAIVA FILHO, Oswaldo Othon de Pontes (Coord.). *Direito Tributário*: Estudos em tributo ao jurista Ives Gandra da Silva Martins. Belo Horizonte: Fórum, 2016. p. 113-124. ISBN 978-85-450-0154-6.

---

[15] A íntegra do acórdão proferido no RE nº 562.276 – Paraná, do qual foi relatora a Ministra Ellen Gracie, está na *Revista Dialética de Direito Tributário*, n. 187, abr. 2011, p. 186 a 193.

REVISITANDO KELSEN SOBRE A TEORIA DA NORMA JURÍDICA

SACHA CALMON NAVARRO COÊLHO

1 Normas primárias e secundárias

Em verdade, Kelsen minimizou, no particular, as chamadas *normas técnicas* que geram, desobedecidas, as nulidades e o papel dos prêmios com que não raras normas jurídicas acenam para obter comportamentos, tendo sido obrigado, mais tarde, a ampliar de modo inaceitável o conceito de sanção para nele incluir o prêmio[1] e a nulidade. Em decorrência dessa "técnica indireta de motivação", que desempenha papel fundamental na construção kelseniana, as normas jurídicas seriam de dois tipos: primárias e secundárias. Seriam primárias, no sentido de fundamentais, mais importantes, aquelas que prescrevem penas pelo emprego da força. Seriam ditas normas as genuinamente jurídicas, integrantes reais da ordem jurídica. As secundárias seriam meras derivações lógicas das normas primárias, e *sua enunciação só teria sentido para uma melhor explicação do Direito.*

Kelsen utilizou-se de um operador lógico para extrair da norma que chamou de primária uma regra secundária. De uma norma primária com o seguinte enunciado: *"matar alguém, pena de C"*, entendia possível extrair por derivação o enunciado da norma secundária que seria *"é proibido matar"* ou *"é obrigatório não matar"*. Esse posicionamento kelseniano implica que somente de normas primárias estruturadas hipoteticamente é possível derivar normas secundárias, como veremos à frente.

---

[1] No campo do Direito Tributário e em épocas de forte intervenção ou dirigismo estatal, o espaço reservado às "premiais" cresce consideravelmente e cada vez mais. Todo o esforço para atrair investimentos ou incentivar exportações é feito com *base em normas premiais.*

Além de primárias e secundárias, as normas, segundo Kelsen, seriam categóricas ou hipotéticas (sempre o dualismo), dependendo de *o ato previsto* no mandamento estar ou não condicionado a um evento preestabelecido. Dentro dessa ótica, seriam categóricas as sentenças judiciais (normas particularizadas) e hipotéticas as leis (normas genéricas). Em função dessa engenhosa construção, o mestre de Viena achava que o endereçamento das normas jurídicas primárias, por isso que continham a previsão de *atos coercitivos*, era para juízes e funcionários estatais, órgãos incumbidos de sua aplicação, delas. Sem embargo de se destinar aos órgãos do Estado, esse titular do monopólio da força, a *norma, por estar promulgada* e, pois, por ser conhecida, funcionaria como instrumento diretivo do comportamento humano. Do que acabamos de ver segue-se que uma norma cujo conteúdo não fosse uma sanção, só seria possível se derivasse de uma *norma primária*, esta portadora da sanção.[2]

O fundamento normativo do sistema residiria nas normas sancionantes, instituidoras de penas e privações, impostas pelas autoridades estatais aos agentes dos ilícitos (cuja definição mais coerente reside em ser o descumprimento de um dever legal). É que a norma primária funcionaria dentro de um tal sistema ou teoria como *premissa necessária*. Nesse sentido, as normas primárias kelsenianas seriam as *fontes*, os *alicerces* da ordem jurídica inteira. Ademais, as normas primárias teriam de possuir estrutura necessariamente hipotética, de modo a permitir o exercício de derivação. A assertiva radica na própria índole da concepção dualista do mestre de Viena.

O caráter de uma norma secundária, destarte, seria um caráter de *dever-ser*, e seu conteúdo seria o de uma *conduta oposta* à que figurasse como *condição* de aplicação da *norma primária*. Para Kelsen, de uma norma primária prevendo que "se alguém mata a outrem deve ser punido com prisão", sobressairia a norma secundária que proclamava proibido o ato de matar ou declarava devida a conduta de não matar, com o sentido de que *não se deveria matar*. Vale dizer, somente de normas primárias hipotéticas podem derivar normas secundárias, vez que as normas categóricas não necessitam para atuar de *uma condição* que é, exatamente, a conduta oposta à prevista como obrigatória pela norma

---

[2] Aqui aparece um dos calcanhares de Aquiles da construção kelseniana. Se toda norma extrai de uma outra, que lhe é lógica e cronologicamente anterior e superior, o seu *fundamento de validade*, e se somente as normas penais, ou seja, as que preveem penas e execuções, são as *verdadeiras normas jurídicas*, então, a *norma não punitiva* que lhes comunica *validez* é uma norma *não verdadeira, secundária e derivada*.

secundária. Por aí só é possível intuir que o *dever prescrito* pela norma secundária é o de "não matar a outrem", *se a condição* para a aplicação da *sanção* prevista na norma primária for o *ato ou conduta de matar*. Em suma, a hipoteticidade é o cerne da fenomenologia jurídica como ordem normativa. O Direito encontra fundamento nas normas instituidoras de penas e privações, e a hipoteticidade, essência do "dever-ser", é o seu demiúrgico motor.

Sem embargo, se observamos qualquer sistema jurídico, encontraremos leis e costumes de onde é possível extrair enunciados normativos cujo conteúdo não traduz atos de coerção, tampouco derivam de entes normativos que prescrevem sanções, como quer Kelsen. A maior parte dos dispositivos constitucionais, com efeito, não estabelece sanções, senão que instituem poderes, competências, princípios, garantias e procedimentos diversos. Em nível infraconstitucional, é possível encontrar disposições de igual jaez. Nos códigos civis, *v. g.*, deparamo-nos com regras sobre como contrair matrimônio, celebrar contratos ou fazer um testamento válido. Os digestos processuais estão repletos de regras técnicas de procedimento para juízes, partes, advogados e terceiros (as chamadas normas *in procedendo*). De notar, ainda, as enunciações que cunham conceitos, definições e atribuem qualidades às pessoas e instituições: quem é ou não capaz, o que é ser comerciante, noção de estabelecimento comercial, conceito de tributo, etc.

A resposta de Kelsen às objeções desse tipo consistiu em dizer que tais "normas" não seriam "normas genuínas", mas enunciações do legislador e "partes" das normas genuínas. E, assim, pela técnica ou argumento da *subsunção*, a maioria das regras que comumente encontramos formando o sistema jurídico constituiriam "fragmentos" de normas autênticas, instituidoras de sanções. As normas teriam uma estrutura dual, logicamente falando: *antecedente e consequente* ou, noutra terminologia, *hipótese e consequência*. Para Kelsen, essas regras a que acabamos de nos referir, ou melhor, os enunciados que delas fossem possível extrair, seriam "partes" ou "componentes" dos antecedentes das normas verdadeiramente jurídicas, as primárias, em cujo consequente deveria *figurar* sempre uma *sanção*. No Brasil, noutra linguagem e com vantagem, Paulo de Barros Carvalho chamou de "normas de estrutura" a essas normas não hipotéticas. Não foi pequena a influência de Kelsen sobre o grande mestre paulistano, até pela influência dos jusfilósofos pernambucanos Lourival Vilanova e José Souto Maior Borges, terra ancestral do ilustre professor.

Um exemplo simplificado de uma *norma completa*, segundo a teoria kelseniana, nos levaria ao seguinte:

NORMA PRIMÁRIA	
Hipótese	*Consequência*
Se o Congresso, cujos membros foram eleitos segundo o processo previsto na Constituição, fez uma lei dizendo que os assassinos devem sofrer uma pena de 30 anos de prisão; se esta lei foi promulgada e publicada segundo as normas vigentes; se alguém mata, é preso; se se faz inquérito através de autoridade policial competente que o envia à justiça; se um promotor oferece denúncia, que, aceita, abre processo; se são dados ao acusado, advogado e ampla defesa; se não se convence o júri da legítima defesa à vista das provas feitas segundo o devido processo legal; se o júri o declara culpado, competindo ao juiz fixar a pena, então:	O réu deve ser condenado entre 10 e 30 anos de prisão.

Em suma, segundo Kelsen, um sistema jurídico positivo estaria integrado por tantas normas quantas fossem as sanções previstas, sendo certo que cada uma dessas normas seria extremamente complexa, por isso que *seu antecedente* comportaria uma série enorme de enunciados, conforme visto no exemplo supra.[3] Paulo de Barros Carvalho, retomando Kelsen, vem chamando as normas categóricas, definitórias e de competência, de normas de estrutura. E as normas processuais, como são classificadas?

2 Prescrições e descrições

Tudo nessa poderosa concepção gira em torno das *normas primárias*, cuja função é a aplicação da força (sanções). A norma é prescritiva. Ao contrário, as proposições jurídicas são descritivas porque a função delas é descrever o *direito posto nas normas*. A distinção entre essas duas personagens do discurso kelseniano é de suma importância. A norma condensa o "dever-ser" que dimana do ato-de-vontade do legislador.

---

[3] KELSEN, Hans. *Teoria pura do direito.* 4ª ed. Tradução de João Baptista Machado. Coimbra: Armênio Machado, 1976, p. 90-91.

A proposição normativa contém o "dever-ser" que o cientista enxerga na norma, como ato-de-conhecimento. Há, assim, a prescrição e a descrição da prescrição.

Agora e de seguida, procurar-se-á situar o pensamento de Kelsen sobre a norma jurídica a partir de suas palavras. Servimo-nos de duas obras, publicadas em 1959 e 1960, respectivamente, quando o pensamento do inigualável mestre já estava formulado com definitividade e ademais disso já estava caldeado pelas inúmeras críticas que a sua obra atraíra. Com efeito, a edição alemã de 1960 da *Teoria pura* é obra definitiva, e, a seu turno, *As contribuições à teoria pura do Direito* de 1959 condensa os escritos do mestre para redarguir as críticas que lhe foram formuladas por Stone e Alf Ross.

Dito isso, as nossas transcrições poderão ser encontradas nas mencionadas obras, nas traduções espanhola e portuguesa indicadas no rodapé.[4]

Os comandos jurídicos derivariam de um *poder preexistente*, a "ordem social", cujo fundamento de validade seria logicamente pressuposto. O Direito adotaria uma "técnica indireta" de coerção, e o conceito de sanção já abrange o prêmio.[5]

> *Conforme o modo pelo qual as ações humanas são prescritas ou proibidas podem distinguir-se diferentes tipos – tipos ideais, e não tipos médios. A ordem social pode prescrever uma determinada conduta humana sem ligar à observância ou não-observância deste imperativo quaisquer conseqüências. Também pode, porém, estatuir uma determinada conduta humana e, simultaneamente, ligar a esta conduta a concessão de uma vantagem, um prêmio, ou ligar à conduta oposta uma desvantagem, uma pena (no sentido mais amplo da palavra). O princípio que conduz a reagir a uma determinada conduta com um prêmio ou uma pena é o princípio retributivo (vergeltung). O prêmio e o castigo podem compreender-se no conceito de sanção. No entanto, usualmente designa-se por sanção somente a pena, isto é, um mal – a privação de certos bens como a vida, a saúde, a liberdade, a honra, valores econômicos – a aplicar como conseqüência de uma determinada conduta, mas já não o prêmio ou a recompensa.*
>
> *Finalmente, uma ordem social pode – e é este o caso da ordem jurídica – prescrever uma determinada conduta, precisamente pelo fato de ligar à conduta oposta uma desvantagem, como a privação dos bens acima referidos, ou seja, uma pena no sentido mais amplo da palavra. Desta forma, uma determinada conduta apenas pode ser considerada, no sentido dessa ordem social, como*

---

[4] KELSEN, Hans. *Contribuciones a la teoría pura del derecho*. Tradução de Eduardo A. Vasquez. Buenos Aires: Centro Editorial América Latina, 1969; KELSEN, Hans. *Teoria pura do direito*.

[5] KELSEN, Hans. *Teoria pura do direito*, p. 49-50.

prescrita – ou seja, na hipótese de uma ordem jurídica, como juridicamente prescrita – na medida em que a conduta oposta é pressuposto de uma sanção (no sentido estrito). Quando uma ordem social, tal como a ordem jurídica, prescreve uma conduta pelo fato de estatuir como devida (devendo ser) uma sanção para a hipótese da conduta oposta, podemos descrever esta situação dizendo que, no caso de se verificar uma determinada conduta, se deve seguir determinada sanção.

Com isso já se afirma que a conduta condicionante da sanção é proibida e a conduta oposta é prescrita. (grifos nossos)

A tese encontra maior explicação quando Kelsen diferencia a *norma jurídica* da ordem, dada sob a forma de uma prescrição, proferida pelo salteador para nos obter a bolsa.[6] A norma teria por fundamento uma legitimidade pré-constituída:

Também o ato de um salteador de estradas[7] que ordena a alguém, sob cominação de qualquer mal, a entrega de dinheiro, tem – como já acentuamos – o sentido subjetivo de um dever-ser. Se representarmos a situação de fato criada por um tal comando dizendo: um indivíduo expressa uma vontade dirigida à conduta de outro indivíduo, o que nós fazemos é descrever a ação do primeiro como um fenômeno ou um evento que de fato se produz, como um evento da ordem do ser. A conduta do outro, porém, que é entendida (visada) no ato de vontade do primeiro, não pode ser descrita como um evento da ordem do ser, pois este ainda não age, ainda não efetua uma conduta, e porventura nem sequer se conduzirá pela forma entendida. Ele apenas deve – de acordo com a intenção do primeiro – conduzir-se por aquela forma. A sua conduta não pode ser descrita como um sendo (da ordem do ser), mas apenas o pode ser, na medida em que cumpre apreender o sentido subjetivo do ato de comando, como um devido (da ordem do dever-ser). Desta forma tem de ser descrita toda a situação em que um indivíduo manifesta uma vontade dirigida à conduta de outro. Quanto à questão em debate isto significa: na medida em que apenas se tome em linha de conta o sentido subjetivo do ato em questão, não existe qualquer diferença entre a descrição de um comando de um salteador de estradas e a descrição do comando de um órgão jurídico. A diferença apenas ganha expressão quando se descreve, não o sentido subjetivo, mas o sentido objetivo do comando que um indivíduo endereça a outro. Então, atribuímos ao comando do órgão jurídico, e já não salteador de estradas, o sentido objetivo de uma norma vinculadora do destinatário.

---

[6] Agostinho, na sua *Civitas Dei IV*, 4, levanta o problema da distinção entre o Estado, como uma comunidade de Direito, e um bando de salteadores.

[7] KELSEN, Hans. *Teoria pura do direito*, p. 75-76.

Quer dizer: interpretemos o comando de um, mas não o comando do outro, como uma norma objetivamente válida. E, então, num dos casos, vemos na conexão existente entre o não acatamento do comando e um ato de coerção uma simples 'ameaça', isto é, a afirmação de que será executado um mal, ao passo que, no outro, interpretamos essa conexão no sentido de que deve ser executado um mal. Assim, neste último caso, interpretamos a execução efetiva do mal como a aplicação ou a execução de uma norma objetivamente válida que estatui o ato de coerção; no primeiro caso, porém, interpretamo-lo – na medida em que façamos uma interpretação normativa – como um delito, referindo ao ato de coerção normas que consideramos como o sentido objetivo de certos atos que, por isso mesmo, caracterizamos como atos jurídicos.

Mas por que é que, num dos casos, consideramos o sentido subjetivo do ato como sendo também o seu sentido objetivo, e já não no outro? Encarados sem qualquer pressuposição também os atos criadores do Direito têm apenas o sentido subjetivo de dever-ser. Por que é que aceitamos que, de ambos aqueles atos, que possuem o sentido subjetivo de dever-ser, apenas um produz objetivamente uma norma válida, isto é, vinculativa? Ou, por outras palavras: Qual é o fundamento de validade da norma que nós consideramos como sendo o sentido objetivo deste ato? *Esta é a questão decisiva.* Uma análise dos juízos pelos quais interpretamos certos atos como atos jurídicos, quer dizer, como atos cujo sentido objetivo é norma, fornece-nos a resposta. Essa análise mostra o *pressuposto* sob o qual é possível esta interpretação. Partamos da hipótese, já acima referida, de um juízo pelo qual interpretamos a morte de um indivíduo por outro como execução de uma sentença de morte, e não como homicídio. Este juízo baseia-se no fato de reconhecermos no ato de matar a execução de uma decisão judiciária que ordenou a morte como pena. Quer dizer: atribuímos ao ato do tribunal o sentido objetivo de uma norma individual e, assim, consideramos ou interpretamos como tribunal o grupo de indivíduos que pôs o ato. Isto fazemo-lo nós, porque reconhecemos no ato do tribunal a efetivação de uma lei, isto é, de normas gerais que estatuem atos de coerção e que consideramos como sendo não só sentido subjetivo, mas também o sentido objetivo de um ato que foi posto por certos indivíduos que, por isso mesmo, nós consideramos ou interpretamos como órgão legislativo. E fazemos isto porque consideramos o ato de produção legislativa como a realização da Constituição, isto é, de normas gerais que, de conformidade com o seu sentido subjetivo, *conferem àqueles mesmos indivíduos competência para estabelecer outras normas gerais que estatuam atos de coerção.* (grifos nossos)

Só faltou dizer que em sua presença uma Constituição deriva do mundo político, cujo pressuposto fundamental é o poder (daí a suposta norma).

Frise-se agora que Kelsen, embora no começo de suas elucubrações tenha entendido a norma como "juízo hipotético", isso renegou expressamente na maturidade. Para ele a norma é *prescrição* (que depende, em certas circunstâncias, de uma *condição* para que incida). A norma pode, assim, ser hipotética, mas não será jamais um "juízo hipotético" como muitos pensam que é, referindo-se a Kelsen.[8] O "juízo" é ato-de-sujeito ao conhecer o seu objeto. Se a norma jurídica é o objeto do conhecimento jurídico na gnosiologia[9] kelseniana, o "juízo hipotético" que o cientista do Direito constrói ao descrevê-la só pode ser uma "proposição" a respeito da norma, nunca a "norma-em-si". Há uma passagem nas *Contribuições à teoria pura do Direito* em que Kelsen[10] mostra-se extremamente enfático a esse respeito, ao rejeitar com incontida amargura o Prof. Stone:

> El profesor Stone sostiene que de acuerdo a la Teoría Pura Del Derecho, 'una norma jurídica es un juicio hipotético' en el que la desobediencia a la conducta prescrita es la condición de la sanción... Es verdad que en mi Hauptproblem der Staatsrechtslehre, que apreció en 1911, defendí la tesis de que las normas jurídicas generales son juicios hipotéticos y que continué sosteniendo ese punto de vista en mi allgemeine staatslehe (1925) y también en la primera edición de mi reine rechtslehre (1934). Pero más tarde la rechazé. Em mi general theory of law and state (1945) distinguí, entre la norma juridical dictada por la autoridad y los enunciados acerca de normas jurídicas formuladas por la ciencia del Derecho, y sugerí que a estos últimos no se los llamara 'normas jurídicas' sino 'reglas de derecho en sentido descriptivo'. De este modo traduje el término rechts-satz por contraposición al término rechts-norm. En un parágrafo titulado 'Norma jurídica y regla de derecho en sentido descriptivo' u 'orden', tomando estos términos en sentido figurado y destaqué la distinción entre las normas jurídicas prescriptivas creadas por la autoridad y las reglas de derecho mediante las cuales la ciencia del derecho describe su objeto, que son las normas jurídicas. Sostuve: 'Estos enunciados, mediante los cuales la ciencia jurídica representa el derecho, no deben ser confundidos con las normas dictadas por las autoridades creadoras del derecho. Y en el parágrafo siguiente, bajo

---

[8] "De outro modo, entendemos que conquanto se deva verdadeiramente distinguir o enunciado legal, da sua descrição, empreendida pela ciência do direito, o ato de vontade que Kelsen designa de 'norma jurídica' é veiculado também por meio de juízos hipotéticos, sendo lícito chamá-lo de proposição já que esta palavra significa a expressão verbal de um juízo" (CARVALHO, Paulo de Barros. *Teoria da norma tributária*. São Paulo: Lael, 1974, p. 31).

[9] KELSEN, Hans. *Contribuciones a la teoría pura del derecho*, p. 58-59.

[10] Gnosiologia (com i) = teoria do conhecimento, e não gnoseologia = teoria do conhecimento da divindade (vide *Novo Dicionário Aurélio* e o *Novíssimo* de Laudelino Freire).

el título 'reglas de derecho y leyes de la naturaleza', afirmé: 'La regla de derecho, usando el término en un sentido descriptivo, es un juicio hipotético que enlaza ciertas consecuencias a ciertas condiciones'. En esta oración me referí expresamente a los enunciados descriptivos acerca de las normas jurídicas, y no a las normas jurídicas prescriptivas, que deben ser distinguidas de los anteriores. Comparé las reglas de derecho, es decir, los juicios hipotéticos mediante los cuales la ciencia del derecho describe su objeto (objeto que son las normas jurídicas) con los juicios hipotéticos llamados leyes de la naturaleza, mediante los cuales la ciencia natural describe el suyo, con el fin de mostrar que un 'juicio'– en alemán urteil – es el sentido de un acto de conocimiento, mientras que una norma es el sentido de un acto de voluntad. Un juicio es, por su propia naturaleza, verdadero o falso, y en otra parte afirmé: 'una norma... no puede ser verdadera o 'falsa'...' En consecuencia no puede existir la más mínima duda de que de acuerdo con la teoría que expuse en mi general theory of law and state las normas jurídicas no son juicios hipotéticos. En mi théorie pure du droit distinguí la norme juridique (norma jurídica) y la règle de droit (regla de derecho) y afirmé: 'que la regla de derecho (formulada por la ciencia del derecho) no es un imperativo sino un juicio bien presentarse bajo la forma de un imperativo... Inclusive el llamado 'juicio' de un tribunal no es un juicio en el sentido lógico del término. Es una norma jurídica que prescribe cierta conducta a los individuos a quienes se dirige.'

En mi reine rechtslehre afirmé: 'Las normas jurídicas no son juicios, es decir, enunciados acerca de un objeto de conocimiento. Las normas jurídicas son, por su sentido, prescripciones, y, como tales, órdenes, pero también son permisiones y autorizaciones...

A essa altura Kelsen, premido pelas críticas, já admite outras normas, além das primárias e das secundárias...

O tema volta à baila na *Teoria pura*, última edição, quando é magnificamente desenvolvido. O trecho, de sobredobro, deixa claro que a norma é um *sentido* que não se confunde com sua própria expressão verbal. Norma e lei, norma e artigo de lei ou de Constituição não se confundem. A proposição normativa descreve a norma que exsurge das leis.

As *normas* jurídicas, por seu lado, não são juízos, isto é, enunciados sobre um objeto dado ao conhecimento. Elas são antes, de acordo com o seu sentido, mandamentos e, como tais, comandos imperativos. Mas não são apenas comandos, pois também são permissões e atribuições de poder ou competência. Em todo o caso, não são – como, por vezes, identificando Direito com ciência jurídica, se afirma – instruções (ensinamentos). O Direito prescreve, permite, confere poder ou competência – não *ensina* nada. Na medida, porém, em que as normas jurídicas são expressas em linguagem, isto é, em palavras e proposições, podem elas aparecer sob a forma de enunciados do mesmo tipo daqueles através dos quais se constatam fatos. A norma segundo a qual o furto deve ser punido é freqüentemente formulada pelo legislador na seguinte proposição: o furto é punido com pena de prisão; a norma que confere ao chefe de Estado competência para concluir tratados assume a forma: o chefe de Estado conclui tratados internacionais. *Do que se trata, porém, não é da forma verbal,* mas do sentido do ato produtor de Direito, do ato que põe a norma. E o sentido deste ato é diferente do sentido da proposição jurídica que descreve o Direito. Na distinção entre proposição jurídica e norma jurídica ganha expressão a distinção que existe entre a função do conhecimento jurídico e a função, completamente distinta daquela, da autoridade jurídica, que é representada pelos órgãos da comunidade jurídica. A ciência jurídica tem por missão conhecer – de fora, por assim dizer – o Direito e descrevê-lo com base no seu conhecimento. Os órgãos jurídicos têm – como autoridade jurídica – antes de tudo por missão produzir o Direito para ele possa então ser conhecido e descrito pela ciência jurídica. É certo que também os órgãos aplicadores do Direito têm de conhecer – de dentro, por assim dizer – primeiramente o Direito a aplicar. O legislador que, na sua atividade própria, aplica a Constituição, deve conhecê-la; e igualmente o juiz, que aplica as leis, deve conhecê-las. O conhecimento, porém, não é essencial: é apenas o estágio preparatório da sua função que, como adiante melhor se mostrará, é simultaneamente – não só no caso do legislador como também no do juiz – produção jurídica: o estabelecimento de uma norma jurídica geral – por parte do legislador – ou a fixação de uma norma jurídica individual – por parte do juiz.

(...)

Também é verdade que, no sentido da teoria do conhecimento de Kant, a ciência jurídica como conhecimento do Direito, assim como todo o conhecimento, tem caráter constitutivo e, por conseguinte, 'produz' o seu objeto na medida em que o apreende como um todo em sentido. Assim como o caos das sensações *só através do conhecimento ordenador da ciência se transforma em cosmos,* isto é, em natureza como um sistema unitário, assim também a pluralidade das normas jurídicas gerais e individuais postas pelos órgãos jurídicos, isto é, o material dado à ciência do direito, só através do conhecimento da ciência jurídica se transforma num sistema unitário isento de contradições, *ou seja, numa ordem jurídica.* Esta 'produção', porém, *tem um puro caráter teórico ou gnosiológico.* Ela é algo completamente diferente da produção de objetos pelo trabalho humano ou da produção do Direito pela autoridade jurídica.[11] (grifos nossos)

---

[11] KELSEN, Hans. *Teoria pura do direito,* p. 111-113.

A norma, pois, *não é a mesma coisa que a lei*, entendida esta como a fórmula verbal de um legislador anônimo (costume) ou como fórmula escrita de um legislador institucional (lei, estrito senso). A norma é a expressão objetiva de uma prescrição formulada pelo legislador que não se confunde com aquilo a que comumente chamamos de *lei*. É, em verdade, uma função da lei. Isso quer dizer que a norma, posto já se *contenha* nas leis, delas é *extraída* pela dedução lógica, função de conhecimento. Kelsen reconheceu isso, na fala retrotranscrita, ao referir-se à necessidade de "conhecer" antes a norma para poder "aplicá-la". *Fá-lo novamente ao abordar a estrutura das normas.* Como sabido, ele achava que as *normas jurídicas verdadeiras, autônomas, nucleares* eram somente as que fixavam sanções tendo por suposto a prática de certos atos (tipicidade/imputabilidade), tendo pago um preço muito alto para *reduzir* o ordenamento jurídico inteiro ao *esquema simples das normas sancionantes*. Engendrou, então, a tese de que as enunciações legislativas fixadoras de competência, as definitórias, as conceituais, as processuais, as organizatórias, as permissivas, as prescritivas de dever eram todas não autônomas, secundárias, porque só apresentavam sentido se subsumidas *às normas autônomas*, primárias, fixadoras de sanções. Ao fazer isso, Kelsen reconhece a diferenciação entre a *norma* e a *formulação linguística da norma*. A norma, posto que *aprisionada na linguagem do legislador*, seria apreendida pelo sujeito cognoscente. Não que fosse *criada* pelo sujeito do conhecimento, pelo intérprete, senão que por este era apreendida. A norma estaria "dentro" do sistema jurídico de envolta com as formulações escritas ou costumeiras do legislador, por isso que seria a expressão objetiva de um ato de vontade. Careceria, todavia, de ser apreendida (porque a norma é, antes de tudo, *sentido*, pode até ter diferentes sentidos, diversas possibilidades de aplicação, nisso residindo o intenso e apaixonante dinamismo do Direito como fenômeno de adaptação social). Vejamos, contudo, o que diz Kelsen ao teorizar sobre a questão da falta de *autonomia* das normas instituidoras de deveres, isto é, de comportamentos obrigatórios:[12]

> Se uma ordem jurídica ou uma lei feita pelo parlamento contém uma norma que prescreve uma determinada conduta e uma outra norma, que liga à não observância da primeira uma sanção, aquela primeira norma não é uma norma autônoma, mas está essencialmente ligada à segunda; ela apenas estabelece – negativamente – o pressuposto a que a segunda liga a sanção. E, quando a segunda norma determina

---

[12] KELSEN, Hans. *Teoria pura do direito*, p. 88-89.

positivamente o pressuposto a que liga a sanção, a primeira torna-se supérflua do ponto de vista da técnica legislativa. Se, por exemplo, um código civil contém a norma de que o devedor deve restituir ao credor, de acordo com as estipulações contratuais, o empréstimo recebido, e a norma segundo a qual, quando o devedor não restituir ao credor a soma emprestada, de conformidade com as estipulações contratuais, deve ser realizada sobre o patrimônio do devedor, a requerimento do credor, uma execução civil; tudo o que a primeira norma determina está contido negativamente na segunda, como pressuposto. Um código penal moderno não contém, a maior parte das vezes, normas das quais, como nos Dez Mandamentos o homicídio, o adultério e outros delitos estejam proibidos, mas limita-se a ligar sanções penais a determinados tipos legais (*Tatbestande*). Aqui se mostra claramente que a norma 'Não matarás" é supérflua quando vigora uma norma que diz: 'Quem matar será punido', ou seja, que a ordem jurídica proíbe uma determinada conduta pelo fato mesmo de ligar a esta conduta uma sanção, ou prescreve uma determinada conduta enquanto liga uma sanção à conduta oposta. Normas jurídicas não-autônomas são também aquelas que permitem positivamente uma determinada conduta, pois elas apenas limitam o domínio de validade de uma norma jurídica que proíbe essa conduta na medida em que lhe liga uma sanção. Já nos referimos à norma permissiva da legítima defesa. A conexão entre ambas as normas em questão surge com particular clareza na Carta das Nações Unidas que, no seu art. 2º, nº 4, proíbe a todos os seus membros o emprego da força como autodefesa individual ou coletiva enquanto liga a esse emprego da força as sanções estatuídas no art. 39, e no art. 51, permite o uso da força como autodefesa, limitando assim a proibição geral do art. 2º, nº 4. Os artigos citados formam uma unidade. A Carta poderia conter um único artigo proibindo aos membros das Nações Unidades o uso da força em que não fosse autodefesa individual ou coletiva, fazendo do emprego da força, assim limitado, pressuposto de uma sanção. Um outro exemplo: uma norma proíbe o tráfico de bebidas alcoólicas, isto é, fá-lo pressuposto de uma pena, sendo, porém, esta norma limitada por uma outra segundo a qual o tráfico de bebidas alcoólicas, quando feito com permissão da autoridade, não é proibido, isto é, não é punível. A segunda norma, através da qual o domínio de validade da primeira é limitado, é uma norma não autônoma. Aquela apenas faz sentido em combinação com esta. Ambas formam uma unidade. Os respectivos conteúdos podem ser expressos numa norma do seguinte teor: quem traficar bebidas alcoólicas sem permissão da competente autoridade será punido. (grifos nossos)

É resplandecente nesse trecho a diferença entre lei e norma.

A cita que vimos de ver enseja algumas considerações a propósito das teses de Kelsen. Aduzindo, podemos dizer que se uma lei "A" fixar o dever de pagar imposto de renda para todos os que a obtenham em dado exercício, segundo o conceito de renda fixado na lei "B", e outra lei, a quem chamaremos de "C", isentar de tal dever os que obtenham renda inferior a R$10.000,00, teremos uma *norma jurídica* com o segundo enunciado: (*por hipótese* – pessoa física obter no ano rendimentos tributáveis, como tais definidos na lei "B" de 1/1/98, superiores a R$10.000,00. *Por consequência* – deve a pessoa física ou jurídica pagar imposto de renda à União Federal).

Nota-se que várias leis ou diversas formulações legislativas se entrelaçaram para engendrar essa norma jurídica (que seria para Kelsen secundária, não autônoma, e só teria sentido se conectada com outra norma, esta genuína e por isso primária, que punisse a hipótese do não pagamento do imposto de renda). Kelsen diante dela teria até mesmo a tentação de dizer, como fez na transcrição supra, que dita norma, prescritiva *do dever ou da obrigação tributária*, seria supérflua do ponto de vista da técnica legislativa... Ficaria nos devendo, contudo, a explicação de como o contribuinte iria *se informar* sobre o fato gerador do seu dever, quanto, onde, como, até quando pagar; de que modo e a quem fazê-lo. Deduziria todas essas informações da *norma primária* que apenas prevê a pena de "x" ao contribuinte inadimplente? Eis aí o *punctum dolens* da teoria kelseniana de uma só norma básica...

Pois bem, ao depois de "secundarizar" as normas prescritivas de deveres e obrigações, subordinando-as às normas primárias, Kelsen argui a falta de autonomia das chamadas normas de "potestade" fixadoras de poderes, competências e formas processuais, entremostrando a radical diversidade que existe entre *lei* e *norma*, uma verdade que interessa às teses do presente trabalho.[13]

> São ainda normas não autônomas as normas jurídicas que conferem competência para realizar uma determinada conduta, desde que por 'conferir competência' entendamos, conferir a um indivíduo um poder jurídico, ou seja, conferir-lhe o poder de produzir normas jurídicas. Com efeito, elas fixam apenas um dos pressupostos aos quais – numa norma autônoma – se liga o ato de coação. Trata-se das normas que conferem competência para a produção de normas jurídicas gerais, as normas da Constituição que regulam os procedimentos jurisdicional e administrativo, nos quais as normas gerais produzidas através da lei ou do costume são aplicadas, pelas autoridades jurisdicionais ou administrativas para o efeito competente, nas normas individuais a produzir por estes órgãos. Um exemplo ilustrará este ponto. Consideremos a situação que se nos apresenta quando, numa determinada ordem jurídica, o furto é proibido

---

[13] KELSEN, Hans. *Teoria pura do direito*, p. 90-91.

por lei, sob pena de prisão. Pressuposto da pena estabelecida não é de forma alguma o só fato de que um indivíduo cometeu um furto.

O furto tem que ser averiguado, num processo ou segundo um processo fixado pelas normas de ordem jurídica, por um tribunal que essas normas para tal considerem competente; ao que se seguirá a aplicação, por este tribunal, de uma pena fixada pela lei ou pelo direito consuetudinário, pena essa a ser executada por um outro órgão. O tribunal é competente para, num determinado processo, aplicar ao furto uma pena, somente quando foi produzida, segundo um processo constitucional, uma norma geral que liga ao furto uma determinada pena. A norma da Constituição que confere competência para a produção desta norma geral fixa um pressuposto ao qual é ligada a sanção. A proposição jurídica que descreve esta situação diz: Se os indivíduos competentes para legislar estabeleceram uma norma geral por força da qual quem comete furto deve ser punido de certa maneira, e se o tribunal competente segundo o ordenamento processual penal verificou, de conformidade com um procedimento fixado pelo mesmo ordenamento processual, que determinado indivíduo cometeu um furto, e se este mesmo tribunal aplicou a pena legalmente fixada, então deve um certo órgão executar essa pena. Esta formulação da proposição jurídica descritiva do Direito mostra que as normas da Constituição que conferem competência para a produção de normas gerais ao regularem a organização e o processo do órgão legislativo, e as normas de processo penal que conferem competência para a produção de normas individuais das decisões penais ao regularem a organização e o procedimento dos tribunais penais, *são normas não autônomas, pois elas apenas determinam as condições ou pressupostos de execução das sanções penais.* A execução de todos os atos de coação estatuídos por uma ordem jurídica, mesmo daqueles que são aplicados não num processo jurisdicional, mas num processo administrativo, e daqueles que não têm caráter de sanções, é condicionada por esta maneira. (grifos nossos)

Finalmente Kelsen focaliza as chamadas "normas definitórias", reduzindo-as às normas primárias e mostrando mais uma vez a "norma jurídica" como um "ser teórico", diverso das formulações legais do legislador: leis, costumes, decretos, etc.[14]

Como normas não autônomas devem finalmente considerar-se ainda aquelas que determinam com maior exatidão o sentido de outras normas, *definindo porventura um conceito* utilizado na formulação de uma outra norma ou interpretando autenticamente uma norma. Um código penal pode, por exemplo, conter um artigo que diga: 'O homicídio é aquela conduta

---

[14] KELSEN, Hans. *Teoria pura do direito*, p. 92.

de um indivíduo pela qual este provoca intencionalmente a morte de outro indivíduo.' Este artigo é uma definição do homicídio. Ele só tem caráter normativo em conexão com outro artigo que determine: 'Se um indivíduo pratica um homicídio, o tribunal, para o efeito competente, deve aplicar-lhe a pena de morte.' E este artigo, por sua vez, está numa conexão inseparável com um terceiro que prescreva: 'A pena de morte é *executada pelo enforcamento*.'

3 A ordem jurídica kelseniana

Conclui, com a sua concepção a respeito da *ordem jurídica*, por si só explicativa:[15]

Do que fica dito resulta que uma ordem jurídica, se bem que nem todas as suas normas estatuam atos de coação, pode, no entanto, ser caracterizada como ordem de coação, na medida em que todas as suas normas, que não estatuam elas próprias um ato coercitivo e, por isso, não contenham uma prescrição mas antes confiram competência para a produção de normas ou contenham uma permissão positiva, são normas não autônomas, pois apenas têm validade em ligação com uma norma estatuidora de um ato de coerção. E também nem todas as normas estatuidoras de um ato de coerção prescrevem uma conduta determinada (a conduta oposta à visada por este ato), mas somente aquelas que estatuam o ato de coação como reação contra uma determinada conduta humana, isto é, como sanção. Por isso o Direito, ainda por esta razão, não tem caráter exclusivamente prescritivo ou imperativista. Visto que uma ordem jurídica é uma ordem de coação no sentido que acaba de ser definido, pode ela ser descrita em proposições, enunciando que, sob pressupostos determinados (determinados pela ordem jurídica), devem ser aplicados certos atos de coerção (determinados igualmente pela ordem jurídica).

4 A norma jurídica e suas espécies na teoria de Hart

Hart[16] sublinha, com acerto, referindo-se à consideração do *Direito* como "ordens respaldadas por ameaças", que nem sempre assim se apresentam as *regras*, já que "también hay otras que otorgan a los particulares facultades para llevar a cabo sus deseos (contraer matrimonio, celebrar contratos, testar) y otras que solo confieren potestades legislativas".

---

[15] *Ibidem.*

[16] HART, Herbert L. A. *El concepto de derecho*. Tradução de Genaro R. Carrió. Buenos Aires: Abeledo-Perrot, 1968, p. 40 *et seq.*

E continua: "Son múltiples las funciones que en los Estados Modernos desempeñan las normas jurídicas, y puede pagarse un precio muy elevado si se trata de unificar esa múltiple variedad".

Esse autor escreveu visando à teoria de Austin, que via o Direito como um sistema de normas respaldadas por ameaças, mas suas observações, de certa forma, atingem também a Kelsen. O professor inglês entende que o caráter imperativo das *ordens* garantidas por *ameaças atende bem à estrutura das normas jurídicas penais,* mas deixa de lado uma grande quantidade de normas que integram os sistemas jurídicos, mormente aquelas cuja função é conferir "potestades". Essas normas teriam valia para mostrar às pessoas como realizar seus desejos e funções. Exemplo desse tipo de norma é a que prevê como fazer um testamento válido.

Para Hart, as normas de "potestade" admitem subdivisão. Ora são "normas técnicas" e servem para operacionalizar atos (fazer um testamento, celebrar um contrato, interpor um agravo de instrumento), ora servem para atribuir competência às autoridades públicas e aos particulares. A regra jurídica que confere ao legislador competência para fazer leis, a que dá ao juiz competência para aplicar o Direito ao caso concreto, a que outorga competência do chefe de Estado para celebrar tratados ou nomear concursados, são todas normas de "potestade". Elas dizem *quem pode fazer algo e como deve fazê-lo.* Destinatários das normas de potestade são tanto as autoridades quanto os particulares. Hart sustenta que a necessidade de distinguir entre os diferentes tipos de normas não conduz à negação de relações relevantes entre elas. Sugere normas sobre como fazer normas. Entende que as regras que conferem "potestades" se constituem em um tipo especial e inconfundível de norma jurídica, cuja função é viabilizar a criação das normas que impõem *deveres.* Com isso, nega as tentativas de "reduzir" as normas dispositivas e as que ditam competências às que impõem sanções. Um desses intentos fê-lo justamente Kelsen, consistindo em considerar as "normas de potestade" meros "fragmentos" das "normas primárias".

Hart entendeu que reduzir o *Direito todo* às normas sancionantes era criticável por várias razões. Por primeiro, desconhecia-se o "homem bom" que buscava no "Direito" das "regras secundárias" kelsenianas uma *orientação* para o seu agir, despreocupado da sanção, esta direcionada à intimidação do "homem mau". Nesse caso, o Direito estaria sendo olhado apenas do ponto de vista do infrator.[17] Em segundo lugar,

---

[17] Cóssio, com vantagem, trabalhou esta ideia e inverteu a colocação kelseniana, realçando o cumprimento espontâneo dos preceitos jurídicos; dado o pressuposto, *deve ser* a prestação: *não* realizada a prestação, *deve ser a sanção.*

a redução só era alcançada à custa de uma deformação muito grande do fenômeno jurídico, o que julgou inconveniente. A sua proposta consistiu em considerar o sistema jurídico como união de diferentes *tipos* de normas,[18] que classificou em *primárias* e *secundárias*, porém com significados inteiramente diversos dos cunhados por Kelsen:

Primárias seriam as normas que prescrevessem aos indivíduos, dentro de certos pressupostos, a prática ou abstenção de determinados atos, servindo como "pautas" para a análise e o controle dos comportamentos humanos. Dirigir-se-iam a toda a sociedade, porquanto o intuito delas consistiria em indicar os comportamentos desejáveis.

Secundárias seriam as normas que se ocupassem das outras regras, isto é, das *primárias*, subdivididas em três espécies fundamentais:

a) regras de reconhecimento, contendo *critérios de identificação* para o reconhecimento das normas que fazem parte do sistema jurídico;

b) regras de transformação, conferindo poderes aos particulares e às autoridades públicas para, sob certas condições, praticarem *atos geradores* de direitos e deveres;

c) regras de adjudicação, outorgando aos juízes competência para dizer o direito (se, em uma dada ocasião, houve ou não infringência de uma norma jurídica).

5 A tipologia normativa de Hart

A tipologia normativa de Hart é indubitável, apresenta-se dotada de forte dinamismo e consegue explicar razoavelmente o fenômeno jurídico como *dado empírico*. Melhor ouvi-lo,[19] a propósito:

> Si comparamos la variedad de tipos diferentes de normas jurídicas que aparecen en un sistema moderno como el derecho inglés, con el modelo simple de *órdenes* coercitivas, construido en el capítulo anterior, brota una multitud de objeciones. Es patente que no todas las normas ordenan hacer o no hacer algo. No es engañoso clasificar así normas que confieren a los particulares la potestad de otorgar testamentos, celebrar contratos, a contraer matrimonio, y normas que confieren potestades a funcionarios, por ejemplo, la de decidir litigios a un juez, la de dictar

---

[18] As normas, em Hart, possuem destinatário e conteúdo. A sua "tipologia" repousa no "querer" da norma, naquilo que constitui a sua função, desde que "reconhecida" como válida.

[19] HART, Herbert L. A. *El concepto de derecho*, p. 33.

reglamentos a un ministro, la de aprobar ordenanzas a un consejo departamental? Es patente que ni todas las normas son legisladas, ni todas son la expresión del deseo de alguien como lo son las órdenes generales de nuestro modelo.

A seguir refere-se ao "ato de vontade" como pressuposto da norma, negando-o em várias hipóteses:

Esto parece inaplicable a la costumbre, que ocupa un lugar genuino, aunque modesto en la mayor parte de los sistemas jurídicos. Es obvio que las normas jurídicas, aun cuando se trate de leyes, que son normas deliberadamente creadas, no son necesariamente órdenes dadas a otros. Acaso las leyes no obligan, con frecuencia, a los propios legisladores? Finalmente es menester que las normas legisladas, para ser normas jurídicas, expresen realmente los deseos, intenciones o anhelos efectivos de algún legislador? No sería acaso norma jurídica una medida debidamente aprobada, si quienes la votaron no conocían su significado (como seguramente ocurre con más de un artículo de una Ley Financiera inglesa)? Estas son algunas de las más importantes entre las numerosas objeciones posibles. Parece obvio que habrá que introducir alguna modificación al modelo simple original para hacernos cargos de ellas, y puede ocurrir que una vez que havamos hecho los ajustes necesarios, la noción de órdenes generales respaldadas por amenazas resulte transformada en grado tal que no podamos ya reconocerla.

A seguir o mestre de Oxford critica, com acerto, o intento kelseniano de reduzir todas as normas a um só tipo.[20]

En su versión extrema este argumento negaría que aun las reglas Del derecho penal, tal como se las formula generalmente, son normas genuinas. Es en esta forma que el argumento ha sido adoptado por Kelsen: 'El derecho es la norma primaria que establece la sanción.' No hay norma jurídica que prohíba el homicidio: *solo hay una norma jurídica que prescribe que los funcionarios apliquen ciertas sanciones en ciertas circunstancias a aquellos que cometan homicidio.* De acuerdo con este modo de ver, lo que ordinariamente es concebido como el contenido del derecho, destinado a guiar la conducta de los ciudadanos ordinarios, no es más que el antecedente o 'cláusula condicionante' de una regla que no está dirigida a ellos sino a los funcionarios, a quienes les ordena aplicar ciertas sanciones si se han dado determinadas condiciones. Todas las normas genuinas, según este modo de ver, son órdenes condicionales a los funcionarios

---

[20] HART, Herbert L. A. *El concepto de derecho*, p. 45-47.

para que apliquen sanciones. Todas tienen esta forma: 'Si se hace, omite u ocurre algo del género x, entonces aplique una sanción del género y'.

(...)

Mediante una elaboración cada vez mayor del antecedente o cláusula condicionante, las reglas jurídicas de todo tipo, incluso las que confieren potestades privadas o públicas, y definen la manera de su ejercicio, pueden ser reformuladas en esta forma condicional. Así, las provisiones de la Ley de Testamentos que exigen dos testigos para el acto, se presentarían como una parte común de muchas diferentes directivas a los tribunales para que apliquen sanciones al albacea que, en trasgresión de las cláusulas del testamento, se recuse a pagar los legados: Si y sólo si hay un testamento debidamente otorgado ante testigos, que contenga esas cláusulas y si... entonces deben aplicarse sanciones al albacea. Del mismo modo, una regla que determina el ámbito de la jurisdicción de un tribunal se presentaría como una parte común de las condiciones a ser satisfechas antes de aplicarse cualquier sanción. Así, también, las reglas que confieren potestades legislativas y definen la manera y la forma de la legislación (incluyendo las cláusulas constitucionales referentes a la legislatura suprema) pueden ser igualmente reformuladas y presentadas como especificando ciertas condiciones comunes, de cuyo cumplimiento (junto con el de otras) depende que los tribunales apliquen las sanciones mencionadas en las leyes. Esta teoría nos invita, pues, a desenmarañar la sustancia de las formas que las oscurecen; veremos entonces que formas constitucionales como 'lo que la Reina en Parlamento sanciona es derecho', o como las cláusulas de la constitución norteamericana referentes a la potestad legislativa del Congreso, especifican simplemente las condiciones generales bajo las que los tribunales, han de aplicar sanciones. Estas formas son esencialmente 'cláusulas condicionantes', no reglas completas: 'Si la Reina en Parlamento lo ha sancionado así...', o 'Si el Congreso, dentro de los límites establecidos en la constitución, lo ha sancionado así...', son formas de condiciones comunes a un vasto número de directivas a los tribunales para que apliquen sanciones o castiguen ciertos tipos de conducta.

(...)

Esta es una formidable e interesante teoría, que se propone revelar la naturaleza verdadera y uniforme del derecho latente por debajo de una variedad de formas y expresiones comunes que la oscurecen. Antes de considerar sus defectos ha de observarse que, en esta versión extrema ella implica un cambio respecto de la concepción original del derecho como consistente en órdenes respaldadas por amenazas, sanciones que han de aplicarse si las órdenes son desobedecidas. En lugar de ello, la concepción central es ahora que *las órdenes están dirigidas a los funcionarios para que apliquen sanciones*. Según este modo de ver no es necesario que haya una sanción prescripta para la *transgresión* de cada norma jurídica; solo es necesario que toda norma jurídica 'genuina' prescriba la aplicación de alguna sanción... (grifos nossos)

6 Os méritos de *Hart*

Hart, além do mérito de ter superado, na teoria da norma, a questão do ato-de-vontade do *emissor*, enquanto fundamento de validez, através da tese da "norma de reconhecimento", em tema que só agora ferimos, teve ainda o de reabilitar a norma-de-dever, relegada por Kelsen a uma posição secundária e até mesmo desnecessária (do ponto de vista de técnica legislativa). Ora, o contrário disso é o que efetivamente ocorre. Sustentamos esta tese, seguindo a Hart, com ardor e convicção. Vejamos o porquê.

Do ponto de vista da lógica dedutiva é que a norma secundária kelseniana – prevendo deveres – é mesmo despicienda, porque o que não está punido não é obrigatório nem proibido, sendo, pois, permitido, implicando a punição em se ter praticado o proibido ou em não se ter praticado o obrigatório. Como diria García Maynez:[21] "O que não está juridicamente proibido está juridicamente permitido e o que não está juridicamente permitido está juridicamente proibido".

Ocorre assim que, do *ponto de vista da técnica legislativa*, a "norma secundária" não é desnecessária, sendo, ao revés, *necessária* aos fins do controle social, mira verdadeira do Direito como ordem normativa. Hart ousou mostrar isso e conseguiu. Assim, no tocante *às normas que obrigam a não fazer*, a sua desnecessidade, delas, tão realçada por Kelsen, só se dá no campo estrito do Direito Penal[22] com o clássico "matar, pena de *x*", tornando supérflua a norma "é proibido matar".

No plano das obrigações, ou seja, das normas que obrigam positivamente comportamentos – chamadas de secundárias por Kelsen –, a explicitação normativa do dever é absolutamente necessária, como no caso do dever tributário, extremamente complexo. Noutras palavras, a enunciação pura e simples de uma sanção a ser aplicada pela autoridade na hipótese de não pagamento do tributo não seria suficiente, de um ponto de vista de política legislativa, para *obter* dos jurisdicionados o dever de pagar o tributo. Este, por isso que *abstruso*, como já sublinhado, carece de ser explicitado e divulgado na legislação

---

[21] MAYNEZ, Eduardo García. *Lógica del raciocinio jurídico*. México: Fondo de Cultura Económica, [s.d.], p. 53.

[22] No cálculo deôntico de Juan Manuel Teran (*Filosofia del derecho*. México: Porrúa, 1971) e de Roberto José Vernengo (*Teoría general del derecho*. Buenos Aires: Cooperadora e Ciencias Sociales, 1972, p. 52): "Obligatorio es lo que no está prohibido ni es facultativo hacer, facultativo es todo lo que no es obligatorio ni prohibido; prohibido es todo lo que no es obligatorio hacer ni es facultativo no hacer".

(o "bom contribuinte" assim informado terá condições de "cumprir a sua obrigação"). Ademais disso, o dever tributário contido na norma dita "secundária" terá de estar explicitado na *lei*, enquanto ente legislativo. Questão apenas de política legislativa? Decorrência do princípio da legalidade? Não cremos! Não apenas no plano legislativo, ao nível da chamada linguagem-do-objeto, deveres positivos como o tributário se apresentam autônomos. Dita autonomia aparece também no plano normativo. O dever-de-pagar-tributo efetivamente decorre de uma *norma* cujo caráter é de "obrigação", como diria Von Wright. Com razão, Lourival Vilanova,[23] discordando de Kelsen e favorecendo Hart:

> Cremos, com isso, não ser possível considerar a norma que não sanciona como supérflua. Sem ela, carece de sentido a norma sancionadora. O Direito-norma, em sua integridade constitutiva, compõe-se de duas partes. Denominemos, em sentido inverso da teoria Kelseniana, norma primária a que estatui direitos/deveres (sentido amplo) e norma secundária a que vem em conseqüência da inobservância da conduta devida justamente para sancionar o seu inadimplemento (impô-lo coativamente ou dar-lhe conduta substitutiva reparadora).

No campo tributário, pelo menos, o principal objetivo da ordem jurídica é o pagamento do tributo.

7 Algumas conclusões sobre normas

Ao depois de perpassar a teoria da norma jurídica na trilha de alguns dos seus mais conspícuos expositores, impende avançar algumas conclusões.

Sem a pretensão de encerrar o assunto, visto a voo de pássaro, é possível aventar conclusões que sirvam aos objetivos do presente trabalho. Primeiro, é mister realçar distinção da mais alta importância, bastante desapercebida ultimamente. Trata-se da distinção entre "sistema normativo" e "sistema de normas". O Direito positivo, como ordenamento jurídico, é um sistema normativo e não um sistema de normas. Este se contém naquele. O sistema jurídico abriga normas e outros entes legais (qualificações, conceitos, definições e princípios).

---

[23] VILANOVA, Lourival. *As estruturas lógicas e o sistema do direito positivo*. São Paulo: Revista dos Tribunais, 1977, p. 64.

Paulo de Barros Carvalho,[24] ferindo o assunto, aduz:

Tendo a norma jurídica a estrutura dos *juízos hipotéticos*[25] podemos conceituá-la como toda proposição normativa de estrutura hipotética que impute ao conhecimento do suposto determinado tipo de comportamento humano. Abrigar tal conceito implica reconhecer que as chamadas 'normas atributivas' ou 'normas qualificativas' não são verdadeiramente regras jurídicas, já por não revestirem a forma de juízos hipotéticos, já por não estabelecerem 'comportamentos tipo'. Tais proposições têm realmente a estrutura lógica dos juízos categóricos, sendo impossível transgredi-las e inexistindo, portanto, sanções que lhe correspondam. São proposições do tipo: 'amanhã será segunda-feira', 'este país é uma República', 'tais pessoas são comerciantes', 'a maioridade se completa aos 21 anos de idade'. Quem, porventura, poderá descumprir a proposição que estabelece a maioridade aos vinte e um anos? – Efetivamente, ninguém. Isso não quer dizer, todavia, que proposições dessa natureza deixem de ter *caráter jurídico*. Significa apenas que não têm índole normativa, porque não são juízos hipotéticos, em que se associa a determinada condição uma conseqüência. São, como vimos, juízos categóricos que completam a *ordem jurídica*, pois somente os juízos hipotéticos não são suficientes para a vida e o regular funcionamento do Direito.[26] De certo não faria senso admitir que normas jurídicas estabelecessem direitos e deveres, portanto relações jurídicas, referentes a comerciantes, sem que se saiba, de *modo categórico*, o que a própria ordem jurídica entende por comerciante. (grifos nossos)

8 Sistema de normas e sistema normativo – 1ª conclusão (princípios e definições)

A cita deixa à mostra o fato de que um sistema jurídico positivo, que pela sua própria natureza é um sistema normativo, não é constituído exclusivamente por "normas". Com efeito, o Direito positivo, como já dito, é um "sistema normativo", em que, ao lado das normas de variados tipos, aparecem descrições conceituais, atributivas e uma principiologia.

---

[24] CARVALHO, Paulo de Barros. *Teoria da norma tributária*, p. 43.

[25] Discordamos do professor Paulo de Barros Carvalho quando visualiza a norma como "juízo". Esta qualificação pertence à proposição que descreve a norma.

[26] A propósito, ver BULYGIN, Eugênio. *Sobre la estructura de las proposiciones de la ciencia del derecho*. Buenos Aires: Revista Jurídica, 1961, p. 222-223; SCHREIBER, Rupert. *Lógica del derecho*. Buenos Aire: Sur, 1967, p. 118-119; KALINOWSKI, Georges. *Introducción a la lógica jurídica*. Buenos Aires: Eudeba, 1973, p. 15.

Alchourron e Bulygin, reportando-se a Taski, definiram o Direito como *sistema normativo*[27] com base na ideia de "sistema dedutivo". Taski define o que seja isso, dizendo se tratar de um "conjunto de enunciados" compreendendo *todas as consequências lógicas* daí derivadas. Vale dizer, se decidirmos formar um conjunto, por exemplo, com três proposições, extraindo delas todos os enunciados possíveis de dedução lógica, teremos construído um "sistema dedutivo". Então, o Direito é um sistema normativo que correlaciona uma *hipótese determinada* a uma solução normativa (Para qualificar um sistema como normativo basta que entre os seus enunciados haja uma norma vinculando um fato a uma permissão, uma proibição ou uma obrigação).

Fica, pois, assente que, ao lado das *normas*, encontram-se, nos sistemas positivos, *definições, conceitos*, atribuições e princípios.

Sobre a função das definições no interior do sistema jurídico, García Maynez,[28] depois de dividi-las em *explícitas* e *implícitas*, nos diz que as primeiras perseguem uma finalidade primordialmente prática:

> Los preceptos jurídicos definitorios no tienden a la satisfacción de un proscrito de índole científica, como ocurre, por ejemplo, con las definiciones elaboradas por los cultivadores de la matemática e de la ciencia natural, sino al logro de un desiderátum completamente distinto: hacer posible la interpretación y aplicación de los preceptos en que intervienen las expresiones definidas y, de esta guisa, asegurar la eficacia de tales preceptos y la realización de los valores que les sirven de base.

O dizer de Maynez encontra eco em Engisch, um neokelseniano:[29]

> Tanto as definições legais como as permissões são, pois, regras não autônomas. Apenas têm sentido em combinação com imperativos que por elas são esclarecidos ou limitados. E, inversamente, também estes imperativos só se tornam completos quando lhes acrescentamos os esclarecimentos que resultam das definições legais e das delimitações do seu alcance... Os verdadeiros portadores do sentido da ordem jurídica são as proibições e as prescrições (comandos) dirigidas aos destinatários do Direito, entre os quais se contam, de resto, os próprios órgãos estaduais.

---

[27] ALCHOURRON, C. E. e BULYGIN, E. *Introducción a la metodología de la ciencia jurídica*. Buenos Aires: Astrea, 1974.

[28] MAYNEZ, Eduardo García. *Lógica del concepto jurídico*. México: Fondo de Cultura Económica, 1959, p. 74.

[29] ENGISCH, Karl. *Introdução ao pensamento jurídico*. 2. ed. Tradução de João Baptista Machado. Lisboa: Fundação Calouste Gulbenkian, 1968.

Nota-se, à evidência, as influências de Kelsen. Seja lá como for, não autônomos ou entes secundários, ou ainda exercendo funções ancilares, as definições e regras de qualificação *integram o sistema normativo* (que não é mero sistema de normas), onde cumprem papel de assinalada importância.

Não menos importantes que as definições legais são os princípios, que, na maioria das vezes, não possuem o *status* de lei, mas são aplicados pelos intérpretes e julgadores com intensidade, fazendo parte do *Direito* enquanto fenômeno regular da vida em sociedade. É verdade que um princípio pode estar enunciado no vernáculo dos digestos, mas isso não é absolutamente necessário. No Direito brasileiro, *v. g.*, está previsto o princípio de que o juiz deve aplicar a lei levando em conta os fins sociais a que se destina. Nesse caso, o princípio está legalmente incorporado ao Direito posto. É o caso ainda do chamado princípio da legalidade, pelo qual ninguém está obrigado a fazer ou deixar de fazer alguma coisa a não ser em virtude de lei. Sem embargo, outros princípios existem e são aplicáveis sem que estejam formalmente previstos. Nem por isso "estarão fora" do ordenamento jurídico. Vejamos alguns expressos ou implícitos: o que não permite o exercício abusivo do direito; o que nega proteção judicial a quem alega em juízo a própria torpeza; o que proscreve a interpretação analógica das leis fiscais e penais; o que, em matéria de menores, ordena consultar o interesse dos mesmos; o que estabelece a presunção de legitimidade dos atos da administração; o que, em tema de serviço público, dispõe que se deve atender em primeiro lugar à sua continuidade; o que afirma que o contrato faz lei entre as partes, mas não prevalece ante as leis do Estado; o que propõe não dever a responsabilidade ser presumida por isso que deve ser expressa na lei; o que manda o juiz declarar a inconstitucionalidade de uma lei quando isso seja inevitável; o que, em matéria cambial, reconhece no endosso a função de assegurar celeridade aos negócios; o que veda decretar a nulidade pela própria nulidade (nenhuma nulidade sem prejuízo); o que, em tema de Direito marítimo, dispõe que se deve favorecer tudo o que permita ao navio continuar navegando; o que, em caso de dúvida, manda que se decida em favor do réu (*in dubio pro reo*); o que, em matéria juslaboral, prescreve que a interpretação do contrato de trabalho deve ser feita de modo a favorecer a estabilidade e continuidade do vínculo e não a sua dissolução, além de muitíssimos outros.[30]

---

[30] A propósito, ver CARRIÓ, Genaro. *Principios jurídicos y positivismo jurídico*. Buenos Aires: Abeledo-Perrot, 1970.

Hart teve a compreensão exata do tema quando *em The Concept Law*[31] disse que: "nos sistemas em que a lei é uma fonte formal do direito, os tribunais ao decidirem os casos estão obrigados a tomar em conta a lei pertinente, ainda que, sem dúvida, tenham uma considerável liberdade *para interpretar o significado da linguagem legislativa*. Mas às vezes o juiz tem muito mais que liberdade de interpretação. Quando considera que nenhuma lei ou outra fonte formal de direito determina o caso a decidir, pode fundar a sua decisão, por exemplo, em um texto do *Digesto* ou na obra de algum jurista francês...[32] O sistema jurídico não o obriga a usar estar fontes, mas é perfeitamente aceitável que o faça. Elas são, portanto, mais que meras influências históricas ou eventuais, pois tais textos são considerados como de 'boa razão' para as decisões judiciais. Talvez possamos chamar a tais fontes de 'permissivas' para distingui-las tanto das obrigatórias ou formais como as leis, como das históricas".

O que caracteriza os princípios é que não estabelecem um comportamento específico, mas uma meta, um padrão. Tampouco exigem condições para que se apliquem. Antes, enunciam uma razão para a interpretação dos casos. Servem, outrossim, como pauta para a interpretação das leis, a elas se sobrepondo.

Um tribunal de Nova Iorque disse certa vez que "a ninguém se deve permitir obter proveito de sua torpeza ou tirar vantagem de sua própria transgressão. Todas as leis, assim como todos os contratos, podem ser controlados em sua aplicação pelas máximas genéricas e fundamentais do common law" (Riggs vs Palmer – 115 NY 506; 22 NE 188).

9 As normas propriamente ditas, tipologia – 2ª conclusão

Quanto às normas propriamente ditas, são de variados tipos, como afirmado por Hart com os aplausos de Miguel Reale.[33] Para o professor paulistano é errônea a concepção dos autores que, na esteira de Kelsen, acham que "a norma é sempre redutível a um juízo ou proposição hipotética na qual se prevê um fato (F) ao qual se liga uma

---

[31] HART, Herbert L. A. *El concepto de derecho*, p. 312.

[32] Não haverá aí uma fina ironia à subserviência do Direito Continental à praça francesa, que por muito tempo ditou a "moda" jurídica? O que Hart não disse na passagem – e deveria tê-lo feito – é que os princípios estão sobrecarregados de "significado", interferindo no processo de aplicação das *normas à vida* (valores de interferência).

[33] REALE, Miguel. *Lições preliminares de direito*. 3ª ed. rev. São Paulo: Saraiva, 1976, p. 93 *et seq.*

conseqüência (C), de conformidade com o seguinte esquema: 'Se F é, deve ser C'.[34] É errônea "porque essa estrutura lógica corresponde apenas a certas categorias de normas jurídicas, como, por exemplo, as destinadas a reger os comportamentos sociais mas não se estende a todas as espécies de normas como, por exemplo, às de organização, às dirigidas aos órgãos do Estado ou às que fixam atribuições de ordem pública ou privada". No pensamento de Reale, nessa espécie última de norma *"nada é dito de forma condicional ou hipotética mas sim categórica, excluindo qualquer condição".*

Avizinhando-se de Hart, divide as normas em "de conduta", que possuem estrutura hipotética, e "de organização", que são estruturadas de modo categórico. Dentre normas desse último tipo alinha, à guisa de exemplos, os seguintes: "Compete ao marido a representação legal da família" e "o Distrito Federal é a Capital da União". Admite, contudo, que a característica básica de qualquer norma jurídica, seja "de conduta" ou "de organização", é possuir "uma estrutura proposicional de uma forma de organização ou de conduta, que deve ser seguida de maneira objetiva e obrigatória". Para ele, portanto, toda norma, categórica ou hipotética, *é prescrição,* vez que núncia sempre de *algo que "deve-ser",* lembrando nessa colocação a Norberto Bobbio, que visualiza as *normas* juntamente com as *ordens* como *espécies do gênero das proposições prescritivas.*[35]

10 Uma classificação funcional de normas jurídicas

Uma classificação funcional das normas jurídicas, com a ressalva de que toda classificação é precária, começaria por conferir-lhes, a todas, caráter prescritivo. Em seguida as dividiria em cinco grandes grupos, sendo que os dois últimos seriam interligados funcionalmente:

---

[34] REALE, Miguel. *Lições preliminares de direito,* p. 94.

[35] Norberto Bobbio, jurista italiano, desenvolve, no *Studi per una teoria generale del diritto* (Torino, G. Giappichelli, 1970), uma tipologia normativa extremamente minuciosa e profunda. O professor peninsular diz que as prescrições (as proposições prescritivas) comportam sempre três elementos: sujeito ativo, sujeito passivo e objeto, e podem ser hipotéticas ou categóricas. Da combinação entre as diversas modalidades desses três elementos surge, então, a sua tipologia normativa. Ademais, as normas seriam sempre proposicionais, condicionadas, hipotéticas, enquanto as ordens ou comandos seriam proposições categóricas. Os comandos teriam como objeto ação ou comportamento predeterminado concretamente, ao passo que as *normas* teriam como objeto uma *ação-tipo* prevista *in abstracto.* Toda vez que o destinatário ou o sujeito passivo se encontrasse nas condições hipoteticamente previstas, o preceito normativo far-se-ia atuante e cogente, criando direitos e deveres correlatos. Algo assim como o "ato-regra" e o "ato-condição" de *Duguit*...

- Normas organizatórias
- Normas de competência
- Normas técnicas
- Normas de conduta
- Normas sancionantes

A tipologia aventada persegue o desejo de ser funcional, adequada à prática do Direito. Busca escora teleológica. Efetivamente, o que procuramos, ao ler as leis e demais entes legislativos, é algo extremamente prático. Em real verdade, estamos procurando saber se *alguém*, pessoa ou órgão, *é competente* para isso ou aquilo, ou como é ou deve ser a *organização* das instituições, órgãos e pessoas. Quando não é assim, estamos procurando saber como se deve proceder em certas circunstâncias para realizar a ordem jurídica, ou perquirindo se existe algum *dever* a ser imputado a alguém, ou se deve ser aplicada a alguém determinada sanção. Vale dizer, o Direito existe para *instituir* e *organizar* (normas organizatórias), *atribuir competências* (normas de potestade), *criar deveres* (normas de conduta ou de dever), *punir as transgressões à ordem jurídica* (normas sancionantes) e *prescrever técnicas de realização da ordem jurídica* (normas técnicas ou processuais).

As palavras das leis, prescritivas, atuam objetivando tais miras. É possível e razoável, portanto, operar a concreção do orbe positivo em normas de potestade, sancionatórias, de dever, técnicas e organizatórias.

Normas organizatórias – Instituindo os órgãos do Estado, as instituições e as pessoas. Desse tipo são as normas que prescrevem como *deve ser* o Estado Federal ou as que declinam os requisitos que deve possuir o ato jurídico ou uma sociedade por cotas de responsabilidade limitada para serem válidos, ou ainda as que definem quais são os pressupostos para um cidadão ser elegível ou comerciante, ou, ainda, ser maior, Senador, Presidente da República ou Prefeito Municipal. Neste âmbito se encontram as normas ditas atributivas de qualidades e as de "reconhecimento", permitindo identificar se as outras normas pertencem ao "sistema".

Normas de competência – Conferindo "potestades" aos sujeitos públicos e privados para produzir normas-de-comportamento, interpretá-las e aplicá-las voluntariamente, *ex officio* ou contenciosamente. Estabeleceriam como *deveriam* ser exercidas tais potestades, sua extensão e limites. Desse tipo são as normas que outorgam competência aos órgãos dos Poderes Legislativo, Executivo e Judiciário para a produção de atos funcionais legislativos, administrativos e jurisdicionais. De igual tipo as normas que investem os particulares de capacidade para praticar e para celebrar atos jurídicos constitutivos (testar, votar, contratar, etc.).

Normas técnicas – Prescrevendo como devem ser produzidos os atos adjetivos necessários à vida do Direito, como votar, sentenciar, interpor um recurso extraordinário, fazer um testamento válido, celebrar contratos, contrair matrimônio, discutir e votar uma lei complementar da Constituição (Todas as normas processuais são técnicas).

Normas de conduta – São as normas que obrigam comportamentos, campo de eleição da lógica jurídica. Destinam-se às autoridades e aos particulares. Desse tipo são as normas que estatuem comportamentos positivos e negativos, desde que ocorrentes certos pressupostos. São nucleares, no sentido de posicionar à sua volta o sistema jurídico. Se o Direito teleologicamente busca o controle do meio social, é claro que indica quais são os comportamentos desejáveis. Indica-os, tornando-os obrigatórios, como no caso do dever tributário. As leis preveem a obrigatoriedade do seu cumprimento. Todavia, dita obrigatoriedade comportamental pode não ser expressa na lei. No caso do tributo, é. No caso de homicídio, não. A lei expressa apenas uma punição, ou melhor, a previsão de uma pena para o comportamento homicida. *A norma* que impõe o *dever de não matar* é implícita no sistema e, portanto, inexpressa na lei (mais uma vez a *diferença* entre *norma* e *lei*). As normas-de-conduta ora impõem comportamentos positivos (é obrigatório pagar imposto de renda à União), ora estatuem condutas negativas (é obrigatório não matar). Fácil deduzir que o caráter proibitivo é epifenomênico; se é obrigatório não matar, matar é proibido. Se é obrigatório pagar tributos, não pagá-los é proibido. O proibido e o obrigatório são indefiníveis e podem ser deduzidos de um outro tipo de norma que a seguir veremos, a punitiva. Isso induzirá interessantes e esclarecedoras conclusões a respeito das normas-de-conduta, mas nunca ao ponto de vê-las supérfluas, despiciendas ou desnecessárias.

Normas sancionantes ou punitivas – São as normas que *estatuem sanções* para certas condutas. Toda ação não punível é livre. Vale dizer, o que não é punível pode ser praticado facultativamente. Tanto faz, de um ponto de vista sancionante, praticar ou não a ação impunível. Ela não é obrigatória nem proibida. Se fosse proibida, sua prática acarretaria uma punição. E, se fosse obrigatória, a omissão em praticá-la acarretaria, igualmente, uma punição. Consequentemente, se uma ação, ou melhor, um comportamento humano é punível, é porque a sua prática é vedada; é porque não praticá-lo é obrigatório. Isso de não praticar um comportamento tem dois sinais: positivo e negativo. Quando um comportamento é punível, é porque seu contrário é obrigatório. Se se age quando o dever é uma omissão (por exemplo: não matar), a ação de matar é que é a hipótese da punição. Se não se age quando o dever é agir (por exemplo: pagar tributo), o comportamento consistente em não pagar – comportamento omissivo – é que é a hipótese da punição. Tanto as normas sancionantes quanto as de conduta exibem uma estrutura hipotética, isto é, possuem uma *hipótese* e uma *consequência*. Para atuar a consequência é mister que ocorra o *fato jurígeno* delineado na hipótese da norma. Uma consequência jurídica "deve-ser" toda vez que ocorra a sua hipótese.

Informação bibliográfica deste texto, conforme a NBR 6023:2002 da Associação Brasileira de Normas Técnicas (ABNT):

COÊLHO, Sacha Calmon Navarro. Revisitando Kelsen sobre a teoria da norma jurídica. *In*: SARAIVA FILHO, Oswaldo Othon de Pontes (Coord.). *Direito Tributário*: Estudos em tributo ao jurista Ives Gandra da Silva Martins. Belo Horizonte: Fórum, 2016. p. 125-153. ISBN 978-85-450-0154-6.

DIREITO AO ESTÍMULO DO ART. 11 DA LEI Nº 9.779/99, INDEPENDENTEMENTE DA FIGURA DESONERATIVA DA SAÍDA DO PRODUTO FINAL QUE TENHA GERADO A ACUMULAÇÃO DE CRÉDITOS DO IPI

FÁTIMA FERNANDES RODRIGUES DE SOUZA

Participar de uma obra coletiva em homenagem a Ives Gandra da Silva Martins é, além de uma honra, um justo preito de reconhecimento à brilhante trajetória de um dos maiores juristas de nosso país, cujos atributos intelectuais só perdem para as virtudes pessoais que ornam o seu caráter.

Desde os bancos acadêmicos, tenho tido o privilégio de com ele conviver, diariamente, participando de sua banca de advocacia e recebendo preciosas lições, não só no campo profissional, mas, principalmente, lições de vida, que advêm da sua coerência, combatividade, retidão de princípios, coragem e, acima de tudo, de sua generosidade.

Pelo grande amor que dedica ao direito e ao Brasil, não restringe sua atuação ao campo exclusivamente profissional. Mantém intensa participação institucional onde quer que vislumbre uma forma de colaborar para o aperfeiçoamento do Estado de Direito, da ordem jurídica e da justiça tributária, instrumento indispensável ao desenvolvimento social e econômico do país.

Tema de suas preocupações constantes diz respeito à interpretação e aplicação do Direito Tributário, saliendo a importância de o intérprete se manter fiel ao conteúdo e alcance da norma, sem dela excluir o que lhe desagrade, nem agregar-lhe o que seria de sua preferência.

Sob essa ótica, escolhi para comentar, neste trabalho, o conteúdo e alcance da norma constante do art. 11 da Lei nº 9.779/99, que veio autorizar a utilização de créditos acumulados de IPI – ou seja, insuscetíveis de aproveitamento mediante a sistemática não cumulativa – para pagamento de outros tributos arrecadados pela Receita Federal, na forma dos arts. 73 e 74 da Lei nº 9.430, de 27 de dezembro de 1996.

Sustenta-se, aqui, com base em sinalizações do Supremo Tribunal Federal, a irrelevância, para gozo desse benefício, da forma desonerativa do produto final que tenha levado à acumulação dos créditos do imposto, *vis a vis* ao Ato Declaratório Interpretativo nº 05, de 17 de abril de 2006, e a decisões da Primeira Turma do Superior Tribunal de Justiça,[1] que, adotando entendimento diverso, condicionam esse aproveitamento exclusivamente às hipóteses em que essa acumulação se deva a saídas do produto final isentas ou tributadas à alíquota zero.

1 O perfil constitucional do princípio da não cumulatividade do IPI

O art. 153, IV, da CF outorga à União competência tributária para instituir o IPI, sob a sistemática não cumulativa, nos termos do inciso II do §3º desse dispositivo constitucional, *verbis*:

> Art. 153 – Compete à União instituir impostos sobre
> (....)
> IV – produtos industrializados
> (....)
> §3º – O imposto previsto no inciso IV:
> I – será seletivo, em função da essencialidade do produto;
> II – será não cumulativo, compensando-se o que for devido em cada operação com o montante cobrado nas anteriores;

Consoante salientam a doutrina[2] e a Jurisprudência, no âmbito desse imposto federal, o princípio da não cumulatividade – segundo o qual se compensa, em cada operação, o imposto incidente nas anteriores – apresenta características diversas das que ostenta, por exemplo, no campo do ICMS.

---

[1] RESP nº 1.027.678, *DJe* 23/03/2009 e RESP nº 1.015.855., *DJe* 30/4/2008.

[2] Regina Helena Costa observa: "Se o contribuinte anterior for isento, imune ou não pagar o tributo, isto não afasta a regra da não-cumulatividade. Anote-se que, diversamente do que ocorre no ICMS (art. 155, §2º, II), não há previsão constitucional de exceções à não-cumulatividade do IPI, uma vez mantidos os créditos mesmo nas hipóteses de isenção e não incidência". *Curso de Direito Tributário*. São Paulo: Saraiva, 2009, p. 351.

Enquanto no imposto estadual, o art. 155, §2º, II, "b" relativiza a não cumulatividade, ao estabelecer que:

> II – a isenção ou não incidência, salvo determinação em contrário da legislação:
> a) não implicará crédito para compensação com o montante devido nas operações ou prestações seguintes;
> b) acarretará a anulação do crédito relativo às operações anteriores;

no IPI não existe disposição constitucional semelhante.

Aliás, *tratando-se de saída cujo produto final goza de imunidade, o Supremo Tribunal Federal tem afastado a regra do estorno dos créditos relativos a insumos tributados*, **mesmo no caso do ICMS**, sob pena de caracterizar-se violação à desoneração constitucional.

É o que se vê da ementa do julgado em que a Segunda Turma do Supremo Tribunal Federal, por unanimidade, referendou liminar concedida em Ação Cautelar nº 2.559[3]:

> Ementa. Recurso Extraordinário – Medida Cautelar – Pressupostos necessários à concessão do provimento cautelar (RTJ 174/437-438) – *ICMS* – Insumos destinados à impressão de livros jornais e periódicos – Inexigibilidade de estorno dos créditos – *Transgressão* à norma constitucional da *imunidade tributária* – *Cumulativa ocorrência*, no caso, dos requisitos concernentes à plausibilidade jurídica e ao "periculum in mora" – *Precedentes* – *Magistério* da Doutrina – Decisão referendada pela Turma.

Veja-se o seguinte trecho do voto do Ministro *Celso de Mello*:

> Isso significa que me inclino a reconhecer considerada essa concepção ampliativa do instituto da imunidade tributária, que a exegese que elasteça a incidência da clausula inscrita no art. 155, §2º, inciso II da Constituição –efetuada com o objetivo de fazer subsumir, à noção de não incidência, o próprio conceito de imunidade – tenderia a neutralizar, mediante indevida redução teleológica, o sentido tutelar de que se acha impregnada a garantia constitucional da imunidade tributária.
>
> A perspectiva que venho de mencionar funda-se no entendimento de que a efetiva – *e plena* – realização do instituto da imunidade tributária, em contextos como o ora em exame, *somente se completa* com a manutenção dos créditos, *pois a impossibilidade* de utilização dos créditos resultantes

---

[3] Referendo em medida cautelar em Ação Cautelar nº 2.559 – Rio de Janeiro, julgamento em 14/06/2010.

das operações de compra de insumos vinculados à produção de papel – *com* a conseqüente exigência fiscal *de estorno* dos créditos referentes à matérias-primas e a outros insumos utilizados na fabricação de papel destinado à impressão de livros, jornais e periódicos – *frustraria,* indevidamente, por completo, *a concretização* da tutela constitucional propiciada por essa importantíssima limitação ao poder de tributar do Estado. (Grifos do original)

No caso do IPI, embora a jurisprudência da Suprema Corte tenha-se consolidado no entendimento de que, por imperativo lógico da sistemática não cumulativa, na entrada de insumos isentos, não tributados ou tributado à alíquota zero, inexiste o direito de crédito escritural, sob o fundamento de que só dá direito a crédito o que foi efetivamente tributado, não existe na Constituição, na lei, ou na jurisprudência qualquer determinação de que a desoneração da saída do produto final implique anulação do crédito relativo às operações tributadas anteriores, como existe no ICMS – e é afastada no caso de produto fiscal imune, como visto na jurisprudência anteriormente transcrita.

Existe, é certo, a regra do art. 174 do Decreto nº 2.637/98.[4] No entanto, tratando-se de norma constante de ato administrativo, carece de fundamento legal, não podendo inovar na ordem jurídica.

Assim, diferentemente do que ocorre no regime do ICMS por força da letra "b" do art. 155 da CF supradescrito, no IPI, sempre que a saída do produto final é contemplada com alguma forma de desoneração, *isso não leva à anulação dos créditos relativos às operações anteriores tributadas* – ou seja, do tributo que incidiu sobre matérias-primas, insumos, material de embalagem nele aplicados – à falta de norma constitucional dispondo nesse sentido.

Tal sistemática, à evidência, acaba por gerar a *acumulação de créditos,* sempre que o contribuinte atue em segmentos em que os produtos finais – ou, pelo menos, grande parte deles – são contemplados com alguma forma de desoneração, tais como isenção, alíquota zero ou imunidade, pois a ausência de tributação, nessa etapa, acaba por impedir o aproveitamento, mediante o princípio da não cumulatividade, dos créditos apropriados quando da entrada de *materiais tributados* aplicados na sua produção.

---

[4] "Art. 174. Será anulado, mediante estorno na escrita fiscal, o crédito do imposto: I relativo a matérias-primas, produtos intermediários e material de embalagem que tenham sido: a) empregados na industrialização, ainda que para acondicionamento, de produtos isentos, não-tributados ou que tenham suas alíquotas reduzidas a zero, respeitadas as ressalvas admitidas (...)"

2 O direito à compensação heterônoma instituído pelo art. 11 da Lei nº 9.779/99

Precisamente em virtude da acumulação de créditos gerada por entradas tributadas e saídas desoneradas do IPI é que, visando a estimular as atividades produtivas no país, o legislador ordinário incluiu, na Lei nº 9.779/99, o art. 11, do seguinte teor:

> Art. 11 O saldo credor do Imposto sobre Produtos Industrializados – IPI acumulados em cada trimestre-calendário, decorrente de aquisição de matéria-prima, produto intermediário e material de embalagem, aplicados na industrialização, *inclusive de produtos isentos ou tributados à alíquota zero*, que o contribuinte não puder compensar como IPI devido na saída de outros produtos, poderá ser utilizado de conformidade com o disposto nos arts. 73 e 74 da Lei no 9430, de 27 de dezembro de 1996, observadas normas expedidas pela Secretaria da Receita Federal do Ministério da Fazenda. (Grifei)

A menção, no texto legal, a saldo credor do Imposto sobre Produtos Industrializados – IPI *acumulado em cada trimestre-calendário*, decorrente de aquisição de matéria-prima, produto intermediário e material de embalagem tributados, aplicados na industrialização, que o contribuinte não puder compensar como IPI devido na saída de outros produtos, conduz a duas hipóteses: ou deixa evidente que, diferentemente do que é previsto na Lei Maior para o ICMS, a não cumulatividade do IPI não exige o estorno do crédito pelas entradas tributadas, quando o insumo for utilizado em saída desonerada, gerando acumulação.

Ainda que assim não se entenda, e se considere constitucional o art. 174 do Decreto nº 2.637/98, que prevê o estorno do crédito, então, dúvida não haverá de que esse dispositivo regulamentar perdeu a validade em face do art. 11 da Lei nº 9.779/99, que autoriza a manutenção dos créditos relativos a matérias-primas e insumos tributados utilizados na industrialização de produtos finais de saídas desoneradas, outorgando, ainda, um benefício fiscal, ao permitir que tais créditos acumulados possam ser utilizados para pagar outros tributos arrecadados pela Receita Federal.

O fato é que o art. 11 da Lei nº 9.779/99 *veio conferir a créditos acumulados de IPI uma outra forma de aproveitamento, que não a inerente à sistemática incumulativa, permitindo a sua utilização para pagamentos de débitos de outros tributos, mediante a compensação prevista nos dos arts. 73 e*

74 da Lei nº 9.430/96. Em outras palavras: veio autorizar a compensação "heterógena" desses créditos, ou seja, com débitos correspondentes a outros tributos arrecadados pela Secretaria da Receita Federal.

A norma denota a inequívoca *intenção de o legislador tributário incentivar o desenvolvimento e estimular a produção nacional, mediante a ampliação das formas de aproveitamento do crédito acumulado. Tanto é assim, que, existindo no Judiciário, ao tempo da edição da lei, discussão acerca da possibilidade ou não de isenção e alíquota zero gerarem crédito na sistemática não cumulativa do IPI, o legislador se preocupou em explicitar que, não se tratando de crédito presumido, e sim de crédito real, pela efetiva tributação da entrada de insumos e matérias-primas, o favor fiscal (compensação com outros tributos) previsto no art. 11, existe, mesmo quando sejam aplicados em produtos finais cuja saída seja isenta ou sujeita a alíquota zero.*

O discurso da norma é, a todas as luzes, *amplo*, e não restritivo, pois a fórmula utilizada – "*inclusive* de produtos isentos ou tributados à alíquota zero" – deixa claro que o direito de compensar decorre da *acumulação de créditos pela impossibilidade de seu aproveitamento nos termos da sistemática não cumulativa, acumulação essa que pode ter sido gerada por outras formas de desoneração da saída, que não a isenção e a alíquota zero, como é o caso da não incidência e da imunidade.*

O alcance dessa disposição foi bem apreendido pelos atos administrativos que sucederam a publicação da lei, como se vê da IN-SRF nº 33 de 4/03/99, que assim dispôs:

> Art. 4º – O direito ao aproveitamento, nas condições estabelecidas no art. 11 da Lei 9779 de 1999, do saldo credor do IPI decorrente da aquisição de MP, PI e ME aplicados na industrialização de produtos, *inclusive imunes, isentos ou tributados à alíquota zero*, alcança, exclusivamente, os insumos recebidos no estabelecimento industrial ou equiparado a partir de 1º de janeiro de 1999. (Grifei)

O mesmo se diga quanto ao decreto que cuidou de sua regulamentação, ou seja, o Decreto nº 4.544/02 (RIPI), que, em seu art. 195, §2º, dispõe:

> Art. 195 – Os créditos do imposto escriturados pelos estabelecimentos industriais, ou equiparados a industrial, serão utilizados mediante dedução do imposto devido pelas saídas de produtos dos mesmos estabelecimentos (Constituição, art. 153, §3º inciso II e Lei nº 517, de 1996, art. 4º)

§1º – Quando, do confronto dos débitos e créditos, num período de apuração do imposto, resultar saldo credor, será este transferido para o período seguinte, observado o disposto no §2º (Lei nº 5172, de 1996, art. 49, parágrafo único, e Lei 9779 de 1999, art. 11).

§2º – O saldo credor de que trata o §1º, acumulado em cada trimestre calendário, decorrente de aquisição de MP,PI e ME aplicados na industrialização, *inclusive de produto isento ou tributado à alíquota zero ou imunes, que o contribuinte não puder deduzir do imposto devido na saída de outros produtos, poderá ser utilizado de conformidade com o disposto nos arts. 207 a 209, observadas as normas expedidas pela SRF* (Lei nº 9779 de 1999, art. 11). (Grifei)

Tal entendimento foi, ademais, reiterado, inúmeras vezes, em respostas a consultas formuladas por contribuintes, *sempre no sentido do aproveitamento do crédito acumulado, independentemente do tipo de desoneração que vigorasse em relação ao produto final – como, aliás, está a indicar tanto o sentido literal da norma, quanto a sua teleologia.*

Surpreendentemente, o Ato Declaratório Interpretativo nº 05, a pretexto de interpretar a regra do art. 11 da Lei nº 9.779/99, veio *alterar a interpretação oficial* pretendendo excluir da possibilidade de compensar com outros tributos, o crédito acumulado pela entrada de matérias-primas, insumos e materiais de embalagem tributados aplicados em produto final imune.

Confira-se o teor do ato administrativo em questão:

Art. 1º – Os produtos a que se refere o art. 4º da Instrução Normativa SRFF no. 33, de 4 de março de 1999, são aqueles aos quais a legislação do Imposto sobre produtos Industrializados (IPI) garante o direito à manutenção e utilização dos créditos.

Art. 2º – *O disposto no art. 11 da Lei no. 9779, de 11 de janeiro de 1999*, no art. 5º do Decreto-lei nº 491, de 5 de março de 1969, e no art. 4º da Instrução Normativa SRF nº 33, de 4 de março de 1999 *não se aplica aos produtos*:

I – com a notação NT (não –tributados, a exemplo dos produtos naturais ou em bruto) na Tabela de Incidência do Imposto sobre Produtos Industrializados (Tipi) aprovada pelo Decreto no 4.542, de 26 de dezembro de 2002.

II – *amparados por imunidade*;

III – excluídos do conceito de industrialização por força do disposto no art. 5º do Decreto no 4.544, de 26 de dezembro de 2002 – Regulamento do Imposto sobre Produtos Industrializados (RIPI).

Parágrafo único. *Excetuam-se do disposto no inciso II os produtos tributados na Tipi que estejam amparados pela imunidade em decorrência de exportação para o exterior.* (Grifei)

Embora se autodenominando de "interpretativo", resta nítido que o ato em tela, longe de interpretar a norma do art. 11 da Lei nº 9.779/99, veio, na verdade, restringir o seu alcance, *pois NADA, na letra ou no conteúdo da norma "interpretada", leva à exclusão do direito de aproveitamento do crédito acumulado para compensação de outros tributos, quando o produto final em que sejam aplicados a matéria-prima, o material de embalagem e o insumo tributados, é imune de IPI*. Pelo contrário, o texto legal é suficientemente claro no sentido de que a lei admitiu a manutenção de créditos de IPI, quando a saída do produto final é desonerada, e que instituiu um favor fiscal, ao autorizar a utilização desse crédito acumulado para pagamento de outros tributos arrecadados pela Receita Federal.

No entanto, o entendimento adotado no ato administrativo citado foi encampado por alguns julgados do Superior Tribunal de Justiça, como se vê do seguinte trecho do RESP nº 1015855/SP:

4. O art. 11 da Lei 9.779/99 prevê duas hipóteses para o creditamento do IPI: quando o produto final for isento ou tributado à alíquota zero. Os casos de não-tributação e imunidade estão fora do alcance da norma, sendo vedada a sua interpretação extensiva.

5. O princípio da legalidade, insculpido no texto constitucional, exalta que ninguém é obrigado a fazer ou deixar de fazer alguma coisa senão em virtude de lei (art. 5º, II). No campo tributário significa que nenhum tributo pode ser criado, extinto, aumentando ou reduzido sem que o seja por lei (art. 150, I, CF/88 e 97 do CTN). É o princípio da legalidade estrita. Igual pensamento pode ser atribuído a benefício concedido ao contribuinte, como no presente caso. Não estando inscrito na regra beneficiadora que na saída dos produtos não-tributados ou imunes podem ser aproveitados os créditos de IPI recolhidos na etapa antecessora, não se reconhece o direito do contribuinte nesse aspecto, sob pena de ser atribuída eficácia extensiva ao comando legal.

6. O direito tributário, dado o seu caráter excepcional, porque consiste em ingerência no patrimônio do contribuinte, não pode ter seu campo de aplicação estendido, pois todo o processo de interpretação e integração da norma tem seus limites fixados pela legalidade.

7. A interpretação extensiva não pode ser empregada porquanto destina-se a permitir a aplicação de uma norma a circunstâncias, fatos e situações que não estão previstos, por entender que a leiteria dito menos do que gostaria. A hipótese dos auto, quanto à pretensão relativa ao aproveitamento de créditos de IPI em relação a produtos finais não tributados ou imunes está fora do alcance expresso da lei regedora, não se podendo concluir que o legislador a tenha querido contemplar.

A decisão assim fundamentada parece encontrar-se em aberto confronto não só com os preceitos basilares da hermenêutica, mas também com diversos princípios constitucionais, entre os quais os da legalidade e isonomia.

3 Violação ao princípio da estrita legalidade e ao art. 111 do CTN

Da literalidade da norma do art. 11 não se extrai que o texto legal estaria *prevendo "duas hipóteses para o creditamento do IPI: quando o produto final for isento ou tributado à alíquota zero"*.

É que, como anteriormente explicitado, ou a norma não está prevendo qualquer hipótese de creditamento, porque, no tocante ao IPI, a Constituição Federal não previu a obrigação de o contribuinte estornar o crédito quando a saída é desonerada do imposto e a acumulação de créditos é automática nessa hipótese; ou está expressamente a autorizar a manutenção do credito por entradas tributadas de insumos, matérias-primas e produtos intermediários, concedendo o favor fiscal de seu aproveitamento dos créditos acumulados por não ter sido possível aproveitá-los mediante a sistemática não cumulativa, em virtude de a saída do produto final ser desonerada, INCLUSIVE por isenção e alíquota zero.

De qualquer forma, o pressuposto para o gozo do estímulo previsto no art. 11 da Lei nº 9.779/99, concedido com a finalidade de manter o capital de giro do industrial, é que o contribuinte do IPI possua créditos acumulados em decorrência de entradas tributadas de insumos e matérias-primas, insuscetíveis de aproveitamento no âmbito do próprio imposto mediante a sistemática não cumulativa, pelo fato de a saída do produto final ser desonerada do IPI. *Em nenhum momento a lei condiciona o direito ao estímulo a esta ou àquela modalidade desonerativa do produto final que tenha ensejado a acumulação.*

Ao utilizar o advérbio INCLUSIVE, o art. 11, *longe de estar condicionando o estímulo a que a acumulação de créditos tenha resultado necessariamente de saídas do produto final isentas ou sujeitas à alíquota zero*, está explicitando que, *ATÉ MESMO NESSAS HIPÓTESES*, o contribuinte a ele faz jus. Ou seja: está tornando claro que o direito *não está excluído se a acumulação de créditos derivar dessas duas hipóteses.*

Assim, ao contrário do decidido pelo STJ, os casos de saídas do produto final desoneradas em razão de não tributação ou de imunidade *não só não foram postos fora do alcance da norma, como se encontram expressamente nela previstos.*

Em outras palavras: o vocábulo *INCLUSIVE* está a indicar que, além da saída isenta ou tributada à alíquota zero, *a acumulação dos créditos pode decorrer de outras formas de desoneração, como é o caso da imunidade e da não incidência.* E o direito a compensação heterônoma tem como requisito a acumulação dos créditos de IPI, *qualquer que seja o tipo de desoneração que tenha afastado a tributação do produto final, impedindo, ante a ausência de débitos pelas saídas, a compensação dos créditos pelas entradas e gerando, em consequência, a sua acumulação.*

Não se trata aqui de dar interpretação extensiva ao texto legal, e sim de atribuir-lhe interpretação *literal, estrita,* como exige o princípio da legalidade (art. 150, I, da CF) e o art. 111 do CTN.

Trata-se, ademais, de levar em conta norma basilar de hermenêutica jurídica, segundo a qual *"a lei não contém palavras inúteis".*

A esse respeito, escreveu Carlos Maximiliano:[5]

> "Não se presumem, na lei, palavras inúteis". Literalmente: "Devem-se compreender as palavras como tendo alguma eficácia".
>
> As expressões do Direito interpretam-se de modo que não resultem frases sem significação real, vocábulos supérfluos, ociosos, inúteis.
>
> Pode uma palavra ter mais de um sentido e ser apurado o adaptável à espécie, por meio do exame do contexto ou por outro processo; porém, a verdade é que sempre se deve atribuir a cada uma a sua razão de ser, o seu papel, o seu significado, a sua contribuição para apreciar o alcance da regra positiva (...).
>
> Dá-se valor a todos os vocábulos e, principalmente, a todas as frases, para achar o verdadeiro sentido de um texto, porque este deve ser entendido de modo que tenham efeito todas as suas provisões, nenhuma parte resulte inoperativa ou supérflua, nula ou sem significação alguma.

Ainda que o festejado autor admita não ser tal preceito absoluto, adverte que *só pode o julgador abandoná-lo quando, mediante o emprego de outros recursos aptos a revelar o verdadeiro alcance da norma, resulte evidente que as palavras foram insertas por inadvertência ou engano.*

Ora, nem a interpretação teleológica, nem a sistemática militam em favor da conclusão de que, no art. 11 da Lei nº 9.779/99, o vocábulo *INCLUSIVE* tenha sido inserido por equívoco no texto legal.

---

[5] *Hermenêutica e aplicação do direito.* 10 ed. Rio de Janeiro: Forense, 1988, p. 250.

Com efeito, consoante a justificativa da medida provisória que resultou na inclusão do art. 11 na Lei nº 9.779/99, a possibilidade de compensação heterônoma foi concebida como *um estímulo*, cuja finalidade é incentivar a produção, a geração de empregos e o desenvolvimento do país. Se o legislador autorizou o aproveitamento de créditos do IPI insuscetíveis de serem absorvidos pela sistemática não cumulativa, para pagar outros tributos, é porque teve em mira deixar ao contribuinte maior capital de giro e maiores recursos para aplicação em sua atividade econômica, considerando que tal medida consulta ao interesse nacional.

Olhando, portanto, a finalidade da norma, não há razoabilidade em se considerar que os titulares de créditos escriturais pela entrada tributada de matérias-primas, insumos e embalagens, acumulados por terem sido aplicados em produtos finais desonerados por isenção e alíquota zero, possam gozar do estímulo de serem utilizados para compensação de outros tributos, *e que os contribuintes que possuem essa mesma acumulação de créditos em virtude de saídas imunes não o possam!*

Aliás, se fosse essa a intenção do legislador, outra teria sido a redação da norma, excluindo expressamente do direito de compensar com outros tributos os créditos acumulados em virtude de saídas imunes, ou limitando possibilidade de aproveitamento aos créditos acumulados pela entrada de insumos tributados "de produtos isentos ou tributados à alíquota zero", e não "*inclusive* de produtos isentos ou tributados à alíquota zero"!

No entanto, convém ressaltar que, se assim tivesse disposto, a lei seria inconstitucional por violação ao princípio da isonomia, vício que macula a interpretação esposada pelo STJ.

4 Violação ao princípio da isonomia: art. 150, II, da CF

Além da interpretação literal e da teleológica, também a interpretação sistemática do art. 11 da Lei nº 9.779/99 só pode levar à conclusão de ser absolutamente irrelevante, para o surgimento do direito à compensação heterônoma, a figura desonerativa do produto final que tenha gerado a acumulação de créditos de IPI.

Primeiro, porque, embora sejam distintos os institutos da "isenção" e da "imunidade", *essa distinção nada significa, no âmbito da não cumulatividade concebida constitucionalmente para o IPI, para efeito de manutenção do crédito, pois nem a saída isenta, nem a saída imune, nem a tributada à alíquota zero, nem a não tributada implicam a obrigação de anular créditos relativos às operações pretéritas tributadas, quer por força do regime previsto constitucionalmente para o IPI, quer porque, ainda que assim não se considere, não há como deixar de identificar no art. 11 autorização expressa para a manutenção desses créditos.*

Em segundo lugar, porque a discriminação quanto à origem da acumulação do crédito seria nitidamente inconstitucional, por violar o princípio da isonomia, que desautoriza tratamento diverso a contribuintes que se encontrem em situações *equivalentes*, a teor do que dispõe o art. 150, II, da CF, que proíbe a União de:

> II – instituir tratamento desigual entre contribuintes que se encontrem em situação equivalente, proibida qualquer distinção em razão de ocupação profissional ou função por eles exercida, independente da denominação jurídica dos rendimentos, títulos ou direitos.

A discriminação violadora do princípio da isonomia não está, portanto, na lei, mas na interpretação que lhe deu o ato administrativo, ou em decisões que pretendam impedir o gozo do estímulo em relação a contribuintes que tiveram créditos acumulados em virtude de saídas imunes ou não tributadas.

Celso Antônio Bandeira de Mello, em sua breve, mas densa e monumental obra,[6] sublinha:

> Para que um discrímen seja convivente com a isonomia, consoante visto até agora, impende que concorram quatro elementos:
>
> a) que a desequiparação não atinja de modo atual e absoluto, um só individuo;
>
> b) que as situações ou pessoas desequiparadas pela regra de direito sejam efetivamente distintas entre si, vale dizer, possuam características, traços, nela residentes, diferençados;
>
> c) que exista, em abstrato, uma correlação lógica entre os fatores diferenciais existentes e a distinção de regime jurídico em função deles, estabelecida pela norma jurídica;
>
> d) que, in concreto, o vínculo de correlação supra-referido seja pertinente em função dos interesses constitucionalmente protegidos, isto é, resulte em diferenciação de tratamento jurídico fundada em razão valiosa – ao lume do texto constitucional – para o bem público. (p. 41)

Ora, no caso presente, nenhum dos dois últimos elementos relacionados anteriormente se configuram.

---

[6] *Conteúdo jurídico do princípio da igualdade.* 3. ed. Malheiros, p. 38-39.

Quanto ao elemento descrito no item "c", explicita o ilustre Professor:

> é agredida a igualdade quando o fator diferencial adotado para qualificar os atingidos pela regra não guarda relação de pertinência lógica com a inclusão ou exclusão no benefício deferido ou com a inserção ou arredamento do gravame imposto. (...) Em outras palavras: *a discriminação não pode ser gratuita ou fortuita*. Impende que exista uma adequação racional entre o tratamento diferenciado construído e a razão diferencial que lhe serviu de supedâneo. Segue-se que *se o fator diferencial não guarda conexão lógica com a disparidade de tratamentos jurídicos dispensados, a distinção estabelecida afronta o princípio da isonomia*. (Grifei)

Embora a isenção, a alíquota zero e a imunidade possuam conceitos jurídicos distintos, *não há correlação lógica entre os fatores diferenciais existentes entre esses três institutos e a distinção de regime jurídico que o ADI nº 05/06 e a jurisprudência do STJ pretendem estabelecer em função deles.* Vale dizer, *não há nada que justifique que, ao crédito acumulado em virtude de uma desoneração legal (isenção e alíquota zero), seja dado um tratamento mais benéfico do que àquele acumulado em virtude de uma desoneração constitucional (imunidade).*

Quanto ao elemento referido no item "d", explicita o autor[7]que:

> O último elemento encarece a circunstância de que *não é qualquer diferença, conquanto real e logicamente explicável, que possui suficiência para discriminações legais. Não basta, pois, poder-se estabelecer racionalmente o nexo causal entre a diferença e um conseqüente tratamento diferençado. Requer-se, ademais disso, que o vínculo demonstrável seja constitucionalmente pertinente.* É dizer : *as vantagens calçadas em alguma peculiaridade distintiva hão de ser conferidas prestigiando situações conotadas positivamente, ou, quando menos. Compatíveis com os interesses acolhidos no sistema constitucional.*
> Reversamente, não podem ser colocadas em desvantagem pela lei situações a que o sistema constitucional empresta conotação positiva. (Grifei)

Na situação aqui comentada, se o objetivo do legislador foi desonerar a cadeia produtiva – e todos os três institutos, isenção, alíquota zero e imunidade, se prestam a essa finalidade – *não poderia discriminar negativamente situações ou mercadorias cuja desoneração (imunidade) foi querida pela própria Constituição.*

---

[7] *Op cit.*, p. 41-42.

Não há, portanto, razoabilidade em se considerar que créditos pela entrada tributada de matérias-primas, insumos e embalagens, acumulados, por terem sido aplicados em produtos finais desonerados por isenção e alíquota zero, possam gozar do estímulo de ser utilizados para compensação de outros tributos, *e que esses mesmos créditos acumulados em virtude de saídas imunes não o possam!*

5 As sinalizações do Supremo Tribunal Federal

A questão jurídica discutida neste trabalho ainda não mereceu apreciação do Supremo Tribunal Federal.

O que o Tribunal decidiu, inclusive reconhecendo repercussão geral, é que *o princípio da não cumulatividade do IPI, por si só, não autoriza a utilização dos créditos acumulados do IPI para pagar outros tributos em períodos anteriores à Lei nº 9.779/99. Somente o advento dessa lei é que deu fundamento legal para tal compensação heterônoma, ofertada como favor fiscal.*

Alguns entendem que tais decisões estariam a significar ter o Supremo Tribunal Federal atribuído ao regime da não cumulatividade do IPI o mesmo perfil que ostenta no ICMS, obrigando ao estorno dos créditos pelas entradas tributadas quando a saída é desonerada. Não nos parecer que assim seja. Pelo teor das discussões, o que o Tribunal assentou é que, tendo em vista que a não cumulatividade só autoriza a compensação de créditos do IPI com débitos do próprio IPI, a compensação de créditos acumulados desse imposto para pagamento de outros tributos só poderia surgir como um benefício fiscal outorgado por lei específica.

Daí o entendimento majoritário do Tribunal ter se consolidado em negar o aproveitamento de créditos acumulados de IPI para pagamento de outros tributos *em período anterior à Lei nº 9.779/99, por falta de autorização legal.*

No entanto, nesses julgamentos restou sinalizado que, após o advento da lei, esse aproveitamento é de rigor, sempre que a saída for desonerada e qualquer que seja a forma de desoneração tributária.

É o que se vê dos trechos dos seguintes votos proferidos no RE nº 562.980:[8]

---

[8] *DJe* 04/09/2009.

Ministro lewandowski:

Como ressaltado no relatório, a controvérsia objeto deste RE antecede a edição da Lei 9779/99, que reconheceu o direito do contribuinte de creditar-se do IPI nas operações realizadas com insumos, material de embalagem ou bens intermediários empregados na industrialização de produtos isentos ou gravados com alíquota zero.

No caso sob exame tem-se a tributação dos insumos ou da matéria-prima, sendo o produto final isento. Cuida-se, portanto, de hipótese diversa daquela examinada anteriormente pela Casa (REs 370.682/SC E 353.657/PRE), não cabendo aplicar-se aqui o precedente então firmado.

(...)

A questão neste RE consiste, basicamente, em saber se o contribuinte tem ou não o direito de creditar-se ou compensar-se do imposto cobrado sobre os insumos ou produtos intermediários empregados no processo de fabricação, quando o produto final, por algum motivo, não está sujeito ao IPI. A resposta, a meu ver, é afirmativa, devendo o imposto recolhido nas etapas intermediárias permanecer como crédito do contribuinte, sob pena de anular-se a sistemática de unitributação do IPI

(...)

Cumpre assentar, nesse passo, que o art. 11 da Lei 9779, editada em 19 de janeiro de 1999, acabou por acolher o entendimento predominante da doutrina e da jurisprudência no tocante à matéria em foco, ensejando o aproveitamento dos créditos do IPI, mediante compensação com outros tributos devidos e administrados pela Receita Federal, nos termos dos arts. 73 e 74 da Lei 9.430/1996 (...). (Grifei)

Ministro Menezes Direito

estou identificando todas as hipóteses, porque as identifico com a saída desonerada. Portanto, seu aplico o mesmo princípio, tanto para a isenção como para a alíquota zero. Por isso fiz questão de homenagear a distinção entre isenção e a alíquota zero, só que estou entendendo que para efeitos fiscais *o que importa é a oneração ou desoneração.* (Grifei)

No mesmo sentido, no RE nº 475.551,[9] assim ementado:

EMENTA: IMPOSTOS SOBRE PRODUTOS INDUSTRIALIZADOS – IPI. INSUMOS OU MATÉRIAS PRIMAS TRIBUTADOS. SAÍDA ISENTA OU SUJEITA À ALÍQUOTA ZERO. ART. 153, §3º, INC. II, DA CONSTITUIÇÃO DA REPÚBLICA. ART. 11 DA LEI N. 9.779/1999. PRINCÍPIO DA NÃO CUMULATIVIDADE. DIREITO AO CREDITAMENTO: INEXISTÊNCIA. RECURSO EXTRAORDINÁRIO PROVIDO.

---

[9] *DJe* 13/04/2009.

1. Direito ao creditamento do montante do Imposto sobre Produtos Industrializados pago na aquisição de insumos ou matérias primas tributados e utilizados na industrialização de produtos cuja saída do estabelecimento industrial é isenta ou sujeita à alíquota zero.

2. A compensação prevista na Constituição da República, para fins da não cumulatividade, depende do cotejo de valores apurados entre o que foi cobrado na entrada e o que foi devido na saída; o crédito do adquirente se dará em função do montante cobrado do vendedor do insumo e o débito do adquirente existirá quando o produto industrializado é vendido a terceiro, dentro da cadeia produtiva.

3. *Embora a isenção e a alíquota zero tenham naturezas jurídicas diferentes, a conseqüência é a mesma, em razão da desoneração do tributo.*

4. O regime constitucional do Imposto Sobre Produtos Industrializados determina a compensação do que for devido em cada operação com o montante cobrado nas operações anteriores, esta a substância jurídica do princípio da não-cumulatividade, não aperfeiçoada quando na houver produto onerado na saída, pois o ciclo não se completa.

5. *Com o advento do art. 11 da Lei 9.779/1999 é que regime jurídico do Imposto sobre Produtos Industrializados se completou, apenas a partir do início de sua vigência se tendo o direito ao crédito tributário decorrente da aquisição de insumos ou matérias primas tributadas e utilizadas na industrialização de produtos isentos ou submetidos à alíquota zero.*

6. Recurso extraordinário provido.

Acórdão

Vistos, relatados e discutidos estes autos, acordam os Ministros do Supremo Tribunal Federal, em Sessão Plenária, sob a Presidência do Ministro Gilmar Mendes, na conformidade da ata de julgamento e das notas taquigráficas, por maioria, em *conhecer e dar provimento* ao recurso extraordinário, nos termos do voto do Ministro Menezes Direito. Vencidos os Senhores Ministros Cezar Peluso (Relator) e Ricardo Lewandowsky,que negavam provimento e, o Senhor Ministro Eros Grau, que lhe dava parcial provimento. Votou o Presidente, Ministro Gilmar Mendes. Ausentes Justificadamente, o Senhor Ministro Celso de Mello e a Senhora Ministra Ellen Gracie. (Grifei)

São dignos de nota, ainda, para demonstrar a sintonia do entendimento da Corte Suprema com a interpretação aqui sustentada – no sentido de que o aproveitamento do crédito pela aquisição de insumos tributados, na forma do art. 11 da Lei nº 9.779/99, depende exclusivamente da acumulação em virtude da desoneração da saída do produto final, independente de tratar-se de isenção, alíquota zero, ou imunidade – os seguintes votos proferidos nesse julgamento:

Ministro Cezar Peluso
o direito ao crédito pelos insumos entrados no estabelecimento industrial não se subordina nem vincula a saída tributada. O contribuinte faz jus ao crédito por força da sua aquisição de insumos tributados, embora dependa, para dele fruir, da realização de operação integrante da classe típica de incidência do IPI, conquanto não necessariamente *tributada* pelo IPI, e este é o ponto crucial da causa.

Basta que a empresa cujas saídas sejam exoneradas, realize operações com produtos industrializados (art. 153, inc IV, da CF) para que se lhe assegure o creditamento relativo as aquisições, pouco se dando a modalidade do tratamento normativo-tributário reservado às vendas, isto é, tributação, não tributação, alíquota zero ou isenção. (...) Permitir o acúmulo de crédito por conta de saída desonerada equivaleria a converter um sistema concebido para evitar cumulação em algo totalmente cumulativo (...)

A Lei 9799/99, acertada, mas expletivamente permitiu o aproveitamento do crédito acumulado. (...)

Exponho agora as razões pelas quais entendo que nenhuma espécie desonerativa pode ensejar anulação dos créditos provenientes das entradas tributadas (...)

Reconheço, pois, que há uma diferença entre imunidade e falta de competência por exclusão lógico-residual. No primeiro caso é induvidosa a ocorrência do pressuposto de fato. Deve-se cindir a categoria em duas classes: *(a) nas situações imunes, a operação com produto industrializado ocorre a despeito da norma de incompetência veiculada pela imunidade. Opção constitucional expressa, a norma imunizante que prevê a não tributação tem por finalidade o estabelecimento de benefício que seria frustrado se fora negado o direito de credito. (...)*

A conclusão prática é que, qualquer que seja a espécie desonerativa que beneficie a saída (...) asseguradas estarão sempre a subsistência e fruição dos créditos, desde que a empresa adquirente dos insumos tributados realize operações com produtos industrializados (art. 153, *inc IV da CF).* (...)

Salta aos olhos, por fim, que o repúdio ao reconhecimento do direito ao crédito expõe os graves riscos outros princípios constitucionais, como o da isonomia, em prejudicando economicamente aquele que produz bem desonerado (...). (Grifei)

Ministro Menezes Direito
O Ministro Eros Grau pôs a distinção ao votar no RE nº 460.785/RS. *Faço o destaque considerando que a conclusão do voto do Ministro Peluso neste feito julgou ser insignificante do ponto jurídico-fiscal, para fins de creditamento, a disciplina tributária da saída dos produtos industrializados, assim, a imunidade, não tributação, isenção alíquota zero, não incidência (...)*

Na verdade, como já assinalei, o sistema constitucional relativo ao IPI deixa isso claro quando elege o princípio da não cumulatividade, assim, a compensação do que for devido em cada operação com o montante cobrado nas anteriores. Então, se houver crédito na entrada, mas não houver produto onerado na saída, não há como fazer a compensação.

Daí que se torna necessário fixar na lei específica o procedimento a ser adotado.

A Lei nº 9779/99 tratou do assunto de forma que, antes dela não seria possível o crédito do IPI na saída de produto desonerado que utilizou insumos que entraram tributados porque inviável a compensação
(...)
E a Lei nº 9779/99 ocupou esse espaço. Se existe o crédito na entrada, deve ser estabelecido em critério para que o contribuinte não perca esse crédito (...)
É que não se pode desprezar o crédito obtido que foi cobrado na etapa precedente. Se assim fosse deixar–se-ia uma etapa do sistema sem equilíbrio porque o contribuinte que se creditou do que efetivamente pagou deixaria de aproveitar esse crédito em favor do Fisco. Faz-se menção, no dispositivo, art.11 da Lei 9779/99, ao saldo credor acumulado em cada trimestre-calendário que o contribuinte não puder compensar com o IPI.
Com isso, admitiu-se a possibilidade de aproveitamento do crédito obtido na entrada do insumo onerado (...)
Disse o Ministro Marco Aurélio (RE 353.657/PR): 'Esclareça-se que o teor do art. 11 da Lei 9779/99, interpretado à luz da Constituição Federal – descabendo a inversão, ou seja, como se a norma legal norteasse esta última – não encerra o direito a crédito quando a alíquota zero ou o tributo não incida. Contempla, sim, pedagogicamente no texto, a situação na qual as operações anteriores foram oneradas com tributo e a final, a da ponta, não o foi. Então, para que não fique esvaziado o benefício, tem-se a consideração do que devido e cobrado anteriormente. (Grifei)

6 Conclusão

À guisa de conclusão, releva sublinhar que a interpretação dada ao art. 11 da Lei nº 9.779/99 pelo Superior Tribunal de Justiça, aqui criticada, não está pacificada no âmbito daquela Corte. No entanto, caso isso venha a ocorrer, é forte a expectativa de que o Supremo Tribunal Federal a modifique, quando vier a apreciar a questão jurídica aqui referida – ou seja, o direito ao estímulo nele contemplado, qualquer que seja a forma desonerativa da saída geradora da acumulação, aí incluída a imunidade – na linha das sinalizações constantes dos votos transcritos, como imperativo dos princípios da legalidade, da isonomia e da razoabilidade.

Informação bibliográfica deste texto, conforme a NBR 6023:2002 da Associação Brasileira de Normas Técnicas (ABNT):

SOUZA, Fátima Fernandes Rodrigues de. Direito ao estímulo do art. 11 da Lei nº 9.779/99, independentemente da figura desonerativa da saída do produto final que tenha gerado a acumulação de créditos do IPI. *In*: SARAIVA FILHO, Oswaldo Othon de Pontes (Coord.). *Direito Tributário*: Estudos em tributo ao jurista Ives Gandra da Silva Martins. Belo Horizonte: Fórum, 2016. p. 155-172. ISBN 978-85-450-0154-6.

AS GARANTIAS CONSTITUCIONAIS DO DEVIDO PROCESSO LEGAL E DA RAZOÁVEL DURAÇÃO DO PROCESSO NO DIREITO TRIBUTÁRIO

MARILENE TALARICO MARTINS RODRIGUES

Justiça atrasada não é Justiça, senão injustiça qualificada e manifesta. Com a terrível agravante de que o lesado não tem meio de reagir contra o delinqüente poderoso, em cujas mãos jaz a sorte do litígio pendente.
(BARBOSA, Ruy. *Oração aos moços.* Rio de Janeiro: Ediouro, 1990, p. 74.)

Homenagem

Em homenagem ao Dr. Ives Gandra da Silva Martins, dedico este estudo, pela oportuna iniciativa do Dr. Oswaldo Othon de Pontes Saraiva Filho em publicar esta obra de estudos em "tributo ao homenageado", pela Editora Fórum, a quem agradeço a gentileza do convite e a justa homenagem.

O perfil do Professor Ives Gandra pode ser assim sintetizado: jurista reconhecido estudioso do direito, advogado brilhante e intérprete da Constituição, principalmente dos direitos e garantias constitucionais do cidadão – contribuinte, frente ao Estado, tema de sua preferência.

Sua preocupação é constante não só com o Direito Tributário, mas com a defesa das instituições, da independência e harmonia dos Poderes (Executivo, Legislativo e Judiciário) e com a segurança jurídica, fundamentos do Estado Democrático de Direito.

Seu amor ao Direito, à Justiça e à Cidadania deixam marcas, pela sua coragem em debater temas de natureza árdua, criticando posições que violam o direito, mas sempre respeitando as pessoas, com lealdade e fidalguia, fazem do homenageado fontes permanentes de ensino, por todos aqueles que com ele convivem. Advogado extremamente ético e poeta de grande sensibilidade. Além de ser um homem religioso, de fé inabalável.

Expresso aqui, mais uma vez, minha eterna gratidão ao homenageado, pela oportunidade profissional e pelo incentivo ao estudo que tenho recebido, no convívio diário no escritório.

1 Considerações sobre o tema

O regime constitucional da Democracia e de liberdades se afirma em especial na eficácia que os juízos e tribunais conferem às cláusulas das declarações de direitos individuais e coletivos perante o Estado.

O *Estado de Direito*, concebido e estruturado em bases democráticas, *mais* do que simples figura conceitual *ou* mera proposição doutrinária, *reflete*, em nosso sistema jurídico, uma realidade constitucional *densa* de significação e *plena* de potencialidade concretizadora dos direitos e das liberdades públicas.

A construção de uma sociedade livre, justa e solidária, conforme preceitua a Constituição (art. 3º), se assenta na preservação dos direitos individuais e coletivos e nos princípios da autonomia, harmonia e independência dos Poderes (art. 2º).

A *opção* do legislador constituinte pela concepção democrática do Estado de Direito *não pode esgotar-se* numa simples proclamação retórica, mas em sua efetividade. Conforme já advertira Norberto Bobbio "o problema grave de nosso tempo, com relação aos direitos do homem, não é mais o de fundamentá-los, e sim de protegê-los".[1] A *opção* pelo Estado Democrático de Direito, por isso mesmo, "*há de ter conseqüências efetivas* no plano de nossa organização política, *na esfera* das relações institucionais entre os poderes da República *e no âmbito* da formulação de uma teoria das liberdades públicas *e* do próprio regime democrático". *Em outras palavras*: "*ninguém* se sobrepõe, nem mesmo os grupos majoritários, *aos princípios superiores* consagrados pela Constituição da República, *cujo texto* confere, aos direitos fundamentais, *um nítido* caráter contramajoritário", (ADPF 187/DF).

---

[1] *A era dos direitos*. Rio de Janeiro: Campus, 1992, p. 25.

Com a Constituição de 1988 foi inaugurado no país o regime democrático de direito, com amplas garantias individuais e liberdades fundamentais, como consta do art. 5º, com destaque aos incisos XXXV; LIV; LV e LXXVIII (este último acrescentado pela EC nº 45/2004), nos seguintes termos:

> Art. 5º – Todos são iguais perante a lei, sem distinção de qualquer natureza, garantindo-se aos brasileiros e aos estrangeiros residentes no País a inviolabilidade do direito à vida, à liberdade, à igualdade, à segurança e à propriedade, nos termos seguintes (...)
>
> *XXXV – a lei não excluirá da apreciação do Poder Judiciário lesão ou ameaça a direito;*
>
> *LIV – ninguém será privado da liberdade de seus bens sem o devido processo legal;*
>
> *LV – aos litigantes, em processo judicial ou administrativo, e aos acusados em geral são assegurados o contraditório e ampla defesa, com os meios e recursos a ela inerentes;*
>
> *LXXVIII – a todos, no âmbito judicial e administrativo, são assegurados a razoável duração do processo e os meios que garantam a celeridade de sua tramitação.*

Compreender a Constituição como ordem de valores é aceitar uma concepção de garantia da segurança jurídica quanto à efetividade dos direitos e liberdades que são por ela contemplados.

Os direitos fundamentais são hoje "o parâmetro de aferição do *grau de democracia de uma sociedade. Ao mesmo tempo, a sociedade democrática é condição imprescindível para a eficácia dos direitos fundamentais.* Direitos fundamentais eficazes e democracia são conceitos indissociáveis, não subsistindo aqueles fora do contexto desse regime político".[2]

As garantias constitucionais são asseguradas ao contribuinte, mediante o processo que é instaurado, por meio de ação específica, sempre que houver conflitos de interesses entre Fisco e Contribuinte, que devem ser solucionados pelo Poder Judiciário.

Todo Direito Processual tem suas linhas fundamentais estabelecidas pelo Direito Constitucional, que fixa a estrutura dos órgãos jurisdicionais e a declaração de direito objetivo, com a prestação jurisdicional de forma ampla.

---

[2] BRANCO, Paulo Gustavo Gonet. Aspectos da teoria geral dos direitos fundamentais. *In*: MENDES Gilmar Ferreira. *Hermenêutica constitucional e direitos fundamentais*. 1. ed. 2. tir. Brasília: Brasília Jurídica, 2002, p. 104.

Este foi o entendimento da Suprema Corte, ao interpretar o inciso XXXV do art. 5º da Constituição Federal, proferido no RE nº 172.084/MG, em que foi Relator o Min. Marco Aurélio de Mello, com a seguinte ementa:

> *A garantia constitucional alusiva ao acesso ao Judiciário engloba a entrega da prestação jurisdicional de forma completa, emitindo o Estado-Juiz entendimento explícito sobre as matérias de defesa veiculadas pelas partes. Nisto está a essência da norma inserta no inciso XXXV do art. 5º da Carta da República.*

O direito de ação – de levar a questão ou ameaça de lesão ao Poder Judiciário – é público (o Estado coloca à disposição das partes a prestação jurisdicional).

O Poder Judiciário é imprescindível para que se dê absoluta garantia de que as normas constitucionais não serão violadas pela administração tributária. E a *segurança jurídica* somente se concretizará com o rigoroso respeito à Constituição.

Ives Gandra da Silva Martins, em parecer sobre a questão da *segurança jurídica*, escreve:

> Nenhuma nação é estável democraticamente se seus cidadãos não ficarem assegurados em seus direitos fundamentais e não tiverem do Estado a garantia de que sua vida, em suas variadas facetas, possui na ordem legal a plataforma de seu crescimento. A tranquilidade originada pela certeza de que as instituições funcionam e de que a lei assegura a estabilidade de todas as espécies de relações conformadas no ordenamento vigente faz do Estado que garante a "segurança jurídica", um Estado de Direito. As vis inquietativa, que inibe o desenvolvimento de cada ser humano, assim como descompassa a economia e não permite o cumprimento das obrigações pela incerteza de seus fundamentos legais, de rigor, é o que a "segurança jurídica" plasmada na Constituição objetiva fulminar.
>
> (...)
>
> Ora, a expressão "direito a segurança" não oferece qualquer limitação a não ser aquelas expressamente indicadas na Constituição, principalmente no Título V. É um direito pleno, sem restrições exegéticas, sem riscos de instabilidades.[3]

É o direito à segurança jurídica que define a sustentação, firmeza e eficácia do ordenamento jurídico.

---

[3] A segurança jurídica e a inadmissibilidade da ação rescisória: imposto de renda: estudos. *Resenha Tributária*, 34/20.

2 O princípio do devido processo legal

O devido processo legal é o meio pelo qual a todos é garantido o direito de serem julgados conforme procedimentos estabelecidos em lei e que deverá estar em conformidade com o inciso LV do art. 5º da CF, que determina que "aos litigantes em processo judicial ou administrativo, e aos acusados em geral são assegurados o contraditório e a ampla defesa, com os recursos a ela inerentes", completado pelo inciso LIV do art. 5º, mediante o qual "ninguém será privado da liberdade de seus bens sem o devido processo legal". E protegido pelo inciso LXXVIII do art. 5º da CF, introduzido pela EC nº 45/2004: "a todos, no âmbito judicial e administrativo, são assegurados a razoável duração do processo e os meios que garantam a celeridade de sua tramitação".

Constata-se que entre as garantias da lei maior há expressa menção à ampla defesa, tanto no processo judicial como no processo administrativo, assegurando o contraditório, e compreende também a produção de provas e os recursos necessários à obtenção de uma decisão justa.

A garantia do devido processo legal traz em si o princípio do pleno acesso ao Judiciário, contido no inciso XXXV do art. 5º da CF, que constitui o próprio fundamento do direito de ação.

Para a proteção total dos cidadãos, bastaria a Constituição Federal ter garantido o *devido processo legal*, mas ela foi além, trazendo expressos todos os demais princípios que deste decorrem, até como explicitação da própria garantia, razão pela qual foram arrolados, pelo art. 5º da CF, outros princípios: *a)* da inafastabilidade do controle jurisdicional (inciso XXXV); *b)* da igualdade (inciso I); *c)* do contraditório e da ampla defesa (inciso LV); *d)* do Juiz natural (incisos XXXVII e LIII); *e)* da publicidade e do dever de motivar as decisões judiciais (inciso LX e art. 93, inciso IX) e *f)* da proibição da prova ilícita (inciso LVI).

Nelson Nery Junior, a propósito afirma: "bastaria a norma constitucional haver adotado o princípio do *due process of law* para que daí decorressem todas as conseqüências processuais que garantiriam aos litigantes o direito a um processo e uma sentença justa. É, por assim dizer, o gênero do qual todos os demais princípios constitucionais do processo são espécies".[4]

---

[4] *Princípios do processo civil na Constituição Federal*. 5. ed. rev. e ampl. 2. tir. São Paulo: Revista dos Tribunais, 1999 e 2003, p. 30.

Modernamente, o devido processo legal é concebido como uma garantia que estabelece uma legítima limitação ao poder estatal, de modo a censurar a própria legislação e declarar a ilegitimidade de leis que violem a Constituição e os pilares do regime democrático.

A observância dos preceitos previamente estabelecidos na Constituição Federal e na lei significa respeitar o devido processo legal.

Ada Pellegrini Grinover, afirma que "o enfoque completo e harmônico do conteúdo da cláusula do devido processo legal é o de garantias das partes e do próprio processo, não se limitando ao perfil subjetivo da ação e da defesa, como direito", mas acentuando, também e especialmente, seu perfil subjetivo. "Desse modo, as garantias constitucionais do devido processo legal convertem-se, de garantias exclusivas das partes, em garantias da jurisdição e transformam o procedimento em um processo jurisdicional de estrutura cooperativa, em que a garantia de imparcialidade da jurisdição brota da colaboração entre partes e Juiz. A participação dos sujeitos no processo não possibilita apenas a cada qual aumentar as possibilidades de obter uma decisão favorável, mas significa cooperação no exercício da jurisdição. Para cima e para além das intenções egoísticas das partes, a estrutura dialética do processo existe para reverter o benefício da boa qualidade da prestação jurisdicional e da perfeita aderência da sentença à situação de direito material subjacente".[5]

Assim, o processo revela-se um instrumento de defesa dos direitos constitucionais materiais fundamentais.

O conceito do devido processo legal adotado pela Suprema Corte é bastante abrangente, conforme trecho do voto do Min. Celso de Mello proferido na ADIN nº 1158-8, em que se lê:

> Todos sabemos que a cláusula do devido processo legal – objeto de expressa proclamação pelo art. 5º, LIV, da Constituição – deve ser entendida, a abrangência de sua noção conceitual, não só no aspecto meramente formal, que impõe restrições de caráter ritual à atuação do Poder Público, mas, sobretudo em sua dimensão material, que atua como decisivo obstáculo à edição de atos legislativos de conteúdo arbitrário ou irrazoável. A essência do substantive due process of law reside na necessidade de proteger os direitos e as liberdades das pessoas contra qualquer modalidade de legislação que se revele opressiva, ou, como no caso, destituídas do necessário coeficiente de razoabilidade. Isso significa, dentro da perspectiva da extensão da teoria do desvio de poder

---

[5] *Novas tendências do Direito Processual*. Rio de Janeiro: Forense Universitária, 1990, p. 2.

ao plano das atividades legislativas do Estado, que este não dispõe de competência para legislar ilimitadamente, de forma imoderada e irresponsável, gerando, com o seu comportamento institucional, situações normativas de absoluta distorção e, até mesmo, de subversão dos fins que regem o desempenho da função estatal.

Assim, a essência do devido processo legal reside na necessidade de proteger os direitos e as liberdades das pessoas contra qualquer modalidade de legislação que se revele violadora da Constituição e dos direitos e garantias individuais. Não podendo tais garantias serem reduzidas nem ignoradas pela Administração, por constituírem cláusulas pétreas de garantias fundamentais, não podendo ser alteradas nem mesmo por emenda constitucional, a teor do §4º do art. 62 da Constituição Federal, que preceitua:

§4º – Não será objeto de deliberação a proposta de emenda tendente a abolir:
IV – os direitos e garantias individuais.

Por essa razão, os §§1º e 2º do art. 5º da CF asseguram aplicação imediata das normas definidoras de tais direitos e não excluem outras decorrentes do regime e dos princípios por ela adotados ou dos tratados internacionais em que a República Federativa do Brasil seja parte.

Em matéria tributária, o princípio do devido processo legal adquire contornos específicos, de grande importância diante da relação Fisco/contribuinte, considerando-se que a Administração, no exercício da atividade tributária, cria limitações patrimoniais, razão pela qual impõem-se a observância dos seus limites, a fim de garantir ao administrado o respeito aos direitos e garantias constitucionais que lhe foram assegurados.

Compete ao Poder Judiciário, como aplicador da Constituição e da legislação infraconstitucional, dizer o direito e fazer imperar a Justiça, reparando os atos ilegítimos e ilegais da Administração.

3 O princípio da legalidade na Constituição de 1988

O estudo do Sistema Tributário Nacional mostra que seus alicerces sempre estiveram embasados nos princípios da estrita legalidade e da tipicidade fechada como forma de garantir que as relações tributárias não saiam do campo jurídico para o da arbitrariedade impositiva.

A Constituição Federal, no capítulo dedicado às Limitações ao Poder de Tributar, em seu art. 150, I, estabelece que:

> Art. 150 – É vedado à União, aos Estados, ao Distrito Federal e aos Municípios:
> I – exigir ou aumentar tributo sem lei que o estabeleça.

Constata-se a preocupação do constituinte em enfatizar a importância do princípio da legalidade no âmbito do Direito Tributário, além da regra básica, enunciada de forma geral pelo art. 5º, II, segundo a qual "ninguém será obrigado a fazer ou deixar de fazer alguma coisa senão em virtude da lei", que por si só seria suficiente e perfeitamente aplicável em todos os ramos do Direito. O legislador constituinte houve por bem reafirmá-lo e estabelecer de forma clara e precisa, especificamente, que para que o Estado possa exigir tributo, deve fazê-lo através de lei (art. 150, I). E a lei deve conter todos os elementos da norma jurídica tributária, ou seja, hipótese de incidência do tributo, seus sujeitos ativo e passivo, a base de cálculo e a alíquota, é o chamado *princípio da tipicidade*.

Segundo Alberto Xavier, "tributo, imposto, é pois o conceito que se encontra na base do processo de tipificação no Direito Tributário de tal modo que o tipo, como é de regra, representa necessariamente algo de mais concreto, embora necessariamente mais abstrato do que o fato da vida". Vale dizer que cada tipo de exigência tributária deve apresentar todos os elementos que caracterizam sua abrangência. "No Direito Tributário a técnica da tipicidade atua não só sobre a hipótese da norma tributária material, como também sobre o seu mandamento. Objeto da tipificação são, portanto, os fatos e os efeitos, as situações jurídicas iniciais e as situações jurídicas finais."[6]

O princípio da tipicidade consagrado pelo art. 97 do CTN e decorrente da Constituição Federal, já que tributos somente podem ser instituídos, majorados e cobrados por meio de lei, aponta com clareza os limites da Administração para exigência de tributos, sendo vedada qualquer margem de discricionariedade nesse campo.

O atendimento ao princípio da tipicidade exige que a lei que institua o tributo indique com clareza todas as hipóteses de incidência e demais elementos que descrevam quem deve pagá-lo, de que forma deva ser calculado e as alíquotas aplicáveis.

---

[6] *Os princípios da legalidade e da tipicidade da tributação.* São Paulo: Revista dos Tribunais, 1978, p. 72-73.

Outros princípios constitucionais, igualmente, devem ser observados – pois o reflexo da exigência tributária atinge diretamente o patrimônio do contribuinte –, que são aqui mencionados: princípio da proibição de utilização do tributo com efeito de confisco (art. 150, IV, CF); princípio que garante a propriedade (art. 5º, XXII, CF) subordinada à função social, como consta do art. 5º, XXIII, CF. A importância do direito de propriedade mereceu especial atenção do constituinte nos incisos XXIV e XXV do art. 5º em caso de desapropriação, assegurado ao proprietário a justa e prévia indenização.

Assim, o princípio que proíbe a atividade tributária com efeito de confisco "tem por objetivo a harmonia entre o direito de propriedade e o poder de tributar".[7]

O §1º do art. 145 da CF assegura o princípio da capacidade contributiva, determinando que os impostos a serem instituídos devem ter caráter pessoal e serem graduados segundo a capacidade econômica do contribuinte, dando à Administração Tributária o poder de identificar o patrimônio, os rendimentos e as atividades econômicas do contribuinte, respeitados os direitos individuais, nos termos da lei.

A conclusão que se extrai sobre os princípios constitucionais tributários e os princípios processuais do devido processo legal demonstra que o exercício do direito de ação não é um ato que dependa exclusivamente das normas processuais, é muito mais amplo. Esse direito requer a observância dos princípios constitucionais, que, por sua importância, produzem consequências em todos os ramos do direito, principalmente no Direito Processual Civil e no Direito Tributário.

Sacha Calmon Navarro Coêlho, sobre o tema, observa que: "A prática dos grandes princípios justributários, entre eles o da capacidade contributiva, o da não-confiscatoriedade dos tributos, o da extrafiscalidade para adequar a propriedade à sua função social, irá depender da maturidade e da capacidade do Poder Judiciário, enquanto guardião da lei constitucional. A leitura política da Constituição e sua aplicação à vida lhe exigirá cultura, sensibilidade e determinação. As pautas e padrões que estipular balizarão a eficácia e os limites dos grandes princípios civilizatórios abroquelados no Estatuto Constitucional".[8]

---

[7] CAIS, Cleide Previtalli. *O processo tributário*. 6. ed. São Paulo: Revista dos Tribunais, 2009.

[8] *Comentários à Constituição de 1988*: sistema tributário. Rio de Janeiro: Forense, 1990 e 1991, p. 47.

4 A razoável duração do processo

O acesso à Justiça, decorrente do princípio constitucional da inafastabilidade do controle jurisdicional (art. 5º, XXXV, da CF), é garantido por meios materiais e processuais. O processo, portanto, é um meio para alcançar o direito material que se busca e precisa ser célere e eficiente para que possa atingir essa finalidade.

Celso Ribeiro Bastos, sobre a função jurisdicional escreve: "Ao lado da função de legislar e administrar, o Estado exerce a função jurisdicional. Coincidindo com o próprio envolver da organização estatal, ela foi absorvendo o papel de dirimir as controvérsias que surgiam quando da aplicação das leis. Esta, com efeito, não se dá de forma espontânea e automática. Cumpre que seus destinatários a ela se submetem, para o que se faz mister que tenham uma correta inteligência de ordenamento jurídico, assim como estejam dispostos a obedecer à sua vontade. (...) À função jurisdicional cabe esse importante papel de fazer valer o ordenamento jurídico, de forma coativa, toda vez que seu cumprimento não se dê sem resistência".[9]

A propósito, a lição do Prof. Arruda Alvim é primorosa:

> Podemos, assim, afirmar que a *função jurisdicional* é aquela realizada pelo *Poder Judiciário*, tendo em vista aplicar a lei a uma hipótese controvertida mediante processo regular, produzindo, afinal, coisa julgada, com o que substitui, definitivamente, a atividade da vontade das partes.[10]

Essa garantia, de acessibilidade ampla ao Poder Judiciário, contudo, não foi suficiente para *proteger o acesso à Justiça*, já que, apesar de todos poderem levar seus litígios ao Poder Judiciário, não havia nenhuma garantia de que o processo seria apreciado *em um tempo razoável*.

A partir da EC nº 45/2004, que introduziu a Reforma do Poder Judiciário, foram incluídos alguns dispositivos na Constituição, com objetivo de promover *maior celeridade dos processos e segurança jurídica*, entre os quais o inciso LXXVIII, ao art. 5º da CF, que dispõe:

> *A todos no âmbito judicial e administrativo, são assegurados a razoável duração do processo e os meios que garantem a celeridade de sua tramitação.*

---

[9] *Comentários à Constituição do Brasil.* Coautoria com Ives Gandra da Silva Martins. 2. ed. São Paulo: Saraiva, 2001. 2. v., p. 184.

[10] *Curso de Direito Processual Civil.* São Paulo: Revista dos Tribunais, 1989, v. I, p. 149.

O inciso fala em "razoável duração" e em "celeridade de sua tramitação", ou seja, a duração necessária à conclusão do processo, sem prejuízo do direito das partes de deduzirem suas pretensões, mas sem delongas que possam retardar a prestação *jurisdicional* ou *administrativa* postulada.

Sergio Bermudes, ao comentar referida norma, observa:

> A celeridade da tramitação traduz-se na presteza da prática de cada ato do processo, porquanto a demora na prática de um deles repercute, negativamente, no conjunto, como acontece com a retenção de um trem num dos pontos de parada do seu percurso. Atos praticados celeremente asseguram a duração razoável, senão rápida do processo, o qual outra coisa não é, desde a etimologia, que um conjunto de atos que se sucedem para a consecução de determinado fim.
>
> (...)
>
> A norma deste inciso LXXVIII, acrescentada agora no art. 5º da CF é programática, se se quiser repetir Pontes de Miranda, ou idealista. *Menos do que estabelecer uma garantia efetiva, revela um propósito, cuja realização depende da existência dos meios necessários a propiciar a celeridade dos atos processuais para alcançar a razoável duração do processo.*[11]

Essa garantia constitucional sinaliza que tanto o processo judicial como o processo administrativo não podem ter duração infinita, devendo a Administração e o Judiciário tomarem todas as providências necessárias para o término do processo em tempo razoável. Esse prazo deve ser examinado caso a caso, dependendo da complexidade da matéria a ser examinada no processo.

A questão deve, também, ser examinada à luz dos princípios constitucionais da *eficiência* que a Administração Pública deve observar (art. 37 da CF), cabendo ao Poder Público as providências para impulsionar o processo, em razão do princípio da *oficialidade*.

Hely Lopes Meirelles ensina que "o princípio da oficialidade atribui sempre a movimentação do processo administrativo à Administração, ainda que instaurado por provocação do particular: uma vez iniciado passa a pertencer ao Poder Público, a quem compete o seu impulsionamento, até decisão final".[12]

Pelo princípio da *oficialidade*, portanto, a Administração deve impulsionar o processo, quer como desdobramento do princípio da

---

[11] *A reforma do Judiciário pela Emenda Constitucional nº 45*. Rio de Janeiro: Forense, 2005, p. 11.

[12] *O processo administrativo e em especial o tributário*. São Paulo: Resenha Tributária, 1975, p. 17.

legalidade objetiva, quer como imperativo de que a atividade, além de envolver o particular envolve também um interesse público, para a correta aplicação da lei, evitando que o processo fique paralisado, sem cumprir seus objetivos, em prejuízo das partes.

A Constituição, visando a fazer do processo administrativo, tal como ocorre com o processo judicial, um efetivo instrumento de realização do direito material controvertido, deu-lhe a necessária aptidão para estruturar-se em termos capazes de solucionar litígios em sua área de atuação.

Paulo Celso B. Bonilha, bem observou que extrai-se da Lei Maior "o resgate e a redescoberta do processo administrativo como espécie do fenômeno processual e, por isso mesmo, suscetível de necessária contemplação e tratamento à luz da teoria geral do processo".[13]

Odete Medauar, também a propósito da maior abrangência do processo administrativo, escreve: "Assim, o processo administrativo caracteriza-se pela atuação dos interessados, em contraditório, seja ante a própria Administração, seja ante outro sujeito (administrado em geral, licitante, contribuinte, p. ex.) todos, neste caso, confrontando seus direitos ante a Administração. A Constituição Federal de 1988 consagrou o termo 'processo' para significar a processualidade administrativa. Por isso, encontra-se este termo no inciso LV do art. 5º: 'aos litigantes em processo judicial ou administrativo e aos acusados em geral são assegurados o contraditório e a ampla defesa com os meios e os recursos a ela inerentes'. Em outros dispositivos, a Constituição usa o termo processo para atuações no âmbito administrativo: no inciso XXI do art. 37 – processo de licitação – e no §1º do art. 41 – processo administrativo (disciplinar)".[14]

De tal forma que o "processo administrativo", a exemplo do processo judicial, conta com embasamento constitucional, que justifica sua adequação para bem identificar o campo no qual o Estado desempenha sua função administrativa judicante.

Assim, a propósito da duração do processo, não é suficiente mencionar o inciso LXXXVIII ao art. 5º da Constituição Federal, para garantir o direito da razoável duração do processo ao sistema constitucional brasileiro. É preciso implementar medidas necessárias para eficiência do Poder Judiciário, dando-lhes condições de efetividade da garantia constitucional.

---

[13] *Da prova no processo administrativo*. 2. ed. São Paulo: Dialética, 1997, p. 32-33.

[14] *Direito Administrativo moderno*. São Paulo: Revista dos Tribunais, 1996, p. 187-188.

José Afonso da Silva, ao comentar o inciso LXXXVIII do art. 5º da CF, escreve:

O inciso foi acrescido pela Emenda Constitucional 45/2004 com a nobre preocupação de garantir maior presteza na tramitação de processos judiciais e administrativos. A garantia à prestação jurisdicional é afirmada no inciso XXXV do mesmo art. 5º, que, embora fonte do direito de acesso à Justiça, não foi capaz de criar condições de tramitação rápida dos processos judiciais. Assegura-se aí, também, o direito a uma duração razoável dos processos administrativos. O termo "processo" deve ser tomado no sentido abrangente de todo e qualquer procedimento judicial e administrativo; isso também já está assegurado no art. 37, pois, quando aí se estatui que a *eficiência* é um dos princípios da Administração Pública, por certo que nisso se inclui a presteza na solução dos interesses pleiteados. Fica sempre essa dúvida: se a prestação jurisdicional assegurada no inciso XXXV e a eficiência do art. 37 não tiveram eficácia, será que a introdução de mais uma norma assecuratória desses direitos individuais terá? Enfim, o texto assegura a *razoável duração* do processo e também a *celeridade* de sua tramitação.

RAZOABILIDADE E CELERIDADE. As duas garantias referentes a um mesmo objeto – processo judicial ou administrativo – parecem não se casar muito bem. A *razoável duração* do processo como que delimita a *celeridade* de sua tramitação. *Celeridade* é signo de velocidade no seu mais alto grau; *processo célere* seria aquele que tramitasse com a maior velocidade possível; mais do que isso, só um processo celérrimo. Processo com *razoável duração* já não significa, necessariamente, um processo veloz, mas um processo que deve andar com certa rapidez, de modo a que as partes tenham uma prestação jurisdicional em tempo hábil. Poder-se-ia dizer, portanto, que bastava o dispositivo garantir uma *razoável duração* do processo para que o acesso à Justiça não se traduzisse no tormento dos jurisdicionados em decorrência da morosidade da prestação jurisdicional, que não apenas é irrazoável, como profundamente irracional. Nesse signo *razoável duração* do processo se tem um aceno ao princípio da razoabilidade, cuja textura aberta proporciona ponderações que podem reduzir, em muito, os objetivos que o texto em comentário visa a alcançar – e, assim, diria que se teria uma ponderação aberta, por não estar sopesando dois valores ou dois objetos, mas apenas verificando se o juiz teve, ou não, *razões* para demorar sua decisão, levando-se em conta a carga de trabalho que pesava sobre ele. É aqui que a garantia de celeridade da tramitação tem sua importância, já que o que se tem não é uma garantia abstrata da celeridade, mas o dever de preordenar meios para ser alcançada. De certo modo, enquanto não se aparelhar o Judiciário com tais meios, a razoabilidade da demora fica sempre sujeita a saber se o magistrado tinha, ou não, possibilidade de fazer andar seu processo mais rapidamente. *Corre-se, assim, o risco da previsão de mais uma garantia individual sujeita à ineficácia, já que ela vai depender de providências ulteriores.*[15] (Grifamos)

Há um aspecto instrumental de garantia de que os direitos em geral sejam assegurados por meio de processos administrativos ou judiciais rápidos; nesse sentido, o direito à celeridade processual relaciona-se ao direito ao devido processo legal (art. 5º, LIV) e, quanto ao âmbito judicial, à universalidade e inafastabilidade da jurisdição (art. 5º, XXXV). Há também um aspecto autônomo: o direito a um processo adequado. O inciso LXXVIII do art. 5º da CF fala em "razoável duração", pois a rapidez excessiva pode comprometer a qualidade da prestação jurisdicional, retirando direitos do contribuinte na realização e efetividade de seus direitos fundamentais de ampla defesa, com os meios e recursos a ela inerentes, como quis o constituinte.

A Convenção Americana de Direitos Humanos (Pacto de São José da Costa Rica – 1969), da qual o Brasil faz parte, estabeleceu em seu art. 8º, sobre o devido processo legal (garantias judiciais), o direito de toda pessoa ser ouvida em Juízo, *"dentro de um prazo razoável"*. O Brasil ratificou a Convenção em 1992, razão pela qual a duração razoável do processo judicial já era considerada, antes mesmo da EC nº 45/2004, um direito fundamental por força do §2º do art. 5º da CF, que dispõe:

§2º – Os direitos e garantias expressos nesta Constituição não excluem outros decorrentes do regime e dos princípios por ela adotados, ou dos tratados internacionais em que a República Federativa do Brasil seja parte.

Assim, o direito à celeridade processual já fazia parte do ordenamento jurídico positivo brasileiro e era reconhecido como direito fundamental por integrar o devido processo legal e, em reforço, ser norma de direito internacional em vigor no país. Agora, porém, de forma expressa, foi inserido o inciso LXXVIII ao art. 5º da CF, pela EC nº 45/2004.

Os debates e discussões sobre o tema pela doutrina têm por finalidade o melhor aproveitamento do processo, com duração justa e adequada, – que deve ser não muito longa nem muito curta – para a realização da esperada Justiça.

---

[15] *Comentário contextual* à Constituição. São Paulo: Malheiros 2005, p. 176.

É, pois, imprescindível que o processo tenha uma certa duração, maior do que aquela que as partes desejam, já que o Estado deve assegurar aos litigantes o devido processo legal, amplo direito de defesa e contraditório e até mesmo tempo para as partes se prepararem adequadamente.

Nada justifica, porém, a interminável espera causada pela tormentosa duração do processo a que os contribuintes vêm sofrendo, que resulta uma sensação de injustiça e descrença no Poder Judiciário. A *efetividade* do processo implica equilíbrio entre segurança jurídica e celeridade processual, sem, contudo, retirar direitos assegurados pela Constituição.

A partir da EC nº 45/2004, além do inciso LXXVIII ao art. 5º da CF, outros dispositivos foram, igualmente, incluídos na Constituição, com objetivo de promover *maior celeridade dos processos* e *segurança jurídica*, tais como: a *repercussão geral* no recurso extraordinário e a *súmula vinculante*, nos seguintes termos:

§3º do art. 102 da CF:
No Recurso Extraordinário o recorrente deverá demonstrar a *repercussão geral das questões constitucionais* discutidas no caso, nos termos da lei, a fim de que o Tribunal examine a admissão do recurso, somente podendo recusá-lo pela manifestação de dois terços de seus membros.
Art. 103-A da CF:
O Supremo Tribunal Federal poderá, de Ofício, ou por provocação, mediante decisão de dois terços de seus membros, após reiteradas decisões sobre a matéria constitucional, aprovar Súmula que, a partir de sua publicação na Imprensa Oficial, terá *efeito vinculante* em relação aos demais órgãos do Poder Judiciário e à Administração direta e indireta nas esferas federal, estadual e municipal, bem como proceder à sua revisão ou cancelamento, na forma estabelecida em lei.
§1º – A Súmula terá por objetivo a validade, a interpretação e a eficácia de normas determinadas, acerca das quais haja controvérsia atual entre os órgãos judiciários ou entre esses e a administração pública que acarrete grave insegurança jurídica e relevante multiplicação de processos sobre questão idêntica.

O sistema jurídico pátrio, a partir da EC nº 45/2004, passou a contar com a *repercussão geral* das questões constitucionais discutidas e a *súmula vinculante*, que foram regulamentadas, respectivamente, pelas Leis nºs 11.418/2006 e 11.417/2006.

O fundamento do ingresso da *súmula vinculante* em nosso sistema jurídico é o de alcançar a segurança jurídica, pois a existência de decisões divergentes no âmbito constitucional gera instabilidade social, enquanto a *repercussão geral* ressaltou a importância do Supremo Tribunal Federal como Corte Constitucional. Nesse caso, o controle concentrado de constitucionalidade é apreciado pelo Supremo Tribunal Federal, por intermédio do recurso extraordinário, que também é um instituto de direito processual constitucional, por ser um meio adequado para provocação da jurisdição constitucional, deixando de ser apenas de interesse das partes.

A exigência de *repercussão geral* da questão constitucional suscitada em sede de recurso extraordinário deixa claro que o Supremo Tribunal Federal não analisará *todos* os recursos interpostos, julgando aqueles que ultrapassem o interesse das partes litigantes, ou seja, que apresentem a denominada *repercussão geral*. Trata-se de mais um instrumento a confirmar a tendência de maior objetividade do recurso extraordinário, de modo a privilegiar a defesa de interesses que efetivamente tenham significativa importância.

O conceito de "repercussão geral" foi estabelecido pelo §1º do art. 543-A do CPC, que menciona:

> Para efeito de repercussão geral, será considerada a existência ou não, de questões relevantes do ponto de vista econômico, político, social ou jurídico, que ultrapassem os interesses subjetivos da causa.

É necessário, portanto, que a questão constitucional ultrapasse o interesse das partes litigantes para se caracterizar como de interesse público em seus aspectos econômico, político, social ou jurídico.

Como regra geral, a súmula vinculante tem eficácia imediata, mas o STF, por decisão de 2/3 de seus membros, poderá restringir os efeitos vinculantes, a partir de outro momento, por razões de segurança jurídica ou interesse público.

Tais medidas visam a dar maior celeridade aos processos, porém ainda não são suficientes para alcançar a razoável duração do processo.

Humberto Theodoro Junior sobre a jurisprudência do Supremo Tribunal Federal, lembra que:

> Em matéria de direito processual civil, *o clamor social maior é contra a morosidade da prestação jurisdicional*, e para contornar essa mazela sucessivas alterações têm sido introduzidas no Código de 1973, todas justificadas com argumentos relacionados à efetividade e à celeridade do processo. Reconhecidamente a causa maior da demora processual decorre quase sempre de um sistema de recursos obsoleto e propício

a manobras protelatórias dos litigantes de má-fé. Nada obstante, as reformas do CPC não conseguem abolir recursos (nem mesmo quando se trate de figuras estranhas e injustificáveis como os embargos infringentes e a remessa *ex officio*) e, ao contrário, criam cada vez mais recursos internos nos tribunais. Por outro lado, medidas que sabidamente poderiam contribuir para expurgar atos e provas desnecessários, como a audiência preliminar (CPC, art. 331, §3º) são reformadas para pior, porque de expediente obrigatório acabou por se transformar em mera faculdade dos juízes, graças à infeliz alteração provocada pela Lei 10.444, de 07.05.2002. (A onda reformista do direito positivo e suas implicações com o princípio da segurança jurídica. *Revista Autônoma de Direito Privado*, n. 2, p. 227, jan./março 2007)

Para dar efetividade à uniformidade das decisões judiciais em nome da segurança jurídica, existem na legislação infraconstitucional diversos dispositivos para evitar a proliferação de discussões judiciais de matéria sobre as quais já haja entendimento pacífico do Supremo Tribunal Federal.

O art. 557 do CPC, ao dispor sobre os processos nos tribunais, *consagra a inadmissibilidade de recursos que contrariem jurisprudência consolidada do STF, do STJ ou do próprio Tribunal ad quem*:

> Art. 557 – *O relator negará seguimento a recurso* manifestamente inadmissível, improcedente, prejudicado ou em confronto com súmula ou *jurisprudência dominante do respectivo Tribunal ou do Supremo Tribunal Federal ou de Tribunal Superior*. (Não destacado no original)

O art. 475 do CPC, com a nova redação da Lei nº 10.352/01, ao estabelecer que a sentença está sujeita ao duplo grau de jurisdição, não produzindo efeito senão depois de confirmada pelo Tribunal, prevê, entretanto, exceção a essa regra no seu §3º, ao dispor:

> §3º – Também não se aplica o disposto neste artigo *quando a sentença estiver fundada em jurisprudência do plenário do Supremo Tribunal Federal* ou em súmula deste Tribunal ou do Tribunal Superior competente.

Nesses aspectos, *a súmula vinculante* é, portanto, positiva e merece a confiança da sociedade. A *segurança jurídica* e a *celeridade processual* serão prestigiadas, valores fundamentais, constitucionalmente consagrados.

A ampliação do acesso à Justiça, a deficiência estrutural do Poder Judiciário, que necessita urgentemente de ser melhor aparelhado, e o formalismo exagerado constituem fatores determinantes da morosidade processual.

Paulo Hoffman lembra que um Estado Democrático de Direito "não pode abandonar seus cidadãos a um processo lento e viciado, pois não é raro que as vidas e o destino das pessoas estejam diretamente vinculados à solução de um determinado processo, motivo pelo qual é extremamente leviano fazê-los aguardar tempo excessivo pela decisão judicial, somente porque falta interesse e vontade política para estruturar e aparelhar adequadamente o Poder Judiciário".[16]

A jurisdição deveria servir para pacificar conflitos, para garantir direitos e manter a tranquilidade e a paz social, para que as pessoas se sentissem protegidas. É, portanto, essencial que se adotem mecanismos que gerem o dever de investimentos na infraestrutura do Poder Judiciário.

O grande desafio, porém, é conciliar as garantias constitucionais do devido processo legal, com a celeridade e a razoável duração do processo, adotando medidas que não venham a retirar direitos do cidadão contribuinte, garantidos pela Constituição Federal, no rol dos direitos fundamentais.

Informação bibliográfica deste texto, conforme a NBR 6023:2002 da Associação Brasileira de Normas Técnicas (ABNT):

RODRIGUES, Marilene Talarico Martins. As garantias constitucionais do devido processo legal e da razoável duração do processo no Direito Tributário. *In*: SARAIVA FILHO, Oswaldo Othon de Pontes (Coord.). *Direito Tributário*: Estudos em tributo ao jurista Ives Gandra da Silva Martins. Belo Horizonte: Fórum, 2016. p. 173-190. ISBN 978-85-450-0154-6.

---

[16] *Razoável duração do processo*. Santo Amaro: Quartier Latin, 2006, p. 212.

PLANEJAMENTO TRIBUTÁRIO SOCIETÁRIO E EMISSÃO DE DEBÊNTURES

HELENO TAVEIRA TORRES

1 Emissão de debêntures e a elisão tributária

Quando certo negócio jurídico tem como resultado, ademais dos seus propósitos negociais, alguma redução da carga tributária sobre a operação – excetuado o descumprimento frontal da lei, como espécie de *evasão tributária* –, das duas, uma: ou o agente atua com autonomia privada, visando à economia de tributos, na forma de *planejamento tributário legítimo*, constituindo negócios válidos e dotados de causa jurídica (elisão), sejam estes típicos ou atípicos, indiretos ou fiduciários, formais ou não formais *(i)*; ou organiza negócios desprovidos de causa, ordenados para evitar a incidência da lei impositiva (elusão), sem qualquer confusão com a simulação *(ii)*, cuja materialidade depende da prova do pacto simulatório, que é a causa pretendida pelas partes, mas divergente dos atos praticados concretamente.

Conforme assentado no CARF, prova-se a *simulação* mediante conjunto probatório de indícios ou evidências. E quanto à materialidade a ser comprovada, a simulação pode ocorrer por meio de operações estruturadas em sequências, as quais, apesar de isoladamente aparentarem evidente legalidade, quedam-se prejudicadas pelo conjunto de operações. Diante disso, as provas devem demonstrar que os atos praticados tinham objetivo diverso daquele que lhes deveriam corresponder. Em tal situação, a Administração não pode sucumbir ao improviso ou à imprecisão, unicamente para fazer ver "simulação" onde persiste, quando muito, caso típico de "elusão" tributária, ou situação amparada em planejamento tributário legítimo.[1]

---

[1] Veja-se, por exemplo: "Ementa: DESCONSIDERAÇÃO DE ATO JURÍDICO – Devidamente demonstrado nos autos que os atos negociais praticados deram-se em direção contrária

Em face das características do sistema tributário brasileiro, que ratifica o princípio da estrita legalidade, formal e material, e expressamente veda o recurso à analogia para a exigência de tributos (art. 108, §1º, do CTN), a "interpretação econômica" aplicada ao direito tributário não tem cabimento, especialmente para atribuir à Administração alguma liberdade requalificadora de atos ou negócios jurídicos segundo os interesses arrecadatórios. Bem o demonstrou Sampaio Dória, ao descortinar a inadequação dos fatores éticos e econômicos para justificar a pretensão de exigir tributo sem a correspondente hipótese prevista em norma jurídica, sob pena de se instalar o arbítrio resultante da apreciação subjetiva de dados pré-jurídicos.[2]

O objeto da interpretação negocial ou societária, conforme a tradição das escolas do direito privado, é a declaração de vontade, a vontade objetivada. É isso o que se busca, como parâmetro de segurança sobre a verdade dos fatos. Considera-se que *vontade objetivada* é aquela que se pode demonstrar segundo os meios de provas admitidos pelo direito. A segurança do tráfico jurídico exige isso. E entre os elementos perenes de direito privado, no âmbito de qualquer contrato ou decisão societária, está a *forma*.

Nesse modelo hermenêutico é que será examinado o caso da *emissão de debêntures* em manifesta liberdade de autonomia privada e perfeitamente justificada por causa jurídica típica, que não se pode vir confundida com suposta integralização de capital e subsequente aumento de capital, a pretexto de desconsideração das operações realizadas.

---

a norma legal, com o intuito doloso de excluir ou modificar as características essenciais do fato gerador da obrigação tributária (art. 149 do CTN), cabível a desconsideração do suposto negócio jurídico realizado e a exigência do tributo incidente sobre a real operação. SIMULAÇÃO/DISSIMULAÇÃO – Configura-se como simulação, o comportamento do contribuinte em que se detecta uma inadequação ou inequivalência entre a forma jurídica sob a qual o negócio se apresenta e a substância ou natureza do fato gerador efetivamente realizado, ou seja, dá-se pela discrepância entre a vontade querida pelo agente e o ato por ele praticado para exteriorização dessa vontade, ao passo que a dissimulação contém em seu bojo um disfarce, no qual se encontra escondida uma operação em que o fato revelado não guarda correspondência com a efetiva realidade, ou melhor, dissimular é encobrir o que é. IRPJ – GANHO DE CAPITAL – Considera-se ganho de capital a diferença positiva entre o valor pelo qual o bem ou direito houver sido alienado ou baixado e o seu valor contábil, diminuído, se for o caso, da depreciação, amortização ou exaustão acumulada. MULTA AGRAVADA – Presente o evidente intuito de fraude, cabível o agravamento da multa de ofício prevista no inciso II, art. 44, da lei nº 9.430/96" (Acórdão nº 101-94771, 1ª CÂMARA, Data da Sessão: 11/11/2004, Relator: Valmir Sandri). Igualmente: Acórdão nº 104-21.498, Sessão de 23 de março de 2006.

[2] DÓRIA, Antônio Roberto Sampaio. *Elisão e evasão fiscal*. São Paulo: Bushatsky, 1977, p. 49.

Poderíamos supor que uma sociedade pudesse assumir o *custo do capital* investido unicamente a partir da singela diferenciação entre fontes de financiamento próprias e de terceiros. O *custo de capital*, porém, é algo mais complexo, geralmente dependente do cálculo dos *custos de oportunidade* (sócios ou acionistas), ao que o capital de terceiros (*weighted average cost of capital*)[3] pode ser uma opção a curto ou longo prazo, comparativamente com outras alternativas.

Decidir sobre aumento de capital, emprego de recursos em regime de juros sobre capital próprio, abertura de capital social, partes beneficiárias ou emissão de debêntures, entre outras, é uma decisão estratégica que leva em conta a exposição do risco e rentabilidade, mas, principalmente, a estratégia empresarial. Por isso, a prevalência de uma sobre a outra somente pode ser considerada se, de fato, a causa jurídica for absorvida pelo evento correlato.

Por isso, quando, por ocasião do início de alguma atividade empresarial os acionistas decidem, ao amparo da legalidade, qual a melhor opção para remunerar o capital, auspiciam segurança jurídica na *continuidade* do investimento, considerando, inclusive, entre outros aspectos igualmente importantes, a melhor rentabilidade possível, pela maximização dos lucros e distribuição de resultados. Compreende-se porque as empresas não podem deixar de perseguir a lucratividade, posto ser o fundamento principal da decisão de investir em uma ou outra aplicação.

A *forma* de lançamento de debêntures é rígida, mas a decisão sobre essa opção em face de outras sobre o financiamento societário só encontra limitação no ordenamento jurídico quanto ao que consta dos art. 52 a 73 da Lei nº 6.404/76. Fora desse quadro, há típico espaço de autonomia privada para a decisão societária. É a mais fidedigna aplicação do que dispõe o art. 107 do Código Civil: "A validade da declaração de vontade não dependerá de forma especial, senão quando a lei expressamente a exigir". Diante disso, a prova da vontade objetivada deve coincidir com o atendimento da prescrição legal, e a "causa" deve ser aquela efetivada pelas partes. Assim, somente se poderia falar de desconsideração fiscal se a forma não casasse com a realidade, com a evidência dos fatos promovidos.

Da estrutura à função do ato ou negócio jurídico, a *forma* cumpre seu papel. Não quer dizer que uma única estrutura formal possa

---

[3] *Passim*, ASSAF NETO, Alexandre. *Contribuição ao estudo da avaliação de empresas no Brasil.* Tese (Livre-Docência) – FEA-USP, Ribeirão Preto, 2004, p. 61.

cumprir a função de um dado negócio ou das operações societárias. Todavia, quando esta vem acompanhada de cumprimento efetivo dos dados contratuais estabelecidos, coincidentes com a previsão legal, como no caso das emissões de debêntures, formalizadas conforme os arts. 52 e ss da Lei nº 6.404/76, é evidente que a superação dessa forma por alguma suposição legal perde todo sentido.

A Lei nº 6.404/76, em todos os seus termos, regula e garante a finalidade lucrativa das sociedades, ao prever no seu art. 2º que "pode ser objeto (social) da companhia *qualquer empresa de fim lucrativo*, não contrário à lei, à ordem pública e aos bons costumes". E ainda esclarece, de modo objetivo, no §3º, que nada impede que a empresa se possa re-organizar, na sua estrutura societária inclusive, mediante participações societárias, de modo a poder gozar de algum *benefício fiscal, in verbis*: "A companhia pode ter por objeto participar de outras sociedades; ainda que não prevista no estatuto, a participação é facultada como meio de realizar o objeto social, ou para *beneficiar-se de incentivos fiscais*".

Tanto a Lei das Sociedades Anônimas quanto o Código Civil facultam ao administrador a escolha das opções mais rentáveis e menos custosas como forma de perseguir a função social da empresa.[4] Apenas para recordar, o Código Civil estabelece a exigência ética, vertida em termos jurídicos, segundo a qual "o administrador da sociedade deve-rá ter, no exercício de suas funções, o cuidado e a diligência que todo homem ativo e probo costuma empregar na administração de seus próprios negócios" (art. 1.011). E, para as sociedades anônimas, a Lei nº 6.404/76 prescreve ademais, no seu art. 158, que "o administrador não é pessoalmente responsável pelas obrigações que contrair em nome da sociedade e em virtude de ato regular de gestão; responde, porém, civilmente, pelos prejuízos que causar, quando proceder: I – dentro de suas atribuições ou poderes, com culpa ou dolo; II – com violação da lei ou do estatuto". Evidentemente que o Administrador não pode perseguir outros valores diversos das atividades que permitam melhor lucratividade e menor custo, sempre nos limites da legalidade, sob pena de eventualmente incorrer em responsabilidade pelos prejuízos causados pela má gestão.

Ora, a coerência do sistema nessa matéria requer adequada ponderação dos princípios constitucionais envolvidos, todos projetados a

---

[4]   Veja-se o estudo: BULGARELLI, Waldirio. Apontamentos sobre a responsabilidade dos administradores das companhias. *Revista de Direito Mercantil, Industrial, Econômico e Financeiro*, ano XXII, n. 50, p. 75-105, 1983.

garantir o direito ao lucro, como resultado do fundamento da livre-iniciativa, bem como o respeito às regras de direito privado que dispõem sobre o tratamento jurídico ao capital privado empregado na atividade produtiva. Justifica-se, assim, o direito de liberdade de escolha sobre os melhores métodos de remuneração do capital, entre os facultados pela lei, como exercício de autonomia privada na gestão do capital, que é o objeto do planejamento societário. Destarte, quando uma dada função negocial ou societária possa ser alcançada em virtude da forma adotada pelas partes, o que importa é verificar se há uma coerência normativa e a concretização dos atos praticados, para que seja possível garantir a manutenção do regime adotado e, consequentemente, a vedação plena de desconsideração da operação para efeitos fiscais.

A Autoridade Administrativa deve seguir a evolução do mundo negocial e não pode querer impor aos contribuintes o uso de formas ou tipos legais, segundo seus propósitos arrecadatórios. Sua desconsideração tem limites bem determinados no sistema constitucional vigente, pela composição dos princípios de legalidade, tipicidade e capacidade contributiva (objetiva e subjetiva), que só a permitirão nas hipóteses de ausência de funcionalidade e causa.

Em resumo, o uso livre ou vinculado de formas não é uma questão de discricionariedade legislativa ou arbítrio interpretativo, mas de atendimento aos anseios legais e constitucionais, para a perfeita adequação entre "forma" e "substância", e entre meio e fim, motivo pelo qual não se pode afirmar, em plenitude, que qualquer superação das formas legais seja, necessariamente, caso de nulidade, de simulação ou de incorreção. Diante disso, na presença de causa jurídica válida, que é a finalidade prática apreciável que se quer alcançar com um negócio,[5]

---

[5] Como afirma Rubino: "Los negocios indirectos responden a un fin último atípico o persiguen por vía indirecta simplemente el fin de un diverso negocio típico. En esta segunda hipótesis podrá discutirse la existencia de un negocio típico o de un contrato misto, según se dé la preferencia al negocio medio o al fin perseguido, o se consideren el uno y el otro sobre la base de igualdad; pero en ningún caso se podrá hablar de contrato innominado". E conclui mais adiante: "No pudiendo los negocios indirectos llamarse negocios innominados en general ni en particular, contratos mixtos, no queda para su calificación más que una sola solución, la de los negocios típicos". RUBINO, Domenico. *El negocio jurídico indirecto*. Madrid: Editorial Revista de Derecho Privado, 1953, p. 51-52, 64. Da mesma forma, Ascarelli, quando diz: "Há, pois, um negócio indireto sempre que as partes recorrem, no caso concreto, a um negócio determinado visando a alcançar, através dele, consciente e consensualmente, finalidades diversas das que, em princípio, lhe são típicas" (ASCARELLI, Tullio. O negócio indireto. *In*: ASCARELLI, Tullio. *Problemas das sociedades anônimas e direito comparado*. Campinas: Bookseller, 2001, p. 156); Cfr. CASTRO Y BRAVO, Federico. *El negocio jurídico*. Madrid: Civitas, 1997, p. 447.

ou seja, com execução efetiva dos atos formalmente promovidos, como previsto nos contratos e atos de deliberação social, não há cabimento para qualquer *requalificação administrativa* (arts. 114 e 116, I, do CTN). De outra banda, para que se possa aferir a ocorrência de *simulação* (art. 149, VII, do CTN), importaria apurar a existência de um efetivo negócio jurídico passível de se qualificar como pacto simulatório efetivado entre as partes. E tampouco a ausência de causa, suficiente para permitir a aplicação do parágrafo único do art. 116 do CTN, a título de controle da *elusão* tributária.

2 Debêntures: regime dos títulos de crédito – Causa, emissão e transmissão. Natureza de valor mobiliário e sua diferenciação com aumento de capital

Debêntures são títulos de crédito e, como tais, cártulas que revelam um direito de crédito contra a sociedade emitente, nos termos das condições estipuladas na escritura de emissão e no certificado.

Não existe na legislação societária brasileira qualquer imposição ou prevalência do aumento de capital de sociedades sobre a emissão de debêntures, sendo a opção integralmente livre, com vistas à distinção de finalidades, dos direitos e obrigações decorrentes, bem como da forma a ser atendida.

Desde a década de 1960, as debêntures são os valores mobiliários de maior difusão na prática das sociedades anônimas para captação de financiamentos, como previsto nos arts. 52 e seguintes da Lei nº 6.404/76, ademais da Lei nº 6.385/76 e atos normativos editados pela CVM.

Trata-se, pois, a debênture de algo diverso daqueles documentos determinantes de um direito de participação no capital social, como é o caso das ações. Estas não conferem direito de crédito, mas uma posição na condição de "sócio", da qual decorrem direitos, poderes ou deveres muitas vezes inconciliáveis com o intuito do negócio pretendido ou com o propósito de circularidade e transmissão do direito de crédito. Como ressalta Tullio Ascarelli, a ação ressalta um ato "declaratório da qualidade de sócio".[6]

Ora, a opção entre emitir debêntures ou promover aumento de capital encontra-se entre aquelas decisões típicas de liberdade assegurada pelo princípio de autonomia privada. Como bem sintetiza Tullio

---

[6] ASCARELLI, Tullio. *Teoria geral dos direitos de crédito*. São Paulo: Saraiva, 1943, p. 174.

Ascarelli: "o aumento de capital é facultativo: é a própria assembléia que deve apreciar a oportunidade do aumento e a medida deste".[7] Ou como aludem Sérgio de Iudicibus, Eliseu Martins e Ernesto Gelbcke:[8]

> As debêntures, como as ações, fornecem para a companhia recursos a longo prazo para financiar suas atividades. A diferença é que, enquanto as ações são títulos de participação, as debêntures são títulos que deverão ser liquidados quando do seu vencimento, podendo a companhia emitente reservar-se o direito de resgate antecipado.

O propósito negocial (causa) da debênture é a captação de recursos, por meio de empréstimos decorrentes de financiamentos com capital próprio ou de terceiro, geralmente de longo prazo, para permitir que a sociedade possa promover investimentos, ampliações, pagar credores ou outro fim.

Ademais disso, pelo princípio da tipicidade dos títulos de crédito, faz-se necessário entender que às debêntures aplicam-se idênticos regimes de documentação, autonomia e literalidade dos demais títulos.

O *título de crédito* é a afirmação da exigência de *circulação* facilitada do capital, cuja obrigação há de ser honrada com o patrimônio do emitente. Para tanto, a forma geralmente é prevista em lei, haja vista o caráter de *documentação* do crédito, para que se tenha, pela comprovação da titularidade e do objeto, perpetuados no tempo a confiabilidade e o direito representado, cuja certificação da existência revela-se pela chamada *cartularidade*.

O título de crédito, em vista desse aspecto *documental*, foi definido por Vivante como "um documento necessário para o exercício *literal* e *autônomo* que nele é mencionado". *Documental* porque deve vir amparado em uma base cartular que lhe servirá de expressão; *literal* porque existirá nos limites do teor descrito como direito de crédito; e *autônomo* porque sua posse designará o exercício de um direito próprio, de boa-fé, sem qualquer vínculo com as situações que antecederam sua emissão.[9]

A *documentação* equivale à própria essência das modalidades de "títulos de crédito", quanto à sua forma, predisposta para consubstanciar

---

[7] ASCARELLI, Tullio. *Problema das sociedades anônimas e direito comparado*. Campinas: Bookseller, 2001, p. 617.

[8] IUDICIBUS, Sérgio de; MARTINS, Eliseu; GELBCKE, Ernesto Rubens. *Manual de contabilidade das sociedades por ações*. 4. ed. São Paulo: Atlas, 1995, p. 353.

[9] Cf. BORGES, João Eunápio. *Títulos de crédito*. Rio de Janeiro: Forense, 1971, p. 12 e ss.

um dado direito, como visto por Ascarelli.[10] Não há título de crédito desprovido da sua cártula, à qual se vincula o direito creditício. Somente com sua exibição exerce-se, de algum modo, o direito ao crédito que corporifica. Em síntese, o título de crédito, na sua forma documental, *autonomiza* a declaração nele incorporada para *(i)* permitir a circulação da riqueza[11] que contempla e *(ii)* garantir segurança jurídica aos envolvidos nas operações de emissão, transmissão e liquidação. Eis porque *cartularidade, literalidade* e *autonomia* são seus pressupostos indispensáveis.[12] A *literalidade* corresponde à determinação substantiva do direito de crédito, pela indicação do seu conteúdo,[13] extensão e modalidade, como diz Messineo.[14]

Diante disso, a forma do título é a tradução pública da substância do crédito que documenta. A *literalidade* do título equivale a essa determinação positiva dos limites materiais do direito de crédito e da obrigação ajustada entre as partes, nem mais nem menos (principal, juros e outras despesas). O que não estiver contido na cártula não poderá ser reivindicado a qualquer tempo. Eis, pois, a necessária coincidência entre substância e forma que lhes são inerentes.[15]

Há diversas hipóteses de "valores mobiliários", representativos de obrigações societárias, também expressos documentalmente, os quais não se confundem com os "títulos de crédito", na medida que estes não têm natureza de participação no capital de determinada sociedade. Como dizia Tulio Ascarelli, o título de crédito é documental, mas um documento tipicamente destinado à *circulação do crédito*. Destarte, as obrigações societárias podem ser expressões típicas de títulos, mas nunca o serão quando representativas do capital social, a exemplo das ações. A *debênture* deriva da autorização legal para que as sociedades possam emitir títulos de crédito, como espécie de negócio jurídico unilateral. Não é *ação*, porque não equivale a parte do capital social; tampouco se origina de contrato de *mútuo*, porquanto este seja espécie

---

[10] ASCARELLI, Tullio. *Teoria geral dos direitos de crédito*. São Paulo: Saraiva, 1943, p. 46.

[11] Cf. SILVA, Américo Luís Martins da. *As ações das sociedades e os títulos de crédito*. Rio de Janeiro: Forense, 1995, p. 63.

[12] Código Civil, "Art. 887. O título de crédito, documento necessário ao exercício do direito literal e autônomo nele contido, somente produz efeito quando preencha os requisitos da lei".

[13] Código Civil, "Art. 889. Deve o título de crédito conter a data da emissão, a indicação precisa dos direitos que confere, e a assinatura do emitente".

[14] MESSINEO, Francesco. *I titoli di credito*. Padova: CEDAM, 1964, p. 8; FERRI, Giuseppe. *Tittoli di credito*. 2. ed. Torino: UTET, 1965, 226 p.

[15] ASCARELLI, Tulio. *Teoria geral dos direitos de crédito*. São Paulo: Saraiva, 1943, p. 71.

de negócio bilateral. O emissor das debêntures aperfeiçoa o seu ato unilateral com a subscrição e, a partir desta, o debenturista (destinatário da oferta – capital próprio ou de terceiro), com manifestação da respectiva anuência aos termos do certificado, passa a ter direito ao valor que esteja declarado na emissão, após a assinatura do boletim de subscrição. Segundo o inciso I do art. 2º da Lei nº 6.385/76, com alterações da Lei nº 10.303, de 31/10/01, entre os títulos qualificados como *valores mobiliários* encontram-se as debêntures, podendo a emissão ser pública ou privada.[16] No caso de a subscrição vir dirigida a pessoas determinadas, geralmente o risco é diferenciado e maior do que aquele existente nas emissões públicas. Estas, necessariamente, devem ser registradas na CVM. Porém, como bem observa Nelson Eizirik, sequer o controle da CVM pode chegar a exercer exame sobre o mérito do empreendimento econômico que a companhia pretende realizar com os recursos captados mediante a emissão dos títulos.[17]

Com a *subscrição*, tem-se a entrada no mundo jurídico do título. A sua eficácia, como explica Pontes de Miranda, dependerá do ato de *emissão*, que é o ato de o subscritor (emitente) pôr determinado título de crédito em circulação,[18] fundado em necessária irrevogabilidade da promessa, para transferir a outrem (adquirente) o título subscrito e emitido, ao qual se vincula com o dever de cumprir o prometido.

"Emissão é o lançamento do título ao portador", sintetiza Pontes de Miranda,[19] o ato pelo qual o título deixa os domínios do emitente e passa a outras mãos, mediante assunção de obrigações pecuniárias próprias. Ela decorre do ato unilateral de subscrição, que é uma disposição de vontade do próprio patrimônio. A seguir, o subscritor assume o dever legal de irrevogabilidade da declaração relativa ao crédito.

A condição para permitir a *circulação* do direito é o contrato bilateral entre os possuidores e os adquirentes. E a "causa" jurídica do negócio de transmissão do título é a disponibilidade do título e o conteúdo creditício que este possui, passível de exigibilidade ao seu

---

[16] MATTOS FILHO, Ary Oswaldo. O conceito de valor mobiliário. *Revista de Direito Mercantil, Industrial, Econômico e Financeiro*, São Paulo, n. 59, p. 33, 1985; Cf. EIZIRIK, Nelson; PARENTE, Flávia. Ampliação do conceito de valor mobiliário no direito brasileiro. *Revista da Comissão de Valores Mobiliários*, n. 27, p. 24, 1998.

[17] EIZIRIK, Nelson. *Temas de Direito Societário*. Rio de Janeiro: Renovar, 2005, p. 393.

[18] Quanto à diferenciação entre subscrição e emissão, veja-se: ASCARELLI, Tullio. *Problemi in tema di titoli obbligazionari*. Milano: Giuffrè, 1951, p. 33 e ss.

[19] MIRANDA, F. Cavalcanti Pontes de. *Tratado de direito privado*: direito das obrigações: títulos ao portador. 3. ed. São Paulo: Revista dos Tribunais, 1984, t. XXXIII, p. 148.

tempo, conforme sua literalidade e autonomia. Essa *transferência* é decorrência natural do *princípio de circulação* dos títulos de crédito.[20] Como diz Pontes de Miranda, "no título ao portador, o elemento real, a posse do título constitui não só elemento necessário como suficiente à eficácia do negócio jurídico. A *tradição*, por si só, serve e basta à ambulatoriedade do título".[21]

Como os demais bens suscetíveis de transmissão de propriedade, os títulos ao portador podem ser alienados. Por isso, fala-se no mercado secundário das debêntures, após a respectiva subscrição pelo debenturista (mercado primário), a partir do qual podem surgir distintos atos de transmissão do título representativo do crédito contra o subscritor da dívida assumida. A cada novo possuidor na cadeia de *circularidade* do título transmite-se a promessa do subscritor relativa ao cumprimento da obrigação assumida (*autonomia*[22]), nos termos da *literalidade* representada no documento.

Quanto à forma e pagamento, a subscrição pode ser realizada à vista ou parceladamente, como esclarece Nelson Eizirik: "não há, em princípio, impedimento à colocação de debêntures nominativas ou escriturais com pagamento parcelado". E a própria CVM não impõe qualquer limitação ao pagamento em parcelas, sequer nos casos de subscrição vinculada a cumprimento de cronograma de execução de obras.[23]

Ressalta-se aqui, como demonstrado à exaustão, ser plenamente legítimo o direito de emitir debêntures, conforme a condição estabelecida nos documentos de emissão, afastadas as dificuldades relativas à integralização de capital social, com preferência sobre a assunção de direitos e obrigações decorrentes, e, assim, optar por subscrições privadas de debêntures, que podem ser transmitidas a terceiros, além de possuírem todas as demais vantagens relativas ao custo do financiamento.

---

[20] Código Civil, "Art. 893. A transferência do título de crédito implica a de todos os direitos que lhe são inerentes".

[21] MIRANDA, F. Cavalcanti Pontes de. *Tratado de direito privado:* direito das obrigações: títulos ao portador. 3. ed. São Paulo: Revista dos Tribunais, 1984, t. XXXIII, p. 68.

[22] Cf. PANZARINI, Giovanni. *Autonomia e circolazione Nei titoli di credito nominativi e al portatore.* Milano: Giuffrè, 1969, 109 p.; CARNELUTTI, Francesco. *Teoria giuridica della circolazione.* Padova: CEDAM, 1933, p. 30 e ss.

[23] EIZIRIK, Nelson. *Temas de Direito Societário.* Rio de Janeiro: Renovar, 2005, p. 393-4.

2.1 Emissão de debêntures e participação no capital: entre os regimes tributários de sócios, de credores de JSCP e de debenturistas

Os sistemas de tributação de praticamente todos os países distinguem, para efeito de tributação dos lucros das empresas, os contribuintes individuais das sociedades, com regimes definidos conforme os esquemas societários típicos. O atual modelo adotado no Brasil para tratamento das participações societárias faz ver que a opção por emissão legítima de debêntures é algo plenamente válido, inclusive quando se trata de adquirente típico de capital próprio, por não haver qualquer impedimento para a subcapitalização.

Como sabido, a retribuição do capital de sócio ou acionista qualifica-se como *dividendo*, a ser distribuído segundo os lucros auferidos pela empresa,[24] geralmente como parte do lucro líquido disponível para os sócios, e autorizado de forma *autônoma*, conforme previsão do contrato social, ou *obrigatória*, nos termos da lei, a título de partilha do rendimento auferido pelo aumento patrimonial verificado, nos limites das reservas legais.[25]

Com análise detida sobre autores americanos, especialmente o Relatório de McLure,[26] Henry Tilbery foi o primeiro a trazer para o Brasil o estudo mais completo sobre os métodos de tributação do capital.

Entre outros, os modelos mais importantes de tratamento dos lucros das sociedades são os seguintes: I) método de tributação das sociedades de pessoas (*the Partnership Method*); II) *métodos de integração parcial* (*Partial Integration Methods*), que se divide nos seguintes tipos: i) alíquota diferenciada (*Split Rate Method*), ii) exclusão dos dividendos recebidos (*Dividend Received Exclusion*), iii) crédito dos dividendos recebidos (*Dividend Received Credit*), iv) método da dedução dos dividendos pagos (*Dividend Paid Deduction*), v) método da retenção (*Withholding Method*); III) métodos de integração total (*Full Integration Methods*), cujas espécies são: a) eliminação da tributação das pessoas jurídicas em separado e tributação nas pessoas físicas dos lucros distribuídos e dos ganhos de capital quando acrescidos; e b) distribuição de lucros e atribuição dos lucros retidos (*Distribution and Allocation*).

---

[24] TEIXEIRA, Egberto Lacerda; GUERREIRO, José Alexandre Tavares. *Das sociedades anônimas no Direito brasileiro*. São Paulo: Bushatsky, 1979, p. 583 e ss.

[25] Cfr. PITA, Manuel Antonio. *Direito aos lucros*. Coimbra: Almedina, 1989, p. 58;

[26] McLURE JR., Charles E. *Must Corporate Income Be Taxed Twice?*: A Report of a Conference Sponsored by the Fund for Public Research and the Brookings Institution. Brookings Institution Press, 1979. 262 p.

O Brasil atualmente aplica dois desses métodos: (i) para os *dividendos* propriamente ditos, uma *integração total*, pelo método da *eliminação da tributação das pessoas jurídicas em separado e tributação nos acionistas dos lucros distribuídos* e; (ii) para os *Juros sobre Capital Próprio* – JSCP, o método da *dedução dos dividendos pagos (Dividend Paid Deduction)*, pelo qual a pessoa jurídica pode deduzir da base de cálculo dos lucros tributáveis JSCP que serão pagos, como espécie de integração parcial.[27]

Os *dividendos propriamente ditos* são distribuídos com bases nos lucros auferidos pela empresa, após estes terem sido submetidos ao regime ordinário de tributação sobre a renda, e sem possibilidade para qualquer forma de dedução no balanço. E como no nosso sistema de tributação dos atos de distribuição dos lucros ou dividendos[28] não há incidência, pelo art. 10 da Lei nº 9.249/95, bem como nos atos de percepção pelo acionista ou quotista, confirma-se uma perfeita neutralidade fiscal nesta matéria e adoção ao modelo de integração total. Como visto, cuida-se de sistema de incentivo ao fortalecimento das políticas de dividendos, em favor da formalização das empresas e investimentos em atividades produtivas.

E como não poderia ser diferente, é legítima a plena liberdade do planejamento societário para a tomada de decisões sobre aumento de capital, reinvestimento de lucros ou endividamento, usando de tomadas de empréstimos a sócios ou financiamento mediante emprego de capital proveniente de terceiros, tudo segundo a liberdade de deliberações.

Deveras, a formação e funcionamento de uma empresa envolve um conjunto muito complexo de *fatos financeiros* que podem ser determinados em dois momentos bem específicos: o da *capitalização*, quando

---

[27] Noé Winkler reconhece similar efeito de dividendo, ao mencionar da importância do regime de JSCP: "introduziram-se compensações, atenuantes da carga fiscal, destacando-se a redução da alíquota de 25% para 15%; *a integração tributária na incidência sobre lucros e dividendos, estabelecendo-se unicidade – pessoa jurídica/pessoa física, com a tributação exclusiva desses rendimentos na empresa, isentando-os quando do recebimento pelos beneficiários* – na fonte ou na declaração de ajuste anual; e, como destaque importante, a *dedução* de juros a título de remuneração do capital próprio" (grifamos). WINKLER, Noé. *Imposto de Renda*. 2. ed. Rio de Janeiro: Forense, 2002, p. 517.

[28] Lei nº 9.249/95, art. 10: "Os lucros ou dividendos calculados com base nos resultados apurados a partir do mês de janeiro de 1996, pagos ou creditados pelas pessoas jurídicas tributadas com base no lucro real, presumido ou arbitrado, não ficarão sujeitos à incidência do imposto de renda na fonte, nem integrarão a base de cálculo do imposto de renda do beneficiário, pessoa física ou jurídica, domiciliado no País ou no exterior.
Parágrafo único. No caso de quotas ou ações distribuídas em decorrência de aumento de capital por incorporação de lucros apurados a partir do mês de janeiro de 1996, ou de reservas constituídas com esses lucros, o custo de aquisição será igual à parcela do lucro ou reserva capitalizado, que corresponder ao sócio ou acionista".

da formação do capital social, na constituição da sociedade, e aqueles do *financiamento*, de condução do capital das suas fontes para o patrimônio da sociedade, surgidos no decurso de seu funcionamento, com a finalidade de ampliar a atividade econômica da empresa e produzir lucros. Essa decisão sobre financiar-se com capital próprio ou mediante investimentos de terceiros, como dito antes, não é, de longe, uma decisão fundada em interesses de aproveitamento de alguma vantagem fiscal, uma vez que tem efeitos imediatos sobre o *valor da empresa* e dos resultados distribuídos, como o preço das ações ou mesmo do crescimento do lucro líquido da entidade.

Não se questiona, evidentemente, sobre a liberdade de financiamento do capital social pelos próprios sócios. Seria algo absurdo querer ver nisto justificativa para promover alguma desconsideração, à suposição de que o investimento dos próprios sócios deva ocorrer unicamente a título de aumento de capital social.

Todas as obras de Administração Financeira demonstram que as alterações de estrutura de capital beneficiam os acionistas ou quotistas somente se houver aumento do *valor da empresa*.[29] Os autores americanos Franco Modigliani e Merton Miller[30] sustentaram a invariabilidade do valor dos títulos em função da estrutura do capital. Cabe, pois, aos administradores elegerem a estrutura de capital mais favorável ao incremento de valor para a empresa, para maximizar a riqueza do acionista. Essa é a razão pela qual a escolha entre financiamento mediante investimento de terceiros ou por capital próprio encontra-se em espaço de franca liberdade, como é o caso de se evitar os riscos da variação da economia e das próprias taxas de juros encontradas no mercado.

Trata-se de decisão fundada na autonomia privada, onde a intervenção estatal deve ser mínima, pelas afetações à própria condução dos negócios e da atividade produtiva, como bem esclarece Mauro Rodrigues Penteado:[31]

---

[29] ROSS; WESTERFIELD; JAFFE. *Administração financeira*. São Paulo: Atlas, 2002, p. 320 e ss; veja-se ainda: BREALEY, Richard A.; MYERS, Stewart C. *Princípios de finanças empresariais*. Lisboa: McGraw-Hill, 1998, p. 415 e ss; GITMAN, Lawrence J. *Princípios de administração financeira*. São Paulo: Harbra, 2002, p. 431 e ss; CHEW Jr, Donald H.; STEWART, Stern & Co. *The new Corporate Finance: where Theory Meets Practice*. 3. ed. Boston: Mc Graw-Hill, 2000.

[30] MODIGLIANI, F.; MILLER, M. The Cost of Capital, Corporation Finance and the Theory of Investment. *The American Economic Review*, v. 48, n. 3, p. 261-297, 1958; ____. Corporate Income Taxes and the Cost of Capital: A Correction. *The American Economic Review*, v. 33, n. 3, p. 433-443, 1963.

[31] PENTEADO, Mauro Rodrigues. *Aumentos de capital das sociedades anônimas*. São Paulo, Saraiva, 1988, p. 37.

A fixação do capital inicial de uma sociedade, assim como as decisões subseqüentes de modificá-lo, constituem algumas daquelas matérias em que o legislador deve reduzir ao mínimo sua intervenção, limitando-a às regras indispensáveis à tutela dos interesses envolvidos. Neste campo não se pode deixar de reconhecer a preponderância da atuação livre do empresário, enquanto agente do sistema econômico. (...) E seguramente por essas razões que o legislador pouco intervém nesta matéria, erigindo a liberdade dos fundadores em determinar o capital inicial como regra geral, no âmbito da legislação societária.

A *capitalização* de uma sociedade consiste no *ato ou efeito de constituir capital financeiro no seu patrimônio,* para possibilitar seu financiamento e compor o ativo patrimonial.[32] Após sua constituição, a empresa, para que possa dar continuidade ao seu funcionamento quando a respectiva capitalização tenha sido insuficiente ou as atividades passem a exigir maior volume de valores, deverá buscar *financiamentos,* que podem ter origem em *fontes externas,* como empréstimos de terceiros, ou de fontes internas, como é o caso do capital próprio dos sócios ou acionistas, ademais do reinvestimento e semelhantes.

Conforme resume Mauro Rodrigues Penteado, as modalidades de aumento de capital societário, que ocorrem com ou sem ingresso de recursos na companhia, podem ser classificados como *nominais* (i), cujo melhor exemplo é a *correção monetária* do capital social, bem como a *capitalização de lucros ou reservas;* ou como *reais* (ii), representados pelos elementos resultantes da conversão de debêntures em ações (a); decorrentes do exercício de direitos conferidos por bônus de subscrição ou opção de compra de ações (b); ou os efetuados mediante a subscrição de novas ações (c), com integralização em dinheiro ou bens, ou ainda mediante a capitalização de créditos dos subscritores.[33]

É fundamental recordar que a *modificação do Capital Social* reclama diversos procedimentos e rigores que nem sempre são fáceis de adimplir, a depender do tipo da empresa e da sua composição societária.

A Lei nº 6.404/76, nos arts. 166 a 170, autoriza o aumento de capital nas seguintes hipóteses:

a) para correção da expressão monetária do seu valor, quando a reserva de capital constituída por ocasião do balanço de encerramento do exercício social resulta da correção monetária do capital realizado;

---

[32] Para maiores considerações, veja-se: PEDREIRA, José Luiz Bulhões. *Finanças e demonstrações financeiras da companhia:* conceitos fundamentais. Rio de Janeiro: Forense, 1989, p. 317.

[33] *Ibidem,* p. 33.

b) para emissão de ações dentro do limite autorizado no estatuto;
c) por conversão, em ações, de debêntures ou parte beneficiárias e pelo exercício de direitos conferidos por bônus de subscrição, ou de opção de compra de ações;
d) segundo autorização para aumento do capital social independentemente de reforma estatutária; ou, nos casos de reforma do estatuto social, no caso de inexistir autorização de aumento, ou de estar a mesma esgotada;
e) por meio de Capitalização de Lucros e Reservas, a importar alteração do valor nominal das ações ou distribuições das ações novas, correspondentes ao aumento, entre acionistas, na proporção do número de ações que possuírem;
f) para aumento mediante subscrição pública ou particular de ações, depois de realizados 3/4 (três quartos), no mínimo, do capital social.

Desse modo, a depender do grau de financiamento mediante empréstimos, com ou sem capital próprio, a empresa, na sua estrutura de capital, poderá passar da capitalização à *subcapitalização*, o que decorre da opção de financiamento com capital próprio[34] ou de terceiros em montante relevante em relação àquele do capital investido na constituição, majorado por meio de reinvestimentos ou mesmo mediante aumento de capital.

Como observa Bulhões Pedreira,[35] no Brasil não há regras que estabeleçam limites para o endividamento da empresa. Mesmo no caso

---

[34] ARNOLD, Brian J. Deductibility of Interest and other Financing Charges in Computing Income. *Cahiers de droit fiscal international*. Rotterdam: Kluwer/IFA, 1995, v. LXXIXa, Toronto – 1994, p. 489-541; CARVALHOSA, Modesto; LATORRACA, Nilton. *Comentários à lei de sociedades anônimas*: Lei nº 6.404, de 15 de dezembro de 1976. 2. ed. São Paulo: Saraiva, 1998, 4 v.; OLIVEIRA, José Marcos Domingues de. Enquadramento fiscal da subcapitalização das empresas – Brasil. *XIX Jornadas Latino-Americanas de Direito Tributário – Relatórios Nacionais*, Lisboa: AFP/ILADT, 1998, livro 3, p. 9-20; PAPARELLA, Franco. Finanziamenti dei soci: dalla presunzione di fruttuosità alla presunzione di investimento. *Rivista di diritto tributario*, Milano: Giuffrè, a. 5, v. II, p. 1096-1106, 1995; PILTZ, Detlev J. International Aspects of thin Capitalization. *Cahiers de droit fiscal international*. Rotterdam: Kluwer/IFA, 1995, v. LXXXIb; PISTONE, Antonio. *La tassazione degli utili distribuiti e la thin capitalisation*: profili internazionali e comparati. Padova: CEDAM, 1994, 429 p.; SCHWARTZ, Robert J.; SMITH JR., Clifford W. *The Handbook of Currency and Interest Rate Risk Management*. New York: NY Institute of Finance, 1990; TORRES, Heleno Taveira. Enquadramento fiscal da subcapitalização das empresas. *XIX Jornadas Latino-Americanas de Direito Tributário – Relatórios Nacionais*, Lisboa: AFP/ILADT, 1998, livro 3, p. 21-59; XAVIER, Alberto. Natureza jurídico-tributária dos "juros sobre o capital próprio" face à lei interna e aos tratados internacionais. *Revista dialética de direito tributário*, n. 21, p. 7-11, jun. 1997;

[35] PEDREIRA, José Luiz Bulhões. *Finanças e demonstrações financeiras da companhia*: conceitos fundamentais. Rio de Janeiro: Forense, 1989, p. 433.

da *emissão de debêntures*, cujo valor de face não pode ultrapassar o capital social, por restrição de leis especiais, ou se houver garantias reais próprias ou de terceiros, não há restrição para outros que sejam admitidos pelas partes envolvidas, como no caso do pagamento do prêmio.

Em confirmação ao quanto anteriormente vê-se examinado, em 13 de abril de 2005, foi analisado pelo então Conselho de Contribuintes o recurso da Vasco da Gama Licenciamentos S/A, atual Crisco Empreendimentos S/A, processo 18471.002941/2002-77, Acórdão nº 107-08.029. Naquela oportunidade, a Sétima Câmara do Primeiro Conselho de Contribuintes deu provimento ao recurso, para afastar a glosa das despesas decorrentes da amortização de debêntures. O auto de infração apontou que a emissão de debêntures teria sido ato simulado, uma vez que os recursos ingressados na companhia emissora pertenciam antes aos seus próprios acionistas. Não obstante, o voto do Conselheiro Relator Luiz Martins Valero concluiu que essa acusação não tinha sustentação fática. Reconheceu, também que: "O outro argumento da fiscalização – de que a desproporção entre o capital de risco próprio e o capital de risco de terceiros representado pelas debêntures e o fato de referidos títulos terem sido negociados no âmbito de empresas e pessoas ligadas à VGL – não é suficiente para a descaracterização do negócio contratado, pois, não há dispositivo na legislação tributária que regule desproporção entre capital próprio e capital de terceiros, até porque o resultado fiscal tende a se igualar no tempo". E, adiante, conclui pela inexistência de simulação ou fraude à lei: "De simulação não se trata, os atos foram registrados e declarados tal como praticados e queridos". Esse precedente ajusta-se perfeitamente aos casos nos quais as debêntures tenham sido adquiridas por empresa do mesmo grupo quando a intenção das partes restar coerente com os atos praticados, registrados e declarados, como expressão da liberdade de organização, de financiamento com capital próprio e atendimento das formas de direito privado em que o Direito Tributário não impõe qualquer alteração de efeitos.

A legislação de juros de capital próprio é um exemplo de escolha do *melhor método de financiamento da empresa* (de capital próprio), posto que desprovido dos riscos gerados por financiamentos de terceiros (empréstimos e semelhantes) ou alavancagens da empresa na ampliação do capital investido. Como se depreende, o Administrador da empresa é livre para escolher, dentre as opções do direito privado, a forma de financiamento que seja mais adequada e benéfica à empresa, desde que presente "causa jurídica" válida para os atos que pretenda praticar.

2.2 A causa jurídica como limite da ação fiscal e a manutenção do regime de direito privado quando norma tributária não estipula tratamento diverso (aplicação do art. 109 do CTN)

Vimos anteriormente o regime de debêntures e aquele do aumento de capital, com evidências sobre a mais inconteste liberdade de opção para o financiamento de sociedades. Passamos agora a examinar o regime tributário dessas manifestações livres de vontade, desde que atendidos os requisitos da causa e da finalidade negocial.

O princípio da *vinculatividade* administrativa, ou como prefere Alberto Xavier, o princípio de preeminência,[36] exige submissão de todos os atos administrativos ao império da vontade legislativa (ex., art. 37, CF), afinal, a vontade da Administração não é inovadora da ordem jurídica.

Como antecipado, quando a lei exige forma *ad substantiam actus*, surge o problema de estabelecer um racional equilíbrio entre tal "substância" e a "forma" usada.[37] As debêntures têm forma rigorosa para sua emissão e disso resulta toda uma atenção especial para o reconhecimento da sua efetividade e manutenção quando suas modalidades coincidem com o tipo negocial, mesmo que a forma de remuneração seja atípica ou incomum. Justifica-se, assim, estabelecer a *objetivação da vontade* do órgão emissor. *Vontade objetivada* é a vontade que se pode provar, que é demonstrável segundo os meios de provas admitidos pelo direito, conforme já foi dito. A segurança do tráfico jurídico exige isso.

O Código Tributário Nacional reservou dispositivos exclusivos para as implicações entre Direito Tributário e Direito Privado. Trata-se do art. 109 do CTN, segundo o qual:

> Os princípios gerais de direito privado utilizam-se para pesquisa da definição, do conteúdo e do alcance de seus institutos, conceitos e formas, mas não para definição dos respectivos efeitos tributários.

Seja qual for a preferência hermenêutica que se adote, algo é inequívoco: a *definição*, o *conteúdo* e *alcance de institutos, conceitos e formas*

---

[36] XAVIER, Alberto. *Os princípios da legalidade e da tipicidade da tributação*. São Paulo: RT. 1978, p. 14.

[37] Cfr. CIAN, Giorgio. *Forma solenne e interpretazione del negozio*. Padova: CEDAM, 1969, 215 p.; CORREIA, A. Ferrer. *Erro e interpretação na teoria do negócio jurídico*. Coimbra: Almedina, 1985, 315 p.

de direito privado serão sempre preservados quando, sobre estes, o Direito Tributário não disponha de modo diverso, regulando, pois, diferentemente, os seus efeitos.

Aliomar Baleeiro atesta a pretensão do legislador em garantir o "primado do direito privado" em detrimento das regras de direito tributário, mas limitadamente ao universo das relações entre particulares, naquilo que o Direito Tributário não dispusesse de modo diverso. Nas suas palavras: "o Direito Tributário, reconhecendo tais conceitos e formas, pode atribuir-lhes expressamente efeitos diversos do ponto de vista tributário".[38]

Ou seja, unicamente quando o Direito Tributário regular uma determinada seara com modificações de tratamento e que estas tenham implicações sobre institutos, conceitos ou formas do direito privado, prevalecerão os efeitos adotados estritamente para os fins do primeiro sobre aqueles, naquilo que for excetuado. Quando não houver disposição diversa, portanto, prevalecerão os seus institutos e formas jurídicas para todos os efeitos, inclusive os de natureza tributária.

É nessa tarefa de identificação dos efeitos dos elementos fundamentais do tratamento jurídico aplicado a algum fato ou instituto do direito que se impõe analisar a "causa" do ato ou do negócio jurídico, como medida adequada de identificação, qualificação e interpretação do seu conteúdo juridicizado. Por isso, ao conferir tal individualidade ao ato ou negócio jurídico, revela-se como um importante e inafastável elemento para o procedimento de interpretação, especialmente para os fins de aplicação de normas de Direito Tributário, que tomam o negócio jurídico como "fato", para fins de subsunção deste à hipótese normativa de um dado imposto.

3 A emissão de debêntures e capital próprio: entre financiamento com juros, JSCP e aumento de capital

O *capital dos sócios*, investido em qualquer empresa, não se substitui por *juro* apenas pelo aspecto formal da *dedutibilidade* da despesa relativa ao pagamento deste. Esse é um equívoco sem par. As opções pelo *capital de risco* são assumidas precipuamente por razões econômicas.

---

[38] BALEEIRO, Aliomar. *Direito Tributário brasileiro* (Anotado por Misabel de Abreu Machado Derzi). 11. ed. Rio de Janeiro: Forense, 1999, p. 685.

Outra alternativa seria a assunção de *mútuo* com terceiros, mediante o pagamento de juros de mercado, o que implicaria um endividamento sobremodo oneroso para qualquer empresa. Nesses contratos, a legislação de direito privado contempla a chamada *taxa legal* do regime comum e *juros moratórios;*[39] e as instituições financeiras, por autorização legal, estabelecem livremente as taxas, pelas regras de mercado.

Teríamos, ainda, no emprego de capital próprio, os *Juros sobre Capital Próprio* – JSCP, sendo que estes possuem limitações para pagamentos unicamente quando houver lucros no período, dentro do espaço de distribuição da parcela autorizada, sujeita a taxa de juros baseada em TJLP, o que os torna, igualmente, uma opção custosa e demorada.

Como sabido, em espaço de plena liberdade, o sistema jurídico brasileiro coloca à disposição dos sócios ou acionistas de sociedades uma tripla opção de financiamento com capital próprio, segundo a "causa" eleita *inter pars*, a saber:

i) como empréstimos de capital próprio, mediante cobrança de "juros", como medida de "remuneração do capital próprio" investido, que não se confunde com as modalidades ordinárias de empréstimos.

ii) como integralização ou aumento de capital, do que decorreriam dividendos cujo pagamento não pode ser dedutível e são sujeitos a hipótese de isenção tributária sobre os atos de distribuição;

iii) como investimento *de capital próprio* – ao que a remuneração não passa de uma espécie de "dividendo dedutível" (JSCP), de distribuição opcional, passível de conversão em dividendos obrigatórios, sujeito a reservas legais e que se submete a uma tributação com incidência única na fonte (exclusiva ou por antecipação).

Poderíamos mencionar ainda as chamadas "Partes Beneficiárias". Estas são títulos de crédito que podem ser criados por qualquer companhia, exceto pelas *sociedades por ações*, haja vista a vedação da

---

[39] Cf. Código Civil vigente: "Art. 406. Quando os juros moratórios não forem convencionados, ou o forem sem taxa estipulada, ou quando provierem de determinação da lei, serão fixados segundo a taxa que estiver em vigor para a mora do pagamento de impostos devidos à Fazenda Nacional. Art. 407. Ainda que se não alegue prejuízo, é obrigado o devedor aos juros da mora que se contarão assim às dívidas em dinheiro, como às prestações de outra natureza, uma vez que lhes esteja fixado o valor pecuniário por sentença judicial, arbitramento, ou acordo entre as partes".

Lei nº 10.303/01. Quanto à cartularidade, são títulos negociáveis sem valor nominal, estranhos ao capital social e que conferem aos seus titulares direito de crédito eventual contra a companhia, consistente na participação nos lucros anuais (artigo 46, da Lei nº 6.404/76), mas restrita sua participação a 0,1 (um décimo) dos lucros. Os títulos cuja emissão se restringirá a uma única classe ou série, podem ser negociados pela empresa ou cedidos gratuitamente a empregados ou clientes "como remuneração de serviços prestados à companhia" (art. 47 da Lei nº 6.404/76). O único direito que o detentor desses títulos tem é a participação nos lucros, que não poderá ser superior a um décimo do lucro apurado, como assinalado.

No que concerne ao regime fiscal dos pagamentos de juros entre *pessoas jurídicas* submetidas ao lucro real, estes não são ordinariamente tributados na fonte, mas integram a receita das beneficiárias para apuração do eventual lucro tributável. Assim, sobre a percepção dos juros, por parte do beneficiário, aplica-se a alíquota do imposto sobre a renda retido na fonte. Essa tributação será definitiva ou considerada como antecipação a depender do tipo de beneficiário. Sendo pessoa física ou pessoa jurídica isenta de imposto de renda ou não tributada pelo regime de lucro real, a imposição é *definitiva*; em se tratando de pessoa jurídica tributada pelo regime de lucro real, teremos *antecipação do imposto devido*, pela declaração de ajuste dos rendimentos.

Quanto à *dedutibilidade*[40] dos denominados JSCP, as pessoas jurídicas passaram a ter essa possibilidade, na determinação do lucro real, observado o regime de competência, de todo o valor dos juros pagos ou creditados individualizadamente a titular, sócios ou acionistas, para efeito de remuneração do capital próprio, calculados sobre as *contas do patrimônio líquido* e limitados à variação, *pro rata* dia, da Taxa de Juros de Longo Prazo – TJLP (RIR/99,[41] art. 347), cuja natureza jurídica não é outra senão a de lucros distribuídos, com equivalência aos dividendos.[42] E a alíquota de 15%, como tributação definitiva ou antecipação na fonte.

---

[40] Até então, a Lei nº 4.506/64, art. 49, c/c art. 287, do RIR, vedava esta dedução.

[41] *Regulamento do Imposto de Renda*, Decreto nº 3.000, de 26 de março de 1999 (RIR/99).

[42] "Duas são as funções principais dessa nova modalidade de dividendos. A primeira é a de beneficiar as companhias com uma parcela de dividendos dedutível do Imposto de Renda, no limite anual da Taxa de Juros de Longo Prazo. O pressuposto é a existência de lucros no exercício. Se a companhia não tiver lucro no exercício nem reservas de lucro, o pagamento de juros a título de dividendos não terá benefício fiscal (dedutibilidade). E no exercício que não apurar lucros, mas houver reservas de lucros, a sociedade pode pagar juros sobre o capital próprio de até 50% desse valor. A segunda função, já referida, desse dividendo a título de juros é a de compensar a extinção da correção monetária do patrimônio líquido

Afastado o interesse sobre as opções citadas, pelo custo adicionado nas operações, nos casos de mútuo ou de JSCP, e excluído o aumento de capital, em virtude de questões exclusivamente societárias, a opção com financiamento de terceiros restaria em limites estritos, remanescendo a possibilidade de emissão de *debêntures* ou outras espécies de obrigações emitidas diretamente pela pessoa jurídica, com juros e condições preestabelecidos em contrato. Essa hipótese também é uma opção para investimentos de empresas vinculadas ou mesmo por sócios e não há qualquer problema em ter-se a emissão de debêntures como medida de financiamento, como veremos a seguir.

Debêntures são títulos, valores mobiliários que representam créditos de médio e longo prazo emitidos por sociedades por ações, regulamentados pelos artigos 52[43] e seguintes da Lei nº 6.404/76 ("Lei das S/A"), com vantagens evidentes, como passamos a descrever. As *condições são prefixadas* e a companhia emissora pode determinar, na escritura de emissão, o fluxo de amortizações e a forma de remuneração desses títulos (juros, participação nos lucros, prêmios de reembolso e até correção monetária – arts. 55[44] e 56[45] da Lei das S/A); oferecer garantias reais ou flutuantes e permitir – ou não – a conversão das debêntures em

---

(art. 4º, da Lei nº 9.249/95) (...) o que a longo prazo traria uma perversa desproporção entre os lucros acumulados e o patrimônio líquido da companhia". (CARVALHOSA, Modesto. *Comentários à lei de sociedades anônimas:* Lei nº 6.404, de 15 de dezembro de 1976. São Paulo: Saraiva, 1997, p. 137-8). Nesse sentido, mesmo sem enfrentar o caso da lei em comento, diz Bulhões Pedreira: "Os juros computados sobre o capital social e creditados aos sócios são lucros distribuídos, pois os sócios não são credores da sociedade, mas titulares de direito de participar no seu lucro" (PEDREIRA, José Luiz Bulhões. *Imposto sobre a renda:* pessoas jurídicas. Rio de Janeiro: Justec/Adcoas, 1979, v. 1, p. 256)

[43] "Art. 52. A companhia poderá emitir debêntures que conferirão aos seus titulares direito de crédito contra ela, nas condições constantes da escritura de emissão e, se houver, do certificado."

[44] "Art. 55. A época do vencimento da debênture deverá contar da escritura de emissão e do certificado, podendo a companhia estipular amortizações parciais de cada série, criar fundos de amortização e reservar-se o direito de resgate antecipado, parcial ou total, dos títulos da mesma série.
§1º – A amortização de debêntures da mesma série que não tenham vencimentos anuais distintos, assim como o resgate parcial, deverão ser feitos mediante sorteio ou, se as debêntures estiverem cotadas por preço inferior ao valor nominal, por compra em bolsa.
§2º – É facultado à companhia adquirir debêntures de sua emissão, desde que por valor igual ou inferior ao nominal, devendo o fato constar do relatório da administração e das demonstrações financeiras.
§3º – A companhia poderá emitir debêntures cujo vencimento somente ocorra nos casos de inadimplemento da obrigação de pagar juros e dissolução da companhia, ou de outras condições previstas no título."

[45] "Art. 56. A debênture poderá assegurar ao seu titular juros, fixos ou variáveis, participação no lucro da companhia e prêmio de reembolso."

ações (art. 59,[46] da Lei das S/A). Essa flexibilidade as faz atraentes para os investidores e para as companhias emissoras, que as utilizam com frequência como um importante instrumento de captação de recursos.

A primeira fase das debêntures é denominada *oferta*, que se perfaz no *mercado primário*, quando a companhia emissora coloca – pela primeira vez – os títulos à venda para obtenção de recursos financeiros. Há, ainda, o *mercado secundário*, no qual após a oferta das debêntures, os investidores que adquiriram esses títulos no mercado primário poderão aliená-los auferindo lucro, permitindo-se a sua *circularidade*.

Como bem relata a Associação Nacional das Instituições do Mercado Financeiro – ANDIMA, são várias as vantagens que uma companhia emissora desfruta ao optar pelo financiamento por intermédio da emissão de debêntures, a saber:

> Flexibilidade: a debênture pode ser planejada sob medida para atender às necessidades de cada empreendimento. A flexibilidade nos prazos, garantias e condições da emissão permitem adequar os pagamentos de juros e amortizações às características do projeto e à disponibilidade de recursos da companhia. A emissão pode ser dividida em séries a serem integralizadas nos períodos estabelecidos pela empresa emissora.
>
> Redução de custos: por ser um título de longo prazo, a debênture em geral apresenta custos de captação menores, especialmente em relação a empréstimos bancários de curto prazo. Outra vantagem para as empresas é que os pagamentos de juros são deduzidos como despesas

---

[46] "Art. 59. A deliberação sobre emissão de debêntures é da competência privativa da assembleia geral, que deverá fixar, observado o que a respeito dispuser o estatuto:
I – o valor da emissão ou os critérios de determinação do seu limite, e a sua divisão em séries, se for o caso;
II – o número e o valor nominal das debêntures;
III – as garantias reais ou a garantia flutuante, se houver;
IV – as condições de correção monetária, se houver;
V – a conversibilidade ou não em ações e as condições a serem observadas na conversão;
VI – a época e as condições de vencimento, amortização ou resgate;
VII – a época e as condições do pagamento dos juros, da participação nos lucros e do prêmio de reembolso, se houver;
VIII – o modo de subscrição ou colocação, e o tipo das debêntures.
§1º Na companhia aberta, o conselho de administração poderá deliberar sobre a emissão de debêntures simples, não conversíveis em ações e sem garantia real, e a assembléia-geral pode delegar ao conselho de administração a deliberação sobre as condições de que tratam os incisos VI a VIII deste artigo e sobre a oportunidade da emissão.
§2º – A assembléia geral pode deliberar que a emissão terá valor e número de séries indeterminados, dentro de limites por ela fixados com observância do disposto no Art. 60.
§3º – A companhia não pode efetuar nova emissão antes de colocadas todas as debêntures das séries de emissão anterior ou canceladas as séries não colocadas, nem negociar nova série da mesma emissão antes de colocada a anterior ou cancelado o saldo não colocado."

financeiras, ao contrário dos dividendos, que não são dedutíveis na apuração do resultado anual da empresa. Além disso, a emissão de debêntures permite a captação de recursos de longo prazo sem alterar o controle acionário da companhia, a menos que haja cláusula de conversão em ações.

Atratividade: ao definir as características da emissão, as empresas podem incluir cláusulas que tornem a debênture mais atrativa para os compradores, como, por exemplo, participação nos lucros, conversibilidade, repactuações. Desta forma, ampliam a demanda pelo título e reduzem seus custos de captação.

Devido às vantagens que o financiamento pela emissão de debêntures oferece, esse título tem sido utilizado com frequência para financiamento de novos projetos, securitização de ativos, reestruturação de passivos financeiros, obtenção de capital de giro e outros.

A expectativa de rentabilidade futura da companhia é um fundamento sobremodo relevante. É evidente que a legislação de tributação sobre a renda necessita acompanhar as novas nuanças da vida econômica, o que supõe respeitar a noção de "empresa", que não se reduz àquela de "sociedade", mas que, paradoxalmente, faz desta sua substância e, ao mesmo tempo, presta-se como instrumento (forma) para viabilizar os propósitos do "empresário" na concretização de atividades econômicas organizadas. O direito à rentabilidade futura é, portanto, o mesmo que dizer sobre a previsão do direito de participar dos lucros auferidos em períodos subsequentes. Pode ocorrer que essa previsão de resultados indique algum período de perdas ou prejuízos, mas valerá o plano na sua completude, pelo qual se poderá verificar a rentabilidade a partir do encontro de lucros e prejuízos apurados.

Quanto à repercussão tributária, a venda dessas debêntures no mercado secundário certamente implicará ganho de capital, o qual será oferecido à tributação pelo imposto sobre a renda no momento oportuno. Isso faz ver que de nenhum modo esses tipos de operação implicam perda de arrecadação ou mesmo em hipótese de simulação, porquanto a incidência tributária não se vê afastada.

4 Regime jurídico das despesas dedutíveis e os efeitos fiscais da emissão de debêntures – A prova da causa jurídica e o afastamento de pacto simulatório

Para que se considere realizado o fato gerador do imposto sobre a renda, faz-se mister que concorram os seguintes elementos:

a) realização do núcleo: *adquirir renda ou provento*, como produto do emprego do capital, do trabalho ou da combinação de ambos ou outra modalidade que implique *acréscimo patrimonial*; *b)* que se caracterize tal "produto" como *riqueza nova*, isto é, como típico acréscimo ao patrimônio preexistente; *c)* e que se configure sua *disponibilidade* para o beneficiário de modo certo e determinado.

A aquisição da renda decorre sempre de uma relação de posse ou propriedade inovadora de um patrimônio. Como dizia Rubens Gomes de Sousa:

> o fato gerador do imposto de renda será sempre, com efeito, o aparecimento de uma relação de propriedade ou de posse entre um rendimento e o contribuinte, seja este de fato ou de direito, isto é, quer esteja o contribuinte em relação pessoal com a matéria tributável, quer se trate simplesmente de um contribuinte por força de designação legal.[47]

Como sabido, prevalece no direito brasileiro a teoria segundo a qual o que interessa é o *aumento do patrimônio* e não o aumento do resultado da exploração da fonte produtora, considerando-se, assim, como lucro tributável, todo acréscimo líquido (bens materiais, imateriais ou serviços avaliáveis em dinheiro) verificado num certo período, independentemente da origem das diferentes parcelas, cujo total constitua este acréscimo, o lucro líquido, base para a determinação do lucro real (teoria do acréscimo patrimonial). A teoria do *acréscimo patrimonial*,[48] considerada como sendo o conceito constitucional de "renda", assume como tal todo ingresso que importe um incremento líquido do patrimônio de um sujeito, em um período determinado de tempo. Esta, para a maioria dos estudiosos brasileiros, teria sido a corrente admitida pelo art. 43 do CTN.

Como regra quase que universal, os países permitem as deduções de toda e qualquer *despesa* praticada no intuito de produzir *resultados*[49] e desautorizam a dedutibilidade de qualquer gasto para consumo pessoal, alheio àquela finalidade, salvo expressa vedação

---

[47] SOUSA, Rubens Gomes de. O fato gerador do imposto de renda. *In*: SOUSA, Rubens Gomes de. *Estudos de Direito Tributário*. São Paulo: Saraiva, 1950, p. 174.

[48] BELSUNCE, Horácio García. *El concepto de rédito en la doctrina y en el derecho tributario*. Buenos Aires: Depalma, 1967, p. 186-88.

[49] Sobre esse assunto, *vide* o importante relatório geral de: ARNOLD, Brian J. Deductibility of Interest and other Financing Charges in Computing Income. *Cahiers de droit fiscal international*. Rotterdam: Kluwer/IFA, 1995, v. LXXIXa, Toronto – 1994, p. 489-541.

e/ou permissão legal em contrário. Esse entendimento aplica-se às mais variadas relações com a atividade produtiva, até mesmo quando se trata de acordos de não concorrência.[50] Mesmo aceitando-se que a legislação possa afastar a possibilidade de dedução de certas despesas, não basta o respeito ao princípio da legalidade, é preciso que tal indedutibilidade seja justificada pelo fundamento típico da causa da despesa. O *lucro real* é legalmente o *lucro líquido* do período-base ajustado pelas adições, exclusões ou compensações prescritas e autorizadas por lei; a passagem do lucro líquido ao *lucro real tributável* exige a dedução das *despesas* autorizadas. Contudo, para que certas grandezas negativas sejam subtraídas à base de cálculo, para efeito da formação do lucro real, ou estas serão *despesas operacionais*, necessárias à atividade da empresa e à manutenção da respectiva fonte; ou despesas legalmente autorizadas. A causa de cada uma há de ser demonstrada, adequadamente provada.

Exigia-se um exame da causa da despesa. Presente esta, não há razão para qualquer desconsideração sobre a dedutibilidade de despesas. E foi neste sentido o voto do Conselheiro Relator Sebastião Rodrigues Cabral:

> A recorrente, na essência, realizou um investimento tendo por base o Laudo elaborado por empresa especializada, o qual indica a necessidade de que fossem captados R$53 milhões, demonstrando, tecnicamente os parâmetros utilizados para se chegar a tal conclusão, o que afasta qualquer assertiva feita no sentido de que referida importância teria surgido de forma aleatória. (...) Em razão da taxa interna de retorno (TIR) aflorada com a realização da análise econômica do investimento, é razoável admitir que o investidor tenha se sentido atraído e, desta forma, tenha optado por realizar o investimento nas condições pactuadas.

Diante disso, a Primeira Turma entendeu pela inexistência de abuso ou simulação e, corretamente, deu provimento ao recurso do contribuinte. A causa revelada em cada caso concreto, pela existência, ou não, de propósito negocial nas operações praticadas, desvela a

---

[50] "Desembolsos para acessar a clientela de outra empresa – Dedutibilidade – são dedutíveis, como custos ou despesas operacionais, as importâncias comprovadamente pagas a outra empresa, em razão de contrato, por critérios racional e plausivelmente demonstrado, em troca de direito de acessar, ampla e livremente, a clientela cativa dessa outra pessoa jurídica, no interior de seus estabelecimentos, mercê de cujos contratos, a recorrente realizou todos os seus negócios" (Ac. nº 105-7.121, DOU de 17/10/96, p. 21154, Rel. Cons. Luiz Alberto Cava Maceira). No mesmo sentido, Ac. nº 105-8.272, DOU de 22/11/1996, p. 24612.

necessária dedutibilidade das despesas quando as operações praticadas são legítimas e válidas na sua integralidade.

À vista das construções teóricas *supra*, vê-se afastada qualquer possibilidade para evidenciar um pacto simulatório entre os agentes envolvidos, com suficiente robustez que justifique a Administração desconsiderar toda a operação de emissão de debêntures e da dedutibilidade das despesas, relativamente ao prêmio pago, quando diante de causa jurídica demonstrada.

O *acordo simulatório* é um autêntico negócio jurídico, cuja causa consiste em modificar os efeitos do negócio aparente. Isso faz com que o acordo simulatório, unido por um nexo causal necessário aos atos jurídicos praticados, revele uma vontade autônoma em relação àquela declarada nos atos formais. A Câmara Superior de Recursos Fiscais segue atitude semelhante para desconsiderar os atos praticados pelo contribuinte, com fundamento na existência de simulação.[51] Ainda que o conceito de simulação adotado não coincida com as teorias aqui expostas, importante ressaltar a preocupação segura com a prevalência da causa e a garantia de preservação dos negócios jurídicos existentes. Urge a prova do pacto simulatório, necessariamente, mas, igualmente importante será a prova da ausência de "causa", de propósito negocial dos atos simulados.

Destarte, os indícios devem vir conjugados com uma análise da conduta do sujeito, de sorte a legitimar a projeção de consequências jurídicas sancionatórias sobre sua esfera jurídica. Dista de ser uma querela meramente linguística, portanto, o quanto aqui se apresenta, pelo caráter de proteção às liberdades individuais dos dispositivos assinalados, predispostos que estão ao emprego de gravosa sanção de caráter patrimonial, justificada unicamente pela excepcionalidade da conduta e desde que efetivamente provada em toda sua evidência.

O fato de o contribuinte registrar adequadamente os atos formais na sua escrita fiscal e contábil, promover todos os registros necessários,

---

[51] "DESCONSIDERAÇÃO DE ATO JURÍDICO – Não basta a simples suspeita de fraude, conluio ou simulação para que o negócio jurídico realizado seja desconsiderado pela autoridade administrativa, *mister* se faz provar que o ato negocial praticado deu-se em direção contrária a norma legal, com intuito doloso de excluir ou modificar as características essenciais do fato gerador da obrigação tributaria (art. 149 do CTN).

"SIMULAÇÃO – Configura-se como simulação, o comportamento do contribuinte em que se detecta uma inadequação ou inequivalência entre a forma jurídica sob a qual o negócio se apresenta e a substância ou natureza do fato gerador, efetivamente realizado, ou seja, dá-se pela discrepância entre a vontade querida pelo agente e o ato por ele praticado para exteriorização dessa vontade. (...)." Processo n. 11080.008088/2001-71, Acórdão nº 101-94.340, j. 09/09/2003 – Recorrente RBS Administração e Cobranças Ltda.

ademais de adimplir as exigências formais de emissão de debêntures, entre outros, afasta qualquer suspeita de conduta dolosa, pela transparência da situação fática e pelo modo de execução dos atos pelos contribuintes.

5 Decadência da competência administrativa para alegar simulação em face do princípio de ato jurídico perfeito

No campo do direito privado, porque o princípio da responsabilidade exige a preservação dos interesses de terceiros, a doutrina majoritária, aqui e alhures, insiste em afirmar a incaducabilidade da *simulação absoluta*, porque do nada, nada pode florescer (*nihil agitur et ex nihilo nihil*), e a afirmação de prazos de atos nulos para os casos de *simulação relativa*. Castro y Bravo põe em dúvida ambas as afirmações.[52]

No âmbito do Direito Tributário, pela exigência de segurança jurídica, o CTN prescreve a conduta do terceiro (Estado) em limites estreitos de temporalidade, de modo a afastar qualquer alegação de incaducabilidade das ações constitutivas negativas de existência do ato simulado, por declaração de sua nulidade, para desconsideração dos seus efeitos.

A competência administrativa para lançar tributos, no âmbito de atividades de fiscalização, encontra limites materiais e temporais evidentes. Os de cunho material exigem que seja provada a fraude ou a simulação. Não basta a simples alegação, mas é necessária a prova e exata verificação da simulação *in concreto* para que o prazo do §4º do art. 150 ceda passo ao teor do inciso I do art. 173 do CTN (convencido pelo entendimento firmado no egrégio Conselho); quanto ao limite temporal, o Fisco poderá, dentro do prazo de decadência de cinco anos, previsto no art. 173, do CTN, contado a partir do primeiro dia do exercício financeiro seguinte àquele em que fora constituído o ato simulado, alegar a presença da simulação, desconsiderando os atos praticados e promovendo o lançamento do tributo devido (art. 149, VII, e parágrafo único, e art. 150, §4º).

Deveras, quando o lançamento por homologação vê-se fundado em fato ou negócio jurídico simulado pelo próprio contribuinte que o promova, a simulação há de ser provada para que o prazo do art. 173 surta seus efeitos. É a sua redação: "Se a lei não fixar prazo a

---

[52] CASTRO Y BRAVO, Federico. *El negocio jurídico*. Madrid: Civitas, 1997, p. 357.

homologação, será ele de cinco anos, a contar da ocorrência do fato gerador; expirado esse prazo sem que a Fazenda Pública se tenha pronunciado, considera-se homologado o lançamento e *definitivamente extinto o crédito*, salvo se *comprovada a ocorrência de dolo, fraude ou simulação*". Sobre a inteligência desse enunciado, muito já se escreveu e as opiniões não coincidem.

O lançamento operado pelo contribuinte, quando assim é reconhecido e homologado pela Administração, extingue o crédito com *definitividade* (art. 150, §1º, e 4º; e art. 156, VII), que somente será afastada pela efetiva comprovação de dolo, fraude ou simulação. Não se poderia aceitar que o contribuinte pudesse apresentar à Administração lançamento fundado em fraude ou simulação (motivo do ato) e ainda, ao final, gozar do benefício da *definitividade da extinção do crédito* tributário. A torpeza humana é inoponível e não aproveita a ninguém.

Em havendo homologação do procedimento levado a cabo pelo contribuinte, i. e., homologação expressa ou tácita do crédito tributário (operada pelo decurso do prazo de cinco anos, contados da ocorrência do fato jurídico tributário), porque o Código faz garantir a *estabilidade* da relação entre Estado e contribuinte, dando por *definitivamente extinto o crédito*, essa situação somente poderá ser superada no caso de *comprovada* ocorrência de dolo, fraude ou simulação – e que esta se faça no prazo legal da decadência, nunca *a posteriori*. Sendo assim, somente com a demonstração efetiva de dolo, fraude ou simulação, apurados no prazo decadencial (fora deste, falta-lhe competência), poderá o Fisco afastar a garantia de estabilidade que a definitividade do crédito constitui entre contribuinte e Fazenda Pública, quanto aos créditos já homologados, nos termos do art. 150, §4º.

A alegação da decadência,[53] pelo que exige o §4º do art. 150 do CTN, ao afirmar que "(...) considera-se homologado o lançamento e *definitivamente* extinto o crédito, *salvo se comprovada a ocorrência de dolo,*

---

[53] Na doutrina, há divergências a respeito desse assunto. Alguns entendem que se aplicariam os mesmos prazos do Código Civil, de tal modo que o Fisco poderia rever seu lançamento a qualquer tempo, haja vista a ausência de prazo no regime privado para que se possa alegar a caducabilidade da simulação. Para José Souto Maior Borges, "nas hipóteses de dolo, fraude ou simulação esse prazo está, ao contrário, indeterminado. E a indeterminação desse prazo é tanto referida ao seu termo inicial quanto ao termo final para a decadência do direito de lançar. (...) Há, contudo, um mínimo de determinação nessa parte (...) é que esse prazo não poderá ser menor – sem agravo ao Código Tributário Nacional – do que o qüinqüênio previsto para as hipóteses 'normais' de homologação". haveria uma espécie de lacuna no Código, o que autorizaria a edição de lei ordinária para complementar a disposição do art. 154, §4º, do CTN" (BORGES, J. Souto Maior. *Lançamento tributário*. 2. ed. São Paulo: Malheiros, 1999, p. 407-8); Segundo Paulo de Barros Carvalho, que corrobora

fraude ou simulação", somente poderá ser feita no âmbito de processo administrativo fiscal ou mesmo de processo judicial, cuja decisão final terá como efeito desconstituir o ato de lançamento anteriormente efetuado, haja vista sua nulidade fundada em ato fraudulento ou simulado, mas desde que este ainda esteja sob a égide do prazo legal.

Faz-se mister, pois, a prova da simulação ou fraude, para que se possa retornar tudo ao *status quo ante*, à data em que o lançamento fora efetuado, mediante decisão motivada em processo administrativo ou judicial que anule o que se praticou como vício formal do lançamento, por fundamentar-se em ato nulo: a simulação, dolo ou fraude.[54]

Superado o prazo decadencial, forma-se, na espécie, verdadeiro ato jurídico perfeito ao qual não se pode imputar efeitos diversos ou, tanto menos, desconsiderar, para os fins tributários. Neste sentido é a decisão proferida pela 7ª Câmara do Primeiro Conselho de Contribuintes, na qual foi relator o Conselheiro Luiz Martins Valero, cuja ementa, de clareza lapidar, segue transcrita: "IRPJ – DECADÊNCIA – AJUSTES NO PASSADO COM REPERCUSSÃO FUTURA – DECADÊNCIA – Glosar no presente os efeitos decorrentes de valores formados no passado só é possível se a objeção do fisco não comportar juízo de valor quanto ao fato verificado em período já atingido pela decadência".[55] Ora, na ausência de provada simulação ou fraude, o prazo do lançamento será exclusivamente aquele do §4º do art. 150 do CTN, contado a partir da data de ocorrência do fato jurídico tributário.[56]

---

também a tese da lacuna normativa sobre esse prazo, "(...) a regra que mais condiz com o espírito do sistema é a do art. 173, I, do Código Tributário Nacional, isto é, havendo dolo, fraude ou simulação, adequadamente comprovados pelo fisco, o tempo de que dispõe para efetuar o lançamento de ofício é de cinco anos, a contar do primeiro dia do exercício seguinte àquele em que poderia ter praticado o lançamento" (CARVALHO, Paulo de Barros. *Curso de direito tributário*. 15. ed. São Paulo: Saraiva, 2003, p 435).

[54] Como já advertira Seabra Fagundes, atos nulos "são os que violam regras fundamentais atinentes à manifestação da vontade, ao motivo, ao objeto, à finalidade ou à forma, havidas como de obediência indispensável pela sua natureza, pelo interesse público que as inspira ou por menção expressa da lei" (SEABRA FAGUNDES, M. *O controle dos atos administrativos pelo poder judiciário*. 3. ed. Rio de Janeiro: Forense, 1957, p. 70 e 89).

[55] Acórdão nº 107-08.306, Processo nº 10675.003546/2002-11, j. 20/10/2005.

[56] "IRPJ – ANO-CALENDÁRIO 1992 – DECADÊNCIA – Com o advento da Lei 8383, de 30/12/91, o Imposto de renda das Pessoas Jurídicas melhor se amolda à sistemática de lançamento denominada homologação, onde a contagem do prazo decadencial desloca-se da regra geral prevista no art. 173 do CTN, para encontrar respaldo no §4º do artigo 150 do mesmo Código, hipótese em que os cinco anos têm como termo inicial a data da ocorrência do fato gerador. A ausência de recolhimentos não desnatura o lançamento, pois o que se homologa é a atividade exercida pelo contribuinte, da qual pode resultar ou não recolhimentos de tributo. Recurso especial improvido" (Acórdão nº CSRF nº 01-04.410, Processo nº 10980.015650/97-87, Relator Manuel Antônio Gadelha Dias, j. 24/02/2003)

Não havendo, pois, qualquer hipótese de dolo, fraude ou simulação nas operações praticadas pelo contribuinte, aplica-se a regra de decadência do art. 150, §4º, do CTN, que prescreve o prazo de cinco anos contados a partir da data do fato gerador, ao que nenhuma alegação de simulação pode volver à desconsideração das operações de emissão de debêntures aduzidas, por integral carência de competência administrativa

6 Considerações finais

O propósito negocial (causa) da debênture é a captação de recursos, por meio de empréstimos decorrentes de financiamentos com capital próprio ou de terceiro, geralmente de longo prazo, para permitir que a sociedade possa promover investimentos, ampliações, pagar credores ou outro fim.

Ressalta-se aqui, como demonstrado à exaustão, ser plenamente legítimo o direito de emitir debêntures, conforme a condição estabelecida nos documentos de emissão, afastadas as dificuldades relativas à integralização de capital social, com preferência sobre a assunção de direitos e obrigações decorrentes, e, assim, optar por subscrições privadas de debêntures, que podem ser transmitidas a terceiros, além de possuírem todas as demais vantagens relativas ao custo do financiamento.

Não há qualquer regime de natureza tributária que promova algum tratamento autônomo para a emissão de debêntures ou sua forma jurídica ou ainda que gere qualquer efeito peculiar, diverso daquele previsto genericamente, nos orbes do Direito Comercial. E caso o prêmio tenha sido previsto no Planejamento Estratégico da entidade e se houve um efetivo ato de pagamento de prêmio, ainda que este tenha sido em volume muito elevado em relação ao valor de face das debêntures emitidas, ao se verificar presente um efetivo caráter de empréstimo e de financiamento da entidade empresarial, resta aperfeiçoado o seu regime jurídico, em plena legitimidade.

A expectativa de rentabilidade futura da companhia é um fundamento sobremodo relevante. Poderia ser entendido como sendo uma referência à possível alienação futura do ativo, a par de que esta expectativa de rentabilidade faça-se apurada a partir da *previsão dos resultados em exercícios futuros*. Essa projeção de lucratividade com o desempenho das atividades da investida, portanto, mediante incremento econômico decorrente da junção de esforços e das vantagens competitivas que se ampliaram, é o fundamento econômico determinante para o pagamento do prêmio, no caso de debêntures.

O fato de o contribuinte registrar adequadamente os atos formais na sua escrita fiscal e contábil, promover todos os registros necessários, ademais de adimplir as exigências formais de emissão de debêntures, entre outros, afasta qualquer suspeita de conduta dolosa, caso haja transparência da situação fática e do modo de execução dos atos pelos contribuintes. Afastar um ato legítimo equivale a agir contra *ato jurídico perfeito*. É vedado, pois, às autoridade administrativas, conferir nova qualificação jurídica aos efeitos de ato aperfeiçoado no passado, mormente sob o pálio de desconsideração fundada em hipótese de ato simulado que não se evidencia.

Informação bibliográfica deste texto, conforme a NBR 6023:2002 da Associação Brasileira de Normas Técnicas (ABNT):

TORRES, Heleno Taveira. Planejamento tributário societário e emissão de debêntures. *In*: SARAIVA FILHO, Oswaldo Othon de Pontes (Coord.). *Direito Tributário*: Estudos em tributo ao jurista Ives Gandra da Silva Martins. Belo Horizonte: Fórum, 2016. p. 191-221. ISBN 978-85-450-0154-6.

ISS: LOCAL DA PRESTAÇÃO E ESTABELECIMENTO PRESTADOR

AIRES F. BARRETO

1 Repartição constitucional de competências

É inconcebível pensar em Federação sem repartição de competências. O princípio federativo reclama, inexoravelmente, que elas sejam distribuídas, em especial as legislativas. Por isso essas competências foram, minuciosa e exaustivamente, distribuídas pela Constituição de 1988.

É importante ter presente que a competência tributária não é senão uma competência legislativa, isto é, "a aptidão de que são dotadas as pessoas políticas para expedir regras jurídicas, inovando o ordenamento positivo".[1]

Assim, competência tributária "é a faculdade que tem o Estado de criar unilateralmente tributos, cujo pagamento será exigido das pessoas submetidas à sua soberania"[2], ou, em outras palavras, significa faculdade para a criação de tributos, mediante edição de lei, em conformidade ao processo legislativo previsto constitucionalmente (CF, arts. 59/69).

Esse processo de produção legal é função do Poder Legislativo. Logo, a competência tributária só pode ser exercida pelas pessoas político-constitucionais, vale dizer, apenas União, Estados, Distrito Federal e Municípios, por meio de seus respectivos Poderes Legislativos. Somente essas pessoas podem criar tributos (impostos, taxas, contribuições).

---

[1] CARVALHO, Paulo de Barros. *Curso de Direito Tributário*, 2. ed. São Paulo: Saraiva, 1986, p. 116.

[2] VILLEGAS, Hector. *Curso de Direito Tributário*. Tradução de Roque Carrazza. São Paulo: Revista dos Tribunais, 1980, p. 82.

As competências tributárias foram outorgadas com caráter privativo, de exclusividade a cada uma das pessoas político-constitucionais. Quem diz privativa, diz exclusiva, quer dizer, excludente de todas as demais pessoas. A exclusividade da competência de uma pessoa implica proibição peremptória, *erga omnes*, para exploração desse campo.[3] Por isso, Roque Carrazza pôde afirmar, com precisão, que "as normas constitucionais que atribuem competências tributárias à União, Estados, Distrito Federal e Municípios encerram duplo comando: 1) habilitam a pessoa política contemplada – e somente ela – a criar, querendo, um determinado tributo; e, 2) proíbem as demais de virem a instituí-lo".[4] Por aí se vê que a atribuição constitucional de competência atua de modo positivo e, concomitantemente, de modo negativo. Positivamente, afirma a competência de uma das pessoas político-constitucionais e, negativamente, nega essa mesma competência às demais pessoas.

Registre-se que as competências tributárias são inalargáveis. Assim, de um lado, a entidade político-constitucional pode exercer a competência recebida em toda sua plenitude; de outro, porém, não pode ampliar, alargar, dilatar a competência recebida. A pessoa política deve conter-se nos contornos traçados pela Constituição. Qualquer excesso, por ínfimo que seja, implica invalidade da norma editada.

Isso significa que os contornos traçados pela Constituição, na outorga de competências tributárias, não podem ser ultrapassados por nenhuma norma infraconstitucional, seja ela lei complementar ou lei ordinária. Por muito maior razão, não podem excedê-los decretos, portarias ou resoluções. Ato legislativo ou administrativo que o faça será inconstitucional ou, respectivamente, ilegal.

A mais conspícua doutrina enfatiza, sem dissensões, que qualquer desvio no exercício da competência tributária fulmina a validade da norma.

2 Competência dos Municípios para instituir o ISS

A Constituição Federal atribuiu aos Municípios competência para instituir imposto sobre "serviços de qualquer natureza, não compreendidos no art. 155, II, definidos em lei complementar" (art. 156, III).

---

[3] ATALIBA, Geraldo. *Sistema constitucional tributário brasileiro*. São Paulo: Revista dos Tribunais, p. 106.

[4] *Curso de Direito Constitucional Tributário*. 12. ed. São Paulo: Malheiros, 1999, p. 155.

A Constituição não cria hipóteses de incidência. A função da Constituição é demarcar, delinear as competências. Cabe-lhe desenhar os arquétipos das hipóteses de incidência a serem descritas pelas leis instituidoras dos tributos. A função dos preceitos constitucionais indicativos da competência para a criação de imposto é, portanto, identificar um determinado campo material, para que o legislador ordinário, ao criar o tributo, se contenha dentro dos seus estritos limites.

Os tributos devem ser criados por lei ordinária do ente federativo que detém competência constitucional para instituí-lo: no caso do ISS, os Municípios e o Distrito Federal. Criar tributo é atividade privativamente legislativa, que consiste em descrever certos fatos como materialidade da hipótese de incidência de tributos, o que, no nosso sistema constitucional, se reserva exclusivamente à lei.

Ensinava Geraldo Ataliba que "a norma tributária, como qualquer outra norma jurídica, tem sua incidência condicionada ao acontecimento de um fato previsto na hipótese legal, fato esse cuja verificação acarreta automaticamente a incidência do mandamento."[5]

A hipótese de incidência de norma jurídica tributária contém a descrição de um fato que, se e quando acontecido, dará origem à obrigação de pagar tributo. O núcleo dessa descrição do fato é designado critério ou aspecto material, ao qual devem conjugar-se as coordenadas de tempo e de lugar. É, ainda, inerente à hipótese de incidência da norma tributária o aspecto pessoal ou subjetivo. Finalmente, pelo critério quantitativo devem ser identificadas a base de cálculo e as alíquotas. Todos os aspectos ou critérios da hipótese de incidência tributária (material, espacial, temporal, pessoal e quantitativo) são igualmente essenciais para sua composição.

Criar tributos, em síntese, é descrever, em lei, a hipótese de incidência: dispor sobre os aspectos temporal, espacial e material da hipótese de incidência, designar os sujeitos da obrigação, estipular a base de cálculo e fixar as alíquotas.

3 Lei complementar e taxatividade da lista

A cláusula final inserta pelo constituinte no inciso III do art. 156 – "definidos em lei complementar" – ensejou veementes discussões na doutrina, com reflexos na jurisprudência pátria.

---

[5] *Hipótese de incidência tributária*. 2. ed. São Paulo: Revista dos Tribunais, 1981, p. 42.

Todavia, em que pesem os argumentos em que se fundamentaram os defensores da exegese da exemplificatividade da lista de serviços veiculada pela lei complementar, o que prevalece, seja na doutrina, seja na jurisprudência, é a tese de que a lista de serviços é taxativa. Diante da diretriz adotada, o ISS só pode ser exigido quando o serviço estiver definido em lei complementar, vale dizer, quando por ela listado.

A jurisprudência do Superior Tribunal de Justiça é pacífica ao reconhecer o caráter taxativo da lista de serviços. Dentre inúmeros julgados nesse sentido, destaco:

> TRIBUTÁRIO. SERVIÇOS BANCÁRIOS. ISS. LISTA DE SERVIÇOS. TAXATIVIDADE. INTERPRETAÇÃO EXTENSIVA.
> 1. A jurisprudência desta Corte firmou entendimento de que é taxativa a Lista de Serviços anexa ao Decreto-lei 406/68, para efeito de incidência de ISS, admitindo-se, aos já existentes apresentados com outra nomenclatura, o emprego da interpretação extensiva para serviços congêneres.
> 2. Recurso especial não provido.[6]
> TRIBUTÁRIO. ISS. LISTA DE SERVIÇOS ANEXA AO DL 406/68. CARÁTER TAXATIVO. INTERPRETAÇÃO EXTENSIVA. POSSIBILIDADE. SERVIÇOS BANCÁRIOS NÃO PREVISTOS NA LISTAGEM.
> 1. A própria lei que rege o ISS optou por tributar o gênero e autorizar a aplicação da interpretação extensiva em razão da impossibilidade de se prever todas as espécies e derivações de um mesmo serviço.
> 2. A jurisprudência do STJ se firmou no sentido de que é taxativa a lista anexa ao Decreto-Lei n. 406/68, comportando interpretação extensiva, a fim de abarcar serviços correlatos àqueles previstos expressamente, uma vez que, se assim não fosse, ter-se-ia, pela simples mudança de nomenclatura de um serviço, a incidência ou não do ISS. Embargos de divergência providos.[7]

Desse entendimento não discrepa nossa mais alta Corte de Justiça. Com efeito, o Supremo Tribunal Federal, de longa data, vem acolhendo a tese da taxatividade da lista. Recentíssimas decisões também apontam nesse sentido:

---

[6] REsp nº 1111234 PR 2009/0015818-9, Rel. Ministra Eliana Calmon, 1ª Seção do STJ, julgado em 23/09/2009 (Publicado no *DJe* de 08/10/2009).

[7] EREsp nº 916785 MG 2007/0202656-8, Rel. Ministro Humberto Martins, 1ª Seção do STJ, julgado em 23/04/2008 (Publicado no *DJe* de 12/05/2008).

Direito constitucional e tributário. Embargos de declaração em recurso extraordinário. Imposto sobre serviços. Lei complementar 56/87. Lista de serviços anexa. Caráter taxativo. Serviços executados por instituições autorizadas a funcionar pelo banco central. Exclusão. Hipótese de não incidência tributária. Embargos de declaração. Suprimento de omissão. Inexistência de efeito modificativo. Desnecessidade de intimação para impugnação. Não violação aos princípios do contraditório e da ampla defesa. Encaminhamento ao plenário. Competência da turma. Declaração incidental de inconstitucionalidade por órgão fracionário do STF. Violação à reserva de plenário. Ausência.

1. O Supremo Tribunal Federal fixou entendimento de que a lista de serviços anexa à Lei Complementar 56/87 é taxativa, consolidando sua jurisprudência no sentido de excluir da tributação do ISS determinados serviços praticados por instituições autorizadas a funcionar pelo Banco Central, não se tratando, no caso, de isenção heterônoma do tributo municipal.[8]

Imposto sobre Serviços (ISS) – Serviços executados por instituições autorizadas a funcionar pelo banco central. Inadmissibilidade, em tal hipótese, da incidência desse tributo municipal. Caráter taxativo da antiga lista de serviços anexa à Lei Complementar nº 56/87. Impossibilidade de o Município tributar, mediante ISS, categoria de serviços não prevista na lista editada pela união federal – Exclusão, de referida lista, pela União Federal, de determinados serviços... Hipótese de não-incidência tributária. Legitimidade constitucional dessa exclusão normativa. Não-configuração de isenção heterônoma. Inocorrência de ofensa ao art. 151, III, da vigente Constituição. Precedentes do Supremo Tribunal Federal. Recurso Improvido.

...esse tributo municipal não pode incidir sobre categoria de serviços não prevista na lista elaborada pela União Federal, anexa à Lei Complementar nº 56/87, pois mencionada lista – que se reveste de taxatividade quanto ao que nela se contém – relaciona, em "numerus clausus", os serviços e atividades.[9]

(...) Imposto sobre Serviços (ISS). Serviços executados por instituições autorizadas a funcionar pelo Banco Central. Inadmissibilidade, em tal hipótese, da incidência desse tributo municipal. Caráter taxativo da antiga lista de serviços anexa à Lei Complementar nº 56/87. Impossibilidade de o município tributar, mediante ISS, categoria de serviços não prevista na lista editada pela União Federal. Exclusão, de referida lista, pela União Federal, de determinados serviços (...) Hipótese de não-incidência

---

[8] RE nº 361829/RJ, 2ª Turma, Rel. Ministro Ellen Gracie, julgado em 02/03/10 (Publicado no *DJe* de 19/03/10).

[9] RE nº 433352, Rel. Ministro Joaquim Barbosa, julgado em 17/12/09.

tributária. Legitimidade constitucional dessa exclusão normativa. Não-configuração de isenção heterônoma. Inocorrência de ofensa ao art. 151, III, da vigente Constituição. Precedentes do Supremo Tribunal Federal. Recurso improvido.

Não se revelam tributáveis, mediante ISS, serviços executados por instituições autorizadas a funcionar pelo Banco Central, eis que esse tributo municipal não pode incidir sobre categoria de serviços não prevista na lista elaborada pela União Federal, anexa à Lei Complementar nº 56/87, pois mencionada lista – que se reveste de taxatividade quanto ao que nela se contém – relaciona, em "numerus clausus", os serviços e atividades passíveis da incidência dessa espécie tributária local.[10]

Agravo regimental no recurso extraordinário. Constitucional. Tributário. Imposto sobre serviços – ISS. Lei Complementar n. 56/87. Lista de serviços anexa. Caráter taxativo. Serviços executados por instituições autorizadas a funcionar pelo banco central. Exclusão. Hipótese de não incidência tributária.

O Supremo Tribunal Federal, estabelecida a compreensão de que a lista de serviços anexa à LC n. 56/87 é taxativa, fixou jurisprudência (...)[11]

CONSTITUCIONAL. TRIBUTÁRIO. ISS. LEI COMPLEMENTAR: LISTA DE SERVIÇOS: CARÁTER TAXATIVO. LEI COMPLEMENTAR 56, DE 1987: SERVIÇOS EXECUTADOS POR INSTITUIÇÕES AUTORIZADAS A FUNCIONAR PELO BANCO CENTRAL: EXCLUSÃO.

I. – É taxativa, ou limitativa, e não simplesmente exemplificativa, a lista de serviços anexa à lei complementar, embora comportem interpretação ampla os seus tópicos. Cuida-se, no caso, da lista anexa à Lei Complementar 56/87.

II. – Precedentes do Supremo Tribunal Federal.

III. – Ilegitimidade da exigência do ISS sobre serviços expressamente excluídos da lista anexa à Lei Complementar 56/87.

IV. – RE conhecido e provido.[12]

Tributário. ISSQN. Serviços. Lista. É indevida a cobrança do ISSQN sobre serviços não relacionados na lista anexa ao art. 8º do Decreto-lei nº 406/68, posto que o princípio da legalidade assume no direito tributário a configuração de reserva absoluta.[13]

---

[10] RE nº 450.342-AgR, 2ª Turma, Rel. Ministro Celso de Mello, *DJe* 072 de 03/08/2007.

[11] RE-AgR nº 464844 SP, 2ª Turma, Rel. Ministro Eros Grau, julgado em 01/04/08 (Publicado no *DJe* de 09/05/08).

[12] RE nº 361.829-6/RJ, 2ª Turma, Rel. Ministro Carlos Velloso, julgado em 13/12/05 (publicado no *DJ* de 24/02/06).

[13] AI nº 599654/MG, Rel. Ministro Dias Toffoli, julgado em 22/06/10 (publicado no *DJe* de 09/08/10).

Em virtude do entendimento doutrinário e jurisprudencial a lista de serviços aprovada pela Lei Complementar nº 116/2003 – bem como aquela que fora veiculada pelo Decreto-Lei nº 406/68 (com as posteriores alterações introduzidas pelas Leis Complementares nºs 56/87 e 100/99) – é tida por taxativa, encerrando *numerus clausus*. Dessa postura segue-se que serviços que não venham nela descritos não podem ser tributados pelos Municípios.

4 Lei complementar e conflitos de competência

Tendo o imposto sobre serviços de qualquer natureza sido cometido à competência dos Municípios (e do Distrito Federal), existirão, em nosso Direito Positivo, tantos ISS quantos, além do DF, forem os Municípios que o instituírem.

Diante disso, a tributação dos serviços oferece larga margem a conflitos. Com efeito, há um sem número de prestadores de serviços (pessoas físicas ou jurídicas) estabelecidos ou domiciliados em um Município que prestam serviços em outros. Daí já nasce o primeiro conflito: qual o Município competente para tributar tais prestações? Será aquele em que estas ocorrem ou o Município em que estabelecido ou domiciliado o prestador?

Eis aí uma nítida área de atrito, que pode ensejar conflitos de competência de leis tributárias municipais, cuja solução não pode ficar a cargo dos próprios interessados, nem ser deixada ao sabor de equacionamentos eventuais, episódicos e certamente díspares, a serem definidos pela doutrina ou disciplinados pela jurisprudência. Provavelmente por essa razão, tal matéria foi remetida, pelo legislador constituinte, à lei complementar.

Conflito de competência legislativa é o choque decorrente de terem regulado determinada matéria, concomitantemente, dois legisladores, vale dizer, o conflito se estabelece porque duas esferas de governo se julgam competentes para criar tributo sobre a mesma matéria.

Para impedir que esses conflitos ocorram, a Constituição prevê no seu art. 146, I, a faculdade de o Congresso Nacional, por lei complementar, ditar regras:

> Art. 146. Cabe à lei complementar:
>
> I – dispor sobre conflitos de competência, em matéria tributária, entre a União, os Estados, o Distrito Federal e os Municípios;

Cumpre notar que lei complementar não cria tributo nem é hierarquicamente superior à lei ordinária. O que a distingue da lei ordinária é, essencialmente, no plano material, a específica qualificação das matérias que lhe são próprias e, no plano formal, a solenidade especial de que depende sua válida produção.

A Constituição, no campo tributário, conferiu à lei complementar, entre o mais, poderes para dispor sobre conflitos de competência, regular as limitações constitucionais ao poder de tributar e estabelecer normas gerais em matéria de legislação tributária (art. 146).

A lei complementar, no que respeita ao ISS, além de definir os "serviços" a ele subsumíveis, tem missão relevante, porque para a repartição desse imposto concorre ao lado do critério material, o critério territorial. Destarte, nenhum outro imposto, no nosso sistema, oferece tantas faces a zonas cinzentas e áreas comuns.

São frequentes os casos em que dois legisladores se entendem igualmente competentes para criar tributo tomando fatos de igual natureza. Nesse caso, há conflito de leis tributárias. É área de conflito aquela materialmente demarcada pela Constituição, onde razoavelmente este fato pode dar-se.

Quando se trata de ISS, os conflitos intermunicipais são deflagrados em razão de peculiaridades do prestador ou da prestação de serviços. São conflitos entre a lei de ISS de um Município e a lei do ISS de outro (ou, ainda, de diversos outros Municípios), em razão da pretensão de mais de um deles de entender como "seu" determinado fato tributário.

Por essas razões, é importante a definição legal das circunstâncias de lugar, reputadas juridicamente relevantes, para efeitos de regular o surgimento das obrigações tributárias respectivas.

5 Local da prestação do serviço

A identificação do local de ocorrência da prestação de serviço é imprescindível para permitir se saiba qual a lei aplicável e para que se identifique, também, qual o ente político-constitucional que, validamente, pode exigir o tributo.

Essa missão, em face do prescrito pelo comando constitucional, compete à lei complementar. Num primeiro momento a definição do local da prestação do serviço, para fins de incidência do ISS, foi veiculada pelo Decreto-Lei nº 406/68 e, hoje, é matéria disciplinada, de forma cristalina e inequívoca, pela Lei Complementar nº 116/03. Veja-se:

5.1 O Decreto-Lei nº 406/68

O Decreto-Lei nº 406/68, com força de lei complementar, editado para estancar conflitos de competência entre Municípios, dispunha em seu art. 12:

> Art. 12. Considera-se local da prestação do serviço:
> a) o do estabelecimento prestador ou, na falta de estabelecimento, o do domicílio do prestador;
> b) no caso de construção civil, o local onde se efetuar a prestação;
> c) no caso do serviço a que se refere o item 101 da Lista Anexa, o Município em cujo território haja parcela da estrada explorada.[14]

Assim, nos expressos termos do dispositivo transcrito, a regra geral a ser utilizada para definir o local de incidência do ISS era a do estabelecimento prestador.

Na verdade, a pretexto de regular conflitos de competência, a regra inserta no Decreto-Lei nº 406/68 ao invés de eliminá-los instaurou sua ampliação e logo passou a ser combatida por parte da doutrina e da jurisprudência, sob o argumento de que o legislador complementar teria extrapolado sua função e incidido em inconstitucionalidade ao autorizar o desrespeito ao princípio da territorialidade.

Parte da doutrina defendia a tese de que o imposto somente poderia ser devido no local onde o serviço fosse efetivamente prestado, valendo-se do argumento de que a lei de um determinado Município, instituidora de ISS, não poderia produzir efeitos no território de outro. Isto porque, em respeito ao princípio da territorialidade da tributação, a lei tem eficácia limitada ao espaço geográfico do ente federativo que a instituiu.

Corrente oposta, todavia, defendeu a eficácia da regra veiculada pelo Decreto-Lei nº 406/68, entre eles, Ives Gandra Martins e Marilene Talarico Martins Rodrigues para quem

> *A clareza do dispositivo na norma legal, contido no art. 12 do Dec.-lei 406/68, com as alterações da Lei Complementar 100/99 ... não deixava margem a dúvidas quanto à interpretação, no sentido de considerar o Município competente para arrecadar o ISS, quando ele tem reflexos em mais de um Município, ser o Município do local do estabelecimento prestador, ou do domicílio do prestador dos serviços.*

---

[14] Com a redação da Lei Complementar nº 100/99.

OSWALDO OTHON DE PONTES SARAIVA FILHO
DIREITO TRIBUTÁRIO: ESTUDOS EM TRIBUTO AO JURISTA IVES GANDRA DA SILVA MARTINS

Tratando-se de normas gerais de direito tributário, a matéria somente poderia ser regulada por lei complementar, por força do art. 146, III da CF. (destaques constantes do original)[15]

Para esses mestres, admitir que cada Município pudesse legislar sobre o aspecto espacial da hipótese de incidência, de acordo com seus interesses e conveniências, poderia ensejar a multiplicação de exigências sobre o mesmo fato imponível, com os conflitos se multiplicando e se tornando infindáveis e insolúveis. Diante disso, entendem que "a competência atribuída aos Municípios para o ISS, é de forma *limitada, na forma definida em lei complementar".*[16]

Em que pese esse embate de ideias, o que releva é que nos expressos termos do Decreto-Lei nº 406/68, ressalvadas as duas exceções (letras "b" e "c"), em todos os demais casos o ISS era devido no local do estabelecimento prestador, não importando em que lugar viesse a ser prestado o serviço, onde tivesse sido iniciado ou concluído, bem assim onde estivesse o seu tomador.

5.2 O entendimento do STJ

Preocupado com as divergências que vinham ocorrendo, o Superior Tribunal de Justiça, após decisões também conflitantes de suas Turmas, decidiu, em sede de embargos, por sua Primeira Seção, que o ISS era devido no local em que os serviços fossem prestados, independentemente do local (Município) em que estivesse o estabelecimento prestador, de acordo com a seguinte ementa:

Embargos de divergência em REsp nº 130.792 – Ceará
Relator: Min. Ari Pargendler
Rel. p/ Acórdão: Min. Nancy Andrighi
Embargos de Divergência. ISS. Competência. Local da Prestação de Serviço. Precedentes.
I – Para fins de incidência do ISS – Imposto sobre Serviços – importa o local onde foi concretizado o fato gerador, como critério de fixação de competência do Município arrecadador e exigibilidade do crédito

---

[15] O ISS e o local da prestação de serviços. *In: ISS:* LC 116/2003, Curitiba: Juruá, 2004, p. 244.
[16] *Ob. cit.,* p. 244.

tributário, ainda que se releve o teor do art. 12, alínea 'a' do Decreto-Lei nº 406/68.

II – Embargos rejeitados.[17]

Nessa esteira, no Recurso Especial nº 168.023-CE, Rel. Ministro José Delgado, DJ de 03/08/98, está dito o seguinte: "O fato gerador do ISS se concretiza no local onde o serviço é prestado".

Mais direto e enfático, no Recurso Especial nº 23.371-2-SP, o Relator, Ministro Luiz Pereira, sequer fez referência ao estabelecimento prestador, para afastá-lo:

> Para o ISS, quanto ao fato gerador, considera-se o local onde se efetivar a prestação do serviço.[18]

Abraçando essa tese, o eminente Min. Peçanha Martins lastreou-se no princípio da territorialidade, ao concluir:

> O município competente para cobrança do ISS é aquele em cujo território se realizou o fato gerador, em atendimento ao princípio constitucional implícito que atribui àquele município o poder de tributar o serviço ocorrido em seu território.[19]

Em sede de embargos de divergência, o Superior Tribunal de Justiça também desconsiderou o estabelecimento prestador, nos seguintes termos:

> O município competente para exigir o ISS é aquele onde o serviço é prestado.[20]

De se destacar, ainda, polêmica decisão proferida pelo Ministro Demócrito Reinaldo:

> *Ementa: Tributário. ISS. Sua exigência pelo Município em cujo território se verificou o fato gerador. Interpretação do art. 12 do Dec.-lei 406/68.*

---

[17] Primeira Seção do Superior Tribunal de Justiça, por maioria. Julgado em 07/04/2000 (STJ 12/06/2000 – data do *DJ*).

[18] DJ 26/09/1994.

[19] Recurso Especial nº 115.279-RJ, Segunda Turma, Rel. Ministro Francisco Peçanha Martins, *DJ* 01/07/1999, julgado no dia 6 de abril de 1999.

[20] Recurso Especial nº 168.023-CE, Rel. Ministro Paulo Gallotti, *DJ* 03/11/1999, julgado no dia 22 de setembro de 1999.

Embora a lei considere local da prestação de serviço, o do estabelecimento prestador (art. 12 do Dec.-lei 406/68), ela pretende que o ISS pertença ao Município em cujo território se realizou o fato gerador.

É o local da prestação do serviço que indica o Município competente para a imposição do tributo (ISS), para que não se vulnere o princípio constitucional implícito que atribui àquele (Município) o poder de tributar as prestações ocorridas em seu território ...

Embora a lei considere local da prestação de serviços, o do estabelecimento prestador ... ela pretende que o ISS pertença ao Município em cujo território se realize o fato gerador. (destaques constantes do original)[21]

Contra essas decisões do STJ, se insurgiram os doutrinadores que defendiam a tese do estabelecimento prestador. Para alguns, o posicionamento do Judiciário feria dispositivo literal de lei, no caso, de lei com eficácia de complementar, veiculadora de normas gerais de Direito Tributário, violando o princípio da legalidade.

Para outros, o art. 12 somente não teria eficácia se declarado inconstitucional pelo STF. Caso contrário, deveria ser observado, pena de não haver segurança jurídica para os contribuintes, na medida em que o Judiciário estaria decidindo que um dispositivo legal, plenamente vigente, não se aplicava, para definir o critério espacial da hipótese de incidência do ISS. Alegavam, ainda, não competir ao STJ qualquer avaliação *contra legem,* que era o que acontecia quando aquela Corte negava disposição literal da lei. Demais disso, afirmavam: julgar a constitucionalidade de lei é função exclusiva do STF.

Dessa forma, as decisões do STJ estariam promovendo maior insegurança, em especial ao admitir que onde estava escrito "local do estabelecimento prestador" deveria ser lido "local em que o serviço foi prestado, independentemente de onde estiver o estabelecimento prestador".

5.3 A Lei Complementar nº 116/03

A posição jurisprudencial não resolveu os conflitos de competência, mas intensificou-os, pois dois Municípios passaram a pleitear a cobrança do ISS, um com base na lei e outro, na jurisprudência.

O cenário que se instaurou foi caótico, com os Municípios adotando o critério mais conveniente aos seus interesses: ora o disposto

---

[21] Recurso Especial nº 54.002-0/PE, Rel. Ministro Demócrito Reinaldo.

no art. 12 do Decreto-Lei nº 406/68, ora a interpretação do STJ e, mais, passaram a responsabilizar os tomadores de serviço a reter o ISS na fonte.

A insegurança atingia não apenas os prestadores de serviço, como também os tomadores, que poderiam ser responsabilizados solidariamente pelo cumprimento da obrigação jurídica tributária.

Foi, então, editada a Lei Complementar nº 116/03, que manteve a regra geral de incidência do ISS no local do estabelecimento prestador, mas visando a dispor sobre conflitos de competência entre Municípios e procurando reduzir a guerra fiscal, ampliou as exceções na forma do seu art. 3º:

> Art. 3.º O serviço considera-se prestado e o imposto devido no local do estabelecimento prestador ou, na falta do estabelecimento, no local do domicílio do prestador, exceto nas hipóteses previstas nos incisos I a XXII, quando o imposto será devido no local:
>
> I – do estabelecimento do tomador ou intermediário do serviço ou, na falta de estabelecimento, onde ele estiver domiciliado, na hipótese do §1.º do art. 1.º desta Lei Complementar;
>
> II – da instalação dos andaimes, palcos, coberturas e outras estruturas, no caso dos serviços descritos no subitem 3.05 da lista anexa;
>
> III – da execução da obra, no caso dos serviços descritos no subitem 7.02 e 7.19 da lista anexa;
>
> IV – da demolição, no caso dos serviços descritos no subitem 7.04 da lista anexa;
>
> V – das edificações em geral, estradas, pontes, portos e congêneres, no caso dos serviços descritos no subitem 7.05 da lista anexa;
>
> VI – da execução da varrição, coleta, remoção, incineração, tratamento, reciclagem, separação e destinação final de lixo, rejeitos e outros resíduos quaisquer, no caso dos serviços descritos no subitem 7.09 da lista anexa;
>
> VII – da execução da limpeza, manutenção e conservação de vias e logradouros públicos, imóveis, chaminés, piscinas, parques, jardins e congêneres, no caso dos serviços descritos no subitem 7.10 da lista anexa;
>
> VIII – da execução da decoração e jardinagem, do corte e poda de árvores, no caso dos serviços descritos no subitem 7.11 da lista anexa;
>
> IX – do controle e tratamento do efluente de qualquer natureza e de agentes físicos, químicos e biológicos, no caso dos serviços descritos no subitem 7.12 da lista anexa;
>
> X – (Vetado)
>
> XI – (Vetado)
>
> XII – do florestamento, reflorestamento, semeadura, adubação e congêneres, no caso dos serviços descritos no subitem 7.16 da lista anexa;

XIII – da execução dos serviços de escoramento, contenção de encostas e congêneres, no caso dos serviços descritos no subitem 7.17 da lista anexa;

XIV – da limpeza e dragagem, no caso dos serviços descritos no subitem 7.18 da lista anexa;

XV – onde o bem estiver guardado ou estacionado, no caso dos serviços descritos no subitem 11.01 da lista anexa;

XVI – dos bens ou do domicílio das pessoas vigiados, segurados ou monitorados, no caso dos serviços descritos no subitem 11.02 da lista anexa;

XVII – do armazenamento, depósito, carga, descarga, arrumação e guarda do bem, no caso dos serviços descritos no subitem 11.04 da lista anexa;

XVIII – da execução dos serviços de diversão, lazer, entretenimento e congêneres, no caso dos serviços descritos nos subitens do item 12, exceto o 12.13, da lista anexa;

XIX – do Município onde está sendo executado o transporte, no caso dos serviços descritos pelo subitem 16.01 da lista anexa;

XX – do estabelecimento do tomador da mão-de-obra ou, na falta de estabelecimento, onde ele estiver domiciliado, no caso dos serviços descritos pelo subitem 17.06 da lista anexa;

XXI – da feira, exposição, congresso ou congênere a que se referir o planejamento, organização e administração, no caso dos serviços descritos pelo subitem 17.10 da lista anexa;

XXII – do porto, aeroporto, ferroporto, terminal rodoviário, ferroviário ou metroviário, no caso dos serviços descritos pelo item 20 da lista anexa.

§1.º No caso dos serviços a que se refere o subitem 3.04 da lista anexa, considera-se ocorrido o fato gerador e devido o imposto em cada Município em cujo território haja extensão de ferrovia, rodovia, postes, cabos, dutos e condutos de qualquer natureza, objetos de locação, sublocação, arrendamento, direito de passagem ou permissão de uso, compartilhados ou não.

§2.º No caso dos serviços a que se refere o subitem 22.01 da lista anexa, considera-se ocorrido o fato gerador e devido o imposto em cada Município em cujo território haja extensão de rodovia explorada.

§3.º Considera-se ocorrido o fato gerador do imposto no local do estabelecimento prestador nos serviços executados em águas marítimas, excetuados os serviços descritos no subitem 20.01.

Com a edição, portanto, da Lei Complementar nº 116/03 – ressalvadas exclusivamente as exceções nela previstas –, considera-se como local da prestação dos serviços, para fins de incidência do ISS, o do estabelecimento prestador.

Se o critério adotado pelo legislador é o melhor, ou não, se outro poderia ter sido adotado, são questões que refogem ao escopo deste trabalho. O que importa é ter a lei complementar, no exercício de sua competência, optado pelo local do estabelecimento prestador. Logo, esse critério há de ser observado.

Aliás, o próprio STJ – que, outrora, combateu severamente a regra constante do art. 12, "a", do Decreto-Lei nº 406/68 – já se curvou aos expressos termos da legislação vigente. Recente decisão daquela digna Corte foi assim ementada:

> TRIBUTÁRIO E PROCESSUAL CIVIL. ISSQN. LC 116/03. COMPE-TÊNCIA. LOCAL ESTABELECIMENTO PRESTADOR. SÚMULA 83/STJ. FUNDAMENTO NÃO ATACADO. SÚMULA 283/STF.
>
> 1. De acordo com os arts. 3º e 4º da LC 116/03, a municipalidade competente para realizar a cobrança do ISS é a do local do estabelecimento prestador dos serviços. Considera-se como tal a localidade em que há uma unidade econômica ou profissional, isto é, onde a atividade é desenvolvida, independentemente de ser formalmente considerada como sede ou filial da pessoa jurídica. Isso significa que nem sempre a tributação será devida no local em que o serviço é prestado. O âmbito de validade territorial da lei municipal compreenderá, portanto, a localidade em que estiver configurada uma organização (complexo de bens) necessária ao exercício da atividade empresarial ou profissional.
>
> 2. Afastar a aplicação das regras contidas na LC 116/03 apenas seria possível com a declaração de sua inconstitucionalidade, o que demandaria a observância da cláusula de reserva de plenário.
>
> 3. No caso, o tribunal a quo concluiu que os serviços médicos são prestados em uma unidade de saúde situada no Município de Canaã, o que legitima esse ente estatal para a cobrança do ISS.
>
> 4. A recorrente deixou de combater o fundamento do acórdão recorrido para refutar a suposta violação dos princípios da bitributação e da segurança jurídica – que a autoridade apontada como coatora e o Município impetrado não compuseram a relação processual precedente. Incidência da Súmula 283/STF. Ademais, dos elementos mencionados pela Corte de Origem, não é possível precisar em que local eram prestados os serviços cuja tributação pelo ISS foi discutida no bojo da outra ação mandamental.
>
> 5. Recurso especial conhecido em parte e não provido.[22]

Devem ser evidenciadas, neste passo, considerações expendidas pelo douto Relator, Ministro Castro Meira, ao proferir o voto vencedor: "entendo que a legislação complementar recebeu autorização da Carta Magna para regulamentar, em caráter geral, o aspecto espacial do ISS.

---

[22] Recurso Especial nº 1.160.253 – MG (2009/0188086-8), STJ, 2ª Turma, Rel. Ministro Castro Meira, julgado em 10/08/10, publicado no *DJ* de 19/08/10.

Nesse contexto, editou-se a Lei Complementar 116/03 que revogou o diploma normativo anterior, trouxe maiores detalhes sobre a regra geral de incidência do ISS e ampliou o rol de exceções àquela regra. (...) A municipalidade competente para realizar a cobrança do ISS é a do local do estabelecimento prestador dos serviços. Considera-se como tal a localidade em que há uma unidade econômica ou profissional, isto é, onde a atividade é desenvolvida, independentemente de ser formalmente considerada como sede ou filial da pessoa jurídica. Isso significa que nem sempre a tributação será devida no local em que o serviço é prestado. O âmbito de validade territorial da lei municipal compreenderá a localidade em que estiver configurada uma organização (complexo de bens) necessária ao exercício da atividade empresarial ou profissional".

Em seu voto o ilustre Relator trouxe à colação decisão proferida pelo mesmo STJ, nos seguintes termos:

> PROCESSUAL CIVIL E TRIBUTÁRIO – AGRAVO REGIMENTAL – ISS – COMPETÊNCIA TRIBUTÁRIA – LC 116/2003.
> 1. Decisão agravada que, equivocadamente, decidiu à questão tão-somente à luz do art. 12 do Decreto-lei 406/68, merecendo análise a questão a partir da LC 116/2003.
> 2. Interpretando o art. 12, "a", do Decreto-lei 406/68, a jurisprudência desta Corte firmou entendimento de que a competência tributária para cobrança do ISS é do Município onde o serviço foi prestado.
> 3. Com o advento da Lei Complementar 116/2003, têm-se as seguintes regras: a) o ISS é devido no local do estabelecimento prestador (nele se compreendendo o local onde o contribuinte desenvolva a atividade de prestar serviços, de modo permanente ou temporário, e que configure unidade econômica ou profissional, sendo irrelevantes para caracterizá-lo as denominações de sede, filial, agência, posto de atendimento, sucursal, escritório de representação ou contato ou quaisquer outras que venham a ser utilizadas); e b) na falta de estabelecimento, no local do domicílio do prestador, exceto nas hipóteses previstas nos incisos I a XXII do art. 3º da LC 116/2003.
> 4. Hipótese dos autos em que não restou abstraído qual o serviço prestado ou se o contribuinte possui ou não estabelecimento no local da realização do serviço, de forma que a constatação de ofensa à lei federal esbarra no óbice da Súmula 7/STJ.
> 5. Agravo regimental não provido.[23]

---

[23] AgRg no Ag nº 903.224/MG, STJ, 2ª Turma, Rel. Ministra Eliana Calmon, julgado em 11/12/2007, publicado no *DJ* de 07/02/2008, p. 307.

Diante do parâmetro adotado pelo legislador complementar – impondo, de maneira cristalina e inequívoca que para fins de incidência do ISS, deve ser considerado o local do estabelecimento prestador –, cumpre examinar, ainda que em ligeira passagem, o que se deve entender por "estabelecimento prestador".

6 O estabelecimento prestador

Estabelecimento é unidade econômica, quer dizer, é o complexo de meios idôneos, materiais ou imateriais, pelos quais o prestador do serviço explora determinada atividade, ou, na lição de Carvalho de Mendonça, "o organismo econômico aparelhado para o exercício desta".[24] Assim, enquanto a empresa é a atividade organizadora, produtora de bens ou de prestação de serviços, o estabelecimento é o promotor das ações ou movimentos da empresa. Estabelecimento não é a empresa: é o seu órgão, o promotor das suas ações ou movimentos.

A interpretação de "estabelecimento" como considerado na Lei Complementar nº 116/03 deve ser feita, por força do disposto no art. 110 do CTN, juntamente com o conceito de estabelecimento trazido pelo Código Civil (Lei nº 10.406/02):

> Art. 1.142: Considera-se estabelecimento todo complexo de bens organizado, para exercício da empresa, por empresário, ou por sociedade empresária.

O art. 4º da Lei Complementar nº 116/03 pouco acrescenta ao objetivo de encontrar um conceito preciso de estabelecimento prestador ao estatuir, *verbis*:

> Art. 4.º Considera-se estabelecimento prestador o local onde o contribuinte desenvolva a atividade de prestar serviços, de modo permanente ou temporário e que configure unidade econômica ou profissional, sendo irrelevantes para caracterizá-lo as denominações de sede, filial, agência, posto de atendimento, sucursal, escritório de representação ou contato ou quaisquer outras que venham a ser utilizadas.

Por "estabelecimento prestador" deve ser entendido qualquer local em que, concretamente, se exercitem as funções de prestar serviços.

---

[24] *Tratado de Direito Comercial brasileiro*. 6. ed. Rio de Janeiro: Freitas Bastos, 1959. v. V, p. 15.

OSWALDO OTHON DE PONTES SARAIVA FILHO
DIREITO TRIBUTÁRIO: ESTUDOS EM TRIBUTO AO JURISTA IVES GANDRA DA SILVA MARTINS

O porte do estabelecimento, o modo pelo qual se desenvolve a prestação, a dimensão dos poderes administrativos, a existência de subordinação a outro de maior relevo ou a qualificação específica (não importa se se trata de matriz, sede, filial, sucursal, agência, loja, escritório ou qualquer outra denominação da espécie) são fatores irrelevantes para caracterizar um estabelecimento e, por conseguinte, também o são para a tipificação de estabelecimento prestador.

Estabelecimento prestador é, pois, o local em que a atividade (*facere*) é efetivamente exercida, executada, culminando com a consumação dos serviços.

Diante da dificuldade de definir estabelecimento prestador, a maioria dos Municípios, nas leis instituidoras de ISS, tem preferido listar uma série de indicadores que, conjugadamente, de modo parcial ou total, caracterizariam a existência de um "estabelecimento prestador".

Em regra, os elementos indicativos de sua existência são:

a) manutenção, nesse lugar, de pessoal, material, máquinas, instrumentos e equipamentos necessários à execução dos serviços;

b) existência de estrutura gerencial, organizacional e administrativa compatível com as atividades desenvolvidas;

c) inscrição na Prefeitura do Município e nos órgãos previdenciários;

d) informação desse local como domicílio fiscal, para efeito de outros tributos;

e) permanência ou ânimo de permanecer no local, para a exploração econômica de atividade de prestação de serviços, exteriorizada através da divulgação do endereço desse lugar em impressos, formulários, correspondência, contas de telefone, de energia elétrica, de água, ou gás, em nome do prestador, seu representante ou preposto.

Pode-se concluir, pois, que se esses elementos estiverem presentes no estabelecimento considerado é razoável supor que este, em tese, estará qualificado para ser o "estabelecimento prestador" dos serviços.

Como a regra geral prevista na Lei Complementar nº 116/03 privilegia o local do estabelecimento prestador, a concretização dos serviços considera-se ocorrida no Município em que localizado o estabelecimento da empresa incumbido de prestar o serviço. Para tanto é necessário que nele tenham sido materialmente realizadas, ultimadas, concluídas as atuações que consubstanciam o serviço.

Em outras palavras, um estabelecimento somente se caracterizará como estabelecimento prestador, quando nele, e por meio dele, os serviços sejam executados, realizados, consumados, concluídos.

Todavia, um outro fator deve ser considerado: dizer em que local (Município) é devido o ISS pressupõe tenha-se por firme a convicção do momento em que ocorreu o fato tributário. É só com a definição do momento de ocorrência do fato que se pode, com segurança, dizer onde é devido esse imposto.

A lei tributária deve, pois, trazer a indicação, explícita ou implícita, das circunstâncias de tempo importantes para a configuração dos fatos imponíveis. No caso do ISS, considera-se ocorrido o fato tributário no momento em que se perfaz a prestação do serviço. Não pode a lei – pena de invalidade – dizer que o ISS é devido em momento anterior à conclusão do serviço. Só quando consumada a prestação é que pode ser devido o imposto.

Será devido o ISS, portanto, no lugar em que a *prestação se consumar*. A afirmação de que a incidência do ISS se dará no local em que estiver física e concretamente localizado o estabelecimento prestador pressupõe a circunstância de que a efetiva prestação dos serviços se dê nesse Município.

Pouco importa, para definir o local de incidência do tributo, onde são dados os passos iniciais ou onde se produzem as atividades-meio; o que sobreleva é onde foram concluídos os serviços objeto do contrato. Ali, e só ali, será devido o ISS.

Assim, para não incorrer em erro na definição do local em que é devido o ISS, é preciso ter presente não apenas o local do estabelecimento (enquanto conjunto de meios necessários à realização dos serviços), mas o local onde os serviços, objeto do contrato, foram concluídos. Considerando, todavia que a prestação da quase generalidade dos serviços pressupõe a realização de etapas intermediárias (que não podem ser tomadas individualmente como "serviço") é preciso cautela e distinguir entre atividade-meio e atividade-fim, pois só o perfazimento desta última é que constitui serviço tributável.

– * –

Uma última palavra. Escrevi este artigo, atendendo ao honroso convite, que me fez o insigne Doutor Oswaldo Othon de Pontes Saraiva Filho, para participar de livro em homenagem ao notável doutrinador, o jurista Professor Ives Gandra da Silva Martins.

Aprendi a conhecê-lo e estimá-lo, já faz muito, nos saborosos macarrões das quintas-feiras, no seu escritório, na João Mendes. Desde então, a minha coluna de débito sempre teve um enorme número de páginas, contrabalançando com dois ou três mirrados créditos. Sou um dos grandes devedores de Ives Gandra Martins. A ele devo sucessivos apoios e, até mesmo, muitos dos frutos colhidos na minha trajetória pessoal e profissional.

Para que não ocupe todo o livro, seja-me dado o direito de ressaltar, entre tantas, apenas duas de suas virtudes: a sua postura amiga, despida de interesse outro que não a manutenção dela mesma, e o brilhantismo da sua inteligência, sempre fulgurante.

Escrever para o seu livro, caro mestre e amigo IVES, foi, para mim, um inexcedível e saboroso privilégio.

Informação bibliográfica deste texto, conforme a NBR 6023:2002 da Associação Brasileira de Normas Técnicas (ABNT):

BARRETO, Aires F. ISS: Local da prestação e estabelecimento prestador. *In*: SARAIVA FILHO, Oswaldo Othon de Pontes (Coord.). *Direito Tributário*: Estudos em tributo ao jurista Ives Gandra da Silva Martins. Belo Horizonte: Fórum, 2016. p. 223-242. ISBN 978-85-450-0154-6.

NULIDADES DO PROCESSO ADMINISTRATIVO TRIBUTÁRIO

JOSÉ EDUARDO SOARES DE MELO

1 Âmbito processual

Os procedimentos administrativos, objetivando disciplinar o relacionamento do Fisco com o contribuinte, podem ter diversificadas finalidades, a saber:

1.1 Consulta

Indagação do contribuinte (ou entidade representativa de atividade econômica ou profissional) sobre a interpretação e a aplicação da legislação tributária, com o escopo de obter o entendimento fazendário sobre atividades tributárias que lhes são pertinentes, para que tenha segurança e certeza de seus procedimentos, evitando riscos fiscais (autuações, imposição de penalidades).

Funda-se no princípio constitucional de petição aos poderes públicos, sendo estabelecida a sistemática para sua formulação, os requisitos a serem observados, a competência para a solução da Consulta, e os respectivos efeitos, na forma contida na legislação seguinte:

a) Federal – Decreto nº 70.235, de 06/03/72 (arts. 46 a 58), Lei federal nº 9.430, de 17/12/96 (arts. 48 a 50), e Instrução Normativa RFB nº 740, de 02/05/07;

b) Estadual (São Paulo) – Decreto nº 45.490, de 30/11/00 (Regulamento do ICMS – arts. 510 a 526), e Lei nº 6.374, de 1º/03/89 (arts. 104 a 107);

c) Municipal (São Paulo) – Lei nº 14.107, de 12/12/05 (arts. 73 a 78), e Decreto nº 51.357, de 24/03/10 (arts. 512 a 517).

Tem como pressupostos a obtenção de segurança e certeza da legitimidade dos procedimentos tributários; a espontaneidade; a vinculação da resposta ao consulente; podendo ocorrer mudança de orientação decorrente de renovação de conceitos e adaptação à realidade social, como é o caso de ulteriores normas e sedimentação jurisprudencial.

Normalmente, a apresentação da Consulta suspende o curso do prazo de pagamento do tributo em relação à situação sobre a qual for pedida a interpretação da legislação aplicável, e impede, até o término do prazo fixado na resposta, o início de qualquer procedimento fiscal destinado à apuração de infrações relacionadas com a matéria consultada.

A suspensão do prazo não produzirá efeitos relativamente ao imposto devido sobre as demais operações realizadas, vedado o aproveitamento do crédito controvertido antes do recebimento da resposta.

Não produzirá efeitos (âmbito federal) a consulta formulada (I) com inobservância dos requisitos legais; (II) em tese, com referência a fato genérico, ou ainda que não identifique o dispositivo da legislação tributária sobre cuja aplicação haja dúvida; (III) por quem estiver intimado a cumprir obrigação relativa ao fato objeto da Consulta; (IV) sobre fato objeto de litígio, de que o consulente faça parte, pendente de decisão definitiva nas esferas administrativa ou judicial; (V) por quem estiver sob procedimento fiscal, iniciado antes de sua apresentação, para apurar os fatos que relacionam-se com a matéria consultada; (VI) quando o fato houver sido objeto de solução anterior proferida em Consulta ou litígio em que tenha sido parte o consulente, e cujo entendimento por parte da administração não tenha sido alterado por ato superveniente; (VII) quando o fato tiver sido disciplinado em ato normativo publicado na imprensa oficial antes de sua apresentação; (VIII) quando versar sobre constitucionalidade ou legalidade da legislação tributária; (IX) quando o fato estiver definido ou declarado em disposição literal da lei; (X) quando o fato estiver definido como crime ou contravenção penal; e (XI) quando não descrever, completa e exatamente, a hipótese a que se refere, ou não contiver os elementos necessários à sua solução, salvo se a inexatidão ou omissão for escusável, a critério da autoridade julgadora.

1.2 Regime especial

Trata-se de procedimento específico estabelecido pelo Fisco, distinto das regras constantes da legislação tributária, sob diversificadas modalidades:

1.2.1 De ofício

Cumprimento das obrigações pelo sujeito passivo (no caso da esfera federal), nas hipóteses:

I – embaraço à fiscalização, caracterizado pela negativa não justificada de exibição de livros e documentos em que se assente a escrituração das atividades do sujeito passivo, bem como pelo não fornecimento de informações sobre bens, movimentação financeira, negócio ou atividade, próprios ou de terceiros, quando intimado, e demais hipóteses que autorizam a requisição do auxílio da força pública;

II – resistência à fiscalização, caracterizada pela negativa de acesso ao estabelecimento, ao domicílio fiscal, ou a qualquer outro local onde se desenvolvam as atividades do sujeito passivo, ou se encontrem bens de sua posse ou propriedade;

III – evidências de que a pessoa jurídica esteja constituída por interpostas pessoas que não sejam os verdadeiros sócios ou acionistas, ou o titular, no caso de firma individual;

IV – realização de operações sujeitas à incidência tributária, sem a devida inscrição no cadastro de contribuintes apropriado;

V – prática reiterada de infração da legislação tributária;

VI – comercialização de mercadorias com evidências de contrabando ou descaminho; e

VII – incidência em conduta que enseje representação criminal, nos termos da legislação que rege os crimes contra a ordem tributária.

O regime especial pode consistir em (I) manutenção de fiscalização ininterrupta no estabelecimento do sujeito passivo; (II) redução, à metade, dos períodos de apuração e dos prazos de recolhimento dos tributos; (III) utilização compulsória de controle eletrônico das operações e recolhimento diário dos respectivos tributos; (IV) exigência de comprovação sistemática do cumprimento das obrigações tributárias; e (V) controle especial de impressão e emissão de documentos comerciais e fiscais e da movimentação financeira.

1.2.2 De interesse do contribuinte

Autorização para emissão e escrituração de documentos e livros fiscais emitidos por processo manual mecânico ou por sistema de processamento eletrônico de dados; centralização de escrita fiscal; emissão de uma única nota fiscal diária; recolhimento nas importações de matéria-prima ou bens de capital; manutenção de formulários contínuos de notas fiscais em estabelecimento de preposto.

1.3 Reconhecimento de imunidade e isenção

A legislação estabelece procedimentos para que as pessoas privadas possam ser desoneradas dos encargos tributários, desde que atendam às condições e aos requisitos normativos.

Exemplificativamente, no caso de imunidade das instituições de assistência social, devem comprovar que não distribuem qualquer parcela de seu patrimônio ou de suas rendas, a qualquer título; aplicam integralmente no país os seus recursos na manutenção dos seus objetivos institucionais; e mantêm escrituração de suas receitas e despesas em livros revestidos de formalidades capazes de assegurar sua exatidão.

1.4 Compensação

O direito ao recebimento de valores tributários, com a contrapartida da obrigação aos débitos tributários, pode ser promovido por meio de processo específico.

Notória a vantagem da compensação na medida em que inúmeras transações se entrecruzam em sentidos diversos. Poupam-se várias complicações e ônus, em razão da simples amortização dos créditos recíprocos, eliminando-se repetidas transferências ou movimentações de dinheiro e os naturais riscos, atrasos, perdas, etc.

Trata-se de bilateralidade de créditos e dívidas, e não de negócio jurídico. Significa a extinção de obrigações recíprocas entre as mesmas pessoas que se reputam pagas (total ou parcialmente). Existe uma garantia, uma preferência e dois pagamentos, sem que nenhum dos devedores tenha de fazer qualquer desembolso. Dívida líquida e certa é aquela exata quanto à sua existência e determinada quanto ao seu objeto, enquanto a ilíquida depende de uma prestação de contas, para se apurar o saldo devedor.

A reciprocidade representa a extinção total dos créditos (se iguais), ou parcial (se desiguais), ou maior até a ocorrência do menor, que desaparecerá por completo. A exigível é aquela dívida cujo pagamento pode ser pleiteado em juízo. A fungibilidade das coisas compensadas constitui consequência necessária do princípio legal de que ninguém pode ser obrigado a receber coisa diversa daquela que lhe é devida.

A legislação que institua o regime de compensação não pode estabelecer condições e restrições que acabem inviabilizando ou inibindo a plena e integral compensação, razão pela qual o STJ decidiu pela possibilidade de compensação do valor da multa paga indevidamente com tributos (EREsp nº 760.290-PR, 1ª Seção, Rel. Min. Castro Meira, j. 13/06/07; e EREsp nº 831.278-PR, 1ª Seção, Rel. Min. Humberto Martins, j. 14.11.07, *DJU* 1 de 03/12/07, p. 255).

No âmbito federal, o sujeito passivo que apurar crédito (inclusive o reconhecido por decisão judicial transitada em julgado, relativo a tributo ou contribuição, passível de restituição ou de ressarcimento) tem a faculdade de utilizá-lo na compensação de débitos próprios, vencidos ou vincendos, relativos a quaisquer tributos e contribuições administradas pela RFB.

A compensação será efetuada mediante a apresentação da Declaração de Compensação gerada a partir do Programa PERD-COMP ou, na impossibilidade de sua utilização, mediante a apresentação à RFB do formulário da mencionada declaração. Essa compensação extingue o crédito tributário sob condição resolutória da ulterior homologação do procedimento.

A compensação poderá ser promovida de ofício, obedecendo-se à proporcionalidade entre o principal e respectivos acréscimos e encargos legais, observando-se, sucessivamente, a) a ordem crescente da data do vencimento das prestações vencidas; e b) a ordem decrescente da data de vencimento das prestações vincendas. Homologada a compensação declarada, expressa ou tacitamente, ou consentida a compensação de ofício, a RFB adotará procedimentos específicos.

1.5 Lançamento

Procedimento relativo à constituição do crédito tributário, de competência da autoridade administrativa, tendente a verificar a ocorrência do fato gerador da obrigação correspondente, determinar a matéria tributável, calcular o montante do tributo devido, identificar o sujeito passivo, e, sendo o caso, propor a aplicação da penalidade aplicável (art. 142 do CTN).

Exprime obediência à prévia e objetiva tipificação legal tanto nos aspectos substanciais, como nos elementos de natureza formal, do ato administrativo concernente ao fato tributário. A certeza e a liquidez do crédito tributário constituem requisitos para tornar preciso e exato o valor a ser liquidado. Aplica-se a legislação válida e eficaz no momento em que ocorre o fato gerador tributário, não devendo ser utilizada a legislação editada em momento posterior (art. 144, *caput*, do CTN), salvo no caso de retroatividade benigna (art. 106, do CTN).

Mantêm plena subsunção (adequação) dos fatos geradores à respectiva legislação, salvo no caso de terem sido instituídos novos critérios de apuração ou processos de fiscalização, ampliado os poderes de investigação das autoridades administrativas, ou outorgado ao crédito maiores garantias ou privilégios, exceto, neste último caso, para o efeito de atribuir responsabilidade tributária a terceiros (art. 144, §1º, do CNT).

O processo compreende as fases de impugnação, decisão singular, recursos e julgamentos pelos órgãos colegiados, ocorrendo a extinção do crédito tributário, ou a manutenção dos feitos fazendários, de conformidade com o devido processo legal.

A legislação ordinária também estabelece que as respectivas obrigações tributárias são liquidadas sem que ocorra o lançamento. Nascida a obrigação, o sujeito passivo efetua o recolhimento do respectivo valor sem prévia participação, anuência, ou conhecimento do Fisco.

A circunstância de a Administração Fazendária impulsionar, e decidir, as questões tributárias postas nos diversos processos não pode significar comportamento parcial ou desigualdade entre Fisco e contribuinte.

2 Legitimidade procedimental

2.1 Requisitos normativos

Os procedimentos indicados no item anterior devem obedecer o devido processo legal, em razão do que é imprescindível que as normas atendam às condições básicas seguintes:

a) *validade* – significa juridicidade do preceito normativo existente em razão de ser produzido pelo órgão competente, observado o devido processo legislativo, não se tratando de qualidade intrínseca. No âmbito tributário, a norma (lei estadual) dispondo sobre o ICMS deve cogitar de realização de operações mercantis; estabelecer como contribuinte vendedor das mercadorias; a base de cálculo corresponderá ao valor das operações; e a alíquota que atenda a capacidade contributiva e não represente vedação de confisco.

b) *eficácia* – representa requisito para a produção dos efeitos jurídicos das normas. O fato gerador da obrigação tributária possibilita sua eficácia, permitindo sua exigibilidade se a lei contiver todos os elementos do tipo tributário e atender os princípios e regras previstas na Constituição e na respectiva legislação. A lei tributária tem eficácia na respectiva unidade geográfica, salvo com relação à excepcional aplicação extraterritorial disposta na Constituição Federal. As leis estrangeiras não podem ser consideradas sobre fatos ocorridos no território nacional.

Os atos jurídicos têm de atender requisitos intrínsecos pertinentes ao sujeito, finalidade, forma, motivo, e objeto, que podem ser delineados no processo contencioso tributário (auto de infração estadual), a saber: (a) competência – chefe do posto fiscal; (b) finalidade – constituição do crédito tributário; (c) forma – auto de infração contendo todos os requisitos relativos à incidência tributária; (d) objeto – cobrança dos valores tributários (imposto, juros de mora e multa).

Os processos somente têm condição de projetar efeitos jurídicos (solução de consultas, imposição ou concessão de regimes fiscais, reconhecimento de imunidades e isenções, compensações e lançamentos tributários) na medida em que observem os inúmeros princípios jurídicos previstos em ordenamentos jurídicos.

A título exemplificativo, segue a previsão normativa dos princípios:

Constituição Federal:
- aos litigantes em processo judicial ou administrativo, e aos acusados em geral, são assegurados o contraditório e a ampla defesa, com os meios e recursos a ela inerentes (art. 5º, LV);
- a Administração Pública direta e indireta de qualquer dos poderes da União, dos Estados, do Distrito Federal e dos Municípios obedecerá aos princípios de legalidade, impessoalidade, moralidade, publicidade e eficiência (art. 37).

Lei Federal nº 9.784, de 29/11/99:
- princípios da legalidade, finalidade, motivação, razoabilidade, proporcionalidade, moralidade, ampla defesa, contraditório, segurança jurídica, interesse público e eficiência (art. 2º).

Constituição do Estado de São Paulo, de 05/10/89:
- a Administração Pública direta, indireta ou fundacional, de qualquer dos poderes do Estado, obedecerá aos princípios

da legalidade, impessoalidade, moralidade, publicidade, razoabilidade, finalidade, motivação e interesse público (art. 111).

Lei Estadual nº 13.457, de 18/03/09 (processo administrativo no Estado de São Paulo):
- serão obedecidos os princípios da publicidade, da economia, da motivação, da celeridade, do contraditório e da ampla defesa (art. 2º).

Lei Complementar do Estado de São Paulo nº 939, de 03/04/03 (Código de Direitos, Garantias e Obrigações dos Contribuintes):
- observância aos princípios do contraditório, ampla defesa e duplicidade de instância (art. 5º, IV).

Lei Municipal nº 14.141, de 27/03/06 (diploma subsidiário ao processo administrativo tributário de São Paulo):
- observância aos princípios da primazia no atendimento ao interesse público, economicidade, eficiência, legalidade, motivação, razoabilidade, proporcionalidade, moralidade, impessoalidade e publicidade (art. 2º).

2.2 Princípios constitucionais aplicáveis ao processo administrativo

2.2.1 Legalidade

Significa garantia do Estado de Direito constituindo proteção aos direitos dos cidadãos como verdadeiro dogma jurídico, pelo fato de a Constituição Federal haver estabelecido que "ninguém será obrigado a fazer ou deixar de fazer alguma coisa senão em virtude de lei" (art. 5º, II).

Indispensável a emissão de normas editadas pelos representantes do povo (Legislativo), para que os direitos e obrigações tenham nascimento, modificação e extinção, competindo à Administração Pública observância ao postulado da legalidade (art. 37).

O ordenamento contempla a reserva formal da lei, mediante a fixação do órgão titular competente para sua expedição; e a reserva material da lei com a característica de ordem abstrata, geral e impessoal.

A instituição, majoração, diminuição, ou extinção dos tributos (art. 150, I, III, "a" e "b", da CF), bem como os casos de subsídio, isenção, redução de base de cálculo, concessão de crédito presumido, anistia ou remição, relativos a impostos, taxas, e contribuições (art. 150, §6º) devem ser sempre previstos em "lei", consubstanciando os valores de *certeza* e *segurança*.

A CF apresenta aparente exceção ao princípio da legalidade, ao facultar ao Executivo – atendidas as condições e os limites estabelecidos em lei –, alterar as alíquotas dos impostos de importação de produtos estrangeiros; exportação de produtos nacionais ou nacionalizados; produtos industrializados; e operações de crédito, câmbio e seguro, relativas a títulos ou valores mobiliários (art. 150, §1º).

Não se trata de delegação de competência do Legislativo ao Executivo, posto que, primacialmente, é de exclusiva competência da lei descrever todos os aspectos de sua hipótese de incidência tributária, inclusive sua quantificação, onde se compreende a figura da alíquota. O Executivo não pode (sem amparo balizador na lei) instituir as alíquotas dos mencionados impostos, uma vez que a excepcional competência é apenas para flexionar as alíquotas, segundo os parâmetros legais (máximo e mínimo).

Também são contempladas exceções relativamente às operações com combustíveis e lubrificantes (§4º do art. 155 da CF, com a redação da Emenda nº 33/01); e às contribuições de intervenção no domínio econômico na importação dos referidos bens (alínea "b", §4º, do art. 177 da CF, por força da Emenda nº 33/01).

O lançamento tributário deve respaldar-se exclusivamente na lei no que concerne à tipificação das exigências tributárias, à cominação de penalidades, e ao devido processo legal.

2.2.2 Ampla defesa e contraditório

Assegura-se ao contribuinte o conhecimento de todos os elementos que integram o processo tributário, iniciando-se pela ciência do lançamento e dos documentos que embasam a cobrança fazendária. Mesmo no caso de ser-lhe dada vista dos autos (dentro ou fora da repartição) justifica-se a entrega das cópias dos documentos em que se funda a exigência fiscal.

A participação pessoal do contribuinte deve ser a mais abrangente possível, oferecendo defesa, recursos (ou contrarrazões) e proferindo sustentação oral, sendo imprescindível sua intimação para manifestar-se sobre documentos e elementos que sejam apresentados pelo Fisco ou por terceiros.

A garantia de ampla defesa não significa que os contribuintes somente possam ser defendidos por advogados (defesa técnica), pela circunstância de esse profissional ter conhecimento científico e prático, etc., para elaborar uma defesa mais adequada, e ser indispensável à administração da justiça (art. 133 da CF). No âmbito administrativo as defesas e os recursos podem ser apresentados pelas próprias partes (autodefesa) ou pelos procuradores (não necessariamente bacharéis em Direito).

A defesa somente poderá ser considerada ampla na medida em que o contribuinte possa utilizar todos os meios de prova. Embora a legislação processual administrativa nem sempre regule os meios hábeis para ser demonstrada, a verdade em que se embasam as alegações da parte, só aceitando documentos (notas fiscais, declarações, balanços, etc.); a precariedade do feito fazendário não impede a apresentação de laudo pericial (elaboração por órgão técnico, entidade de classe), com plena condição de ser considerado pelo julgador, uma vez que se torna inviável o exame minucioso de milhares de notas fiscais ou considerações de natureza específica (científica, técnica, contábil).

As provas orais (depoimento pessoal, oitiva de testemunhas) também não podem ser rechaçadas, sob a assertiva de que não existe regramento específico para possibilitar sua realização, em que pese a possibilidade de serem aplicadas as regras subsidiárias da legislação processual civil.

No caso de a Fazenda Pública valer-se de prova "emprestada" (apuração promovida pelos Fiscos federal, estadual ou municipal), deverá fornecer ao contribuinte todos os elementos pertinentes, porque a presunção de legitimidade dos atos administrativos não constitui um dogma, tendo em vista a distribuição equitativa do ônus da prova. A ciência do contribuinte do resultado da diligência é exigência jurídico-procedimental, dela não se podendo desvincular.

Ocorre violação ao postulado do contraditório quando o recorrente (Administração Pública) introduz alegações em recurso sem que previamente o contribuinte sobre elas pudesse se pronunciar (STJ – AgRg no MS nº 12.238-DF – 1ª Seção – Rel. Min. Humberto Martins – sessão de 23/04/08, *DJe* de 12/05/2008).

2.2.3 Duplicidade de instância

Considerando que a CF (art. 5º, LV) outorga aos litigantes em processo administrativo o direito à ampla defesa e ao contraditório, com os "recursos a ela inerentes", está pressupondo a existência de instância recursal para que as decisões singulares (normalmente mantendo as exigências tributárias) sejam revistas em caráter devolutivo e suspensivo.

Tendo em vista que os julgadores singulares usualmente homologam os lançamentos, é necessária a previsão de recursos para que os órgãos de segunda instância administrativa (normalmente de composição paritária) possam reexaminar toda a matéria posta na lide.

Os recursos administrativos são julgados no âmbito federal pelo Conselho Administrativo de Recursos Fiscais (CARF) e pela Câmara Superior de Recursos Fiscais (CSRF), do Ministério da Fazenda; no âmbito estadual (SP), pelo Tribunal de Impostos e Taxas e Delegado Tributário de Julgamento; e no âmbito municipal (SP), pelo Conselho Municipal de Tributos.

A exigência de garantia de instância viola superior princípio constitucional (art. 5º da CF), que reza o seguinte: "XXXIV – são a todos assegurados, independentemente do pagamento de taxas: a) o direito de petição aos Poderes Públicos em defesa de direitos ou contra a ilegalidade ou de abuso do poder (...)".

O Supremo Tribunal Federal firmara diretriz de que "é inconstitucional a exigência de depósito ou arrolamento prévio de dinheiro ou bens para admissibilidade de recurso administrativo" (Súmula nº 21).

Consagrara o entendimento de que referidas medidas resultam em imobilização de bens, constituindo obstáculo sério (e intransponível para considerável parcela da população) ao exercício do direito de petição (CF, art. 5º, XXXIV), além de caracterizar ofensa ao princípio do contraditório (CF, art. 5º, LV).

O depósito ou arrolamento de bens e direitos pode converter-se, na prática, em determinadas situações, em supressão do direito de recorrer, constituindo nítida violação ao princípio da proporcionalidade (ADIN nº 1.976-DF – Plenário – Rel. Min. Joaquim Barbosa – j. 28/03/07 – DJ 18/05/07).

O Ministro vislumbrara falta de razoabilidade à exigência normativa de depósito prévio, enquanto inadequado e desnecessário, inexistindo perfeita simetria entre a norma, seus fundamentos, e os objetivos (proporcionalidade). O depósito não representa medida apropriada, por não conseguir evitar que decisão judicial impeça o recebimento do valor pretendido, nem sequer como meio necessário, pois pode aviar-se cobrança ao cabo do procedimento administrativo sem que se exija, do contribuinte, prévio depósito de quantia cuja legitimidade ainda se discute.

O Superior Tribunal de Justiça também pontificara que "é ilegítima a exigência de depósito prévio para admissibilidade de recurso administrativo" (Súmula nº 373).

Entendera que inviabilizar o recurso na via administrativa equivale a impedir que a própria Administração Pública revise um ato administrativo porventura ilícito, promovendo o aprimoramento interno da legitimidade dos atos da Administração. O recurso significa componente essencial do direito de petição, tornando acessório o debate acerca do direito ao duplo grau de jurisdição, conquanto a CF tenha assegurado o direito ao processo administrativo mediante o competente recurso (art. 5º, LV).

2.3 Princípios constitucionais gerais de natureza administrativa

2.3.1 Impessoalidade

Consiste no exercício objetivo da função administrativa, que tem por finalidade primordial perseguir o exclusivo interesse público, de forma isônoma, sem conceder privilégios ou interesses pessoais e particularizados.

O agente público deve objetivar o atendimento geral da coletividade, sem proceder a qualquer discriminação, vantagem, favorecimento a determinadas pessoas ou categorias econômicas, profissionais, etc., como corolário do princípio da moralidade.

Não pode o Fisco conferir tratamento tributário personalizado, especial, vantajoso (ou prejudicial) a certos contribuintes, em prejuízo de outros. Deve observar uma ordem natural e cronológica de atendimento no que concerne às orientações prestadas nos postos fiscais, às respostas às consultas formais, aos pedidos de concessão de regime especial, e no trâmite dos processos contenciosos.

Embora a importância do crédito tributário envolvido e a notória situação de inidoneidade possam representar maior benefício para a Fazenda, não há como se menosprezar os interesses dos próprios contribuintes em ver agilizada uma decisão, para que estes possam estar seguros de seus procedimentos internos e apurar os reflexos patrimoniais.

A circunstância de os contribuintes já sofrerem reiteradas cobranças tributárias (processos administrativos, execuções fiscais), por si só, não pode implicar radical postura dos julgadores no sentido de manter exigências em demais ações fiscais sob a assertiva de serem contumazes devedores tributários.

Não é pelo fato de o industrial sempre recolher significativos valores tributários aos cofres públicos que não se possa decidir pela manutenção de autos de infração instaurados face ao mesmo contribuinte em situações nas quais fica comprovada a prática de ilícito tributário.

2.3.2 Moralidade

Constitui princípio alçado à dignidade constitucional, como um dos fundamentos basilares dos atos dos representantes das pessoas jurídicas de direito público, evidenciando-se que não basta o ato administrativo conter seus elementos naturais (competência, motivo, objeto, finalidade e forma), para projetar seus efeitos jurídicos, tornando-se imprescindível o comportamento moral, ético, honesto, justo.

Embora se trate de um conceito vago, impreciso, flutuante no tempo e ao sabor dos costumes, sendo dosado por certa flexibilidade, compete ao hermeneuta precisar um determinado critério – ainda que pautado por margem de tolerância –, para que esse princípio não seja espezinhado, ignorado, ou até mesmo vilipendiado.

Partindo-se do pressuposto que o administrador público gerencia bens e direitos dos quais não é titular, deve atentar para os interesses coletivos até suas últimas consequências, mantendo um procedimento reto e legítimo no que se refere às finalidades que ato objetiva.

É possível vislumbrar a configuração da imoralidade do ato administrativo nas práticas atentatórias dos bons costumes, na ofensa às regras da boa administração (falta de espírito público e de presteza ao servir à comunidade), na deslealdade e na surpresa, que constituem elementos nocivos na relação administrador (Fisco) e administrado (contribuinte).

O propalado princípio da supremacia do interesse público sobre o interesse individual, outorgando prerrogativas e privilégios para a Administração Pública, identificável no exercício do poder de polícia e na prestação de serviços públicos, não pode representar um cheque em branco, ocasionando desrespeito ao administrado no que tange aos seus direitos e garantias individuais.

O interesse coletivo objetiva atender o bem comum, revestindo naturais elementos éticos, posto que, no âmbito tributário, o poder público só pode subtrair parcelas dos patrimônios dos particulares de conformidade com o regime jurídico constitucional, consagrador de um autêntico estatuto do contribuinte, conformado por inúmeros princípios conferidores de segurança e certeza à atividade impositiva.

Considerando que a atividade tributária é plenamente vinculada, defluindo a obrigatoriedade do servidor público de cobrar tributos, uma vez ocorrida a hipótese de incidência normativa (art. 142 do CTN), é compreensível a dificuldade de tipificar a imoralidade em um ato da Administração Pública que esteja consubstanciado por seus legítimos elementos.

No caso em que o Judiciário já tem decretado a inconstitucionalidade de normas, ou, mesmo quando assenta sólidas posições a respeito de matérias tributárias (súmulas, decisões de plenário ou seções), o Fisco deve modificar seus procedimentos usuais, para observar as diretrizes jurisprudenciais, uma vez que referidas normas e posturas se revelam ineficazes.

Também violam a ética os procedimentos dos julgadores tributários consistentes em promover diligências, ou requerer pedidos de vista de processos, com o velado propósito de procrastinar o julgamento do feito.

Arranha o princípio da moralidade a demora na solução dos pedidos de restituição e/ou compensação de tributos, sob pena de positivar-se o enriquecimento sem causa da Fazenda, sem falar da corrosão dos valores. Nessa seara, incluem-se os processos administrativos que duram vários anos sem solução, compelindo a distribuição a novos juízes e conselheiros (no caso do término de mandatos bienais ou trienais), ficando perdidos diversos atos processuais praticados (sustentações orais, relatórios, vistas, etc.).

A moralidade administrativa restará prejudicada no caso de parcelamento de débitos tributários acompanhado de confissão de dívida, onde o Fisco promove a penhora de bens do contribuinte, impossibilitando o pleno exercício de suas atividades pessoais e/ou profissionais.

Na trilha da imoralidade situam-se as medidas constrangedoras do patrimônio dos contribuintes, consoante sedimentada jurisprudência, promovendo a interdição de estabelecimento e a apreensão de mercadorias como meio coercitivo para exigência de tributos; a proibição de despacho de mercadorias nas alfândegas e exercício de atividades profissionais, bem como a decretação de "regime especial" impondo restrições.

2.3.3 Publicidade

A eficácia dos atos administrativos implica obrigatoriamente o integral conhecimento por parte dos administrados, para que possam acompanhar a execução dos interesses de toda a coletividade, evidenciando-se a plena transparência em absoluta consonância com o princípio da moralidade.

Salvo os casos de excepcional sigilosidade (art. 5º, XXXIII, da CF), a Administração Pública não pode fazer nenhum segredo do exercício da função pública, que deve ser objeto de veiculação na imprensa oficial, para permitir o conhecimento, e, até mesmo, ser fiscalizada pelas partes do processo, uma vez que gerencia o patrimônio público.

Não se trata apenas de divulgação oficial dos atos administrativos, mas, ainda, de oferecimento de condições para propiciar o conhecimento da conduta dos seus agentes, atingindo também pareceres, julgamentos, manifestações da consultoria tributária, etc.

Deve ser promovida a publicidade dos atos, documentos, e de todos os elementos integrantes do lançamento tributário, especialmente nos casos de lavratura de auto de infração (instauração de processo administrativo). Para possibilitar o conhecimento desses eventos é indispensável observar medidas práticas e eficazes (notificações pessoais, notícias da imprensa) que assegurem a certeza de ciência aos sujeitos passivos e aos demais interessados.

Em processos versando sobre a glosa de créditos fiscais (IPI e ICMS), decorrente de decretação da inidoneidade de notas fiscais emitidas por terceiros, não é suficiente a simples menção aos expedientes fazendários nos respectivos autos de infração. É indispensável a ciência formal ao contribuinte de todos os elementos constantes do procedimento que teria culminado com tais expedientes.

A simples publicação do resultado da decisão administrativa no diário oficial, por si só, não constitui medida capaz para que os autuados tenham conhecimento dos julgados, notadamente pela circunstância de que, no processo administrativo, não é necessária a participação de advogado.

Realmente, salvo para as empresas e instituições de grande porte, não é razoável supor que determinadas categorias de contribuintes (produtores rurais, pequenos comerciantes, ambulantes, açougueiros, etc.) façam a leitura dos jornais oficiais (todos os dias, durante anos) para terem ciência da situação processual de seu interesse.

O bloqueamento de inscrição fiscal dos emitentes das notas fiscais (implicador da glosa dos mencionados créditos de ICMS), promovido *interna corporis*, também viola os postulados da boa-fé, lealdade administrativa e evitação de surpresa.

Revela-se a necessidade de serem publicadas as pautas das sessões de julgamento – especialmente pelos órgãos administrativos –, com razoável prazo de antecedência, para que os autuados possam comparecer às referidas sessões, assistir aos debates e acompanhar a votação. A simples notícia do julgamento veiculada pela *internet*, para ser realizado no dia seguinte, não caracteriza a indispensável necessidade de publicação.

2.3.4 Eficiência

A presteza e os resultados satisfatórios das atividades públicas representam a almejada finalidade da Administração Fazendária, como gestora dos bens da população.

Este *plus* constitucional (Emenda nº 19/98) reforça, reafirma e determina a rapidez dos atos administrativos para permitir a plena eficácia, porque de nada adianta a prestação de serviços morosos que desacreditam a coletividade.

Ao formular um pedido à Administração Pública (consulta, regime especial, compensação, reconhecimento de desonerações tributárias, impugnações, etc.), é natural que o contribuinte esteja aguardando uma pronta solução, para que possa desenvolver suas atividades de forma adequada e conveniente aos seus interesses, conferindo-lhe a desejada segurança de modo a evitar naturais riscos.

A morosidade incomoda e prejudica tanto os objetivos fazendários, como os interesses particulares. A fiscalização que demora em concluir seu trabalho junto a um empresário prejudica a Fazenda (falta de lançamento) e o próprio contribuinte (insegurança de comprometimento de seu patrimônio).

O mesmo ocorre com o processo administrativo lento que nunca termina, ficando meses nas repartições para uma solução, causando transtornos às partes litigantes. A Fazenda vê-se impossibilitada em receber o crédito tributário, na hipótese de o contribuinte dilapidar seu patrimônio, cair em insolvência durante o trâmite processual, passando a inexistir bens suficientes para garantirem a execução judicial. O contribuinte pode, também, sentir-se prejudicado na medida em que permanece na incerteza da legitimidade de seu procedimento (objeto de autuação).

Esses postulados guardam consonância com preceito constitucional (art. 5º, LXXVIII, introduzido pela Emenda nº 45 de 08/12/04), dispondo que "a todos, no âmbito judicial e administrativo, são assegurados a razoável duração do processo e os meios que garantam a *celeridade* e sua tramitação".

O referido mandamento não é autoaplicável, ficando na dependência de legislação ordinária estabelecer os limites temporais e as medidas que possam ser tomadas com o objetivo de buscar o eficiente princípio de justiça.

Embora a "razoável duração do processo" compreenda um conceito indeterminado impregnado de subjetivismo, é possível visualizar em cada processo administrativo o limite mínimo para sua duração, tendo em vista a estipulação dos prazos previstos para as diversas manifestações dos litigantes (oferecimento de defesa, recursos, realização de perícias, etc.).

A partir do lapso temporal mínimo para a duração do processo, pode-se conceber a estipulação de período de tempo pertinente aos trâmites burocráticos (andamento dos processos nas repartições), inclusive a consideração de tempo para as decisões singulares e dos órgãos colegiados.

Entretanto, somente com a determinação (e aplicação) de medidas rigorosas (perempção do processo, punição do funcionário que procrastinar diligências, e do julgador que retiver os autos além do prazo legal, etc.) é que a garantia constitucional poderá ser eficaz.

No âmbito *federal*, a Lei nº 11.457, de 16/03/07, estipulou que "é obrigatório que seja proferida a decisão administrativa no prazo máximo de 360 (trezentos e sessenta) dias, a contar do protocolo de petições, defesas ou recursos administrativos do contribuinte".

A consequência resultante da inobservância ao referido prazo terá que ser a extinção do processo, prejudicando o lançamento. O preceito significa a punição para a morosidade da Administração Fazendária, prestigiando o postulado da eficiência.

Compreende-se a aplicação de métodos e técnicas administrativas de cunho prático no âmbito fiscalizatório, como é o caso de diversas espécies de levantamentos prestigiando a praticabilidade com o objetivo de tornar simples e viável a execução das leis.

Não há dúvida de que as súmulas de jurisprudência administrativa revelam praticidade em razão de terem como objetivo a agilização dos processos. Entretanto, engessam a atividade do julgador, e, com o correr dos tempos, nem sempre continuam representando fielmente a postura do órgão administrativo.

Entretanto, além de referidos expedientes fazendários não poderem violar (e sequer comprometer) princípios jurídicos, não podem sobrepor-se a certo formalismo previsto na legislação processual (prazos, requisitos em defesas, recursos, procedimentos nas decisões, etc.).

2.4 Princípios específicos de natureza processual administrativa

2.4.1 Motivação

Princípio comezinho de direito administrativo estabelece que os atos de seus agentes, para terem eficácia, devem esclarecer os motivos, sendo inadmissível que, em quaisquer despachos ou decisões (respostas a consulta, julgamento de processos fiscais), as autoridades possam ficar alheias à referência ao fundamento de seus pronunciamentos.

No processo tributário, apura-se que os contribuintes arguem diversas matérias pertinentes à defesa, sejam em âmbito preliminar (decadência, falta de ciência de documento, ofensa ao contraditório), ou mérito (ilegitimidade de parte, inexistência de fato gerador, incorreção de base de cálculo, alíquota, operação isenta).

Conquanto a lide possa ser rica de fundamentos jurídicos e encontrar-se amparada em farta documentação oferecida pelos litigantes, alguns julgadores singulares têm se pautado por comportamento lacunoso, utilizando o chavão seguinte: "analisadas as alegações do contribuinte, a manifestação do fisco e examinados os dispositivos regulamentares, julgo procedente o auto de infração".

Os tribunais administrativos nem sempre primam pelo exame rigoroso das alegações expendidas na lide, cingindo-se à mera manutenção (ou insubsistência) do julgado recorrido, deixando de adentrar no específico exame das questões suscitadas, omitindo a referência a documentos, valores, etc.

Ressalve-se o processo em que o contribuinte levanta questões relativas à decadência e ao mérito (legitimidade da operação mercantil), tendo o julgador permanecido adstrito à matéria preliminar, situação em que não será necessário examinar o mérito.

A motivação indicará as razões que justifiquem a edição do ato, especialmente a regra de competência, os fundamentos de fato e de direito, e a finalidade objetivada, embora possa consistir na remissão a pareceres ou manifestações nele proferidas.

2.4.2 Verdade material

Esse princípio objetiva descobrir se realmente ocorreu (ou não) o fato gerador e se a respectiva obrigação (principal ou acessória) teve nascimento.

No processo administrativo, o julgador não deve se ater, exclusivamente, às alegações das partes (fisco e contribuinte), devendo tomar providências necessárias (diligências) para buscar a realidade fática, uma vez que a pretensão à obrigação tributária não nasce apenas dos argumentos e elementos fazendários contrapostos pelo autuado. Impõe-se a comprovação documental de que o ilícito tributário teria sido efetivamente prestado.

3 Vícios processuais. Nulidade e anulação

Os procedimentos fiscais que não observam os elementos previstos no ordenamento jurídico, não têm plena condição (formal e material) de atingirem as almejadas finalidades, de modo a oferecer segurança ao fisco e ao contribuinte.

Trata-se de invalidade dos atos administrativos de alcance diferenciado (nulidade ou anulabilidade), conforme se passa a analisar de modo objetivo e casuístico, a saber:

a) Nulidades

A *legislação federal* estabelece que, "em razão de exames posteriores, diligências ou perícias, realizadas no curso do processo, forem verificadas incorreções, omissões ou inexatidões de que resultem agravamento da exigência inicial, inovação ou alteração da fundamentação legal da exigência, será lavrado Auto de Infração ou emitida notificação de lançamento complementar, devolvendo-se ao sujeito passivo prazo para impugnação no concernente à matéria modificada" (Decreto nº 70.235/72, art. 18, §3º, acrescentado pela Lei nº 8.748, de 09/12/93).

A *legislação estadual* (SP) estabelece que "as incorreções ou omissões do Auto de Infração não acarretarão sua nulidade, quando nele constarem elementos suficientes para se determinar com segurança a natureza da infração e a pessoa do infrator" (Lei nº 13.457/09, art. 11).

Também dispõe sobre os erros que poderão ser corrigidos pelo autuante, e órgão de julgamento, que só acarretarão nulidade dos atos que não puderem ser supridos ou retificados. Saneadas as irregularidades pela autoridade competente, e tendo havido prejuízo à defesa, será devolvido o autuado o prazo de trinta dias para pagamento do débito fiscal com desconto previsto à época da lavratura do auto de infração, ou para apresentação da defesa, relativamente aos itens retificados.

A *legislação municipal* (SP) também observa as regras básicas suprarreferidas, destacando que as incorreções, omissões ou inexatidões da notificação de lançamento ou do auto de infração, não o tornam nulo quando dele constem elementos suficientes para determinação do crédito tributário, caracterização da infração e identificação do autuado (Decreto nº 51.357/10, arts. 451 a 454).

Exemplos:

1. Auto de infração com dados incorretos relativos a:
   a) contribuinte – exigência de pessoa física do sócio ao invés da pessoa jurídica, violando o princípio da personalidade jurídica;
   b) descrição do fato gerador – exigência de imposto no caso de ter ocorrido o pagamento do tributo, desconsiderando o artigo 156, I, do CTN;
   c) base de cálculo – aplicação de pauta, em contrariedade à Sumula nº 431 do STJ, dispondo que é ilegal a cobrança do ICMS com base no valor da mercadoria submetido ao regime de pauta fiscal;
   d) alíquota – aplicação de operação interna em negócios interestaduais;
   e) tipificação da infração – artigo genérico do Regulamento, ao invés da aplicação de específico preceito de lei;
   f) capitulação da penalidade – multa relativa a documento fiscal, no caso de falta de pagamento de tributo.

2. Auto de Infração contrariando súmula vinculante do STF – inconstitucionalidade da exigência do ISS sobre a locação de bens móveis (Súmula nº 31).

3. Decisão fazendária que desconsidera coisa julgada administrativa ou judicial – violação ao artigo 156, IX e X, do CTN.

4. Falta de entrega das provas ao contribuinte – cerceamento do direito de defesa.

5. Negativa ao contribuinte de exame de novos documentos – violação ao princípio do contraditório.

6. Imposição de regime especial – violação aos princípios da legalidade ao estipular prazo de pagamento de forma diversa da legislação; ao princípio do livre exercício do trabalho, ao

dificultar a prática dos negócios dos contribuintes; e princípio do sigilo profissional ao divulgar a situação econômica e financeira do contribuinte, expondo-o ao conhecimento da coletividade (v. STF – Ag.reg no RE nº 567.871 – 1ª T. – Rel. Min. Cármen Lúcia, j. 23/03/11 – *Dje* 06/04/11, p. 24).

7. Súmulas do Conselho Administrativo de Recursos Fiscais (CARF) sobre questões relativas à nulidade do processo:
- Súmula nº 6: "É legítima a lavratura de auto de infração no local em que foi constatada a infração, ainda que fora do estabelecimento do contribuinte".

Considera que o local da verificação da falta tem a ver com a jurisdição e, consequentemente, com a competência. Irrelevância do local físico da confecção do auto de infração, não implicando nulidade do feito sua lavratura fora do estabelecimento do contribuinte.

O "local da verificação da falta" (art. 10, *caput*, e II, do Decreto Federal nº 70.235/72) não pressupõe, literalmente, o espaço físico onde se encontra o estabelecimento da empresa. De outra forma, inviável seria a fiscalização de empresa-matriz com filiais em todo o país quando a infração à legislação tributária estivesse adstrita aos estabelecimentos conexos. A sua concreção no âmbito da delegacia jurisdicionante não traz quaisquer prejuízos ao sujeito passivo.

O lançamento pode ser realizado no estabelecimento do sujeito passivo; na repartição fiscal; ou em qualquer outro local, desde que a autoridade disponha dos elementos necessários e suficientes para a caracterização da infração e formalização do ato administrativo.

Importa levar em conta que o ato (qualquer local que seja realizado) deve conter os elementos necessários para a sua validade e eficácia: (a) forma (requisitos legais); (b) finalidade (fim público); (c) motivo (descumprimento da obrigação tributária e descrição dos fatos); e (d) objeto – certificar situação jurídica (infração e fatos que concorreram).

Não ocorrendo nenhum vício (formal ou material) e não causando dano ou dificuldade à defesa, é despiciendo o local da emissão do ato administrativo.

- Súmula nº 7: "A ausência da indicação da data e da hora de lavratura de auto de infração não invalida o lançamento de ofício quando suprida pela data da ciência".

A omissão dos requisitos de "data e hora" no auto de infração, previstos no processo administrativo fiscal (artigo 10, II, do Decreto nº 70.235/72), pode não constituir causa de nulidade, na medida em que seja sanada e não resultar prejuízo para o sujeito passivo (arts. 59 e 60 do referido decreto).

A inexistência dos aspectos temporais (data e hora) na lavratura do auto denota mera irregularidade formal, não comprometendo a finalidade da exigência. Tais requisitos delimitam a aplicação dos dispositivos legais, consoante a ocorrência dos fatos geradores da obrigação tributária, espancando-se o emprego de leis ulteriores à data da respectiva lavratura. A data da ciência terá a virtude jurídica de suprir a falta.

Para que haja nulidade do lançamento é necessário que exista vício formal imprescindível à validade do lançamento. O autuado pode revelar o conhecimento pleno de todas as acusações que lhe foram imputadas, rebatendo-as, uma a uma, de forma meticulosa, mediante extensa e substanciosa defesa, abrangendo não só outras questões preliminares, como também razões de mérito.

Nessa situação descabe a proposição de nulidade do lançamento por cerceamento do direito de defesa ou em razão de vício formal. Aplicam-se os princípios da instrumentalidade das formas e economia processual.

Todavia, a indicação (expressa e precisa) da data e hora constitui requisito fundamental, no caso de o sujeito passivo (no mesmo dia) haver formulado consulta à repartição sobre a interpretação de norma tributária aplicável a fatos operacionais que estejam sendo tratados no auto de infração. Nessa situação, positivando-se a anterioridade da consulta, restaria eivado de nulidade o lançamento tributário.

- Súmula nº 8: "O Auditor Fiscal da Receita Federal é competente para proceder ao exame da escrita fiscal da pessoa jurídica, não lhe sendo exigida a habilitação profissional de contador".

Considera a atribuição do auditor definida por lei, não lhe sendo exigida a habilitação profissional do contador, nem registro em Conselho Regional de Contabilidade (CRC).

As atribuições dos atuais auditores fiscais (antigos auditores fiscais do Tesouro Nacional) foram estabelecidas na Lei Federal nº 2.354/54 (art. 7º), dispondo sobre a competência para proceder ao exame dos livros e documentos de contabilidade dos contribuintes, realizar diligências e investigações necessárias para apurar a exatidão das declarações, balanços, documentos apresentados, informações prestadas, e verificar o cumprimento das obrigações fiscais.

Desde a Medida Provisória nº 1915/99 – passando pela MP nº 2.093/2000 e reedições seguidas da MP nº 2.715/2001, convertidas na Lei Federal nº 10.593, de 2002 –, ficara evidente que não fora estabelecida prerrogativa de habilitação junto ao CRC como requisito para o exercício do cargo.

Para exercer a profissão de auditor fiscal é exigida tão somente a formação superior em qualquer ciência, tendo em vista tratar-se de cargo público, cujo objetivo é verificar o cumprimento das obrigações fiscais de todos os contribuintes, e não só dos que têm escrituração contábil. A auditoria pode, inclusive, basear-se em informações obtidas fora da empresa, tais como saldo de fornecedores, clientes, bancos, informações cadastrais junto a outras repartições fiscais.

Em razão de os contribuintes terem se insurgido contra o fato de o Auditor da Receita (AFRF) autuante não ter inscrição no CRC, o que impossibilitaria a realização de perícia contábil, o antigo Conselho de Contribuintes distinguiu a perícia contábil (atividade exercia por contabilistas) da auditoria fiscal (atividade desenvolvida por auditores fiscais).

O contador – que inegavelmente deve ser registrado no CRC –, ao realizar uma auditoria, tem por escopo verificar as operações e os lançamentos com a finalidade de emitir um parecer técnico de auditoria, atestando que as demonstrações financeiras da empresa correspondem à realidade dos fatos e obedecem aos princípios de contabilidade geralmente aceitos. Seu âmbito de atuação é a lei comercial, tendo como destinatários os acionistas e o mercado acionário em geral.

O auditor – como agente do Estado – verifica operações contábeis tão somente com o objetivo de certificar-se do fiel cumprimento das obrigações tributárias. O escopo é a lei fiscal. O conhecimento contábil é meramente instrumental. Seu trabalho não servirá para dar qualquer informação à sociedade, mas para cobrar tributos que, eventualmente, não tenham sido pagos. Quem verifica sua competência e integridade, por meio da Administração direta, é o próprio Estado, para que a atividade seja exercida de forma eficiente. Quem define suas atribuições é a lei federal, que não condiciona seja registrado em qualquer órgão, sequer exigindo a formação em Contabilidade.

Para verificar o cumprimento das obrigações fiscais dos contribuintes, o AFRF se serve dos documentos e da contabilidade da empresa. Não significa que esteja desempenhando funções reservadas legalmente aos contadores habilitados, tais como a confecção e assinatura de demonstrativos contábeis, mas apenas servindo-se do trabalho produzido pelos contadores para sua fiscalização.

Entretanto, há que se convir que o procedimento fiscal pode implicar considerações de caráter nitidamente contábil, como é o caso de promover específicas qualificações, como "passivo fictício", "ativo oculto", "saldo credor de caixa", com implicações tributárias.

Além disso, tendo formação distinta do bacharel em direito – como é o caso de agentes originários da engenharia, economia, etc. –, torna-se delicado promover interpretação das normas (plano formal, material, etc.) que possam acarretar autos de infração.

- Súmula nº 9: "É válida a ciência da notificação por via postal realizada no domicílio eleito pelo contribuinte, confirmada com a assinatura do recebedor da correspondência, ainda que este não seja o representante legal do destinatário".

Diretriz decorrente da interpretação de preceito legal (art. 23, II, do Decreto nº 70.235/72) que considera efetuada a intimação do contribuinte por via postal, telegráfica ou por qualquer outro meio, no caso, efetuada por servidor da repartição, com a prova do recebimento no seu domicílio tributário, sem exigir que seja entregue pessoalmente ao sujeito passivo.

Entendimento de que não há o rigor da intimação pessoal que supõe necessária a pessoalidade do ato. Correta a intimação, mesmo que recebida na pessoa de outro indivíduo desinteressado e alheio, a exemplo do porteiro ou recepcionista do prédio, a empregada doméstica, ou familiar que se encontre no local, que tem eficácia e completa a relação processual entre o Fisco e o contribuinte.

A jurisprudência é de sentir que a lei teria criado privilégio para a Fazenda, mesmo porque muitas empresas terceirizam as atividades da pessoa jurídica, tais como a vigilância, quase sempre incluída a portaria, limpeza, etc. Se tal forma de administração for utilizada pela empresa, logicamente o recebedor não será seu empregado; aliás, tal condição não é sequer exigida por lei.

Ocorre a presunção de que a intimação teria sido efetivamente recebida, cabendo ao contribuinte comprovar que teria havido deficiência da referida intimação.

Entretanto, é cediço que o prévio conhecimento, pelo sujeito passivo, dos atos de comunicação constitui condição essencial de validade do processo administrativo tributário, agasalhando relevante princípio que deve estar presente nas relações entre o poder público e os administrados: o da boa-fé.

Estranha-se a diretriz consagrada com foros de compulsoriedade, investindo no denominado "recebedor de correspondência" de poderes para ser notificado em nome do sujeito passivo, "ainda que não seja o representante legal do destinatário".

Nem a reconhecida informalidade do processo administrativo, nem qualquer outra razão jurídica mostra-se apta a justificar o enunciado em análise.

Os meios pelos quais as notificações e intimações podem ser realizadas nos processos são os mais variados, e, por certo, não prescindem daqueles que são frutos do desenvolvimento da informática (*e-mail*, por exemplo).

Todavia, isso não significa que se possa negligenciar o abrir mão de cautela – essencial a qualquer ato de comunicação –, que é a certeza de ter ele atingido o objetivo de dar conhecimento da mensagem pessoalmente a seu destinatário, ou a quem possa legitimamente representá-lo, e não a qualquer "recebedor de correspondência", por menos qualificado que possa ser (zelador, porteiro, segurança, recepcionista e semelhantes).

Acolhemos as precisas lições do eminente Professor Eduardo Domingos Bottallo, que tanto tem colaborado para o aprimoramento do processo administrativo.

- Súmula nº 27: "É válido o lançamento formalizado pelo Auditor-Fiscal da Receita Federal do Brasil de jurisdição diversa do domicílio tributário do sujeito passivo".

Entendimento fundamentado nas normas básicas do CTN (arts. 194 e 195), do processo administrativo fiscal (Decreto nº 70.235/72, arts. 9 e 10), e da legislação do imposto de renda dispondo que a fiscalização do tributo compete às repartições encarregadas do lançamento, e especialmente aos auditores fiscais do Tesouro Nacional, mediante ação fiscal direta no domicílio dos contribuintes.

A ação fiscal direta, externa e permanente, realizar-se-á pelo comparecimento do auditor no domicílio do contribuinte, para orientá-lo ou esclarecê-lo no cumprimento dos seus deveres fiscais, bem como para verificar a exatidão dos rendimentos e competente termo.

Diretriz de que o Mandado de Procedimento Fiscal emitido por específicas autoridades competentes, contendo o regramento básico destinado aos servidores e contribuintes, tem a natureza de portaria qualificada como ato administrativo interno, pelos quais os chefes de órgãos, repartições ou serviços, expedem determinações gerais ou especiais a seus subordinados, ou designam seus servidores para funções e cargos secundários.

Todas as autoridades fiscais estão sujeitas às regras aplicáveis ao MPF. Caso sejam descumpridas, cabe a punição ao agente fazendário, mas não causam nulidade do lançamento, porque não abordam aspectos relacionados à constituição do crédito tributário.

Respeitados os atos emanados pelas autoridades da RFB, o procedimento fiscal pode ser reconduzido por auditor fiscal de jurisdição diversa do fiscalizado. Para caracterizar a nulidade do procedimento, tem de se demonstrar que o fiscalizado ficou de interagir com as autoridades autuantes. Assevera-se que os órgãos não se confundem com o agente.

b) Anulação

Ato administrativo contendo vício implica invalidade, impondo-se o respectivo refazimento, aproveitando-se os atos anteriores que permanecem convalidados.

Exemplos:

1. falta de motivação das decisões – a autoridade ou o órgão julgador profere decisão omissa quanto à apreciação dos argumentos oferecidos pelos litigantes (fisco e contribuinte);.
2. decisão sem exame da defesa – a autoridade superior deve decidir pela anulação da referida decisão, para que seja analisada a defesa;
3. inexatidão material dos julgados – valores que não correspondem à mesma referência numérica objeto do lançamento, obrigando à retificação dos julgados;
4. decisão *ultra petita* – decisão em recurso administrativo do contribuinte que mantém a exigência de 3 itens do auto de infração, apesar de a decisão singular haver excluído um dos itens. Deve ser observada a máxima de que "a administração não pode *venire contra factum* próprio;
5. inscrição da dívida ativa sem apreciação do recurso interposto junto ao tribunal administrativo – tratando-se de controle da legalidade do crédito tributário, impõe-se a devolução do processo ao tribunal para que julgue o recurso, observando o devido processo legal.
6. auto de infração atribuindo infrações a determinadas normas tributárias, e decisões condenando o contribuinte por infrações a normas de enquadramento diverso.

Informação bibliográfica deste texto, conforme a NBR 6023:2002 da Associação Brasileira de Normas Técnicas (ABNT):

MELO, José Eduardo Soares de. Nulidades do processo administrativo tributário. *In*: SARAIVA FILHO, Oswaldo Othon de Pontes (Coord.). *Direito Tributário*: Estudos em tributo ao jurista Ives Gandra da Silva Martins. Belo Horizonte: Fórum, 2016. p. 243-269. ISBN 978-85-450-0154-6.

O CONSEQUENCIALISMO E A MODULAÇÃO DOS EFEITOS DAS DECISÕES DO SUPREMO TRIBUNAL FEDERAL

RICARDO LOBO TORRES

1 Consequencialismo

1.1 Conceito

O argumento de consequência é utilizado no discurso de aplicação do direito e consiste na consideração das influências e das projeções da decisão judicial – boas ou más – no mundo fático. Efeitos econômicos, sociais e culturais – prejudiciais ou favoráveis à sociedade – devem ser evitados ou potencializados pelo aplicador da norma, em certas circunstâncias.

Depende, portanto, da permanente tensão entre valores e princípios, de um lado, e faticidade, do outro.[1] É fruto da jurisprudência dos princípios.[2]

O consequencialismo aparece com a pluralidade e a concorrência dos argumentos utilizados pelo juiz em determinado caso. Não constitui posição teórica apriorística e permanente do intérprete, a não ser no positivismo utilitarista e no institucionalismo[3] mais arraigados.

---

[1] Ronald Dworkin (*Taking Rights Seriously*. Cambridge: Harvard University Press, 1977, p. 90 e seguintes) observa que os *goals* são afirmados a partir de *principle* ou de *policy*.

[2] Até mesmo o positivismo inclusivista vem aceitando a presença dos valores no argumento consequencialista. Neil Maccormick (*Rhetoric and the Rule of Law: theory of legal reasoning*. New York: Oxford, 2005, p. 114), depois de defender a ideia de valores implícitos na lei, anota que as decisões devem procurar sempre os princípios de Ulpiano: "*honeste vivere, alterum non laedere, suum cuique tribuere*".

[3] Cf. ÁVILA, Humberto. Argumentação jurídica e imunidade do livro eletrônico. In: TORRES, Ricardo Lobo (Coord.). *Temas de interpretação do direito tributário*. Rio de Janeiro:

Adverte Santiago Nino que o consequencialismo "não pode ser uma teoria moral adequada".[4]

O consequencialismo, na verdade, é um dos *tipos possíveis de argumentação jurídica*, ao lado da equidade, praticidade, justiça, segurança e outros modelos.[5] A sua hierarquização depende das próprias prioridades estabelecidas pela metodologia jurídica. Kaufmann opta pela regra de prioridade de Rawls, alicerçada no princípio da diferença, que privilegia as pessoas situadas na camada mais carente da sociedade,[6] e que transforma no melhor argumento a proteção da minoria na sua segurança existencial, os direitos fundamentais e as liberdades básicas. O consequencialismo se fortalece no plano da argumentação jurídica quando sinaliza no sentido da proteção dos direitos fundamentais e, entre estes, do mínimo existencial, que constitui o conteúdo essencial irredutível e intangível da dignidade humana.[7] O consequencialismo apoiado em argumentos insuscetíveis de universalização não se sustenta.

1.2 Fundamentos

O consequencialismo encontra alguns dos seus fundamentos no próprio sistema jurídico: está ligado ao Estado Ponderador e se baseia nos valores e princípios.

Renovar, 2003, p. 132: "Os argumentos não-institucionais não fazem referências aos modos institucionais de existência do Direito. Eles fazem apelo a qualquer outro elemento que não o próprio ordenamento jurídico. São argumentos meramente práticos que dependem de um julgamento, feito pelo próprio intérprete, sob pontos de vista econômicos, políticos e/ou éticos. As consequências danosas de determinada interpretação e a necessidade de atentar para os planos de governo enquadram-se aqui". Cf. tb. ARGUELHES, Diego Werneck. Argumentos Consequencialistas e Estado de Direito: Subsídios para uma Compatibilização. Disponível em: <www.conpedi.org./manaus/arquivos/anais>. Acesso em: 16 nov. 07. A VERMEULE, Adrian. *Judging under Uncertainty:* An Institutional Theory of Legal Interpretation. Cambridge: Harvard University Press, 2006, p. 5: "os juízes devem interpretar os textos legais de acordo com as regras cuja observância produz as melhores consequências para todos".

[4] *Derecho, moral y política.* Buenos Aires: Gedisa, 2007, p. 52: "Em resumo, o consequencialismo ou bem é escravo da moral positiva por aberrante que ele seja, ou se transforma em uma posição deontológica, ou é circular, ou tem consequências altamente contrainstituitivas". No mesmo sentido: SEN, Amartya. *Sobre ética e economia.* São Paulo: Companhia das Letras, 1999, p. 91, ao defender que o argumento consequencialista "pode ser empregado de modo proveitoso mesmo quanto o consequencialismo propriamente dito não é aceito".

[5] Cf. KAUFMANN, Arthur. *Das Verfahren der Rechtsgewinnung:* Eine rationale Analyse. München: C. H. Beck, 1999, p. 94.

[6] *Op. cit.,* p. 98.

[7] Cf. TORRES, Ricardo Lobo. *O direito ao mínimo existencial.* Rio de Janeiro: Renovar, 2009, p. 149.

1.2.1 Estado ponderador

O Estado Democrático de Direito dos nossos dias vai se caracterizando como Estado Ponderador.[8] É o Estado da Sociedade de Risco, que pondera permanentemente entre valores e princípios jurídicos, seja no momento da legitimação do ordenamento, seja no da aplicação do direito, inclusive na via da judicialização das políticas públicas.[9] A utilização do argumento consequencialista deve se reconduzir sempre ao Estado de Direito (= Estado Ponderador), ao seu sistema jurídico e à separação de poderes.[10] O argumento consequencialista não se isola das fontes jurídicas. Não se transforma em economicismo. A lei nem sempre produz o resultado almejado pelo legislador democrático: em razão da ambivalência e da insegurança típicas da sociedade de risco, há uma distribuição não só de benefícios, como se pretendia ao tempo do Estado de Bem-Estar Social, mas também de malefícios.[11] O trabalho do juiz será, então, o de complementar e integrar o ordenamento, recorrendo ao raciocínio de custo/benefício ou de ponderação de políticas. Isensee anota que a ambivalência dos atos administrativos é comparável à ambivalência dos direitos fundamentais,[12] que passam a requerer simultaneamente a proteção estatal correspondente ao *status-positivus* do direito fundamental à segurança (*status-positivus-Grundrecht auf Sicherheit*) e ao *status-negativus* do direito fundamental à segurança jurídica (*status-negativus-Grundrecht auf Sicherheit*), muitas vezes contraditórios.[13] O importante é não perder de vista que o consequencialismo, embora

---

[8] A expressão é de LEISNER, Walter: *Der Abwägungsstaat:* Verhältnissmässigkeit als Gerechtigkeit. Berlin: Duncker & Humblot, 1997, p. 61.

[9] Cf. CANOTILHO, José Joaquim Gomes. Um Olhar jurídico-constitucional sobre a judicialização da política. *Revista de Direito Administrativo*, 245: 90, que fala "no ativismo político judicial no estado ponderador".

[10] Cf. BARROSO, Luís Roberto (Org.). *A reconstrução democrática do direito público no Brasil.* Rio de Janeiro: Renovar, 2007, p. 19.

[11] O sociólogo Ulrich Beck (A reinvenção da política: rumo a uma teoria da modernização reflexiva. In: GIDDENS, A.; BECK, Ulrich; LASH, S. *Modernização reflexiva.* São Paulo: UNESP, 1997, p. 42): "Administração de todos os níveis vê-se em confronto com o fato de que o que planejam ser um benefício para todos é percebido como uma praga por alguns e sofre a sua oposição. Por isso tanto eles quanto os especialistas em instalações industriais e os institutos de pesquisa perderam sua orientação. Estão convencidos de que elaboraram esses planos 'racionalmente', com o máximo do seu conhecimento e de suas habilidades, considerando o "em público". Nisso, no entanto, eles descuram a ambivalência envolvida. Lutam contra a ambivalência com os velhos meios de não-ambiguidade".

[12] *Das Grundrecht auf Sicherheit. Zu den Schutzpflichten des freiheitlichen Verfassungsstaats.* Berlin: Walter de Gruyter, 1983.

[13] *Ibid.*, p. 33.

não abandone a sua base institucional, a ela não se reduz, como pensam os autores conceptualistas e institucionalistas.[14]

O *argumentum ad consequentiam*, se exacerbado, leva à falácia,[15] como acontece no exagero na alegação do risco de esgotamento de recursos públicos para o atendimento de condenações judiciais.

1.2.2 Valores e princípios jurídicos

O consequencialismo está ligado ao Estado Ponderador porque, repetindo, depende da ponderação entre princípios. As regras jurídicas, que se aplicam por subsunção, não se abrem para a argumentação consequencialista, salvo nos casos de normas de validação finalista.

Explica Larenz que no direito privado o juiz deve evitar as decisões consequencialistas, pois os tribunais não estão em condições de visualizar todas as consequências do julgado no mundo prático. Nas decisões no plano do direito constitucional, todavia, deve prevalecer o argumento de consequência quando houver princípios de grande alcance econômico ou social, centrados na ideia de bem comum.[16]

1.3 Estrutura normativa

O consequencialismo depende também da estrutura normativa em que se baseia a decisão judicial.

É incompatível com as normas de *validação condicional*, que são as que se fundam no raciocínio causalista: se x ... então y. O consequencialismo não se confunde com o causalismo, sociológico ou historicista.

Mas se desenvolve a partir das normas de *validação finalista*, que se abrem para a prognose e a determinação de finalidades. A sua estrutura normativa se baseia em raciocínio de "ou ... ou", "mais ou menos", " tanto ... quanto melhor", etc.[17] Ainda no caso de a consequência jurídica

---

[14] Vide nota 3.

[15] EEMEREN, Frans H. *et al* (Ed.). *Fundamentales of Argumentation Theory. A Handbook of Historical Backgrounds and Contemporany Development*. New Jersey: Laurence Erlbaum Associates, 1996, p. 69.

[16] *Methodenlehre der Rechtswissenschaft*. Berlin: Springer Verlag, 1991, p. 504 e 505.

[17] Cf. MICHAEL, Lothar. Methodenfragen der Abwägungslehre. Eine Problemakizze in Lichte von Rechtsphilosophie und Rechtsdogmatik. In: *Jahrbuch des öffentlichen Rechts der Gegenwart*. Band 48: 169-170, 2000; LÜBBE-WOLFF, Gertrude. *Rechtsfolgen und Realfolgen. Welche Rolle können Folgenerwägungen in der Juristischen Regel- und Begriffsbildung spielen?* Freiburg: Karl Alber, 1981, p. 36.

(*Rechtfolge*) não explicitar todas as possibilidades da norma, o intérprete está autorizado a buscá-las por analogia e equidade, no suporte fático da norma (*Tatbestand*), quando nele houver a ponderação.[18]

O direito tributário, em larga faixa de sua competência, incide sobre normas de validação finalística. Assim acontece com as contribuições sociais e econômicas, que têm a destinação dos seus recursos vinculada a determinados fins[19] e os impostos sobre circulação de bens, que incidem também em razão do destino da mercadoria previamente indicado na consequência da regra jurídica.[20]

2 O consequencialismo no controle da constitucionalidade

2.1 Os sistemas de eficácia da declaração de inconstitucionalidade

O consequencialismo nos interessa aqui pelas suas relações com a problemática da eficácia temporal da declaração judicial de inconstitucionalidade.

O controle de constitucionalidade conhece dois sistemas que se distinguem pela influência do consequencialismo: o americano, de eficácia *ex tunc*, infenso ao consequencialismo, e o austríaco, com a sua eficácia *ex nunc*, sensível ao argumento de consequência.

2.1.1 O sistema americano

2.1.1.1 Eficácia *ex tunc*

A Constituição americana não contém dispositivos sobre a *judicial review*. O controle jurisdicional da constitucionalidade da lei é de construção doutrinária e pretoriana. A decisão que dá pela inconstitucionalidade da lei produz efeitos apenas entre as partes. Mas, pelo princípio do *stare decisis*, da generalização do precedente judicial, a decisão passa a valer *erga omnes*.[21] Sempre entenderam os

---

[18] Cf. KRIELE, Martin. Die Stadien der Rechtsgewinnung. In: DREIER, Ralf; SCHWEGMANN, Friedrich (Hrsg.). *Probleme der Verfassungsinterpretation*. Baden-Baden: Nomos, 1976, p. 245.

[19] Cf. GRECO, Marco Aurélio. *Contribuições (uma figura "sui generis")*. São Paulo: Dialética, 2000.

[20] Cf. TIPKE, Klaus. Das Folgerichtigkeitsgebot im Verbrauch und Verkehrsteuerrecht. *Festschrift für W. Reiss*, p. 9-24, 2008.

[21] Cf. SHAPIRO, M.; TRESOLINI, R. *American Constitutional Law*. New York: Macmillan, 1975, p. 69.

constitucionalistas clássicos americanos que a lei inconstitucional é inválida *ab initio*: jamais produziu efeitos, que seriam contrários à norma superior. Cooley[22] afirmava que lei inconstitucional (*unconstitutional law*) é um nome errado (*a misnomer*) e implica uma contradição, pois qualquer ato legislativo que se oponha à Constituição não pode ser uma lei (*in fact no law at all*). No sistema americano da *judicial review*, a generalização do precedente judicial se dá pelo princípio do *stare dicisis* e a declaração de inconstitucionalidade operava *ex tunc*, conforme defendia a doutrina mais antiga.

Mas esse sistema de eficácia declarativa ou *ex tunc* sofreu, com o tempo, ajustamentos e reinterpretações legais, jurisprudenciais e doutrinárias. De modo que hoje já não é lícito dizer que, tanto nos Estados Unidos, onde se afirmou originariamente, como nos outros países para os quais emigrou, o juízo de inconstitucionalidade volta ao passado em qualquer circunstância.

Cappelletti, em erudito estudo de direito comparado sobre o controle jurisdicional da constitucionalidade,[23] anota que a Corte americana, sob o estímulo crítico do realismo jurídico e interpretando a Constituição como um *living document*, prefere, em matéria civil e administrativa, respeitar certos "efeitos consolidados" (dentre os quais emerge particularmente a autoridade da coisa julgada), produzidos sob a lei declarada contrária à Constituição; e tudo isso em consideração ao fato de que, se assim não fosse, haveria grave repercussão sobre a paz social, que exige um mínimo de certeza e estabilidade nas relações e situações jurídicas.

2.1.1.2 Tentativas de mudanças nos Estados Unidos em razão do consequencialismo

A questão da retroatividade da declaração de inconstitucionalidade tem sido profundamente discutida nos últimos anos, mais exatamente a partir da década de 1980, assim pelos tribunais que pela

---

[22] *Treatise on the Constitutional Limitations*. Boston, 1903, p. 5.

[23] *Il Controllo Giudiziario di Costituzionalità delle Leggi nel Diritto Comparato*. Milano: Giuffrè, 1976, p. 115. CAPPELLETTI traz à colação o julgado da Suprema Corte proferido no caso Chicot Count Drainage District v. Baxter State Bank (308 U.S. 371,374-1940): "The past cannot always be erased by a new judicial declaration... These questions are among the most difficult of those which have engaged the attention of courts, state and federal, and it is manifest from numerous decisions that an all-inclusive statement of a principle of absolute retroactive invalidity cannot be justified".

doutrina nos Estados Unidos. O argumento consequencialista torna-se o motor das novas modificações no controle judicial da constitucionalidade.

a) A jurisprudência

No caso *Davis v. Michigan Department of the Treasury*, a Suprema Corte declarou inconstitucional a tributação estadual sobre os benefícios previdenciários pagos pelo governo federal, porque haveria ofensa à imunidade tributária intergovernamental, tendo em vista que idênticos benefícios pagos pelos Estados e suas subdivisões políticas eram isentos.[24]

Pretenderam os contribuintes em outros Estados que adotavam legislação semelhante obter a restituição das importâncias pagas, sob o argumento da retroatividade do julgado proferido em *Davis v. Michigan Department of the Treasury*. A Suprema Corte da Virgínia resolveu denegar a pretensão,[25] baseada em precedente da Suprema Corte dos Estados Unidos (*Chevron Oil Co. v. Huson*),[26] que reconhecera a possibilidade de se rejeitar "o efeito retroativo de um novo princípio de direito" (*retroactive effect to a new principle of law*).

Chamada a apreciar a questão, a Suprema Corte americana reformou a decisão do Tribunal da Virgínia, por 7 x 2,[27] para declarar o cabimento da eficácia retroativa do julgado proferido em *Davis v. Michigan Department of the Treasury*[28] e, conseguintemente, o descabimento da invocação da doutrina firmada em *Chevron Oil Co. v. Huson* como paradigma. Prevaleceram os seguintes argumentos principais: a) a irretroatividade proclamada em *Chevron Oil Co. v. Huson* fora fruto do ativismo judicial e não poderia valer como precedente protegido

---

[24] 489 U. S. 803 (1989).

[25] Harper v. Virginia Dep't. of Taxation, 401 S. E. 2d. 868, 873-874 (Va. 1991).

[26] 404 U. S. 97 (1989).

[27] Harper v. Virginia Dep't. of Taxation, 113 S. Ct. 2510, 2517 (1993). Encontra-se na seção "The Supreme Court – Leading Cases" da *Harvard Law Review* 107 (1): 312-322, 1993, ampla descrição dos principais aspectos do julgado.

[28] O julgado baseou-se no voto do *Justice* Thomas: "Quando esta Corte aplica uma norma da lei federal às partes, tal norma é a interpretação controladora do direito federal e deve ter pleno efeito retroativo (*full retroactive effect*) em todos os casos ainda sujeitos a revisão e a todos os eventos, independentemente da circunstância de que tais eventos sejam anteriores ou posteriores à publicidade da norma (*regardless of whether such events predate or postdate our announcement of the rule*)".

pelo princípio do *stare decisis*, até porque violara os precedentes antes consolidados;[29] o pronunciamento judicial não é prospectivo, característica específica da legislação, de modo que inexiste *new rule* com eficácia para o futuro, devendo a decisão atingir as situações pretéritas.[30] A juíza O'Connor, voto vencido, admitia que *Davis* anunciara "*a new rule of law*", mas entendeu que a sua aplicação retroativa seria "*inequitable and unnecessary*"[31] e que caberia aos Estados regular o problema da restituição, inclusive com a apreciação da questão do dano para o erário, insuscetível de exame pela Suprema Corte.

b) A doutrina

A doutrina americana tem procurado aprofundar o estudo da eficácia no tempo dos julgados sobre a inconstitucionalidade.

A decisão proferida no caso *Harper v. Virginia Dep't of Taxation*, acima referida, foi objeto de severa crítica por parte de Morton J. Horwitz, que denunciou a insistência da Suprema Corte "em restaurar a mais tradicional forma de ortodoxia da *common law* em reação a sua própria crise de legitimidade".[32] Acusou a Corte de Rehnquist, que modificou a doutrina da irretroatividade proclamada pela Corte de Warren, de haver adotado a posição paradoxal de reformar décadas de precedentes para restaurar a norma do *stare dicisis*, com o que negou que o direito muda e que "as suas decisões podem ser "novas" para o propósito de aplicação justa" (*That its decisions could be "new" for the purposes of fair application*).[33]

A doutrina americana vinha se manifestando no sentido de que a decisão judicial que trouxesse novidade não deveria ter eficácia

---

[29] Justice Scalia afirmou durante o julgamento que a irretroatividade é "um instrumento prático do ativismo judicial, nascido da desconsideração do *stare decisis*" (*a pratical tool of judicial ativism, born out of disregard for stare decisis*). E acrescentou: "O voto divergente afirma, com efeito, que o *stare decisis* postula a preservação de métodos de destruir o *stare decisis* recentemente inventado com a violação do *stare decisis* ("*The dissent is saying, in effect, that stare decisis demands the preservation of methods of destroying stare decisis recently invented in violation of stare decisis*) (Harper v. Virginia Dep't of Taxation, 113 S. Ct. 2522, 1993).

[30] Colhem-se ainda no voto do juiz Scalia as seguintes afirmativas: "A decisão prospectiva é serva do ativismo judicial e inimiga de nascença do *stare decisis* (*born enemy of stare decisis*). A doutrina verdadeiramente tradicional é a de que a decisão prospectiva é incompatível com o poder judicial, e que as cortes não têm autoridade para aderir a sua prática".

[31] Harper v. Virginia Dep't of Taxation, 113 S. Ct. 2531-36, 1993.

[32] The Constitution of Change: Legal Fundamentality without Fundamentalism. *Harvard Law Review* 107 (1): 93, 1993.

[33] *Id., ibid.*, p. 96.

retro-operante.[34] Em primeiro lugar, porque não seria equitativo que a decisão inesperada, que introduziu direito novo, anulasse relações pretéritas livremente estabelecidas sob a égide da legislação que não se encontrava sob a suspeita de ilegitimidade constitucional. Depois, porque o objetivo da eficácia retroativa é proteger o cidadão contra a reiteração de práticas inconstitucionais, o que não ocorreria no caso de *"new law"*. Terceiro, porque a decisão judicial, por inesperada, implica sobrecarga para o Tesouro Público, inclusive por falta de previsão orçamentária, problema que se tornou particularmente grave com a extensão da decisão proferida em *Davis* a outros 23 Estados que adotaram legislação semelhante.[35]

c) A legislação

Os Estados-membros resistiram à extensão do julgado proferido contra Michigan no caso *Davis* e à sua aplicação retroativa. Fizeram aprovar diversas leis – aproveitando as brechas e a reserva de competência que lhes foi assegurada no caso *Harper v. Virginia Dep't of Taxation* – que, entre outras, trouxeram as seguintes medidas: a) diminuição do prazo de prescrição para repetir o indébito; b) novos critérios para determinar o dano ao tesouro que possa inviabilizar o remédio; c) exigência de que o contribuinte haja, antes da decisão declaratória da inconstitucionalidade, ajuizado ação contra a cobrança, o que esvaziaria o argumento da "unexpectedness of the decision invalidating the tax".[36]

---

[34] O conceito, extremamente ambíguo, de *new law* recebeu o seguinte esclarecimento de FALLON, Richard H.; MELTZER, Daniel J. New Law, Non-Retroativity and Constitucional Remedies. *Harvard Law Review* 104 (8): 1763, 1991: "Normas legais e princípios são novos na medida em que, *ex ante*, o seu reconhecimento como válida (*authoritative*) possa ter sido visto como relativamente improvável por advogados competentes (*as relatively unlikely by competent lawyers*)".

[35] *Id., ibid.*, p. 1831; M. HORWITZ, *op. cit.*, p. 96. WOLCHER, Louis E. Sovereign Immunity and the Supremacy Clause: Damages Against States in their Own Courts for Constitutional Violations. *California Law Review* 69: 312, 1981: "Há alguns tipos de violações constitucionais em que a responsabilidade estatal pelo dano não seria apropriada porque o impacto potencial sobre o tesouro estatal é grande e o grau de previsibilidade e de evasão, e consequentemente a probabilidade de intimidação, é pequeno ("There may be some types of constitutional violations where state damage liability would be inappropriate because the potencial impact of the state treasury is large and the degree of predictability and avoidance, and hence the likelihood of deterrence, is small").

[36] Para o completo retrospecto do desenvolvimento das legislações estaduais: The Supreme Court Leading Cases. *Harvard Law Review* 107 (1): 319-322, 1993.

2.1.2 O sistema austríaco

A Áustria, por influência das ideias de Kelsen, adotava o sistema de eficácia *ex nunc*. Declarada a inconstitucionalidade, a lei ficará sem efeito a partir do dia da publicação da decisão da Corte Constitucional ou a partir do prazo fixado na própria decisão, não excedente de 6 meses (art. 140, §3º, da Constituição).

Kelsen, em trabalho antigo,[37] de comentário à Constituição, explicava que aquele sistema introduzia a anulação (*Aufhebung*) da lei inconstitucional, sem eficácia retro-operante para os casos pendentes. Apresentava, também, a vantagem de evitar o vácuo (*Valkuum*) normativo, pois havia prazo para que o Legislativo substituísse a lei inconstitucional.

Na mesma medida em que o sistema americano, de eficácia *ex tunc*, passou a admitir temperamentos, para resguardar certas situações eficazes sob o império da lei declarada inconstitucional, o sistema austríaco, de eficácia *ex nunc*, também sofreu contenções, para proteger a segurança do ordenamento jurídico contra as leis inconstitucionais. O sistema austríaco, reformado em 1929, mitigou a regulamentação de 1920, com reconhecer a possibilidade de aplicar retroativamente a decisão que declara a inconstitucionalidade ao caso concreto que a motivou em via de exceção. E o próprio Kelsen[38] introduziu algumas modificações em sua doutrina, para admitir a invalidade da lei *ab initio*, por defeitos relacionados com a sua formação, que não seria uma declaração de nulidade (*Nichtigkeiterklärung*), mas uma anulação com eficácia retroativa (*rückwirkende Vernichtung*).

2.1.3 Sistemas mistos

Alguns temperamentos foram introduzidos pelas Cortes Superiores e pela doutrina na eficácia temporal da jurisdição constitucional. O radicalismo inicial do sistema americano e do austríaco desaparece, para dar lugar a novas colocações, todas elas preocupadas em preservar os efeitos queridos e produzidos no passado sob a lei ulteriormente

---

[37] *Österreichiches Staatsrecht*. Vien: Scientia Verlag Aalen, 1970 (reimpressão da ed. de 1923), p. 215.

[38] *Reine Rechtslehre*. Wien: Franz Deuticke, 1967, p. 282; *General Theory of Law and State*. New York: Russel & Russel, 1961, p. 161.

declarada inconstitucional, o que leva a se falar em um modelo misto,[39] que transmigrou para diversos países.

2.1.4 O sistema alemão

A Alemanha Federal adota o sistema americano de eficácia *ex tunc*, com a diferença de que a decisão vale *erga omnes* por dispositivo expresso da própria Constituição.[40] A competência do Judiciário é para declarar nulo (*für nichtig erklären*) o direito federal (*Bundesrecht*) ou o estadual (*Landesrecht*) no que colidirem com a Constituição.[41] O controle das normas inconstitucionais pode ser abstrato (*abstrakte Normenkontrolle*) e concreto (*konkrete Normenkontrolle*).

Na Alemanha o próprio direito positivo chamou a si a tarefa de temperar o sistema. A Lei do Tribunal Constitucional, depois de firmar, no art. 78, a competência judicial para declarar a nulidade da lei inconstitucional (*für nichtig erklären*), estabelece a eficácia da decisão através de dois postulados: a) permite a revisão do processo penal com sentença transitada em julgado (art. 79, 1); b) garante, no art. 79, 2, a integridade de qualquer outra sentença irrecorrível, excluindo, a seu respeito, as pretensões à repetição de indébito (*Ansprüche aus Ungerechtfertigter Bereicherung sind augeschlossen*). A doutrina conciliou a Constituição com a lei complementar, identificando a vitória dos princípios da segurança e da paz jurídica, com a manutenção dos efeitos produzidos no passado[42] e proclamando a impossibilidade da separação entre validade e eficácia da lei inconstitucional.[43]

O Código Tributário Alemão prevê (art. 176) que a declaração de inconstitucionalidade de uma lei não pode ser utilizada pelo Fisco para alterar, contra os interesses do contribuinte, um lançamento

---

[39] Não interessa, aqui, discutir se o modelo misto tem a sua base no sistema difuso ou concentrado – Cf. MENDES, Gilmar Ferreira. *Jurisdição Constitucional*. São Paulo: Saraiva, 1996, p. X.

[40] Cf. arts. 93 e 100 da Lei Fundamental da República Federal da Alemanha.

[41] Cf. art.78 da Lei sobre o Tribunal Constitucional Federal (*Gesetz über das Bundesverfassungsgericht*), de 3.2.71.

[42] SCHMITT, Carl. Das Reichsgericht als Hüter des Verfassung. In: SCHMITT, Carl. *Verfassungsrechtliche Aufsätze*. Berlin: Duncker und Humblot, 1958, p. 107; FRIESENHANN, Ernst. *Die Verfassungsgerichtsbarkeit* in *der Bundesrepublik Deutschland*. Köln, 1963, p. 59; BACHOF, Otto. *Wege sum Rechtsstaat*. Königstein: Athenäum, 1979, p. 223; MAUNZ, Theodor. *Deutsches Staatsrecht*. München: C. H. Beck, 1980, p. 302.

[43] Cf. BÖCKENFÖRDE, Christoph. *Die sogenannte Nichtigkeit verfassungswidriger Gesetze*. Berlin: Duncker & Humblot, 1966, p. 62.

devidamente notificado; pode ainda o Tribunal Constitucional declarar a inconstitucionalidade sem decretar a invalidade da norma (art. 31, 2, da Lei do Tribunal Constitucional), como aconteceu no discutidíssimo caso do imposto de renda da mulher casada, em que foram considerados insuscetíveis de revisão os lançamentos até então notificados e irrestituíveis os tributos pagos por aproximadamente 10 milhões de contribuintes, sob o argumento consequencialista da necessidade de se evitar a desordem na administração fiscal e a insegurança nas relações tributárias.[44]

Na Alemanha a prática do Tribunal Constitucional deu preponderância à declaração de nulidade da lei inconstitucional, reduzindo os casos de mera declaração de inconstitucionalidade sem a pronúncia da nulidade. A própria doutrina se pôs em consonância com essa orientação, por ser extremamente ambígua a redação do art. 31 da Lei sobre o Tribunal Constitucional e por não haver critério seguro para indicar a conveniência das decisões com eficácia *ex nunc*.[45]

2.1.5 O sistema italiano

Também a Itália se filia ao sistema americano. O art. 136 da Constituição estabelece que "quando o Tribunal Constitucional declara (*dichiara*) a ilegitimidade constitucional de uma norma de lei ou de um ato com força de lei, a norma cessará de ter eficácia desde o dia seguinte ao da publicação da decisão". Enrico Tullio Liebman,[46] partindo até mesmo de uma interpretação literal do texto da Constituição, entende que, se a Corte declara (*dichiara*) a ilegitimidade, a decisão é *declarativa*; ademais, uma norma de lei que, por razão formal ou substancial, esteja em contaste com a Constituição, não pode deixar de ser nula (*non puo che essere nulla*).

Mas a própria doutrina diverge sobre a conceituação das características do sistema, que alguns entendem que não seja meramente declarativo.[47] Balladore Pallieri[48] anota inicialmente que repugna à

---

[44] Cf. HARTZ, W. Sittlichkeit, Rechtssicherheit und Gewaltenteilung als Elemente des Rechtsstaats. *Steuerberter-Jahrbuch* 1958/59, p. 95 e seguintes.

[45] Cf. VOGEL, Klaus. *Der offene Finanz- und Steuerstaat*. Heidelberg: C. F. Müller Juristischer Verlag, 1991, p. 192.

[46] Contenuto de Eficacia delle Decisioni della Corte Costituzionale. In: *Scritti Giuridici in Memoria di Piero Calamandrei*. Padova: Cedam, 1958, v. 3, p. 416.

[47] Cf. CALAMANDREI. *Estudios sobre el proceso civil*. Buenos Aires: Jurid. Europa-Americana, 1973, v. 3, p. 96; VIRGA, P. *Diritto Costituzionale*. Milano: Giuffrè, 1979, p. 527.

[48] *Diritto Costituzionale*. Milano: Giuffrè, 1963, p. 295.

consciência jurídica que a lei solenemente declarada inconstitucional possa se aplicar aos fatos anteriores à declaração judicial; mas entende que, malgrado a pronúncias de inconstitucionalidade, devem ser salvos "todos os efeitos produzidos anteriormente de modo definitivo: não se poderá requerer a revisão de uma sentença passada em julgado, não se poderá impugnar um ato administrativo contra o qual não seja mais admitido recurso segundo as normas comuns, não se poderá propor uma ação prescrita, não se poderá requerer a modificação de um estado de fato ou de direito a favor do qual tenha ocorrido a prescrição".

Não obstante as divergências doutrinárias sobre o tema da eficácia declarativa ou constitutiva, há certo consenso, no direito tributário, em torno da afirmativa de que devem ser preservados os efeitos do *rapporto esaurito*, embora seja difícil definir com precisão o que seja o *esaurimento di rapporto*: a) entendem alguns que o simples pagamento esgota as relações, pelo que não cabe a restituição; b) dizem outros que só a coisa julgada ou o lançamento irrecorrível consubstanciam a exaustão indene à retroeficácia da declaração de inconstitucionalidade; c) a Suprema Corte da Itália entende que a definitividade das relações econômicas desenvolvidas de acordo com a lei inconstitucional não pode ser afetada pela anulação *ex tunc*, pois o princípio da capacidade contributiva (art. 53 da Constituição) sobrepõe-se a qualquer justificativa para a restituição.[49]

Na Itália, embora se fizessem ouvir algumas vozes favoráveis à ampliação do quadro da eficácia *ex tunc*, a doutrina e a jurisprudência continuaram preponderantemente a afirmar a irrepetibilidade do indébito nos casos de prescrição, coisa julgada, *rapporto esaurito*, transação e remissão.[50] Argumento consequencialista muito utilizado tem sido o da repercussão econômica sobre o Tesouro, principalmente nos casos em que é grande o número de contribuintes, o que acontece tanto nos litígios tributários quanto nos previdenciários.[51]

---

[49] *Id., ibid.*, p. 90.

[50] Cf. CERRI, Augusto. *Corso di Giustizia Costituzionale*. Milano: Giuffrè, 1994, p. 101; FANTOZZI, Augusto. *Diritto Tributario*. Torino: UTET, 1991, p. 409; TREMONTI, Giulio. Le iscrizioni a ruolo delle imposte sui redditi. *Rivista di Diritto Finanziario e Scienza delle Finanze* 40 (II): 82, 1981.

[51] Cf. PURI, Paolo. Controversie di indebito in relazione a contribuzione agricola unificata a seguito di pronuncia di illegitimità costituzionale. *Rivista di Diritto Finanziario e Scienza delle Finanze* 48 (II): 76, 1989.

2.1.6 O problema na Espanha

A Constituição espanhola não dispõe sobre os efeitos da declaração de inconstitucionalidade *in abstracto* e a própria lei do Tribunal Constitucional é confusa e ambígua.

A eficácia no tempo tem sido determinada nas sentenças, de modo divergente, sem que delas se possa extrair qualquer tese como resultado necessário das declarações de inconstitucionalidade. A tendência é no sentido da eficácia *ex nunc* e o "efecto pro praeterito debe ser expresamente declarado por el Tribunal para que se produzca".[52]

No rumoroso caso da liquidação conjunta do imposto sobre a renda da unidade familiar (Sentença 45/89), o Tribunal Constitucional se aproximou do modelo alemão firmado na discussão sobre o imposto de renda da mulher casada, dando-lhe eficácia *ex nunc*. Aceitou a figura da "inconstitucionalidad sin nulidad" e disse que "ni esa vinculación entre inconstitucionalidad y nulidad es, sin embargo, siempre necesaria, ni los efectos de la nulidad en lo que toca al pasado vienen definidos por la Ley, que deja a este Tribunal la tarea de precisar su alcance en cada caso".

A orientação do Tribunal Constitucional recebeu os aplausos de Garcia de Enterría, inclusive por haver evitado enorme prejuízo para o Tesouro Público[53] e por ter contribuído para a depuração constitucional do ordenamento, ampliando a eficácia prática da Constituição[54] e incentivando os pleitos de inconstitucionalidade, agora destituídos do prejudicial efeito para o passado.

Mas esse ponto de vista doutrinário e jurisprudencial não goza de unanimidade, sendo contestado por inúmeros autores. Cesar Garcia Novoa,[55] por exemplo, defende a tese de que "la nulidade es la norma geral", alcançando todos os atos ditados pela aplicação

---

[52] ESCRIBANO, Francisco. *La configuración jurídica del deber de contribuir*: perfiles constitucionales. Madrid: Ed. Civitas, 1988, p. 355.

[53] Justicia constitucional: la doctrina prospectiva en la declaración de ineficacia de las leyes inconstitucionales. *Revista de Direito Público* 92: 14, 1989: "Se ve claro que el Tribunal Constitucional se ha sentido verdaderamente alarmado por la real catástrofe financiera que habría ocasionado una nulidad retroactiva de los preceptos impugnados. Es, justamente, la relación estrecha entre ambos conceptos (nulidad = catástrofe) la que le ha llevado a buscar en el ordenamiento constitucional otra solución y ha creído haberla encontrado en la adopción del criterio de la inconstitucionalidad prospectiva, hoy establecido y admitido por los más importantes sistemas de justicia constitucional y internacional del mundo entero".

[54] *Op. cit.*, p. 15.

[55] *La devolución de ingresos tributarios indebidos*. Madrid: Marcial Pons, 1993, p. 138 e seguintes.

da lei inconstitucional, com a única exceção da coisa julgada; critica com severidade a sentença 45/89, da Corte Constitucional, chegando a dizer que a "desvinculación entre inconstitucionalidad y nulidad se basa en una pura y simple violación por el TC de su ley orgânica reguladora"; opõe-se, com veemência, à irretroatividade garantida na sentença quanto aos "atos administrativos firmes" e aos pagamentos feitos em virtude de autoliquidação ou de liquidações complementares pela Administração. Ramón Falcón y Tella chamou a atenção para a injustiça da técnica da jurisprudência prospectiva, que discrimina os contribuintes que cumpriram fielmente suas obrigações.[56]

2.1.7 A solução em Portugal

A Constituição portuguesa seguiu o modelo alemão, prevendo a eficácia *ex tunc* da declaração *in abstracto*, mas permitindo que quando razões de equidade ou interesse público o exigirem, possa o Tribunal Constitucional fixar com alcance mais restrito os efeitos da inconstitucionalidade.[57] A novidade da inclusão no texto básico de regra sobre a eficácia do controle da constitucionalidade acabou por influenciar os trabalhos do contribuinte brasileiro de 1988, mas não chegou a se cristalizar em norma positiva, senão, ulteriormente, no art. 27 da Lei nº 9.868/98.

3 O consequencialismo no Brasil

O consequencialismo no Brasil conhece, nas últimas décadas, quatro fases distintas:

a) a da introdução de temperamentos na tese da eficácia *ex tunc*;

b) a da resistência ao consequencialismo no período que se inicia com o agravamento do positivismo e do protoliberalismo do Código Tributário Nacional, máxime em matéria financeira;

---

[56] Comentario General de Jurisprudencia. *Civitas – Revista Española de Derecho Financiero*, 83: 588, 1994.

[57] "Art. 282. 1. A declaração de inconstitucionalidade ou de ilegalidade com força obrigatória geral produz efeitos desde a entrada em vigor da norma declarada inconstitucional ou ilegal e determina a repristinação das normas que ela, eventualmente, haja revogado... 3. Ficam ressalvados os casos julgados, salvo decisão em contrário do Tribunal Constitucional quando a norma respeitar a matéria penal, disciplinar ou de ilícito de mera ordenação social e for de conteúdo menos favorável ao argüido. 4. Quando a segurança jurídica, razões de eqüidade ou interesse público de excepcional relevo, que deverá ser fundamentado, o exigirem, poderá o Tribunal Constitucional fixar os efeitos da inconstitucionalidade ou da ilegalidade com alcance mais restrito do que o previsto nos nº 1 e 2".

c) a da adesão ao argumento de consequência pela Corte nomeada nos Governos de Fernando Henrique e Lula, em questões não financeiras;

d) a da extensão do consequencialismo à matéria financeira.

3.1 Alguns temperamentos na tese de eficácia *ex tunc*

A Constituição Federal cuida da inconstitucionalidade das leis em vários de seus dispositivos. O art. 102, I, a, atribui ao Supremo Tribunal Federal a competência para "processar e julgar, originariamente, a ação direta de inconstitucionalidade de lei ou ato normativo federal ou estadual e a ação declaratória de constitucionalidade de lei ou ato normativo federal".

O art. 52, X, prevê que compete privativamente ao Senado Federal "suspender a execução, no todo ou em parte, de lei declarada inconstitucional por decisão definitiva do Supremo Tribunal Federal".

A doutrina brasileira, por influência dos constitucionalistas clássicos americanos, entendeu sempre, mesmo sob a égide das Cartas anteriores, que a declaração de inconstitucionalidade opera *ex tunc*.

Rui Barbosa dizia: "Uma coisa é declarar a nulidade. Outra, anular. Declarar nula uma lei é simplesmente consignar a sua incompossibilidade com a Constituição, lei primária e suprema".[58] No mesmo sentido se manifestavam Castro Nunes[59] e Pedro Lessa.[60]

Para Francisco Campos[61] a inconstitucionalidade equivale à inexistência, com o que a invalidade contamina todos os efeitos produzidos anteriormente: "Um ato ou uma lei inconstitucional é um ato ou uma lei inexistente; uma lei inconstitucional é lei apenas aparentemente, pois que, de fato ou na realidade, não o é. O ato ou lei inconstitucional nenhum efeito produz, pois que inexiste de direito ou é para o direito como se nunca houvesse existido".

Buzaid entende que "toda lei adversa à Constituição é *absolutamente nula;* não simplesmente anulável. A eiva de inconstitucionalidade a atinge no berço, fere-a *ab initio*. Ela não chegou a viver. Nasceu morta. Não teve, pois, nenhum único momento de validade". E remata o processualista o seu pensamento: "O que afirmam, em suma, a doutrina

---

[58] *O direito do Amazonas ao Acre Setentrional*. Rio de Janeiro: s/ed., 1910, p. 103.

[59] *Teoria e prática do Poder Judiciário*. Rio de Janeiro: Forense, 1943, p. 589.

[60] *Do Poder Judiciário*. Rio de Janeiro: Francisco Alves, 1915, p. 138.

[61] *Direito constitucional*. Rio de Janeiro: Freitas Bastos, v. 1, p. 430.

americana e brasileira é que a lei inconstitucional não tem nenhuma eficácia, desde o seu berço e não a adquire jamais com o decurso do tempo".[62]

Pontes de Miranda fala em eficácia constitutiva negativa da decretação de inconstitucionalidade *in concreto*, enquanto a suspensão da lei inconstitucional pelo Senado tem eficácia declarativa.[63]

Mas também entre nós começaram a repercutir as teorias que visavam ao equilíbrio entre validade e eficácia da lei posteriormente declarada inconstitucional. Especialmente entre alguns Ministros do Supremo Tribunal Federal esboçou-se o movimento no sentido de que se deviam preservar certos efeitos produzidos no passado e que fossem dignos de proteção jurídica, o que antecipou a adesão ao consequencialismo.

O Ministro Bilac Pinto[64] observou que a inconstitucionalidade pronunciada por via de ação não pode ter os seus efeitos "sintetizados numa regra única, que seja válida para todos os casos. A natureza civil ou penal da lei, por exemplo, tem importantes consequências na conceituação dos efeitos da declaração de inconstitucionalidade". Partindo de tais premissas, afirmou que a citação e a penhora realizadas por oficial de justiça investido no cargo com base em lei inconstitucional não eram nulas, porquanto o citado pôde defender-se amplamente no processo.

O Min. Leitão de Abreu, em voto lapidar,[65] afirmou:

> A tutela de boa fé exige que, em determinadas circunstâncias, notadamente quando, sob a lei ainda não declarada inconstitucional, se estabeleceram relações entre o particular e o poder público, se apure, prudencialmente, até que ponto a retroatividade da decisão, que decreta a inconstitucionalidade, pode atingir, prejudicando-o, o agente que teve por legítimo o ato e, fundado nele, operou na presunção de que estava procedendo sob o amparo do direito objetivo.

---

[62] *Da ação direta de declaração de inconstitucionalidade no direito brasileiro.* São Paulo: Saraiva, 1958, p. 128 e 130.

[63] *Comentários à Constituição de 1967, com a Emenda nº 1, de 1969.* São Paulo: Revista dos Tribunais, 1970, v. 3, p. 623.

[64] RE nº 78.594-SP, Ac. da 2ª Turma, de 07/06/74, Rel. Min. Bilac Pinto, *RTJ*, 71/570. Ementa: "Apesar de proclamada a ilegalidade da investidura do funcionário público na função de Oficial de Justiça, em razão da declaração de inconstitucionalidade da lei estadual que autorizou tal designação, o ato por ele praticado é valido".

[65] RE nº 73.943-BA, Ac. da 2ª Turma, de 31/05/77, Rel. Min. Leitão de Abreu, *DJ* 02/09/77. No mesmo sentido, RE nº 93.356-5, Ac. da 2ª Turma, de 24/3/81, Rel. Min. Leitão de Abreu, DJ 4.5.81 e *RTJ* 97/1.369.

Certa parte da doutrina também se deixou sensibilizar pela tese de que a eficácia *ex tunc* da declaração de inconstitucionalidade deve respeitar alguns efeitos produzidos no passado.[66] Themístocles Brandão Cavalcanti[67] entendia que a declaração de inconstitucionalidade não tinha os efeitos radicais entrevistos pelos adeptos da nulidade *ab initio*, pois "nem os funcionários nomeados com aplicação de leis inconstitucionais, nem as consequências sobre os contratos já concluídos, principalmente os de natureza patrimonial, partem do pressuposto da inexistência da lei".

E o exímio Lúcio Bittencourt[68] já afirmava: "É manifesto, porém, que essa doutrina da *ineficácia ab initio* da lei inconstitucional não pode ser entendida em termos absolutos, pois que os efeitos *de fato* que a norma produziu não podem ser suprimidos, sumariamente, por simples obra de um decreto judicial".

O Supremo Tribunal Federal, em sua jurisprudência mais antiga, empregava o argumento consequencialista em matéria tributária, como aconteceu com os casos que se consubstanciaram na Súmula 546: "Cabe a restituição do tributo pago indevidamente, quando reconhecido por decisão, que o contribuinte "de jure" não recuperou do contribuinte "de facto" o "quantum" respectivo". É ilustrativo o voto do Min. Victor Nunes Leal proferido em decisão sobre a restituição do indébito relativo a tributo indireto:

> Seria menos justo proporcionar-lhe (ao contribuinte de direito) um sobrelucro sem causa, para seu proveito pessoal, do que deixar esse valor em poder do Estado, que presumivelmente já o teria aplicado na manutenção dos serviços públicos e na satisfação dos encargos diversos que oneram o tesouro em benefício da coletividade. Se o dilema é sancionar um enriquecimento sem causa, quer a favor do Estado, com a carência ou improcedência da ação, quer em favor do contribuinte, se for julgado procedente o pedido, não há que hesitar; impõe-se a primeira alternativa, pois o Estado representa, por definição, o interesse coletivo, a cuja promoção se destina, no conjunto da receita pública, a importância reclamada pelo particular para sua fruição pessoal. Essa solução é que corresponde à equidade, fundamento básico da ação proposta.[69]

---

[66] Cf. ROCHA, J. B. Oliveira. O Controle da Constitucionalidade das Leis na República Federal da Alemanha e no Brasil. *Revista de Informação Legislativa*, 66:96.

[67] *Do controle da constitucionalidade*. Rio de Janeiro: Forense, 1966, p. 169.

[68] *O controle jurisdicional da constitucionalidade das leis*. Rio de Janeiro: Forense, 1949, p. 148.

[69] RE nº 46.450, Ac. da 2ª Turma, de 10/01/61, Rel. Min. Vilas Boas, DJ 31/05/1961. *In*: NORONHA, Jardel; MARTINS, Odaléa. *Referências da súmula do STF*. Brasília: 1969, v. 4, p. 218.

3.2 A resistência ao consequencialismo

3.2.1 A repulsa pela jurisprudência do Supremo Tribunal Federal, máxime em matéria financeira

Mas, por influência do positivismo formalista, o Supremo Tribunal Federal, a partir da vigência do Código Tributário Nacional (1966) e ao longo das décadas de 1970 a 1990, manteve o entendimento, máxime em matéria fiscal, de que a declaração de inconstitucionalidade *in abstracto*, na via do controle concentrado ou difuso, opera *ex tunc*. Desconsiderou inteiramente o argumento consequencialista da existência de efeitos econômicos favoráveis ao contribuinte ou do prejuízo causado ao Tesouro Público.

Assim é que, na controvérsia sobre a restituição da tarifa do lixo criada por decreto pelo Município do Rio de Janeiro e declarada inconstitucional com a ulterior generalização do julgado por ato do Senado Federal, decidiu o STF: "Tarifa básica de limpeza urbana. Repetição de pagamento. Declarada a inconstitucionalidade da tarifa pelo Supremo Tribunal Federal, não se pode admitir a eficácia da cobrança feita, impondo-se a repetição do cobrado indebitamente".[70] O Min. Oscar Corrêa, relator do v. acórdão, rejeitou o argumento lançado na decisão recorrida, do 2º Grupo de Câmaras Cíveis do Tribunal de Alçada do Rio de Janeiro, segundo a qual fazer com que as prestações de serviços "se tornem gratuitas, retroativamente, implicaria enriquecimento sem causa, à custa, afinal, de outros munícipes".[71]

No caso em que o STF declarou, pela primeira vez, a inconstitucionalidade da lei que criara a incidência retroativa do imposto de renda, modificando a Súmula nº 584, reafirmou a eficácia *ex tunc* da decisão e desconsiderou o argumento da ameaça iminente à solvência do Tesouro.[72]

---

[70] RE nº 103.619, Ac. da 1ª T., de 08/02/85, Rel. Min. Oscar Corrêa, *Revista de Direito Administrativo*, 160: 80, 1985.

[71] O voto do Min. Relator Oscar Corrêa expressou-se nas seguintes palavras: "... não se pode reconhecer ao poder público direito de retenção das importâncias indevidamente cobradas sob o fundamento de uma eventual prestação de serviço. Em verdade reconhecer tal direito de retenção ao ente tributante é fazer tabula rasa do princípio da reserva legal" (*RDA*, 160: 84, 1985).

[72] ADIN nº 513-DF, Ac. do Pleno, de 14/06/91, Rel. Min. Célio Borja, *RTJ*, 141: 739: "IV. Alegação de só poder ter efeito *ex nunc* decisão que nulifica lei que instituiu ou aumentou tributo auferido pelo Tesouro e já aplicado em serviços ou obras públicas. Sua inaplicabilidade à hipótese dos autos que não cogita, exclusivamente, de tributo já integrado ao patrimônio público, mas de ingresso futuro a ser apurado na declaração anual do

No julgamento em que foi declarada a inconstitucionalidade da incidência da contribuição social sobre autônomos e empresários, manteve-se o STF fiel à tese da eficácia *ex tunc*, repudiando mais uma vez o argumento do prejuízo do Tesouro. Mas houve divergência de votos. O Min. Relator Maurício Corrêa, vencido, adotando o parecer do Subprocurador Geral da República Carlos Roberto de Siqueira Castro, antes referido,[73] manifestou-se no sentido de que a decisão deveria ter efeito prospectivo,[74] enquanto os Ministros Marco Aurélio[75] e Sepúlveda Pertence[76] votaram pela eficácia *ex tunc*.

Num dos casos economicamente mais importantes já decididos pelo STF,[77] prevaleceu a tese da eficácia retroativa da decisão.

---

contribuinte e recolhido posteriormente. Também não é ela atinente à eventual restituição de imposto pago a maior, porque está prevista em lei e terá seu valor reduzido pela aplicação de coeficiente menos gravoso. V – Não existe ameaça iminente à solvência do Tesouro, à continuidade dos serviços públicos ou a algum bem política ou socialmente relevante, que justifique a supressão, *in casu*, do efeito próprio, no Brasil, do juízo de inconstitucionalidade da norma, que é a sua nulidade. É de repelir-se, portanto, a alegada ameaça de lacuna jurídica ameaçadora *(bedrohliche Rechtslücke)"*.

[73] Vide nota 37.

[74] ADIN nº 1.102-2, Ac. do Pleno de 5.10.95, *Revista Dialética de Direito Tributário*, 5: 125, 1996: "Não pretendo, Sr. Presidente, a menos que a questão seja reavivada, voltar a discutir o que esta Corte já assentou em reiterados julgados no passado. Contudo, parece-me de inteira procedência a irresignação ministerial quanto aos efeitos retroativos que a Corte tem emprestado à declaração de inconstitucionalidade, principalmente, quando, como na espécie, os resultados consequenciais da decisão impõem drásticas restrições ao orçamento da seguridade social, abalada por notória insuficiência de caixa. Creio não constituir-se afronta ao ordenamento constitucional exercer a Corte política judicial de conveniência, se viesse a adotar a sistemática, caso por caso, para a aplicação de quais os efeitos que deveriam ser impostos, quando, como nesta hipótese, defluísse situação tal a recomendar, na salvaguarda dos superiores interesses do Estado e em razão da calamidade dos cofres da Previdência Social, se buscasse o *dies a quo*, para a eficácia dos efeitos da declaração de inconstitucionalidade, a data do deferimento cautelar".

[75] *Ibid.*, p. 133: "Compreendo as grandes dificuldades de caixa que decorrem do sistema de seguridade social pátrio. Contudo, estas não podem ser potencializadas, a ponto de colocar-se em plano secundário a segurança, que é o objetivo maior de uma Lei Básica, especialmente no embate cidadão-Estado, quando as forças em jogo exsurgem em descompasso".

[76] *Ibid.*, p. 134: "O problema dramático da eficácia *ex tunc* da declaração de inconstitucionalidade surge, quando ela vem surpreender uma lei cuja validade, pelo menos, era "dada de barato", e de repente, passados tempos, vem a Suprema Corte a declarar-lhe a invalidez de origem. Não é este o caso: a incidência da contribuição social sobre a remuneração de administradores, autônomos e avulsos vem sendo questionada desde a vigência da Lei 7.787, e creio que, nas vias do controle difuso, poucas terão sido as decisões favoráveis à Previdência Social... Sou, em tese, favorável a que, com todos os temperamentos e contrafortes possíveis e para situações absolutamente excepcionais, se permita a ruptura do dogma da nulidade *ex radice* da lei inconstitucional, facultando-se ao Tribunal protrair o início da eficácia *erga omnes* da declaração. Mas, como aqui já se advertiu, essa solução, se generalizada, traz também o grande perigo de estimular a inconstitucionalidade".

[77] RE nº 150.764, Ac. de 16/12/1992, do Pleno, Rel. Min. Marco Aurélio, *RTJ*, 147: 1024.

Tratava-se de um *hard case*, no qual estavam divididas as opiniões dos Ministros. Discutia-se a respeito da legitimidade do aumento de alíquota do FINSOCIAL de 0,6 para 2%. A controvérsia, apesar do vultoso interesse em jogo, desenvolveu-se a partir de argumentações singelas, quase todas de ordem formal em torno de direito intertemporal ou de hierarquia de normas. Não havia direitos fundamentais nem princípios sensíveis da Constituição envolvidos na discussão. A questão principal era das mais difíceis da atualidade, aqui e nos países adiantados da América e da Europa – o financiamento da saúde – que não foi senão incidentalmente examinado no acórdão. O resultado prático aproximou-se da justiça de Salomão: declarou-se constitucional a legislação do FINSOCIAL, mas se lhe invalidou o aspecto financeiro mais relevante, que era o aumento da alíquota! O voto de desempate, proferido pelo Min. Sydney Sanches, que pode ser lido em meia página da *Revista Trimestral de Jurisprudência* (o acórdão ocupa 39 páginas!), rejeita explicitamente o *argumentum ad consequentiam*:

> Não há possibilidade de se salvar o dispositivo, por mais nobre que seja o propósito interpretativo da Corte, ainda que para preservar o respeitabilíssimo interesse público do Tesouro, da Previdência e da Seguridade Social. Por mais nobre que seja esse interesse, não é possível sacrificar princípios intocáveis da Constituição, que, também a meu ver, ficaram profundamente atingidos. Na verdade, o art. 56 do ADCT só existiu para dizer que, enquanto a lei não dispusesse sobre o art. 195, I, a arrecadação se faria do modo ali explicitado.

3.2.2 As modificações da Constituição e da legislação

A rígida orientação do STF em torno da eficácia *ex tunc*, ponto nodal da problemática do controle da constitucionalidade, trouxe, como reação, algumas tentativas e uma efetiva modificação do texto básico.

Assim é que a Emenda Constitucional nº 3, de 1993, criou a ação declaratória de constitucionalidade de lei ou ato normativo federal, cujas decisões definitivas de mérito "produzirão eficácia contra todos e efeito vinculante, relativamente aos demais órgãos do Poder Judiciário e ao Poder Executivo" (nova redação do art. 102, 2º, da CF). A ação declaratória de constitucionalidade, que não encontra paralelo de monta no direito comparado, tem endereço inequivocamente tributário, como se pode concluir da observação de que até hoje os poucos casos a que se aplicou versaram sobre a cobrança de tributos.[78] Essa preocupação com a questão tributária surgiu exatamente do caos vivido pelo Judiciário nos anos imediatamente posteriores a 1988, com o acúmulo de ações sobre a inconstitucionalidade de diversas contribuições sociais, quase todas precedidas de depósito judicial para assegurar os mesmos efeitos econômicos da restituição, com incalculável prejuízo para a Fazenda Pública. Ao revés de se buscar a solução na via da definição da eficácia no tempo da declaração de inconstitucionalidade, que inexistia no direito positivo brasileiro, preferiu-se a criação do esdrúxulo instrumento. Tanto é assim que o Min. Sepúlveda Pertence, no julgamento que declarou a inconstitucionalidade da contribuição social dos autônomos, observou: "Por outro lado, para situações como a desta lei, cuja constitucionalidade foi objeto de discussão judicial desde o início, a Emenda Constitucional nº 3 já dotou o Executivo de um mecanismo hábil a não ser o fisco surpreendido, muito tempo depois, por uma declaração de sua validade ou invalidade com eficácia *erga omnes*: é a ação declaratória de constitucionalidade".[79]

Algumas tentativas de introdução de dispositivos semelhantes ao do direito alemão, com a possibilidade de o Supremo determinar os efeitos da declaração de inconstitucionalidade, entretanto, se frustraram.

Na Constituinte de 1988 o Senador Maurício Corrêa apresentou projeto deste teor: "Quando o Supremo Tribunal Federal declarar a inconstitucionalidade, em tese, de norma legal ou ato normativo, determinará se eles perderão eficácia desde a sua entrada em vigor, ou a partir da publicação da decisão declaratória" (art. 127, 2º).

Na Revisão Constitucional de 1994 o Rel. Dep. Nelson Jobim sugeriu o acréscimo de um parágrafo ao art. 103: "Quando o Supremo Tribunal Federal declarar a inconstitucionalidade, em tese, de lei ou ato normativo, poderá determinar, por maioria de dois terços dos votos de seus membros, que estes deixarão de produzir efeito a partir do trânsito em julgado da decisão".

Afinal a modulação da eficácia da decisão na declaração de inconstitucionalidade entrou no nosso ordenamento pela Lei nº 9.868/99:

> Art. 27. Ao declarar a inconstitucionalidade de lei ou ato normativo, e tendo em vista razões de segurança jurídica ou de excepcional interesse

---

[78] Ação Declaratória de Constitucionalidade nº 1, Ac. de 1º/12/93, Rel. Min. Moreira Alves, *Revista de Direito Administrativo*, 202: 270, 1995.

[79] ADIN nº 1.102-2, Ac. de 05/10/95, Rel. Min. Maurício Corrêa, *Revista Dialética de Direito Tributário*, 5: 134, 1996.

social, poderá o Supremo Tribunal Federal, por maioria de dois terços de seus membros, restringir os efeitos daquela declaração ou decidir que ela só tenha eficácia a partir de seu trânsito em julgado ou de outro momento que venha a ser fixado.

3.2.3 O congelamento do art. 27 da Lei nº 9.868/99

O art. 27 da Lei nº 9.868/99 não "pegou" imediatamente. Foi alvo de algumas ADINS,[80] que o próprio STF até hoje não julgou. Depois de anos de tramitação (e de pedido de vista), foram redistribuídas ao Min. Carlos Alberto Direito e, após, à Min. Carmen Lúcia. Há um voto pela inconstitucionalidade do dispositivo.

O congelamento do art. 27 da Lei nº 9.868/99 não obstou o exame do problema de modulação, em questões ligadas ou não ao direito tributário, como adiante veremos, sinalizando no sentido da plena constitucionalidade da norma.[81]

3.2.4 A inconstitucionalidade útil

A tese da inconstitucionalidade útil pode ser catalogada no rol dos argumentos de resistência ao consequencialismo no Brasil.

O Min. Otávio Gallotti, por ocasião de sua posse na Presidência do Supremo Tribunal Federal, definiu a "inconstitucionalidade útil": "são atos deliberadamente inconstitucionais, praticados com finalidades corporativas ou pelo desejo de governadores que querem consertar as finanças de seus Estados. Eles praticam esses atos torcendo pelos efeitos que eles produzem até serem corrigidos".[82]

O Min. Sepúlveda Pertence, no julgamento em que se discutia sobre a possibilidade de se fixar a eficácia *ex nunc* da declaração de inconstitucionalidade no controle concentrado, advertia que "essa

---

[80] A Confederação Nacional das Profissões Liberais (CNPL) e a Ordem dos Advogados propuseram ações diretas de inconstitucionalidade (ADI nº 2154 e 2258, Rel. Min. Sepúlveda Pertence), redistribuídas posteriormente.

[81] Cf. ADI nº 2240/BA, Informativo nº 467, de 23/05/07, voto do Min. Gilmar Mendes: "É certo que o Supremo Tribunal Federal ainda não se pronunciou definitivamente sobre a constitucionalidade do art. 27 da Lei nº 9868/99. É notório, porém, que o Tribunal já está a aplicar o art. 27 aos casos de controle incidental e controle abstrato. Desse modo, parece superado o debate sobre a legitimidade da fórmula positivada no referido artigo".

[82] *Apud* MELLO, Gustavo Miguez; TROIANELLI, Gabriel Lacerda. O princípio da moralidade no direito tributário. *In*: MARTINS, Ives Gandra da Silva (Coord.). *o princípio da moralidade no direito tributário*, cit., p. 212.

solução, se generalizada, traz também o grande perigo de estimular a inconstitucionalidade".[83]

A questão da inconstitucionalidade útil é extremamente delicada, eis que pode fortalecer o argumento formalista da eficácia *ex tunc* da declaração de inconstitucionalidade, exacerbando-lhe os aspectos perversos,[84] ou favorecer a síndrome da presunção de inconstitucionalidade da norma tributária, que se tornou moda no Brasil nos últimos anos.

3.3 A adesão ao consequencialismo em questões não financeiras

Recentemente se deu a adesão ao consequencialismo. Iniciou-se pelas questões não financeiras. Fez-se sobretudo através da jurisprudência do STF, que a pouco e pouco, se deixou sensibilizar pela técnica da modulação dos efeitos do controle de constitucionalidade. Mas de início negou-se a empregá-la fora do contexto do art. 27 da Lei nº 9.868/99, em caso relacionado com a declaração de não recepção de direito ordinário pré-constitucional.[85] Posteriormente despreocupou-se das amarras do art. 27 da Lei nº 9.868/99.[86]

O STF estendeu, coerentemente, a possibilidade de modulação também para o controle difuso da constitucionalidade, apoiado em voto do Min. Gilmar Mendes.[87]

---

[83] ADIN nº 1.102-2, Ac. do Pleno, de 05/10/95, Rel. Min. Maurício Corrêa, *Revista Dialética de Direito Tributário*, 5: 134, 1996.

[84] Cf. TORRES, Ricardo Lobo. A declaração de inconstitucionalidade e a restituição de tributos. *Revista Dialética de Direito Tributário*, 8: 110, 1996.

[85] AI nº 582.280 AgR/RJ, Voto Vista do Min. Gilmar Mendes, Informativo nº 442, de 1º/10/2006 (transcrições).

[86] ADIN nº 2240, Informativo nº 467, de 23/05/2007 (transcrições).

[87] RE nº 559.882-9. Disponível em: <www.stf.gov.br>. Acesso em: 30 set. 2008:
"Essas ponderações têm a virtude de demonstrar que a declaração de inconstitucionalidade *in concreto* também se mostra passível de limitação de efeitos. A base constitucional dessa limitação – necessidade de outro princípio que justifique a não-aplicação do princípio da nulidade – parece sugerir que, se aplicável, a declaração de inconstitucionalidade restrita revela-se abrangente do modelo de controle de constitucionalidade como um todo.
É que, nesses casos, tal como já argumentado, o afastamento do princípio da nulidade da lei assenta-se em fundamentos constitucionais e não em razão de conveniência. Se o sistema constitucional legitima a declaração de inconstitucionalidade restrita no controle abstrato, esta decisão, esta decisão poderá afetar igualmente, os processos do modelo concreto ou incidental de normas.
Do contrário, poder-se-ia ter inclusive um esvaziamento ou uma perda de significado da própria declaração de inconstitucionalidade restrita ou limitada.

3.3.1 A recepção pela jurisprudência do Supremo

Diversos são os casos nos quais o STF aplicou a técnica da modulação com base em argumentos consequencialistas, principalmente após a mudança da sua composição a partir de 2003.

3.3.1.1 O caso de fidelidade partidária

Expressivo foi o da regra de fidelidade partidária, em que os Ministros entenderam que só perderiam o mandato os políticos que mudaram de partido depois que o Tribunal Superior Eleitoral manifestou a sua posição em favor da fidelidade.[88]

3.3.1.2 A criação inconstitucional de Município

Importante, também, para evitar "os caos jurídicos", foi a decisão proferida sobre criação de município de Luís Eduardo Magalhães, na Bahia, com a situação excepcional consolidada, na qual o voto-vista do Min. Gilmar Mendes foi no sentido de, "aplicado o art. 27 da Lei nº 9868/99, declarar a inconstitucionalidade sem a pronúncia da nulidade da lei impugnada, mantendo a sua vigência pelo prazo de 24 (vinte e quatro meses), lapso temporal razoável dentro do qual poderá o legislador estadual reapreciar o tema, tendo como base os parâmetros que deverão ser fixados na lei complementar federal, conforme decisão desta Corte na ADI 3.682".[89-90]

Essa orientação afigura-se integralmente aplicável ao sistema brasileiro. Não parece haver dúvida de que, tal como já exposto, a limitação de efeito é apanágio do controle judicial de constitucionalidade, podendo ser aplicado tanto no controle direto quanto no controle incidental. Tal entendimento vem sendo aceito pelo Supremo Tribunal Federal".

[88] MS nº 26604, Ac. de 04/10/2007, Rel. Min. Carmen Lúcia, 3/10/2008: "Não tendo havido mudanças na legislação sobre o tema, tem-se reconhecido o direito de o impetrante titularizar os mandatos por ele obtidos nas eleições de 2006, mas com a modulação dos efeitos dessa decisão para que se produzam elas a partir da data da resposta do Tribunal Superior Eleitoral à Consulta 1.398/2007)".

[89] ADI nº 2240/BA, Informativo nº 467, 23.05.2007 (Transcrições).

[90] Informativo nº 467/2007 (Transcrições). O Min. Eros Grau, Relator, em voto inovador, afirmou: "Ocorre que o Município foi efetivamente criado, assumindo existência de fato como ente federativo dotado de autonomia. Como tal existe. Há mais de seis anos. Por isso esta Corte não pode limitar-se à prática de mero exercício de subsunção. Cumpre considerarmos ponderadamente a circunstância de estarmos diante de uma situação de exceção e as conseqüências perniciosas que adviriam de eventual declaração de inconstitucionalidade da lei estadual". O Ministro Gilmar Mendes acrescentou: "No caso presente, o Tribunal tem a oportunidade de aplicar o art. 27 da Lei 9868/99 em sua versão mais ampla. A declaração de inconstitucionalidade e, portanto, da nulidade da lei

OSWALDO OTHON DE PONTES SARAIVA FILHO
DIREITO TRIBUTÁRIO: ESTUDOS EM TRIBUTO AO JURISTA IVES GANDRA DA SILVA MARTINS

Parece-nos que a decisão do STF expressa bem a adesão ao argumento consequencialista, não obstante a tese causalista levantada pelo Min. Relator Eros Grau, no sentido da presença da "força normativa dos fatos", reproduzida também na ementa do acórdão.[91] Sucede que o causalismo consubstanciado na ideia de força normativa dos fatos inspirada em Jellinek não opera no plano da tipologia da argumentação jurídica, mas apenas no da visão sociológica externa ao direito.[92] Decisiva foi a intenção do Tribunal de coarctar "as conseqüências perniciosas que adviriam da eventual declaração de inconstitucionalidade da lei estadual".

Em caso semelhante e complementar, referente ao Município de Monte Carlo, em Santa Catarina, o STF utilizou-se do argumento do estado de exceção.[93]

3.3.1.3 Greve de funcionários públicos

Dando novo enfoque ao mandado de injunção, o STF autorizou a aplicação da legislação referente ao direito de greve dos trabalhadores à greve de funcionários públicos.

Baseou-se, entre outros, no argumento de consequência.[94] Houve a modulação dos efeitos da decisão:

---

instituidora de uma nova entidade federativa, o Município, constitui mais um dentre os casos, retirados de exemplos do direito comparado, em que as conseqüências da decisão tomada pela Corte podem gerar um verdadeiro caos jurídico".

[91] ADIN nº 2240-7-BAHIA, Ac. de 09/05/2007, do Pleno, DJ 03/08/2007: "Ementa. 2. Existência de fato do Município, decorrente de decisão política que importou na sua instalação como ente federativo dotado de autonomia. Situação excepcional consolidada, de caráter institucional, político. Hipótese que consubstancia reconhecimento e acolhimento da força normativa dos fatos".

[92] Ao comentar a decisão do STF, observa Margarida Lacombe Camargo (O pragmatismo no Supremo Tribunal Federal brasileiro. In: SOUZA NETO, Cláudio Pereira; SARMENTO, Daniel; BINENBOJM, Gustavo (Coord.). Vinte anos da Constituição Federal de 1988. Rio de Janeiro: Lumen Juris, 2008, p. 373: "... pela 'força dos fatos', à qual o Ministro Eros Grau atribui força normativa, afasta-se a aplicação da norma constitucional posta. Donde se conclui que o contexto prevalece sobre o texto (legal)".

[93] ADI nº 3489-8-Santa Catarina, Ac. nº 9.05.2007, Rel. Min. Eros Grau, DJ 03/08/2007: "8. Ao Supremo Tribunal Federal incumbe decidir regulando também essas situações de exceção. Não se afasta do ordenamento, ao fazê-lo, eis que aplica a norma de exceção desaplicando-a, isto é, retirando-a da exceção.
9. Cumpre verificar o que menos compromete a força normativa futura da Constituição e sua função de estabilização...
13. Ação direta julgada procedente, para declarar a inconstitucionalidade, mas não pronunciar a nulidade pelo prazo de 24 meses, Lei 12.294, de 22 de junho de 2002, do Estado de Santa Catarina".

[94] "3. DIREITO DE GREVE DOS SERVIDORES PÚBLICOS CIVIS. HIPÓTESE DE OMIS-SÃO LEGISLATIVA INCONSTITUCIONAL. MORA JUDICIAL, POR DIVERSAS VEZES,

Fixação do prazo de 60 dias para que o Congresso Nacional legisle sobre a matéria. Mandado de injunção deferido para determinar a aplicação das Leis nº 7.701/1988 e 7.783/1989.[95]

3.3.2 A colaboração da doutrina

Modernizou-se acentuadamente a doutrina brasileira nos últimos anos. Os autores mais recentes vêm procurando temperar a tese radical da eficácia *ex tunc*, principalmente quando a lei declarada inconstitucional tenha produzido consequências econômicas. Devem ser citadas as opiniões de Marcio Augusto de Vasconcelos Diniz,[96] Hugo de Brito Machado,[97] André Martins de Andrade,[98] Sacha Calmon Navarro Coêlho, que admite temperamentos na tese da eficácia *ex tunc*,

---

DECLARADA PELO PLENÁRIO DO STF. RISCOS DE CONSOLIDAÇÃO DE TÍPICA OMISSÃO JUDICIAL QUANTO À MATÉRIA. A EXPERIÊNCIA DO DIREITO COMPARADO. LEGITIMIDADE DE ADOÇÃO DE ALTERNATIVAS NORMATIVAS E INSTITUCIONAIS DE SUPERAÇÃO DA SITUAÇÃO DE OMISSÃO. 3.1. A permanência da situação de não-regulamentação do direito de greve dos servidores públicos civis contribui para a ampliação da regularidade das instituições de um Estado democrático de Direito (CF, art. 1o). Além de o tema envolver uma série de questões estratégicas e orçamentárias diretamente relacionadas aos serviços públicos, a ausência de parâmetros jurídicos de controle dos abusos cometidos na deflagração desse tipo específico de movimento grevista tem favorecido que o legítimo exercício de direitos constitucionais seja afastado por uma verdadeira "lei da selva".

[95] Mandado de Injunção 670-9-Espírito Santo. Ac. de 25/10/2007, Rel. Min. Gilmar Mendes, DJ 31.04.2008. No mesmo sentido: Mandado de Injunção nº 712-8-Pará, Ac. de 25/10/2007, Rel. Min. Eros Grau, DJ 31/10/2008: "Ementa: Incumbe ao Poder Judiciário produzir a norma suficiente para tornar viável o exercício do direito de greve dos servidores públicos, consagrado no art. 37, VII, da Constituição do Brasil".

[96] *Controle de constitucionalidade e teoria da recepção*. São Paulo: Malheiros, 1995, p. 41: "O dogma da nulidade *ab initio*, equiparada à inexistência do ato normativo inconstitucional, deve, portanto, ao nosso sentir, ser encarado com moderação, já que enfrenta o problema da inconstitucionalidade sob um prisma puramente lógico-formal, sem se preocupar com as situações jurídicas anteriormente estabelecidas".

[97] Efeitos de Declaração de Inconstitucionalidade. *Revista Trimestral de Direito Público* 6: 223, 1994: "... a melhor solução é a que afirma a produção de efeitos daquela decisão (que, em ação direta, declara a inconstitucionalidade de uma lei) apenas para o futuro, salvo nos casos expressamente indicados na própria decisão. Os efeitos retroativos desta devem ser excepcionais, como excepcionais são os efeitos retroativos da lei. Imaginemos a decisão que declara inconstitucional uma lei que isenta de tributo a importação de determinada mercadoria. Se tal decisão produzir efeitos a partir da edição da lei, então todas as importações já ocorridas ensejam a exigência do tributo, e o que é pior, ensejam a consideração daquelas importações como crime de descaminho".

[98] A perigosa extensão ao direito tributário da teoria geral das nulidades. *Revista Dialética de Direito Tributário*, 5: 10, 1996.

salvo em matéria tributária,[99] Paulo Roberto Lyrio Pimenta[100] e Carlos Roberto de Siqueira Castro, que, na qualidade de Subprocurador-Geral da República, exarou parecer no sentido de que a declaração de inconstitucionalidade da lei instituidora da contribuição social dos autônomos deveria ter efeitos prospectivos, parecer esse que, embora muito elogiado pelo Min. Relator Maurício Corrêa, não foi adotado pelo Pretório Excelso.[101] Importante também a recente colaboração de Luis Roberto Barroso sobre o tema.[102]

3.4 A extensão do argumento consequencialista à matéria financeira

Até que enfim o STF aderiu ao consequencialismo também em matéria financeira.

Há que se distinguir entre as questões de direito tributário e de direito orçamentário.

Nota-se um certo dualismo da razão financeira no Brasil.[103] Em virtude do protoliberalismo presente no direito tributário brasileiro, a tendência é a de prevalecer nesse ramo do direito a interpretação literal, presa ao dogma da tipicidade cerrada e com a recusa de considerações econômicas. Já na vertente da despesa pública impera a magnanimidade paternalista do patrimonialismo.

---

[99] *O controle da constitucionalidade das leis e do poder de tributar na Constituição de 1988.* Belo Horizonte: Del Rey, 1992, p. 134: "Se a lei nunca foi lei, não há crime, nem pena, nem tributo".

[100] *Efeitos da decisão de inconstitucionalidade em direito tributário.* São Paulo: Dialética, 2002.

[101] Ação Direta de Inconstitucionalidade nº 1.102-2, Ac. do Pleno do STF, de 05/10/95, Rel. Min. Maurício Corrêa, *DJ* de 1º/12/95, publicado integralmente na *Revista Dialética de Direito Tributário*, 5: 119-135, 1996. Eis a conclusão do douto parecer do Subprocurador-Geral da República Carlos Roberto de Siqueira Castro, transcrito no relatório: "Ajuntamos, porém, porque convencidos de que, nos contornos do litígio constitucional assim apresentado, a prospectividade dos efeitos do acórdão a ser proferido na presente ação é o que melhor consulta à ordem jurídica, ao regime democrático e aos interesses sociais e individuais indisponíveis, cuja defesa coincide com a missão ontológica do Ministério Público, a teor do art. 129 da Constituição Federal –, seja atribuído ao acórdão de mérito extintivo do feito eficácia *temporis* desde a publicação da medida cautelar deferida às fl. 48 pelo Augusto Plenário dessa Suprema Corte, ou seja, tão apenas a partir de 9.9.94, com expressa rejeição quanto à operância de seus efeitos anteriormente a essa data".

[102] *O controle de constitucionalidade no direito brasileiro.* São Paulo: Saraiva, 2004, p. 160: "De igual sorte, a declaração de inconstitucionalidade de uma lei não desfaz, automaticamente, as decisões proferidas em casos individuais e já transitadas em julgado. A esses temperamentos feitos pela própria corte a doutrina agregou alguns outros".

[103] Cf. TORRES, Ricardo Lobo. *Tratado de direito constitucional financeiro e tributário. V. 5. O Orçamento na Constituição.* Rio de Janeiro: Renovar, 2008, p. 37 e seguintes.

3.4.1 Direito tributário e receita pública

De feito, no campo do direito tributário ainda é incipiente a mutação jurisprudencial. No julgamento sobre o prazo de prescrição e decadência das contribuições da seguridade social, que deu origem à Súmula Vinculante nº 8, o Supremo proclamou a inconstitucionalidade dos arts. 45 e 46 da Lei nº 8.212/91, mas "deliberou aplicar efeitos *ex nunc* à decisão, esclarecendo que a modulação aplica-se tão somente em relação a eventuais repetições de indébito ajuizados após a decisão assentada na sessão do dia 11.06.08, não abrangendo, portanto, os questionamentos e os processos já em curso".[104]

3.4.2 Direito orçamentário e despesa pública

Outras são as conclusões que devem prevalecer no campo do direito orçamentário e da despesa pública.

3.4.2.1 Mínimo existencial

O Supremo Tribunal Federal vem construindo sólida jurisprudência no sentido de que o mínimo existencial – as prestações estatais positivas sem as quais o cidadão não sobrevive com dignidade – constitui direito fundamental e assim valem independentemente da reserva do possível ou da reserva orçamentária. A jurisdição, com o seu poder contramajoritário em tema de direitos fundamentais, ultrapassa as omissões legislativas ou administrativas e determina diretamente a garantia da prestação.[105]

3.4.2.2 Direitos sociais e econômicos

Outra é a situação referente aos direitos econômicos e sociais. Como não são veros direitos fundamentais, ficam sujeitos à reserva do

---

[104] RE nº 560.626, Rel. Min. Gilmar Mendes, 11 e 12/06/2008; RE nº 556.664, Rel. Min. Gilmar Mendes, 11 e 12/06/2008; RE 559.882, Rel. Min. Gilmar Mendes, 11 e 12/06/2008. Informativo nº 510, de 19/06/2008. Cf. tb. MARTINS, Ives Gandra da Silva. A Súmula n. 8 e os efeitos prospectivos das decisões da Suprema Corte. *In*: ROCHA, Valdir de Oliveira. *Grandes questões atuais do direito tributário*São Paulo: Dialética, 2008, v. 12, p. 270-285.

[105] RE nº 436.996, Ac. da 2ª T., do STF, de 22/11/2005, Rel. Min. Celso de Mello. Disponível em: <www.stf.gov.br>. Acesso em: 23 nov. 2005: "A educação infantil, por qualificar-se como direito fundamental de toda criança, não se expõe, em seu processo de concretização, a avaliações inerente discricionárias da Administração Pública, nem se subordina a razões de puro pragmatismo governamental".

possível e à decisão do legislador.[106] À jurisdição não é lícito se sobrepor aos podres políticos em matéria que não envolva a dignidade humana. Sucede que o STF, em alguns julgados, fundado em argumentos consequencialistas de políticas públicas, resolveu adjudicar prestações afastadas do núcleo essencial dos direitos existenciais. O Min. Celso de Mello, na ADPF nº 45, chegou a proclamar a competência da jurisdição para conceder direitos sociais, se existir "disponibilidade financeira" por parte do ente público, categoria que não se sabe referir-se à verba ou ao dinheiro sonante na caixa do Tesouro![107] Mas já há diversas decisões monocráticas e colegiadas refinando o discurso judicial e adotando argumentos consequencialistas na temática dos direitos sociais e econômicos, como aconteceu no caso de cirurgias para transexuais.[108]

3.5 O consequencialismo financeiro de sinal trocado

O consequencialismo financeiro extrapolou-se recentemente da problemática da eficácia temporal do controle da constitucionalidade para o da eficácia prospectiva da alteração dos precedentes anteriormente firmados pelo STF. Quer dizer: passa-se da discussão sobre a legitimidade do art. 27 da Lei nº 9.868/99 para o debate sobre o *stare decisis* e a proibição de *overruling*.

A questão se colocou no julgamento dos Recursos Extraordinários nº 370.682-9e 353.657-5,[109] que reverteram a decisão antes proferida no

---

[106] TORRES, Ricardo Lobo. *O direito ao mínimo existencial*. Rio de Janeiro: Renovar, 2009, p. 273.

[107] ADPF nº 45, Despacho de 29/04/2004, Informativo nº 345 (transcrições).

[108] Suspensão de Tutela Antecipada 185-2-DF, Despacho de 10/12/07, Rel. Min. Presidente Ellen Gracie. Disponível em: <www.stf.gov.br>: "...entendo que se encontra devidamente demonstrada a ocorrência de grave lesão à ordem pública, em sua acepção jurídico-constitucional, porquanto a execução do acórdão ou impugnamento repercutirá na programação orçamentária federal, ao gerar impacto nas finanças públicas. Verifico, ainda, que, para a imediata execução da decisão impugnada no presente pedido de suspensão, será necessário o remanejamento de verbas originalmente destinadas a outras políticas públicas de saúde, o que certamente causará problemas de alocação dos recursos públicos indispensáveis ao financiamento do Sistema Único de Saúde no âmbito nacional".

[109] RE nº 370.682-9, Ac. de 25/06/2007, do Pleno, Relator Min. Gilmar Mendes, *DJ* 19/12/2007: "Ementa. Recurso extraordinário. Tributário. 2. IPI. Crédito Presumido. 3. Os princípios da Não-cumulatividade e da seletividade não ensejam direito de crédito presumido de IPI para o contribuinte adquirente de insumo não tributados ou sujeitos à alíquota zero". No mesmo sentido: RE nº 353.657-5-Paraná, Ac. de 25/06/2007, do Pleno, Rel. Min. Marco Aurélio, DJ 07/03/2008: "IPI. Insumo. Alíquota zero. Ausência de Direito a Creditamento. Conforme disposto no inciso II, §3º do art. 155 da Constituição Federal, observa-se o princípio da não-cumulatividade, compensando-se o que for devido em cada operação com o montante cobrado nas anteriores, ante o que não se pode cogitar de direito quando o insumo entra na indústria considerada a alíquota zero".

RE nº 350.446-1,[110] a respeito do direito ao aproveitamento do crédito presumido do IPI referente a insumos sujeitos à alíquota zero ou não tributadas. Nos acórdãos reformadores rejeitou-se a possibilidade de modulação favorável ao contribuinte,[111] com base em voto do Min. Eros Grau.[112]

O argumento do "negócio da China", utilizado pelo Min. Eros Grau, é escancaradamente consequencialista.

Parece-nos justificada essa decisão *ad consequentiam* do STF principalmente por se tratar da reforma de um acórdão (RE nº 350.446, cit., n. 112) isolado e escoteiro, proferido por simples maioria, de baixa qualidade técnica, baseado em interpretação literal tirada a *contrario sensu*.

É imprescindível detectar, em caso de *prospective overruling*, a existência nos julgados anteriores da *rationale* suscetível de universalização.[113] A superação dos precedentes exige a formação de sólida jurisprudência contrastante e deve se fundar em argumentos vinculados à boa-fé e à proteção da confiança do cidadão, sopesados com os princípios

---

[110] RE nº 350.446-1-Paraná, Ac. do Pleno, de 18/12/2002, Rel. Min. Nelson Jobim, *DJ* 06/06/2003: "CONSTITUCIONAL. TRIBUTÁRIO. IPI. CREDITAMENTO. INSUMOS ISENTOS, SUJEITOS À ALÍQUOTA ZERO. Se o contribuinte do IPI pode creditar o valor dos insumos adquiridos sob o regime de isenção, inexiste razão para deixar de reconhecer-lhe o mesmo direito na aquisição de insumos favorecidos pela alíquota-zero, pois nada extrema, na prática, as referidas figuras desonerativas, notadamente quando se trata de aplicar o princípio da não-cumulatividade. A isenção e a alíquota zero em um dos elos da cadeia produtiva desapareceriam quando da operação subseqüente, se não admitido o crédito".

[111] RE nº 353.657-5-Paraná, cit., nota 104: "IPI. INSUMO. ALÍQUOTA ZERO. CREDITAMENTO. INEXISTÊNCIA DO DIREITO. EFICÁCIA. Descabe, em face do texto constitucional regedor do Imposto sobre Produtos Industrializados do sistema e do sistema jurisdicional brasileiro, a modulação de efeitos do pronunciamento do Supremo; com isso sendo emprestada á Carta da República a maior eficácia possível, consagrando-se o princípio da segurança jurídica".

[112] RE nº 435.596, Decisão do Min. Eros Grau, de 13/12/2007, DJ 11/02/2008: "No que respeita à questão de ordem levantada por iniciativa do Ministro Ricardo Lewandowski – modulação temporal dos efeitos da decisão – este Tribunal decidiu que a união poderá reaver o IPI das empresas que compensaram tributos com créditos de matérias primas nas quais incide alíquota zero ou naquelas não-tributadas.
No julgamento da questão de ordem afirmei, em meu voto, que nenhuma razão relacionada ao interesse social, menos ainda o "excepcional interesse social" prospera no sentido de aquinhoarem-se empresas que vieram a juízo afirmando interpretação quês esta Corte entendeu equivocada. Fizeram-no, essas empresas, por sua conta e risco. É seguramente inusitado: o empresário pretende beneficiar-se por créditos aos quais não faz jus; o Judiciário afirma que efetivamente o empresário não é titular do direito a esses mesmos créditos, mas o autoriza a fazer uso deles até certa data... Um "negócio da China" para os contribuintes, ao qual corresponde inimaginável afronta ao interesse social".

[113] Cf. MELLO, Patricia Perrone Campos. *Precedentes*: o desenvolvimento judicial do direito no constitucionalismo contemporâneo. Rio de Janeiro: Renovar, 2008, p. 122.

da igualdade, da responsabilidade e do excepcional interesse social e econômico. Se assim não acontecer cresce o *consequencialismo às avessas*. Em outros casos polêmicos, como no dos escritórios de advocacia relativamente à COFINS, o STF negou a modulação.[114]

Há certos casos difíceis caminhando para o julgamento – inclusão do ICMS na base de cálculo da COFINS[115] – que desafiarão o argumento consequencialista, tal o vulto dos esqueletos financeiros que podem gerar.

A modulação dos efeitos da decisão judicial é fruto do pensamento consequencialista, seja favorável ao Fisco, seja benéfico ao contribuinte. É via de mão dupla. O argumento *ad consequentiam* passa a ter grande peso nas modernas teorias da justiça constitucional. A doutrina brasileira tem avançado ultimamente, para defender o *prospective overruling* mesmo fora do controle de constitucionalidade.[116] Misabel Derzi entende que "a regra deve ser a retroação (efeitos *ex tunc*) nas sentenças declaratórias e a exceção, a modulação de efeitos; mas em relação às modificações jurisprudenciais, prejudiciais ao contribuinte, a solução se inverte, a regra deverá ser a modulação de efeitos, com a aplicação plena dos princípios da irretroatividade, da proteção da confiança e da boa-fé objetiva";[117] tal posição configura a nosso ver também um consequencialismo às avessas.

4 Conclusões

Concluímos, pois, que o Supremo Tribunal Federal enfrenta hoje novos desafios, que, se corretamente enfrentados com base no art. 27 da Lei nº 9.868/99, contribuem para acertar o passo da ultrapassada jurisprudência brasileira com a de outros países em tema de eficácia retro-operante da declaração de inconstitucionalidade, sob a inspiração do argumento consequencialista e da ponderação dos princípios constitucionais vinculados à segurança e à justiça.

---

[114] Cf. RE nº 377.457-PR; RE nº 381.964-MG, Min. Gilmar Mendes, Informativo nº 520.

[115] ADC nº 18; RE nº 240.785

[116] Cf. BUSTAMANTE, Tomas da Rosa de. *Teoria do direito e decisão racional*: temas de teoria da argumentação jurídica. Rio de Janeiro: Renovar, 2008, p. 412; BARROSO, Luís Roberto. Entrevista. *Valor econômico*, 30 set. 08.

[117] *Modificações da jurisprudência*: proteção de confiança, boa-fé objetiva e irretroatividade como limitações constitucionais ao poder judicial de tributar. Tese de Concurso para Titular. Belo Horizonte: UFMG, 2008. Na tese, a eminente Professora discorda da decisão do STF sobre o IPI (RE nº 370.682).

A mesma coisa pode acontecer na temática da modificação dos precedentes judiciais, ainda que fora dos lindes do art. 27 da Lei nº 9.868/99. No caso de formação de substancial corrente de jurisprudência contrastante e de fixação de *rationale* no sentido da universalização, impõe-se a *prospective overruling*; em caso contrário estaríamos diante de um consequencialismo de sinal trocado.

Informação bibliográfica deste texto, conforme a NBR 6023:2002 da Associação Brasileira de Normas Técnicas (ABNT):

TORRES, Ricardo Lobo. O consequencialismo e a modulação dos efeitos das decisões do Supremo Tribunal Federal. *In*: SARAIVA FILHO, Oswaldo Othon de Pontes (Coord.). *Direito Tributário*: Estudos em tributo ao jurista Ives Gandra da Silva Martins. Belo Horizonte: Fórum, 2016. p. 271-303. ISBN 978-85-450-0154-6.

SUPREMO TRIBUNAL FEDERAL: LEGISLADOR POSITIVO OU NEGATIVO. ATIVISMO JUDICIAL[1]

VITTORIO CASSONE

Optei por escolher a matéria em foco por ter sido pouco explorada, e neste pequeno estudo procuro trazer a lume, para a devida reflexão, certos aspectos pertinentes a dispositivo da Constituição da República Federativa do Brasil de 05/10/1988 a seguir transcrito:

Art. 2º. São Poderes da União, independentes e harmônicos entre si, o Legislativo, o Executivo e o Judiciário.

---

[1] Agradeço ao Prof. Oswaldo Othon de Pontes Saraiva Filho pelo honroso convite para escrever em homenagem ao Prof. Ives Gandra da Silva Martins, que hodiernamente considero entre os maiores mestres em Direito Constitucional Tributário, pois detentor de ampla visão, e, tal como delineado seu "perfil" por Fátima Fernandes Rodrigues de Souza no livro *Digesto da Advocacia Gandra Martins* (Editora Quadrante, São Paulo, 2005): "A convicção de que o jurista não pode viver encastelado na ciência que escolheu, mas deve conhecer melhor a realidade que o cerca para exercer com plenitude o seu mister, levou-o a visitar outras searas do conhecimento científico – como a ciência das finanças, a economia, a filosofia, a sociologia, a história –, o que lhe permite uma abordagem sempre original da problemática jurídica, a partir de dados da realidade, como se vê de sua 'Teoria da Imposição tributária'." E acrescentaria mais a Ciência Contábil e, entre as inúmeras obras, *Uma visão do mundo contemporâneo* (Editora Pioneira, São Paulo, 1996), de cuja "Apresentação metodológica" de João de Scantimburgo destaco o seguinte trecho: "Tem vida cristã exemplar Ives Gandra da Silva Martins. Inspirado no exemplo dos seus venerandos pais, apoiado na doce companheira (*Ruth*), com a qual partilha a vida, freqüenta os sacramentos com assiduidade preceitual. Ives Gandra da Silva Martins, católico admirável, deve ser incluído na galeria dos moralistas teológicos que vêm defendendo, através das idades, o depósito da Revelação. A crise difusa, abrangente, ampla que se estende como um pálio tóxico sobre a humanidade, sempre encontrou nos moralistas, forjados na sã doutrina da Santa Madre Igreja, os paladinos da virtude sem as quais as sociedades, nas nações se afundam irremediavelmente na decadência. Ensina a Igreja docente que a 'norma da moralidade é a lei eterna, considerado como intelecto divino'."

Esse artigo declara a independência de cada um dos Poderes da República, mas ao mesmo tempo diz que eles devem atuar harmonicamente, ou seja, um entrelaçado com os outros, sem que isso lhes prejudique a independência, isso dito em outras palavras, a competência que a Constituição lhes outorga deve ser exercida com exclusividade, privativamente.

Isso significa que, mesmo que um Poder não venha a exercer uma certa competência, não pode o outro Poder atuar como substituto, sob pena de ofender a Carta da República.

Essa é a teoria, simplificada, e, portanto, de fácil entendimento. Entretanto, a teoria na prática se torna um pouco complexa, porque a linha divisória que separa um Poder do outro nem sempre é de fácil aferição, havendo casos em que é preciso recorrer, como de costume constitucional, aos princípios (implícitos) da razoabilidade e da proporcionalidade, ou da *prudência* (como, quiçá, diria Eros Roberto Grau – mestre das Arcadas), os três decorrentes da expressão *"igualdade e justiça como valores supremos de uma sociedade fraterna"* (Preâmbulo, CF/88).

Já ensinava o Ministro Aliomar Baleeiro:[2]

Juiz não pode substituir-se à lei ou à autoridade apontada pela lei como competente.

No RE n. 60.385/GB, Relator o Ministro Aliomar Baleeiro, julgado em 3 de maio de 1966, o STF examinou acórdão que negara retomada de imóvel – solicitada para reforma – ao argumento de que a obra, que fora autorizada pelo órgão estatal competente, poderia prejudicar a saúde pública, por insuficiência de iluminação e arejamento.

O Ministro Baleeiro, destacando que a legislação permitia a retomada para reforma e que ela fora autorizada pelo órgão estatal competente, afirmou:

'(...) Certo é que o juiz, do ponto de vista técnico, não é o mais indicado e, do ponto de vista jurídico, não é, em absoluto, competente para dizer a palavra decisiva. Sem ferir a lei, não pode substituir-se à autoridade pública investida da competência legal, para decidir como se pode construir de acordo com o poder de polícia em matéria de edificações urbanas.'

São palavras que demonstrou a prudência do Ministro Aliomar Baleeiro. À unanimidade de votos, o STF reformou o acórdão recorrido. (Os destaques pertencem ao original)

---

[2] Livro *Memória jurisprudencial Ministro Aliomar Baleeiro*. Elaborado por José Levi Mello do Amaral Júnior. Supremo Tribunal Federal – Secretaria de Documentação – Coordenadoria de Divulgação de Jurisprudência. Brasília, 2006, p. 34-35. Obra apresentada pelo Ministro Presidente do STF Nelson Jobim, março 2006.

Alexandre de Moraes explica:[3]

2.1 Separação das Funções Estatais

A Constituição Federal, visando, principalmente, evitar o arbítrio e o desrespeito aos direitos fundamentais do homem, previu a existência dos Poderes do Estado (CF, arts. 44 a 126), bem como da instituição do Ministério Público (CF, arts. 127 a 130), independentes e harmônicos entre si, repartindo entre eles as funções estatais para que bem pudessem exercê-las, bem como criando mecanismos de controles recíprocos, sempre como garantia da perpetuidade do Estado Democrático de Direito. Dessa forma, ao afirmar que os Poderes da União são independentes e harmônicos, o texto constitucional consagrou, respectivamente, as teorias da *separação dos poderes* e dos *freios e contrapesos*.

A divisão segundo o critério funcional é a célebre *separação de poderes*, que consiste em distinguir três funções estatais, quais sejam, legislação, administração e jurisdição, que devem ser atribuídas a três órgãos autônomos entre si, que as exercerão com exclusividade. Foi esboçada pela primeira vez por Aristóteles, na obra *Política*, detalhada, posteriormente, por John Locke, no *Segundo tratado do governo civil*, que também reconheceu três funções distintas e, finalmente, consagrada na obra de Montesquieu, *O espírito das leis*, a quem devemos a divisão e distribuição clássicas, tornando-se o princípio fundamental da organização política liberal.

[...]

Ocorre, porém, que, apesar de independentes, os poderes de Estado devem atuar de maneira harmônica, privilegiando a cooperação e a lealdade institucional e as práticas de guerrilhas institucionais, que acabam minando a coesão governamental e a confiança popular na condução dos negócios públicos pelos agentes políticos. Para tanto, a Constituição Federal consagra um complexo mecanismo de controles recíprocos entre os três poderes, de forma que, ao mesmo tempo, um Poder controle os demais e por eles seja controlado. Esse mecanismo denomina-se teoria dos freios e contrapesos.

No MS nº 22.690/ce (STF, Pleno, unânime, 17/04/1997, DJU 07/12/2006, p. 36), anotou o relator, Ministro Celso de Mello em ementa a seguir parcialmente reproduzida:

O PRINCÍPIO CONSTITUCIONAL DA RESERVA DE LEI FORMAL TRADUZ LIMITAÇÃO AO EXERCÍCIO DA ATIVIDADE JURISDICIONAL DO ESTADO.- A reserva de lei constitui postulado revestido

---

[3] MORAES, Alexandre de. *Constituição do Brasil interpretada*. 6. ed. São Paulo: Atlas. 2006, p. 137-138.

de função excludente, de caráter negativo, pois veda, nas matérias a ela sujeitas, quaisquer intervenções normativas, a título primário, de órgãos estatais não-legislativos. Essa cláusula constitucional, por sua vez, projeta-se em uma dimensão positiva, eis que a sua incidência reforça o princípio, que, fundado na autoridade da Constituição, impõe, à administração e à jurisdição, a necessária submissão aos comandos estatais emanados, exclusivamente, do legislador.- Não cabe, ao Poder Judiciário, em tema regido pelo postulado constitucional da reserva de lei, atuar na anômala condição de legislador positivo (RTJ 126/48 – RTJ 143/57 – RTJ 146/461-462 – RTJ 153/765, v.g.), para, em assim agindo, proceder à imposição de seus próprios critérios, afastando, desse modo, os fatores que, no âmbito de nosso sistema constitucional, só podem ser legitimamente definidos pelo Parlamento. É que, se tal fosse possível, o Poder Judiciário – que não dispõe de função legislativa – passaria a desempenhar atribuição que lhe é institucionalmente estranha (a de legislador positivo), usurpando, desse modo, no contexto de um sistema de poderes essencialmente limitados, competência que não lhe pertence, com evidente transgressão ao princípio constitucional da separação de poderes.

Em face do citado artigo 2º da CF/88, o Supremo Tribunal Federal, em matéria tributária, tem reiteradamente decidido que o Poder Judiciário não pode atuar como legislador positivo.

Isso significa que, se uma lei concede incentivo fiscal a uma pessoa, ou isenta determinado produto, o Judiciário não pode estender a ponto de desempenhar o papel de legislador positivo, não pode ir além do que o legislador quis beneficiar.

Exemplos:

1 – TRIBUTÁRIO. CONTRIBUIÇÃO SOCIAL SOBRE O LUCRO. INSTITUIÇÕES FINANCEIRAS. ISONOMIA. EXTENSÃO DE TRATAMENTO TRIBUTÁRIO DIFERENCIADO. IMPOSSIBILIDADE DO STF ATUAR COMO LEGISLADOR POSITIVO.
1. O Supremo Tribunal Federal possui entendimento consolidado de que a extensão de tratamento tributário diferenciado, previsto em lei, a contribuintes não contemplados no texto legal, implicaria converter-se esta Corte em *legislador positivo*. Precedentes.
2. Agravo regimental improvido. (AgR-RE nº 485290/PE, STF, 2ª Turma, Ellen Gracie, unanime, 03/08/2010, DJe-154 de20/08/2010)
2 – TRIBUTÁRIO. ICMS. CRÉDITO PRESUMIDO. CONCESSÃO APENAS ÀS EMPRESAS COMERCIAIS EXCLUSIVAMENTE VAREJISTAS. ISONOMIA. VIOLAÇÃO NÃO COMPROVADA. ART. 33, XIX DO DECRETO 33.178/1989 DO ESTADO DO RIO GRANDE DO SUL.

ART. 150, II DA CONSTITUIÇÃO. PROCESSUAL CIVIL. AGRAVO REGIMENTAL.

1. O controle jurisdicional que implique extensão de benefício fiscal somente é cabível em situações excepcionais, com a demonstração da inexistência de traço distintivo entre os quadros fáticos-jurídicos capaz de justificar a utilidade do tratamento especial.

2. No caso, a agravante não demonstrou de modo específico de que forma as empresas comerciais exclusivamente varejistas e as empresas atacadistas possuem traços em comum que validassem a concessão de crédito presumido de ICMS, quanto às operações de venda a prazo sem a intermediação de instituição financeira. A alegação genérica de inexistência de distinção é insuficiente para dar amparo à tese de quebra da isonomia.

Agravo regimental ao qual se nega provimento. (AgR no AI nº 817.074/ RS, STF, 2ª Turma, Joaquim Barbosa, unânime, 22/03/2011, DJe-065 publ. 06/04/2011)

3 – AGRAVO REGIMENTAL NO RECURSO EXTRAORDINÁRIO. CONTRIBUIÇÃO SOCIAL SOBRE O LUCRO. INSTITUIÇÕES FINANCEIRAS. ALÍQUOTAS DIFERENCIADAS. ISONOMIA. EQUIPARAÇÃO OU SUPRESSÃO. IMPOSSIBILIDADE JURÍDICA DO PEDIDO.

1. A declaração de inconstitucionalidade dos textos normativos que estabelecem distinção entre as alíquotas recolhidas, a título de contribuição social, das instituições financeiras e aquelas oriundas das empresas jurídicas em geral teria como conseqüência normativa ou a equiparação dos percentuais ou a sua supressão. Ambas as hipóteses devem ser afastadas, dado que o STF não pode atuar como *legislador positivo* nem conceder isenções tributárias. Daí a impossibilidade jurídica do pedido formulado no recurso extraordinário.

Agravo regimental a que se nega provimento. (AgR no RE nº 370.590/ RJ, STF, 2ª Turma, Eros Grau, DJe-088 de 16/05/2008)

4 – 6. Não pode esta Corte alterar o sentido inequívoco da norma, só podendo atuar como *legislador negativo*, não, porém, como legislador positivo. (MS nº 22439/DF, STF, Pleno, Mauricio Corrêa, DJ 11/04/2003, p. 27 – Transcrição parcial da ementa)

5 – AGRAVO DE INSTRUMENTO – IPI – AÇÚCAR DE CANA – LEI Nº 8.393/91 (ART. 2º) – ISENÇÃO FISCAL – CRITÉRIO ESPACIAL – APLICABILIDADE – EXCLUSÃO DE BENEFÍCIO – ALEGADA OFENSA AO PRINCÍPIO DA ISONOMIA – INOCORRÊNCIA – NORMA LEGAL DESTITUÍDA DE CONTEÚDO ARBITRÁRIO – ATUAÇÃO DO JUDICIÁRIO COMO LEGISLADOR POSITIVO – INADMISSIBILIDADE – RECURSO IMPROVIDO. CONCESSÃO DE ISENÇÃO TRIBUTÁRIA E UTILIZAÇÃO EXTRAFISCAL DO IPI.

- A concessão de isenção em matéria tributária traduz ato discricionário, que, fundado em juízo de conveniência e oportunidade do Poder

Público (RE 157.228/SP), destina-se – a partir de critérios racionais, lógicos e impessoais estabelecidos de modo legítimo em norma legal – a implementar objetivos estatais nitidamente qualificados pela nota da extrafiscalidade. A isenção tributária que a União Federal concedeu, em matéria de *IPI*, sobre o açúcar de cana (Lei nº 8.393/91, art. 2º) objetiva conferir efetividade ao art. 3º, incisos II e III, da Constituição da República. Essa pessoa política, ao assim proceder, pôs em relevo a *função extrafiscal* desse tributo, utilizando-o como instrumento de promoção do desenvolvimento nacional e de superação das desigualdades sociais e regionais.

O POSTULADO CONSTITUCIONAL DA ISONOMIA – A QUESTÃO DA IGUALDADE NA LEI E DA IGUALDADE PERANTE A LEI (RTJ 136/444-445, REL. P/ O ACÓRDÃO MIN. CELSO DE MELLO).

- O *princípio da isonomia* – que vincula, no plano institucional, todas as instâncias de poder – tem por função precípua, consideradas as razões de ordem jurídica, social, ética e política que lhe são inerentes, a de obstar discriminações e extinguir privilégios (RDA 55/114), devendo ser examinado sob a dupla perspectiva da igualdade na lei e da igualdade perante a lei (RTJ 136/444-445). A alta significação que esse postulado assume no âmbito do Estado democrático de direito impõe, quando transgredido, o reconhecimento da absoluta desvalia jurídico-constitucional dos atos estatais que o tenham desrespeitado. Situação inocorrente na espécie. – A isenção tributária concedida pelo art. 2º da Lei nº 8.393/91, precisamente porque se acha despojada de qualquer coeficiente de arbitrariedade, não se qualifica – presentes as razões de política governamental que lhe são subjacentes – como instrumento de ilegítima outorga de privilégios estatais em favor de determinados estratos de contribuintes.

ISENÇÃO TRIBUTÁRIA: RESERVA CONSTITUCIONAL DE LEI EM SENTIDO FORMAL E POSTULADO DA SEPARAÇÃO DE PODERES.

- A exigência constitucional de lei em sentido formal para a veiculação ordinária de *isenções tributárias* impede que o Judiciário estenda semelhante benefício a quem, por razões impregnadas de legitimidade jurídica, não foi contemplado com esse "favor legis". A extensão dos benefícios isencionais, por via jurisdicional, encontra limitação absoluta no dogma da separação de poderes. Os magistrados e Tribunais, que não dispõem de função legislativa – considerado o princípio da divisão funcional do poder –, não podem conceder, ainda que sob fundamento de isonomia, isenção tributária em favor daqueles a quem o legislador, com apoio em critérios impessoais, racionais e objetivos, não quis contemplar com a vantagem desse benefício de ordem legal. Entendimento diverso, que reconhecesse aos magistrados essa anômala função jurídica, equivaleria, em última análise, a converter o Poder Judiciário em inadmissível legislador positivo, condição institucional que lhe recusa a própria Lei Fundamental do Estado. Em tema de controle de constitucionalidade de atos estatais, o Poder Judiciário só deve atuar como *legislador negativo*.

Precedentes. (AgR no AI nº 360.461/MG, STF, 2ª Turma, Celso de Mello, DJe-055 de 28/03/2008)

6 – Da ementa da ADI-MC nº 1.063/DF (STF, Pleno, Celso de Mello, 18/05/1994, DJU 27/04/2001 p. 57 – www.stf.jus BR em 26/06/2011), destaco o seguinte trecho:

O STF COMO LEGISLADOR NEGATIVO: A ação direta de inconstitucionalidade não pode ser utilizada com o objetivo de transformar o Supremo Tribunal Federal, indevidamente, em legislador positivo, eis que o poder de inovar o sistema normativo, em caráter inaugural, constitui função típica da instituição parlamentar. Não se revela lícito pretender, em sede de controle normativo abstrato, que o Supremo Tribunal Federal, a partir da supressão seletiva de fragmentos do discurso normativo inscrito no ato estatal impugnado, proceda à virtual criação de outra regra legal, substancialmente divorciada do conteúdo material que lhe deu o próprio legislador.

Se for o caso, poderá ser declarada a inconstitucionalidade da norma concessiva do favor fiscal, por ofensa a alguns princípios constitucionais.

Entretanto, há casos que nem sempre são de fácil solução, aspecto que demanda reflexões e aprofundados debates, especialmente no seio da nova composição do STF.

Oportuno trazer à colação manifestação do Ministro Presidente do STF, Cezar Peluso, em profícua palestra nos Estados Unidos, intitulada "Constituição, direitos fundamentais e democracia: o papel das supremas cortes", discorrendo, de modo conciso, sobre legisladores negativos e positivos, e brevíssima citação do "ativismo judicial por determinação constitucional", e dela destaco os seguintes trechos:[4]

A Constituição brasileira de 1988 constitui, portanto, materialização do conceito, elaborado pelo professor português José Gomes Canotilho, da chamada "Constituição-dirigente". Trata-se, como se sabe, daquele tipo particular de texto constitucional que, além de constituir estrutura organizatória definidora de competências e reguladora de processos no âmbito de determinado Estado Nacional, atua também como espécie de estatuto político, estabelecendo *o que, como e quando* os legisladores e os governantes devem fazer para concretizar as diretrizes programáticas e os princípios constitucionais.

Ao analisar a "onda constitucional" que se seguiu ao processo de redemocratização do sul da Europa e da América Latina nas décadas de 70 e

---

[4] Conforme serviço "Notícias STF" de 13/05/2011 (www.stf.jus.br), pertinente ao "Diálogo Judicial Brasil-EUA".

80 do século passado, diversos autores identificaram como característica marcante dos novos regimes a institucionalização de robustas jurisdições constitucionais, voltadas a assegurar transições plasmadas em ambiciosos textos constitucionais. As cortes constitucionais assim criadas passaram a ter responsabilidades não apenas de *legisladores negativos*, na formulação de Kelsen, mas adquiriram também a obrigação de zelar pelo cumprimento das *promessas positivas* feitas pela Constituição. O processo de expansão da autoridade das cortes constitucionais ganhou contornos específicos no caso brasileiro. O constitucionalista brasileiro Oscar Vilhena Vieira já observou que a Constituição de 1988 deslocou o Supremo Tribunal Federal para o centro do nosso sistema político. Essa posição institucional, concluiu o pesquisador, vem sendo ocupada de forma substantiva pelo STF na enorme tarefa de guardar tão extensa Constituição.

[...]

O Supremo não declinou de suas responsabilidades. Tem sido incansável guardião do texto constitucional. No cumprimento de suas atribuições constitucionais, tem atuado de forma decisiva na solução de conflitos entre os poderes e de controvérsias internas ao Executivo ou Legislativo, bem como no reconhecimento e na efetiva implementação de direitos assegurados por mandamento constitucional. A atuação do Supremo Tribunal Federal já foi descrita como *'ativismo judicial por determinação constitucional'*.

[...]

O Estado Democrático de direito consolidou-se como o modelo de organização do poder político no país. Nessa forma específica de arranjo fundamental do Estado, democracia e Constituição legitimam-se mutuamente, definindo, nas palavras de Norberto Bobbio, um conjunto de normas de procedimento – as "regras do jogo" – para a formação de decisões coletivas.

Além de assegurar os direitos e princípios fundamentais, a Carta de 1988 tem permitido a formulação de demandas por políticas públicas pela maioria da população e a adoção de medidas eficazes no interesse e tutela da maioria. A combinação desses dois fatores forma a base de sustentação social da nossa Constituição democrática (ou da nossa Democracia constitucional), que jamais contou com grau tão elevado de legitimidade e tão largo período de vigência.

As transformações do contexto jurídico-institucional do Brasil podem ser atestadas em diversas dimensões. Em primeiro lugar, nenhum ator político, social ou econômico relevante persegue ou logra seus objetivos por meios que tenham como consequência o estabelecimento de um sistema político não-democrático. Depois, a grande maioria da população avalia a democracia de forma altamente positiva.

[...]

Senhoras e senhores,

Como na famosa brincadeira de Mark Twain ao ler notícias sobre sua própria morte, a experiência brasileira parece confirmar que eram prematuras as previsões de alguns teóricos que viam o papel tradicional das Constituições reduzir-se diante de fenômenos históricos como a globalização, a perda da autonomia decisória dos governos, a unificação dos mercados em um único sistema econômico de amplitude global (a "economia-mundo" de que falava Braudel) e o advento de novas ordens normativas ao lado do tradicional direito positivo estatal.

Ao contrário, a experiência político-institucional brasileira dos últimos 23 anos confirma os nexos evidentes entre Constituição, direitos fundamentais e democracia. Sem Constituição, não há o reconhecimento de direitos fundamentais. Sem direitos fundamentais reconhecidos, protegidos e vivenciados, não há democracia. Sem democracia, não existem condições mínimas para solução pacífica de conflitos, nem espaço para a convivência ética.

O esforço coletivo de construção do futuro é um processo complexo. Programas sustentáveis de desenvolvimento são – ou deveriam ser – processos altamente políticos. É preciso identificar os problemas a enfrentar de forma prioritária, avaliar os prejuízos potenciais que dependem do êxito ou do fracasso das medidas adotadas e concluir u acordo social de distribuição de ganhos e custos.

Por sua capacidade de gerar consensos apesar dos dissensos partidários, o Estado Democrático de direito surge como a melhor forma de engendrar as alternativas mais eficazes para superar as dificuldades do presente. Nenhum futuro será construído sem a legitimidade que se alcança no âmbito de um marco normativo democrático com firmes fundamentos constitucionais de respeito aos direitos fundamentais. No Brasil, há 23 anos nós nos orgulhamos de seguir esta lição.

Muito obrigado.

Washington, 12 de maio de 2011.

E ainda com o Presidente Cezar Peluso, da "Entrevista exclusiva concedida ao fim de uma jornada de discussões em Washington" a Laura Greenhalgh, destaco:[5]

> *Ministro, que impressão fica para o senhor desse diálogo entre magistrados americanos e brasileiros?*
>
> Uma boa impressão. Tanto a exposição dos brasileiros quanto dos americanos surpreenderam pela tentativa de buscar pontos de contato,

---

[5] Entrevista intitulada "Oceano processual – Ministro fala da sobrecarga de processo no Judiciário e da luta do STF pelo Estado laico". Jornal *O estado de S. Paulo*, domingo, 15/05/2011, p. J4 do caderno Aliás – Laura Greenhalgh, Washington.

embora os dois lados tenham conhecimento das particularidades de cada sistema judiciário.

Os juízes americanos parecem se impressionar com o alto número de processos tramitando na Justiça brasileira.

Não, eles não estranham porque os números do Judiciário brasileiro são conhecidos internacionalmente, tanto que o juiz Clifford Wallace fez referência a sistemas com volume de casos igual ou superior ao nosso, como o a Índia, com mais de 300 mil processos tramitando anualmente na Suprema Corte. Os juízes americanos procuram entender esse quadro para oferecer sugestões, mas trata-se de uma discussão que só recentemente vem sendo feita pelo Conselho Nacional de Justiça. Tem a ver com mudança de mentalidade na magistratura e na formação dos juízes. Os jovens saem da faculdade razoavelmente preparados para discutir questões do direito, mas sem noção de como lidar com a administração de um processo. Entram num concurso de magistratura, são aprovados e no dia seguinte passam a julgar. Ampliado para todo o sistema, gera-se uma lentidão tremenda.

Isso vem ao encontro da sua missão neste momento, ao apresentar a PEC dos Recursos como forma de descongestionar tanto o STF quanto o STJ, ou seja, grande parte das decisões julgadas pelos tribunais de segunda instância não subiria para os tribunais superiores. Mas com isso o senhor tornou-se alvo das críticas da OAB, que fala até em cerceamento do direito de defesa.

Não aceito a crítica de que o projeto coloca em risco a liberdade do indivíduo. Nos últimos dos anos, num universo de 70 mil processos levados ao Supremo, os recursos extraordinários na área criminal foram 5.700, menos de 10%. Destes, deu-se provimento a apenas 155. Destes 155, 77 foram recursos do Ministério Público, ou seja, o provimento do Supremo foi em favor da acusação, o que agravou a situação dos réus. Houve apenas um caso em que se deu provimento em favor do réu. Um caso! Isso mostra que não há risco para a liberdade do indivíduo. A proposta também não mexe no habeas corpus, como não elimina o recurso extraordinário. Onde está a mudança? Está em que a admissibilidade dos recursos não impedirá o trânsito em julgado. Se alguém for condenado, já vai, a partir da decisão do tribunal local, cumprir pena, mesmo se vier a usar o recurso extraordinário.

Limitar recursos resolveria a protelação no Judiciário?

Não é só protelação, há uma cultura da litigância no Brasil que tem a ver com a formação profissional. Nossos estudantes de direito são preparados para litigar. Existem no currículo das faculdades cursos específicos de conciliação, mediação e arbitragem? Que eu saiba, não. Os estudantes não são preparados para usar instrumentos da negociação. São formados na cultura dos adversários. Ou dos gladiadores, com bem disse o jurista americano Jon Mills.

[...]

Nem pressões vindas do campo religioso podem abalar o julgador?
Não. Ao julgar, o Supremo reforça o caráter laico do ordenamento jurídico. É a independência da Corte vai ao ponto de enfrentar as resistências religiosas em nome da laicidade do Estado.
[...]
Ao decidirem contra a revisão da Lei da Anistia, os membros da Corte atingiram resultado de 7 a 2. Já no caso da Ficha Limpa, o placar foi apertado: 5 a 4. E há decisões unânimes. É possível mapear os momentos em que a Corte vota unida e em que se divide?
Não há isso, diferentemente do caso americano. Há na Suprema Corte dos EUA duas alas definidas: a mais conservadora e outra mais liberal, o que corresponde ao desenho político da vida partidária americana. E também há sempre um juiz que flutua entre um lado e outro. O STF reflete uma largueza de visões que não se prende ao nosso sistema político partidário. Você pode até dizer que há um juiz mais rigoroso em matéria criminal e mais flexível em matéria civil, ou vice-versa, mas para por aí. Eu não chegaria a dizer que o comportamento da Corte é imprevisível. Mas também não é rotulado.
O senhor sente uma ponta de inveja quando vê que seus colegas americanos julgam em torno de cem casos por anos, apenas?
Pois é, a Suprema Corte nos EUA tem poder para examinar um caso e não abrigá-lo para julgamento, inclusive justificando que decisões de outros tribunais sobre o mesmo tema são boas e suficientes para a matéria. O instrumento da 'repercussão geral' já permite ao STF fazer isso no Brasil. Equivale a dizer *'muito bem, a matéria é constitucional, mas não tem relevância para a sociedade, portanto não vamos tratar disso'*. Mas ainda não usamos devidamente esse instrumento. Nossa tendência é acolher mais do que seria devido. Como se vê, o Supremo também tem um longo aprendizado pela frente.

Questão interessante que também pode servir de reflexão para julgamentos futuros diz respeito ao reconhecimento, pelo Supremo Tribunal Federal, da *união homoafetiva* – conforme colho do serviço "Imprensa" do <www.stf.jus.br>:

Notícias STF
Quinta-feira, 05 de maio de 2011
Supremo reconhece união homoafetiva
Os ministros do Supremo Tribunal Federal (STF), ao julgarem a Ação Direta de Inconstitucionalidade (ADI) 4277 e a Arguição de Descumprimento de Preceito Fundamental (ADPF) 132, reconheceram a união estável para casais do mesmo sexo. As ações foram ajuizadas na Corte, respectivamente, pela Procuradoria-Geral da República e pelo governador do Rio de Janeiro, Sérgio Cabral.

O julgamento começou na tarde de ontem (4), quando o relator das ações, ministro Ayres Britto, votou no sentido de dar interpretação conforme a Constituição Federal para excluir qualquer significado do artigo 1.723 do Código Civil que impeça o reconhecimento da união entre pessoas do mesmo sexo como entidade familiar.

O ministro Ayres Britto argumentou que o artigo 3º, inciso IV, da CF veda qualquer discriminação em virtude de sexo, raça, cor e que, nesse sentido, ninguém pode ser diminuído ou discriminado em função de sua preferência sexual. "O sexo das pessoas, salvo disposição contrária, não se presta para desigualação jurídica", observou o ministro, para concluir que qualquer depreciação da união estável homoafetiva colide, portanto, com o inciso IV do artigo 3º da CF.

Os ministros Luiz Fux, Ricardo Lewandowski, Joaquim Barbosa, Gilmar Mendes, Marco Aurélio, Celso de Mello e Cezar Peluso, bem como as ministras Cármen Lúcia Antunes Rocha e Ellen Gracie, acompanharam o entendimento do ministro Ayres Britto, pela procedência das ações e com efeito vinculante, no sentido de dar interpretação conforme a Constituição Federal para excluir qualquer significado do artigo 1.723 do Código Civil que impeça o reconhecimento da união entre pessoas do mesmo sexo como entidade familiar.

Na sessão de quarta-feira, antes do relator, falaram os autores das duas ações – o procurador-geral da República e o governador do Estado do Rio de Janeiro, por meio de seu representante –, o advogado-geral da União e advogados de diversas entidades, admitidas como *amici curiae* (amigos da Corte).

Ações

A ADI 4277 foi protocolada na Corte inicialmente como ADPF 178. A ação buscou a declaração de reconhecimento da união entre pessoas do mesmo sexo como entidade familiar. Pediu, também, que os mesmos direitos e deveres dos companheiros nas uniões estáveis fossem estendidos aos companheiros nas uniões entre pessoas do mesmo sexo.

Já na Arguição de Descumprimento de Preceito Fundamental (ADPF) 132, o governo do Estado do Rio de Janeiro (RJ) alegou que o não reconhecimento da união homoafetiva contraria preceitos fundamentais como igualdade, liberdade (da qual decorre a autonomia da vontade) e o princípio da dignidade da pessoa humana, todos da Constituição Federal. Com esse argumento, pediu que o STF aplicasse o regime jurídico das uniões estáveis, previsto no artigo 1.723 do Código Civil, às uniões homoafetivas de funcionários públicos civis do Rio de Janeiro.[6]

---

[6] Embora não conste da Notícia STF, reproduzo o dispositivo do Código Civil – Lei nº 10.406, de 10/01/2002: Título III – Da União Estável. "Art. 1.723. É reconhecida como entidade familiar a união estável entre o homem e a mulher, configurada na convivência pública, contínua e duradoura e estabelecida com o objetivo de constituição de família". Anoto: relacionar esse dispositivo com o §3º do art. 226 da CF 1988.

A respeito de tal decisão, copio mais duas notícias do serviço Imprensa do <www.stf.jus.br>:

Notícias STF
Quarta-feira, 04 de maio de 2011
Afeto não pode ser parâmetro para união homoafetiva, diz CNBB
Advogados da Conferência Nacional dos Bispos do Brasil (CNBB) e da Associação Eduardo Banks realizaram sustentação oral perante a tribuna do Supremo Tribunal Federal (STF), na qualidade de *amici curiae* (amigos da Corte), contra pedidos feitos na ADPF 132 e na ADI 4277. A participação das entidades, na sessão desta quarta-feira (4), ocorreu durante julgamento de duas ações relativas ao reconhecimento da união estável para casais do mesmo sexo.

"Afeto não pode ser parâmetro para constituição de união homoafetiva estável", sustentou o advogado Hugo José Sarubbi Cysneiros de Oliveira, em nome da CNBB, primeira entidade a se pronunciar de forma contrária sobre a matéria em análise das ações.

Constituição sem lacunas
Conforme ele, "a pluralidade tem limites", tal limitação ocorreria porque a sociedade decidiu se submeter à Constituição Federal. "As pessoas decidiram se contratar socialmente em torno de uma Carta de conteúdo claramente político que estabelece e delibera direitos e deveres mútuos e que permite a nossa convivência", afirmou.

Para ele, não há lacunas na Constituição e a falta da palavra "apenas" não pode significar que, por essa razão, "toda e qualquer tipo de união, agora, deverá ser contemplada". Hugo de Oliveira ressaltou ser equivocada a tentativa de deslocar a discussão para o âmbito do direito natural, para um discurso metafísico. "Aliás, ela é mal intencionada porque nós temos aqui uma discussão jurídica, dogmática, positivada, temos uma Carta que disciplina o tema, que estabelece, *numerus clausus*, quais são as hipóteses de família e de união estável", destacou, salientando que a Constituição utiliza as palavras 'homem' e 'mulher', caso contrário falaria em 'indivíduos', 'homens', 'pessoas' ou 'seres humanos'.

O advogado da Conferência disse que lacuna constitucional "não pode ser confundida com não encontrar na Constituição aquilo que quero ouvir". Segundo ele, o discurso tem que ser um só, por isso pede que o raciocínio e a análise do Supremo sejam direcionados, absolutamente, tendo como referência o texto constitucional. "O discurso deve ser centrado na Constituição, e não em questões filosóficas ou metafísicas", acrescentou.

Conforme Hugo de Oliveira, o dispositivo do Código Civil (art. 1.723), supostamente inconstitucional, é reprodução da Constituição Federal. "Como um dispositivo que reproduz a Constituição é inconstitucional? A Constituição é inconstitucional?", questionou. Para ele, não se trata dizer ser contra ou não ao reconhecimento da união estável para casais do mesmo sexo, mas é uma questão de a união homoafetiva ser constitucional ou não.

O representante da CNBB afirmou que a Confederação não quer pregar qualquer raciocínio maniqueísta, do bem contra o mal, mas o que quis dizer o legislador constituinte originário. "Sei que estamos diante de um tema sensível e que envolve emoções profundas e que permitem, sim, a deturpação do debate", avaliou.

Referências internacionais

Ele fez referências a decisões internacionais, tais como a da Suprema Corte americana, segundo a qual "homossexual não forma uma classe, ao contrário do que formam, por exemplo, os afro-americanos". Aquela Corte, conforme Hugo de Oliveira, também afirmou que os institutos de direito de família aplicam-se ao matrimônio e à família, e não à união homossexual.

Também citou decisão recente da Suprema Corte francesa no dia 28 de janeiro de 2011. Ao analisar a Declaração de 1789, o Conselho Constitucional da França disse que a Declaração de Direitos Humanos "não é ilícita, não é inconstitucional, não agride a dignidade da pessoa humana, não é preconceituosa, não é racista, e não atenta contra diversos princípios". "Aquela Carta, muito semelhante à nossa, faz referência à entidade familiar como aquela que é decorrente da união do homem e da mulher e diz, ainda, que se a sociedade clama por outra solução, que busque no parlamento, pois o constituinte originário decidiu de outra maneira".

Associação Eduardo Banks: vontade dos brasileiros

Pela Associação Eduardo Banks, falou o advogado Ralph Anzolin Lichote. "Esse julgamento pode ter consequências inimagináveis para todos se dermos um passo errado. Imaginem o fardo de ter que conviver com esta cruz sabendo que, para a maioria do povo brasileiro, Deus criou o casamento quando criou Adão e Eva", salientou.

Para ele, assim como o povo brasileiro não está preparado para a legalização da maconha, para o incesto ou para a pena de morte – apesar de mais de 60 países já terem a pena de morte e apenas seis ou sete ter o casamento homoafetivo –, "também não estamos preparados para o casamento homoafetivo". "Por que temos que ser pioneiros numa coisa que o brasileiro não quer? Por que Cabral e Dilma não fazem um plebiscito? Porque eles sabem que o povo brasileiro não aceita, tem a sua cultura enraizada", afirmou Lichote.

Segundo o advogado da associação, a vontade da maioria deve ser garantida e, da minoria, respeitada. "O que está tentando se fazer aqui hoje é a vontade de uma minoria organizada e barulhenta, desrespeitando milhões de brasileiros", analisou. "Quero finalizar fazendo um brinde de justiça à família brasileira e à vida que só pode ser concebida de acordo com a nossa lei, ou seja, por meio da união de um homem com uma mulher", concluiu.

Notícias STF

Quarta-feira, 04 de maio de 2011

Representante do RJ afirma que ninguém deve ser diminuído por compartilhar afetos com quem escolher

Em continuidade ao julgamento de duas ações, pelo Supremo Tribunal Federal (STF), relativas ao reconhecimento da união estável para casais do mesmo sexo, falou o advogado Luis Roberto Barroso, representando o Governo do Estado do Rio de Janeiro, autor da ADPF 132. "Ninguém deve ser diminuído, nessa vida, pelos afetos e por compartilhar seus afetos com quem escolher", salientou Barroso.

Durante sua sustentação oral, ele falou sobre os vários tipos de preconceitos vividos e superados ao longo dos séculos, os fundamentos jurídicos do pedido, os princípios envolvidos, a possibilidade de ser aplicada analogia à união estável e o respeito às diferenças.

Convivência harmoniosa

"Não tenho aqui a pretensão de mudar a convicção nem a fé de qualquer pessoa, o que faz a beleza de uma democracia, de uma sociedade plural e aberta, é a possibilidade de convivência harmoniosa de pessoas que pensam de maneiras diferentes", disse Barroso. Ele esclareceu que o caso refere-se à tolerância e ao respeito ao diferente, "mas não de abdicação de convicções porque cada um merece respeito naquilo que escolheu professar".

Preconceitos pelos séculos

Segundo o advogado, o amor homossexual é vítima de preconceito ao longo dos séculos. Ele citou três exemplos emblemáticos, entre eles, o das Ordenações Manuelinas, que, em 1521, previam que os homossexuais deveriam ser condenados à morte na fogueira, ter os seus bens confiscados e duas gerações seguintes da família dele seriam infames. Já em 1876, o escritor Oscar Wilde produziu um poema chamado "O amor que não ousa dizer o seu nome", em que confessa a sua paixão homossexual. Ele foi condenado a dois anos de prisão e a trabalhos forçados em razão desse poema e da sua orientação sexual. O terceiro exemplo ocorreu na década de 70, quando um soldado americano – condecorado na Guerra do Vietnã – assumiu a sua homossexualidade e foi sumariamente desligado das Forças Armadas. Com isso, o soldado disse uma frase antológica: "Por matar dois homens recebi uma medalha, por outro fui expulso das Forças Armadas".

"A história da civilização é a história da superação dos preconceitos", afirmou o representante do Governo do RJ, destacando que a cada momento as pessoas têm de escolher se vão avançar o processo social e incluir todos ou se vão pará-lo e cultivar o preconceito.

Para Luis Roberto Barroso, "é possível decidir essa questão olhando para trás" em que milhões de judeus foram massacrados nos campos de concentração, milhões de negros transportados à força em navios negreiros, mulheres atravessaram os séculos oprimidas moral e fisicamente pelas sociedades patriarcais, deficientes foram sacrificados e índios dizimados.

"Em cada fase da vida e da história existe sempre uma racionalização para justificar o preconceito, mas é possível também julgar essa matéria olhando para frente, e não para trás, olhando para a criação de um mundo melhor, de uma sociedade mais justa, de um tempo de fraternidade, de delicadeza, de um tempo que todo amor possa ousar dizer o seu nome", salientou.

Fundamentos jurídicos do pedido

Na inicial, o governo do Estado do Rio de Janeiro pede que o Supremo reconheça que as uniões homoafetivas devem ter o mesmo regime jurídico das uniões estáveis convencionais, tendo em vista um conjunto de princípios – igualdade, liberdade, dignidade da pessoa humana, segurança jurídica – que leva a essa constatação e por simples analogia.

Além disso, fundamenta o pedido no fato de que a homossexualidade é um fato da vida, é uma circunstância pessoal, bem como a existência da orientação homossexual e das uniões homoafetivas. Isto porque "as pessoas têm o direito de amar e têm o direito de compartilhar os seus afetos, mas a ordem jurídica não contém uma norma específica que cuide das uniões homoafetivas".

Ao final de sua participação no julgamento, Barroso afirmou que o artigo 226, parágrafo 3º, da Constituição Federal foi a superação da discriminação contra as mulheres, que eram tratadas como seres inferiores quando não fossem casadas. "A mulher não casada era vítima do preconceito", lembrou. "Esse dispositivo está aqui para incluir as mulheres, e não para excluir os homossexuais e as relações homoafetivas das quais o constituinte não cuidou e, por essa razão, nós precisamos resolver essa questão com base nos princípios constitucionais ou na analogia", frisou o advogado.[7]

Posteriormente àquela decisão do STF sobre união homoafetiva, decisões prós e contra vão surgindo, como, por exemplo:

O Tribunal de Justiça de Goiás (TJ-GO) revogou ontem a decisão de sexta feira do juiz Jerônymo Pedro Villas Boas de anular, por ofício (sem ser provocado), o contrato de união estável homoafetiva firmada no mês

---

[7] Parece-me que aplicar a analogia em tal caso é forçar demais, em face da clara disposição do art. 226 da CF/1988, que dispõe: "Art. 226. A família, base da sociedade, tem especial proteção do Estado. §1º. O casamento é civil e gratuita a celebração. §2º. O casamento religioso tem efeito civil, nos termos da lei. §3º. *Para efeito da proteção do Estado, é reconhecida a união estável entre o homem e a mulher como entidade familiar, devendo a lei facilitar sua conversão em casamento*".

passado por Liorcino Mendes e Odílio Torres. [...] Villas Boas se apegou ao artigo 226 da Carta que fala da união estável entre homem e mulher. O STF, segundo ele, teria criado um 'terceiro sexo'.[8]

Pelo que se percebe, a questão não envolve o debate sobre o inquestionável direito que cada pessoa tem de optar por isso ou por aquilo, desde que permitidas pela Constituição, mas o de saber se a Corte Constitucional é detentora da competência para decidir criando ou não criando norma jurídica.

Quanto a eventual ou excepcional "ativismo judicial" por parte do Supremo Tribunal Federal, Ives Gandra da Silva Martins, em artigo intitulado "Lição do Conselho Constitucional da França", refere a julgado que merece a devida reflexão:[9]

> Idêntica questão proposta ao Supremo Tribunal Federal (STF) sobre a união entre pessoas do mesmo sexo foi apresentada ao Conselho Constitucional da França, que, naquele país, faz as vezes de Corte Constitucional.[10]

---

[8] Reportagem de Rubens Santos intitulada "Anulação de união *gay* em GO é revogada", jornal *O Estado de S. Paulo*, 22/06/2011, Caderno Vida, p. A19. Essa mesma reportagem informa que um outro caso de união estável homoafetiva, pelo juiz Thiago Bertuol de Oliveira, da 11ª Vara Criminal de Goiânia, teve "reconhecimento que segue determinação da ADI nº 4277 e ADPF nº 132 do STF – a mesma que foi questionada pelo juiz Jerônymo Villas Boas". Na mesma página, colho da reportagem de Karina Toledo que "O primeiro pedido de conversão de união estável gay em casamento civil feito no Estado de São Paulo foi negado nesta semana pela juíza da 2ª Vara de Registros Públicos da capital Renata Mota Maciel". [...] "Não acho viável (*a conversão para casamento*) sem que seja feita uma mudança na legislação", disse a juíza. É também a avaliação da promotora Elaine Garcia, que deu parecer sobre o caso. "O STF decidiu apenas pela união estável. O casamento é uma instituição jurídica diferente".

[9] MARTINS, Ives Gandra da Silva. Lição do Conselho Constitucional da França. *O Estado de S. Paulo*, de 17 maio 2011, p. A2 – Espaço Aberto.

[10] Embora não consta do artigo, anoto que o Conselho Constitucional, na Constituição da IV República da França de 27/10/1946 (com as emendas constitucionais de 1958, 1960 1962, 1963 e 1974, é tratado no Título VII, composto pelos artigos 56 a 63, e destes reproduzo: "Art. 56. Il Consiglio Costituzionale comprende nove (9) membri, il cui mandato dura nove (9) anni e non è rinnovabile. Il Consiglio Costituzionale si rinnova per un terzo (1/3) ogni tre (3) anni. Dei suoi membri, tre (3) sono nominati dal Presidente della Repubblica, tre (3) dal Presidente dell'Assemblea Nazionale, tre (3) das Presidente del Senato. Oltre i nove (9) membri di cui al precedente comma, fa parte di diritto e a vita del Consiglio Costituzionale chi è stato Presidente della Repubblica. Il Presidente è nominato dal Presidente della Repubblica. In caso di parità, il sou voto prevale. Art. 61. Le leggi organiche, prima della loro promulgazione, e i regolamenti delle assemblee parlamentari, prima della loro entrata in vigore, sono sottoposti al Consiglio Costituzionale, che delibera sulla loro conformità alla Costituzione" (PAOLO BISCARETTI DI RUFFIA. *Costituzioni Straniere Contemporanee*. Milano: Giuffrè Editore, 1990, p. 146).

Diversos países europeus, como Alemanha, Itália e Portugal, têm as suas Cortes Constitucionais, à semelhança da França, não havendo no Brasil tribunais exclusivamente dedicados a dirimir questões constitucionais em tese, embora o pretório Excelso exerça simultaneamente a função de tribunal Supremo em controle difuso, a partir de questões pontuais de Direito Constitucional, e o controle concentrado, em que determina, *erga omnes*, a interpretação de dispositivo constitucional.

Pela Lei Maior brasileira, a Suprema Corte é a 'guardião da Constituição' – e não uma 'Constituição derivada' –, como o é também o Conselho Constitucional francês: apenas protetor da Lei Suprema.

Ora, em idêntica questão houve por bem o Conselho Constitucional declarar que a união entre dois homens e entre duas mulheres é diferente da união entre um homem e uma mulher, este capaz de gerar filhos. De rigor, a diferença é também biológica, pois na união entre pessoas de sexos opostos a relação se faz com a utilização natural de sua constituição física preparada para o ato matrimonial e capaz de dar continuidade à espécie. Trata-se, à evidência, de relação diferente daquela das pessoas do mesmo sexo, incapazes, no seu contato físico, porque biologicamente desprovidas da complementaridade biológica, de criar descendentes.

A Corte Constitucional da França, em 27 de janeiro de 2011, ao examinar a proposta de equiparação da união homossexual à união natural de um homem e uma mulher, declarou que '*o princípio segundo o qual o matrimônio é a união de um homem e de uma mulher fez com que o legislador, no exercício de sua competência, que lhe atribui o artigo 34 da Constituição, considerasse que a diferença de situação entre os casais do mesmo sexo e os casais compostos de um homem e uma mulher pode justificar uma diferença de tratamento quanto ás regras do Direito de Família'*, entendendo, por conseqüência, que '*não cabe ao Conselho Constitucional substituir, por sua apreciação, aquela de legislador para esta diferente situação'*. Entendendo que só o Poder Legislativo poderia fazer a equiparação, impossível por um tribunal judicial, considerou que '*as disposições contestadas não são contrárias a qualquer direito ou liberdade que a Constituição garante'*.[11]

Sem entrar no mérito de ser ou não natural a relação diferente entre um homem e uma mulher daquela entre pessoas do mesmo sexo, quero realçar um ponto que me parece relevante e não tem sido destacado pela imprensa, preocupada em aplaudir a 'coragem' do Poder Judiciário de legislar no lugar do 'Congresso Nacional', que se teria omitido em 'aprovar' os projetos sobre a questão aqui tratada.

---

[11] Embora não conste do artigo do Professor Ives Gandra, anoto que o art. 34 da Constituição da França (com as emendas constitucionais já citadas) é o primeiro dispositivo do Título V (Rapporti tra il Parlamento ed il Governo), artigo esse que estabelece que "La legge è votata dal Parlamento", e arrola uma série de matérias que pode ser objeto de lei, entre as quais: "La legge determina i principi fondamentali: (...) del regime della proprietà, dei diritti reali e delle obbligazioni civili e commerciali; del diritto del lavoro, del diritto sindicale e della sicurezza sociale; (...); Le dispositizioni del presente articolo potranno essere precisate ed integrate da una legge organica" (PAOLO BISCARETTI DI RUFFIA, *op. cit.*, p. 142).

A questão que me preocupa é esse *ativismo judicial*, que leva a permitir que um tribunal eleito por uma só pessoa substitua o Congresso Nacional, eleito por 130 milhões de Brasileiros, sob a alegação de que, além de Poder Judiciário, é também Poder Legislativo, sempre que considerar que o Legislativo deixou de cumprir as suas funções.

Uma democracia em que a tripartição de poderes não se faça nítida, deixando de caber ao Legislativo legislar, ao Executivo executar e ao Judiciário julgar, corre o risco de se tornar ditadura, caso o Judiciário, dilacerando a Constituição, se atribui o poder de invadir as funções de outro. E, no caso do Brasil, *nitidamente* o constituinte não deu ao Judiciário tal função. Pois nas 'ações diretas de inconstitucionalidade por omissão' impõe ao Judiciário, apesar de declarar a inércia constitucional do Congresso, intimá-lo, sem prazo e sem sanção para produzir a norma.

Ora, no caso em questão, a Suprema Corte incinerou o parágrafo 2º do artigo 103, ao colocar sob sua égide um tipo de união não previsto na Constituição, como se Poder Legislativo fosse, deixando de ser 'guardião' do Texto Supremo para se transformar em 'constituinte derivado'.[12]

Se o Congresso Nacional tivesse coragem, poderia anular tal decisão, baseado no artigo 49, inciso XI, da Constituição federal, que lhe permite sustar qualquer invasão de seus poderes por outro Poder, contando até mesmo com a garantia das Forças Armadas (artigo 142, 'caput') para se garantir nas funções usurpadas, se solicitar esse auxílio.[13]

Num país em que os Poderes, todavia, são, de mais a mais, 'politicamente corretos', atendendo ao clamor da imprensa – que não representa necessariamente o clamor do povo –, nem o Congresso terá coragem de sustar a invasão de seus poderes pelo STF nem o Supremo deixará, nesta sua nova visão de que é o principal Poder da República, de legislar e definir as ações do Executivo, sob a alegação de que oferta uma interpretação 'conforme a Constituição'. A meu ver, desconforme, no caso concreto, pois contraria os fundamentos que embasam a família (pais e filhos) como entidade familiar.[14]

---

[12] Embora não conste do artigo de Ives Gandra, transcrevo: "Art. 103, §2º. Declarada a inconstitucionalidade por omissão de medida para tornar efetiva norma constitucional, será dada ciência ao Poder competente para a adoção das providências necessárias e, em se tratando de órgão administrativo, para fazê-lo em trinta dias".

[13] Embora não conste do artigo de Ives Gandra, reproduzo os dispositivos da CF/1988 citados: "Art. 49. É da competência exclusiva do Congresso Nacional: (...) XI – zelar pela preservação de sua competência legislativa em face da atribuição normativa dos outros Poderes. Art. 142. As Forças Armadas, constituídas pela Marinha, pelo exército e pela Aeronáutica, são instituições nacionais permanentes e regulares, organizadas com base na hierarquia e na disciplina, sob a autoridade suprema do Presidente da República, e destinam-se à defesa da Pátria, à garantia dos poderes constitucionais e, por iniciativa de qualquer destes, da lei e da ordem".

[14] Na Itália, a Constituição de 1948 estabelece: "Art. 29. La Repubblica riconosce i diritti della famiglia come società naturale fondata sul matrimonio. Il matrimonio è ordinato sull'eguaglianza morale e giuridica dei coniugi, con i limiti stabiliti dalla legge a garanzia dell'unità familiare".

É uma pena que a lição da Corte Constitucional francesa de respeito às funções de cada Poder sirva para um país cujas Constituição e civilização – há de se reconhecer – estão anos-luz adiante das nossas, mas não encontre eco entre nós.

Concluo estas breves considerações de velho professor de Direito, mais idoso do que todos os magistrados na ativa no Brasil, inclusive os da Suprema Corte, lembrando que, quando os judeus foram governados por juízes, o povo pediu a Deus que lhe desse um rei, porque não suportavam mais ser pelos juízes tutelados (*O Livro dos Juízes*). E Deus lhe concedeu um rei.

Esse renomado jurista e coordenador-geral do Centro de Extensão Universitária de São Paulo (Centro de excelência educacional do Instituto Internacional de Ciências Sociais – IICS) voltou a manifestar-se – a teor do que consta do jornal *O Estado de S. Paulo* de 28/06/2011, p. A15 do caderno Vida, que transcrevo na íntegra:

Para jurista, decisão de Jacareí é inconstitucional – STF estendeu aos casais homossexuais o direito à união estável, não ao casamento, diz Ives Gandra Martins; questão pode chegar ao Supremo.

A decisão do juiz de Jacareí de converter em casamento a união estável do casal José Sérgio Sousa Moresi e Luiz André Sousa Moresi ultrapassou o alcance da medida do Supremo Tribunal Federal (STF) e, por isso, acabará sendo derrubada. A opinião é do jurista Ives Gandra Martins. *'O juiz fez uma interpretação que não poderia fazer, que vai contra a Constituição. Ele foi além do Supremo'*, afirmou o jurista, ontem à noite.

No início de maio, o STF decidiu, por unanimidade, que os casais homossexuais têm os mesmos direitos dos heterossexuais. A medida, porém, não autorizou o casamento entre gays, item que sequer foi analisado pelos ministros na ocasião. Para que o casamento seja possível, continua sendo necessário modificar a legislação brasileira, que estabelece que o ato civil do matrimônio só pode ocorrer entre pessoas de sexos diferentes.

A conversão autorizada pelo juiz Fernando Henrique Pinto, da 2ª Vara da Família e das Sucessões de Jacareí, deve ser derrubada nas instâncias superiores e pode chegar a ser decidida novamente pelo STF, afirmou o jurista, ex-professor titular de Direito Constitucional da Universidade Mackenzie.

'O casamento homossexual não foi analisado pelo Supremo, mas não ficarei surpreso se o casal chegar lá e o direito do casamento for estendido aos casais formados por pessoas do mesmo sexo. Nos últimos meses, o STF tem agido como um verdadeiro parlamento', afirmou.

A decisão do Juiz de Jacareí está também noticiada no jornal *O Estado de S. Paulo* de 28/06/2011, caderno Vida, p. A14, sob o título "Juiz converte união estável em primeiro casamento civil *gay* no Brasil", e ao lado uma informação intitulada "Para entender", que a seguir transcrevo:

VEJA AS DIFERENÇAS

1. *União estável* – A escritura é registrada em um cartório de notas e não altera o estado civil, ou seja, os dois continuam solteiros.

2. *Casamento* – É registrado no cartório de registros públicos, altera o estado civil e torna o cônjuge um 'herdeiro necessário', ou seja, confere mais direitos na hora de repartir a herança.

Do voto do Ministro Cezar Peluso, presidente do STF, colhem-se alguns elementos que indicam a necessidade de o Legislativo regular a matéria, a teor do serviço Imprensa do <www.stf.jus.br>:

Notícias STF

Quinta-feira, 05 de maio de 2011

Presidente do STF conclama Legislativo a colaborar com regulamentação da união estável homoafetiva

Décimo e último ministro a votar, o presidente do Supremo Tribunal Federal (STF), ministro Cezar Peluso, convocou o Poder Legislativo a assumir a tarefa de regulamentar o reconhecimento da união estável para casais do mesmo sexo. Ele acompanhou o relator, ministro Ayres Britto, no sentido de julgar procedentes a Ação Direta de Inconstitucionalidade (ADI) 4277 e a Arguição de Descumprimento de Preceito Fundamental (ADPF) 132.

Com o voto do presidente da Corte, o Plenário do STF reconheceu por unanimidade (10 votos) a estabilidade da união homoafetiva, decisão que tem efeito vinculante e alcança toda a sociedade.

Condenação a toda forma de discriminação

De forma breve, ele justificou sua adesão à procedência das ações. Segundo o ministro, o Supremo condenou todas as formas de discriminação, "*contrárias não apenas ao nosso direito constitucional, mas contrária à própria compreensão da raça humana à qual todos pertencemos com igual dignidade*".

Peluso considerou que as normas constitucionais – em particular o artigo 226, parágrafo 3º da Constituição Federal – não excluem outras modalidade de entidade familiar. "*Não se trata de numerus clausus, o que permite dizer, tomando em consideração outros princípios da Constituição – dignidade, igualdade, não discriminação e outros – que é possível, além daquelas que estão explicitamente catalogadas na Constituição, outras entidades que podem ser tidas normativamente como familiares, tal como se dá no caso"*, afirmou.

Lacuna normativa

O ministro também reconheceu a existência de uma lacuna normativa que precisa ser preenchida. Conforme o presidente do STF, tal lacuna tem de ser preenchida *"diante, basicamente, da similitude, não da igualdade factual em relação a ambas as entidade de que cogitamos: a união estável entre homem e mulher e a união entre pessoas do mesmo sexo"*.

De acordo com ele, *"estamos diante de um campo hipotético que em relação aos desdobramentos deste importante julgamento da Suprema Corte brasileira, nós não podemos examinar exaustivamente, por diversos motivos"*. Conforme o ministro, os pedidos não o comportariam, além de que "sequer a nossa imaginação seria capaz de prever todas as consequências, todos os desdobramentos, todas as situações advindas do pronunciamento da Corte".

Ao mencionar voto do ministro Gilmar Mendes, Peluso ressaltou que os ministros não têm o modelo institucional que o Tribunal pudesse reconhecer *"e definir de uma maneira clara e com a capacidade de responder a todas as exigências de aplicações à hipóteses ainda não concebíveis"*.

"Da decisão da Corte folga um espaço para o qual, penso eu, que tem que intervir o Poder Legislativo", disse o ministro. Ele afirmou que o Legislativo deve se expor e regulamentar as situações em que a aplicação da decisão da Corte será justificada também do ponto de vista constitucional.

Por oportuno, em relação ao §2º do art. 103 da CF/88, reproduzo ementa da ADI-MC nº 1.600/DF, STF, Pleno, Sydney Sanches, 27/08/1997, DJU 06/02/1998 p. 2 (www.stf.jus.br em 26/06/2011), que diz sobre o entendimento da Suprema Corte:

DIREITO CONSTITUCIONAL E TRIBUTÁRIO. AÇÃO DIRETA DE INCONSTITUCIONALIDADE. AÇÃO DIRETA DE INCONS-TITUCIONALIDADE POR OMISSÃO. MEDIDA CAUTELAR. I.C.M.S. – NAVEGAÇÃO AÉREA. TRANSPORTE AÉREO. TRANSPORTES INTERESTADUAL E INTERMUNICIPAL POR QUALQUER VIA. LEI COMPLEMENTAR N 87, DE 16 DE SETEMBRO DE 1996.

1. A um primeiro exame, a petição inicial parece conter a cumulação de pedidos de declaração de inconstitucionalidade por omissão e por ação. A omissão consistiria no descumprimento do art. 146, incisos I e III, e 155, §2 , inciso XII, da Constituição Federal. E a violação por ação estaria representada pela afronta direta aos artigos 150, inciso II, 155, inciso I, alínea "b". Não é, porém, o que ocorre.

2. Na verdade, o que pretende a Procuradoria Geral da República, com a propositura da presente Ação Direta, não é a declaração de

inconstitucionalidade por omissão do Poder Executivo, que teve a iniciativa do Projeto de Lei Complementar, e do Poder Legislativo, que o aprovou, para que estes, suprindo-a (a omissão), façam desaparecer o vício que invalidaria os dispositivos impugnados, quanto às operações de transporte aéreo. E é isso que se pode pedir em *Ação Direta de Inconstitucionalidade por Omissão*, ou seja, que o Poder ou os Poderes competentes sejam cientificados da decisão do Tribunal, *"para a adoção das providências necessárias"*, como determina o §2 do art. 103 da Constituição Federal, vale dizer, para o suprimento da omissão.

3. O Tribunal, então, por unanimidade de votos, conhece da Ação Direta de Inconstitucionalidade por violação positiva da Constituição. 4. Por maioria de votos, indefere a medida cautelar de suspensão da eficácia "do artigo 1 , inciso II do artigo 2 ", "para o fim de excluir a navegação aérea, sem redução do texto, do âmbito de compreensão das expressões "transportes interestadual e intermunicipal, por qualquer via"; dos "artigos 2 , "1 , inciso II;

4 , parágrafo único, inciso II; 11, inciso IV; 12, inciso X e 13, inciso VI, todos da Lei Complementar n 87, de 16 de setembro de 1996".

5. Considera a maioria, a um primeiro exame, para o efeito de concessão, ou não, de medida cautelar, que tais dispositivos não violam o disposto no art. 146, incisos I e III, 155, §2 , inc. XII, 150, inc. II, e 155, inc. I, "b", da Constituição Federal. Afasta, pois, a plausibilidade jurídica da ação ("fumus boni iuris"), um dos requisitos para a concessão da medida.

6. A minoria considera relevantes os fundamentos jurídicos da Ação e também presente o requisito do "periculum in mora", já que "a não suspensão pode causar prejuízos irreparáveis às empresas aéreas brasileiras e aos usuários de seus serviços, seja em face de possíveis conflitos fiscais entre os Estados e Municípios, seja em face da competição que aquelas terão de travar, possivelmente em desigualdade de condições, com as empresas brasileiras".

7. Ação conhecida como Direta de Inconstitucionalidade por Ação (e não por Omissão).

8. Medida cautelar indeferida por maioria de votos (6). A minoria (5 votos) defere, em parte, a medida cautelar, para, mediante interpretação conforme à Constituição e sem redução de texto, afastar, até o julgamento final da Ação, qualquer exegese que inclua, no âmbito de compreensão da Lei Complementar n 87, de 13.09.1996, a prestação de serviços de navegação ou transporte aéreo.

Percebe-se que cada caso merece ser bem examinado, para poder-se dar uma decisão consentânea com a Constituição Federal, sem ofensa à tripartição dos Poderes da República.

Aliás, não é de hoje que Ives Gandra da Silva Martins defende a tese de que o Poder Judiciário não pode atuar como legislador positivo, mesmo que em alguns casos esse proceder traga alguma dificuldade, tal como anotou em 1996 em seu livro *Uma visão do mundo contemporâneo*:[15]

> Embora seja o Poder Judiciário um poder democrático e preservador da ordem jurídica, sua dificuldade como legislador negativo é ser obrigado a manter a obsolescência do Direito sempre que os poderes políticos não estejam dispostos a alterá-lo.
>
> Mesmo quando convencido da inadequação da lei á realidade, não pode o Poder Judiciário alterá-la *ex espontanea sua*, razão pela qual, muitas vezes, se torna mantenedor de uma ordem obsoleta.

Algumas outras decisões do STF ajudam a entender a questões objeto desse pequeno estudo e, principalmente, como a Corte Constitucional tem-se portado.

Na ADI nº 155-SC, Octávio Gallotti, maioria, 03/08/1998, vencido o Min. Marco Aurélio (*RTJ* 175/394, <www.stf.jus.br> em 24/05/2011), decidiu o Plenário do STF, a teor de sua ementa:

> Inconstitucionalidade, por contrariar o processo legislativo decorrente do *art. 150, §6º*, da Constituição Federal (onde se exige a edição de *lei ordinária específica*), bem como do princípio da independência dos Poderes (art. 2º), a *anistia tributária* concedida pelo art. 34, e seu parágrafo, do Ato das Disposições Constitucionais Transitórias, de 1989, do Estado de Santa Catarina.

Nota 1 – Do voto do Relator, Ministro Octávio Gallotti, reproduzimos o seguinte trecho:

> Não vejo como admitir seja objeto de norma constitucional do estado o benefício – no caso, a anistia – que a Carta Federal, em seu art. 150, §6º, expressamente reservou à lei (mas claramente à 'Lei específica'), que haverá de ser a ordinária. [...]
>
> Embora não subsista na Constituição de 1988 senão em referência aos Territórios (art. 61, §1º, II, b), a exclusividade da iniciativa para a elaboração das leis em matéria tributária, é certo prevalecer, no atual regime, a competência geral do Chefe do Poder Executivo para exercer as faculdades de sanção ou veto do projeto aprovado pelo Legislativo.
>
> Ao privar o Governador dessa competência, o dispositivo impugnado na presente ação direta contraria, portanto, não só o disposto no art. 150, =

---

[15] MARTINS, Ives Gandra da Silva. *Uma visão do mundo contemporâneo*. São Paulo: Pioneira, 1996, p. 129.

6º, da Constituição Federal, como o próprio princípio da independência dos Poderes (art. 2º).

Julgo, portanto, procedente o pedido, para declarar a inconstitucionalidade do artigo 34, e todos os seus parágrafos (1º, 2º e 3º), do Ato das Disposições Constitucionais Transitórias, de 1989, do Estado de Santa Catarina.

Nota 2 – Íntegra do voto do Ministro Nelson Jobim:

Sr. Presidente, o texto original do parágrafo 6º do art. 150 da Constituição de 88 tinha a seguinte redação:

'Art. 150. ....

§6º. Qualquer anistia ou remissão que envolva matéria tributária ou previdenciária só poderá ser concedida através de lei específica, federal, estadual ou municipal.'

Esse dispositivo explicou-se no processo legislativo considerando o hábito, dentro do Parlamento, de se introduzir em qualquer tipo de lei um artigo específico concedendo anistia ou remissão, que servia inclusive no processo de negociação legislativa como instrumento de coação ou de barganha para esse efeito.

A Constituição de 88 visou coibir tal mecanismo com essa redação. A experiência de 88 a 93 não foi suficiente para reduzir essa possibilidade. Daí adveio a Emenda Constitucional nº 3, de 1993, que ampliou substancialmente o texto, estabelecendo:

'Art. 150. ....

§6º. Qualquer subsídio ou isenção, redução de base de cálculo, concessão de crédito presumido, anistia ou remissão relativos a impostos, taxas ou contribuições só poderá ser concedido mediante lei específica, federal, estadual ou municipal' – ou seja, afasta a possibilidade de se introduzir mantendo a história de 88 – *'que regule exclusivamente as matérias acima enumeradas ou o correspondente tributo ou contribuição, sem prejuízo do disposto no art. 155, §2º, XX, g.'*

Essa restrição do art. 155 não havia sido estabelecida em 1988, que é a possibilidade da concessão, pelos Estados, de isenções e incentivos fiscais mediante os convênios relativos ao CONFAZ, ou seja, o ICMS. Esse dispositivo afasta qualquer possibilidade de se ter a concessão de subsídio, isenções, redução de base de cálculo etc., sem a participação do Poder Executivo por esse mecanismo. Ressalvou-se isso á questão relativa aos convênios do CONFAZ, que está na letra 'g' do inciso XII do §2º do art. 155, que trata exatamente dessa matéria.

Portanto, o voto do eminente Ministro-Relator está absolutamente coincidente quer com o texto original de 1988, quer com – digamos – o endurecimento estabelecido no §6º com a redação dada em 1993.

Acompanho o voto do Sr. Ministro-Relator.

Nota 3 – Interessante reproduzir trecho do voto do Ministro Sepúlveda Pertence, sobre os efeitos do controle de constitucionalidade:

Nas na lógica do controle concentrado e dentro da nossa teoria da inconstitucionalidade como nulidade da norma, a meu ver, a eficácia *ex tunc* da decisão definitiva que a declarar colherá ou as situações concretas aparentemente consumadas, ou as situações que ficaram exatamente pendentes da apreciação definitiva da ação direta em face da concessão da liminar.

Nota 4 – Dos debates que se seguiram, transcrevo:

MARCO AURÉLIO – Na minha óptica, não digo que teria ficado alguma coisa para ser disciplinada pelo legislador ordinário. O que sustentei, como premissa de meu voto, é que se trata de tema que poderia, como o foi, ser disciplinado pelo legislador constituinte local, com eficácia plena. SEPÚLVEDA PERTENCE – Então, peço vênia para acompanhar o Sr. Ministro-Relator, reduzindo-me ao seguinte: trata-se de um caso em que a Constituição Federal fez expressa reserva da matéria à legislação ordinária. Temos precedentes no sentido de que, pelo menos nesses casos de reserva constitucional expressa à lei ordinária – que começa por envolver a participação do Executivo no processo legislativo – não se admite a antecipação da disciplina do tema pelo constituinte estadual.

Claro que a interpretação da expressão "lei específica" deve ser feita com temperamentos, no sentido de que uma lei que trata de alterações na tributação do IR, ou do IOF, ou da COFINS, pode conter, em artigos mais adiante, disposição sobre isenção do tributo tratado.

O que não pode é mesclar matérias de direito tributário com direito econômico, social, civil, penal, e até mesmo várias espécies de isenções relativas a vários tributos, o que dificulta suas discussões e, portanto, sua aprovação ou rejeição, total ou parcial.

A imprensa tem também noticiado alguns curiosos procedimentos no âmbito do Congresso Nacional, de um ou outro dispositivo "acrescentado" no "calar da noite", em projetos de lei, que não teria sido debatido e/ou votado. Todavia, essas atitudes, altamente negativas, não chegam ao ponto de, por si só, denegrir a imagem do Congresso Nacional, servindo mais para reflexão e tomada de providências para evitá-las e, portanto, desconsiderá-lo.

Sobre tal questão, a título de exemplo, colho do jornal *O Estado de S. Paulo* de 24/05/2011, sob o título "MP 517, uma aberração" (p. A3 – Notas & Informações), o seguinte trecho:

A MP 517 foi editada pelo presidente Luiz Inácio Lula da Silva no dia 30 de dezembro de 2010, um dia antes do fim de seu mandato. A versão original tinha 22 artigos. Hoje tem 52, graças a entendimentos entre parlamentares e autoridades do Executivo. Quando foi publicada, no fim do ano passado, já tratava de oito assuntos. O mais importante, naquele momento, era a política de financiamento. O governo precisava criar condições favoráveis à expansão dos financiamentos privados de longo prazo. Seria uma forma de repartir com os bancos particulares uma tarefa cumprida quase exclusivamente pelo banco nacional de Desenvolvimento Econômico e Social (BNDES) e outras instituições estatais. Mas o texto incluía, além desse tema, incentivos à indústria de informática, estímulos à construção de usinas nucleares, isenções para empreendimentos no Nordeste e na Amazônia. Além disso, a MP original prorrogava por 25 anos a cobrança da Reserva Global de reversão (RGR) e por um ano o programa de Incentivo às Fontes Alternativas de Energia Elétrica (Proinfa).

Essa combinação estapafúrdia já era mais do que suficiente para pôr alerta o Legislativo. Cada providência contida naquele documento poderia ser defensável, mas nem todas caberiam numa única MP. A rigor, talvez nenhuma fosse compatível com esse tipo de instrumento. A Constituição só admite a edição de MPs em casos de relevância e urgência. Não basta um desses atributos. É indispensável a combinação dos dois.

Essas condições têm sido com frequência desprezadas pelo Executivo. Os temas incluídos nas MPs às vezes são relevantes, mas não urgentes. Outras vezes, não são nem relevantes nem urgentes. Os congressistas poderiam frear os abusos. Segundo a Constituição, '*a deliberação de cada uma das casas do Congresso Nacional sobre o mérito das Medidas provisórias dependerá de juízo prévio sobre o entendimento de seus pressupostos constitucionais*'[16]. Portanto, parlamentares têm o poder de rejeitar liminarmente uma MP, sem examinar seu mérito. *Mas os congressistas* habitualmente seguem outra política. *Não só renunciam a um direito, como descumprem uma função importante e assim se tornam cúmplices de abusos.*

Fala-se muito, no Brasil, sobre a ânsia legisladora do Executivo e sobre o enfraquecimento do Congresso. Mas esse enfraquecimento é consentido pelos parlamentares, quando não usam seu poder de filtrar pelos critérios constitucionais as MPs enviadas ao Parlamento.

No caso da MP 517, a atuação sai parlamentares foi muito além da mera tolerância aos abusos do Executivo. Os congressistas contribuíram para transformar um texto já monstruoso numa aberração de proporções assustadoras. O costume de reunir assuntos variados e muitas vezes sem nenhuma ligação num único texto legislativo é bem conhecido. *Os detalhes mais surpreendentes são ás vezes acrescentados discretamente no fim da tramitação. Pratica-se, com isso, uma espécie de contrabando legislativo.*

---

[16] Anoto que essa disposição está no §5º do art. 62 da CF/88, incluído pela EC nº 32 de 2001.

Muitas MPs têm sido sujeitas a esse tipo de distorção. A MP 517 é um exemplo muito especial, porque o texto original já era uma aberração. O Congresso apenas completou a obra. Discute-se há tempos uma limitação a mais para as MPs: nenhuma poderá tratar de mais que um assunto. Seria uma inovação salutar para o sistema legislativo.[17] (Destaquei)

Sobre omissão legislativa e legislador negativo ou positivo, da jurisprudência do STF trago, ainda, à colação (<www.stf.jus.br> em 24/05/2011):

1 – Repercussão Geral reconhecida no RE nº 630.137/RS, J. 07/10/2010 (www.stf.jus.br em 24-5-2011) – ementa:
CONSTITUCIONAL. TRIBUTÁRIO. CONTRIBUIÇÃO SOCIAL DESTINADA AO CUSTEIO DA PREVIDÊNCIA SOCIAL. IMUNIDADE CONCEDIDA NA HIPÓTESE DE ACOMETIMENTO DO SERVIDOR PÚBLICO POR DOENÇA INCAPACITANTE. ACÓRDÃO-RECORRIDO QUE ENTENDE SER A NORMA DE IMUNIDADE PLENAMENTE APLICÁVEL. AUSÊNCIA DE LEGISLAÇÃO COMPLEMENTAR. TOMADA DE EMPRÉSTIMO DE LEGISLAÇÃO LOCAL DEFINIDORA DAS DOENÇAS QUE PERMITEM A CONCESSÃO DE APOSENTADORIA ESPECIAL. REPERCUSSÃO GERAL DAS QUESTÕES CONSTITUCIONAIS. EXISTÊNCIA.
Tem repercussão geral a discussão acerca da:
1. Eficácia da norma de imunização tributária prevista no art. 40, §21 da Constituição (EC 47/2005), se *plena* (independente de intermediação por lei federal ou lei local), *limitada* (dependente de intermediação por lei federal ou lei local) ou *contextual* (em razão do transcurso do tempo, caracterizado pela *omissão legislativa*); e da
2. Possibilidade de o Judiciário utilizar as hipóteses estabelecidas em lei local específica para os casos de aposentação especial (Lei 10.098/1994) para o reconhecimento da imunidade tributária (*separação dos Poderes*).
Decisão: O Tribunal reconheceu a existência de repercussão geral da questão constitucional suscitada. Não se manifestou a Ministra Cármen Lúcia. Ministro JOAQUIM BARBOSA – Relator.[18]

---

[17] Permito-me dizer que o "salutar" é consistente e substancial, na medida em que, tratando a MP ou a lei de um só assunto – embora com alguma ramificação interligada –, sua discussão seria muito mais objetiva e transparente, e sua aprovação, ou rejeição, muito mais célere, e todos ganhariam com isso.

[18] Estabelece a CF/88 – "Art. 40. Aos servidores titulares de cargos efetivos da União, dos Estados, do Distrito Federal e dos Municípios, incluídas suas autarquias e fundações, é assegurado regime de previdência de caráter contributivo e solidário, mediante contribuição do respectivo ente público, dos servidores ativos e inativos e dos pensionistas, observados critérios que preservem o equilíbrio financeiro e atuarial e o disposto neste artigo" (Redação dada pela EC nº 41/2003). (...) "§18 – Incidirá a contribuição sobre os proventos

2 – ADI nº 3.462/PA, ATF, Carmen Lúcia, unânime, 15/09/2010, DJe-030 publ. 15/02/2011 – ementa:

AÇÃO DIRETA DE INCONSTITUCIONALIDADE. DIREITO TRIBUTÁRIO. LEI PARAENSE N. 6.489/2002. AUTORIZAÇÃO LEGISLATIVA PARA O PODER EXECUTIVO CONCEDER, POR REGULAMENTO, OS BENEFÍCIOS FISCAIS DA REMISSÃO E DA ANISTIA. PRINCÍPIOS DA SEPARAÇÃO DOS PODERES E DA RESERVA ABSOLUTA DE LEI FORMAL. ART. 150, §6º DA CONSTITUIÇÃO FEDERAL. AÇÃO JULGADA PROCEDENTE.

1. A adoção do processo legislativo decorrente do art. 150, §6º, da Constituição Federal, tende a coibir o uso desses institutos de desoneração tributária como moeda de barganha para a obtenção de vantagem pessoal pela autoridade pública, pois a fixação, pelo mesmo Poder instituidor do tributo, de requisitos objetivos para a concessão do benefício tende a mitigar arbítrio do Chefe do Poder Executivo, garantindo que qualquer pessoa física ou jurídica enquadrada nas hipóteses legalmente previstas usufrua da benesse tributária, homenageando-se aos princípios constitucionais da impessoalidade, da legalidade e da moralidade administrativas (art. 37, caput, da Constituição da República).

2. A autorização para a concessão de remissão e anistia, a ser feita "na forma prevista em regulamento" (art. 25 da Lei n. 6.489/2002), configura delegação ao Chefe do Poder Executivo em tema inafastável do Poder Legislativo.

3. Ação julgada procedente.

3 – AgR no AI nº 816.320/RJ, STF, 2ª Turma, Ayres Britto, unânime, 23/11/2010, DJe-042 publ. 03/03/2011 – ementa:

AGRAVO REGIMENTAL EM AGRAVO DE INSTRUMENTO. CONCURSO PÚBLICO. COMPROVAÇÃO DE REQUISITO PREVISTO EM EDITAL. 1. CONTROVÉRSIA DECIDIDA EXCLUSIVAMENTE À LUZ DA LEGISLAÇÃO INFRACONSTITUCIONAL E DO CONJUNTO FÁTICO-PROBATÓRIO DOS AUTOS. INCIDÊNCIA DA SÚMULA 279/ STF. 2. ALEGAÇÃO DE AFRONTA AO ART. 2º DA MAGNA CARTA DE 1988. INEXISTÊNCIA.

1. Caso em que entendimento diverso do adotado pelo Tribunal de Justiça do Estado do Rio de Janeiro demandaria o reexame da legislação ordinária aplicada à espécie e a análise dos fatos e provas constantes

---

de aposentadoria e pensões concedidas pelo regime de que trata este artigo que superem o limite máximo estabelecido para os benefícios do regime geral de previdência social de que trata o art. 201, com percentual igual ao estabelecido para os servidores titulares de cargos efetivos" (Incluído pela EC nº 41/2003); (...) "§21 – A contribuição prevista no §18 deste artigo incidirá apenas sobre as parcelas de proventos de aposentadoria e de pensão que superem o dobro do limite máximo estabelecido para os benefícios do regime geral de previdência social de que trata o art. 201 desta Constituição, quando o beneficiário, na forma da lei, for portador de doença incapacitante" (Incluído pela EC nº 47/2005).

dos autos. Providências vedadas na instância recursal extraordinária. 2. A suposta violação ao art. 2º do Texto Magno não prospera. Isso porque é firme no Supremo Tribunal Federal o entendimento de que "o regular exercício da função jurisdicional, por isso mesmo, desde que pautado pelo respeito à Constituição, não transgride o princípio da separação de poderes" (MS 23.452, da relatoria do ministro Celso de Mello). Agravo regimental desprovido.

4 – AgR no RE nº 414.249/MG, STF, 2ª Turma, Joaquim Barbosa, unânime, 31/08/2010, DJe-218 publ. 16/11/2010 – ementa:

TRIBUTÁRIO. BENEFÍCIO FISCAL. RESERVA LEGAL. LEI EM SENTIDO ESTRITO NECESSÁRIA PARA CONCESSÃO DO INCENTIVO. BENEFÍCIO CONCEDIDO POR CONVÊNIO E POR RESOLUÇÕES ANTERIORES À CONSTITUIÇÃO DE 1988. SEPARAÇÃO DE PODERES. ARTS. 19, III, §§1º E 2º DA CONSTITUIÇÃO DE 1967 E 150, VI, §§3ºª E 6º DA CONSTITUIÇÃO DE 1988.

1. Cabe ao Poder Legislativo autorizar a realização de despesas e a instituição de tributos, como expressão da vontade popular. Ainda que a autorização orçamentária para arrecadação de tributos não mais tenha vigência ('princípio da anualidade'), a regra da legalidade tributária estrita não admite tributação sem representação democrática. Por outro lado, a regra da legalidade é extensível à concessão de benefícios fiscais, nos termos do art. 150, §6º da Constituição. Trata-se de salvaguarda à atividade legislativa, que poderia ser frustrada na hipótese de assunto de grande relevância ser tratado em texto de estatura ostensivamente menos relevante.

2. Porém, no caso em exame, é incontroverso que o benefício fiscal foi concedido com a anuência dos Legislativos local e estadual (Resolução 265/1973 da Câmara Municipal e Resolução 1.065/1973 da Assembléia Legislativa). Portanto, está afastado o risco de invasão de competência ou de quebra do sistema de checks and counterchecks previsto no art. 150, §6º da Constituição. Aplicação dos mesmos fundamentos que inspiraram o RE 539.130 (rel. min. Ellen Gracie, Segunda Turma, DJe 022 de 05.02.2010).

3. "Isenções tributárias concedidas sob condição onerosa não podem ser livremente suprimidas" (Súmula 544/STF). Agravo regimental ao qual se nega provimento.

5 – RE nº 497.554/PR, STF, 1ª Turma, Ricardo Lewandowski, unânime, 27/04/2010, DJe-086 publ. 14/05/2010 – ementa:

RECURSOS EXTRAORDINÁRIOS. MATÉRIA CONSTITUCIONAL. VEREADOR. SECRETÁRIO MUNICIPAL. ACUMULAÇÃO DE CARGOS E VENCIMENTOS. IMPOSSIBILIDADE. CONHECIMENTO E PROVIMENTO DOS RECURSOS.

I – Em virtude do disposto no art. 29, IX, da Constituição, a lei orgânica municipal deve guardar, no que couber, correspondência com o modelo federal acerca das proibições e incompatibilidades dos vereadores.
II – Impossibilidade de acumulação dos cargos e da remuneração de vereador e de secretário municipal.
III – Interpretação sistemática dos arts. 36, 54 e 56 da Constituição Federal.
IV – Aplicação, ademais, do princípio da separação dos poderes. V – Recursos extraordinários conhecidos e providos.

6 – AgR no RE nº 378.141/CE, STF, 2ª Turma, Joaquim Barbosa, unânime, 23/03/2010, DJe-076 publ. 30/04/2010 – ementa:
AGRAVO REGIMENTAL EM RECURSO EXTRAORDINÁRIO. REPOSICIONAMENTO DE SERVIDOR. PRINCÍPIOS DA LEGALIDADE E DA SEPARAÇÃO DOS PODERES. SÚMULA 339.
Não cabe ao Poder Judiciário, que não tem função legislativa, conceder aumentos a servidores com base no argumento de violação de eventual isonomia. Súmula 339.
Agravo regimental a que se nega provimento.

7 – AgR na Suspensão de Tutela Antecipada nº 175/CE, STF, Pleno, Gilmar Mendes, unânime, 17/03/2010, DJe-076 publ. 30/04/2010 – ementa:
Suspensão de Segurança. Agravo Regimental. Saúde pública. Direitos fundamentais sociais. Art. 196 da Constituição. Audiência Pública. Sistema Único de Saúde – SUS. Políticas públicas. Judicialização do direito à saúde. Separação de poderes. Parâmetros para solução judicial dos casos concretos que envolvem direito à saúde. Responsabilidade solidária dos entes da Federação em matéria de saúde. Fornecimento de medicamento: Zavesca (miglustat). Fármaco registrado na ANVISA. Não comprovação de grave lesão à ordem, à economia, à saúde e à segurança públicas. Possibilidade de ocorrência de dano inverso. Agravo regimental a que se nega provimento.

8 – EDecl no RE nº 567.360/MG, STF, 2 Turma, Celso de Mello, unânime, 09/06/2009, DJe-148 publ. 07/08/2009 – ementa:
RECURSO EXTRAORDINÁRIO – EMBARGOS DE DECLARAÇÃO RECEBIDOS COMO RECURSO DE AGRAVO – REVISÃO DE BENEFÍCIOS PREVIDENCIÁRIOS – INAPLICABILIDADE DA LEI Nº 9.032/95 A BENEFÍCIOS CONCEDIDOS ANTES DE SUA VIGÊNCIA – AUSÊNCIA DE AUTORIZAÇÃO, NESSE DIPLOMA LEGISLATIVO, DE SUA APLICAÇÃO RETROATIVA – INEXISTÊNCIA, AINDA, NA LEI, DE CLÁUSULA INDICATIVA DA FONTE DE CUSTEIO TOTAL CORRESPONDENTE À MAJORAÇÃO DO BENEFÍCIO PREVIDENCIÁRIO – ATUAÇÃO DO PODER JUDICIÁRIO COMO

LEGISLADOR POSITIVO – VEDAÇÃO – RECURSO DE AGRAVO IMPROVIDO.

- Os benefícios previdenciários devem regular-se pela lei vigente ao tempo em que preenchidos os requisitos necessários à sua concessão. Incidência, nesse domínio, da regra "tempus regit actum", que indica o estatuto de regência ordinariamente aplicável em matéria de instituição e/ou de majoração de benefícios de caráter previdenciário. Precedentes.

- A majoração de benefícios previdenciários, além de submetida ao postulado da contrapartida (CF, art. 195, §5º), também depende, para efeito de sua legítima adequação ao texto da Constituição da República, da observância do princípio da reserva de lei formal, cuja incidência traduz limitação ao exercício da atividade jurisdicional do Estado. Precedentes.

- Não se revela constitucionalmente possível, ao Poder Judiciário, sob fundamento de isonomia, estender, em sede jurisdicional, majoração de benefício previdenciário, quando inexistente, na lei, a indicação da correspondente fonte de custeio total, sob pena de o Tribunal, se assim proceder, atuar na anômala condição de legislador positivo, transgredindo, desse modo, o princípio da separação de poderes. Precedentes.

- A Lei nº 9.032/95, por não veicular qualquer cláusula autorizadora de sua aplicação retroativa, torna impertinente a invocação da Súmula 654/STF.

Decisão

A Turma, à unanimidade, converteu os embargos de declaração em agravo regimental e, a este, negou provimento, nos termos do voto do Relator. Ausente, justificadamente, neste julgamento, o Senhor Ministro Joaquim Barbosa. 2ª Turma, 09.06.2009.

9 – RE nº 579.951/RN, STF, Pleno, Ricardo Lewandowski, unânime, 20/08/2008, DJe-202 publ. 24/10/2008 – ementa:
ADMINISTRAÇÃO PÚBLICA. VEDAÇÃO NEPOTISMO. NECESSIDADE DE LEI FORMAL. INEXIGIBILIDADE. PROIBIÇÃO QUE DECORRE DO ART. 37, CAPUT, DA CF. RE PROVIDO EM PARTE.

I – Embora restrita ao âmbito do Judiciário, a Resolução 7/2005 do Conselho Nacional da Justiça, a prática do nepotismo nos demais Poderes é ilícita.

II – A vedação do nepotismo não exige a edição de lei formal para coibir a prática.

III – Proibição que decorre diretamente dos princípios contidos no art. 37, caput, da Constituição Federal.

IV – Precedentes.

V – RE conhecido e parcialmente provido para anular a nomeação do servidor, aparentado com agente político, ocupante, de cargo em comissão.

IRPF: correção da tabela progressiva

Coloco essa questão porque interessante saber se o STF, corrigindo a Tabela Progressiva do Imposto de Renda das Pessoas Físicas – IRPF, exerceria o papel de legislador positivo, tendo em vista que a legislação é omissa a respeito.

É antiga a questão de saber se a falta de atualização monetária da tabela progressiva do IR das pessoas físicas corresponde a um aumento indireto do imposto sobre a renda.

No STF, em decisão monocrática no RE com Agravo (ARE) nº 638.667/DF, de 20/04/2011, DJe-084 publicação 06.05.2011, a ministra Cármen Lúcia indeferiu o pedido por *"Ausência de previsão legal. Impossibilidade de investir o Poder Judiciário no papel de legislador positivo. Precedentes"*, e reportou-se aos seguintes julgados:

> TRIBUTÁRIO. IMPOSTO DE RENDA. TABELAS. CORREÇÃO MONETÁRIA PELO PODER JUDICIÁRIO. IMPOSSIBILIDADE. AUSÊNCIA DE PREVISÃO LEGAL. RECURSO PROTELATÓRIO. MULTA. AGRAVO IMPROVIDO.
>
> I – O Supremo Tribunal Federal fixou jurisprudência no sentido de que a correção monetária, em matéria fiscal, é sempre dependente de lei que a preveja, não sendo facultado ao Poder Judiciário aplicá-la onde a lei não a determina, sob pena de substituir-se ao legislador. Precedentes.
>
> II – Recurso protelatório. Aplicação de multa.
>
> III – Agravo regimental improvido" (RE 572.664-AgR, Rel. Min. Ricardo Lewandowski, Primeira Turma, DJe 25.9.2009).
>
> "AGRAVO REGIMENTAL NO RECURSO EXTRAORDINÁRIO. TRIBUTÁRIO. IMPOSTO DE RENDA. TABELAS. CORREÇÃO MONETÁRIA. IMPOSSIBILIDADE. AUSÊNCIA DE PREVISÃO LEGAL.
>
> 1. O Supremo Tribunal Federal fixou jurisprudência no sentido de que a correção monetária, em matéria fiscal, é sempre dependente de lei que a preveja, não sendo facultado ao Poder Judiciário aplicá-la onde a lei não a determina, sob pena de substituir-se ao legislador. Precedentes. Agravo regimental a que se nega provimento. (RE nº 452.930-AgR, Rel. Min. Eros Grau, Segunda Turma, DJe 1º.8.2008)

Em 10/05/2011, no serviço "Imprensa" do <www.stf.jus.br> encontramos:

Notícias STF
Quarta-feira, 23 de junho de 2010
Suspenso julgamento sobre correção da tabela do imposto de renda

Pedido de vista da ministra Ellen Gracie, do Supremo Tribunal Federal (STF), suspendeu nesta quarta-feira (23) julgamento que discute a possibilidade de o Judiciário poder ou não determinar a atualização da tabela do Imposto de Renda (IR) e dos limites de dedução pelos índices atualizados na correção da UFIR (Unidade Fiscal de Referência). A matéria está sendo analisada por meio de Recurso Extraordinário (RE 388312) apresentado pelo Sindicato dos Empregados em Estabelecimentos Bancários de Belo Horizonte.

O processo chegou ao Supremo em 2003. Nele, o sindicato contesta a Lei 9.250/95, sobre IR de pessoas físicas, e alega que a não atualização da tabela de Imposto de Renda aumenta a carga tributária, desrespeitando os princípios da capacidade contributiva e do não confisco. A Lei 9.250 determinou que os valores expressos em UFIR na legislação do IR das pessoas físicas seriam convertidos em reais, tomando-se por base o valor da UFIR vigente em 1º de janeiro de 1996.

Até o momento, há um voto em favor do pedido do sindicado, do ministro Marco Aurélio, relator do processo, e um voto contra, da ministra Cármen Lúcia. O julgamento foi suspenso pelo pedido de vista da ministra Ellen Gracie.

O ministro Marco Aurélio apresentou seu entendimento sobre a matéria em agosto de 2006. Na ocasião, ele reconheceu a configuração de confisco e violação ao princípio da capacidade contributiva, com possibilidade de superação de entendimento consolidado no STF no sentido de o Poder Judiciário determinar a atualização monetária da tabela do Imposto de Renda estabelecida pela Lei 9.250/95.

"A questão de fundo, a meu ver, é importantíssima. Sob a minha ótica, implica uma vantagem indevida do Estado, descaracterizando o tributo, porque se tem o congelamento da tabela do Imposto de Renda em um espaço de tempo considerável, em que a inflação foi de 50%, com a reposição do poder aquisitivo, principalmente, dos menos afortunados", disse o ministro hoje. Segundo ele, a consequência dessa situação, que classificou como "descompasso", é que, em 1996, quem era isento hoje é contribuinte, em virtude da reposição do poder aquisitivo dos salários.

Nesta tarde, a ministra Cármen Lúcia abriu divergência. "A meu ver, não compete ao Poder Judiciário substituir-se ao Poder Legislativo na análise do momento econômico e do índice de correção adequados para a retomada ou mera aproximação do quadro estabelecido entre os contribuintes e a lei, quando da sua edição, devendo essa omissão ficar sujeita apenas ao princípio da responsabilidade política", disse.

Ela lembrou que, quando a norma foi editada, o Brasil experimentava, após décadas de inflação crônica, uma recém-adquirida estabilidade econômica, fruto da implantação do Plano Real, que alterou uma cultura inflacionária desenvolvida com o sistemático uso de indexação.

"Ao converter em reais uma medida de valor e o parâmetro de atualização monetária de tributos e de referência para a base de cálculo da tabela progressiva do Imposto de Renda, o poder público buscou a conformação da ordem econômica segundo os princípios constitucionais assentados, com o objetivo de combater um dos maiores problemas econômicos financeiros do Brasil naquela segunda metade do século XX", afirmou a relatora.

Ainda segundo a ministra, "a constatação da violação suscitada [pelo sindicato] dependeria da análise da situação individual de cada contribuinte, ainda mais se considerada a possibilidade de se proceder a deduções no imposto de renda", disse, ao ressaltar que isso não é possível de fazer por meio de recurso extraordinário.

Ela citou parte do voto do ministro Celso de Mello, decano do Supremo, na Ação Declaratória de Constitucionalidade (ADC) 8. No trecho, o ministro afirma que a proibição constitucional do confisco em matéria tributária é a interdição de qualquer pretensão estatal no sentido de se apropriar de forma injusta do patrimônio ou dos rendimentos dos contribuintes, comprometendo-lhes, em virtude da carga tributária, o exercício do direito a uma existência digna ou a prática de atividade profissional lícita ou ainda a regular satisfação de suas necessidades vitais.

A questão a ser examinada pelo Plenário do STF é complexa, porque envolve vários fatores (econômicos, sociais, finanças públicas), a serem confrontados com o art. 2º da Carta Magna, assim como o *"mínimo vital familiar"* se a tabela não for corrigida, e a própria capacidade contributiva das pessoas físicas (art. 145, §1º, CF/88).

Antoninho Marmo Trevisan assim se manifesta:[19]

1) *Revisão da Tabela Progressiva*
Pelo simples fato de a economia de uma nação não ser estática, já que é parte da natureza viva e se movimenta criando ou modificando valores, é de se esperar que elementos que tenham sido objeto de fotografias, estáticas portanto, sejam, no decorrer do tempo, avaliados e eventualmente atualizados.

É o caso da tabela progressiva do Imposto de Renda Pessoa Física, cuja fotografia foi tirada no início do Plano real e já está amarelada, e pior, foi batida fora de foco porque seus valores originais parecem não se basear no rigor científico da pesquisa de dados. Esta tabela requer urgente atualização, pelo menos para adequar-se à nova situação econômica e social. Incluímos o social porque um outro imposto, este oculto, a sociedade decidiu espontaneamente pagar, por meio das generosas contribuições em espécie e em tempo que passaram a fazer ao terceiro setor.

---

[19] TREVISAN, Antoninho Marmo. *Tributação da renda no Brasil pós-Real.* Brasília: Ministério da Fazenda/Secretaria da Receita Federal, 2001, p. 190-191.

Neste caso, a autoridade fiscal confunde estabilização monetária com paralisação econômica, desprezando a contabilidade das trocas, matéria nova e desconhecida por quem, como todos nós, viveu décadas de inflação. Erra ainda uma segunda vez, ao insistir na manutenção da tabela, fixa, porque relega a segundo plano o consagrado princípio constitucional da capacidade contributiva, uma vez que todos os milhões de contribuintes fotografados foram afetados por alterações econômicas seja na sua receita seja nas suas despesas.

Quiçá a complexidade para superar os precedentes das duas Turmas do STF poderia ser relativizada fazendo-se corrigir a tabela progressiva somente a partir do ano-base findo, e não *ex tunc*.

Entretanto, consistiria uma decisão dessa natureza em atuar o Supremo Tribunal Federal como legislador positivo?

Pelas razões expostas pelo Ministro Marco Aurélio, penso que não, por ser hipótese especial.

Como se vê, cada caso é um caso a merecer detido exame, para que não se verifique a ofensa à tripartição dos Poderes.

Informação bibliográfica deste texto, conforme a NBR 6023:2002 da Associação Brasileira de Normas Técnicas (ABNT):

CASSONE, Vittorio. Supremo Tribunal Federal: Legislador positivo ou negativo. Ativismo judicial. *In*: SARAIVA FILHO, Oswaldo Othon de Pontes (Coord.). *Direito Tributário*: Estudos em tributo ao jurista Ives Gandra da Silva Martins. Belo Horizonte: Fórum, 2016. p. 305-340. ISBN 978-85-450-0154-6.

RESERVA DE LEI COMPLEMENTAR PARA A REGULAÇÃO DE IMUNIDADES: A INDEVIDA LIMITAÇÃO DA RESERVA CONSTITUCIONAL AOS "LINDES MATERIAIS" DAS IMUNIDADES

ANDREI PITTEN VELLOSO

Introdução

Ao longo da sua extensa e profícua trajetória profissional, o Professor Ives Gandra da Silva Martins atuou intensamente junto ao Supremo Tribunal Federal, propondo inúmeros recursos extraordinários e ações diretas de inconstitucionalidade a fim de resguardar a supremacia da Constituição da República frente aos desmandos do legislador.

Dentre as ações diretas de inconstitucionalidade capitaneadas por Ives Gandra, sobressaem aquelas voltadas a resguardar a efetividade das imunidades constitucionais, como as ADIs nºs 2.028, 2.228, 2.621 e 3.330.

Neste artigo, trataremos de um tema que o Prof. Ives Gandra defendeu com especial veemência nas referidas ações diretas, a reserva de lei complementar para regular as imunidades tributárias, com o foco voltado à questionável limitação da reserva aos "lindes objetivos" das imunidades, a fim de denunciar a sua manifesta impropriedade e, assim, incitar a revisão do entendimento que o Supremo Tribunal Federal vem esboçando.

1 Fundamento constitucional da reserva de lei complementar

A regulação das imunidades estabelecidas nos arts. 150, VI, "c", e 195, §7º, da Constituição da República constitui matéria reservada a lei complementar, por força do estabelecido no seu art. 146, II.

Esse dispositivo constitucional dispõe caber a lei complementar "regular as limitações constitucionais ao poder de tributar".

Pode haver dúvidas sobre quais são as limitações específicas a que o art. 146, II, da Carta Política se refere, mas não quanto ao fato de as imunidades estarem por ele abrangidas, haja vista constituírem o caso central o exemplo mais nítido e emblemático de limitação constitucional ao poder de tributar.

As imunidades limitam o poder de tributar na sua gênese, rejeitando-o de modo expresso já no plano constitucional. Conjugam-se com as regras atributivas de competência para delimitar o alcance do poder tributário das pessoas políticas. Daí serem denominadas regras de incompetência tributária.

Essa conclusão é corroborada pela organização do texto constitucional, que dedica uma seção específica às "limitações do poder de tributar" (Seção II do capítulo intitulado "Do Sistema Tributário Nacional") e, no seu artigo inaugural, consagra as imunidades frente a impostos, dentre as quais se destaca a imunidade das instituições de educação e de assistência social, sem fins lucrativos, prevista no art. 150, VI, "c", da Carta de 1988.

É verdade que a imunidade frente a contribuições de seguridade social não consta nessa seção – e sequer dentro do capítulo dedicado a regular o "Sistema Tributário Nacional" –, mas isso se deve à opção do constituinte de consolidar a regulação da seguridade social num capítulo específico, que, consoante a pacífica jurisprudência do Supremo Tribunal Federal, não tem o condão de afastar a natureza tributária das contribuições securitárias e tampouco de desqualificar a desoneração veiculada pelo art. 195, §7º, como uma verdadeira imunidade, tal qual a estabelecida pelo art. 150, VI, "c".

Afirmamos tratar-se de matéria reservada a lei complementar com plena ciência da tradicional jurisprudência do STF quanto ao tema – no sentido de que a reserva de lei complementar sempre há de ser expressa, jamais implícita[1] – e do fato de os dispositivos constitucionais

---

[1] Conferir, por todos, STF, Pleno, ADC nº 8 MC, rel. Min. Celso de Mello, julgada em 13/10/1999.

citados somente se reportarem aos "requisitos" e às "exigências" da "lei", sem qualificá-la como complementar.

Como referido, há um preceito constitucional estabelecendo, de modo expresso, a reserva de lei complementar. Se o art. 146, II, da Carta Constitucional já submete, com clareza solar, a regulação das limitações constitucionais ao poder de tributar à reserva de lei complementar, seria visivelmente desnecessário reiterar a reserva em cada preceito que veicule tais limitações.

Situação similar se verifica com o art. 195, §4º, da CF, que institui a competência residual da União para instituir novas contribuições de seguridade social, referindo que a "lei poderá instituir outras fontes destinadas a garantir a manutenção ou expansão da seguridade social". Embora esse preceito aluda a "lei", e não a "lei complementar", é inquestionável que as novas contribuições devem ser instituídas por esse instrumento legislativo, dada a referência constante no art. 154, I, ao qual o art. 195, §4º, se reporta.

Essa, aliás, é a orientação subjacente às decisões que reconhecem a existência de reserva de lei complementar para regular os lindes materiais das imunidades, mas a rejeitam no que diz respeito aos "requisitos subjetivos". A reserva decorre precisamente do art. 146, II, da Carta de 1988.

Está superada, portanto, a tese da inexistência de reserva de lei complementar por falta de adjetivação da lei regulamentadora nos arts. 150, VI, "c", e 195, §7º.[2]

Há, sem dúvida alguma, reserva de lei complementar para a regulação das imunidades tributárias, estabelecida de modo expresso pelo art. 146, II, da Carta da República.

O que cabe analisar não é a existência, mas a extensão da reserva.

É o que faremos a seguir, após evidenciar um fato óbvio, mas de suma relevância para a compreensão do tema: a total inaptidão das leis ordinárias para regular as limitações constitucionais ao poder impositivo estatal.

---

[2] Para uma competente exposição dessa tese, que preconiza a inexistência da reserva de lei complementar, *vide* este artigo do Consultor da União Oswaldo Othon de Pontes Saraiva Filho: "Leis adequadas para a disciplina de matérias relacionadas com as imunidades tributárias". *Revista Fórum de Direito Tributário – RFDT*, Belo Horizonte, ano 4, n. 19, p. 43-50, jan./fev. 2006.

2 Inaptidão das leis ordinárias para regular limitações constitucionais ao poder de tributar

É facilmente compreensível a razão que fundamenta a reserva de lei complementar para regular as limitações constitucionais ao poder de tributar, consagrada no art. 146, II, da Constituição da República.

Em primeiro lugar, a lei ordinária não pode instituir limites efetivos ao legislador tributário, pelo simples fato de as normas impositivas serem introduzidas no ordenamento jurídico justamente por tal instrumento legislativo.

Limitações autônomas – instituídas pelo ente supostamente "limitado" – não constituem veras limitações. São meras concessões. As limitações constitucionais são restrições heterônomas, estabelecidas por um poder superior, distinto do poder limitado. Constituem postulados impositivos.

Logo, não se pode conceber que o legislador tenha o poder de conformá-las a seu bel-prazer. Se o constituinte fosse deixar a critério do poder tributante a fixação dos requisitos necessários para o gozo da imunidade, à evidência poderia ele criar tal nível de obstáculos que viria a frustrar a finalidade para a qual a imunidade foi inserida na Lei Maior. Como adverte Celso Ribeiro Bastos:

> É que, se ao legislador ordinário fosse outorgado o direito de estabelecer condições à imunidade constitucional, poderia inviabilizá-la pro domo suo. Por esta razão, a lei complementar, que é lei nacional e de Federação, é a única capaz de impor limitações, de resto já plasmadas no art. 14 do Código Tributário Nacional.[3]

A sabedoria do constituinte ao exigir lei complementar para regular as limitações ao poder de tributar tem sido demonstrada pela insistência com que, na ânsia de atender a objetivos puramente arrecadatórios, são estabelecidos, na legislação tributária (leis e atos normativos infralegais), requisitos voltados a obstaculizar a fruição da garantia constitucional, como a previsão de que a eventual existência de débito configure "impedimento ao deferimento da isenção" (art. 31, §2º, do antigo Regulamento da Organização e do Custeio da Seguridade Social, aprovado pelo Decreto nº 356, de 1991).

---

[3] BASTOS, Celso Ribeiro. Imunidade tributária. In: MARTINS, Ives Gandra da Silva (Coord.). *Imunidades tributárias*. São Paulo: Revista dos Tribunais/Centro de Extensão Universitária, 1998 p. 246. (Pesquisas Tributárias. Nova Série; n. 4).

Em segundo lugar, a regulação das imunidades deve ser uniforme em todo o território nacional, notadamente porque a lei não pode alterá-las e, assim, não faz sentido permitir a existência de regulações díspares para uma mesma imunidade, que implicaria a sua fragmentação em inúmeras imunidades com alcances distintos e denotaria a ação conformadora do legislador com respeito a matéria de *status* constitucional, que o submete e não está sujeita aos seus desígnios.

O Prof. Ives Gandra da Silva Martins defende enfaticamente essa posição:

> se fosse por lei ordinária sua veiculação, poderíamos ter 5.500 definições de imunidade, 5.500 tipos diferentes de regimes jurídicos para conformá-las no concernente às instituições de educação e assistência social, o que não se pode admitir, até para não atribuir atestado de poucas luzes – para não dizer termo pior – ao constituinte. Haveria uma definição de imunidade, conformada na legislação ordinária de cada entidade federativa!!! Nesta hipótese, o constituinte ao invés de ordenar o sistema brasileiro teria ofertado notável contribuição de dessistematização, de geração de caos constitucional.[4]

Em síntese, as leis ordinárias carecem, em absoluto, do poder de regular as limitações que a Lei Maior impõe ao legislador tributário. E, por óbvio, carecem do poder de fazê-lo de modo nacionalmente uniforme, de modo a subjugar a atuação legislativa de todos os entes federativos.

3 A indevida distinção entre limites objetivos e subjetivos

As decisões do Supremo Tribunal Federal inclinam-se por restringir o âmbito da reserva de lei complementar à regulamentação dos "limites materiais" das imunidades, na esteira da decisão proferida na ADI nº 1.802 MC, em agosto de 1998.

Nessa decisão liminar, exarada num processo cujo mérito ainda pende de julgamento pela Corte, acolheu-se uma questionável distinção entre os "limites objetivos" e "subjetivos" da imunidade para afirmar-se que a reserva de lei complementar estabelecida pelo art. 146, II, da Lei Maior somente alcança a regulamentação daqueles, não destes, *in verbis*:

---

[4] MARTINS, Ives Gandra da Silva. Coatualizado por Rogério Gandra Martins. *O sistema tributário na Constituição*. 6. ed. São Paulo: Saraiva, 2007, p. 308.

OSWALDO OTHON DE PONTES SARAIVA FILHO
DIREITO TRIBUTÁRIO: ESTUDOS EM TRIBUTO AO JURISTA IVES GANDRA DA SILVA MARTINS

II. Imunidade tributária (CF, art. 150, VI, c, e 146, II): "instituições de educação e de assistência social, sem fins lucrativos, atendidos os requisitos da lei": delimitação dos âmbitos da matéria reservada, no ponto, à intermediação da lei complementar e da lei ordinária: análise, a partir daí, dos preceitos impugnados (L. 9.532/97, arts. 12 a 14): cautelar parcialmente deferida. 1. Conforme precedente no STF (RE 93.770, Muñoz, RTJ 102/304) e na linha da melhor doutrina, o que a Constituição remete à lei ordinária, no tocante à imunidade tributária considerada, é a fixação de normas sobre a constituição e o funcionamento da entidade educacional ou assistencial imune; não, o que diga respeito aos lindes da imunidade, que, quando susceptíveis de disciplina infraconstitucional, ficou reservado à lei complementar.[5]

A análise do acórdão evidencia que os "lindes da imunidade" são entendidos como os seus limites materiais, em contraposição aos "limites subjetivos", que diriam respeito a normas sobre a constituição e o funcionamento dos entes imunes, as quais repercutem no "âmbito material dos requisitos subjetivos"[6] e levam à determinação dos entes tutelados pela imunidade.

ADI nº 1802 MC – Reserva de lei complementar	
Lei complementar	**Lei ordinária**
Definição dos limites materiais (objetivos) da imunidade: patrimônio, renda e serviços das entidades imunes	*Definição dos limites subjetivos:* normas sobre constituição e funcionamento, que repercutem no "*âmbito material dos requisitos subjetivos*" e servem para qualificar a instituição como de assistência social, sem fins lucrativos

Com a devida vênia, essa distinção não tem suporte constitucional algum. O art. 146, II, da Constituição da República submete à reserva de lei complementar a regulação integral das "limitações constitucionais ao poder de tributar", e não apenas dos seus limites materiais ou objetivos.

---

[5] STF, Pleno, ADI nº 1.802 MC, rel. Min. Sepúlveda Pertence, julgada em 27/08/1998, excerto da ementa.

[6] A expressão é do relator, constando à fl. 83 dos autos físicos.

Se a Carta Constitucional não consagra tal distinção, qual seria o fundamento jurídico para os "limites subjetivos" serem excluídos do alcance da reserva de lei? De acordo com a ementa supracitada, haveria uma decisão da Suprema Corte em tal sentido, proferida no RE nº 93.770, à luz da Constituição decaída.

3.1 A incorreta interpretação da decisão proferida no RE nº 93.770

Na ementa do RE nº 93.770, apreciado pela 1ª Turma do STF em março de 1981, realmente há menção a lei ordinária, *à qual* caberia regular as imunidades então consagradas no art. 19, III, "c", da Constituição de 1967, com a EC nº 1/69:

> IMPOSTO DE IMPORTAÇÃO. IMUNIDADE. O artigo 19, III, "c", da Constituição Federal não trata de isenção, mas de imunidade. A configuração desta está na Lei Maior. Os requisitos da lei ordinária, que o mencionado dispositivo manda observar, não dizem respeito aos lindes da imunidade, mas àquelas normas reguladoras da constituição e funcionamento da entidade imune. Inaplicação do art-17 do Decreto-lei n. 37/66. Recurso extraordinário conhecido e provido.[7]

Sem embargo, a análise do inteiro teor do julgado, que jamais pode ser descurada pela doutrina e pela jurisprudência, evidencia um fato de extrema importância: a alusão a lei "ordinária" foi acrescentada na redação da ementa, sem qualquer respaldo nos termos do acórdão.

No único voto proferido, o relator, Ministro Soares Muñoz, afirmou textualmente:

> Os requisitos da lei que o art. 19, III, c, da Constituição manda observar não dizem respeito à configuração da imunidade, mas àquelas normas reguladoras da constituição e funcionamento da entidade imune.

Note-se: o relator alude aos "requisitos da lei", não aos "requisitos da lei ordinária". A qualificação foi acrescentada na redação da ementa, que não é objeto de votação – e sequer costuma ser submetida à apreciação dos demais ministros.

---

[7] STF, 1ª Turma, RE nº 93.770, rel. Min. Soares Muñoz, julgado em 17/03/1981.

OSWALDO OTHON DE PONTES SARAIVA FILHO
DIREITO TRIBUTÁRIO: ESTUDOS EM TRIBUTO AO JURISTA IVES GANDRA DA SILVA MARTINS

Ademais, o julgado não tratava da reserva de lei complementar, mas do próprio alcance da imunidade, que foi assegurada ao contribuinte.[8]

Tratava-se, mais precisamente, de um mandado de segurança impetrado pelo SESI para o reconhecimento de imunidade na importação de mercadorias necessárias ao desempenho das atividades de um centro médico. O acórdão de origem, proferido pelo extinto Tribunal Federal de Recursos, havia negado a imunidade, por entendê-la condicionada aos requisitos estabelecidos em lei, que só reconhecia a "isenção" às mercadorias sem similar nacional.

No julgamento do RE nº 93.770, a 1ª Turma da Corte Suprema não negou a existência de reserva de lei complementar para regular o tema. O assunto sequer estava em pauta. O que se discutia era o alcance da imunidade e a possibilidade de a lei estabelecer requisitos para o seu gozo. Isso foi negado pela Corte, que reconheceu a imunidade na importação de mercadorias, independentemente de previsão legal.

Não só afirmou-se que o alcance da imunidade decorre imediatamente da Constituição, e não da legislação infraconstitucional. Esta somente pode tratar das regras sobre a "constituição e o funcionamento da entidade imune", jamais pretender conformar os lindes da imunidade.

Para aclarar esse fato, pedimos vênia para transcrever a íntegra do parágrafo em que está inserida a célebre – e deturpada – assertiva:

> Esse Decreto-lei [refere-se ao DL 37/66], anterior à Constituição Federal em vigor, não pode, no particular, ser aplicado, porque ele impõe à imunidade, a qual não se confunde com isenção, uma restrição que não está no texto constitucional. Os requisitos da lei que o art. 19, III, c, da Constituição manda observar não dizem respeito à configuração da imunidade, mas àquelas normas reguladoras da constituição e funcionamento da entidade imune.

Em seguida, o Ministro Soares Muñoz indica, em *obter dictum*, que a referência aos requisitos fixados em lei se destina apenas a evitar fraude, com o reconhecimento da imunidade a falsas instituições de assistência e educação: "Cumpre evitar-se que falsas instituições de

---

[8] O Ministro Carlos Velloso já havia denunciado esse fato em estudo doutrinário. Após analisar detidamente o caso, concluiu: "Do mencionado acórdão, portanto – RE 93.770-RJ – não se pode tirar a ilação no sentido de que teria ele feito distinção entre lei ordinária e lei complementar. A primeira para uma coisa, a segunda para outra" ("Lei complementar tributária". *Revista de Direito Administrativo*, v. 235, p. 131, jan./mar. 2004).

assistência e educação sejam favorecidas pela imunidade. É para evitar fraude que a Constituição determina sejam observados os requisitos da lei".

Ninguém questiona a necessidade de regulamentação da imunidade, notadamente com esse fito específico, de evitar fraudes. O que se discute é qual o instrumento legislativo apto a veicular tal regulação; e isso não foi objeto do RE nº 93.770.

Em suma, o RE nº 93.770 não versava sobre reserva de lei complementar. Tratava do alcance material da imunidade, reconhecido em toda a sua amplitude pelo Supremo Tribunal Federal, que afastou os condicionamentos da legislação em vigor. E em momento algum houve referência a lei "ordinária", salvo na ementa, que se destina a resumir, e não a alterar o teor do julgamento.

3.2 A equivocada leitura do entendimento doutrinário

Se não havia respaldo constitucional e sequer jurisprudencial, a distinção talvez pudesse estar assentada na lição da "melhor doutrina", como se indicou na ementa da ADI nº 1.802 MC.

No voto do relator, Ministro Sepúlveda Pertence, constata-se que a referência diz respeito à abalizada doutrina de Aliomar Baleeiro (fl. 79 do julgado), exposta no seu livro intitulado *Limitações constitucionais ao poder de tributar*.

No entanto, o notável tributarista baiano jamais defendeu tal distinção. O que ele defendia, escrevendo sob a égide da Emenda Constitucional nº 1/69, era a absoluta inexistência de reserva de lei complementar. Para Baleeiro, a imunidade poderia ser regulada na sua integralidade por lei ordinária: "A lei que fixará os requisitos é a ordinária".[9] Isso foi exposto com acerto no voto do relator, Ministro Sepúlveda Pertence,[10] mas terminou por ser distorcido na ementa, quando se indicou que a "melhor doutrina" defendia a reserva parcial de lei complementar.

Vale consignar, outrossim, que Baleeiro defendia a inexistência de reserva de lei complementar por contrastar a redação da cláusula de imunidade do art. 2º, IV, "c", da EC nº 18/65 [que se reportava aos "requisitos fixados em lei complementar"] com aquela do art. 20, III,

---

[9] BALEEIRO, Aliomar. *Limitações constitucionais ao poder de tributar*. 8. ed. Atualizada por Misabel Abreu Machado Derzi. Rio de Janeiro: Forense, 2010, p. 505.

[10] Folha 79 do processo.

"c", da CF/67 [que, assim como a atual, somente se reporta a "lei", sem qualificá-la].[11]

Com distanciamento temporal, pode-se compreender a razão da alteração, vendo-a por outro prisma, acolhido pela jurisprudência que reconhece a reserva de lei complementar. A supressão do adjetivo nesta cláusula específica decorreu da ampliação da reserva de lei complementar havida com o advento da Constituição de 1967, que submeteu a tal espécie legislativa a edição de todas as "normas gerais de direito tributário", inclusive daquelas que regulam "limitações constitucionais do poder de tributar" (art. 19, §1º, da CF/67), alçando, por consequência, o Código Tributário Nacional ao *status* de lei complementar.

Com o advento da Constituição de 1988, a reserva de lei complementar tornou-se evidente, pois se dedicou uma seção específica às "limitações do poder de tributar" e, nela, consagrou-se a imunidade das instituições de educação e de assistência social.

Diante de tal evidência, não há mais como sustentar a posição antagônica, de que inexiste reserva de lei complementar. Consciente disso, Misabel Derzi defende, em nota de atualização à referida obra de Aliomar Baleeiro, a reserva plena de lei complementar:

> À luz do Texto de 1988, não resta dúvida de que somente lei complementar da União poderá criar requisitos, que regulamentem os limites ao poder de tributar, dentro das fronteiras da própria Constituição, por força do que estabelece o art. 146, II:
> Cabe à lei complementar:
> (...)
> II – regular as limitações constitucionais ao poder de tributar.
> E a Seção II do Capítulo I, "Sistema Tributário", que elenca as imunidades gerais, de forma não exaustiva, intitula-se, exatamente, "Das Limitações do Poder de Tributar", seção que se inicia no art. 150 da Constituição. Por isso, não se deve sustentar mais a tese de que a lei ordinária possa cumprir o papel de regular as imunidades, em sua função de plasmar e definir a competência tributária.[12]

A lei ordinária somente poderia dispor sobre a constituição e a formalização das entidades, como faz o Código Civil, jamais sobre os requisitos para o gozo da imunidade.[13]

---

[11] BALEEIRO, *op. cit.*, p. 567.
[12] Notas em BALEEIRO, *op. cit.*, p. 509.
[13] Notas, p. 511.

Percebe-se, portanto, que a cisão da reserva de lei complementar decorreu de uma leitura equivocada do RE nº 93.770, sem respaldo algum na jurisprudência pretérita ou na doutrina.

3.3 A impropriedade do recurso ao "argumento da dissociação"

A leitura da ADI nº 1.802 MC evidencia ter sido acolhida uma "solução de consenso" com respeito à reserva de lei complementar. Após expor as teses dos contribuintes e do Fisco, pela completa existência ou inexistência da reserva, o Ministro Sepúlveda Pertence externou:

> À delibação, sabe-me que ambas as posturas contrapostas pecam por excesso.
>
> [...]
>
> Estou, a um primeiro exame, em que a conciliação entre os dois preceitos constitucionais –, aparentemente antinômicos, já fora estabelecida na jurisprudência do Tribunal, e prestigiada na melhor doutrina.
>
> [...]
>
> Em síntese, o precedente reduz a reserva de lei complementar da regra constitucional ao que diga respeito "aos lindes da imunidade", à demarcação do objeto material da vedação constitucional de tributar – o patrimônio, a renda e os serviços das instituições por ela beneficiados, o que inclui, por força do §3º, do mesmo art. 150, CF, a sua relação "com as finalidades essenciais das entidades nele mencionadas"; mas remete à lei ordinária "as normas reguladoras da constituição e funcionamento da entidade imune", votadas (sic) a obviar que "falsas instituições de assistência e educação sejam favorecidas pela imunidade", em fraude à Constituição.

Para acolher essa exegese salomônica, recorreu-se ao *argomento della dissociazione*, que, por uma sutil distinção, implica significativa restrição do alcance do dispositivo interpretado – e, no caso, da fundamental garantia dos contribuintes.

Riccardo Guastini descreve com precisão essa técnica retórica:

> l'argomento della dissociazione consiste nell'introdurre surrettiziamente nel discorso del legislatore una distinzione cui il legislatore non ha pensato affatto, in modo tale da ridurre il campo di applicazione di una disposizione ad alcune soltanto delle fatispecie da essa previste.[14]

---

[14] GUASTINI, Riccardo. *Le fonti del Diritto e l'interpretazione*. Milano: Giuffrè, 1993. p. 377.

Repisamos, há uma restrição da garantia outorgada pelo constituinte que não foi introduzida por este, mas pelo intérprete. No caso, estabeleceu-se uma distinção entre requisitos objetivos e subjetivos da imunidade para afirmar-se que o art. 146, II, da Constituição da República somente é aplicável aos requisitos objetivos, sendo os requisitos subjetivos entregues à atuação do legislador ordinário.

Ocorre que o art. 146, II, da Carta de 1988 não distingue entre requisitos subjetivos e objetivos, prescrevendo, de forma clara e ampla, que cabe a lei complementar "regular as limitações constitucionais ao poder de tributar" (gênero do qual as imunidades são importantíssima espécie).

Verifica-se, assim, que até mesmo o argumento literal, utilizado para sustentar a tese oposta, pesa, com mais força, a favor da reserva plena de lei complementar para a regulação das imunidades.

Não se olvide, outrossim, a necessária complementação da interpretação literal pela sistemática, que é imprescindível para evitar sérios equívocos interpretativos e conduz à exegese dos arts. 150, VI, "c", e 195, §7º, à luz do mandamento expresso do art. 146, II, da Carta de 1988.[15]

3.4 A insustentabilidade lógica da distinção

Além de carecer de supedâneo constitucional, a distinção entre os "lindes da imunidade" e os "requisitos subjetivos" para o seu gozo revela-se logicamente insustentável, caindo por terra após um exame atento.

A imunidade das instituições de assistência social, sem fins lucrativos, qualifica-se justamente como uma imunidade subjetiva, concedida a entidades determinadas. Apesar de ter uma extensão material definida, é inconfundível com as imunidades objetivas, outorgadas a certas operações econômicas, como a imunidade das exportações frente ao ICMS (art. 155, §10, "a", da CF/88).

Se a imunidade é subjetiva, como afirmar que os requisitos subjetivos não repercutem, de modo direto, no seu alcance? Como diferenciar entre a regulação dos "lindes da imunidade" e a dos "requisitos subjetivos"?

---

[15] Aos artigos 150, VI, "c", e 195, §7º, é plenamente aplicável, pois, a lição de Giuseppe Melis, no sentido de que: "l'inserimento di un enunciato in un contesto implica collegamenti tra disposizioni che non possono essere trascurate, se non assumendosi il rischio di pervenire ad attribuizioni di significato del tutto erronee" (*L'interpretazione nel diritto tributario*. Padova: CEDAM, 2003, p. 103).

Não há como estabelecer essa distinção, pois são precisamente os requisitos subjetivos que delimitarão as instituições albergadas pela imunidade dos arts. 150, VI, "c", e 195, §7º, da CF.

Essa impossibilidade lógica é denunciada pelo próprio relator da ADI nº 1.802 MC, ao aludir a normas que repercutem no "âmbito material dos requisitos subjetivos" e levam à determinação de quais entes são tutelados pela imunidade. Se se pretende diferenciar entre os limites materiais e subjetivos da imunidade, como falar em "âmbito material dos requisitos subjetivos"?

Convimos ser possível diferenciar entre o objeto material da imunidade (no caso, o patrimônio, a renda e os serviços das instituições imunes) e a definição das entidades imunes (os conceitos de instituições de educação e de assistência social, sem fins lucrativos), mas não vemos como negar que ambos dizem respeito aos lindes das imunidades – e, ademais, que a conceituação de tais entidades constitui a tarefa primordial do legislador complementar, no seu mister constitucional de regulamentar a limitação ao poder de tributar.

Também é viável diferenciar entre as normas de constituição e funcionamento das entidades imunes frente aos requisitos para o gozo da imunidade, como faz Misabel Derzi.[16] Porém, referidas normas devem ser bem compreendidas: trata-se de normas de direito privado, relativas à instituição e à organização interna das entidades imunes, como as estabelecidas nos arts. 44 e seguintes do Código Civil, inconfundíveis com as normas tributárias que as definem, delimitando o alcance da própria imunidade constitucional.

Essa foi a confusão em que incorreu o il. relator da ADI nº 1.802 MC, ao enquadrar, na categoria das "normas reguladoras da constituição e funcionamento da entidade imune", o art. 12 da Lei nº 9.532/97, que veiculava um conceito de instituição de educação ou de assistência social, para fins de reconhecimento da imunidade.

Curioso é que a repercussão dessa norma no âmbito da imunidade foi reconhecida pelo próprio relator, ao expor as controvérsias relativas à definição acolhida pelo preceito citado, todas elas pendentes de definição pela Corte:

> Não desconheço que a propósito da definição básica de entidade de assistência social imune, o art. 12 caput fará recrudescer controvérsias de soluções ainda não consolidadas no Tribunal, qual a exigência ou

---

[16] Notas em BALEEIRO, *op. cit.*, p. 512.

não de gratuidade dos serviços prestados (cf. RE 132.136, Gallotti) ou a abrangência ou não de instituições beneficentes de clientelas restritas (cf. RE 115.970, RTJ 126/847 e RE 193.775, de julgamento inconcluso), afora a acesa polêmica em torno da imunidade de previdência privada (já negada pela 2ª Turma: RE 175.871, Velloso, DJ 30.5.97).

A toda evidência, a definição do art. 12, *caput*, da Lei nº 9.532/97 não dizia respeito a normas de constituição e funcionamento das entidades imunes, mas à própria conceituação destas e, consequentemente, à delimitação do alcance da imunidade.

Em síntese, é viável estabelecer as referidas distinções, mas não se pode pretender diferenciar a regulamentação dos "lindes da imunidade" frente à dos requisitos subjetivos ou objetivos para o seu gozo e, muito menos, afirmar que o estabelecimento de tais requisitos não constitui regulação de limites constitucionais ao poder de tributar.

4. Consolidação da situação normativa e perspectiva de evolução da jurisprudência do STF

A despeito da sua visível existência, há significativos óbices ao reconhecimento da reserva de lei complementar para a regulação das imunidades tributárias, sobretudo da imunidade das instituições beneficentes de seguridade social frente às contribuições securitárias, elencada no art. 195, §7º, da Lei Maior.

Há mais de vinte anos, essa regra constitucional vem sendo regulada por lei ordinária, sem que o Supremo Tribunal Federal tenha, em momento algum, pronunciado a inconstitucionalidade de tal procedimento, por violar a reserva de lei complementar estabelecida no art. 146, II, da Constituição da República.

A imunidade foi regulada inicialmente pela Lei nº 8.212/91, cujo art. 51 já estabelecia, em sua redação original, requisitos rigorosos para a sua fruição, tais quais: o reconhecimento da instituição como de utilidade pública federal, estadual ou municipal (inciso I) e o porte do Certificado ou do Registro de Entidade de Fins Filantrópicos, fornecido pelo antigo Conselho Nacional de Serviço Social (inciso II).

Após sofrer alterações significativas, como as impostas pela Lei nº 9.732/98 e pela MP nº 2.129/01, o art. 55 da Lei nº 8.212/91 foi revogado pela Lei nº 12.101/09, que regula detidamente "os procedimentos de isenção de contribuições para a seguridade social", exigindo, entre inúmeros outros requisitos, percentuais de gratuidade (filantropia) para o reconhecimento da imunidade.

Caso o Supremo Tribunal Federal pronuncie, após mais de 20 anos da promulgação da Lei nº 8.212/91, a inconstitucionalidade da regulação das imunidades em foco por lei ordinária, cairá a exigência de atuação filantrópica, que não consta entre os requisitos do art. 14 do Código Tributário Nacional, mas é vista como uma exigência extremamente salutar, por beneficiar a população carente.

Esse importante reflexo da pronúncia de inconstitucionalidade certamente pesa contra o reconhecimento, em sua plenitude, da reserva de lei complementar, contribuindo para a reiteração do equivocado posicionamento acolhido quando da apreciação da medida cautelar na ADI nº 1.802.

Nada impede que a Suprema Corte pondere esse fato ao efetuar o controle de constitucionalidade das leis que regulam as imunidades das instituições de educação e assistência social. Porém, deve fazê-lo explicitamente, consignando os efetivos fundamentos da sua decisão, a fim de enriquecer o debate sobre a questão e, eventualmente, abrir ensejo à utilização de instrumentos como a modulação de efeitos (art. 27 da Lei nº 9.868/99).

Se as únicas opções forem, de fato, a perpetuação da negativa de reconhecimento de uma garantia constitucional ou o seu reconhecimento para o futuro, esta será, sem dúvida alguma, a melhor alternativa.

Informação bibliográfica deste texto, conforme a NBR 6023:2002 da Associação Brasileira de Normas Técnicas (ABNT):

VELLOSO, Andrei Pitten. Reserva de lei complementar para a regulação de imunidades: a indevida limitação da reserva constitucional aos "lindes materiais" das imunidades. *In*: SARAIVA FILHO, Oswaldo Othon de Pontes (Coord.). *Direito Tributário*: Estudos em tributo ao jurista Ives Gandra da Silva Martins. Belo Horizonte: Fórum, 2016. p. 341-355. ISBN 978-85-450-0154-6.

PLANEJAMENTO TRIBUTÁRIO NOS TEMPOS ATUAIS

RICARDO MARIZ DE OLIVEIRA

Os "tempos atuais" a que se refere o título deste texto são aqueles que rodeiam a época em que ele está sendo escrito, ou seja, os que antecedem setembro de 2011 e vão suceder a esse mês. Mas eles devem, e podem, conter um limite no passado e um limite no futuro.

Assim, voltando-nos para trás, e não se tratando de ir muito longe, seriam no máximo os últimos dez anos, o que situa o passado numa época em que a jurisprudência administrativa, principalmente no âmbito federal, deu uma guinada de 180 graus, passando de um estado de apreciação "mais liberal" dos casos de planejamento tributário para um estado de condenação, verdadeiramente apriorística, de uma maioria assustadora dos recursos que chegaram às câmaras administrativas.

Ao contrário, olhando para o futuro, e não sendo possível prever como se comportarão esses órgãos administrativos de julgamento, ou mesmo o Poder Judiciário, é prudente e suficiente pensarmos em curto prazo, procurando atingir um patamar de razoabilidade no enfrentamento teórico do assunto, necessário a se obter um mínimo de segurança razoável na vida real prática dos agentes econômicos.

Ao lado dessa perspectiva do que sejam os "tempos atuais", ou seja, pela identificação dos mesmos sob um critério cronológico, há uma outra visão, cuja identificação não é absolutamente necessária para a tomada de uma posição científica ou ideológica em relação ao problema, mas que pode ser trazida dentro de um contexto em que se escreve para homenagear o Professor Ives Gandra da Silva Martins.

Nessa outra visão, portanto, os "tempos atuais" correspondem ao tempo de Ives Gandra, na qual não há risco em dizer apenas um pouco, uma vez que toda a obra do homenageado fala por si e sequer precisa ser transcrita em alguma parte, ou mesmo citada, pois é amplamente conhecida por todos os que porventura leiam este artigo.

Realmente, desde seus primeiros tempos de atividade profissional, e mais tarde um pouco, depois que começou a lecionar, Ives Gandra foi um defensor intransigente das liberdades democráticas, e, trazendo-as para os domínios do Direito Tributário, um defensor permanente dos direitos tanto dos cidadãos não contribuintes quanto dos cidadãos contribuintes perante o Fisco.

Sua conhecida veemência muitas vezes tomou conta do seu discurso, quase que apagando suas razões jurídicas. Outras vezes, sua ideologia sincera assumiu presença marcante e decisiva nas suas conclusões, mas sempre, por evidente, como não poderia deixar de ser num *scholar* do seu padrão, sob o abrigo dos limites constitucionais ao poder de tributar, dos princípios constitucionais atuantes no âmago interior das normas tributárias, enfim, com embasamento no direito.[1]

Ocorre que, no tema do presente trabalho, em todo o seu tempo, Ives Gandra teve uma inabalável posição em defesa do direito de qualquer pessoa fazer isto ou aquilo com seus bens e com suas atividades, e fazê-lo de modo a incidir na menor carga fiscal possível.

Assim, ao contrário da jurisprudência administrativa, o tempo de Ives Gandra é caracterizado pela imutabilidade de premissas e de conceitos. Ainda recentemente ele se manifestou, em resposta escrita que me dirigiu sobre uma proposta de norma geral antielusão, radicalmente contrário à simples existência de uma norma desse tipo, independentemente do seu conteúdo formal ou mandamental.[2]

Para ele, portanto, deve ser difícil conviver com uma realidade em que o órgão administrativo pelo qual passaram juristas de estirpe, órgão este que mais se notabilizou entre todos no passado, graças à qualidade técnica dos seus julgados e à sua independência funcional em relação aos interesses conflitantes das partes litigantes, nos "tempos atuais" tenha assumido o comportamento que assumiu.

---

[1] Afirmo o que acabei de afirmar não à guisa de mera homenagem, pois muitas vezes pensei diferentemente e concluí diversamente do que li ou ouvi de Ives Gandra. Portanto, o que estou afirmando é decorrência da convicção que tenho de que ele também sempre teve convicção sobre suas posições.

[2] E este é um exemplo de divergência com ele, outra além das que mencionei na nota anterior e que ocorreram ao longo os anos. Realmente, penso que atualmente uma tal norma exerceria um papel importantíssimo na construção da segurança jurídica, pelos motivos que expus no artigo denominado "Norma geral antielusão", publicado na revista *Direito Tributário Atual*, n. 25, do Instituto Brasileiro de Direito Tributário – IBDT, Editora Dialética, 2011, p. 132.

Essas palavras críticas, endereçadas particularmente aos antigos Conselhos de Contribuintes do Ministério da Fazenda, ao atual Conselho Administrativo de Recursos Fiscais e à Câmara Superior de Recursos Fiscais,[3] são restritas aos assuntos de planejamento tributário, e não são para discordar necessariamente de suas conclusões em algumas decisões tomadas. Elas brotam do inconformismo, compartilhado por toda a sociedade, com a falta de respeito ao direito, que muitas vezes suas turmas julgadoras manifestaram através da autopermissão que se deram para ignorar ou mal aplicar princípios, normas e conceitos fundamentais.

Com efeito, o que se assistiu e se assiste nos "tempos atuais" não é necessariamente este ou aquele erro de julgamento, pois houve necessidade de coibir muito abuso por parte de empresas e de indivíduos embalados por uma jurisprudência anterior mais técnica, porém muitas vezes mais leniente com os fatos, ou que foram instigados por equivocadas interpretações de seus consultores.

O que se assistiu e se assiste, e aqui reside o problema, é a adoção, absolutamente errada ou inadequada ao caso concreto, de conceitos jurídicos que são certos e conhecidos, explicados pela boa e independente doutrina, para servir como motivação às conclusões de julgamentos, algumas vezes acarretando a condenação de procedimentos que eram ilegais por outros fundamentos, mas não pelos argumentos adotados, e outras vezes a condenação de procedimentos insensuráveis perante o bom direito.

Sabemos todos, também, das pressões por que passam julgadores administrativos, as quais vêm acompanhadas da forte influência de setores fazendários poderosos, o que em termos práticos é até inevitável no nosso sistema jurídico, embora não seja correto nem aceitável.

Não obstante, mesmo nesse ambiente é injustificável o combate a abusos com outros abusos. Como é inaceitável a prolação de decisões baseadas em falsas teorias, na subversão da ordem constitucional mediante a alusão a princípios genéricos e de nenhuma concretude, colocando-os em condição de primazia e superioridade sobre outros princípios igualmente constitucionais, porém, dotados de forte concretude porque representam limites ao próprio poder de tributar.

---

[3] Mas perfeitamente extensíveis a outros tribunais administrativos que, como os mencionados, foram notáveis no passado não muito distante, pelos grandes juristas que os integraram e por sua atividade judicante precisa.

Ou, a pretexto de interpretar, aplicar disposições do art. 14 da Medida Provisória nº 66/2002,[4] que não se converteram em lei e que, por não se terem convertido, perderam inteiramente a sua eficácia, como comanda o §3º do art. 62 da Constituição Federal.

Assim agindo, pretendendo aplicar princípios cuja observância está na esfera da competência e da atuação do legislador, e que apenas em tese e em raríssimas situações poderiam ser empregados no julgamento de algum caso concreto, a jurisprudência administrativa federal dos "tempos atuais" passa por cima do princípio da legalidade (não literalidade, mas legalidade em sentido próprio), por cima do direito e da liberdade de fazer ou não fazer, ou de fazer deste modo e não de outro, por cima do direito de se organizar, que é ínsito à iniciativa privada, enfim, por cima de princípios que precisariam ser ponderados juntamente com todos os demais, e que não podem ser vilipendiados em nome de outros princípios dificilmente aplicáveis em concreto.

Assim agindo, a jurisprudência administrativa viola o que ela própria apregoa, isto é, que não existem direitos absolutos. Afirmação correta em tese, mas falsa na prática, quando simplesmente se dá caráter absoluto a alguns princípios em detrimento de outros, ou se adotam teorias não fundadas no Direito Tributário brasileiro, constitucional e infraconstitucional.

O resultado de tal postura não poderia ser outro, pois a insegurança jurídica ficou instalada, ainda que o Fisco tenha ganhado alguns casos, cuja quantidade não interessa se sua qualidade não foi minimamente aceitável.

Quer dizer, ganhar um processo resultando em arrecadação, não é ganho apreciável e justificado se tiver sido às custas das instituições que consubstanciam o Estado de Direito.

E a degradação das instituições se faz acompanhar da ruína do prestígio que devem ter os órgãos judicantes, ainda que na esfera administrativa, porque seu prestígio advém da sua conduta, e a sua conduta deve ser informada pelos fundamentos que justificam a sua existência, fundamentos que lhes dão razão de ser e que delimitam os seus poderes.

---

[4] Refiro-me, por exemplo, à teoria do abuso de forma, espancada do direito brasileiro na própria elaboração e aprovação do Código Tributário Nacional, e reconhecida pela doutrina e pela jurisprudência do país como inaplicável aqui. Refiro-me, também, à arguição da necessidade de motivação não tributária para a economia fiscal ser lícita, quando este elemento pode funcionar apenas como indício para aferição da existência ou não de simulação ou algum outro vício jurídico, mas não como *conditio sine qua non*.

No fim, tanto a degradação das instituições quanto a ruína dos órgãos públicos encarregados de zelar por elas produzem a derrocada do próprio Estado de Direito, com geral e inaceitável insegurança privada e também pública.

O teor dos parágrafos anteriores pode dar a impressão de que eles manifestam uma posição pessoal do autor dos mesmos, fortemente influenciada por uma ideologia pró-contribuinte e contrafisco.

Mas não! Contribuintes faltosos devem ser cobrados com o rigor compatível com seu comportamento ilegal, e é isso que se espera dos agentes do Fisco, como se espera dos procuradores das fazendas públicas que defendam com denodo e eficiência o interesse do povo representado pela arrecadação tributária, desde que seja legalmente instituída e cabível em cada caso.

Portanto, o que está dito baseia-se numa convicção pessoal *pro lege*!

Na verdade, o que está escrito não depende de esta ou aquela decisão ter sido contra o contribuinte, nem decorre de uma pretensa sabedoria superior quanto ao que seria jurídico ou injurídico. Não é este o mote adotado, assim como também não se parte da simples existência de equívocos na interpretação da lei, o que, dentro de certos limites, é aceitável, porque errar é humano e em direito não é incomum haver interpretações divergentes.

Ao contrário da falsa suposição anteriormente aventada, o que está escrito decorre dos inaceitáveis desvios de conduta no manejo das normas jurídicas, inclusive pelo indevido emprego dos elementos suprarreferidos, ainda que para justificar uma decisão em que a conclusão teria tudo para ser contrária aos interesses do contribuinte envolvido.

Não se trata aqui, por outro lado, de voltar a qualquer exposição sobre os requisitos para o planejamento tributário ser lícito, ou sobre os fundamentos do direito à elisão fiscal, porque tudo o que havia para ser dito já o foi em incontáveis obras escritas por inúmeros autores respeitados, e também em outros tantos encontros de debates e pesquisas verdadeiramente científicos.

Trata-se, então, de constatar o lastimável estado de coisas em que nos encontramos nos "tempos atuais", no qual todos proclamam – ninguém teve a coragem ou fundamentos para negar – que é legítima a busca da economia fiscal, mas ao mesmo tempo, a despeito dessa premissa incontroversa, na realidade da vida econômica ninguém pode afirmar com segurança até onde vai o direito afirmado, e a partir de quando ele deixa de existir.

E o "ninguém pode afirmar" não decorre de falta de conhecimento ou de fraqueza de opinião, nem mesmo do desconhecimento das ideias em conflito, mas, sim, decorre da incerteza de que sua própria convicção, por mais sincera e fundamentada que seja, poderá não encontrar o suporte de um provimento jurisdicional centrado nas regras de direito aplicáveis. Decorre igualmente da quase certeza de que algo, não obstante ser juridicamente possível, poderá desmoronar caso o Fisco venha a manifestar sua pretensão contrária.

Não se trata, outrossim, de querer uma certeza absoluta, pois a única coisa absolutamente certa é a impossibilidade de uma certeza incontrastável. Mas se trata da possibilidade de um mínimo de previsibilidade sobre as possibilidades de uma conclusão ser neste ou naquele sentido, porque o direito é este ou aquele.

Note-se – novamente em postura *pro lege*, segundo o ensinamento de Rui Barbosa Nogueira –, a conclusão desejada não é esta ou aquela segundo o interesse do contribuinte ou do Fisco, mas segundo o direito aplicável.

Ora, este mínimo de segurança desejada, e necessária, depende de haver regras claras, que todos conheçam, embora possam se equivocar. No caso, são as regras que estão na lei, para que sejam empregadas pelos agentes econômicos e pelos representantes do Poder Público, sejam auditores fiscais, sejam juízes de qualquer esfera.

Se não houver certeza sobre as regras de conduta, o resultado será o caos.

Se a pessoa agir sob determinadas regras que encontra no ordenamento jurídico, ela tem a justa expectativa, a justa pretensão e o justo direito de que, se tiver que justificar seus atos e prestar contas por eles, será sob tais regras que deverá fazê-lo e sob tais regras que sua justificação será apreciada. Isso porque as regras são para todos, ou seja, para a pessoa que age e para os representantes do Poder Público que têm a incumbência de averiguar as ações dessa pessoa e pedir dela a prestação das devidas contas.

Entretanto, se a pessoa age sob determinadas regras, mas for avaliada sob outras regras diferentes, aquele caos já mencionado será inevitável, porém, juntamente com ele, teremos a constatação da absoluta inutilidade de toda e qualquer regra. Em poucas palavras, no âmbito que estamos tratando, será constatada a inexistência real e concreta dos princípios mais elementares do Estado de Direito, inclusive arrastando solidariedade, isonomia, garantia da propriedade e das liberdades, etc. A própria existência do necessário devido processo legal será meramente teórica e formal, tanto quanto a existência do órgão de julgamento será artificiosa e representativa de um simulacro de Estado de Direito.

Quando se trata de planejamento tributário, é isso o que ocorre nos "tempos atuais" da jurisprudência administrativa, pois as regras não são absolutamente as mesmas quando julgamentos são proferidos com a invocação das mesmas regras jurídicas, porém inadequadamente algumas vezes, erradamente em outras e ostensivamente afastadas nos casos mais graves de malferimento do direito.

Quanto a estes últimos, também se subdividem em mais de um tipo de comportamento, mas de todos o mais crítico, exemplo característico do que se passa nos "tempos atuais", é o da afirmação parcialista-ideológico-presunçosa de que os atos do contribuinte podem ser lícitos segundo o direito privado, porém são inoponíveis ao Fisco, ainda que sejam atos que também não violem qualquer norma do direito público em geral e do Direito Tributário em particular, ainda que eles se sustenham em garantias constitucionais, e, diga-se com todas as letras (porque somente assim a afirmação teria validade), ainda que eles não estejam sujeitos à incidência de qualquer norma geral antielusão (porque inexistente no país) ou alguma norma jurídica particular de proteção dos interesses da arrecadação (porque as existentes não são aplicáveis aos fatos envolvidos).

São inúmeros os precedentes da jurisprudência administrativa que, querendo julgar a favor do Fisco, declararam, com espantosa singeleza, a inoponibilidade, ao Fisco, de atos absolutamente válidos perante o direito, quando tal declaração somente poderia ser feita se existisse uma norma antielusão válida, geral ou particular.

Em muitos desses precedentes, o Fisco poderia ter direito, mas direito segundo a lei, inclusive a lei ferida pelo contribuinte, e é isso que deveria ter sido proclamado com o exato enquadramento da ação ilegal do contribuinte, mediante o exato apontamento da norma que ele descumpriu e que, por consequência, atribuiu direito ao Fisco.

O que é inaceitável – impensável mesmo – é dizer que o contribuinte agiu de acordo com a lei, mas a lei não o protege perante o Fisco, como se o Fisco tivesse uma lei diferente e própria para ele. Atente-se novamente, o Fisco pode ter uma norma que proteja os interesses da arrecadação, desde que ela tenha sido promulgada com observância do devido processo legislativo substantivo, portanto, com observância de todos os requisitos e limites constitucionais.

O que o Fisco não tem é o privilégio de que, mesmo inexistindo tal norma, o direito vigente não valha para ele, ou melhor, valha apenas quando a seu favor, mas não para ser oposto a ele. Essa pretensão é tão infundada que não se sustenta por si mesma, mas é contraditória com o que proclama quando se sabe que é o direito, mormente o privado, que rege as relações jurídicas do mundo econômico, construindo patrimônios e efetivando suas alterações, enfim, fazendo existir os atos e negócios com conteúdo econômico do qual se retira o montante dos tributos legalmente devidos, porque revelam capacidade contributiva constitucional e legalmente subjugável à tributação.

Assim, é o direito, mormente o direito privado, que conduz ou não ao fato gerador, ou a este fato gerador e não àquele outro. Isso vale, sim, para os dois polos de toda e qualquer relação jurídica tributária que se instalar de acordo com a lei, nenhum dos quais tendo qualquer outro escudo protetor dos seus interesses.

Pode haver abuso no exercício de direito? Claro que pode, segundo os limites ínsitos a cada direito, e não por um suposto abuso quando alguém não se conforma com o direito regularmente praticado. Assim como há simulações de situações irreais ou dissimulações das reais, ou outros vícios jurídicos. Mas as ilegalidades estão exatamente no direito violado, sendo hauridas das normas jurídicas que foram violentadas, e não da existência de um superior interesse não subordinado ao direito.

É curioso que, quando cabe, o próprio Fisco atua e cobra com base nesta ou naquela norma do direito privado que tenha sido violada! O que, quando não há violação de norma alguma, torna mais autoritária, ilegítima e ilegal a afirmação de que determinada situação é legal, mas não é oponível ao Fisco!

Quer dizer, nesses últimos casos não se tem o pejo de dizer que os atos dos agentes econômicos são válidos para todos os efeitos de direito, mas não para a devida incidência ou não incidência das normas tributárias cabíveis para a cobrança ou não cobrança de algum tributo, porque, à margem do princípio da legalidade, eles não seriam oponíveis ao Fisco!

Esse estado de coisas, característico dos "tempos atuais" da jurisprudência administrativa, não condiz com os princípios mais comezinhos do Estado de Direito, urgindo que tenha um cobro, não para liberar a prática desenfreada de esquemas espúrios de pseudoplanejamento tributário, mas para que a verdadeira planificação fiscal, que corresponde a legítimo anseio de qualquer homem probo e obrigação de quem administra patrimônio alheio, seja exercida com a segura certeza de que se pode economizar tributos dentro da lei, se saiba como se pode conseguir essa economia e quando não se pode tê-la, além de que se possa ter segurança de que o direito praticado corretamente será assegurado pelos tribunais, para que o planejador ou seus representados não se vejam levados a situações de cobranças de tributos indevidos, acrescidos de penalidades extremamente gravosas e até de acusações criminais de caráter pessoal.

Em suma, seja para absolver seja para condenar, precisamos da existência e da aplicação de regras claras e precisas, certamente não perfeitas e capazes de prever e descrever todos os acontecimentos possíveis da vida real, mas dotadas de um conteúdo que seja suficiente a cumprir sua própria função num estado democrático.

Para isso, temos que nos despir de ideologias pessoais, sem o que não é possível procurar o direito onde ele deve estar, embora certamente influenciado pela ideologia dominante no nosso espaço e nos "tempos atuais" da nossa sociedade, mas não na de apenas alguns setores da mesma.

Agindo assim e buscando a solução de todos os problemas no ordenamento jurídico vigente, podemos ter segurança no presente sem impedir que se busque modificações para o futuro.

Nesse sentido de eventuais alterações, se quisermos um estado fiscal, basta copiar a primeira redação do §42 do código de Enno Becker. Ao contrário, se quisermos manter um estado democrático, mesmo com o qualificativo de social, tal como temos o delineado em suas feições fundamentais contidas na Constituição de 1988, dita "Republicana" ou "Cidadã", temos que fazer algo bem diferente do §42, aliás, como já foi feito no tempo da elaboração do CTN, e também como foi feito quando da promulgação da "Constituição garantista" a que alude Humberto Ávila, ou, ainda, como foi feito quando o Governo Federal baixou a Medida Provisória nº 66, principalmente com seus arts. 13 e 14, mas se viu repelido pela reação social e pela negativa do Congresso Nacional de convertê-los em lei.

Mais do que isso, temos que ser corajosos e claros, para termos certeza e segurança, portanto, não fazendo o que foi feito com o parágrafo único do art. 116 do CTN, que diz muito menos do que seu mentor queria fazer, e cujo resultado são dez anos de infrutíferas discussões para interpretá-lo desta ou daquela maneira, muitas vezes ao sabor de preferências pessoais, resultando em dez anos de ineficácia por incapacidade (inviabilidade) de regulamentá-lo sensatamente.

Tão ruim ou pior do que uma norma inválida é uma norma vigente, mas ineficaz. Pior ainda é quando a norma ineficaz tem por objeto comportamentos inerentes a legítimas aspirações humanas de toda e qualquer pessoa e ínsitos à atividade econômica numa economia guiada pelo direito de propriedade privada e pelos princípios da livre iniciativa e da liberdade de concorrência. De mais a mais, comportamentos que se fundam em garantias constitucionais que distinguem a legítima tributação do ilegítimo confisco.

Igualmente imprestáveis e indesejáveis são argumentos tendenciosos, tais como o que se tem ouvido ultimamente a propósito das crises financeiras mundiais.

Os que pregam contra o planejamento tributário arguem que, mais do que nunca, devem os contribuintes mostrar solidariedade com os interesses coletivos, necessária a salvar as combalidas finanças públicas, numa espécie de imploração pela adesão voluntária a pagar mais, ainda que às custas do abandono de direitos.

Por outro lado, os que defendem o planejamento tributário proclamam que a responsabilidade pela situação financeira lamentável de tantos países é dos seus governantes, e não dos seus contribuintes, e que estes, mais do que nunca, têm que procurar a economia fiscal porque também eles estão afetados pelas crises.

No Brasil, ainda dizem que o argumento dos que são contrários ao planejamento fiscal não é aplicável aqui, onde não há crise, porque a de fora nos atinge com menor intensidade e, ademais, o Governo Federal alardeia mensalmente seus recordes de arrecadação.

A verdade é que temos uma Constituição clara e firme, a ser aplicada sobranceiramente em tudo, inclusive quando se trata de planificação fiscal. Outra verdade é que a lei complementar cerca o cumprimento da Constituição com outras prescrições igualmente claras e firmes. Ainda temos um novo Código Civil, com modernidade suficiente para explicar a validade ou invalidade das práticas empresariais.

Portanto, argumentos políticos à parte, nesses fundamentos jurídicos é que as grandes discussões sobre o planejamento tributário devem ser travadas e resolvidas.

Contribuintes não podem inventar situações que possam lhes livrar das suas obrigações tributárias, nem o Fisco pode inventar ou acolher teorias que impeçam a lícita elisão fiscal. Naquelas situações, cabe ao Fisco lançar mão do ordenamento jurídico para combater a evasão e trazer os faltosos à sua responsabilidade, mas, perante válida economia, deve respeitá-la, não porque estará respeitando alguém que não se tornou contribuinte ou que se tornou contribuinte de um tributo menos oneroso, e sim porque estará respeitando o ordenamento jurídico.

Todos os excessos, de lado a lado, têm de ser coibidos pelas cortes judiciais e pelos órgãos administrativos competentes, aplicando para todos os que abusam o mesmo ordenamento jurídico.

A natural busca da redução das incidências tributárias, que é de todos, e a obrigação de procurá-la, que é de muitos, tem de ser refreada no seu nascedouro pela consciência dos limites impostos pelo ordenamento jurídico. Nessa seara, a prudência deve caminhar ao lado da noção sincera do que pode ser feito e do que não deve ser feito.

Se os "tempos atuais" acenam para as dificuldes dos órgãos administrativos de julgamento lidarem com os casos de planejamento tributário, que isso sirva de advertência para os bons planejadores.

Se as decisões judiciais são escassas, que isso também sirva para que esses planejadores redobrem seus cuidados.

Contudo, que o Fisco não pense estar livre para autuar sem peia alguma, pois, embora raras, encontramos decisões precisas no âmbito administrativo, assim como há alguns sinais positivos nas duas mais altas cortes do país, onde três casos emblemáticos foram decididos a favor do Fisco, porém com base na lei e na realidade dos fatos ocorridos, sem necessidade de recurso a qualquer teoria ou ideia extravagante.[5]

Especialmente relevante observar que tais julgados aplicaram preceitos do direito civil, por um lado contrariando opiniões de alguns advogados no sentido de que os limites de validade dos atos e negócios no direito privado não fixam os limites de validade no Direito Tributário, e, por outro lado, evidenciando ao Fisco onde deve buscar a devida motivação para seus procedimentos fiscais.

Se, na ausência de uma norma antielusão de caráter geral, há mais liberdade para a planificação fiscal, que esse horizonte seja respeitado pelo Fisco, mas que os planejamentos se contenham dentro dos limites que já advêm e sempre advirão do direito privado, porque este é disciplinador dos atos e negócios jurídicos mediante os quais se perfazem os fatos geradores tributários, ou se os evita regularmente.

Se, além disso, o Fisco quiser dispor de uma norma geral antielusão, que a proponha à devida consideração e à necessária decisão

---

[5] Leia-se, para conferir, mas não apenas ementas: Supremo Tribunal Federal, 1ª Turma, Recurso Extraordinário nº 268586-1-SP, decidido em 24/05/2005; Superior Tribunal de Justiça, 2ª Turma, Recurso Especial nº 946707-RS, julgado em 25/08/2009; Superior Tribunal de Justiça, 2ª Turma, Recurso Especial nº 1107518-SC, decidido em 06/08/2009.

do Parlamento. Nesse sentido, que tenham todos a sensibilidade de reconhecer que o parágrafo único do art. 116 do CTN, vindo ao mundo através da Lei Complementar nº 104, nasceu torto e com periclitantes perspectivas de uma vida sadia e livre de sobressaltos.

De nada vale tentar interpretá-lo da forma mais favorável ao Fisco, procurando dar aos seus termos uma abrangência maior da que é normal e razoavelmente possível extrair deles, ao menos sem infindáveis contendas. É preferível não estender as discórdias e os "tempos atuais" de incertezas e conflitos, sendo mais prudente para todos que uma nova norma seja editada, clara e precisa, em nível de lei complementar para ser respeitado o art. 146 da Constituição e ser válida em todos os níveis de tributação.

Ou então, que se ouça a opinião de Ives Gandra, para quem o ordenamento jurídico brasileiro já dispõe de suficientes normas a favor dos planejamentos elisivos e contra os planejamentos evasivos.

Informação bibliográfica deste texto, conforme a NBR 6023:2002 da Associação Brasileira de Normas Técnicas (ABNT):

OLIVEIRA, Ricardo Mariz de. Planejamento tributário nos tempos atuais. *In*: SARAIVA FILHO, Oswaldo Othon de Pontes (Coord.). *Direito Tributário*: Estudos em tributo ao jurista Ives Gandra da Silva Martins. Belo Horizonte: Fórum, 2016. p. 357-368. ISBN 978-85-450-0154-6.

A TRIBUTAÇÃO NO TERCEIRO SETOR

PAULO ROBERTO COIMBRA SILVA

1 Introdução

Com enorme satisfação recebemos o honroso convite para participar desta justíssima homenagem ao Prof. Ives Gandra da Silva Martins, protagonizada pela laboriosa Editora Fórum, sob a atilada organização de seu superno coordenador, Prof. Oswaldo Othon de Pontes Saraiva Filho.

No presente ensaio, busca-se provocar uma reflexão sobre a tributação no Terceiro Setor mediante um juízo de compatibilidade entre o exercício do *ius tributandi* e as atividades da sociedade civil organizada sem fins lucrativos. Nesse mister, cumpre também ponderar sobre a eventual responsabilidade tributária pessoal dos dirigentes das entidades do Terceiro Setor nas hipóteses de sua desabilitação do beneplácito das imunidades previstas nos artigos 150, VI, "c", e 195, §7º da *Lex Mater*.

A escolha do tema encontra duas justificativas: *primus*, o interesse e o apreço pelas entidades do Terceiro Setor foram por nós recebidos como valioso legado do Dr. Marco Túlio Coimbra Silva,[1] que tanto se destacou no cenário nacional como paladino das instituições

---

[1] Saudoso e pranteado irmão, então Procurador de Justiça do Estado de Minas Gerais, foi corresponsável pela criação da Curadoria de Fundações e Entidades de Interesse Social no Estado de Minas Gerais, bom como coidealizador e cofundador da PROFIS – Associação Nacional dos Procuradores e Promotores de Justiça de Fundações e entidades de Interesse Social, entidade instituída para contribuir para o estudo e aprofundamento de temas concernentes às fundações de direito privado, às associações e sociedades civis sem fins lucrativos, às entidades de interesse social, ao terceiro setor e às organizações não governamentais, bem como para incentivar a integração de Procuradores e Promotores de Justiça dos Ministérios Públicos dos Estados e do Distrito Federal e Territórios, com atribuições em fundações e entidades de interesse social.

genuinamente filantrópicas criadas pela sociedade civil organizada; e, *secundus*, a notória atuação do laureado Prof. Ives Gandra[2] ao singrar, com sobras de méritos e êxitos, em torno do tema, tanto na academia quanto na advocacia.

Por tais razões, declinamos de abordar as infrações e sanções no Direito Tributário, assunto predileto em nossas pesquisas e estudos.[3]

2 O Terceiro Setor e os deveres do Estado

Discorrer sobre o Terceiro Setor consiste sempre numa oportunidade de se exercer o ato cívico de refletir e estimular as atividades altruístas da sociedade civil organizada, sem fins lucrativos, em nosso país.

São indisfarçáveis na atual Constituição brasileira as influências do modelo do Estado do Bem-Estar Social, com a ampliação e afirmação do conceito de cidadania atrelado, de forma indissociável, a direitos sociais.

Nesse diapasão, o Estado assume o dever de protagonizar a promoção social e a regulação da economia. Prover educação apropriada e assistência social adequada, entre outros direitos sociais, não se pode olvidar, são responsabilidades do Estado.[4] Não obstante a magnitude dessas incumbências, reconheça-se, é dever do Estado assegurar a concreção plena e digna de tais direitos a todos os cidadãos.

As fundações de direito privado e as associações civis sem fins lucrativos, como entidades expoentes do Terceiro Setor, não raro, abarcam em suas finalidades institucionais e estatutárias o cumprimento de atividades primordialmente confiadas e constitucionalmente atribuídas ao Estado.

---

[2] Tivemos a honra de participar, ao lado do Prof. Ives Gandra, da mesa expositora no I Congresso Nacional de Fundações, promovido pelo Ministério Público do Estado de São Paulo, sob a coordenação do Dr. Airton Grazzioli (Curador de Fundações do Estado de São Paulo), em 09 de março de 2007. A propósito do tema, merece destaque recente publicação: MARTINS, Ives Gandra da Silva; RODRIGUES, Marilene Talarico Martins. Imunidades de entidades religiosas e de assistência social, sem fins lucrativos: aspectos constitucionais e de legislação complementar e ordinária. São Paulo, *Revista Dialética de Direito Tributário*, v. 196, jan. 2012.

[3] Sobre o tema, vide COIMBRA SILVA, Paulo Roberto. *Direito Tributário sancionador*. São Paulo: Quartier Latin, 2007; e COIMBRA SILVA, Paulo Roberto (Coord.). *Grandes temas do Direito Tributário sancionador*. São Paulo: Quartier Latin, 2010.

[4] Vide art. 3º c/c art. 6 º, ambos da CR/88.

O Terceiro Setor, com alcance e capilaridade insuperáveis, ao adotar como suas finalidades o cumprimento de responsabilidade do Estado, busca suprir as suas muitas carências e suprimir as suas ineficiências na consecução e realização de direitos sociais.

As finalidades institucionais das entidades do Terceiro Setor, via de regra, coadunam-se com o interesse público e, mais, não raro, coincidem com as finalidades públicas, ou seja, com alguns dos mais elevados fins do próprio Estado.

Muitas das entidades do Terceiro Setor militam de forma complementar à atuação Estatal. Apesar de não pretenderem atuar de maneira substitutiva ao Estado, mas sim com caráter supletório ou complementar, não raro, mercê de sua maior capilaridade e alcance,[5] atingem pontos geográfica ou socialmente de difícil acesso ao Estado, nos quais este não se faz presente.

Não poucas entidades do Terceiro Setor são genuínas aliadas do Estado na concreção de direitos sociais inalienáveis, caracterizando-se como instituições paraestatais de finalidade pública. Não é por outra razão que o legislador pátrio, no exercício de seu poder constituinte originário, estabeleceu um regime tributário especial para as instituições, sem fins lucrativos, dedicadas à educação e assistência social, desde que cumpridos os requisitos erigidos nos incisos do art. 14 do digesto tributário.

3 Tributação e Terceiro Setor: juízo de (in)compatibilidade e adequação

Discorrer a respeito de tributos e entidades do Terceiro Setor não é tarefa simples, especialmente no tocante ao juízo de compatibilidade e de adequação entre eles.

As finalidades das entidades do Terceiro Setor exsurgem como um fator preponderante nesse juízo de compatibilidade e de adequação entre elas e a tributação, uma vez que os objetivos institucionais de que são imbuídas estatutariamente, não raro, coincidem com as finalidades públicas, ou seja, com os fins do próprio Estado.

---

[5] Além de maior capilaridade e alcance, pois a sociedade civil se espraia pela maior parte do território nacional, sobretudo nas áreas de maior densidade demográfica, recorde-se que as técnicas de gestão da iniciativa privada se revelam muito mais adequadas ao empreendedorismo, inclusive para o desenvolvimento de atividades sem fins lucrativos, do que o enrijecido sistema de gestão pública. Portanto, maiores agilidade, celeridade e flexibilidade, sem se descurar da necessidade de fidelidade aos propósitos filantrópicos (daí a relevância da atuação do Ministério Público) tendem a resultar em maior eficácia.

As entidades do Terceiro Setor, por vezes, abarcam responsabilidades do Estado, buscando suprir suas carências e suprimir suas ineficiências na consecução e na realização dos direitos sociais. Embora devam abraçar essa causa de forma complementar ou suplementar, a realidade mostra que tais entidades exercem essas funções, algumas vezes, com caráter quase substitutivo, em especial nos rincões não alcançados pela atuação formal do Estado, usualmente onde sua ausência se faz sentir de forma mais contundente.

Nessa ordem de ideias, para a análise do juízo de compatibilidade entre o *ius tributandi* e o Terceiro Setor, urge recordar algumas noções bastante rudimentares e breves numa análise funcional do conceito de tributo.

Tributo, segundo primorosa e abrangente definição do art. 3º do Código Tributário Nacional (CTN), "é toda prestação pecuniária, em moeda ou cujo valor nela se possa exprimir, que não constitua sanção de ato ilícito, instituída em lei e cobrada mediante atividade administrativa plenamente vinculada".

O tributo tem, basicamente, duas funções: exerce uma função fiscal ou uma função extrafiscal.

A função fiscal (ou arrecadatória), nascida junto com o tributo, é exercida quando o tributo é instituído e arrecadado como fonte primordial de custeio do aparato estatal e das políticas públicas. Sem dúvida alguma, o tributo representa, de largo, a maior e principal fonte de receitas de manutenção da máquina estatal e de financiamento de suas atividades. Surgido como um corolário ao reconhecimento do direito de propriedade privada e da livre iniciativa, o tributo é um sustentáculo do sistema de produção capitalista, que pressupõe a associação de capital (propriedade) e trabalho, e, por isso, pode ser considerado como um mecanismo necessário aos prevalentes modelos de organização político-social.

Essa função fiscal exsurgiu com maior ênfase no Estado Liberal,[6] formado pela concepção individualista e surgida no movimento

---

[6] No modelo de Estado liberal, mercê do afã em se estribarem os direitos individuais diante dos poderes dantes ilimitados do Estado absolutista, prevaleceu uma feição reducionista das funções do Estado Moderno, conferindo-se-lhe não mais que a defesa externa e a segurança interna. A redução das funções do Estado resultou de reação aos abusos decorrentes de seus poderes outrora ilimitados, descritos por Hobbes (cujo pensamento serviu de supedâneo teórico para os poderes monárquicos de *King Charles I*, em virtude de sua obra *Elements of Law*, 1640) como a solução indispensável para se evitar a desintegração da sociedade pela força dispersiva do *"estado natural de guerra e discórdia do homem"* (HOBBES, Thomas. *Leviathan*, 1651), para quem os particulares renunciavam os direitos individuais

iluminista, quando ao Estado eram confiadas funções muito restritas, reduzidas ao mínimo possível (minarquia). Estribou-se tal modelo sob a influência da teoria liberalista de Adam Smith, segundo a qual as forças de mercado militam no sentido de gerar, da busca de vantagens pessoais, benefícios não intencionais com consequente desenvolvimento econômico, redução de desigualdades e maior equilíbrio social. Nesse contexto, a crença na "mão invisível" do mercado tornaria despicienda a intervenção estatal na economia, prevalecendo a convicção de que a tributação, com propósitos exclusivamente arrecadatórios, deveria ser neutra e mínima. Conforme relata Schoueri,

> em regime de plena liberdade de concorrência, *le monde va de lui-même*, *i.e.*, qualquer intervenção estatal cria distúrbios numa distribuição de renda inicialmente justa e correta; daí porque se busca a neutralidade. Neste sentido, o Estado deveria, seja em seus gastos, seja em sua arrecadação, evitar qualquer medida que tivesse a finalidade o a provável consequência de desviar o mecanismo de distribuição do mercado de usa trilha "natural"...[7]

Não deveria o Estado, pois, intervir na economia e, *ipso facto et iure*, não se reconhecia a adequabilidade do tributo como mecanismo de intervenção estatal na esfera privada – seja economia ou em qualquer outro setor –, pretendendo-se atribuir ao Estado uma suposta neutralidade. Em outras palavras, como o Estado não deveria intervir na economia, o tributo, como manifestação de uma parcela da soberania estatal, tampouco deveria produzir qualquer interferência.

A história nos revela, porém, que a concepção individualista de Estado foi superada e sucedida por uma concepção coletivista, fundante do conceito genérico de *Welfare State*, que açambarcou funções e responsabilidades até então não evocadas pelo Estado. Nesse modelo, sob a inspiração do pensamento de Gunnar Myrdal e de Keynes, o Estado assume o papel de agente da promoção social e regulador da economia, tomando sobre seus ombros a responsabilidade pela consecução dos direitos sociais e da cidadania plena. A partir de então, a tributação volta, com maior intensidade, a ser definida e lapidada pelo

---

em prol da segurança, da ordem, e do bem-estar coletivo. Sob a influência iluminista, não deveria o Estado liberal ingerir nos assuntos privados, eximindo-se de exercer qualquer interferência na economia, o que gerou a crença e o intento da neutralidade dos tributos.

[7] SCHOUERI, Luís Eduardo. *Normas tributárias indutoras e intervenção econômica*. Rio de Janeiro: Forense, 2005, p. 112.

legislador não apenas em função de aspectos estritamente financeiro-orçamentários, mas tomando em consideração as políticas sociais, econômicas, urbanas, ambientais, demográficas, etc. Em atento relato histórico, registra Luis Alonso que

> al tributo, superada una concepción neutral del papel de la Hacienda, corresponde asumir tareas distintas de las estrictamente recaudatorias, convirtiéndose en un instrumento privilegiado de intervención administrativa. Y si bien es cierto que éste no es un hecho novedoso, no es menos cierto que la expansión de esta concepción del tributo donde encuentra realmente terreno abonado en el que germinar es en el desarrollo de un Estado social e intervencionista.[8]

Por certo, uma vez ultrapassado o antigo dogma da neutralidade dos tributos, vigente à época do liberalismo, às exações fiscais, de forma cada vez mais frequente, são reconhecidos efeitos que ultrapassam o mero abastecimento da burra estatal. O tributo não se revela mais apenas como a mais importante fonte de financiamento das despesas públicas, mas exsurge como um valioso instrumento de políticas públicas. Nesse rumo, há muito pontificou Klaus Tipke, ao asseverar que

> el moderno Derecho tributario está concebido con una doble finalidad, ya que no sirve exclusivamente a la obtención de recursos, sino que, al mismo tiempo, persigue dirigir la economía y la redistribución de las rentas y de los patrimonios.[9]

A extrafiscalidade, em sua acepção estrita, consiste no fenômeno segundo o qual o tributo é instituído ou manipulado pelo legislador com outros objetivos que não estrita ou preponderantemente arrecadatórios. Nesse sentido, a extrafiscalidade consiste na utilização do tributo como valioso mecanismo de políticas públicas, servindo como um instrumento voltado à indução de comportamentos, omissivos ou comissivos.

---

[8] GONZALEZ, Luis Manuel Alonso. *Los impuestos autonómicos de carácter extrafiscal*. Madrid: Marcial Pons, 1995, p. 12-13.

[9] TIPKE, Klaus. La ordenanza alemana de 1977. Civitas, *REDF*, nº 14, 1977. Em idêntico sentido, observa Prof. Ricardo Lobo Torres que "a expansão do Estado Econômico leva à superação da tese de neutralidade tributária, tão defendida no liberalismo. Os tributos, ao lado de sua função de fornecer os recursos para as despesas essenciais do Estado, exercem o papel de agentes do intervencionismo estatal na economia, de instrumentos de política econômica". Sistemas constitucionais tributários. *In: Tratado de Direito Tributário brasileiro.* Rio de Janeiro: Forense, 1986. v. II. t. II, p. 634.

Nesta ordem de ideias, vislumbra-se a superação do tradicional binômio "receita/despesa", como forma de consecução das finalidades do Estado. Tradicionalmente, a forma de o Estado atingir seus objetivos passa necessariamente (i) pela arrecadação, (ii) pela inclusão desse valor em uma dotação orçamentária específica para (iii) financiar um gasto público na buscar do cumprimento de seus fins. Com o emprego da extrafiscalidade, o referido binômio tende a ser afastado, porquanto a viabilização da concreção das finalidades estatais se dá mediante a indução de comportamentos, sejam eles imprescindíveis, necessários ou convenientes para a sua realização. A própria incidência ou não incidência tributária já contribui para a consecução dos objetivos adotados.

A extrafiscalidade *stricto sensu* pressupõe, pois, a introjeção no Direito Tributário de valores das mais diversas searas (social, econômica, ambiental, agrária, urbanística, etc.) a serem atingidos mediante a indução de comportamentos relevantes (comissivos ou omissivos) a eles afetos. Para tanto, são as normas básicas de incidência tributária impregnadas de propósitos ordinatórios ou de fomento, resultantes das influências recebidas de outros subsistemas jurídicos, alcançáveis por diferentes métodos e técnicas, seja mediante o agravamento ou a exoneração (total[10] ou parcial[11]) das obrigações tributárias principais.

De se ver que a utilização do tributo como instrumento de políticas públicas, voltado à indução (fomento ou inibição) de condutas (comissivas ou omissivas), o sujeita a um regime jurídico referto de influências de diversos valores e princípios alheios às tradicionais raias do Direito Tributário.

Verifica-se, pois, a permeabilidade do tributo a valores das mais diversas searas (econômica, ambiental, agrária, urbanística, social, etc.), resultando na abertura de novas sendas nas quais se demonstram inexoráveis o balanceamento de princípios, eventualmente contrapostos, que justifica, por vezes, a fixação de limites ao *ius tributandi*[12] ou, n'outros casos, o arrefecimento de algumas de suas peias, por vezes reduzindo

---

[10] A *exoneração total* pode-se dar mediante (i) restrição da competência tributária (imunidades); (ii) exclusão determinado fato do espectro de abrangência da hipótese de incidência do tributo (isenções); ou, ainda, (iii) mediante previsões no comando da norma tributária, *v.g.*, redução integral da base de cálculo, alíquota zero, etc.

[11] A *exoneração parcial* decorre, necessariamente, de alterações do critério quantitativo do comando na norma tributária, *e.g.*, redução parcial da base de cálculo, alíquota reduzida, créditos presumidos, depreciação celerada, deduções ampliadas, etc.

[12] Como se verá mais adiante, muitas das imunidades são erigidas pela Constituição em função de razões de cunho extrafiscal.

ou dosando seus graus de eficácia, mas sem extirpar sua aplicação (sem fulminar sua eficácia).

Atualmente, a discussão sobre a possibilidade de o tributo encampar funções extrafiscais já está superada, devendo-se concentrar o debate e a atenção sobre quais interesses, valores e direitos são dignos de entrelaçamento com a política fiscal, e, sobretudo, se as medidas fiscais adotas ou propostas são adequadas, convenientes ou necessárias, aos fins a que se propõem. Para tanto, indesviável o emprego do postulado da proporcionalidade, como instrumento e ponderação e verificação da juridicidade da utilização do tributo (e dos efeitos de sua utilização) para a salvaguarda de valores e consecução de objetivos de interesses públicos.

Debalde os diferentes métodos[13] e técnicas[14] postos à disposição pelo Direito Tributário, as normas tributárias extrafiscais são erigidas para o deliberado estímulo ou inibição de comportamentos que, inseridos dentro das raias da licitude,[15] revelem-se, respectivamente, desejáveis ou inconvenientes aos valores e objetos albergados pelo ordenamento constitucional.[16]

Imperioso notar que até mesmo o legislador constituinte, ao moldar a competência tributária, pode e deve fazê-lo levando em consideração fatores e critérios extrafiscais. Ao promover a repartição do

---

[13] Agravamento (para fatos lícitos, porém inconvenientes) *versus* exoneração (para fatos lícitos, mas desejáveis ou mesmo necessários para determinadas políticas públicas, objeto de fomento e incentivo).

[14] Técnicas de *agravamento*: previsão de incidências para hipóteses específicas; majoração de alíquotas; aumento da base de cálculo; restrições ao direito de dedução; etc. Técnicas de *exoneração*: imunidades, isenções (exoneração total); ou redução de base de cálculo ou de alíquotas, créditos presumidos, etc. (previstas no comando da norma tributária, mais especificamente em seu critério quantitativo, podem promover uma exoneração parcial ou total).

[15] Recorde-se que tributo não é sanção de ato ilícito e, portanto, não pode ser utilizado com o fim de inibir ou reprimir a prática de ilícito. A prática da ilicitude deve atrair a persecução e repressão por parte do Estado, e não a tributação.

[16] Diante da complexidade da sociedade pós moderna, os atos jurídicos não mais devem ser segregados apenas em lícitos ou ilícitos. Tal classificação revela-se, nos dias atuais, tão útil como insuficiente. No conjunto de atos lícitos, convém apartar os atos *lícitos desejáveis* e os atos lícitos que, sem desbordarem para o campo da ilicitude, revelam-se *inconvenientes* à concreção dos valores incorporados pela Constituição. Sem margem a dúvidas, dentro do campo da licitude, em atenção a cada um dos diversos valores que compõem a complexa axiologia constitucional, podem ser identificados atos *convenientes* (desejáveis), *inconvenientes* (indesejáveis) e *neutros* (indiferentes). Os dois primeiros grupos constituem o substrato a ser considerado pelo legislador na introdução de efeitos ou propósitos ordinatórios ou indutores nas normas tributárias, dirigindo, assim, o seu ofício legiferante no sentido de encarecer outros objetivos além da mera arrecadação de receitas.

ius tributante entre os entes federados, o legislador constituinte deve guardar coerência com a competência legislativa e administrativa por ele mesmo erigida. E, mais, pode e deve o legislador constituinte prever limitações específicas, excluindo determinados fatos do universo tributável (imunidades) quando os considere imprescindíveis à consecução de valores que se sobrepõem às necessidades arrecadatórias da burra estatal.

Os atos desejáveis ou convenientes inferem-se compatíveis com a tributação, muito embora demandem uma adequação exonerativa, no mais das vezes parcial, em sua incidência.[17]

Por outro lado, os atos reputados como imprescindíveis ou necessários para a consecução dos objetivos estatais revelam-se incompatíveis com a tributação. Desse fato, resulta a extrafiscalidade na desoneração tributária das atividades próprias do Terceiro Setor que se dedicam à promoção e concreção de direitos sociais fundamentais, que, a seu turno, recorde-se, são responsabilidades do Estado. A incompatibilidade de tais atividades com a tributação, reconhecida expressamente pelo legislador constituinte, é concebida por força dos princípios da proporcionalidade, da razoabilidade, da eficiência e da inteligência, servindo a imunidade como técnica exoneratória adequada para a tutela de valores mais caros.

Interessante observar haver o legislador constituinte identificado alguns valores, atos e fatos considerados tão caros que transcendem as necessidades arrecadadoras do Estado, erigindo, então, limitações ao poder de tributar, de forma que a tributação não pudesse estorvar a sua concreção. O Estado não pode tributar comércio de livros, de jornais, papéis e tintas destinados à sua impressão,[18] na medida em que esse fato foi considerado imprescindível para a concreção de um valor fundamental, que é o direito à informação, à cultura e à educação.

Em idêntica linha de raciocínio, o Estado não pode tributar o patrimônio, renda e serviços das entidades genuinamente sem fins lucrativos destinadas a atividades educacionais e assistenciais, porquanto são dedicadas à concreção de valores considerados por demais estimados pelo legislador constituinte.

---

[17] Como técnicas, que são realizadas pelo legislador ordinário, citem-se as exonerações totais, como as isenções, e as exonerações parciais, como o reconhecimento de créditos presumidos, de direitos de deduções, redução de base de cálculo, redução de alíquota, entre outras, como forma de estimular determinados comportamentos.

[18] Art.150, IV, "d", da CR/88

A exoneração tributária das entidades do Terceiro Setor vocacionadas à educação e assistência social tem como nítido propósito estimular o associativismo voluntário e o aliciamento do cidadão comum no cumprimento das funções do Estado, apresentando-se como um fomento ao apoio da sociedade civil que o Estado não pode dispensar ou prescindir. Há inúmeros exemplos de exoneração das atividades próprias do Terceiro Setor no Direito Comparado, inclusive nos países com elevados níveis de IDH, sendo certo que, ao menos em comparação com estes, a realidade brasileira certamente demanda uma carência ainda maior de apoio e engajamento na promoção dos direitos sociais. Nessa ordem de ideias, as exonerações tributárias de fomento ao Terceiro Setor no Brasil deveriam ser muito mais contundentes que aquelas verificadas nos outros países tidos como mais desenvolvidos.

4 Conclusões

Em síntese, pode-se concluir que:
- quando a tributação tem em mira o fomento de atos considerados imprescindíveis para a consecução dos fins do próprio Estado, de difícil ou remota consecução, existe o dever de exoneração;
- não deve o Estado, mediante o exercício de seu *ius tributandi*, estorvar ou minar a benfazeja e abnegada ação da sociedade civil;
- ao menos enquanto não alcançados os elevados propósitos erigidos no art. 3º da *Lex Mater*, e não assegurados os direitos sociais inerentes à plena cidadania, a tributação do patrimônio, renda e serviços não se revela incompatível com as atividades das entidades do Terceiro Setor genuinamente filantrópicas, voltadas à educação e à assistência social. Essa é a inteligência dos arts. 150, VI, "c", e 195, §7º, da CR/88, não podendo o legislador ordinário amesquinhar o beneplácito constitucional, ao pretender erigir requisitos outros para seu reconhecimento além daqueles previstos em lei complementar;[19]
- as demais atividades do Terceiro Setor, dedicadas à consecução de outros direitos sociais, distintos da educação e da assistência social, se não são imprescindíveis, são induvidosamente convenientes e desejáveis. Portanto, mesmo não sendo incompatíveis

---

[19] ADI nº 1802-3/DF, Rel. Min. Sepúlveda Pertence, *DJ* 13/02/2004.

com a tributação, seu patrimônio e atividades demandam uma adequação das incidências tributárias mediante outras técnicas exonerativas.

Referências

DINIZ, Gustavo Saad. *Direito das fundações privadas*. 3. ed. São Paulo: Lemos & Cruz, 2007.

GONZALEZ, Luis Manuel Alonso. *Los impuestos autonómicos de carácter extrafiscal*. Madrid: Marcial Pons, 1995.

MARTINS, Ives Gandra da Silva; RODRIGUES, Marilene Talarico Martins. Imunidades de entidades religiosas e de assistência social, sem fins lucrativos: aspectos constitucionais e de legislação complementar e ordinária. *Revista Dialética de Direito Tributário*, v. 196, jan. 2012.

PAES, José Eduardo Sabo. *Fundações, associações e entidades de interesse social:* aspectos jurídicos, administrativos, contábeis, trabalhistas e tributários. 6. ed. Brasília: Brasília Jurídica, 2006.

SILVA, Marco Túlio Coimbra. Serviço voluntário, remuneração de dirigentes e a responsabilidade civil em razão dos atos praticados pelos administradores: aspectos gerais e implicações legais. *In:* SILVA, Marco Túlio Coimbra. *Terceiro Setor:* fundações e entidades de interesse social. Vitória: CEAF, 2004, p. 155-171.

SCHOUERI, Luís Eduardo. *Normas tributárias indutoras e intervenção econômica*. Rio de Janeiro: Forense, 2005.

TIPKE, Klaus. La ordenanza alemana de 1977. *REDF*, n. 14, 1977.

TORRES, Ricardo Lobo. Sistemas constitucionais tributários. *In:* TORRES, Ricardo Lobo. *Tratado de Direito Tributário brasileiro*. Rio de Janeiro: Forense, 1986. v. II. t. II.

Informação bibliográfica deste texto, conforme a NBR 6023:2002 da Associação Brasileira de Normas Técnicas (ABNT):

SILVA, Paulo Roberto Coimbra. A Tributação no Terceiro Setor. *In:* SARAIVA FILHO, Oswaldo Othon de Pontes (Coord.). *Direito Tributário*: Estudos em tributo ao jurista Ives Gandra da Silva Martins. Belo Horizonte: Fórum, 2016. p. 369-379. ISBN 978-85-450-0154-6.

A MODULAÇÃO TEMPORAL DOS EFEITOS DAS DECISÕES NO SUPERIOR TRIBUNAL DE JUSTIÇA

FÁBIO MARTINS DE ANDRADE

1 Introdução

Com o advento do art. 27 previsto na Lei nº 9.868/99, passou a vigorar na ordem jurídica nacional permissivo legal capaz de sustentar a aplicação (excepcional) da modulação temporal dos efeitos das decisões do STF em ações diretas de inconstitucionalidade.

Ocorre que as perplexidades e as decisões difíceis relacionadas às diferentes situações da vida consolidadas ao longo do tempo, ao necessário respeito à irretroatividade quando da mudança de jurisprudência anteriormente pacífica, bem como à proteção da boa-fé objetiva e da confiança legítima dos jurisdicionados não ocorrem apenas e tão somente no âmbito do Plenário do Supremo Tribunal Federal.

Com efeito, tais situações são submetidas também rotineiramente ao Superior Tribunal de Justiça, que é o órgão constitucionalmente responsável pela missão institucional de dar a última palavra em matéria infraconstitucional e uniformizar a jurisprudência nacional sobre a aplicação da legislação federal.

Como decorrência de tal constatação, surge a seguinte indagação: é possível que o STJ aplique a modulação temporal dos efeitos nas suas decisões? Caso positivo, sob qual fundamento legal e/ou jurídico? Nesse caso, deve atender a quais limites?

A resposta para essas e outras perguntas motivaram a elaboração do presente estudo sobre a aplicação da modulação temporal dos efeitos das decisões no âmbito específico do STJ. Essa é a razão de ser do presente estudo. Levando em consideração o necessário desbravamento que o tema ainda carece na doutrina e na jurisprudência nacionais, muito antes de servir como qualquer tipo de ponto de chegada, esse estudo pretende servir modestamente como o ponto de partida ou, pelo menos, o estopim para que novas discussões sejam dedicadas a tema tão relevante e atual.

O estudo se divide em três partes principais. A primeira, traz o arcabouço doutrinário consistente na opinião de três renomados juristas de nossos dias, no sentido de que é, sim, possível que o STJ aplique a modulação temporal dos efeitos de suas decisões em certas situações.

A segunda parte cuida do precedente judicial que suscitou o mais rico e profícuo debate jurídico no âmbito do STJ acerca da modulação temporal dos efeitos de suas decisões. Trata-se do Caso do Crédito-Prêmio do IPI, o qual, ao fim e ao cabo, foi decidido pela Corte no sentido de não aplicar a modulação no caso específico. Pela relevância dos argumentos suscitados no debate travado entre os Ministros do STJ, escolhemos explorar essa decisão com apontamentos e transcrições sobre o precedente, os principais votos dos Ministros e a sua relação com a jurisprudência (então contemporânea) do Pleno do Supremo Tribunal Federal.

A terceira parte envolve os desdobramentos subsequentes ao referido precedente judicial, tanto na seara de sua própria matéria, isto é, do Crédito-Prêmio do IPI, como também levando em conta outras matérias (de outras áreas do Direito) que foram julgadas pelo Superior Tribunal de Justiça.

Com isso, pretendemos explicar a viabilidade da aplicação da modulação temporal dos efeitos das decisões do STJ à luz de sua própria experiência empírica e prática.

Para o desenvolvimento desse estudo, focaremos no tema escolhido, ou seja, não analisaremos os casos já julgados ou submetidos ao STF, o que já fizemos em outra oportunidade,[1] bem como não ampliaremos o exame para os demais tribunais de segunda instância (federais e estaduais) e juízes de primeiro grau.

Ao final do estudo, explicitaremos as principais conclusões a que chegamos no presente estudo.

2 Arcabouço doutrinário

Como já registramos alhures, a possível restrição dos efeitos da decisão nas situações excepcionais e delimitadas pelo art. 27 é faculdade ("poderá"), e jamais obrigação ("deverá").[2] É relevante

---

[1] ANDRADE, Fábio Martins de. *Modulação em Matéria Tributária*: o argumento pragmático ou consequencialista de cunho econômico e as decisões do STF. São Paulo: Quartier Latin, 2011, 494 p.

[2] No mesmo sentido: "A lei diz expressamente que o STF 'poderá' restringir os efeitos da

assinalar, ademais, que tal faculdade ("poderá") permite aos órgãos jurisdicionais colegiados que apliquem a restrição excepcional dos efeitos de suas respectivas decisões. Trata-se de hipóteses excepcionais e específicas que buscam o atendimento mais eficaz da própria vontade constitucional, inclusive com a recondução dos argumentos envolvidos no debate aos elevados parâmetros constitucionais.

Todavia, caso não haja qualquer relação direta entre o ato legislativo impugnado e o juízo de constitucionalidade, ou seja, se a questão se limitar única e exclusivamente aos aspectos infraconstitucionais (e sem maior concretização de norma constitucional), esse esgotamento abaixo do patamar da Lei Maior não deve permitir a aplicação da restrição dos efeitos da decisão do órgão jurisdicional colegiado (STF, STJ, TRFs e TJs, entre outros).

Releva notar que a competência do STF para aplicar a modulação temporal dos efeitos de suas decisões evidencia-se pela finalidade peculiar do instituto jurídico. Objetiva alcançar maior efetividade ou concretude ao texto constitucional em situações excepcionais, nas quais o reconhecimento do "vácuo legislativo" decorrente da declaração de inconstitucionalidade de certo ato normativo seria mais danoso do que o convívio de tal ato provisoriamente.

Levando-se em conta que o fiel cumprimento da Constituição amplia-se muito além da competência do STF, abarcando vários outros tribunais do País, então, os demais órgãos jurisdicionais colegiados também podem lançar mão do mecanismo da modulação quando indicar uma otimização na leitura constitucional do tema que lhe foi submetido à apreciação.

---

declaração de inconstitucionalidade, e não que 'deverá' fazê-lo, o que deixa claro a natureza não vinculativa da determinação. Assim, compete à Corte avaliar juridicamente o caso concreto e, presentes os demais requisitos autorizadores, determinar ou não a restrição dos efeitos da decisão" (CIMINELLI, Selma. Contribuições previdenciárias: prescrição e decadência: o entendimento do STF: uma questão de princípios. *Revista Dialética de Direito Tributário*, n. 159, dez 2008, p. 116). Nesse sentido, cuidando-se especificamente da mudança de jurisprudência consolidada, quando presentes as razões de segurança jurídica ou excepcional interesse social criam ao tribunal o dever de aplicar a modulação temporal dos efeitos de sua nova decisão: "O Tribunal Superior, ao alterar sua jurisprudência consolidada, mais do que a faculdade, tem o inafastável dever de limitar os efeitos temporais da nova orientação, preservando fatos ou situações ocorridos sob a égide da orientação anterior, bastando, para tanto, estejam presentes 'razões de segurança jurídica ou excepcional interesse social' (art. 27, *in fine*, da Lei n. 9.868/1999), sopesáveis caso a caso" (CARRAZZA, Roque Antonio. segurança jurídica e eficácia temporal das alterações jurisprudenciais: competência dos tribunais superiores para fixá-la: questões conexas. *In:* FERRAZ JUNIOR, Tercio Sampaio; CARRAZZA, Roque Antonio; NERY JUNIOR, Nelson. *Efeito ex nunc e as decisões do STJ.* 2. ed. Barueri, SP: Manole: Minha Editora, 2009, p. 72-73).

Tercio Sampaio Ferraz Junior defende a atribuição do efeito *ex nunc* a decisões do STJ, quando elas, em última instância, cuidem da legalidade e da guarda da legislação federal.[3] Em síntese, os principais argumentos que o autor sustenta em favor da referida atribuição do efeito *ex nunc* às decisões do STJ são os seguintes: a sujeição pela Administração Pública ao princípio da não surpresa; a aplicação do princípio da irretroatividade que abrange também as próprias decisões judiciais; vez que, na forma de precedentes, depois de transcorrido um prazo razoável, a jurisprudência reiterada pode ser considerada uma espécie de direito vigente; e, por fim, mediante a "indução amplificadora" pretende invocar um princípio ínsito ao exercício da competência judicativa para estender os critérios previstos no art. 27 da Lei nº 9.868/99 e no art. 11 da Lei nº 9.882/99 com base no princípio da razoabilidade.[4]

O princípio da não surpresa está consubstanciado tanto na jurisprudência[5] como também na legislação.[6] A sedimentação da jurisprudência

---

[3] Nesse sentido: "Pareceu aos autores que esse voto [do Ministro Gilmar Mendes, na ADI 2.240, que cuidou da criação ilegítima de município na Bahia] levantara, assim, significativos argumentos para a concessão de efeito *ex nunc*, não só às decisões sobre inconstitucionalidade proferidas pelo STF em última instância, mas também a decisões de tribunal superior, como o STJ, quando, no âmbito de sua competência, decidem, em instância definitiva, sobre *legalidade*, mais propriamente, sobre *vigência de lei federal*" (FERRAZ JUNIOR, Tercio Sampaio; CARRAZZA, Roque Antonio; NERY JUNIOR, Nelson. *Efeito ex nunc e as decisões do STJ*. 2. ed. Barueri, SP: Manole: Minha Editora, 2009, p. XXX).

[4] A respeito da irretroatividade, confira o seguinte trecho que a coloca em posição de destaque na doutrina do Professor: "Ora, é nesse contexto que a não-retroatividade ganha sentido. Trata-se de respeitar o passado, precavendo-se de tornar ilusórias, retrospectivamente, as expectativas então legítimas. Pela proibição da retroatividade, uma ocorrência no passado supõe-se como tendo uma consistência duradoura, que merece respeito: coisas foram ditas e feitas, promessas foram trocadas, normas editadas e, no seu momento, isto teve um peso e uma importância inclusive para o futuro. O princípio da irretroatividade resgata e sustém esse passado em face do futuro, sendo acolhido no presente. E é assim que, ao fazê-lo, *confere sentido vinculante às promessas* em um sentido amplo: o que ocorreu *compromete*" (FERRAZ JUNIOR, Tercio Sampaio. Irretroatividade e jurisprudência judicial. *In:* FERRAZ JUNIOR, Tercio Sampaio; CARRAZZA, Roque Antonio; NERY JUNIOR, Nelson. *Efeito ex nunc e as decisões do STJ*. 2. ed. Barueri, SP: Manole: Minha Editora, 2009, p. 1-2 e 8, *apud* OST, François. Le temps, quatrième dimension des droits de l'homme. *Journal des Tribunaux*, 1999, p. 99-2).

[5] De fato, destaca-se o seguinte trecho de ementa do STJ neste sentido: "II – Não se nega ao Executivo o direito, e até o dever, por motivos conjunturais, de alterar a alíquota do imposto de exportação (CF, art. 153, II, §1º). No caso concreto, porém, a impetrante já havia obtido autorização para exportar 400.000 toneladas métricas de açúcar para o exterior pelos períodos de 95/96 e 96/97. Assim, dentro das condições da época (alíquota de 2%), firmou contratos para atingir seu objetivo. A nova alíquota (40%), ainda que legalmente alterada, se mostrou desarrazoada e altamente ruinosa para a empresa. Violação do devido processo, em seu aspecto substantivo. III – Segurança concedida" (STJ – 1ª Seção, MS nº 4.772, Rel. Min. Adhemar Maciel, j. 12.11.1997, *DJU* 08/04/1998). No mesmo sentido: FERRAZ JUNIOR, Tercio Sampaio. Irretroatividade e jurisprudência judicial. *In:* FERRAZ JUNIOR, Tercio Sampaio; CARRAZZA, Roque Antonio; NERY JUNIOR, Nelson. *Efeito ex nunc e as decisões do STJ*. 2. ed. Barueri, SP: Manole: Minha Editora, 2009, p. 8-9.

[6] No plano legal, basta citar que o inciso XIII do parágrafo único do art. 2º da Lei nº 9.784/99, que estabelece a Lei do Processo Administrativo, dispõe que: "[...] interpretação da norma

pode contar com "certa presunção de correção", e não implica necessariamente ofensa do princípio da independência e da livre convicção do juiz.[7] Na ótica de Tercio Sampaio Ferraz Junior, a situação da atribuição do efeito *ex nunc* no âmbito do STF equivale à competência do STJ de preservar a autoridade da lei federal e uniformizar o seu entendimento. Tal aproximação não cuida de uma aplicação analógica. Com efeito, o procedimento é o da "indução amplificadora", no qual a razoabilidade assume papel de destaque. Em outras palavras, o autor defende que: "Ora, em nome da razoabilidade, é possível entender a extensão *abdutiva*, para o STJ, da competência legal do STF referente à possibilidade de conferir efeito *ex nunc* às suas decisões".[8]

---

administrativa da forma que melhor garanta o atendimento do fim público a que se dirige, *vedada aplicação retroativa de nova interpretação*". O autor exemplifica que: "Consoante esse princípio, o Conselho Administrativo de Defesa Econômica (Cade), por exemplo, em sua atividade judicante, quando, ao decidir, inaugura entendimento novo em face de reiterada jurisprudência anterior, o proclama só para casos futuros e deixa de aplicá-lo para casos anteriormente ocorridos, isto é, cuja ocorrência é anterior ao novo entendimento, inclusive o caso em julgamento". Em realidade, esse princípio já era positivado pelo art. 146 do CTN, o qual permite a expansão da segurança, da irretroatividade para alcançar também a lei como a sua inteligência no tocante à certeza e à confiança. Pode ser usado também nas decisões do contencioso administrativo e das próprias decisões judiciais prolatadas reiteradamente por tribunal superior (FERRAZ JUNIOR, Tercio Sampaio. Irretroatividade e jurisprudência judicial. *In:* FERRAZ JUNIOR, Tercio Sampaio; CARRAZZA, Roque Antonio; NERY JUNIOR, Nelson. *Efeito ex nunc e as decisões do STJ*. 2. ed. Barueri, SP: Manole: Minha Editora, 2009, p. 8-13).

[7] FERRAZ JUNIOR, Tercio Sampaio. Irretroatividade e jurisprudência judicial. *In:* FERRAZ JUNIOR, Tercio Sampaio; CARRAZZA, Roque Antonio; NERY JUNIOR, Nelson. *Efeito ex nunc e as decisões do STJ*. 2. ed. Barueri, SP: Manole: Minha Editora, 2009, p. 13-14. No mesmo sentido: "A jurisprudência, consolidada em norma judicial, não perde seu caráter de sentença e configura, como vimos, a diretriz, a *ratio decidendi*, a resposta idêntica que se dá à mesma questão geral comum – que pode unir os mesmos casos em um mesmo grupo – mas não pode se estender a outra casuística não examinada pelos Tribunais, não pode ser aplicada como solução para outras questões gerais, estranhas e não examinadas pelo Poder Judiciário. Essa perspectiva, que diferencia as normas judiciais, não poderemos perder de vista. É ela que justifica o uso cauteloso do princípio da irretroatividade das leis às modificações jurisprudenciais (e não uma equiparação, sem mais)" (DERZI, Misabel Abreu Machado. *Modificações da jurisprudência no Direito Tributário*: proteção da confiança, boa-fé objetiva e irretroatividade como limitações constitucionais ao Poder Judicial de Tributar. São Paulo: Noeses, 2009, p. 533-534).

[8] O autor pontua algumas distinções relevantes sobre o tema: "Não se trata, com efeito, propriamente, de uma aplicação analógica (analogia), mas da invocação de um princípio ínsito ao exercício de uma competência judicativa: a razoabilidade, cuja repercussão no plano dos fatos, por se tratar de um pronunciamento em última instância (legalidade: vigência de lei, Decreto-lei, medida provisória), pode trazer grave ameaça ao interesse público". "Tratando-se de um raciocínio ampliativo em particular, é também conhecido na lógica jurídica como *raciocínio abdutivo* ou *abdução*, o qual não se limita à preservação da verdade das premissas na conclusão (dedução), mas que busca novas informações a partir das premissas, com base em certos parâmetros de coerência" (FERRAZ JUNIOR, Tercio Sampaio. Irretroatividade e jurisprudência judicial. *In:* FERRAZ JUNIOR, Tercio Sampaio; CARRAZZA, Roque Antonio; NERY JUNIOR, Nelson. *Efeito ex nunc e as decisões do STJ*. 2. ed. Barueri, SP: Manole: Minha Editora, 2009, p. 23-25).

OSWALDO OTHON DE PONTES SARAIVA FILHO
DIREITO TRIBUTÁRIO: ESTUDOS EM TRIBUTO AO JURISTA IVES GANDRA DA SILVA MARTINS

"Com fundamento na razoabilidade, a questão, portanto, está nos *critérios* que devem ser respeitados ao conferir-se o efeito *ex nunc* à decisão judicial do Tribunal, para se lhe configurar a certeza e a segurança do direito justo", explica o autor. É a partir da leitura do art. 105 da Lei Maior que consagra o STJ como o "guardião do ordenamento jurídico federal", com as competências primordiais de resguardar a vigência de lei federal e a harmonização de sua respectiva jurisprudência, que o autor propõe os seguintes critérios para a atribuição do efeito *ex nunc*:

- *situação não desejada pela vontade do legislador racional* (coerência) à luz do princípio da razoabilidade;
- *manifesto conflito entre valores da mesma hierarquia*;
- *desequilíbrio desproporcional nos interesses sociais* à luz de um princípio de justiça (*justeza* das relações em termos de igualdade proporcional);
- *senso do justo* em termos percepção de um interesse social que, nas circunstâncias, se destaca dos demais interesses em jogo.[9]

Acolhemos a restrição dos efeitos da decisão acerca da legalidade (ou vigência de lei federal) se houver uma aproximação com a Lei Maior, no sentido de torná-la mais efetiva e dotá-la com maior concretude a partir da restrição pretendida. Caso contrário, se a situação esgotar-se na esfera infraconstitucional (sem qualquer relação direta com os elevados ditames constitucionais), então, entendemos que a restrição dos efeitos de tal decisão é ilegítima.

Roque Antonio Carrazza, através da aplicação analógica (interpretação extensiva) do art. 27 da Lei nº 9.868/99 e do autoaplicável princípio constitucional da segurança jurídica, amplia aos demais Tribunais Superiores (STJ, TST, STM e TSE) a prerrogativa expressamente atribuída ao STF.[10] Em síntese, assevera que: "Todos os Tribunais

---

[9] O autor acrescenta que: "Assim, ao aplicar-se um novo entendimento jurisdicional (cuja consistência não é discutida), afastando-se a jurisprudência até então mansa e pacífica, entram em contraste dois valores importantes: um, a regra do efeito *ex nunc* da sentença declaratória, outro, a segurança jurídica em termos de sérios comprometimento da confiança na estabilidade legislativa". Por fim, arremata que: "Assim, nada obsta que, na hipótese de uma nova jurisprudência vir a alcançar determinadas situações de fato, objeto de casos propostos na confiança do precedente antigo, ofender o dogma da isonomia, o tribunal perceba que, ao voltar atrás inteiramente (efeito *ex tunc*), cria uma situação *não-desejada pela vontade do legislador racional*. Com base em critérios de *razoabilidade*, essa consideração é possível e, de certo modo, até impositiva, em nome da justiça e da segurança jurídica" (FERRAZ JUNIOR, Tercio Sampaio. Irretroatividade e jurisprudência judicial. *In*: FERRAZ JUNIOR, Tercio Sampaio; CARRAZZA, Roque Antonio; NERY JUNIOR, Nelson. *Efeito ex nunc e as decisões do STJ*. 2. ed. Barueri, SP: Manole: Minha Editora, 2009, p. 25-28).

[10] O entendimento do Professor de que a mera ilegalidade é suficiente para a aplicação do instituto jurídico da modulação é claramente explicitado na seguinte passagem:

Superiores têm competência para dar tais efeitos às decisões que quebram jurisprudências consolidadas, por força de uma interpretação analógica (extensiva) do art. 27, da Lei nº 9.868/99".[11]

No mesmo sentido, Nelson Nery Junior formula a seguinte indagação a respeito do ponto: "Será que outros tribunais poderiam, também, pronunciar a inconstitucionalidade de lei e de atos normativos com o mesmo poder [de fixar no acórdão o termo inicial da declaração efetiva da inconstitucionalidade]?" Em resposta, o autor entende que sim. Dedicado especificamente ao caso próprio do STJ – situação que

---

"Deveras, proscrever a analogia que ora se preconiza, quando a mudança da orientação jurisprudencial de um Tribunal Superior possa causar comoção, implicaria deixar os jurisdicionados, nos casos de controle difuso da constitucionalidade ou da *legalidade*, à mercê da insegurança jurídica. Nestas situações, também uma declaração incidente de inconstitucionalidade ou de *ilegalidade* poderá ter sua eficácia temporal prudentemente dimensionada pelo Poder Judiciário" (CARRAZZA, Roque Antonio. Segurança jurídica e eficácia temporal das alterações jurisprudenciais: competência dos tribunais superiores para fixá-la: questões conexas. *In:* FERRAZ JUNIOR, Tercio Sampaio; CARRAZZA, Roque Antonio; NERY JUNIOR, Nelson. *Efeito ex nunc e as decisões do STJ.* 2. ed. Barueri, SP: Manole: Minha Editora, 2009, p. 68, grifamos). Diferente de focar-se apenas e tão somente no aspecto constitucional, ou na sua recondução quando se cuidar da seara própria da legalidade, o Professor dedica-se a explicar a necessidade de o Tribunal Superior aplicar a modulação temporal dos efeitos de sua decisão na hipótese em que altera a jurisprudência anteriormente consolidada. Nesse sentido, as considerações finais de seu estudo sobre o tema esclarece que: "Todas as linhas de argumentação desenvolvidas levam à insofismável conclusão de que, no ordenamento jurídico brasileiro, não existem óbices, mas, pelo contrário, prevalecem relevantes princípios jurídicos, no sentido de que qualquer Tribunal Superior, ao alterar sua jurisprudência consolidada, mais do que a faculdade, tem o inafastável dever de limitar os efeitos temporais da nova orientação, preservando fatos ou situações ocorridos sob a égide da orientação anterior, bastando, para tanto, estejam presentes '*razões de segurança jurídica ou excepcional interesse social*' (art. 27, *in fine*, da Lei n. 9.868/1999), sopesáveis caso a caso" (CARRAZZA, Roque Antonio. Segurança jurídica e eficácia temporal das alterações jurisprudenciais: competência dos tribunais superiores para fixá-la: questões conexas. *In:* FERRAZ JUNIOR, Tercio Sampaio; CARRAZZA, Roque Antonio; NERY JUNIOR, Nelson. *Efeito ex nunc e as decisões do STJ.* 2. ed. Barueri, SP: Manole: Minha Editora, 2009, p. 70).

[11] CARRAZZA, Roque Antonio. Segurança jurídica e eficácia temporal das alterações jurisprudenciais: competência dos tribunais superiores para fixá-la: questões conexas. *In:* FERRAZ JUNIOR, Tercio Sampaio; CARRAZZA, Roque Antonio; NERY JUNIOR, Nelson. *Efeito ex nunc e as decisões do STJ.* 2. ed. Barueri, SP: Manole: Minha Editora, 2009, p. 72. No mesmo sentido: "De fato, não há necessidade de que lei ordinária discipline a matéria. Afinal, os princípios da irretroatividade das modificações jurisprudenciais, a proteção da confiança e a boa-fé objetiva são dedutíveis diretamente da Constituição da República. São inerentes às expectativas normativas, formadas pelas decisões uniformizadoras dos tribunais superiores, que se tornam vinculantes para os tribunais inferiores. A jurisprudência consolidada é norma judicial, abstrata e genérica, por isso os tribunais superiores têm o dever de modular os efeitos das modificações que introduzem de modo surpreendente" (DERZI, Misabel Abreu Machado. *Modificações da jurisprudência no Direito Tributário*: proteção da confiança, boa-fé objetiva e irretroatividade como limitações constitucionais ao Poder Judicial de Tributar. São Paulo: Noeses, 2009, p. 562).

estende aos demais tribunais superiores –, o autor afirma que segue o modelo traçado pelo art. 27 da Lei nº 9.868/99.[12]

3 A experiência jurisprudencial: o Crédito-Prêmio do IPI

Por meio de um primeiro olhar, limitado a enxergar o art. 27 da Lei nº 9.868/99 a partir de uma interpretação gramatical ou literal, a competência para a modulação temporal dos efeitos da decisão judicial parece ser exclusiva ao Plenário do Supremo Tribunal Federal no modelo concentrado de controle de constitucionalidade (isto é, no exame de ações diretas de inconstitucionalidade). A prevalecer esse entendimento, descaberia aos seus órgãos fracionários e também aos demais tribunais aplicarem a modulação temporal dos efeitos às suas respectivas decisões.

Todavia, o papel do Superior Tribunal de Justiça deve ser visto na sua real dimensão, ou seja, elevado à condição de órgão máximo do Poder Judiciário nacional nas questões infraconstitucionais e no tocante à uniformização da jurisprudência em matéria federal, vez que é o órgão jurisdicional competente para dar a última palavra nas questões que não envolvam diretamente matéria constitucional e tampouco atinente a outras justiças especializadas. Desse modo, é rotineiro que, no exercício de sua competência constitucional e institucional, o Superior Tribunal de Justiça decida questão que atribui maior concretude ou efetividade à Lei Maior ou ao menos a sua regulamentação, e não se esgote pura e simplesmente no âmbito infraconstitucional.

---

[12] E ainda vai mais longe. Parece ampliar tal faculdade excepcional aos demais tribunais e juízes, nos âmbitos federais e estaduais, bem como nas três funções que dividem o poder nacional (Judiciário, Legislativo e Executivo) e nas quatro esferas da Federação (federal, estadual, distrital e municipal). Neste sentido: "Nos tribunais estaduais existe, ainda, a possibilidade de declaração de inconstitucionalidade por controle abstrato (concentrado), desde que a Constituição estadual o preveja por ação direta (ADIn estadual)". Assevera que: "O modelo federal deve ser seguido pelos órgãos públicos federais, como pelos estaduais, compreendidos na expressão órgãos públicos os Poderes Judiciário, Legislativo e Executivo, nas quatro esferas (federal, estadual, distrital e municipal)". O autor coloca lado a lado as razões de segurança jurídica, da boa-fé objetiva e da irretroatividade do direito, todas como capazes de fundamentar a aplicação do efeito *ex nunc* ou até mesmo da eficácia *ad futurum* para as decisões judiciais que reconheçam a inconstitucionalidade de lei ou ato normativo, tanto em sede abstrata como também concreta de controle de constitucionalidade (NERY JUNIOR, Nelson. Boa-fé objetiva e segurança jurídica: eficácia da decisão judicial que altera jurisprudência anterior do mesmo tribunal superior. *In*: FERRAZ JUNIOR, Tercio Sampaio; CARRAZZA, Roque Antonio; NERY JUNIOR, Nelson. *Efeito ex nunc e as decisões do STJ*. 2. ed. Barueri, SP: Manole: Minha Editora, 2009, p. 102-104).

3.1 O precedente

O principal caso que examinamos versa sobre relevante e antiga matéria tributária que teve no âmbito do Superior Tribunal de Justiça desfecho favorável ao Fisco, com a extinção do incentivo fiscal denominado Crédito-Prêmio do IPI. Na solução dessa causa, a possível aplicação da modulação temporal dos efeitos da decisão foi amplamente debatida pelos Ministros da Primeira Seção e, ao final, foi rejeitada (por maioria de votos).

Nas sessões de julgamento do EREsp. nº 765.134/SC, a 1ª Seção do STJ proferiu a decisão a seguir ementada:

> TRIBUTÁRIO. IPI. CRÉDITO-PRÊMIO. DECRETO-LEI 491/69 (ART. 1º). VIGÊNCIA. PRAZO. EXTINÇÃO. 'MODULAÇÃO TEMPORAL' DA DECISÃO. IMPOSSIBILIDADE.
>
> 1. O crédito-prêmio do IPI, previsto no art. 1º do DL 491/69, não se aplica às vendas para o exterior realizadas após 04.10.90, seja pelo fundamento de que o referido benefício foi extinto em 30.06.83 (por força do Decreto-lei 1.658/79, modificado pelo Decreto-lei 1.722/79), seja pelo fundamento de que foi extinto em 04.10.1990 (por força do art. 41 e §1º do ADCT).
>
> 2. *Salvo nas hipóteses excepcionais previstas no art. 27 da Lei 9.868/99, é incabível ao Judiciário, sob pena de usurpação da atividade legislativa, promover a 'modulação temporal' das suas decisões, para o efeito de dar eficácia prospectiva a preceitos normativos reconhecidamente revogados.*
>
> 3. Embargos de divergência improvidos. (Grifos nossos)[13]

A questão de fundo (mérito) pouco importa para a finalidade deste estudo. Quanto ao emaranhado normativo que girou em torno da complexa e antiga questão sobre a manutenção ou extinção do Crédito-Prêmio do IPI depois do advento da Constituição de 1988,

---

[13] O acórdão correspondente foi o seguinte: "Vistos (...), decide a Egrégia Primeira Seção do Superior Tribunal de Justiça, por maioria, conhecer dos embargos, vencidos os Srs. Ministros Relator, Castro Meira, Humberto Martins e José Delgado, que davam provimento aos embargos. A Sra. Ministra Denise Arruda e os Srs. Ministros Herman Benjamin, Eliana Calmon e Luiz Fux votaram com o Sr. Ministro Teori Albino Zavascki. Também por maioria, vencidos os Srs. Ministros Relator e Herman Benjamin, decide rejeitar a proposta de modulação dos efeitos da decisão" (STJ – 1ª Seção, EREsp. nº 765.134, Rel. Min. João Otávio de Noronha, Rel. p/ ac. Min. Teori Albino Zavascki, j. 27.06.2007, *DJU* 22/10/2007). No mesmo sentido (julgado conjuntamente): STJ – 1ª Seção, EREsp. nº 771.184, Rel. Min. João Otávio de Noronha, Rel. p/ ac. Min. Teori Albino Zavascki, j. 27/06/2007, *DJ* 22/10/2007; STJ – 1ª Seção, EREsp. nº 738.689, Rel. Min. Teori Albino Zavascki, j. 27/06/2007, *DJ* 22.10.2007; STJ – 1ª Seção, EREsp. nº 767.527, Rel. Min. Teori Albino Zavascki, j. 27/06/2007, *DJU* 22.10.2007.

quando do seu julgamento no âmbito do Superior Tribunal de Justiça, houve o reconhecimento de que o referido incentivo fiscal foi extinto em 04.10.1990 (através da revogação ou não recepção pelo art. 41 do ADCT).[14]

No curso do julgamento, após a prolação de votos muito bem fundamentados, quando o julgamento da questão de fundo (mérito) contabilizava os votos dos Ministros João Otávio de Noronha e Castro Meira conhecendo os embargos de divergência opostos pelos contribuintes e lhes dando provimento, contra os votos dos Ministros Teori Albino Zavascki, Denise Arruda e Eliana Calmon (negando-lhes provimento), o Ministro Humberto Martins pediu vista dos autos.

O Ministro Humberto Martins, quando prolatou o seu voto-vista nesse julgamento, concluiu pela validade do "incentivo de natureza financeira" até os dias atuais e, por conseguinte, deu provimento aos embargos de divergência, empatando o resultado (parcial) do julgamento. De fato, inaugurou a exposição de seus argumentos consignando a importância da questão então pendente de decisão pelo Superior Tribunal de Justiça, tanto no tocante à subsistência de um crédito aos exportadores, como também no que diz respeito ao próprio princípio da segurança jurídica, "máxima basilar do Estado Democrático de Direito". Depois de analisar a questão de fundo da matéria tributária submetida à apreciação, o Ministro retomou este entendimento no sentido de prestigiar o princípio da segurança jurídica. Por fim, dedicou o último trecho do seu voto-vista para decidir, arrimado na jurisprudência daquela Corte e na doutrina, que "a jurisprudência tem o condão de influenciar a conduta dos jurisdicionados", razão pela qual uma possível mudança jurisprudencial deveria ser adotada sempre em consonância com a regra da irretroatividade.[15]

---

[14] Além do emaranhado normativo que regia a questão infraconstitucional então sob exame, cabe registrar que houve significativa mudança jurisprudencial que ocorreu no âmbito do Superior Tribunal de Justiça a respeito do tema referente ao Crédito-Prêmio do IPI.

[15] Neste sentido: "A jurisprudência tem o condão de influenciar a conduta dos jurisdicionados e, a bem da verdade, tudo isso vai desaguar na análise de um conteúdo ético da democracia e do *due process of law*, que traz, como muito bem pontua o mestre Cândido Rangel Dinamarco e quando se fala em uma *irretroatividade de uma possível mudança jurisprudencial, 'um sistema de limitações ao exercício e imposição de poder pelos agentes estatais, em nome de um valor mais elevado, que é a liberdade das pessoas associada ao dever ético de respeitá-lo, superiormente imposto pela Constituição'* (in Crédito-Prêmio de IPI – Estudos e Pareceres III, ed. Manole, p. 101)" (STJ – 1ª Seção, EREsp. nº 765.134, Rel. Min. João Otávio de Noronha, Rel. p/ ac. Min. Teori Albino Zavascki, j. 27/06/2007, *DJU* 22/10/2007). Em seguida, o Ministro Herman Benjamin pediu vista dos autos. A respeito, confira a seguinte notícia: ERDELYI, Maria Fernanda. Definição adiada: votação do crédito-prêmio do IPI empata no STJ. *Revista Consultor Jurídico*, 08 nov. 2006.

3.2 Os votos

A partir do voto-vista do Ministro Humberto Martins, inaugurou-se, ainda que de maneira bastante tímida, o debate sobre a possibilidade de modulação temporal dos efeitos da decisão que seria proferida. Muito mais denso e interessante neste particular aspecto foi o voto-vista proferido em seguida pelo Ministro Herman Benjamin. Pela clareza de seu entendimento, a sequência lógica do raciocínio engendrado na sua argumentação e o excelente resumo da questão jurídico-tributária de fundo (mérito), traz-se à colação a ementa do seu voto, que restou assim explicitada e – aqui sinteticamente – fundamentada nas palavras do seu prolator:

> CRÉDITO-PRÊMIO. IPI. INCENTIVO FISCAL DE NATUREZA SETORIAL. ART. 41, §1º, DO ADCT. EXTINÇÃO EM 1990. COMPETÊNCIA DO STJ PARA APLICAR DISPOSITIVO CONSTITUCIONAL. DISTINÇÃO ENTRE CAMPO DE APLICAÇÃO MATERIAL E CAMPO DE APLICAÇÃO TEMPORAL DA NORMA JURÍDICA. *JURISPRUDÊNCIA ANTERIOR CONSOLIDADA PELA SUBSISTÊNCIA DO BENEFÍCIO. PRINCÍPIOS DA SEGURANÇA JURÍDICA, DA BOA-FÉ OBJETIVA E DA CONFIANÇA LEGÍTIMA. SOMBRA DE JURIDICIDADE. MODULAÇÃO TEMPORAL DOS EFEITOS DA DECISÃO PELO STJ.*
>
> 1. Ressalvada minha posição quanto a seu eventual término em 1983, é de se reconhecer que o crédito-prêmio de IPI, como incentivo fiscal de natureza setorial, foi extinto em 1990, nos termos do art. 41, §1º, do ADCT.[16]

---

[16] Neste sentido, confira o seguinte trecho do voto-vista do Ministro Herman Benjamin: "Tenho para mim que, no caso em tela, como acertadamente indicou a e. Ministra Eliana Calmon, a norma constitucional revogou, de modo expresso, a legislação ordinária, diante do silêncio do legislador ordinário, que se recusou a confirmar o benefício. Assim, o conflito aparente de normas situa-se no *plano da vigência* (direito intertemporal) e *não no plano da inconstitucionalidade*. Desse modo, ao analisar a aplicação da lei federal, não pode o STJ ignorar a revogação operada pela Constituição (art. 41, §1º do ADCT)". O trecho do voto da Ministra Eliana Calmon, referido no voto-vista do Ministro Herman Benjamin, é o seguinte: "Se fizermos um retrospecto e verificarmos o momento em que surgiu o crédito-prêmio do IPI e todas as outras modificações, veremos que primeiro houve um incentivo em 1969. Após dez anos, veio a primeira modificação e, logo depois, a segunda, ainda em 1979. Fomos verificando que o instituto amiúde sofria alterações. Como vamos entender que, desde 1992, pela Lei n. 8.402, nunca mais o legislador se preocupou em disciplinar, verificar, aumentar e diminuir? Fica um incentivo de grande significado nacional, que envolve quantias imensas para a Fazenda Nacional e as empresas, absolutamente solto, com uma legislação de 1992, quando o Brasil alterou inteiramente o seu panorama de exportação, a partir de 1990". Em resumo: "Trago à Seção esses argumentos, embora sendo uma técnica do Direito, porque eles também contam. Tudo aquilo que se podia explorar em torno de interpretação legislativa já foi feito. Não vou 'chover no molhado', dizer aquilo que foi dito" (STJ – 1ª Seção, EREsp. nº 765.134, Rel. Min. João Otávio de

2. *Legislação ordinária expressamente revogada por disposição constitucional.*
Conflito aparente de normas que se situa no plano da vigência (direito intertemporal) e não no terreno da inconstitucionalidade da norma infraconstitucional, inserindo-se, assim, no âmbito da competência do Superior Tribunal de Justiça.[17]

3. Destaco que a matéria de fundo que inspira as *duas* construções teóricas aqui defendidas foi suscitada e apreciada nas instâncias de origem, na medida em que o Tribunal *a quo*, ao tratar da jurisprudência pacífica desta Corte (pela subsistência do crédito-prêmio), enfrentou, necessariamente, a *aplicabilidade dos princípios da segurança jurídica, da boa-fé objetiva e da confiança legítima à espécie.* A rigor, sempre que o contribuinte alegar violação de um princípio geral de direito e o Tribunal de origem apreciar tais argumentos, tem-se por prequestionada a discussão atinente aos remédios jurídicos necessários à efetividade do(s) princípio(s) em questão.[18]

Noronha, Rel. p/ ac. Min. Teori Albino Zavascki, j. 27/06/2007, *DJU* 22/10/2007). A Ministra Eliana Calmon trouxe ao julgamento alguns aspectos (extra-autos) verificados ao longo dessa densa e conturbada história do incentivo fiscal referido, de modo a corroborar a sua posição jurídica a respeito da revogação engendrada pelo art. 41 do Ato das Disposições Constitucionais Transitórias – ADCT.

[17] Confira o seguinte trecho do voto do Ministro Herman Benjamin: "Destaque-se que o STJ tem, corriqueiramente, considerado como revogadas leis anteriores incompatíveis com a nova Carta (não recepção), o que implica afirmação de sua competência para apreciar a revogação das normas infraconstitucionais operada pela Constituição". Nesse sentido, lembrou da orientação do STF quando do julgamento da ADI nº 2/DF e registrou que: "Na hipótese dos autos, não custa repetir, não estamos diante de apreciação da constitucionalidade da legislação do crédito-prêmio, mas de sua revogação ou não pela Constituição que lhe é posterior" (STJ – 1ª Seção, EREsp. nº 765.134, Rel. Min. João Otávio de Noronha, Rel. p/ ac. Min. Teori Albino Zavascki, j. 27/06/2007, *DJU* 22/10/2007). A despeito da posição minoritária do Ministro Gilmar Mendes, a maioria do Supremo Tribunal Federal entende que tanto na revogação como também na não recepção, essas hipóteses não cuidam de eventual aplicação do art. 27 da Lei nº 9.868/99 (direta ou analogicamente).

[18] De fato, depois de definida a questão de fundo e antes de adentrar nos argumentos específicos sobre a segurança jurídica, o Ministro Herman Benjamin colocou as seguintes indagações: "Extinto, sim, mas qual a régua de eficácia que o STJ deve aplicar a essa conclusão? Quais os impactos dessa decisão judicial na segurança jurídica das relações tributárias do País, e reversamente, quais os impactos da segurança jurídica não no conteúdo propriamente dito, mas nos efeitos concretos da decisão judicial?". A respeito do relevo da segurança jurídica, o Ministro asseverou que: "A segurança jurídica é um daqueles objetivos maiores do Direito, que, abstratamente, a todos apela, mas que a todos incomoda, no instante de sua aplicação concreta. De início, incomoda ao legislador, pois a sua função legislativa contemporânea é fragmentária, apressada e, muitas vezes, atécnica, quando não caótica. Incomoda ao administrador, pois a velocidade do tráfego dos negócios que devem ser regulados exige atuação imediata e, amiúde, com desvios radicais de rotas e de ponto de destino. Incomoda ao juiz, já que a complexidade e a diversidade dos conflitos, individuais e coletivos, estão permanentemente conclamando-o a explorar novos territórios na aplicação da lei, o que leva, inexoravelmente, à alteração das decisões e posições jurisprudenciais consolidadas. Finalmente, incomoda à doutrina e aos próprios jurisdicionados que, ora festejam inovações judiciais em temas polêmicos,

4. A anterior posição do STJ, consolidada em inúmeros julgados, apontava para a subsistência do benefício fiscal até os dias atuais. Não obstante o posterior reconhecimento, por esta Corte, da revogação, em 1990, do texto legal que deu causa ao benefício, permaneceu no ordenamento, no período que vai de 1990 a 2004 (data da alteração do entendimento jurisprudencial até então pacífico), uma *'sombra de juridicidade'*, espécie de eco e projeção da jurisprudência do passado, capaz de produzir efeitos jurídicos válidos no presente.[19]

5. As fontes do Direito referidas pelo art. 5º, da LICC (lei, costume e princípios gerais do Direito), não são categorias estanques e imunes a combinações complexas, em resposta à igual complexidade dos fenômenos sociais e jurídicos modernos. O crédito-prêmio de IPI, benefício gerado inicialmente por expressa manifestação do legislador ordinário, prossegue no tempo e no espaço, como 'sombra' incontrolável, mesmo após a revogação da lei que lhe deu o sopro de vida, por conta de patente defeito de clareza dos textos legais em questão e de *consolidado posicionamento dos Tribunais Superiores no sentido da expectativa do contribuinte.*

---

ora criticam o conservadorismo do magistrado, quando esse se apega aos precedentes e à letra da lei". "Não obstante todas essas dificuldades, que são inevitáveis, há certas demandas em que o tema da segurança jurídica ganha maior oportunidade e visibilidade. Inclino-me a acreditar que esta é uma delas. O debate há de começar pela existência ou não de algo que se poderia denominar 'expectativa do jurisdicionado' na manutenção de um certo entendimento jurisprudencial, na sua perspectiva tido como firme", complementou o Ministro (STJ – 1ª Seção, EREsp. nº 765.134, Rel. Min. João Otávio de Noronha, Rel. p/ ac. Min. Teori Albino Zavascki, j. 27/06/2007, *DJU* 22/10/2007). É relevante a ponderação do Ministro sobre a visibilidade da "segurança jurídica" que, a despeito de se situar como um dos objetivos maiores do Direito e inerente ao Estado Democrático, revela-se permanentemente como intruso ou incômodo pelos agentes públicos encarregados de sua preservação e aplicação. Nesse caso, relaciona-se diretamente com a chamada "expectativa do jurisdicionado", a qual deve ser protegida sempre que consoantes a legislação e a orientação jurisprudencial pacífica.

[19] Em explicação à expressão, o Ministro Herman Benjamin asseverou que: "Sombra de juridicidade' indica que uma situação de juridicidade anterior, originada na lei, projeta-se no ordenamento, como eco capaz de produzir efeitos jurídicos válidos, não obstante a revogação do texto legal que lhe deu causa. Com isso, os fatos jurídicos – neste caso, o benefício fiscal – passam a retirar seu sustento normativo já não mais diretamente de um ato do legislador da lei revogada, mas de outra(s) das fontes do Direito, admitidas pelo sistema". Seguindo o raciocínio em torno da legitimidade do seu argumento sobre a tal "sombra de juridicidade", o Ministro explicitou no seu voto-vista que: "Como se sabe, no Brasil a tipologia das fontes do Direito não está regulada na Constituição Federal (o art. 59 apenas cuida do 'processo legislativo' que orienta a criação de uma das fontes do Direito, a lei), mas sim, de forma transversa e precária, na Lei de Introdução ao Código Civil (Decreto-lei 4.657/42). É a partir desse estatuto, portanto, mas não só nele, que devemos buscar auxílio na compreensão dos fundamentos da 'sombra de juridicidade" (STJ – 1ª Seção, EREsp. nº 765.134, Rel. Min. João Otávio de Noronha, Rel. p/ ac. Min. Teori Albino Zavascki, j. 27/06/2007, *DJU* 22/10/2007). A partir da noção de "sombra de juridicidade", busca-se imputar maior responsabilidade à jurisprudência (pacífica) dos tribunais superiores, que se presta a fonte do Direito, de acordo sobretudo com a LICC.

6. Essa tese não se afasta da premissa de que só à lei cabe instituir benefícios fiscais. A 'sombra de juridicidade' não gera, *ab ovo*, benefícios, nem poderia fazê-lo, apenas *estende sua vida útil, com a ajuda do comportamento errático do próprio Estado-legislador e do Estado-juiz.*[20]

7. Situação que, *in casu*, se observa pela conjugação de normas de conteúdo vacilante e expressão cambiante, bem como de *jurisprudência reiterada em um dado sentido, que, depois, vem a ser radicalmente alterada.* No instante em que cessa essa reiteração, automaticamente desaparece a 'sombra de juridicidade', pois o que se tinha por certo passa a ser domínio do incerto.[21]

8. A *segunda discussão* relevante para o deslinde da questão, que tangencia a análise da 'sombra de juridicidade' – mas com ela não se confunde, pois é estranha ao universo das fontes do Direito –, é a possibilidade no âmbito do Superior Tribunal de Justiça, de *'modulação temporal'* dos efeitos da nova decisão, *em face dos princípios da segurança jurídica, da boa-fé objetiva e da confiança legítima,* que regem não só o *substratum* dos direitos e obrigações (= Direito material), mas igualmente o processo civil empregado na solução de controvérsias no campo obrigacional.

9. Os valores que inspiraram o legislador federal a editar as Leis 9.868 e 9.882, ambas de 1999 (modulação dos efeitos nas ADI), vão além desses

---

[20] De fato, confira neste sentido: "Primeiro, diga-se que aqui não se está diante de benefício *criado* por outrem que não o próprio legislador. A 'sombra de juridicidade' não gera, *ab ovo*, benefícios, apenas lhes dá uma vida mais longa, com a ajuda do próprio Estado-legislador e do Estado juiz. Logo, não invalida a premissa de que os benefícios fiscais devem ser previstos em lei; não retira um benefício do nada, só impede que um benefício criado pelo legislador ao nada volte, se o próprio legislador e o Judiciário emitem sinais entrecortados, em cacofonia legiferante, que semeiam incerteza e insegurança entre os destinatários da norma, em especial naqueles que agem de boa-fé. Segundo, cabe lembrar que a 'sombra de juridicidade', neste caso e em outros a que se aplique, não decorre de comportamento repreensível que se possa atribuir ao sujeito que dela venha a ser favorecido (o contribuinte, *in casu*), mas deflui de comportamentos do próprio sujeito a quem a extinção do benefício vem a interessar (o Estado)" (STJ – 1ª Seção, EREsp. nº 765.134, Rel. Min. João Otávio de Noronha, Rel. p/ ac. Min. Teori Albino Zavascki, j. 27/06/2007, *DJU* 22/10/2007). Busca-se atribuir a responsabilidade do nó criado em torno do tema ao Estado, tanto legislador como também juiz, que, durante todos os anos em que pendia a solução dessa questão, jamais conseguiu uniformizar a sua posição de modo claro, prolongando a "sombra de juridicidade" para aqueles que agiram de boa-fé (e não foram diretamente responsáveis pela confusão).

[21] Consoante o voto do Ministro, insta salientar que: "De toda sorte, ao manejar concepções dessa natureza, que se afastam daquele modelo comum, conhecido e seguro de solução de conflitos, o Tribunal deve ter a máxima cautela possível". Adiante reiterou que: "Finalmente, não se pode olvidar que estamos diante de situação absolutamente excepcional, que deve ser manejada com cuidado pelo Superior Tribunal de Justiça" (STJ – 1ª Seção, EREsp. nº 765.134, Rel. Min. João Otávio de Noronha, Rel. p/ ac. Min. Teori Albino Zavascki, j. 27/06/2007, *DJU* 22/10/2007). A situação de mudança de jurisprudência é uma realidade que deve ser devidamente reconhecida e aplicada, em cada caso, o efeito próprio, atendidas a "sombra de juridicidade" e a "expectativa do jurisdicionado", que até a referida alteração sempre agiu com boa-fé e confiando na jurisprudência pacífica do Poder Judiciário.

estatutos. Se são *valores-matriz* do universo do ordenamento, necessariamente influem, com lei ou sem lei que o diga, *na aplicação do Direito pelos Tribunais Superiores.*[22]

Também no STJ, as decisões que alterem jurisprudência reiterada, abalando forte e inesperadamente expectativas dos jurisdicionados, devem ter sopesados os limites de seus efeitos no tempo, de modo a se buscar a integridade do sistema e a valorização da segurança jurídica, da boa-fé objetiva e da confiança legítima.[23] 10. A *'Sombra de juridicidade'* deixa de existir em 09.08.2004, data de publicação do acórdão no REsp. 591.708/RS, pelo qual a Primeira Turma afastou-se da jurisprudência até então consolidada.[24]

---

[22] Nesse sentido: "Repito que não se trata de, simplesmente, aplicar-se as normas veiculadas pelas Leis 9.868 e 9.882, ambas de 1999, por analogia, mas sim de adotar como válidas e inafastáveis os pressupostos valorativos e principiológicos que fundamentam essas normas e que, independentemente da produção legislativa ordinária, haveriam de ser observados tanto pelo e. STF quanto pelo STJ" (STJ – 1ª Seção, EREsp. nº 765.134, Rel. Min. João Otávio de Noronha, Rel. p/ ac. Min. Teori Albino Zavascki, j. 27/06/2007, *DJU* 22/10/2007). De fato, a eventual aplicação do art. 27 transcende a própria existência desse dispositivo, sendo, de certa forma, inerente à atividade jurisdicional e decorrente da máxima efetividade e maior concretude do texto constitucional.

[23] Confira: "Essa necessidade de privilegiar-se a segurança jurídica e, por conseqüência, os atos praticados pelos contribuintes sob a 'sombra de juridicidade' exige do STJ o manejo do termo *a quo* dos efeitos de seu novo entendimento jurisprudencial". Alinhando-se com o entendimento do Ministro Gilmar Mendes, que desde logo admite a aplicação do art. 27 mesmo nas situações abarcadas pelo modelo difuso de controle de constitucionalidade, o Ministro Herman Benjamin foi além e consignou que: "Acredito que as ponderações do ilustre jurista-magistrado, embora verbalizadas no contexto do controle de constitucionalidade, aplicam-se à interpretação da legislação federal realizada por esta Corte, haja vista que os dois pilares orientadores de seu entendimento, quais sejam a segurança jurídica e o excepcional interesse social, revestem-se, em suas palavras, de base constitucional a que se subordina, sem dúvida, o esforço jurisdicional do STJ". Adiante, reiterou que: "Por tudo isso, não tenho dúvidas quanto à possibilidade de o STJ fixar temporalmente os limites de suas decisões em casos excepcionais como o presente, em que o imperativo da segurança jurídica desaconselha os efeitos *ex tunc* normalmente atribuídos às decisões declaratórias" (STJ – 1ª Seção, EREsp. nº 765.134, Rel. Min. João Otávio de Noronha, Rel. p/ ac. Min. Teori Albino Zavascki, j. 27/06/2007, *DJU* 22/10/2007). Superada a etapa de reconhecimento pelo STJ da possibilidade de aplicar a modulação temporal dos efeitos de suas decisões, resta-lhe fixar o seu limite.

[24] Na visão do Ministro Herman Benjamin: "A 'sombra de juridicidade' – e, a partir daí, também a necessidade de modulação temporal da eficácia da decisão – deixam de existir quando do julgamento, pela Primeira Turma, do REsp. 591.708/RS, em 08/06/04, acórdão relatado pelo e. Ministro Teori Albino Zavascki e publicado no *DJ* de 09/08/04 (conforme registrado pelo e. Min. João Otávio de Noronha em seu voto-vista no REsp. 541.239/DF)". Nessa linha de raciocínio, o Ministro decidiu que: "Fixo, portanto, a data de publicação desse acórdão (REsp. 591.708/RS), em 09/08/04, como o momento em que se exaure a 'sombra de juridicidade' que garantiria a subsistência do benefício, não cabendo, a partir de então, falar-se em expectativa, boa-fé ou confiança legítima dos contribuintes" (STJ – 1ª Seção, EREsp. nº 765.134, Rel. Min. João Otávio de Noronha, Rel. p/ ac. Min. Teori Albino Zavascki, j. 27/06/2007, *DJU* 22/10/2007). Preferencialmente, a fixação da modulação temporal dos efeitos da decisão deve contemplar critério objetivo, para que não sucumba à arbitrariedade, no lugar da discricionariedade. No caso concreto, o Ministro fixou corretamente o dia da publicação do acórdão que sinalizou de modo claro a orientação em sentido contrário àquela "expectativa do jurisdicionado".

11. *A expectativa a ser protegida contra a mudança jurisprudencial refere-se exclusivamente àquelas empresas que buscaram provimento judicial e efetivamente aproveitaram o 'crédito-prêmio', de sua titularidade originária (excluídas cessões), até 09.08.2004.*[25]

12. Embargos de divergência não providos, *ressalvado dos efeitos da decisão eventual aproveitamento do crédito-prêmio pelo titular originário, desde que realizado até 09.08.2004.* (Grifos nossos)[26]

A respeito da relevância da decisão que seria tomada a respeito daquela matéria tributária, o Ministro Herman Benjamin consignou, no trecho inaugural do seu voto-vista, os "gigantescos valores em jogo, que alcançam várias dezenas de bilhões de reais".[27]

---

[25] Conforme o seguinte trecho do voto-vista do Ministro Herman Benjamin: "Pois bem, em face da inconteste e incansável resistência do fisco ao aproveitamento do 'crédito-prêmio', restava aos interessados o caminho do Judiciário. Por isso, não se descuida que, dados os efeitos *inter partes* dos precedentes desta Corte, os contribuintes haveriam de buscar provimento jurisdicional a garantir-lhes o direito que, em sua visão, era certo. Consequentemente, somente cabe falar em expectativa ao provimento judicial favorável, por óbvio, em favor daqueles que se socorreram da via pretoriana". De acordo com essa linha de pensamento: "As pretensões de empresas não deduzidas em juízo não podem ser resguardadas. A estas, não socorre o argumento da expectativa de provimento judicial favorável e, portanto, o imperativo da segurança jurídica que me leva a decidir pela modulação temporal dos efeitos da decisão". Ademais, o Ministro acresceu que: "Afasta-se também, portanto, a hipótese de empresas que, apesar de demandarem judicialmente, não realizaram, por qualquer razão, o efetivo aproveitamento do 'crédito-prêmio' até 09/08/04. Não tiveram elas reduzidos seus custos, nem deixaram, por consequência, de repassar o ônus tributário integral (sem a dedução do crédito-prêmio) aos seus clientes. Com relação a esses contribuintes, não há ofensa relevante à segurança jurídica que justifique a modulação temporal dos efeitos da decisão". Acresceu ainda que: "Tampouco aproveita a mitigação dos efeitos da decisão declaratória a outros que não o titular original do 'crédito-prêmio', já que a 'sombra de juridicidade' refere-se ao entendimento pacificado por esta Corte, que *não abrange a possibilidade de aproveitamento, por terceiros, do benefício fiscal*" (STJ – 1ª Seção, EREsp. nº 765.134, Rel. Min. João Otávio de Noronha, Rel. p/ ac. Min. Teori Albino Zavascki, j. 27/06/2007, *DJU* 22/10/2007). Aqui, o Ministro procurou direcionar a modulação que sugeriu apenas e tão somente aos contribuintes que efetivamente buscaram o pronunciamento do Poder Judiciário. Afinal, eles tinham a expectativa de que o julgamento final, à luz da orientação da Corte, lhes seria favorável.

[26] Em conclusão ao seu denso voto-vista o Ministro Herman Benjamin decidiu que: "Diante de todo o exposto, posiciono-me pela extinção do crédito-prêmio em 1983 e, superada esta tese, pelo término do benefício em 1990, nos termos do art. 41, §1º do ADCT, divergindo do e. relator, Ministro João Otávio de Noronha, para negar provimento aos Embargos de Divergência, resguardando, dos efeitos desta decisão, eventual aproveitamento do crédito-prêmio pelo titular originário, desde que realizado até 09/08/04" (STJ – 1ª Seção, EREsp. nº 765.134, Rel. Min. João Otávio de Noronha, Rel. p/ ac. Min. Teori Albino Zavascki, j. 27/06/2007, *DJU* 22/10/2007).

[27] Nesse sentido: "Não se trata, a toda a evidência, de tema menor, seja pelas complexas teses jurídicas envolvidas, seja pelos gigantescos valores em jogo, que alcançam várias dezenas de bilhões de reais. Mas é exatamente diante de questões desta envergadura que a voz serena e equilibrada do Superior Tribunal de Justiça mais se faz necessária, não só para dirimir conflitos individuais associados à matéria, mas precipuamente para arrefecer

No entendimento do Ministro Herman Benjamin, o princípio da segurança jurídica deve ser encarado como um necessário meio-termo. É que, de um lado, o princípio referido não atribui força vinculante capaz de engessar a jurisprudência, ainda que consolidada, vez que faz parte da evolução jurisprudencial a modificação subsequente dos entendimentos anteriormente firmados. Afinal, se o princípio referido fosse compreendido de maneira absoluta e estanque, "ainda viveríamos sob o império da escravidão e de odiosas formas de discriminação contra as mulheres e as minorias de toda ordem".[28]

De outro lado, o jurisdicionado busca comportar-se de acordo com as leis editadas e as orientações jurisprudenciais pacificadas, especialmente quando emanadas dos Tribunais Superiores, ocasião em que a sua expectativa de previsibilidade e continuidade tende a ser maior.[29] Afinal, seria equivocado sujeitar o jurisdicionado à excessiva insegurança causada pela instabilidade das "idas e vindas jurisprudenciais".[30]

Por fim, o Ministro Herman Benjamin consignou que, mais cedo ou mais tarde, incumbirá ao Superior Tribunal de Justiça enfrentar

---

o ambiente de insegurança jurídica, que prejudica o interesse público, a estabilidade do sistema econômico-concorrencial e o fluxo dos negócios no mercado, bem como para impedir que aproveitadores de toda a ordem se beneficiem, por artifícios, oportunismo ou pura fraude, da incapacidade do Estado de regrar, como dele se espera, as relações jurídicas entre particulares e entre estes e o setor público" (STJ – 1ª Seção, EREsp. nº 765.134, Rel. Min. João Otávio de Noronha, Rel. p/ ac. Min. Teori Albino Zavascki, j. 27/06/2007, *DJU* 22/10/2007).

[28] Nas palavras do Ministro Herman Benjamin: "Isso quer dizer que o princípio da segurança jurídica não garante, nem deve ser pretexto para garantir, a manutenção de determinada jurisprudência, ainda que solidamente consolidada, mas que esteja em oposição aos princípios basilares da modernidade, como a dignidade da pessoa humana ou a atribuição à propriedade privada de funções (na forma de deveres) em favor da comunidade e das gerações futuras" (STJ – 1ª Seção, EREsp. nº 765.134, Rel. Min. João Otávio de Noronha, Rel. p/ ac. Min. Teori Albino Zavascki, j. 27/06/2007, *DJU* 22/10/2007).

[29] Nesse sentido, cabe pinçar o seguinte trecho do voto-vista do Ministro Herman Benjamin: "Não obstante todos esses argumentos, é inconteste que o jurisdicionado, ao se deparar com uma jurisprudência pacificada em um determinado sentido, emanada de um Tribunal que tem a competência constitucional de dar a última palavra sobre o assunto, tende a confiar que aquela é a melhor interpretação da lei, orientando sua vida, seu trabalho e seus negócios a partir dat, segundo tal entendimento do sistema jurídico" (STJ – 1ª Seção, EREsp. nº 765.134, Rel. Min. João Otávio de Noronha, Rel. p/ ac. Min. Teori Albino Zavascki, j. 27/06/2007, *DJU* 22/10/2007).

[30] Neste sentido, o entendimento intermediário do Ministro Herman Benjamin pontuou que: "Embora não reconheça, como acima ilustrei, relevância jurídica a uma possível expectativa legítima do jurisdicionado à manutenção de uma jurisprudência firme em que confiou, inclino-me a acreditar que é missão do STJ buscar *mecanismos de mitigação dos prejuízos que a alteração abrupta de entendimento venha a causar*" (STJ – 1ª Seção, EREsp. nº 765.134, Rel. Min. João Otávio de Noronha, Rel. p/ ac. Min. Teori Albino Zavascki, j. 27/06/2007, *DJU* 22/10/2007).

de modo adequado a questão na sua dupla manifestação (sombra de juridicidade e modulação temporal dos efeitos da decisão) no campo do julgamento de matéria propriamente infraconstitucional.[31]

Em sentido diametralmente oposto, o Ministro Teori Albino Zavascki decidiu rejeitando a proposta de modulação dos efeitos daquela decisão:

> Com o devido respeito ao talento e às boas intenções da proposta apresentada pelo Ministro Herman Benjamin, há inúmeros *empecilhos* à sua adoção, a começar pelos de natureza *processual*. O processo está em fase de embargos de divergência, recurso duplamente extraordinário, que, mais acentuadamente do que o próprio recurso especial, supõe que as teses jurídicas em debate tenham sido minimamente *prequestionadas*, o que não ocorreu relativamente à 'modulação' proposta. Ademais, em juízo sobre *caso concreto*, não se comportam decisões de efeitos generalizantes, com eficácia expansiva para além dos limites objetivos e subjetivos da causa, como seriam os sugeridos na proposta apresentada. Mais ainda: é altamente questionável a verdade afirmada como principal premissa da proposta, sobre a 'pacificação' da matéria perante os Tribunais. Tive oportunidade de salientar, em meu voto, como essa afirmação não corresponde à realidade. Basta lembrar, por exemplo, que a tese segundo a qual o benefício fora revogado em 1990, por força do art. 41, §1º do ADCT, sequer havia sido apreciada pelo STJ antes de 2004. Não é por outra razão, certamente, que *inúmeras empresas jamais assumiram o risco de se apropriar desses incertos créditos* e que a própria Comissão de Valores Mobiliários, 'de maneira ainda mais severa e referindo-se a atos normativos e pareceres anteriores, veda expressamente a contabilização do direito ao 'crédito-prêmio' pelas companhias abertas antes de eventual trânsito em julgado da sentença favorável', como reconhece o próprio voto do Ministro Herman Benjamin.
>
> Não há como negar, por outro lado, que a proposta tem alcance muito maior do que o da modulação autorizada por lei ao STF, quando declara a inconstitucionalidade de um preceito normativo. O que aqui se propõe é, nada mais nada menos, do que a *prorrogação de vigência de*

---

[31] Na sua decisão, o Ministro Herman Benjamin explicitou a adequação daquele caso então submetido à apreciação para inaugurar esse relevante debate, focando os contornos que delineiam a esfera tributária: "instabilidade legislativa, correlata variabilidade jurisprudencial, presença de rígido controle do poder tributário do Estado, natureza estritamente pecuniária das obrigações de fundo, massificação das relações jurídicas derivadas do mesmo fundamento legal, desdobramentos financeiros capazes de desestruturar a ordem econômica e inviabilizar a sobrevivência das empresas e, finalmente, inexistência de riscos, diretos ou indiretos, à dignidade da pessoa humana, aos bons costumes, à ordem pública (em especial a sanitária, a ambiental e a concorrencial) e à paz social" (STJ – 1ª Seção, EREsp. nº 765.134, Rel. Min. João Otávio de Noronha, Rel. p/ ac. Min. Teori Albino Zavascki, j. 27/06/2007, *DJU* 22/10/2007).

preceitos normativos reconhecidamente revogados. O papel de legislador positivo que tal iniciativa jurisdicional representaria não pode escapar à mais elementar análise. Ademais, a *modulação dos efeitos das decisões do STF*, quando autorizadas, é apenas à que diz respeito a *normas declaradas inconstitucionais* e limita-se aos efeitos de natureza exclusivamente *temporal.* Aqui, ao contrário, *pretende-se modular os efeitos de decisões judiciais*, não sobre a inconstitucionalidade de norma, mas sobre a sua revogação, e não apenas *em seus aspectos temporais* (= eficácia prospectiva às normas revogadas), mas também em seus aspectos *subjetivos* (= para beneficiar alguns contribuintes, não a todos) e em seus aspectos *materiais* (= para abranger apenas alguns atos e negócios, e não a todos). Mais marcadamente ainda se manifesta aqui o *caráter evidentemente normativo* (= legislativo) da proposta de modulação.

Ainda que se pudesse superar também esses relevantes empecilhos, parece intuitivo e inevitável que tão ousada proposta de modulação não poderia dispensar os requisitos estabelecidos pela lei à mais alta Corte do País. Para poder modular suas decisões, em limites até menos extensos, o legislador submete o STF à *reserva de plenário* e à votação favorável por *quorum* especialíssimo de 2/3 dos seus membros. (Grifos nossos)[32]

Em seguida, o Ministro Luiz Fux proferiu o seu voto a respeito da modulação temporal dos efeitos da decisão do Superior Tribunal de Justiça. Na ocasião, decidiu no sentido da rejeição da proposta formulada pelo Ministro Herman Benjamin. Ele questionou a lógica do Judiciário e a aparente subversão promovida pela eventual modulação, compreendida por ele como uma "contradição em termos".[33] Ademais,

---

[32] Nesse sentido, confira o seguinte trecho do voto-vista do Ministro Teori Albino Zavascki: "Lembro que há precedentes na 1ª Turma (v.g. REsp. 727.209, *DJ* de 13.03.06 e REsp. 689.040, *DJ* de 13.03.06), ambos por mim relatados, em que se negou pedido do Município do Estado do Rio de Janeiro, de dar eficácia *ex nunc* ao reconhecimento da inconstitucionalidade do aumento de IPTU, sob o fundamento de que os recursos arrecadados já haviam sido empregados em obras e serviços públicos. Embora admitindo, em tese, a possibilidade de modulação (que havia sido deferida pelo Tribunal local), considerou-se que a medida somente seria admissível em caráter de absoluta excepcionalidade, o que não era o caso" (STJ – 1ª Seção, EREsp. nº 765.134, Rel. Min. João Otávio de Noronha, Rel. p/ ac. Min. Teori Albino Zavascki, j. 27/06/2007, *DJU* 22/10/2007).

[33] De fato, confira: "Adotando a idéia da Sra. Ministra Eliana Calmon, há uma lógica do Judiciário, de sorte que toda vez que em um processo subjetivo se declara a inexistência do direito essa improcedência ao final tem cunho declaratório e, portanto, eficácia *ex tunc*, significa dizer: que a parte nunca teve aquele direito afirmado conforme o seu pedido inicial. A modulação diz exatamente o contrário, é uma *contradictio in terminis*; ou seja: afirma que a parte nunca teve o direito alegado, a decisão tem eficácia *ex nunc*, o que contraria completamente o sistema jurídico como tal, inclusive inclui em todos os institutos da coisa julgada, no instituto da legitimidade; enfim, modifica todo o processo civil" (STJ – 1ª Seção, EREsp. nº 765.134, Rel. Min. João Otávio de Noronha, Rel. p/ ac. Min. Teori Albino Zavascki, j. 27/06/2007, *DJU* 22/10/2007).

para o Ministro Luiz Fux, a proposta levaria a que a Corte atuasse como legislador positivo, que é vedado pela tradição jurídica nacional.[34] Por fim, ponderou os riscos de uma eventual trivialização da aplicação do instituto no âmbito do Tribunal, quando em realidade deve ser aplicado apenas pela Suprema Corte nas ações diretas.[35]

É interessante notar como a construção elaborada pelo Ministro Herman Benjamin sobre a "sombra de juridicidade" e a "expectativa dos jurisdicionados" foi capaz de fundamentar de modo robusto a tese jurídica a respeito da possível aplicação da modulação temporal dos efeitos da decisão, seja pelo art. 27 da Lei nº 9.868/99 diretamente, seja analogicamente, nos casos excepcionais de repentina mudança da jurisprudência anteriormente firmada. Com isso, respeitam-se os princípios da proteção da confiança e da boa-fé dos jurisdicionados e a regra da irretroatividade da lei tributária, que são corolários do princípio da segurança jurídica, que, por sua vez, é pilar inerente ao Estado Democrático de Direito.[36]

---

[34] Neste sentido: "Por outro lado, com essa inovadora tese da sombra jurídica, da juridicidade implantada pela pacificação da jurisprudência, também concordo que, na realidade, essa analogia *legis* leva a que o Poder Judiciário atue como legislador positivo, porque, no fundo, estamos dizendo que a lei do crédito-prêmio do IPI terminou em 1983, mas o Poder Judiciário está dizendo, mediante uma decisão, que vale até 2004" (STJ – 1ª Seção, EREsp. nº 765.134, Rel. Min. João Otávio de Noronha, Rel. p/ ac. Min. Teori Albino Zavascki, j. 27/06/2007, *DJU* 22/10/2007).

[35] Destaca-se o seguinte trecho do voto do Ministro Luiz Fux: "Em uma linguagem mais coloquial, 'se a moda pega', em alguns casos vamos modular, em outros não. É absolutamente inevitável o atingimento dos princípios constitucionais da igualdade das pessoas, da isonomia, e a repercussão desse fenômeno na prescrição e na decadência. E quem se comportou *secundum legis*? Todas as empresas ingressaram com o pedido de repetição de crédito-prêmio? A estatística comprova que foi um grupo minoritário que assim o fez. Os que não fizeram serão prejudicados?" (STJ – 1ª Seção, EREsp. nº 765.134, Rel. Min. João Otávio de Noronha, Rel. p/ ac. Min. Teori Albino Zavascki, j. 27/06/2007, *DJU* 22/10/2007). Como integrante do STF, o Ministro Luiz Fux tem prolatado votos em diferentes questões de fundo (mérito) com a consideração expressa sobre a possível aplicação da modulação temporal dos efeitos das decisões da Suprema Corte.

[36] Para aprofundamento de variadas razões jurídicas que sustentavam a aplicação do referido efeito *ex nunc* a tal decisão do STJ, conferir: FERRAZ JUNIOR, Tércio Sampaio. Irretroatividade e jurisprudência judicial. *In*: FERRAZ JUNIOR, Tércio Sampaio; CARRAZZA, Roque Antonio; NERY JUNIOR, Nelson. *Efeito ex nunc e as decisões do STJ*. 2. ed. Barueri, SP: Manole: Minha Editora, 2009, p. 1-34. Em complemento, cabe mencionar levantamento realizado em pesquisa junto aos 300 maiores exportadores brasileiros, pelo qual informa que "durante o período em que a jurisprudência era favorável aos contribuintes, entre 1994 e 2004, o STJ proferiu 51 acórdãos e 34 decisões monocráticas, todos transitados em julgado, nos quais reconhece a vigência do crédito-prêmio IPI sem definição de prazo" (EDITORIAL. Pelo menos 105 empresas buscam benefício na Justiça. *Valor Online*. São Paulo, 27/04/2009. Disponível em: <http://www.valoronline.com.br> [27/04/2009]).

3.3 Interface com o Supremo Tribunal Federal

Poucos meses depois do julgamento do Crédito-Prêmio do IPI pelo Superior Tribunal de Justiça, em julgamento de relevante matéria tributária (IPI-Alíquota zero) o Supremo Tribunal Federal rejeitou a proposta de modulação temporal dos efeitos daquela decisão, que, ao final, foi favorável ao Fisco.

Depois disso, a tendência manifestada no primeiro momento pelo Superior Tribunal de Justiça no julgamento do Crédito-Prêmio do IPI permaneceu firme e assim se consolidou: no sentido da inaplicação – direta ou analogicamente – do art. 27 da Lei nº 9.868/99.

Confira o trecho da seguinte ementa oriunda do Superior Tribunal de Justiça que se seguiu ao referido precedente do Supremo Tribunal Federal:

> 32. Outrossim, os efeitos prospectivos previstos no artigo 27, da Lei nº 9.868/1999, são inaplicáveis pelo Poder Judiciário, sob pena de usurpação da atividade legislativa, mercê de promover o rompimento da Segurança Jurídica e do Princípio da Isonomia, em confronto com os contribuintes que, calcados na presunção de legitimidade das leis, não demandaram contra o Fisco (Precedente da Excelsa Corte: Questão de Ordem no RE 353.657-5-PR). Deveras, a aplicação da 'modulação temporal' é situação excepcional, somente cabível no caso da declaração de inconstitucionalidade, porquanto as decisões judiciais da natureza da pleiteada *in casu*, têm eficácia *ex nunc*.[37]

Por outro lado, em doutrina contemporânea ao julgamento, houve autores que afirmaram a improcedência do pedido de modulação naquela causa: "Assim, parece-nos que os Tribunais Superiores não devem, com base no princípio da proteção da confiança, conferir efeitos prospectivos às decisões que se modificando posicionamento anterior, (...) passaram a considerar extinto o crédito-prêmio criado pelo DL nº 491/69 em relação ao referido imposto" (RIBEIRO, Ricardo Lodi. A proteção da confiança legítima do contribuinte. *Revista Dialética de Direito Tributário*, n. 145, out. 2007, p. 115).

[37] Cuidando-se do caso submetido à apreciação na Corte, o Ministro Relator diferenciou as hipóteses da inconstitucionalidade e da revogação: "Mister destacar, ainda, que declaração de inconstitucionalidade e revogação, como evidente não se confundem, a não ser pelas conseqüências fenomênico-legais, posto que tanto o diploma revogado, quanto o declarado inconstitucional são conjurados do ordenamento". De um lado, "a declaração de inconstitucionalidade pressupõe vício que nulifica *ab ovo* perdendo essa, inclusive, a aptidão de revogar". De outro, "a revogação dá-se por conveniência, constituindo, com a novel lei, outra definição jurídica" (STJ – 1ª Seção, EREsp. nº 675.201, Rel. Min. Luiz Fux, j. 26/09/2007, DJ 15/10/2007). No mesmo sentido, negando a possibilidade de aplicar o art. 27 da Lei nº 9.868/99 sobre a matéria tributária em questão, confira: STJ – 1ª Seção, EREsp. nº 705.254-AgRg, Rel. Min. Luiz Fux, j. 26/03/2008, *DJE* 18/04/2008; STJ – 1ª Seção, Resp. nº 541.239-ED, Rel. Min. Luiz Fux, j. 12/03/2008, *DJE* 31/03/2008; STJ – 1ª Turma, RESp. nº 843.795-AgRg-ED, Rel. Min. Francisco Falcão, j. 17/04/2008, *DJE* 15/05/2008; STJ – 1ª Turma, Resp. nº 666.752-AgRg-ED, Rel. Min. Luiz Fux, j. 15/04/2008; *DJE* 14/05/2008;

Apesar de regulado por lei desde 1999, a aplicação do art. 27 permanece suscitando variadas dúvidas e levantando diferentes questões jurídicas em torno de sua interpretação e aplicação, as quais serão mais cedo ou mais tarde analisadas e superadas tanto pela doutrina como também pela jurisprudência, especialmente dos tribunais superiores.[38]

A situação agrava-se ainda mais quando cuidamos de matéria tributária. Em junho de 2007, a questão foi suscitada tanto no âmbito do Pleno do Supremo Tribunal Federal (IPI-Alíquota zero) como perante a Primeira Seção do Superior Tribunal de Justiça (Crédito-Prêmio de IPI). Apesar da excelente qualidade do debate que se instaurou entre os Ministros na deliberação que terminou por rejeitá-la naquele momento inicial, parece que o passo seguinte ainda não foi dado.

De um lado, no âmbito do Supremo Tribunal Federal, os julgamentos seguintes que contemplaram a possível aplicação da modulação temporal dos efeitos de sua decisão, a questão central não foi devidamente debatida entre os Ministros e a qualidade desses julgados deixa a desejar.

O Superior Tribunal de Justiça, por sua vez, parece ter encontrado o eco que, em sua maioria, buscava para rejeitar a ideia de modulação temporal dos efeitos de suas decisões, com base inclusive no julgamento da questão pelo Supremo Tribunal Federal, quando examinou o caso do IPI-Alíquota zero.

STJ – 1ª Turma, RESp. nº 733.152-AgRg-ED, Rel. Min. Denise Arruda, j. 11/03/2008, *DJE* 07/04/2008; STJ – 1ª Turma, Resp. nº 718.751-AgRg., Rel. Min. Luiz Fux, j. 11/03/2008, *DJE* 17/04/2008, dentre tantas outras.

[38] Prova cabal de que o assunto continuou – e ainda continuará – suscitando dúvidas e questionamentos é encontrada na seguinte passagem do processualista Nelson Nery Junior: "O STJ (...) decidiu em 27.06.2007, pela 1ª Seção, em decisão ainda sujeita à impugnação por meio de embargos de declaração, já que, ao que parece, o resultado do julgamento teria sido incorretamente proclamado, que a eficácia *ex nunc* de suas decisões não poderia ser tomada em julgamento de embargos de divergência. O tema era o crédito-prêmio do IPI. O voto do Ministro Herman Benjamin, acompanhado pelo voto do Ministro João Otávio de Noronha, propunha eficácia *ex nunc* da decisão do STJ que entendeu não mais subsistir o incentivo do crédito-prêmio do IPI, a partir de 9/8/2004, data do julgamento do REsp. 591708-RS, que alterou a pacífica jurisprudência anterior do tribunal sobre o tema do crédito-prêmio do IPI. Apesar de o voto estar absolutamente correto, (...), o STJ decidiu noutro sentido. *Pela solidez e constitucionalidade da tese, acreditamos que haverá mudança de entendimento do STJ quanto ao ponto*" (NERY JUNIOR, Nelson. Boa-fé objetiva e segurança jurídica: eficácia da decisão judicial que altera jurisprudência anterior do mesmo tribunal superior. *In*: FERRAZ JUNIOR, Tércio Sampaio; CARRAZZA, Roque Antonio; NERY JUNIOR, Nelson. *Efeito ex nunc e as decisões do STJ*. 2. ed. Barueri, SP: Manole: Minha Editora, 2009, p. 76, grifamos). No ponto grifado, cabe lembrar que os embargos declaratórios opostos foram rejeitados por unanimidade e posteriormente o RE foi sobrestado nos termos do art. 543-B, §1º, do CPC, até o pronunciamento definitivo do STF no RE nº 577.302.

Verifica-se, por conseguinte, que temos pouquíssimas manifestações jurisprudenciais de qualidade a respeito do tema nos Tribunais Superiores e a permanência e agravamento de muitas dúvidas a respeito da aplicação da modulação temporal dos efeitos de tais decisões em matéria tributária.

Por fim, cabe registrar que a questão jurídica em torno do Crédito-Prêmio do IPI constituiu um caso paradigmático de possível – e frustrada – aplicação do efeito *ex nunc*, já que modificou jurisprudência mansa e pacífica de mais de quinze anos do Superior Tribunal de Justiça a respeito do tema.[39]

Tal complexidade foi expressamente reconhecida pelo STJ quando, em julgamento subsequente ao precedente então firmado, a Corte asseverou que "não se trata de demanda simples – tanto é verdade que houve alteração na jurisprudência a respeito do tema, o que levou os contribuintes a solicitarem a modulação dos efeitos".[40]

De tal decisão, foram opostos embargos de declaração que foram rejeitados por unanimidade, ao argumento de que inexistiu qualquer dos vícios listados no art. 535 do CPC.[41] Opostos novos embargos, por unanimidade, eles foram parcialmente acolhidos, para explicitar que, ao julgar os embargos de divergência, a Seção decidiu, por maioria, que o Crédito-Prêmio do IPI, previsto no art. 1º do Decreto-Lei nº 491/69, não se aplica às vendas para o exterior realizadas após 04.10.90, nos termos da fundamentação constante dos votos então proferidos.[42]

Posteriormente, foi interposto recurso extraordinário, que foi sobrestado nos termos do art. 543-B, §1º, do CPC, até o pronunciamento

---

[39] Em matéria veiculada posteriormente em periódico de reconhecida credibilidade, consta o seguinte relato a respeito do cenário subsequente de tal julgamento: "Já no Superior Tribunal de Justiça (STJ), a modulação foi discutida apenas uma vez, em 2007. A proposta foi levada pelo ministro Herman Benjamin, à época recém-chegado à corte, para dar uma solução conciliatória à disputa em torno do crédito-prêmio IPI. Sua proposta foi derrotada por sete votos a dois, mas a situação vem mudando: José Delgado, um dos ministros que votou contra a modulação na época, admitiu poucos meses mais tarde que poderia rever sua posição sobre o tema" (TEIXEIRA, Fernando. Justiça consolida aplicação da 'modulação' de decisões. *Valor Online*, Legislação & Tributos, 19/01/2009. Disponível em: <http://www.valoronline.com.br> [19/01/2009]).

[40] Constou de modo expresso na ementa que: "Não se pode acoimar de simples a causa a respeito da qual a jurisprudência, após intensos debates, foi alterada (direito ao aproveitamento do crédito-prêmio de IPI), e em torno da qual os contribuintes insistem na modulação dos efeitos" (STJ – 2ª Turma, AgRg no Ag nº 1.107.720, Rel. Min. Herman Benjamin, j. 16/03/2010, *DJE* 26/03/2010).

[41] STJ – 1ª Seção, EREsp. nº 765.134-ED, Rel. Min. Teori Albino Zavascki, j. 13/02/2008, *DJE* 03/03/2008.

[42] STJ – 1ª Seção, EREsp. nº 765.134-ED/ED, Rel. Min. Teori Albino Zavascki, j. 23/04/2008, *DJE* 12/05/2008.

definitivo do STF no RE nº 577.302.[43] Com o subsequente julgamento do referido recurso extraordinário pelo STF, o Vice-Presidente do STJ decidiu que o acórdão recorrido estava conformado com o entendimento do STF, razão pela qual julgou prejudicado o recurso extraordinário.[44]

No ínterim entre o julgamento da questão referente ao Crédito-Prêmio do IPI ocorrido no âmbito do STJ e o pronunciamento definitivo do STF, algumas notícias sobre solução no campo extrajudicial circularam, e na época chegou-se a criar certa expectativa quanto à possível composição na esfera legislativa. Neste, como na grande maioria dos casos tributários de relevo nacional, pode-se prognosticar desde logo que "a decisão do Supremo, qualquer que seja, provocará sérios problemas na economia". De fato, ocorre que: "Se a União perder, terá um grande passivo fiscal, a ser exigido imediatamente pelas empresas; se ganhar, poderá inviabilizar boa parte do setor exportador".[45]

No âmbito do STF, o RE nº 577.302 teve sua repercussão geral reconhecida em 17.04.2008: "CONSTITUCIONAL. IPI. CRÉDITO-PRÊMIO. EXTINÇÃO. ART. 41, §1º, DO ADCT. EXISTÊNCIA DE REPERCUSSÃO GERAL. Questão relevante do ponto de vista econômico e jurídico".[46]

Em 13/08/2009, a questão jurídica relacionada ao Crédito-Prêmio do IPI foi julgada no STF, cuja ementa restou assim vazada:

---

[43] STJ – Vice-Presidência, RE nos ED nos ED nos EREsp. nº 765.134, Decisão monocrática do Min. Cesar Asfor Rocha, j. 16/06/2008, *DJE* 27/06/2008.

[44] STJ – Vice-Presidência, RE nos ED nos ED nos EREsp. 765.134, Decisão monocrática do Min. Ari Pargendler, j. 10/08/2010, *DJe* 19/08/2010. Essa decisão transitou em julgado em 08/09/2010.

[45] Cf. EDITORIAL. Exportadores aguardam acordo sobre crédito-prêmio no Senado: entrevista com Roberto Giannetti. *Valor Online*. São Paulo, 27/04/2009. Disponível em: <http://www.valoronline.com.br> [27/04/2009]. No mesmo sentido: ERDELYI, Maria Fernanda. Tentativa de acordo: Fiesp quer levar a Lula solução para crédito-prêmio do IPI. *Revista Consultor Jurídico*, 21/07/2007. Disponível em: <http://www.conjur.com.br/2007-jul-21/fiesp_levar_lula_solucao_credito-premio_ipi> [25/07/2007]; TEIXEIRA, Fernando; CARVALHO, Luiza de. Procuradoria vetará acordo sobre crédito-prêmio. *Valor Online*. São Paulo, 20/02/2009. Disponível em: <http://www.valoronline.com.br> [20/02/2009]; EDITORIAL. Procuradoria da Fazenda acredita que pacto pode gerar problemas com a OMC. *Valor Online*. São Paulo, 27/04/2009. Disponível em: <http://www.valoronline.com.br> [27/04/2009]; EDITORIAL. Pelo menos 105 empresas buscam benefício na Justiça. *Valor Online*. São Paulo, 27/04/2009. Disponível em: <http://www.valoronline.com.br> [27/04/2009]; EDITORIAL. Proposta para crédito-prêmio IPI entra em MP. *Valor Online*. São Paulo, 27/05/2009. Disponível em: <http://www.valoronline.com.br> [27/05/2009].

[46] STF – Pleno, RE nº 577.302-RG, Rel. Min. Ricardo Lewandowski, j. 17/04/2008, *DJE* 30/04/2008. Confira: CRISTO, Alessandro. Disputa reaberta: advogados voltam a apostar no crédito-prêmio do IPI. *Revista Consultor Jurídico*, 10/11/2008. Disponível em: <http://www.conjur.com.br/2008-nov-10/advogados_voltam_apostar_credito-premio_ipi> [15/11/2008].

TRIBUTÁRIO. IPI. CRÉDITO-PRÊMIO. DECRETO-LEI 491/1969 (ART. 1º). ADCT, ART. 41, §1º. INCENTIVO FISCAL DE NATUREZA SETORIAL. NECESSIDADE DE CONFIRMAÇÃO POR LEI SUPERVENIENTE À CONSTITUIÇÃO FEDERAL. PRAZO DE DOIS ANOS. EXTINÇÃO DO BENEFÍCIO. PRESCRIÇÃO. RE NÃO CONHECIDO.
I – A jurisprudência da Corte é no sentido de que a apreciação das questões relativas à prescrição de pretensão à compensação de crédito decorrente de incentivo fiscal depende da análise de normas infraconstitucionais.
II – Precedentes.
III – Recurso não conhecido.[47]

Assim, depois de tanto tempo de acaloradas discussões jurídicas, restou finalmente concluído o debate em torno da permanência ou extinção do Crédito-Prêmio do IPI, após o advento da Constituição de 1988, consoante orientação uníssona dos Tribunais Superiores no sentido de reconhecer a sua extinção em 04/10/1990 (com o reconhecimento da natureza setorial do benefício e consequente aplicação do art. 41, §1º, do ADCT) evitando alardeado rombo bilionário que eventual decisão no sentido contrário poderia supostamente ocasionar aos cofres públicos.

---

[47] STF – Pleno, RE nº 577.302-RG, Rel. Min. Ricardo Lewandowski, j. 13/08/2009, *DJE* 27/11/2009. Cabe registrar que, nesse caso, a modulação temporal dos efeitos da decisão foi pleiteada da tribuna quando da sustentação oral pelo advogado responsável. Em razão da decisão prolatada, não houve insistência nesse sentido e o Tribunal não chegou a examinar essa questão específica. Embora esse recurso extraordinário não tenha sido conhecido, por peculiaridade processual, foi julgado conjuntamente com os demais, que no mérito compartilharam da mesma sorte. Nesse sentido: "TRIBUTÁRIO. IMPOSTO SOBRE PRODUTOS INDUSTRIALIZADOS. CRÉDITO-PRÊMIO. DECRETO-LEI 491/1969 (ART. 1º). ADCT, ART. 41, §1º. INCENTIVO FISCAL DE NATUREZA SETORIAL. NECESSIDADE DE CONFIRMAÇÃO POR LEI SUPERVENIENTE À CONSTITUIÇÃO FEDERAL. PRAZO DE DOIS ANOS. EXTINÇÃO DO BENEFÍCIO. RECURSO EXTRAORDINÁRIO CONHECIDO E DESPROVIDO. I – O crédito-prêmio de IPI constitui um incentivo fiscal de natureza setorial de que trata o art. 41, *caput*, do Ato das Disposições Transitórias da Constituição. II – Como o crédito-prêmio de IPI não foi confirmado por lei superveniente no prazo de dois anos, após a publicação da Constituição Federal de 1988, segundo dispõe o §1º do art. 41 do ADCT, deixou de existir. III – O incentivo fiscal instituído pelo art. 1º, do Decreto-Lei 491, de 5 de março de 1969, deixou de vigorar em 5 de outubro de 1990, por força do disposto no §1º do art. 41 do Ato de Disposição Constitucionais Transitórias da Constituição Federal de 1988, tendo em vista sua natureza setorial. IV – Recurso conhecido e desprovido" (STF – Pleno, RE nº 577.348, Rel. Min. Ricardo Lewandowski, j. 13/08/2009, *DJE* 26/02/2010). Em 29/03/2010, o recurso extraordinário transitou em julgado no STF. No mesmo sentido: RE nº 561.485, Rel. Min. Ricardo Lewandowski, j. 13/08/2009, *DJE* 26/02/2010. Em 14/04/2010, a União opôs embargos de declaração, que aguardam julgamento pelo Pleno do STF.

4 Desdobramentos subsequentes

4.1 No âmbito do Crédito-Prêmio do IPI

Pouco depois do julgamento da questão jurídica anteriormente destacada, referente à inaplicação da modulação temporal dos efeitos da decisão tomada quando do pronunciamento do STJ acerca da extinção do Crédito-Prêmio do IPI em 04/10/1990, a Corte voltou a examinar a sua possível aplicação.

Exemplo de tal decisão é a seguinte (no que interessa ao presente estudo):

> CRÉDITO-PRÊMIO. IPI. INCENTIVO FISCAL DE NATUREZA SETORIAL. ART. 41, §1º, DO ADCT. EXTINÇÃO EM 1990. COMPETÊNCIA DO STJ PARA APLICAR DISPOSITIVO CONSTITUCIONAL. FONTES DO DIREITO. DISTINÇÃO ENTRE CAMPO DE APLICAÇÃO MATERIAL E CAMPO DE APLICAÇÃO TEMPORAL DA NORMA JURÍDICA. DISCUSSÃO DA MODULAÇÃO TEMPORAL DOS EFEITOS DE MUDANÇA DE POSIÇÃO JURISPRUDENCIAL PACÍFICA DO STJ. JURISPRUDÊNCIA ANTERIOR CONSOLIDADA PELA SUBSISTÊNCIA DO BENEFÍCIO. PRINCÍPIOS DA SEGURANÇA JURÍDICA, DA BOA-FÉ OBJETIVA E DA CONFIANÇA LEGÍTIMA. SOMBRA DE JURIDICIDADE. MODULAÇÃO TEMPORAL DOS EFEITOS DA DECISÃO PELO STJ.
>
> (...).
>
> 5. Ao apreciar a questão, por mim levantada, do *duplo impacto* de súbita alteração de jurisprudência em matéria tributária assentada em legislação vacilante, a Primeira Seção, em 27.6.2007, tinha diante de si ações (EREsps. 767.527/PR, 738.689/PR, 765.134/SC e 771.184/PR) em que inexistia provimento judicial (seja em liminar, antecipação de tutela, sentença ou acórdão) que determinasse o aproveitamento do crédito-prêmio, o que levou o Colegiado, nos passos do brilhante voto-vista regimental do e. Min. Teori Zavascki, a concluir que a discussão, no essencial, estava prejudicada, já que, mesmo que superada a ausência de divergência, nenhuma das contribuintes *in casu* preenchia os requisitos estabelecidos em meu voto-desempate. (...).
>
> 7. Na sessão de 27.6.2007, os Ministros Luiz Fux e Eliana Calmon entenderam que, em vez de Embargos de Divergência, o Recurso Especial seria a via adequada para a *discussão da modulação temporal dos efeitos da mudança jurisprudencial*.
>
> 8. Daí a pertinência, diante dessas peculiaridades do caso, de agora se enfrentarem, de forma direta, os dois impactos, independentes mas não excludentes entre si, dessa súbita alteração jurisprudencial, isto é: a) a projeção de certa 'sombra de juridicidade' a cobrir algumas operações ocorridas após a extinção legal do benefício; e b) a possibilidade de

modulação temporal dos efeitos da nova decisão, aspectos esses que não puderam, como tal, ser enfrentados pela Primeira Seção naquele momento. (...).

18. Precedente do e. STF (RE 197917/SP, Tribunal Pleno, Rel. Min. Maurício Corrêa, j. 6.6.2002, DJ 7.5.2004), em que se modularam temporalmente os efeitos da decisão em Recurso Extraordinário, não abarcada expressamente pelas Leis 9.868 e 9.882, ambas de 1999. Recente julgado em que a Suprema Corte fixou o termo inicial para o novel entendimento jurisprudencial em Mandado de Segurança relativo à fidelidade partidária (MS 26.603/DF, Rel. Min. Celso de Mello, j. 4.10.2007).

19. A 'sombra de juridicidade' e a necessidade do prosseguimento da modulação temporal deixam de existir em 9.8.2004, data de publicação do acórdão no REsp. 591.708/RS, pelo qual a Primeira Turma se afastou da jurisprudência até então consolidada.

20. A expectativa a ser protegida contra a mudança jurisprudencial refere-se exclusivamente às empresas que buscaram provimento judicial e efetivamente aproveitaram o 'crédito-prêmio' de sua titularidade originária (excluídas cessões) até 9.8.2004.

21. A Primeira Seção, no entanto, na assentada de 24.10.2007, afastou a tese dos efeitos prospectivos, devolvendo o Recurso à apreciação pela Segunda Turma. Ressalvado meu entendimento quanto à matéria, passo a acompanhar o posicionamento majoritário.

22. Recurso Especial parcialmente conhecido e, nessa parte, provido.[48]

No caso concreto, o Min. Herman Benjamin lembrou a sua proposição para aplicar a modulação temporal dos efeitos no caso concreto,[49] enumerou cada um dos argumentos suscitados pelo Min.

---

[48] STJ – 2ª Turma – REsp. nº 654.446, Rel. Min. Herman Benjamin, j. 04/12/2007, *DJE* 11/11/2009.

[49] Confira, nesse sentido: "Destaco que o caso ora trazido a julgamento traz peculiaridade em relação aos recursos apreciados pela Primeira Seção na sessão de 27.6.2007, quando fui vencido em dois pontos: a) ocorrência de 'sombra de juridicidade' a proteger alguns contribuintes; e b) necessidade, com ou sem reconhecimento da 'sombra de juridicidade', de modulação dos efeitos da mudança jurisprudencial. Naquela oportunidade, manifestei-me por resguardar dos efeitos da novel jurisprudência os contribuintes que, confiantes no posicionamento pacífico desta Corte, aproveitaram o crédito-prêmio de IPI. A situação apenas se configuraria quando presentes os seguintes requisitos: a) o crédito-prêmio ter sido efetivamente aproveitado até a data de publicação do acórdão no REsp. 591.708/RS (9.8.2004), decisão essa, da Primeira Turma, que fixa o momento em que se exaure a 'sombra de juridicidade', garantidora da subsistência do benefício, não cabendo, a partir de então, falar em expectativa, boa-fé objetiva ou legítima confiança dos contribuintes; b) apenas os contribuintes que demandaram judicialmente seriam beneficiados, pois o apelo ao Poder Judiciário serviria de indicativo do grau de confiança que imputavam à postulação; e c) a proteção não se estenderia ao aproveitamento dos créditos por terceiros" (STJ – 2ª Turma – REsp. nº 654.446, Rel. Min. Herman Benjamin, j. 04/12/2007, *DJE* 11/11/2009).

Teori Zavascki[50] e agregou as seguintes respostas que considerou pertinentes para cada argumento levantado anteriormente:

a) houve prequestionamento, já que o tema foi suscitado e apreciado nas instâncias de origem, com o enfrentamento, necessário e implícito, da aplicação dos princípios da segurança jurídica, da boa-fé e da legítima confiança à espécie;

b) a preocupação em ampliar os efeitos da decisão no caso concreto (efeito generalizante) não tem razão de ser, já que a modulação atinge apenas e tão somente o caso concreto submetido ao julgamento (*inter partes*), sujeito à repetição nas situações delineadas devido à coerência interna da Corte;

c) houve confusão quanto ao término do benefício, já que subsistiam orientações no sentido de que remanesceria até os dias atuais, até 1990 e até 1983;

d) "Assim, aquilo que o e. Ministro Teori Zavascki entende como maior amplitude da modulação temporal nada mais é que sua delimitação estrita, tendo como critério básico determinado ponto no tempo (9.8.2004)";

e) levando em conta que não se trata de aplicar a Lei nº 9.868/99 por analogia, mas adotar os valores constitucionais inerentes à sua excepcional aplicação, torna-se desnecessária a observância do *quorum* qualificado de dois terços, especialmente se considerarmos que a decisão será tomada em sede de controle difuso, concreto e incidental (com efeito *inter parte*);

f) o afastamento da modulação no RE nº 353.657 perdeu por completo a relevância, em vista da recente decisão no MS nº 26.603, em 04/10/2007;

g) os casos julgados pela Primeira Seção, em Embargos de Divergência, não se amoldavam aos critérios defendidos pelo Ministro Herman Benjamim, já que o caso concreto trazia a particularidade de que fora concedida a antecipação de tutela, ao passo que naqueles casos tidos por precedentes não houve qualquer provimento jurisdicional favorável;

h) como reconhecido naquela ocasião, a via cabível para explorar o argumento da 'sombra da juridicidade' seria o recurso especial, razão pela qual se afeta o presente recurso à Primeira

---

[50] Com efeito, o Ministro reproduziu as razões de decidir explicitadas pelo Ministro Teori Zavascki no seguinte precedente: STJ – 1ª Seção, EREsp. nº 765.134, Rel. Min. João Otávio de Noronha, Rel. p/ ac. Min. Teori Albino Zavascki, j. 27/06/2007, *DJU* 22/10/2007.

Seção, e não os embargos de divergência (como foi feito anteriormente).[51] Diante disso, o Ministro Herman Benjamin explicitou os fundamentos jurídicos que o levaram a concluir pela proteção da posição jurídica de certos contribuintes que, mesmo após a extinção legal do benefício em 04/10/1990, aproveitaram-se dele, agindo de boa-fé e com base na legítima confiança na jurisprudência então pacífica do STJ.

Foram eles, em síntese:

a) a questão da segurança jurídica à luz da "profunda mudança de orientação jurisprudencial sobre o tema" a violar a "expectativa do jurisdicionado";

b) calcada geralmente na sua confiança legítima quanto à manutenção de jurisprudência consolidada;[52]

c) os efeitos jurídicos da chamada "sombra de juridicidade";

d) os valores que motivaram o art. 27 da Lei nº 9.868/99 vão além do produto legislativo, "influindo necessariamente na aplicação do Direito por todos os Tribunais Superiores", razão pela qual: "Tenho para mim que, também no âmbito do STJ, nas decisões que alterem jurisprudência reiterada, abalando forte e inesperadamente expectativas de jurisdicionados, devem ter sopesados os limites de seus efeitos no tempo, buscando a integridade do sistema e a valorização da segurança jurídica";[53]

---

[51] "Assim, o presente Recurso Especial é a via adequada para a discussão definitiva da 'sombra de juridicidade' e dos efeitos prospectivos" (STJ – 2ª Turma – REsp. nº 654.446, Rel. Min. Herman Benjamin, j. 04/12/2007, *DJE* 11/11/2009).

[52] Em seguida, o Ministro explicitou ainda que: "Não obstante todos esses argumentos, é inconteste que o jurisdicionado, ao se deparar com jurisprudência pacificada em determinado sentido, emanada de um Tribunal que tem a competência constitucional de dar a última palavra sobre o assunto, tende a confiar que aquela é a melhor interpretação da lei, orientando sua vida, seu trabalho e seus negócios a partir daí, segundo tal entendimento do sistema jurídico". "Essa confiança é gerada, afinal, pela expectativa, legítima ou não, mas sempre real, de que, em havendo discussão judicial com relação ao seu caso concreto, a decisão final a ser emitida pelo Judiciário ser-lhe-á favorável" (STJ – 2ª Turma – REsp. nº 654.446, Rel. Min. Herman Benjamin, j. 04/12/2007, *DJE* 11/11/2009).

[53] Cabe o registro de que: "Repito que não se trata de, simplesmente, aplicar as normas veiculadas pelas Leis 9.868 e 9.882, ambas de 1999, por analogia, mas sim de adotar como válidos e inafastáveis os pressupostos valorativos e principiológicos que fundamentam essas normas e que, independentemente da produção legislativa ordinária, haveriam de ser observados tanto pelo e. STF quanto pelo STJ". "Por tudo isso, não tenho dúvidas quanto à possibilidade de o STJ fixar temporalmente os limites de suas decisões em casos excepcionais como o presente, em que o imperativo da Segurança Jurídica desaconselha os efeitos *ex tunc* normalmente atribuídos às decisões declaratórias" (STJ – 2ª Turma – REsp. nº 654.446, Rel. Min. Herman Benjamin, j. 04/12/2007, *DJE* 11/11/2009).

e) "Fixo, portanto, a data de publicação desse acórdão (RESp. 591.708/RS), em 9.8.04, como o momento em que se exaure a 'sombra de juridicidade' que garantiria a subsistência do benefício, não cabendo, a partir de então, falar em expectativa, boa-fé ou confiança legítima dos contribuintes";

f) quanto aos negócios jurídicos praticados pelos contribuintes, entendeu o Ministro que "a expectativa a ser protegida contra a mudança jurisprudencial diz respeito exclusivamente às empresas que buscaram provimento judicial e efetivamente aproveitaram o crédito-prêmio até 9.8.04",[54] ou, ainda mais especificamente, "a modulação temporal dos efeitos da decisão favorece somente os créditos aproveitados pelos titulares originários do benefício"; e

g) aplicou, ao fim e ao cabo, a orientação majoritária, isto é, afastou a tese dos efeitos prospectivos, a manifestação do tribunal de origem quanto ao aproveitamento do crédito-prêmio por terceiros e reconheceu a extinção do benefício em 04/10/1990, nos termos do art. 41, §1º, do ADCT. Desse modo, depois de feita a ressalva quanto ao seu entendimento pessoal, o Ministro Herman Benjamin proferiu voto no sentido de conhecer do recurso especial manejado pela Fazenda Nacional e dar-lhe provimento.[55]

Com efeito, com a definição do tema referente à extinção do Crédito-Prêmio do IPI em 04/10/1990 e a expressa negativa da eventual

---

[54] O Ministro esclareceu que: "Afasta-se também, portanto, a hipótese de empresas que, apesar de demandarem judicialmente, não realizaram, por qualquer razão, o efetivo aproveitamento do 'crédito-prêmio' até 9.8.04. Elas não tiveram seus custos reduzidos, nem deixaram, por conseqüência, de repassar o ônus tributário integral (sem a dedução do crédito-prêmio) aos seus clientes. Com relação a esses contribuintes, não há ofensa relevante à segurança jurídica que justifique a modulação temporal dos efeitos da decisão". "Tampouco aproveita a mitigação dos efeitos da decisão declaratória a outros que não o titular original do 'crédito-prêmio', já que a 'sombra de juridicidade' refere-se ao entendimento até então pacificado por esta Corte, que não abrangia a possibilidade de aproveitamento, por terceiros, do benefício fiscal" (STJ – 2ª Turma – REsp. nº 654.446, Rel. Min. Herman Benjamin, j. 04/12/2007, *DJE* 11/11/2009).

[55] Eis a conclusão do Ministro: "Por essas razões, conheço parcialmente do Recurso Especial e, nessa parte, dou-lhe provimento, afastando a manifestação do Tribunal de origem quanto ao aproveitamento do crédito-prêmio por terceiros, por ofensa ao art. 512 do CPC (matéria não tratada na sentença e que não foi objeto de Apelação), e reconhecendo a extinção do crédito-prêmio de IPI em 4.10.1990, nos termos do art. 41, §1º, do ADCT" (STJ – 2ª Turma – REsp. nº 654.446, Rel. Min. Herman Benjamin, j. 04/12/2007, *DJE* 11/11/2009). O resultado foi unânime, convergindo em favor do recurso especial da União os Ministros Herman Benjamin (Relator), Eliana Calmon, Castro Meira e Humberto Martins.

modulação temporal da decisão paradigma pelo STJ, dezenas de decisões subsequentes foram proferidas pela Corte no mesmo sentido.[56] Na medida em que a embrionária "jurisprudência" do Supremo Tribunal Federal não se firmou com a definição clara de possibilidades e limites em torno da modulação temporal dos efeitos de suas decisões em questão constitucional-tributária, sobressai a importância do entendimento do Superior Tribunal de Justiça sobre o tema. Buscam-se, com isso, algumas balizas expostas em poucos julgados do Superior Tribunal de Justiça, o qual, igualmente, ainda não tem orientação definitiva firmada a respeito do tema.[57]

---

[56] Dentre elas, citamos a título exemplificativo as seguintes: EREsp. nº 675.201, Rel. Min. Luiz Fux, j. 26/09/2007, *DJU* 15/10/2007; REsp. nº 787.839, Rel. Min. Teori Albino Zavascki, j. 06/11/2007, *DJE* 03/03/2008; REsp. nº 738.711, Rel. Min. Teori Albino Zavascki, j. 06/11/2007, *DJE* 25/02/2008; AgRg no REsp. nº 696.442, Rel. Min. Luiz Fux, j. 13/11/2007, *DJE* 03/12/2007; AgRg no REsp. nº 672.480, Rel. Min. Luiz Fux, j. 20/11/2007, *DJE* 29/11/2007; ED no AgRg no REsp. nº 723.086, Rel. Min. Francisco Falcão, j. 04/12/2007, *DJE* 10/03/2008; AgRg no Ag nº 876.512, Rel. Min. Herman Benjamin, j. 11/12/2007, *DJE* 23/10/2008; AgRg no Ag. nº 886.162, Rel. Min. José Delgado, j. 18/12/2007, *DJE* 04/09/2008; AgRg no Ag. nº 957.411, Rel. Min. Denise Arruda, j. 04/03/2008, *DJE* 31/03/2008; ED no REsp. nº 541.239, Rel. Min. Luiz Fux, j. 12/03/2008, *DJU* 31/03/2008; AgRg no EREsp. nº 705.254, Rel. Min. Luiz Fux, j. 26/03/2008, *DJE* 18/04/2008; ED no AgRg no RESp. nº 666.752, Rel. Min. Luiz Fux, j. 15/04/2008, *DJU* 14/05/2008 e AgRg no ED no RESp. nº 843.795, Rel. Min. Francisco Falcão, j. 17/04/2008, *DJE* 15/05/2008, entre outras.

[57] Dentre sua jurisprudência, assinalam-se os seguintes trechos de ementas: "A declaração de inconstitucionalidade da norma no caso concreto gera efeitos que atingem todos os atos praticados sob a sua rubrica (*ex tunc*), como conseqüência natural da coisa julgada, sendo que o art. 27 da Lei n. 9.868/99 tem utilização tão-só na análise da constitucionalidade das normas em abstrato, na qual se permite ao Supremo Tribunal Federal, por maioria de dois terços de seus membros, restringir os efeitos da declaração de inconstitucionalidade" (STJ – 1ª Turma, AgRg no REsp. nº 725.945, Rel. Min. Francisco Falcão, j. 16/08/2005, *DJU* 17/10/2005); "Em nosso sistema, a inconstitucionalidade é causa de nulidade da norma, tendo, portanto, eficácia *ex tunc* o provimento jurisdicional que a declara. Entretanto, em circunstâncias excepcionais e para preservar outros valores constitucionalmente relevantes, considerados prevalecentes no caso concreto, não se descarta a hipótese de ser mantida determinada situação formada inconstitucionalmente. É o que prevê, em relação às ações de controle concentrado de constitucionalidade, o art. 27 da Lei 9.868/99, cujo princípio informador pode ter aplicação em controle incidental, como já ocorreu, antes mesmo da referida Lei, em precedentes do STF" (STJ – 1ª Turma, REsp. nº 689.040, Rel. Min. Teori Albino Zavascki, j. 02/02/2006, *DJU* 13/03/2006). No mesmo sentido: STJ – 1ª Turma, Resp. nº 793.125, Rel. Min. Teori Albino Zavascki, j. 21/02/2006, *DJU* 06/03/2006; STJ – 1ª Turma, Resp. nº 744.588, Rel. Min. Teori Albino Zavascki, j. 06/12/2005, *DJU* 19/12/2005. Confira ainda: "O art. 27 da Lei n. 9.868/99 possibilita a concessão de eficácia *ex nunc* à declaração de inconstitucionalidade em sede de ADI. Tratando-se o caso dos autos de simples controle difuso de constitucionalidade, não há como se reconhecer o direito ao efeito não-retroativo, cuja aplicação é facultativa até para o Supremo Tribunal Federal, destinatário da norma" (STJ – 1ª Turma, Ag. nº 693.542 – Rel. Min. José Delgado – j. 10/08/2005 – *DJU* 14/10/2005).

4.2 Em outras matérias

Além do exame relacionado à possível aplicação da modulação temporal dos efeitos da sua decisão tomada quando do julgamento do Crédito-Prêmio do IPI, o Superior Tribunal de Justiça já enfrentou em outras poucas (e não tão ricas) situações concretas tal possibilidade. Destacaremos em seguida alguns trechos a esse respeito.[58]

Inicialmente, o entendimento que prevaleceu no Superior Tribunal de Justiça foi no sentido de que: "A decisão do STF que declara a norma inconstitucional tem efeito *ex tunc*. Afinal, o que é inconstitucional já o era desde a sua origem". Desse modo, "somente em excepcionais situações é que está o STF autorizado por lei a dar à sua decisão efeitos *ex nunc*, o que inocorreu na hipótese dos autos".[59]

Com efeito, ainda na seara da matéria tributária, cabe registrar que a discussão em torno da possível modulação temporal dos efeitos das suas decisões foi objeto de exame pelos Ministros do STJ quando se debruçaram sobre a questão da progressividade das taxas municipais de iluminação pública e coleta de lixo, além do IPTU. Ao final, seguiram a orientação prevalecente no STF. No trecho da ementa que interessa ao estudo, cabe destacar que:

> Tributário e processual civil. IPTU. Taxas – TIP e TCLLP. Progressividade. Controle de constitucionalidade. Art. 27 da Lei 9.868/99. Excepcionalidade da eficácia *ex nunc* da declaração incidental de inconstitucionalidade. Inviabilidade no caso. (...).
> 2. Em nosso sistema, a inconstitucionalidade é causa de nulidade da norma, tendo, portanto, eficácia *ex tunc* o provimento jurisdicional que a declara. Entretanto, em circunstâncias excepcionais e para preservar outros valores constitucionalmente relevantes, considerados prevalecentes no caso concreto, não se descarta a hipótese de ser mantida determinada situação formada inconstitucionalmente. É o que prevê, em relação às ações de controle concentrado de constitucionalidade, o

---

[58] Note que o foco aqui será sempre o debate em torno da modulação temporal das diferentes decisões tomadas, pouco importando a questão de fundo (mérito) veiculada, razão pela qual será mencionada sem destaque. Aqui, não nos preocupamos em destacar a comum replicação no âmbito do STJ das decisões proferidas pelo STF com a aplicação da modulação temporal dos seus efeitos.

[59] No voto que prolatou a Ministra decidiu que: "Quanto ao pedido de atribuição de efeito *ex nunc* à sentença declaratória de inconstitucionalidade da Lei Municipal, não se aplica a regra constante do art. 27, da Lei 9.868/99 por não ser possível a aplicação desse dispositivo fora do quorum privilegiado, que chama a necessidade da reserva de plenário" (STJ – 2ª Turma – AGA nº 1.158.870, Rel. Min. Eliana Calmon, j. 04/05/2010, *DJe* 13/05/2010).

art. 27 da Lei 9.868/99, cujo princípio informador pode ter aplicação em controle incidental, como já ocorreu, antes mesmo da referida Lei, em precedentes do STF. (...).[60]

Sobre o mesmo tema tributário, mas com visão diametralmente oposta, que restou vencida na Corte, cabe registrar a ressalva do ponto de vista do Ministro Luiz Fux. Destacamos os trechos pertinentes da ementa do acórdão de que foi Relator:

> 1. A declaração de inconstitucionalidade da progressividade de alíquotas do IPTU e da TIP, nos termos da jurisprudência da Seção de Direito Público desta Corte Superior, gera efeitos retroativos – *ex nunc*, consoante entendimento reiterado do STF (...).
> 2. Ressalva do ponto de vista do relator no sentido de que a declaração de inconstitucionalidade inaugura o ressurgimento da lei nova sem retroação em homenagem aos princípios da segurança jurídica e da irretroatividade das leis, exegese que inspirou os artigos 11, §1º, e 27 da Lei 9.868/99, sendo o efeito *ex nunc* a regra, salvo se o Supremo Tribunal Federal declará-lo *ex tunc*.[61]

Em questão de fundo referente a quota de contribuição sobre operações de exportação de café, surgiu a questão específica em torno da aplicação da tese dos "cinco mais cinco". Na ocasião, ao pedido de modulação temporal dos efeitos daquela decisão então tomada, o STJ decidiu, no trecho do voto e da ementa que interessa ao estudo, que:

> 4. Por outro lado, a formulação da denominada tese dos 'cinco mais cinco' não tem como sustentáculo nenhuma declaração de inconstitucionalidade de diploma normativo, mas tão-somente a interpretação de legislação federal. Assim, mostra-se inviável restringir a sua aplicação, por força do princípio da *segurança jurídica*, tendo em vista que, 'salvo

---

[60] No caso concreto então submetido ao STJ, contudo, no qual restou afastada a regra impositiva do Município em razão de sua incompatibilidade com a Lei Maior, reconheceu a Corte que a jurisprudência predominante tanto do STJ como também do STF é no sentido de que a eficácia da decisão deve ser *ex tunc* e não *ex nunc*. Nesse caso, portanto, não houve modulação temporal dos efeitos de sua decisão (STJ – 1ª Turma – REsp. nº 689.040, Rel. Min. Teori Albino Zavascki, j. 02/02/2006, *DJU* 13/03/2006). No mesmo sentido: STJ – 1ª Turma – REsp. nº 727.209, Rel. Min. Teori Albino Zavascki, j. 21/02/2006, *DJU* 13/03/2006; STJ – 2ª Turma, AgRg no REsp. nº 1.044.852, Rel. Min. Mauro Campbell Marques, j. 10/03/2009, *DJe* 14/04/2009.

[61] STJ – 1ª Turma – REsp. 910.793, Rel. Min. Luiz Fux, j. 07/10/2008, *DJe* 03/11/2008. No mesmo sentido: STJ – 1ª Turma, AgRg no REsp. nº 917.960, Rel. Min. Luiz Fux, j. 18/06/2009, *DJe* 06/08/2009.

nas hipóteses excepcionais previstas no art. 27 da Lei 9.868/99, é incabível ao Judiciário, sob pena de usurpação da atividade legislativa, promover a 'modulação temporal' das suas decisões' (EREsp. 738.689/PR, 1ª Seção, Rel. Min. Teori Albino Zavascki, DJ de 22.10.2007).[62]

Com efeito, na esteira do precedente firmado com o Caso do Crédito-Prêmio do IPI, firmou-se no STJ a orientação de refutar "a aplicação do art. 27 da Lei nº 9.868/99 por órgão diverso do Supremo Tribunal Federal", sob pena de usurpação legislativa pelo Poder Judiciário.[63]

Além disso, em julgado específico, a Corte afastou a aplicação de eventual modulação temporal dos efeitos pelo STJ pleiteada em sede de embargos de declaração, bem como estabeleceu que "a decisão que não enfrenta o mérito do recurso não comporta modulação dos efeitos", inclusive com a imposição de multa protelatória no caso concreto.[64]

Em outro caso, contudo, diante da interposição de agravo regimental, o STJ limitou-se a reconhecer que o então recorrente pleiteava o reexame dos requisitos autorizadores da modulação dos efeitos prevista no art. 27 da Lei nº 9.868/99 (alegadamente violado). Na ocasião, decidiu que: "a controvérsia suscitada nos autos foi dirimida pelo Tribunal *a quo* à luz de preceitos constitucionais, da segurança jurídica e do interesse social, cuja análise é de competência exclusiva do Supremo

---

[62] STJ – 1ª Turma – AgRg nos ED no REsp. nº 733.152, Rel. Min. Denise Arruda, j. 11/03/2008, *DJE* 07/04/2008. No mesmo sentido: STJ – 2ª Turma, AgRg nos ED no REsp. nº 805.804, Rel. Min. Castro Meira, j. 28/09/2010, *DJE* 15/10/2010; STJ – 1ª Turma, AgRg no REsp. nº 1.089.940, Rel. Min. Denise Arruda, j. 02/04/2009, *DJE* 04/05/2009. Em acórdão que cuidou da contribuição destinada ao INCRA, o STJ decidiu que: "Salvo nas hipóteses excepcionais previstas no art. 27 da Lei 9.868/99, é incabível ao Judiciário, sob pena de usurpação da atividade legislativa, promover a modulação temporal das suas decisões" (STJ – 2ª Turma - AgRg nos ED no Ag nº 983.549, Rel. Min. Mauro Campbell Marques, j. 23/04/2009, *DJE* 13/05/2009).

[63] Nesse sentido: "Esta Corte, ao interpretar o art. 27 da Lei 9.868/99, entendeu que compete exclusivamente ao Supremo Tribunal Federal a modulação dos efeitos da declaração de inconstitucionalidade de ato normativo" (STJ – 2ª Turma – REsp. nº 1.184.895, Rel. Min. Eliana Calmon, j. 27/04/2010, *DJU* 11/05/2010).

[64] Com efeito, para melhor compreensão das peculiaridades processuais do caso, cabe registrar que: "1. Trata-se de Embargos de Declaração em que se postula modulação dos efeitos diante de suposta alteração na jurisprudência do STJ, relativamente à incidência de ISS sobre serviços de praticagem. 2. Ocorre que os Embargos de Divergência foram liminarmente rejeitados, porque não demonstrada a similitude fático-jurídica entre o acórdão hostilizado e os arestos paradigmas. 3. Sem prejuízo, o pedido de modulação dos efeitos foi deduzido mediante invocação de precedente que não havia sido apontado como emblemático do suposto dissídio entre as Turmas que compõem a Seção de Direito Público do STJ" (STJ – 1ª Seção – ED no AgRg nos EREsp. nº 724.111, Rel. Min. Herman Benjamim, 25/08/2010, *DJE* 13/09/2010).

Tribunal Federal". *In casu*, a Corte recorreu à aplicação de súmulas que a impediam de revolver matéria fático-probatória e examinar o direito local questionado.[65]

Em outra situação que lhe foi submetida mais recentemente, a qual também resolveu com a aplicação de súmula que desqualificou o recurso especial interposto com base em alegada violação ao art. 27, o Superior Tribunal de Justiça decidiu que: "O recorrente não conseguiu demonstrar a existência dos requisitos previstos no art. 27 da Lei nº 9.868/99 que permitissem a modulação de efeitos em declaração de inconstitucionalidade".[66]

De certo modo, parece que a visão anterior do STJ, no sentido de que somente cabe ao STF aplicar o art. 27, tem-se flexibilizado. De fato, verifica-se que os fundamentos das suas decisões mais recentes expressam, mesmo que de modo implícito e ainda frágil, a possibilidade, ao menos em tese, de que o STJ venha a apreciar eventual questão jurídica relacionada à aplicação da modulação temporal dos efeitos de suas decisões (ou até mesmo que ela seja oriunda de algum tribunal de origem de segunda instância a ser revisada pelo STJ com a interposição de recurso especial).

Cuidando de ação de indenização, por responsabilidade civil, baseada em dispositivo específico da Lei de Imprensa (Lei nº 5.250/67), veja a seguinte decisão do STJ: "O STF, ao julgar a ADPF n. 130, declarou

---

[65] STJ – 1ª Turma – AgRg no REsp. 1.140.158, Rel. Min. Benedito Gonçalves, j. 18/11/2010, *DJE* 25/11/2010. Em sentido semelhante, reconhecendo expressamente a primazia do STF para decidir a respeito de matéria constitucional e aplicar o art. 27 da Lei nº 9.868/99 em sede de controle concentrado, o STJ negou provimento ao agravo regimental interposto e manteve a decisão anterior que se baseou no acórdão recorrido, pelo qual: "No controle de constitucionalidade incidental o reconhecimento da inconstitucionalidade da lei não é objeto da causa, vale dizer, não é a providência postulada. A modulação de efeitos temporais do julgado só ocorre na ação direta de inconstitucionalidade, perante o STF e com *quorum* qualificado, na forma do art. 27, da Lei 9.868/99. A inconstitucionalidade da lei tributária é reconhecida por ter previsto a progressividade do imposto [IPTU] fora da hipótese do art. 182, §4º, II, da CF/88, não por circunstâncias ligadas à ocorrência do fato gerador. Assim, deve ser preservado o crédito do imposto predial, aplicando-se a alíquota mínima" (STJ – 1ª Turma – AgRg no Ag nº 967.376, Rel. Min. José Delgado, j. 08/04/2008, *DJE* 24/04/2008).

[66] Constou no trecho do voto referente ao afastamento de qualquer violação ao art. 27 que: "No que se refere à alegativa de ofensa ao art. 27 da Lei nº 9.868/99, o recurso não merece ser conhecido. O recorrente defende a necessidade de modulação dos efeitos da decisão que reconheceu a inconstitucionalidade da Lei Estadual nº 3.465/2000. No entanto, não logrou demonstrar a existência das hipóteses autorizativas para que assim procedesse o Tribunal de origem, quais sejam, razões de segurança jurídica ou de excepcional interesse público, conforme se extrai da letra da lei, (...)" (STJ – 2ª Turma – REsp. nº 1.229.322, Rel. Min. Castro Meira, j. 17/05/2011, *DJE* 02/06/2011).

a não-recepção, pela Constituição Federal, da Lei de Imprensa em sua totalidade. Não sendo possível a modulação de efeitos das decisões que declaram a não-recepção, tem-se que a Lei de Imprensa é inválida desde a promulgação da Constituição Federal". Na ocasião, a Corte decidiu que: "Inexiste a denominada 'modulação de efeitos'. Significa dizer que a decisão que declara a não-recepção produz sempre efeitos *ex tunc*".[67]

Essa decisão seguiu a linha que a Corte já tinha adotado em casos semelhantes, relacionados à Lei de Imprensa e posteriores ao pronunciamento definitivo do STF na ADPF nº 130. Entre os fundamentos explicitados no acórdão referente a ADPF 130, o STJ frisou com destaque, desde logo, que o reconhecimento da não recepção da Lei de Imprensa implica necessariamente na impossibilidade de eventual modulação temporal dos efeitos de tal decisão.

Nesse sentido, o STJ já decidiu que:

> Neste ponto, a primeira observação a se fazer é a de que o STF vem firmando sua jurisprudência no sentido de que o fenômeno da não-recepção, diferentemente do que ocorre com a declaração de inconstitucionalidade de lei, *não está sujeito à regra da modulação de efeitos*. Ou seja: a não-recepção produz, sempre, efeitos *ex tunc*, extirpando do ordenamento a Lei incompatível com a nova ordem, desde a data da promulgação da Constituição.[68]

Tratando-se da possível aplicação da modulação temporal dos efeitos da decisão oriunda do tribunal de segunda instância, a hipótese é plenamente aceita na incipiente jurisprudência do Superior Tribunal de Justiça.

---

[67] STJ – 4ª Turma, RESp. nº 990.079, Rel. Min. Luis Felipe Salomão, j. 08/02/2011, *DJE* 01/07/2011.

[68] Em seguida, o voto da Relatora, Ministra Nancy Andrighi, destaca que: "Esse posicionamento da Corte Suprema não se modificou no julgamento da ADPF 130/DF. Consoante se depreende da leitura das mais de 300 páginas do acórdão que julgou esse processo (publicado no *DJ* de 6/11/2009), nenhuma menção é feita à técnica de modulação de efeitos, em qualquer dos votos proferidos. A Lei de Imprensa, portanto, não produz efeito algum no ordenamento jurídico há mais de 20 anos. Além disso, o STF houve por bem declarar a não-recepção dessa lei como um todo, não se limitando a fazê-lo com relação apenas a alguns artigos, a exemplo do que se fizera na apreciação da medida liminar requerida na mesma ADPF 130/DF (Boletim de Jurisprudência nº 496/STF). Disso decorre que, desde a promulgação da CF/88, todos os dispositivos da Lei de Imprensa, sejam os que limitam a atividade da imprensa, sejam os que a protegem ou fomentam, são inválidos" (STJ – 3ª Turma – REsp. nº 945.461, Rel. Min. Nancy Andrighi, j. 15/12/2009, *DJE* 26/05/2010). No mesmo sentido: STJ – 3ª Turma – REsp. nº 885.248, Rel. Min. Nancy Andrighi, j. 15/12/2009, *DJE* 21/05/2010).

Com efeito, certo caso submetido ao exame do STJ referiu-se a processo administrativo disciplinar conduzido por órgão criado por dispositivo legal declarado inconstitucional pelo Tribunal de Justiça (com aplicação da modulação temporal dos efeitos na modalidade *ex nunc*). *In casu*, a recorrente sustentou no recurso especial que o tribunal *a quo* não poderia modular os efeitos da declaração de inconstitucionalidade, uma vez que o art. 27 da Lei nº 9.868/99 destina-se exclusivamente ao STF. Em razão dessa impossibilidade e com a aplicação do efeito *ex tunc* da referida declaração de inconstitucionalidade do dispositivo legal que criou o órgão competente para conduzir o processo administrativo disciplinar, seria ele nulo desde a sua instauração, devendo o Poder Judiciário, portanto, tornar sem efeito a pena de demissão imposta pela Administração Pública naquele processo específico.

O Relator, Ministro Jorge Mussi, decidiu que o caso trazia a excepcionalidade necessária e registrou o acerto da aplicação da modulação temporal dos efeitos pela decisão então recorrida do tribunal de origem. Depois de colacionar o dispositivo legal pertinente, breve lição doutrinária e a orientação do STF sobre o tema, decidiu que não havia qualquer vício no processo administrativo disciplinar, "pois essa declaração [de inconstitucionalidade] somente passará a surtir efeitos após o trânsito em julgado da Representação de Inconstitucionalidade (...)", razão pela qual negou provimento ao recurso.[69]

O Ministro Napoleão Nunes Maia Filho consignou que pediu vista do processo para examinar com vagar o problema suscitado de poder (ou não) o Tribunal de Justiça, ao declarar uma lei estadual incompatível com a Constituição Estadual, aplicar-lhe a modulação temporal de efeitos prevista no art. 27, que rege o processo da ADI no âmbito do STF. Pela clareza didática de suas considerações articuladas na ementa que elaborou do seu voto, transcrevemos:

> Administrativo. Servidor público demitido. Comissão processante composta na forma de lei estadual declarada inconstitucional pelo TJRJ. *Modulação de efeitos com base na Lei Federal 9.868/99. Preservação dos atos praticados até o trânsito em julgado da decisão. Inexistência de lei estadual prevendo tal possibilidade. Violação ao princípio da autonomia federativa.* Ressalva de entendimento pessoal.

---

[69] STJ – 5ª Turma – RMS nº 19.951, Rel. Min. Jorge Mussi, j. 02/09/2010, *DJE* 04/10/2010.

1. O princípio da autonomia federativa, insculpido no art. 25 da Constituição Federal, assegura aos Estados-membros da Federação Brasileira a potestade de organizar a sua estrutura jurídico-constitucional e nela inserir os diversos mecanismos capazes de viabilizar a defesa da supremacia da Constituição Estadual.

2. *Diante da ausência de norma constitucional do Estado-membro a prever a possibilidade de o Tribunal de Justiça proceder à chamada modulação de efeitos quando da declaração de inconstitucionalidade de lei estadual, não cabe a aplicação automática da legislação federal, sob pena de violação da autonomia do ente federativo.*

3. O princípio da simetria ou do paralelismo impõe às unidades federadas, ao adotarem as suas Constituições, a observância das normas e princípios de organização previstos na Constituição Federal (art. 25 da CF/88), sujeitando-se, em caso de violação, à técnica de controle da Federação e da supremacia da Constituição Federal; portanto, o controle da Constituição Estadual eventualmente assimétrica cabe exclusivamente quando o Poder Constituinte Estadual ofende o paradigma federal, provocando a denominada deformação estrutural.

4. *Inexistindo norma estadual constitucional ou legal prevendo a aplicação da modulação, não é viável, em princípio, sem ofensa à autonomia do Estado-membro, a aplicação direta de norma federal que autoriza a modulação de efeitos na declaração de inconstitucionalidade; a intermediação do Poder Normativo Estadual é exigência federativa neste caso.*

5. *Neste caso, a modulação operada pelo Tribunal de Justiça do Rio de Janeiro, postergando a eficácia da declaração de inconstitucionalidade do art. 19 da Lei Complementar Estadual 107/2003 para quando se der o seu trânsito em julgado, deixa os seus destinatários sujeitos a uma regra positiva que já foi declarada incompatível com a Constituição Estadual e essa é, uma situação de todo inconciliável com os direitos subjetivos das pessoas; jurídico seria que o referido dispositivo cessasse de produzir efeitos logo após a declaração de sua inconstitucionalidade, ainda que se preservasse, se fosse o caso, a validade dos atos até então produzidos com base nele.*

6. Ressalva do ponto de vista pessoal, com vistas a não abrir divergência sobre matéria que tem mais sabor doutrinário do que prático, para acompanhar o entendimento do ilustre Ministro Relator. (Grifamos)[70]

Em voto-vista proferido pelo Ministro Felix Fischer, ele acompanhou o Relator, mas por fundamento inteiramente diferente do voto anteriormente proferido. Releva assinalar que foi destacado o ponto nodal de toda a questão:

---

[70] STJ – 5ª Turma – RMS nº 19.951, Rel. Min. Jorge Mussi, j. 02/09/2010, *DJE* 04/10/2010.

Sem dúvida, a situação verificada nos presentes autos aponta a existência de um *conflito* entre *princípios constitucionais*, erigindo-se, de um lado, a *segurança jurídica* e, de outro, o *princípio da nulidade*. Exatamente por isso, tenho que a resolução da questão há de perpassar por um juízo de *ponderação*, sendo irrelevante, por conseqüência, a existência de legislação estadual que preveja a modulação de efeitos no âmbito das Cortes de Justiça dos Estados-membros.[71]

Em outra ocasião, o STJ também seguiu a esteira da jurisprudência predominante do STF, especialmente quanto a eventual aplicação da modulação temporal dos efeitos de suas decisões. Trata-se da questão tributária relacionada à validade da revogação da isenção da COFINS incidente sobre as sociedades civis de profissão regulamentada. Em acórdão julgado sob o rito dos recursos repetitivos, o STJ decidiu (no trecho pertinente ao estudo) o seguinte:

> 3. Destarte, *a Contribuição para Financiamento da Seguridade Social – COFINS incide sobre o faturamento das sociedades civis de prestação de serviços de profissão legalmente regulamentada*, de que trata o artigo 1º, do Decreto-Lei 2.397/87, *tendo em vista a validade da revogação da isenção prevista no artigo 6º, II, da Lei Complementar 70/91* (lei materialmente ordinária), *perpetrada pelo artigo 56, da Lei 9.430/96*.
>
> 4. Outrossim, impende ressaltar que o Plenário da Excelsa Corte, tendo em vista o disposto no artigo 27, da Lei 9.868/99, rejeitou o pedido de modulação dos efeitos da decisão proferida no *Recurso Extraordinário 377.457/PR*.[72]

---

[71] Grifos no original. Em seguida, o Ministro decidiu que: "*In casu*, não restam dúvidas de que admitir efeitos *ex tunc* à declaração de inconstitucionalidade proferida pela e. Corte de Justiça do Rio de Janeiro (em especial por ela resultar de vício meramente formal na condução legislativa das reformas efetivas sobre a Lei Complementar nº 107/03) seria medida capaz de gerar efeitos adversos, desconstituindo situações que – tal como a que se dera no presente caso – impuseram-se com observância do princípio da ampla defesa e do contraditório". Por fim, concluiu que: "Reconhecendo, portanto, a possibilidade de protensão dos efeitos da declaração de inconstitucionalidade, tal como adotada pela e. Corte *a quo*, acompanho o voto do em. Ministro Relator, *Jorge Mussi*, para, na mesma linha, negar provimento ao recurso ordinário" (STJ – 5ª Turma – RMS nº 19.951, Rel. Min. Jorge Mussi, j. 02/09/2010, *DJE* 04/10/2010). Prevaleceu, portanto, a aplicação do efeito *ex nunc* decidida pelo tribunal de origem.

[72] STJ – 1ª Seção – REsp. nº 826.428, Rel. Min. Luiz Fux, j. 09/06/2010, *DJE* 01/07/2010 (grifos no original). No mesmo sentido: STJ – 2ª Turma - AgRg no REsp. nº 1.146.389, Rel. Min. Mauro Campbell Marques, j. 19/08/2010, *DJE* 28/09/2010; STJ – 1ª Turma – AgRg no Ag nº 1.032.183, Rel. Min. Luiz Fux, j. 05/02/2009, *DJE* 18/02/2009; STJ – 1ª Turma – REsp. nº 1.082.532, j. 18/12/2008, *DJE* 18/02/2009.

Submetido ao rito dos recursos repetitivos, o STJ decidiu no sentido favorável ao recurso especial para estabelecer que: "É de cinco anos o prazo prescricional para o ajuizamento da execução fiscal de cobrança de multa de natureza administrativa, contando do momento em que se torna exigível o crédito (artigo 1º do Decreto nº 20.910/32)".

Nesse caso, o pedido de modulação dos efeitos foi formulado por *amicus curiae* ao argumento de que, "por se cuidar de inovação jurisprudencial, suas conseqüências irão afetar as finanças públicas". O Tribunal indeferiu sob o seguinte fundamento: "Rejeito, por fim, a pretendida modulação dos efeitos do presente julgado uma vez que, para além de se cuidar de entendimento doutrinário e jurisprudencial já consolidado, inexistindo inovação qualquer no ordenamento jurídico, o certo é que a eventual modificação de entendimento jurisprudencial não dá ensejo à atribuição de eficácia prospectiva a julgado, à absoluta falta de amparo legal e constitucional".[73]

No campo administrativo, o ato de nomeação de titular de serventia cartorária julgado inconstitucional pelo STF, em decisão que não contemplou a modulação temporal dos seus efeitos, deve ser considerado nulo de pleno direito.[74]

Em caso referente à invalidação da aposentadoria de policial civil em razão da declaração de inconstitucionalidade pelo STF do ato legal pertinente, com a aplicação da modulação temporal na modalidade *ex nunc*, o STJ curvou-se ao entendimento da Suprema Corte e decidiu a questão que lhe foi submetida nos mesmos moldes. Nesse sentido:

1. A Impetrante, policial civil do Estado Paraná, teve sua aposentadoria invalidada, por força do decidido no acórdão nº 1.421/2006 do Tribunal de Contas do Estado do Paraná, que, no julgamento de Uniformização

---

[73] STJ – 1ª Seção – RESp. nº 1.105.442, Rel. Min. Hamilton Carvalhido, j. 09/12/2009, *DJE* 22/02/2011. No mesmo sentido: STJ – 1ª Turma, AgRg no Ag nº 1.199.331, Rel. Min. Hamilton Carvalhido, j. 23/03/2010, *DJE* 15/04/2010.

[74] Cabe registrar os trechos da ementa pertinentes ao estudo: "1. Os atos administrativos de delegação com fim de investidura no cargo de titular de serventia cartorária pressupõem, necessariamente, a realização de concurso público. Na hipótese dos autos, está evidenciado que esse requisito não foi observado. 2. Conforme expresso na sentença e no acórdão, o mandado de segurança antes formulado pretendia obter, rigorosamente, as mesmas declarações e providências: a restauração do ato que se teve por nulo e a reintegração do recorrente ao precitado cargo público. Evidente a ocorrência de coisa julgada. 3. No caso concreto, não houve modulação dos efeitos das decisões proferidas nas ADI 363 e 1573-7, nos termos do art. 27 da Lei n. 9.868/1999, de modo que o ato de nomeação da recorrente é nulo de pleno direito, sobretudo pela não-bservância do princípio do concurso público (arts. 37, II e 236, §3º, da CF/88), não havendo que se falar, portanto, em prescrição ou preclusão administrativa (Súmula 473 do STF)" (STJ – 2ª Turma – AgRg no RESp. nº 930.484, Rel. Min. Humberto Martins, j. 20/08/2009, *DJE* 08/09/2009).

de Jurisprudência a respeito da concessão de aposentadoria dos policiais civis, entendeu ser inconstitucional a Lei Complementar Estadual nº 93/2002, por vício de iniciativa.

2. A Lei Complementar nº 93/2002, em que se funda a aposentadoria da ora Recorrente, foi objeto de Ação Direta de Inconstitucionalidade (ADI nº 2.904-5), tendo sido recentemente julgada pelo Supremo Tribunal Federal, cuja decisão foi pela declaração de inconstitucionalidade do art. 1º da aludida lei, por vício formal, com eficácia *ex nunc*.

3. A Suprema Corte, ao declarar a inconstitucionalidade apontada, confirmou o acerto da Administração nas invalidações das aposentadorias concedidas com base na referida lei complementar.

4. Entretanto, com a modulação dos efeitos operada pelo Pretório Excelso, com fulcro no art. 27 da Lei nº 9.868/99, somente a partir da data do julgamento da ADI nº 2.904, é que a Lei Complementar nº 93/2002 deve ser tida como inconstitucional, ou seja, até referida data, ela era suscetível de gerar efeitos.

5. Como a ora Recorrente preenche todos os requisitos para aposentação com base na Lei Complementar nº 93/2002, antes da data de 15/04/2009 (sessão de julgamento da ADI nº 2.904), deve ter assegurado seu direito à aposentadoria.

6. Recurso ordinário conhecido e provido.[75]

O STJ reconhece que: "Como de sabença, a declaração de inconstitucionalidade pelo Pretório Excelso, em controle concentrado, via de regra, opera efeitos *erga omnes* e *ex tunc*, ou seja, para todos e a contar do momento em que publicada a lei declarada inconstitucional, excetuando-se, todavia, as hipóteses em que ocorra a modulação destes efeitos, consoante o disposto no art. 27 da Lei n 9.868/99".[76]

Em razão disso, é próprio do sistema de controle de constitucionalidade das leis no Brasil o efeito repristinatório, na medida em que restabelece situação pretérita (anterior ao advento da lei declarada inconstitucional com efeito *ex tunc*). O fenômeno não

---

[75] STJ – 5ª Turma – RMS nº 27.986, Rel. Min. Laurita Vaz, j. 20/08/2009, *DJE* 14/09/2009.

[76] Nesse sentido: "Deveras, reconhecida a inconstitucionalidade do §2º do artigo 25 da Lei 8.870/94 (ADI 1.103-1/600), sem ressalvas, conjura-se *ab ovo* do ordenamento jurídico a norma inconstitucional, desde a data da publicação da declaração da Excelsa Corte, restabelecendo-se o *status quo ante*, com efeito repristinatório, não obstado pela vedação do artigo 2º, §3º, da LICC, que proscreve o fenômeno adstrito à revogação da lei (...)". Quando prolatou seu voto, o Relator esclareceu que: "Assim, reconhecida sua inconstitucionalidade o ato é nulo, devendo ser retirado do ordenamento jurídico, desde a data da publicação da declaração, bem como restabelecida a situação pretérita, produzindo efeito repristinatório, não obstado pela vedação do artigo 2º, §3º da LICC, que proscreve, em verdade, a repristinação resultante de revogação da lei ulterior, que não é a hipótese dos autos" (STJ – 1ª Turma – RESp. nº 842.182, Rel. Min. Luiz Fux, j. 03/03/2009, *DJE* 30/03/2009).

deve ser confundido pela boa técnica com a repristinação. É que a repristinação ocorre quando há revogação de uma lei por outra que lhe é superveniente (e aí restaura a vigência da anterior).

Em suma, a revogação de lei é instituto jurídico diverso da declaração de inconstitucionalidade. Na revogação de uma lei por outra, a repristinação consiste na restauração da lei anterior que foi por ela revogada. Isso, no âmbito legislativo, é vedado pela LICC. A declaração de inconstitucionalidade (pelo Poder Judiciário) equivale à revogação de lei (pelo Poder Legislativo) no tocante aos seus efeitos práticos, isto é, retirar o dispositivo legal da ordem jurídica.

Todavia, teoricamente, a distinção é muito mais nítida. Com efeito, enquanto na revogação de lei não há repristinação, na declaração de inconstitucionalidade lhe é inerente o seu efeito repristinatório, ou seja, uma vez declarada a inconstitucionalidade de uma lei, com efeito *ex tunc*, ela é tida como natimorta (*ab ovo*) e eventual "revogação" que tenha perpetrado é imediatamente restaurada (desde sempre).

Com a aplicação da modulação temporal dos efeitos da decisão que declara a inconstitucionalidade, há evidente e imediato impacto no efeito repristinatório, a ser verificado em cada caso concreto.

Por fim, cabe registrar tema que tem mobilizado a jurisprudência do STJ no sentido de aplicar suas decisões com efeito *ex nunc*. Trata-se do reconhecimento da inidoneidade de certa empresa para licitar e contratar com o Poder Público, e sua consequente sanção com base na constitucionalidade dos arts. 87 e 88 da Lei nº 8.666/93.[77] A Corte

---

[77] Eis a dicção dos dispositivos em foco: "Art. 87. Pela inexecução total ou parcial do contrato a Administração poderá, garantida a prévia defesa, aplicar ao contratado as seguintes sanções: I – advertência; II – multa, na forma prevista no instrumento convocatório ou no contrato; III – suspensão temporária de participação em licitação e impedimento de contratar com a Administração, por prazo não superior a 2 (dois) anos; IV – declaração de inidoneidade para licitar ou contratar com a Administração Pública enquanto perdurarem os motivos determinantes da punição ou até que seja promovida a reabilitação perante a própria autoridade que aplicou a penalidade, que será concedida sempre que o contratado ressarcir a Administração pelos prejuízos resultantes e após decorrido o prazo da sanção aplicada com base no inciso anterior. §1º. Se a multa aplicada for superior ao valor da garantia prestada, além da perda desta, responderá o contratado pela sua diferença, que será descontada dos pagamentos eventualmente devidos pela Administração ou cobrada judicialmente. §2º. As sanções previstas nos incisos I, III e IV deste artigo poderão ser aplicadas juntamente com a do inciso II, facultada a defesa prévia do interessado, no respectivo processo, no prazo de 5 (cinco) dias úteis. §3º. A sanção estabelecida no inciso IV deste artigo é de competência exclusiva do Ministro de Estado, do Secretário Estadual ou Municipal, conforme o caso, facultada a defesa do interessado no respectivo processo, no prazo de 10 (dez) dias da abertura de vista, podendo a reabilitação ser requerida após 2 (dois) anos de sua aplicação. Art. 88. As sanções previstas nos incisos III e IV do artigo anterior poderão também ser aplicadas às empresas ou aos profissionais que, em

tem decidido que tal decisão produz efeito a partir da declaração de inidoneidade (dali pra frente), isto é, *ex nunc*. Com isso, preserva-se a parte do contrato já executada, que remanesce cumprida.

Nesse sentido, no âmbito do Superior Tribunal de Justiça, a 1ª Seção admitiu a aplicação do efeito *ex nunc* (que é uma das espécies possíveis de modulação temporal dos efeitos de uma decisão) em acórdão assim ementado:

> ADMINISTRATIVO – LICITAÇÃO – INIDONEIDADE DECRETADA PELA CONTROLADORIA GERAL DA UNIÃO – ATO IMPUGNADO VIA MANDADO DE SEGURANÇA.
>
> 1. Empresa que, em processo administrativo regular, teve decretada a sua inidoneidade para licitar e contratar com o Poder Público, com base em fatos concretos.
>
> 2. Constitucionalidade da sanção aplicada com respaldo na Lei de Licitações, Lei 8.666/93 (arts. 87 e 88).
>
> 3. Legalidade do ato administrativo sancionador que observou o devido processo legal, o contraditório e o princípio da proporcionalidade.
>
> 4. Inidoneidade que, como sanção, só produz efeito para o futuro (efeito *ex nunc*), sem interferir nos contratos já existentes e em andamento.
>
> 5. Segurança denegada.[78]

---

razão dos contratos regidos por esta Lei: I – tenham sofrido condenação definitiva por praticarem, por meios dolosos, fraude fiscal no recolhimento de quaisquer tributos; II – tenham praticado atos ilícitos visando a frustrar os objetivos da licitação; III – demonstrem não possuir idoneidade para contratar com a Administração em virtude de atos ilícitos praticados".

[78] O acórdão foi lavrado do seguinte modo: "Vistos, relatados e discutidos os autos em que são partes as acima indicadas, acordam os Ministros da Primeira Seção do Superior Tribunal de Justiça 'A Seção, por maioria, denegou a segurança para considerar legítima a declaração de inidoneidade com efeitos 'ex nunc', respeitados os contratos já firmados. Concluiu, ainda, a Seção, que o presente resultado não influi nas eventuais suspensões ou rescisões de contratos anteriores à declaração de inidoneidade por vícios próprios. Votou vencido, em menor extensão, o Sr. Ministro Relator. Os Srs. Ministros Teori Albino Zavascki e Denise Arruda, que concediam parcialmente a segurança, também votaram vencidos" (STJ – 1ª Seção, MS nº 13.101, Rel. Min. José Delgado, Rel. p/ ac. Min. Eliana Calmon, j. 14/05/2008, *DJE* 09/12/2008). A notícia repercutiu como a primeira aplicação efetiva pelo STJ do mecanismo da modulação: "O Superior Tribunal de Justiça (STJ) proferiu pela primeira vez uma decisão em que admite o mecanismo da modulação, com o qual limitou os efeitos de uma norma editada pelo governo federal. Com a medida, o tribunal declarou a legalidade de uma determinação, de julho de 2007, da Controladoria Geral da União (CGU) que impediu a execução de contratos firmados com a empresa Gautama. A corte, no entanto, entendeu que a determinação não se aplica aos contratos anteriores a julho de 2007. A declaração de inidoneidade feita pela CGU vinha sendo contestada pela Gautama, que solicitou ao STJ a 'modulação' dos efeitos da decisão para preservar contratos já firmados" (TEIXEIRA, Fernando. STJ usa mecanismo da 'modulação' em processo de licitação. *Valor Online*. São Paulo, 16/02/2009. Disponível em: <http://www.valoronline.com.br>. Acesso em: 16 fev. 2009. Opostos embargos de declaração,

Verifica-se, pela leitura integral do acórdão, que o julgamento passou necessariamente por relevantes pontos constitucionais, como a inexistência de violação ao devido processo legal, ao contraditório e ao princípio da proporcionalidade, bem como a constitucionalidade da sanção aplicada ("declaração de inidoneidade" prevista na Lei de Licitações) no caso concreto então submetido ao exame daquela Corte.[79]

5 Conclusões

Para responder às indagações formuladas na Introdução resgataremos algumas colocações e conclusões presentes expressa ou implicitamente durante o estudo.

O entendimento no sentido de que não é possível que o STJ aplique a modulação temporal dos efeitos nas suas decisões parece se justificar a partir de interpretação literal ou gramatical do art. 27 da Lei nº 9.868/99, pelo qual apenas e tão somente o STF poderia manifestar-se acerca da modulação temporal e especificamente quando da declaração de inconstitucionalidade no modelo concentrado de controle de constitucionalidade.[80]

---

foram eles acolhidos sem efeitos modificativos, por unanimidade, apenas para prestar esclarecimentos. Nesse sentido, restou consignado na ementa: "1. O aresto impugnado (após intenso debate na Primeira Seção) examinou de forma devida o ato impugnado, adotando o entendimento de que a sanção de inidoneidade deve ser aplicada com efeitos 'ex nunc'. (...). 3. A rescisão imediata de todos os contratos firmados entre a embargada e a Administração Pública, em razão de declaração de inidoneidade, pode representar prejuízo maior ao erário e ao interesse público, já que se abrirá o risco de incidir sobre contrato que esteja sendo devidamente cumprido, contrariando, assim, o princípio da proporcionalidade, da eficiência e obrigando gasto de verba pública com realização de novo procedimento licitatório. Interpretação sistemática dos arts. 55, XIII e 78, I, da Lei 8.666/93" (STJ – 1ª Seção, MS nº 13.101-ED, Rel. Min. Eliana Calmon, j. 13/05/2009, *DJE* 25/05/2009). Para aprofundamento da questão jurídica envolvida nesse caso específico, consultar o seguinte caso (com as mesmas partes): STJ – 1ª Seção, MS nº 13.041, Rel. Min. José Delgado, j. 12/12/2007, *DJe* 10/03/2008 e STJ – 1ª Seção, MS-ED nº 13.041, Rel. Min. José Delgado, j. 28/05/2008, *DJe* 16/06/2008, no qual reconheceu expressamente que: "Devem ser providos os presentes embargos para fazer constar da ementa do acórdão do recurso especial, conforme está no voto condutor, que a declaração de inidoneidade reconhecida como legítima só produz efeitos *ex nunc*" (versam sobre a constitucionalidade da pena prevista nos arts. 87 e 88 da Lei nº 8.666/93 e é prévio ao debate sobre a aplicação com efeito *ex nunc* que relatamos anteriormente).

[79] No mesmo sentido: STJ – 1ª Seção – MS nº 13.964, Rel. Min. Teori Albino Zavascki, j. 13/05/2009, *DJe* 25/05/2009; STJ – 1º Seção – MS nº 14.002, Rel. Min. Teori Albino Zavascki, j. 28/10/2009, *DJe* 06/11/2009; STJ – 2ª Turma, AgRg no REsp. nº 1.148.351, Rel. Min. Herman Benjamin, j. 18/03/2010, *DJe* 30/03/2010.

[80] Essa linha de raciocínio é seguida pelo Min. Teori Albino Zavascki nos seus votos a respeito do tema.

Esse entendimento já foi adotado no STJ. Com efeito, quando o Tribunal decidiu o Caso Crédito-Prêmio do IPI restou consignado expressamente que: "é incabível ao Judiciário, sob pena de usurpação da atividade legislativa, promover a 'modulação temporal' de suas decisões".[81] A afirmação, como está posta, parece não deixar qualquer dúvida sobre o assunto. Nesse sentido, os Ministros no julgamento em questão se dedicaram ao debate em torno dos empecilhos de natureza processual e decidiram pela inaplicação da modulação dos efeitos daquela decisão.

Em um primeiro momento, o julgamento do Caso Crédito-Prêmio do IPI no âmbito do STJ, aliado ao julgamento do Caso IPI-Alíquota zero no STF, ambos dando pela impossibilidade de aplicar a modulação temporal dos efeitos (em favor dos contribuintes) da decisão de mérito (contrária aos contribuintes), parece ter levado ao STJ a ideia de que ali não seria o local próprio para o desenvolvimento do novel instituto na jurisprudência brasileira.

Com efeito, junto ao STJ, logo depois do precedente referente ao Caso Crédito-Prêmio do IPI, que é riquíssimo quanto ao debate dos Ministros da 1ª Seção, outras decisões se seguiram no sentido de inaplicar a modulação dos efeitos, especialmente em razão de aspectos processuais verificáveis nos casos então submetidos ao Tribunal.

A refutação inicial no STJ foi baseada na orientação de que a aplicação do art. 27 da Lei nº 9.868/99 seria reservada ao Plenário do STF e a sua aplicação por órgão diverso implicaria a usurpação legislativa pelo Poder Judiciário (*in casu*, o STJ). Além disso, o STJ deixou de examinar a questão referente à modulação dos efeitos em razão da falta de prequestionamento, quando não enfrentou o mérito do recurso, com a oposição de embargos de declaração e quando cuidou de revogação e não recepção de lei (esta última com forte amparo na jurisprudência do próprio STF).

Com o passar do tempo, contudo, cabe registrar que, de modo expresso ou implícito, tal rigidez no sentido de inaplicar a modulação tem experimentado certa flexibilização da regra geral (de que possível aplicação da modulação dos efeitos de uma decisão do STJ manifesta

---

[81] STJ – 1ª Seção, EREsp. nº 765.134, Rel. Min. João Otávio de Noronha, Rel. p/ ac. Min. Teori Albino Zavascki, j. 27/06/2007, *DJU* 22/10/2007. No mesmo sentido (julgado conjuntamente): STJ – 1ª Seção, EREsp. 771.184, Rel. Min. João Otávio de Noronha, Rel. p/ ac. Min. Teori Albino Zavascki, j. 27/06/2007, *DJ* 22/10/2007; STJ – 1ª Seção, EREsp. nº 738.689, Rel. Min. Teori Albino Zavascki, j. 27/06/2007, *DJ* 22/10/2007; STJ – 1ª Seção, EREsp. nº 767.527, Rel. Min. Teori Albino Zavascki, j. 27/06/2007, *DJU* 22/10/2007

caráter normativo). Começa a ser minada por exceções decorrentes da riqueza e complexidade dos fatos da vida que são submetidos ao Poder Judiciário.

Nesse sentido, é possível que o STJ aplique a modulação temporal dos efeitos nas suas decisões? Entendemos que sim. O STJ já se manifestou em algumas ocasiões acerca da viabilidade de aplicar a modulação temporal dos efeitos em diferentes decisões que prolatou.

Exemplo disso ocorreu quando a Corte decidiu que o recorrente não conseguiu, no caso concreto, demonstrar a existência dos requisitos previstos no art. 27 da Lei nº 9.868/99 que permitissem a modulação de efeitos em declaração de inconstitucionalidade.[82] Aqui, diferente das outras situações anteriores, a porta não estava fechada, mas não se logrou preencher os requisitos necessários para a sua passagem.

Além disso, em caso sobre a possível aplicação da modulação temporal dos efeitos da decisão oriunda de tribunal de segunda instância, a hipótese foi plenamente aceita no STJ. Aqui, três diferentes entendimentos despontaram no julgamento ocorrido na 5ª Turma do STJ. O primeiro, do Relator, Ministro Jorge Mussi, no sentido de que o caso trazia a excepcionalidade necessária e registrando o acerto da aplicação da modulação temporal pela decisão então recorrida do tribunal de origem. O segundo, do Ministro Napoleão Nunes Maia Filho, pelo qual não seria possível aplicar automaticamente o art. 27 da Lei nº 9.868/99 em caso de lei declarada inconstitucional pelo Tribunal de Justiça, isto é, seria necessária a intermediação do Poder Normativo Estadual, sob pena de violação da autonomia do ente federativo (com base no princípio da simetria ou do paralelismo). O terceiro entendimento foi expressado pelo Min. Felix Fischer, que reconheceu no caso então submetido a julgamento a existência de um conflito entre princípios constitucionais (segurança jurídica x nulidade).[83]

Contudo, o STJ ainda não logrou efetivamente aplicar a modulação temporal dos efeitos de sua decisão em caso de grande repercussão. Pela leitura dos julgados e precedentes que cuidaram do tema referente à modulação dos efeitos de suas decisões, percebe-se claramente que: a) em um primeiro momento, a orientação da Corte foi toda no sentido da sua inaplicação em matéria tributária, especialmente pela leitura gramatical ou literal do art. 27 da Lei nº 9.868/99 que prevaleceu na 1ª Seção, seja em razão da competência exclusiva do Plenário do STF,

---

[82] STJ – 2ª Turma – REsp. nº 1.229.322, Rel. Min. Castro Meira, j. 17/05/2011, *DJE* 02/06/2011.
[83] STJ – 5ª Turma – RMS nº 19.951, Rel. Min. Jorge Mussi, j. 02/09/2010, *DJE* 04/10/2010.

seja pela indesejável usurpação de suas funções pelo Poder Judiciário (*in casu*, o STJ); b) em um momento subsequente, em outras Turmas e versando matérias diversas submetidas ao Tribunal, começa lentamente a surgir possíveis aplicações da modulação dos efeitos de suas decisões. Embora não verse diretamente sobre o juízo de constitucionalidade, mas cuidando do juízo de legalidade reconduzido aos princípios constitucionais pertinentes, o STJ tem reconhecido sistematicamente a aplicação do efeito *ex nunc* à declaração de inidoneidade prevista como pena nos arts. 87 e 88 da Lei nº 8.666/93 (Lei de Licitações).

Respondida afirmativamente a primeira indagação, sobre a possibilidade de o STJ aplicar a modulação temporal dos efeitos nas suas decisões, cabe responder à segunda pergunta: sob qual fundamento legal e/ou jurídico?

É possível aplicar o art. 27 da Lei nº 9.868/99, com a observância do art. 97 da Constituição da República, que cuida da reserva de plenário. De fato, por ser medida ainda mais excepcional do que a declaração de inconstitucionalidade, é preciso respeitar os seus requisitos mínimos constitucionalmente estabelecidos. Além disso, é possível aplicar a modulação dos efeitos invocando o referido dispositivo legal de modo analógico, para os casos que cuidarem de constitucionalidade, legalidade ou ilegalidade, e não da declaração de inconstitucionalidade propriamente dita. Por fim, é viável também aplicar a modulação em razão da mudança de jurisprudência pacífica, que se difere daquela que é flutuante e da que ainda não se formou.

Em qualquer caso, é importante atentar para as razões de segurança jurídica e/ou excepcional interesse social, com a busca de critérios que objetivem esses conceitos vagos e imprecisos. É que essas são as balizas mínimas existentes hoje sobre o tema e que são capazes de reconduzir a situação da vida que se apresente junto ao Poder Judiciário à vontade constitucional com a tolerância em cada caso específico.

Enquanto o STF começa a delinear com maior clareza os limites da modulação dos efeitos de suas decisões, a tendência do STJ parece apontar para maior desassombro no exame das possíveis aplicações da modulação dos efeitos de suas decisões. Em razão do relativo avanço na análise do tema pelo STF, é possível que algumas orientações que ali estão se consolidando sejam consideradas e até replicadas quando submetidas ao STJ.

Enfim, como vem ocorrendo no STF, também no STJ a prática jurisprudencial, ainda incipiente, revelará quais são os limites necessários à aplicação da modulação temporal dos efeitos de suas decisões.

Afinal, o STJ é vocacionado ao pronunciamento definitivo das questões referentes à interpretação e aplicação da legislação infraconstitucional, bem como da uniformização à jurisprudência nacional.

É o que esperamos ver acontecendo nos próximos anos, quando a Corte, renovada e com a sua importância reafirmada (com o crescente julgamento dos recursos repetitivos), se deparar cada vez mais com situações da vida que sugerem, sinalizam e até mesmo impõem considerações sobre a aplicação da modulação dos efeitos de suas decisões, com vistas a pacificar, em maior medida, a já tão conturbada relação entre os contribuintes e o Fisco.

Referências

Livros e artigos doutrinários

ANDRADE, Fábio Martins de. *Modulação em matéria tributária*: o argumento pragmático ou consequencialista de cunho econômico e as decisões do STF. São Paulo: Quartier Latin, 2011. 494 p.

CARRAZZA, Roque Antonio. Segurança jurídica e eficácia temporal das alterações jurisprudenciais: competência dos tribunais superiores para fixá-la – questões conexas. In: FERRAZ JUNIOR, Tercio Sampaio; CARRAZZA, Roque Antonio; NERY JUNIOR, Nelson. *Efeito ex nunc e as decisões do STJ*. 2. ed. Barueri, SP: Manole: Minha Editora, p. 35-74, 2009.

CIMINELLI, Selma. Contribuições previdenciárias: prescrição e decadência: o entendimento do STF: uma questão de princípios. *Revista Dialética de Direito Tributário*, n. 159, p. 115-122, dez 2008.

DERZI, Misabel Abreu Machado. *Modificações da jurisprudência no Direito Tributário*: proteção da confiança, boa-fé objetiva e irretroatividade como limitações constitucionais ao Poder Judicial de Tributar. São Paulo: Noeses, 2009, 673 p.

FERRAZ JUNIOR, Tercio Sampaio. Irretroatividade e jurisprudência judicial. In: FERRAZ JUNIOR, Tercio Sampaio; CARRAZZA, Roque Antonio; NERY JUNIOR, Nelson. *Efeito ex nunc e as decisões do STJ*. 2. ed. Barueri, SP: Manole: Minha Editora, p. 1-34, 2009.

NERY JUNIOR, Nelson. Boa-fé objetiva e segurança jurídica: eficácia da decisão judicial que altera jurisprudência anterior do mesmo Tribunal Superior. In: FERRAZ JUNIOR, Tercio Sampaio; CARRAZZA, Roque Antonio; NERY JUNIOR, Nelson. *Efeito ex nunc e as decisões do STJ*. 2. ed. Barueri, SP: Manole: Minha Editora, p. 75-110, 2009.

RIBEIRO, Ricardo Lodi. A Proteção da Confiança Legítima do Contribuinte. *Revista Dialética de Direito Tributário*, São Paulo, n. 145, p. 99-115, out. 2007.

Notícias

CRISTO, Alessandro. Disputa reaberta: advogados voltam a apostar no crédito-prêmio do IPI. *Revista Consultor Jurídico*, 10.11.2008. Disponível em: <http://www.conjur.com.br/2008-nov-10/advogados_voltam_apostar_credito-premio_ipi>. Acesso em: 15 nov. 2008.

EDITORIAL. Pelo menos 105 empresas buscam benefício na Justiça. *Valor Online*. São Paulo, 27.04.2009. Disponível em: <http://www.valoronline.com.br>. Acesso em: 27 abr. 2009.

EDITORIAL. Exportadores aguardam acordo sobre crédito-prêmio no Senado – Entrevista com Roberto Giannetti. *Valor Online*. São Paulo, 27.04.2009. Disponível em: <http://www.valoronline.com.br>. Acesso em: 27 abr. 2009.

EDITORIAL. Procuradoria da Fazenda acredita que pacto pode gerar problemas com a OMC. *Valor Online*. São Paulo, 27.04.2009. Disponível em: <http://www.valoronline.com.br>. Acesso em: 27 abr. 2009.

EDITORIAL. Pelo menos 105 empresas buscam benefício na Justiça. *Valor Online*. São Paulo, 27.04.2009. Disponível em: <http://www.valoronline.com.br>. Acesso em: 27 abr. 2009.

EDITORIAL. Proposta para crédito-prêmio IPI entra em MP. *Valor Online*. São Paulo, 27.05.2009. Disponível em: <http://www.valoronline.com.br>. Acesso em: 27 maio 2009.

ERDELYI, Maria Fernanda. Definição Adiada: Votação do crédito-prêmio do IPI empata no STJ. *Revista Consultor Jurídico*, 08.11.2006. Disponível em: <http://www.conjur.com.br/2006-nov-08/votacao_credito-premio_ipi_empata_stj>. Acesso em: 09 nov. 2006.

ERDELYI, Maria Fernanda. Tentativa de acordo: Fiesp quer levar a Lula solução para crédito-prêmio do IPI. *Revista Consultor Jurídico*, 21.07.2007. Disponível em: <http://www.conjur.com.br/2007-jul-21/fiesp_levar_lula_solucao_credito-premio_ipi>. Acesso em: 25 jul. 2007.

TEIXEIRA, Fernando. Justiça consolida aplicação da 'modulação' de decisões. *Valor Online*, Legislação & Tributos, 19.01.2009. Disponível em: <http://www.valoronline.com.br>. Acesso em: 19 jan. 2009.

TEIXEIRA, Fernando; CARVALHO, Luiza de. Procuradoria vetará acordo sobre crédito-prêmio. *Valor Online*. São Paulo, 20.02.2009. Disponível em: <http://www.valoronline.com.br>. Acesso em: 20 fev. 2009.

Informação bibliográfica deste texto, conforme a NBR 6023:2002 da Associação Brasileira de Normas Técnicas (ABNT):

ANDRADE, Fábio Martins de. A modulação temporal dos efeitos das decisões no Superior Tribunal de Justiça. *In*: SARAIVA FILHO, Oswaldo Othon de Pontes (Coord.). *Direito Tributário*: Estudos em tributo ao jurista Ives Gandra da Silva Martins. Belo Horizonte: Fórum, 2016. p. 381-429. ISBN 978-85-450-0154-6.

DIREITO TRIBUTÁRIO E DESENVOLVIMENTO

EURICO MARCOS DINIZ DE SANTI

1 Tributação e desenvolvimento em uma era de novos paradigmas: de escravos da legalidade do passado a protagonistas da legalidade do futuro: patologias, desafios e propedêuticas

As visitas de David Trubek[1] à Direito GV e ao NEF foram importantes para ajudar a pensar o papel que a disciplina "Direito e desenvolvimento" – que Trubek desde os anos 60 discute com especialistas americanos e brasileiros – pode exercer sobre o aspecto legitimador do direito e do discurso da dogmática jurídica moderna.

Para Trubek, há dois desafios atuais para o "Direito e desenvolvimento": o primeiro refere-se à desconexão entre normas, práticas jurídicas e objetivos globais estabelecidos para políticas públicas (Trubek associa esta desconexão à força que o paradigma legalista adquiriu no Brasil). O segundo é político e diz respeito ao déficit de democracia provocado pela restrição do debate a uma "conversa entre técnicos".

O primeiro desafio (desconexão das normas à prática e aos objetivos nacionais) exige a habilidade de se utilizar o direito e a dogmática como efetivos instrumentos promotores de mudanças sociais, colocando também como objetivo e pauta do direito a decisão de que futuro pretendemos construir e que valores e princípios pretendemos alinhar para atender esses objetivos. Ou seja, trata-se, simplesmente, da mudança de perspectiva do olhar do direito. Estamos acostumados a interpretar o direito olhando para o seu passado, buscando o verdadeiro conceito de "fato gerador", o correto conceito constitucional de

---

[1] David Trubek, professor das universidades de Yale e Wisconsin, esteve na FGV e no NEF entre os dias 25 e 29 de outubro de 2010.

"tributo", "renda", "receita bruta", "insumo", ou, ainda, a correta forma de sopesar o princípio da "capacidade contributiva" com o princípio da "liberdade negocial". Tornamo-nos, assim, escravos de uma legalidade passada e metafísica, desatualizada do mundo, do tempo, do espaço, da realidade e dos desejos do nosso tempo. Não restará espaço para o futuro se permanecermos escravos de contingências de um passado que não escolhemos: o ponto de partida deve ser o futuro, pactuado como referencial, mas sem negar o museu das novidades do passado.

O segundo desafio (risco à democracia pela "juridicização da política") decorre da disfunção sistêmica do direito: questões políticas delegadas para serem resolvidas pelo sistema jurídico, segundo procedimentos e regras técnicas do direito, sem considerar-se que a argumentação jurídica só serve para outorgar revestimento jurídico a decisões que dizem respeito ao espaço democrático de deliberação, excluindo do debate diversos setores da sociedade.[2] A outra dimensão desse problema é a politização do direito: a omissão do Fisco em oferecer critérios prévios, combinada com a lógica do lançamento por homologação e o prazo decadencial de 5 anos, situação que aumenta exponencialmente o valor dos autos de infração, ensejando autuações bilionárias que colocam em xeque a autonomia dos tribunais administrativos em decidir tão apenas por critérios jurídicos e que acabam por empurrar decisões técnicas para solução do STJ e STF, *ex vi* dos casos da tributação das controladas no exterior, trava de 30% no caso de extinção de pessoa jurídica e preços de transferência.

2 Democracia, ética e legalidade: para quê? Reforma da atuação da administração tributária pelo resgate da relação Fisco/contribuinte

A premissa de fundo desse trabalho é que o agente estratégico para promover mudanças no Sistema Tributário Nacional é a Administração Tributária: não adianta mudar a lei ou a Constituição se não alteramos a forma de interpretar ou aplicar a lei. Não dá para esperar

---

[2] Mariana Pimentel Fischer Pacheco desenvolve essas perspectivas de Trubek no Capítulo "Metodologia: percurso de uma pesquisa empírica sobre reforma tributária", inserido no livro *Reforma Tributária Viável: simplicidade, transparência e eficiência*, coordenado conjuntamente por mim e pelos professores Isaias Coelho e Vanessa Rahal Canado. Editora Quartier Latin, no prelo. Além disso, consulte-se os papers para discussão dos pesquisadores Andressa Torquato, Roberto Pereira, Basile Christipoulos, Dalton Hirata, Mariana Pimentel Fischer e Guilherme Bandeira, disponíveis no *site* do Núcleo de Estudos Fiscais/NEF: <http://nucleodeestudosfiscais.com.br/>.

que a sociedade mude sozinha, alguém precisa guiar esse processo: desse modo, seja por desígnio constitucional, seja por *expertise* técnica, o Fisco é o agente central para propiciar a transparência e a democratização que a modernidade exige do atual Sistema Tributário.

Não há legalidade sem democracia, nem democracia sem ética, e sem ética não há legalidade: tão apenas fraude à legalidade, que é a pior das ilegalidades, especialmente quando flagrada no *modus operandi* do Poder Público.

Aplicar o direito exige interpretação das regras, interpretação dos fatos e formalização do conteúdo, sentido e alcance das normas em sucessivos atos administrativos e judiciais, materiais e formais. Trata-se de processo altamente complexo, que envolve convicções, valores, pressões políticas e ideologias, as quais modulam a legalidade em função do tempo histórico e do espaço social. Um momento, uma legalidade; uma decisão, um direito aplicado. Outro momento, outra legalidade; outra decisão, outro direito aplicado... Sobre a mesma lei e o mesmo fato concreto, incontáveis "legalidades" podem ser construídas, bem como inúmeras versões de fato podem ser sustentadas sobre idêntico conjunto probatório. Contudo, a ética, a segurança e a coerência demandadas pelas decisões proferidas pelo Poder Judiciário e pela Administração Pública exigem respeito e consideração às várias legalidades criadas sobre os mesmos textos objetivos, a fim de conter as metamorfoses interpretativas inerentes ao processo de aplicação do direito. Minimizar tais mutações, construindo certeza e segurança sobre o terreno movediço da "legalidade", é missão do direito e da Administração Pública (para isso, decadência, prescrição e coisa julgada já se mostraram insuficientes).

Aproveitar-se das mazelas e das instabilidades da legalidade em nome da legalidade é abuso de forma (abusar do formalismo inerente ao texto legal) e abuso de poder (abusar da autoridade de quem interpreta a lei)... É fraude à legalidade (deixar de se responsabilizar pela estabilização do sentido da lei e utilizar a legalidade a favor de seus interesses, mas ainda em nome da legalidade): triste legalidade!

2.1 Manipulação da "moldura da legalidade": uso criativo da complexidade do sistema tributário, gerando novas interpretações e novas "legalidades" via auto de infração

A legalidade não está na lei. É um processo histórico que se constrói no eixo paradigmático do tempo. A legalidade inspira-se na lei, mas se realiza no ato de aplicação do direito. Há necessidade, pois, para apreender a "verdadeira" legalidade, de se identificar a sedimentação dos critérios legais eleitos pelas autoridades competentes, na torrente histórica dos respectivos atos de concreção do direito.

Daí a importância do que denominamos "processo narrativo do direito": sem ele abandona-se a "prática" da legalidade construída pela própria Administração Pública, para adular e atender interesses mesquinhos que se escusam do jogo democrático. Quer aumentar a arrecadação? Crie um novo tributo ou aumente a alíquota nos limites de sua competência. A inesgotável capacidade criativa para gerar novos sentidos sobre um mesmo texto legal, alargando-se a competência tributária, não é conduta digna do Poder Público: ESPERTEZA e OPORTUNISMO não fazem rima com LEGALIDADE e DEMOCRACIA. Direito sem ética é um direito cruel com vocação para o não direito.

Para se exigir ética e lealdade do contribuinte, a Administração Pública deve, antes e *sponte própria*, agir de forma modelar. Afinal, ética não se prescreve e não se ensina com palavras se houver a omissão do Estado em dar o primeiro exemplo: sem ética não há lei, sem lei não há Estado (que é *per excellence* um constructo de normas), muito menos Estado Democrático de Direito.

O que se defende, aqui, é que a privatividade da administração tributária realizar o lançamento tributário (*ex vi* do art. 142 do CTN) não é tão só uma prerrogativa formal do Fisco: é o próprio dever de dizer a legalidade de forma clara, objetiva e antecipada ao fato gerador. Ou seja, compete ao Fisco, além de anualmente consolidar a legislação tributaria *ex vi* do ignorado art. 212 do CTN,[3] dizer a legalidade de modo a espraiar certeza e segurança jurídica aos destinatários das normas tributárias. Sabemos que a legislação é complexa. Mas não dá para esperar que a sociedade resolva esses problemas: a tentativa de se interpretar a legislação segundo as convicções e interesses privados é o que o Fisco denomina "planejamento tributário". É hora, pois, de o Fisco assumir sua missão institucional e constitucional, tornando-se voz e referência da legalidade tributária, de maneira a por fim à indústria do contencioso que tem como mola propulsora a dúvida e a incerteza e como fato gerador a sistemática omissão das autoridades fiscais.

---

[3] "Art. 212. Os Poderes Executivos federal, estaduais e municipais expedirão, por decreto, dentro de 90 (noventa) dias da entrada em vigor desta Lei, a consolidação, em texto único, da legislação vigente, relativa a cada um dos tributos, repetindo-se esta providência até o dia 31 de janeiro de cada ano."

2.2 A maldição do lançamento por homologação: será democrático omitir-se e obrigar o contribuinte a interpretar corretamente a legislação tributária para, cinco anos depois, lavrar auto de infração sob fundamento de equívoco na interpretação?

A criação do lançamento por homologação, marcada pela ausência da tecnologia de informação nas origens da formação do CTN (década de 50), deixou como herança o que chamamos de "MAL-DIÇÃO DO LANÇAMENTO POR HOMOLOGAÇÃO": lógica perversa em que a "Administração Tributária", refém da complexidade das leis tributárias e da óbvia dificuldade em antecipar seus critérios de interpretação, obriga o contribuinte a entender, interpretar e aplicar a legislação. O contribuinte tem 30 dias após o fato gerador para realizar essa tarefa e a Administração Tributária goza do prazo de 5 anos não só para realizar o lançamento de ofício, mas para, também, alterar interpretação anterior e/ou identificar nova interpretação que seja mais vantajosa para a arrecadação, em flagrante desvio de finalidade e fraude aos objetivos da regra decadencial (que é delimitar o tempo para formalizar o crédito e não aproveitar-se dele para encontrar uma interpretação mais vantajosa e incrementar o crédito do titular do direito de lançar).

De fato, todos nós sabemos que o "lançamento por homologação" é uma contradição em termos, quase um nada jurídico: não é lançamento, pois o lançamento é ato privativo da autoridade administrativa *ex vi* do art. 142 do CTN; não pode ser lançamento em razão da "homologação tácita", porque o silêncio não se coaduna a motivação/conteúdo inerentes à estrutura de todo ato administrativo; por fim, não se torna lançamento pela "homologação expressa", de um lado, porque inexistente na prática administrativa nacional, de outro, porque, se empreendida, seria o próprio lançamento de ofício realizado dentro do prazo decadencial do art. 150 do CTN (com motivação/conteúdo expressos pela autoridade fiscal competente). Assim, só resta definir o "lançamento por homologação" como uma ficção jurídica em que a Administração delega para o contribuinte o dever de interpretar e aplicar a legislação tributária, mas a constituição do crédito por este ainda fica sujeita à homologação (fiscalização) por parte das autoridades.

Essa prática vem gerando grandes complexidades e distorções na atividade impositiva da Administração Tributária, que "abre mão" de interpretar e aplicar a legislação que cria, passa essa obrigação para o contribuinte, mas ainda assim o obriga a deixar inúmeros rastros de suas atividades sujeitas a posterior fiscalização (obrigações acessórias). Assim, além de ser obrigado a pagar o tributo, o contribuinte tem que entender de leis e tributação (ou contratar especialistas para ajudá-lo), e ter uma gama incontável de profissionais para preencher formulários, declarações, livros e guias... Mas fica sempre sujeito à incerta concordância e criatividade da Administração Tributária nos cinco anos seguintes – prazo que ela tem para confortavelmente decidir se a lei que ela criou "pegou" ou não, ou optar pela melhor interpretação considerando os interesses arrecadatórios, em conformidade com a doutrina do "direito tributário alternativo" que defende que a "aplicação da norma é sua constante recriação"...

Em verdade, o problema está na conjugação perversa de três fatores: (i) complexidade, imprecisão e ambiguidade da legislação; (ii) dificuldade da Administração Tributária em oferecer critérios de interpretação prévios; e (iii) difusão das fontes de entendimento e aplicação da legislação, causada pela herança do lançamento por homologação. Combina-se, assim, criação de novos fatos geradores antes não previstos, silêncio das autoridades e prática do "lançamento por homologação", em que a Administração Tributária delega ao contribuinte o "dever" de encontrar uma saída legal satisfatória. Essa situação, que promove o contencioso tributário a níveis insuportáveis, sistemicamente é abrandada por "generosos" e irresistíveis planos de anistia e parcelamento, que perdoam as multas e "só" exigem o controvertido principal em 180 parcelas a perder de vista. É a indústria do contencioso, da incerteza e da ilegalidade patrocinada por esse esquema fiscal, em que vítimas de autuações bilionárias se sentem acuadas nos conturbados processos administrativos que se formam em torno do retórico valor simbolicamente devido à Administração Tributária, muitas vezes sem qualquer consistência legal. É tributo de tolo: pagar, discutir ou esperar para parcelar na fila do contencioso?!

2.3 O engodo da não cumulatividade, contribuinte de fato *versus* contribuinte de direito, ofuscação e ilusão fiscal: distanciando o problema do sistema tributário das urnas

Não obstante seja encarada como direito do contribuinte e até princípio constitucional, o fato é que na prática a não cumulatividade outorga mais complexidade ao sistema, menos transparência e acaba funcionando como eficiente e silencioso instrumento para o aumento da arrecadação do Fisco. O Fisco se utiliza de tal expediente quando oferece isenções no meio da cadeia, restringe a tomada de créditos financeiros e difere em 48 meses o aproveitamento de créditos na aquisição de bens do ativo imobilizado. Enfim, na prática impositiva nega o direito ao crédito em decorrência de sua própria ineficiência, declarando contribuintes inidôneos com efeitos *ex tunc* ou, na guerra fiscal, glosa créditos "legalmente" oferecidos por outros entes federativos. Além disso, assistimos atualmente à multiplicação dos regimes de substituição ou tributação monofásica que, em nome de facilitar a arrecadação, ignoram sobejamente a não cumulatividade.

Outra trama construída pelo Direito é a dualidade contribuinte de direito e contribuinte de fato. O contribuinte de direito é aquele definido pela lei tributária como responsável pelo pagamento do tributo, mas que não paga o tributo economicamente: transfere o valor do tributo para o contribuinte de fato. Contribuinte de fato, no sistema brasileiro, é aquele que paga o tributo, mas não sabe que paga e nem é reconhecido pelo Direito como contribuinte.

A manipulação dos critérios da não cumulatividade combinada com dualidade contribuinte de direito/fato gera grave problema comunicacional entre tributação e democracia, que podemos denominar ofuscação e ilusão tributária, segundo Tino Sanandaji (University of Chicago) e Björn Wallace (Stockholm School of Economics) no artigo "Illusion and Fiscal Obfuscation: an Empirical Study of Tax Perception in Sweden".[4] Trata-se de estratégias que o sistema político utiliza para burlar os procedimentos de legitimação de escolha democrática (a lei) e manter o público mal informado sobre o ônus tributário, mediante a *mis*percepção sistemática de parâmetros fiscais importantes que podem distorcer as escolhas fiscais do eleitorado.

3 Direito Tributário em rede: superando os problemas do modelo tributário atual em busca de um sistema mais simples, transparente, democrático e consolidação da cidadania fiscal através dos "caçadores de propina"

A ideia do Direito Tributário em rede pretende acumular e aplicar toda teoria, análise e crítica produzida nesses 25 anos de Congressos

---

[4] Este e outros textos fundamentais sobre a atualidade foram estudados e discutidos nos WorkShops "Tendências Mundiais da Tributação", no NEF, sob a direção do Prof. Isaias Coelho.

do IGA-IDEPE, pensando novos *designs* e arranjos compatíveis com o novo paradigma econômico-tecnológico da informação. Assimilam-se, dessa forma, novas plataformas de informação como o (i) SPED (sistema público de escrituração digital), o (ii) uso intensivo da Internet e (iii) a inesgotável capacidade de acesso às informações nas nuvens de memória digital para revolucionar a eficiência e a prática do sistema tributário: para que prazos de 5 anos de decadência (*ex vi* do art. 173 do CTN), ou prazos de 10 anos para guardar livros fiscais (*ex vi* do art. 195 do CTN), se o Fisco dispõe de todas as informações em tempo real?

O fato gerador, agora, já não é mais a saída física da mercadoria ou a realidade de se auferir renda ou faturamento, mas a informação lançada digitalmente – como espelho da realidade – nos sistemas de escrituração pública digital. Além disso, já não faz mais sentido trabalhar com uma legalidade produzida estritamente por um Poder Legislativo que não consegue representar nem compreender a complexidade de uma sociedade moderna e globalizada: a legalidade há de ser produzida numa intensa relação de colaboração entre Fisco/Contribuintes, qualificada com transparência ao estilo de redes sociais, em que o "curtir" ("*Like*") pode significar adesão imediata e socialmente aberta a um regime específico de tributação. Aqui, o controle não é feito por órgão centralizado e de forma eventual, mas por toda a sociedade informatizada e o tempo todo!

As expressões "sociedade em rede" e "Estado em rede" foram originariamente utilizadas por Manuel Castells[5] e dizem respeito à necessidade de repensar a organização política do Estado no tempo presente, em que descentralização, policentria, horizontalidade, gestão integrada e compartilhada[6] passam a ser exigências para a constituição de um Estado eficiente e suficientemente poroso à participação social: nessa nova sociedade – profetiza John Braithwaite[7] (The Australian National Univesity) – não apenas os três poderes formais importam (Legislativo, Executivo e Judiciário), mas também os múltiplos centros titulares de controle (*accountability*) como ONGs, escolas, centros de pesquisa, imprensa e, em última análise, cada cidadão[8] conectado na

---

[5] CASTELLS, Manuel. *A sociedade em rede*. São Paulo: Paz e Terra, 2001.

[6] OLIVEIRA, Gustavo Justino de. *Direito Administrativo democrático*. Belo Horizonte: Fórum, 2010.

[7] *Responsive Regulation and Developing Economies*, Elseivier, 2006.

[8] José Rodrigo Rodrigues escreve que o desafio atual é repensar o posicionamento do Estado e da sociedade civil. Segundo ele, é preciso deixar de olhar para a vida privada exclusivamente como espaço de disputa entre indivíduos e perceber que há um potencial

rede pode exercitar seus direitos.[9] Aliás, nessa linha, Brithwaite propõe o instigante conceito "Caçadores de Propina" (Bounty Hunters). É a ideia de incentivar a sociedade privada a participar da fiscalização do dinheiro público mediante recompensa de 20% do valor recuperado. Assim, ao estilo dos caçadores de recompensa no velho oeste americano, particulares que denunciarem e indicarem desvios no uso de dinheiro público, apontando e identificando esquemas de corrupção e oferecendo os necessários elementos de prova, ganhariam como recompensa 20 centavos de cada real efetivamente recuperado: forma lúdica e interessante de incentivar o exercício da cidadania fiscal, promover transparência e *accountability* no controle da arrecadação e do gasto público.

Nesse novo *design* do direito em rede, importa muito mais a disponibilidade da informação (transparência) que seu controle e avaliação de conteúdo. Juridicamente, trata-se, pois, de uma mudança importante de paradigma: implica abandonar a lógica "comando/controle", típica de estruturas com poderes centralizados, para uma lógica policêntrica em que o exercício do poder encontra legitimação e validação na qualidade e disponibilidade de suas informações.

Muda-se, também, o uso da relação "comando/controle" que busca legitimação nos atos do passado, na vontade do legislador, na intenção do produtor da regra, na interpretação dos princípios gerais do direito, para novos diretivos eleitos e pactuados dentro do auditório universal da WEB e que se voltam para o futuro. Assim, exercer a

---

de colaboração entre sujeitos autônomos capazes de pensar inovações normativas e estabelecer novas práticas tendo em conta o interesse de todos. Trata-se de desmitificar a ideia de que a defesa do interesse publico é tarefa exclusiva do Estado e instaurar processos capazes de estabelecer o protagonismo da sociedade civil na solução de problemas comuns. Observe-se que esse tema, cada vez mais, alcança posição central em diversas disciplinas, está, por exemplo, na pauta da discussão sobre problemas relativos a governança corporativa, *accountability*, atuação de organizações não governamentais e empresas sociais e "empoderamento" (*empowerment)* dos cidadãos. Cf. RODRIGUES, J. R. Prefácio, p. P. XX. In: RODRIGUES, J. R. (org.). *o novo direito e desenvolvimento*: presente, passado e futuro. São Paulo: Saraiva, 2009.

[9] Unger leva a discussão ainda mais a fundo ao chamar atenção para o fato de que não há aí apenas um obstáculo à participação: o fechamento do debate é também um empecilho à inovação. De acordo com o autor de *The Critical Legal Studies Movement*, as sociedades mais bem sucedidas são aquelas capazes de responder a seus desafios através da criação de novas formas de recombinar crenças e práticas institucionalizadas. Para ganhar a liberdade de criar alternativas originais para a sociedade de modo racional e participativo, é preciso ter a capacidade para imaginar novas possibilidades e conversar sobre elas. Faz-se necessário, portanto, que os interlocutores adentrem em áreas especializadas. A proposta de Unger para a viabilização de um debate participativo é a criação de um novo estilo de colaboração entre técnicos e cidadãos. UNGER, R. M. *What Should Legal Analysis Become*. New York: Verso. p. 21-22.

democracia no direito não é desvelar psicograficamente o "verdadeiro" sentido e alcance da norma, mas decidirmos, juntos, e ao mesmo tempo, mediante processos democráticos viabilizados por essa nova plataforma tecnológica, que valores e fins pretendemos atingir. A mesma legalidade de outrora,[10] mas sujeita às modulações de sentido determinadas por nossas decisões no presente: que sentido há em discutir se se deve interpretar a norma antielisiva em função da "capacidade contributiva positiva" ou da "ampla liberdade negocial"? No lugar de disputarmos por universais, abstratos e conceitos metafísicos, nosso debate há de ser pautado pela convergência de nossas decisões sobre os diretivos do país. Muda-se, assim, a pergunta e desloca-se a responsabilidade para o intérprete: que tipo de valores jurídicos deve orientar o ambiente de negócios do Brasil? Saímos da posição confortável de meros reveladores do direito, intérpretes dos sinais do passado, para a posição de protagonistas responsáveis pela criação e projeção do direito como autêntico instrumento de alteração das condutas sociais. A legalidade fica, então, abertamente e responsavelmente constituída pelo espaço de deliberação social do presente que olha para o futuro.[11]

Enfim, o fato é que o Direito Tributário em rede já começou. Está no DNA da produção e da reflexão interdisciplinar do Prof. *Ives Gandra da Silva Martins*, nesses tantos anos de produção e divulgação de ideias. Iniciou-se na década de 1990, com o fim da inflação, o treinamento e

---

[10] Quaisquer que sejam as razões da emergência do autoritarismo, esse regime costuma reduzir e limitar a participação política, fragmentar a oposição e cooptar grupos poderosos sempre que possível. Embora possa recorrer à violência, tenta geralmente desestimular a ação política fazendo com que pareça desnecessária. *Refreia a mobilização política convertendo as questões políticas em problemas técnicos e depois assegurando o monopólio do regime sobre as capacidades técnicas.* Essa tática não só desativa a atividade política independente, com também aumenta a legitimidade da ação estatal ao revesti-la com a mística da tecnologia. TRUBEK, D. RODRIGUES, J. R. (Org.). *O novo direito e desenvolvimento*: presente, passado e futuro. São Paulo: Saraiva, 2009, p. 103.

[11] De fato, as mais interessantes teorias da democracia mostram que a inteligência para a solução de problemas cresce quando todos os envolvidos podem, sem restrições e com direitos iguais, comunicar-se e pôr em jogo novas ideias. Quanto mais ativamente e mais sensivelmente públicos interconectados reagem aos problemas socais, mais racional e mais capacidade de inovação terá o processo. Esta tese remete a John Dewey e às origens do pragmatismo norte-americano e, atualmente, adquire diferentes versões nos trabalhos de autores como Roberto Mangabeira Unger, Richard Rorty e Axel Honneth. Cf. DEWEY, J. The Public and its Problems. *Later Works* v. 2. Standard Southern Illinois University (SIU) editions, 1990; HONNETH, A. Democracy as Reflexive Cooperation: John Dewey and the Theory of Democracy Today. *In*: HONNETH, Axel; FARREL, John M. M. *Political Theory*, v. 26, n. 6, p. 763-783, 1998: Sage. Disponível em <http://www.jstor.org/stable/191992 Acesso em 02/04/2010>; RORTY, R. *Philosophy and Social Hope*. New York: Penguin Books, 1999.

a modernização da Receita Federal do Brasil, e com a experiência da inflação e da CPMF, que tornaram o nosso sistema bancário um dos mais informatizados e sofisticados do mundo. Começou com a informatização da Declaração do Imposto de Renda Pessoa Física: um *case* brasileiro de sucesso mundial. Iniciou com a LC nº 105 e a "quebra" do sigilo bancário do contribuinte. Iniciou com a exitosa experiência do SIMPLES NACIONAL, exemplo do federalismo em rede, consolidado, agora, no final dessa década com a implantação do Sistema Público de Escrituração Digital (SPED)[12] e formalizou-se, mais recentemente, com a final edição da Lei da Transparência (LC nº 131), que resgata os laços entre tributação e gasto público – rompendo com essa dualidade bipolar do direito brasileiro – quando determina que todos os entes da Federação disponibilizarão a qualquer pessoa física ou jurídica o acesso a informações referentes à arrecadação e ao gasto público, no momento de sua realização: é a munição que faltava aos nossos "Caçadores de Propina".

Também merece destaque no Brasil atual os sinais dados pelo Fisco Federal, seja sob o atual comando do Secretário Carlos Alberto Barreto, determinando o retorno dos pareceres normativos e trabalhando no sentido ofertar ampla publicidade ao resultado das consultas fiscais, seja sob o comando do secretário anterior, Otacílio Cartaxo, atual presidente do CARF, no sentido de renovar e valorizar a meritocracia no processo de seleção dos conselheiros.[13] Na esfera estadual, a governança em rede já é uma realidade, em que os Estados estão se preparando para lançar o SPED 2.0 – a SEFAZ Nacional: constructo em rede viabilizado pela tecnologia de informação que permitirá o fim da guerra fiscal e a reconstrução dos laços federativos pela interatividade das relações entre todos os fiscos estaduais e o contribuinte em um único ambiente, propiciando simplicidade e transparência multilateral dignas dessa era da informação.

---

[12] O Sistema Público de Escrituração Digital (SPED) visa a promover a atuação integrada dos fiscos nas três esferas de governo (federal, estadual e municipal), uniformizar o processo de coleta de dados contábeis e fiscais, bem como tornar mais rápida a identificação de ilícitos tributários. Dentre os benefícios vislumbrados para os contribuintes, com a implantação desse sistema, destaca-se a redução de custos, além de simplificação e agilização dos processos que envolvem o cumprimento de obrigações acessórias. O SPED é composto de vários módulos: Escrituração Contábil Digital; Escrituração Fiscal Digital; Nota Fiscal eletrônica e Conhecimento de Transporte eletrônico,dentre outros.

[13] Instauração do CSCC: Comitê de Seleção dos Conselheiros do CARF.

OSWALDO OTHON DE PONTES SARAIVA FILHO
DIREITO TRIBUTÁRIO: ESTUDOS EM TRIBUTO AO JURISTA IVES GANDRA DA SILVA MARTINS

Informação bibliográfica deste texto, conforme a NBR 6023:2002 da Associação Brasileira de Normas Técnicas (ABNT):

SANTI, Eurico Marcos Diniz de. Direito tributário e desenvolvimento. *In*: SARAIVA FILHO, Oswaldo Othon de Pontes (Coord.). *Direito Tributário*: Estudos em tributo ao jurista Ives Gandra da Silva Martins. Belo Horizonte: Fórum, 2016. p. 431-442. ISBN 978-85-450-0154-6.

SOBRE OS AUTORES

Aires F. Barreto
Professor nos cursos de especialização em Direito Tributário da Faculdade de Direito da USP, da GVlaw, da Fundação Getulio Vargas e da PUC/Cogeae, da Pontifícia Universidade Católica de São Paulo.

Andrei Pitten Velloso
Juiz Federal, designado para atuar como Juiz Auxiliar do Supremo Tribunal Federal. Doutor em Direitos e Garantias do Contribuinte pela Universidade de Salamanca (Espanha). Mestre em Direito Tributário pela Universidade Federal do Rio Grande do Sul (UFRGS). Ex-pesquisador visitante da Ludwig-Maximilians Universität (LMU – Munique) e da Università degli Studi di Milano (Itália). Professor da Especialização em Direito Tributário PUCRS/IET e da Escola Superior da Magistratura Federal (ESMAFE). Membro do Instituto de Estudos Tributários (IET) e da Fundação Escola Superior de Direito Tributário (FESDT).

Eurico Marcos Diniz de Santi
Professor e Coordenador no Núcleo de Estudos Fiscais da Escola de Direito da Fundação Getulio Vargas – DireitoGV.

Fábio Martins de Andrade
Advogado, sócio do escritório Andrade Advogados Associados. Doutor em Direito Público pela UERJ e autor do livro *Modulação em Matéria Tributária*.

Fátima Fernandes Rodrigues de Souza
Advogada em São Paulo, integrante da Advocacia Gandra Martins. Procuradora do Estado da São Paulo (aposentada). Especialista em Direito Tributário pelo Centro de Extensão Universitária, atual IICS – Instituto Internacional de Ciências Sociais. Membro do Conselho Superior de Direito da Federação do Comércio do Estado de São Paulo. Membro do Conselho do IASP. Membro da Academia Paulista de Letras Jurídicas. Membro do Instituto dos Advogados de São Paulo.

Gilmar Ferreira Mendes
Ministro do Supremo Tribunal Federal. Professor de Direito Constitucional nos cursos de graduação e pós-graduação da Faculdade de Direito da Universidade de Brasília – UnB e Instituto Brasiliense de Direito Público (IDP); Doutor em Direito pela Universidade de Münster, República Federal da Alemanha, Alemanha.

Heleno Taveira Torres

Professor de Direito Tributário da Faculdade de Direito da Universidade de São Paulo (USP). Vice-Presidente da International Fiscal Association (IFA), da Direção Executiva do Instituto Latinoamericano de Derecho Tributario (ILADT). Membro do Conselho Universitário da USP, do Conselho Superior de Assuntos Jurídicos e Legislativos (CONJUR-FIESP) e do Conselho Superior de Direito da FECOMERCIO. Advogado.

Hugo de Brito Machado

Professor Titular de Direito Tributário da UFC. Presidente do Instituto Cearense de Estudos Tributários. Desembargador Federal aposentado do TRF da 5ª Região. Membro da Academia Brasileira de Direito Tributário, da Associação Brasileira de Direito Financeiro, da Academia Internacional de Direito e Economia, do Instituto Ibero-Americano de Direito Público e da *International Fiscal Association*.

Humberto Ávila

Professor Associado da Universidade Federal do Rio Grande do Sul. Livre-Docente em Direito Tributário pela Universidade de São Paulo. Doutor em Direito pela Universidade de Munique, Alemanha.

José Carlos Moreira Alves

Doutor em Direito. Ministro aposentado do STF e ex-Procurador-Geral da República.

José Eduardo Soares de Melo

Doutor e livre docente em Direito. Professor associado e coordenador do curso de Pós-Graduação em Processo Tributário da PUC-SP. *Visiting Scholar* da Universidade da Califórnia (Berkeley). Consultor Tributário.

Marilene Talarico Martins Rodrigues

Advogada em São Paulo, integrante da Advocacia Gandra Martins. Especialista em Direito Tributário pelo Centro de Extensão Universitária, atual IICS – Instituto Internacional de Ciências Sociais. Membro do Conselho Superior de Direito da Federação do Comércio do Estado de São Paulo. Membro do Conselho do IASP. Membro da Diretoria da Academia Brasileira de Direito Tributário (ABDT). Membro da Academia Paulista de Letras Jurídicas.

Oswaldo Othon de Pontes Saraiva Filho

Mestre em Direito pela Universidade Católica de Brasília (UCB). Professor de Direito Financeiro e de Direito Tributário (I e II) do Curso de Direito da Universidade Católica de Brasília – UCB. Professor de Direito Financeiro da Universidade de Brasília – UnB. Procurador da Fazenda Nacional de categoria especial. Consultor da União. Diretor científico e fundador do periódico *Revista Fórum de Direito Tributário*.

Paulo Roberto Coimbra Silva
Professor de Direito Tributário e Financeiro da UFMG. Doutor e Mestre em Direito. Conselheiro da ABDF. Membro do IFA, do ILADT e da ABRADT.

Ricardo Lobo Torres
Professor Titular de Direito Financeiro na UERJ.

Ricardo Mariz de Oliveira
Advogado tributarista em São Paulo.

Sacha Calmon Navarro Coêlho
Professor Titular da Faculdade de Direito da Universidade Federal do Rio de Janeiro (Direito Financeiro e Tributário). Doutor em Direito pela Universidade Federal de Minas Gerais – 1981. Advoga desde a formatura (1965) e entre cargos públicos. Ex-Procurador-Chefe da Procuradoria Fiscal do Estado de Minas Gerais 1980/1983. Juiz Federal classificado em 1º lugar entre 1.813 candidatos no 4º concurso nacional, desde 1987 até 1994, data da aposentadoria. Ex-Professor da Pontifícia Universidade Católica de Minas Gerais (1972-1973). Ex-Professor Titular da Faculdade de Direito da Universidade Federal de Minas Gerais, nos cursos de graduação e pós-graduação (1974-2004). Professor Titular de Direito Financeiro e Tributário da Faculdade de Direito da Universidade Federal do Rio de Janeiro (2004-2008). Sócio pleno da *International Fiscal Association* e da Associação Latino-Americana de Direito Tributário.

Tercio Sampaio Ferraz Junior
Professor Titular da Faculdade de Direito da USP.

Vittorio Cassone
Professor do Centro de Extensão Universitária – São Paulo.

Esta obra foi composta em fonte Palatino Linotype, corpo 10
e impressa em papel Offset 75g (miolo) e Supremo 250g (capa)
pela Laser Plus Gráfica, em Belo Horizonte/MG.